V&R Academic

Archiv zur DDR-Staatssicherheit

Band 12

Archivwissenschaftliche Reihe des Bundesbeauftragten für die Unterlagen des Staatssicherheitsdienstes der ehemaligen Deutschen Demokratischen Republik (BStU)

Vandenhoeck & Ruprecht

Karsten Jedlitschka, Philipp Springer (Hg.)

Das Gedächtnis der Staatssicherheit

Die Kartei- und Archivabteilung des MfS

Vandenhoeck & Ruprecht

Umschlagabbildung:
Karteiumlaufschränke der Personenkartei F 16, Aufnahme 2005, BStU

Mit 99 Abbildungen und 11 Strukturschemata

Bibliografische Information der Deutschen Nationalbibliothek
Die Deutsche Nationalbibliothek verzeichnet diese Publikation in der Deutschen Nationalbibliografie; detaillierte bibliografische Daten sind im Internet über http://dnb.d-nb.de abrufbar.

ISBN 978-3-525-31033-5

Weitere Ausgaben und Online-Angebote sind erhältlich unter: www.v-r.de

Satz: textformart, Göttingen
Druck und Bindung: ⊕ Hubert & Co, Robert-Bosch-Breite 6, 37079 Göttingen

Gedruckt auf alterungsbeständigem Papier.

Inhalt

Anhang

Philipp Springer

Die ganz normale Abteilung XII

Archivgeschichte und MfS-Forschung in institutionengeschichtlicher Erweiterung

„Gen[ossin] B[...] ist eine fleißige Kollegin [...]. Sie ist bestrebt die ihr übertragenen Aufgaben so schnell wie möglich zu realisieren [...]. Sie hat sich dadurch einen hektischen Arbeitsstil angeeignet [...]. Diese innere Unruhe belastet sie selbst sehr stark [...]. Im heftigen Gefühlsausbruch, unter Tränen brachte sie zum Ausdruck, daß sie fix und fertig sei. Der ständig hohe Arbeitsanfall und der viele Ausfall von Gen[ossen] durch Krankheit, Kur, Urlaub, Qualifizierung und die Lösung von Sonderaufgaben, stellt das Kollektiv ständig vor Schwerpunktsituationen. [...] In ihrer Erregung äußerte sie, daß sie sich nicht gesundheitlich kaputt machen möchte und sie auch noch etwas von ihrem Leben haben will."[1]

Ohne Zweifel: Das Personal der Abt. XII des Ministeriums für Staatssicherheit (MfS) hatte alle Hände voll zu tun. Oberleutnant B. war keineswegs die einzige Mitarbeiterin der Kartei- und Archivabteilung, die über eine zu hohe Arbeitsbelastung klagte. Insbesondere in den 1980er-Jahren nahmen die Anforderungen, die im Hinblick auf Schnelligkeit, Präzision und Arbeitsumfang an die Mitarbeiter gestellt wurden, Ausmaße an, die wohl auch bei manchem von B.s Kollegen zu Tränen geführt haben dürften.

Die wachsende Arbeitsbelastung in der Abt. XII resultierte nicht zuletzt aus dem wachsenden Berg an Informationen, den die Kollegen aus den anderen Diensteinheiten des MfS anhäuften. Um welche Mengen es dabei ging, veranschaulichte ein Mitarbeiter der Abt. XII in einer kleinen Zeichnung, die er für eine interne Ausstellung anfertigte.[2] Dabei kontrastierte der MfS-Mitarbeiter den Berliner Fernsehturm mit der Menge der Karteikarten der von seiner Abteilung verwalteten Personenkartei F 16. Würde man diese Karteikarten übereinander stapeln, so die Aussage der Zeichnung, wäre dieser Turm so hoch wie drei Fernsehtürme, also rund 1.100 Meter. Damit verglich der Zeichner das größte Symbol für die vermeintliche Überlegenheit des sozialistischen Systems im

1 Abt. XII/4/Ref. 2/E[...], Vermerk über ein individuelles Gespräch mit Genn. Oltn. B[...], Brunhilde am 5.12.1985, 18.12.1985, BStU, MfS, Abt. XII Nr. 3322, S. 61–64.

2 Vgl. BStU, MfS, Abt. XII Nr. 4579, S. 110.

Herzen der Hauptstadt, den Fernsehturm, mit dem vielleicht größten Symbol für Überwachung und Repression durch das MfS, den sechs Millionen Karteikarten der F 16.

Die eingängige Zeichnung lässt sich als Ausdruck des Selbstbildes der Abt. XII Mitte der 1980er-Jahre lesen. Voller Selbstbewusstsein präsentierte der Zeichner die Leistungen der Abteilung, die sich in besonderer Weise in dieser Kartei abbildeten – in der F16-Kartei waren Personen verzeichnet, deren Erfassung von einer der operativ tätigen Diensteinheiten der Staatssicherheit veranlasst worden war. Das auf solche Art präsentierte Selbstbewusstsein entsprach zwar nicht unbedingt der tatsächlichen Rolle der Abteilung im MfS in dieser Zeit, in der andere Abteilungen der Abt. XII ihre Funktion als zentrale Instanz der Informationsverwaltung mehr und mehr streitig zu machen begannen.[3] Dennoch war es keineswegs eine Übertreibung, als 1976 ein anderer Mitarbeiter die Abt. XII als „Herzstück im Gesamtsystem des MfS“[4] bezeichnete, denn er und seine Kollegen „pumpten“ tatsächlich – so wie das Herz das Blut – die von den operativ tätigen Diensteinheiten gesammelten Informationen von einer Stelle des „Organs“, wie sich die Geheimpolizei gern selbst bezeichnete, zur anderen.

Im stetig wachsenden Überwachungsapparat des MfS spielte die Aufgabe, diese Informationen zu verwalten, eine immer bedeutendere Rolle. Insbesondere die schnelle Verfügbarkeit, mit der auf die gesammelten Daten und Materialien zurückgegriffen werden konnte, stellte ein zentrales Kriterium für die Arbeit der Abt. XII dar. Als Hüterin über die wichtigsten Karteien und Archivbestände des MfS betrachtete sich die Abteilung als „entscheidende Voraussetzung für eine gute Koordinierung der Arbeit am Feind“[5]. So unscheinbar die Abteilung innerhalb der Geheimpolizei auch auf den ersten Blick wirken mochte, war sie keineswegs nur ein bürokratisches, rein technisches Hilfsmittel. Sie bildete vielmehr die Grundlage für die systematische Überwachung der Bevölkerung und für den Ausbau des Repressionsapparates. Erkenntnisse der anderen Diensteinheiten wurden von der Abteilung gespeichert und zugriffsfähig gehalten – die Abt. XII war das „Gedächtnis“ der Staatssicherheit.

Die Untersuchung dieses „Gedächtnisses“, wie sie im vorliegenden Sammelband unternommen werden soll, bewegt sich zwischen zwei Forschungsfeldern, die bislang nur wenige Schnittmengen gebildet haben. Inhaltliche oder methodische Austauschbeziehungen zwischen der archivgeschichtlichen Forschung auf der einen und der Forschung zum MfS auf der anderen Seite erscheinen

3 Vgl. den Beitrag „Das Gedächtnis der Staatssicherheit“ von Philipp Springer in diesem Band.

4 O.A., Der Aufbau der Zentralkartei und ihre Entwicklung – Die Bedeutung der zentralen Personenkartei zur Gewährleistung der Informationsaufgaben (Vortragsmanuskript), 28.4.1976, BStU, MfS, Abt. XII Nr. 683, S. 105–123, hier S. 106.

5 Ist-Zustandsanalyse der Abteilung XII, 1.12.1969, BStU, MfS, Abt. XII Nr. 4535, S. 131–224, hier S. 134.

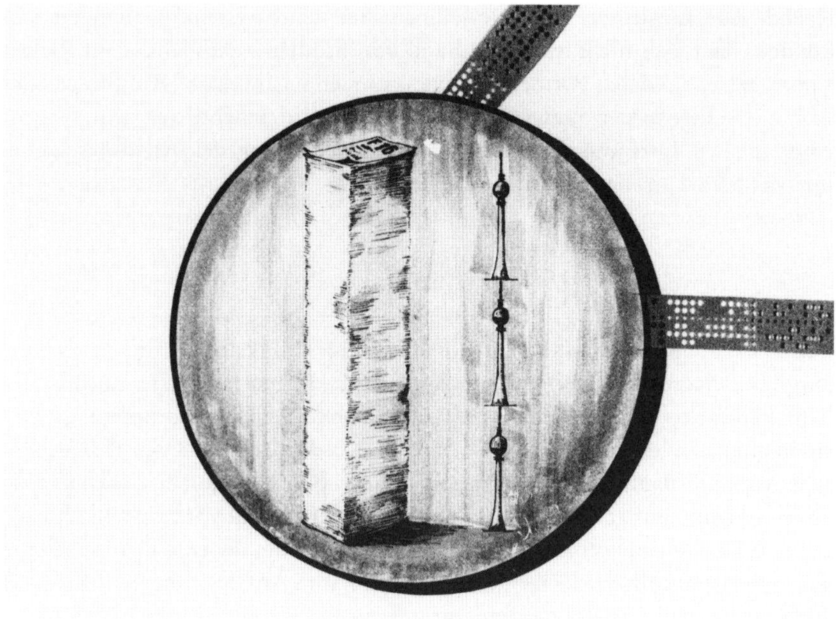

Abb. 1: In einer Zeichnung vergleicht ein Mitarbeiter der Abt. XII die Menge der F 16-Karteikarten, die von seiner Abteilung verwaltet werden, mit der Höhe des Berliner Fernsehturms. Die Zeichnung war – mit Lochstreifen aus der EDV der Abt. XII verbunden – Teil einer internen Ausstellung, in der im Jahr 1985 die Tätigkeitsbereiche der Abteilung vorgestellt wurden.

jedoch für beide Bereiche höchst anregend, wie im Folgenden deutlich gemacht werden soll.

Dabei geht es nicht nur um die Frage, was MfS und Archive in der DDR in den Jahren 1950 bis 1990 miteinander zu tun hatten – schon diese naheliegende Frage ist bisher allerdings nur ansatzweise thematisiert worden. Vielmehr erscheint es darüber hinaus lohnenswert, Archive ebenso wie das MfS im Sinne einer „modernen" Institutionengeschichte zu betrachten. Auch wenn die Geheimpolizei und die Staatsarchive der DDR auf den ersten Blick wenig miteinander gemein hatten, so lassen sich doch beide Einrichtungen als Institutionen betrachten und unter dem Aspekt der „Interdependenz von Konzeption und Organisation, Akteur und Struktur, Theorie und Praxis"[6] untersuchen. Ein solcher Ansatz ermöglicht neue Perspektiven und liefert Erkenntnisse, die weit über die Geschichte der betreffenden Institution hinausgehen. Dass damit auch grund-

6 Michael Wildt, Generation des Unbedingten. Das Führungskorps des Reichssicherheitshauptamtes, Hamburg 2002, S. 27.

legend neue Einsichten in die jeweiligen Herrschaftssysteme verbunden sein können, lässt sich nicht zuletzt anhand von Studien zu anderen historischen Epochen bzw. anderen Formen von Institutionen nachweisen.[7] Am Beispiel der Abt. XII sollen in den vorliegenden Beiträgen erste Schritte auf dem Weg zu einer solchen institutionengeschichtlichen Erweiterung der Archivgeschichte und der MfS-Forschung versucht werden.[8]

Forschungsstand

Die Forschungslandschaft zu Entwicklung und Tätigkeit der Abt. XII ist bislang überschaubar. Weder in der archivgeschichtlichen Forschung noch in der MfS-Forschung ist die zentrale bestandsbildende Abteilung des MfS Gegenstand eingehender Untersuchungen gewesen. Zwar liegen bereits wichtige Analysen zur Informationsverarbeitung der Geheimpolizei vor, doch behandeln sie andere Fragestellungen – die Abt. XII kommt darin nicht vor.[9] Darüber hinaus existiert jedoch eine Reihe von Forschungsbeiträgen, in denen – nicht selten gespeist aus Kenntnissen, die bei der Bearbeitung und Archivierung der Akten seit 1990 gewonnen werden konnten – grundlegende Einzelfragen betrachtet werden. Dabei ist einerseits an Darstellungen zu denken, die überblicksartig die archivalischen Hinterlassenschaften des MfS und den Umgang damit nach 1989 in den Blick nehmen.[10] Auf der anderen Seite liegt eine Anzahl von Beiträgen

7 Vgl. zum Beispiel Michael Wildts Untersuchung zum Reichssicherheitshauptamt (Wildt, Generation) und Bernhard Löfflers Studie zum Bundeswirtschaftsministerium unter Ludwig Erhard (Soziale Marktwirtschaft und administrative Praxis. Das Bundeswirtschaftsministerium unter Ludwig Erhard, Stuttgart 2003).

8 Der Verf. dankt Dr. Karsten Jedlitschka, Ralf Blum, Roland Lucht und Stephan Wolf für wertvolle Hinweise und kritische Kommentare zu diesem und den übrigen Beiträgen. Ohne ihre große Unterstützung und ihre vielfältigen Anregungen wäre der Weg durch das Dickicht der Akten kaum zu schaffen gewesen. Großen Dank schuldet der Verf. auch Dr. Jens Gieseke für wichtige kritische Anmerkungen.

9 Vgl. Roger Engelmann/Frank Joestel, Die Zentrale Auswertungs- und Informationsgruppe, Berlin 2009 (MfS-Handbuch); Christian Booß, Der Sonnenstaat des Erich Mielke. Die Informationsverarbeitung des MfS: Entwicklung und Aufbau, in: ZfG 60 (2012) H. 5, S. 441–457.

10 Vgl. Dagmar Unverhau, „Alles sehen, alles hören, nichts wissen?". Zur archivischen Hinterlassenschaft der Staatssicherheit, in: Leonore Siegele-Wenschkewitz (Hg.), Die evangelischen Kirchen und der SED-Staat – ein Thema kirchlicher Zeitgeschichte. Frankfurt/Main 1993, S. 26–77; Birgit Salamon, Das archivische Erbe der DDR-Staatssicherheit. Ein Überblick, in: Irmgard Christa Becker/Volker Hirsch/Annegret Wenz-Haubfleisch (Hg.), Neue Strukturen – bewährte Methoden? Was bleibt vom Archivwesen der DDR, Beiträge zum 15. Archivwissenschaftlichen Kolloquium der Archivschule Marburg, Marburg 2011, S. 85–105; Karsten Jedlitschka, Archivierte Diktatur. Die Überlieferungen der DDR-Staatssicherheit, in: scrinium 65 (2011), S. 61–79; ders., Singuläres Erbe. Die archivalischen Hinterlassenschaften der Staatssicherheit, Saarbrücken 2013; ders., The Live of Others. East German State Security

vor, in denen Aspekte der archivischen Arbeit des MfS behandelt werden. Dazu zählen Untersuchungen zur „Archivordnung“ des MfS[11], zur Entwicklung einzelner Bestände – etwa der „Geheimen Ablage“[12], dem „NS-Archiv“[13] und den Beständen der Abt. XII[14] –, zum Archivgebäude des MfS[15] und zu den Karteien[16]. Der Analyse der archivfachlichen Praxis unter den Bedingungen geheimpolizeilicher Arbeit galt die kommentierte Edition eines Vortrags des wichtigsten „Archivars“ des MfS, Joachim Hinz.[17] Im „MfS-Handbuch“, von dem seit 1995 28 Teillieferungen zu verschiedenen Diensteinheiten des MfS erschienen sind, wird die Abt. XII in der Übersicht von Roland Wiedmann erwähnt.[18] Darüber hinaus liefern auch die bislang vorliegenden Findbücher des Stasi-Unterlagen-Archivs wichtige Erkenntnisse über die archivische Praxis im MfS und

Service's Archival Legacy, in: The American Archivist 75 (2012), S. 81–108; ders., Managing Stasi Archives. Special Tasks and Challenges, in: Wladyslaw Stepniak (Hg.), The Documentation of Communist Security Authorities. Materials oft the International Conference Warsaw 4–5 October 2012, Warszawa 2014, S. 106–123. Die Aktenvernichtungen 1989/90 thematisieren darüber hinaus Roland Lucht, „Ablagen liquidieren – ‚spezifische' Vorgänge tragfähig gestalten“. Schriftgutvernichtung des MfS während der „Wende“ und der Auflösungsphase der Staatssicherheit, in: Dagmar Unverhau (Hg.), Hatte „Janus“ eine Chance? Das Ende der DDR und die Sicherung einer Zukunft der Vergangenheit, Münster 2003, S. 81–97; Matthias Wagner, Aktenvernichtungen in der Zeit der „Wende“, in: DA 33 (2000) H. 4, S. 608–619; ders., Das Stasi-Syndrom. Über den Umgang mit den Akten des MfS in den 90er Jahren, Berlin 2001, S. 73–93.

11 Vgl. Wolfgang Brunner, Die Archivordnung des MfS. Auswirkungen auf die Bestandsbildung, in: Reiner Merker (Hg.): Archiv. Forschung. Bildung. Fünfzehn Jahre Thüringer Archiv für Zeitgeschichte „Matthias Domaschk“, Berlin 2009, S. 51–81.

12 Vgl. Karsten Jedlitschka, Die „Geheime Ablage“ der Abteilung XII (Zentrale Auskunft/Speicher) des Ministeriums für Staatssicherheit, in: Becker/Hirsch/Wenz-Haubfleisch (Hg.), Strukturen, S. 107–125; ders., Arkanum der Macht. Die „Geheime Ablage“ im Zentralarchiv der DDR-Staatssicherheit, in: VfZ 60 (2012) H. 2, S. 279–290.

13 Vgl. Dagmar Unverhau, Das „NS-Archiv“ des Ministeriums für Staatssicherheit. Stationen einer Entwicklung, Münster 2004². Zum Umgang mit NS-Beständen beim MfS vgl. auch Henry Leide, NS-Verbrecher und Staatssicherheit. Die geheime Vergangenheitspolitik der DDR, Göttingen 2007³. Zur Geschichte der Nutzung von NS-Akten in der DDR vgl. auch Angelika Menne-Haritz, Das Parteiarchiv der SED und die politische Nutzung der Akten des NS-Staates in der DDR, in: Mitteilungen des Österreichischen Staatsarchives 55 (2011) H. 1, S. 149–171.

14 Vgl. Stephan Wolf, Die Bestände der Abteilung XII des Ministeriums für Staatssicherheit. Ihr Entstehen, ihr Charakter und ihre Nutzung. Diplomarbeit FH Potsdam, 2010 [unveröff.].

15 Vgl. Karsten Jedlitschka, Allmacht und Ohnmacht. Das Zentralarchiv der Staatssicherheit, in: Archive unter Dach und Fach. Bau – Logistik – Wirtschaftlichkeit. 80. Deutscher Archivtag in Dresden, Red. Heiner Schmitt, Fulda 2011, S. 175–192.

16 Vgl. Ralf Blum/Roland Lucht, Der Schlüssel zur Macht. Karteien und andere Findmittel zu den Überlieferungen der Staatssicherheit, in: Der Archivar 64 (2011) H. 4, S. 414–426.

17 Vgl. Dagmar Unverhau, Vom Lob der politisch-operativen Archivarbeit. Schulungsvortrag eines Offiziers der Abteilung XII (Zentrale Auskunft/Speicher) des MfS von 1975, in: Archivalische Zeitschrift 81 (1998), S. 138–173.

18 Vgl. Roland Wiedmann, Die Diensteinheiten des MfS 1950–1989. Eine organisatorische Übersicht, Berlin 2012 (MfS-Handbuch), S. 79–86, 124f.

über die Geschichte der beim BStU überlieferten Bestände.[19] Dies gilt insbesondere für das Findmittel zur Abt. XII, das im März 2015 online gestellt wurde.[20]

Einen weiteren Impuls für die künftige Beschäftigung mit der Geschichte der Abt. XII – und der Arbeit des MfS überhaupt – bildet schließlich das 2015 erschienene Lexikon „Das Archiv der Stasi“[21]. Ausgehend vom „Wörterbuch XII“, das die MfS-Abteilung 1984 als internes Nachschlagewerk erarbeitet hatte, erläutert das Lexikon 865 Begriffe und Abkürzungen aus der archivfachlichen Praxis der Geheimpolizei. Dabei gehen zahlreiche Einträge weit über Begriffsklärungen hinaus, indem sie auch wichtige Erkenntnisse über Entstehung und Wandel der unterschiedlichen Arbeitsbereiche und Aufgaben liefern. Dazu zählt nicht zuletzt der Hinweis, dass es sich bei den Archiven des MfS – trotz der vom MfS verwendeten Begrifflichkeit – strenggenommen nicht um wirkliche Archive, sondern vielmehr um Altregistraturen handelte, deren Praxis jeden Archivar erschauern lässt: „Abgelegte Akten konnten jederzeit wieder entnommen und ganz oder teilweise in neue Vorgänge integriert werden. Die vorherige Archivsignatur wurde dann gelöscht.“[22]

Das DDR-Archivwesen in der archivgeschichtlichen Forschung

Angesichts der ganz besonderen Entstehungs- und Überlieferungsgeschichte der Archivbestände der Abt. XII überrascht es nicht, dass auch im Rahmen der bisherigen Forschungen zur Archivgeschichte der DDR die Archive der Staatssicherheit bislang keine Erwähnung fanden. So bleibt beispielsweise in der grundlegenden Überblicksdarstellung „Das staatliche Archivwesen der DDR“[23] von Hermann Schreyer die Darstellung des Wirkens der Staatssicherheit weitgehend auf solche – zweifellos wichtigen – Fragen wie etwa die nach dem „NS-Archiv“ und nach der Beeinflussung des deutsch-deutschen Archivaus-

19 Vgl. zum Beispiel Abteilung Archivbestände der BStU (Hg.), Findbuch zum „Archivbestand 2: Allgemeine Sachablage“ des Ministeriums für Staatssicherheit, Münster u. a. 2001.

20 Vgl. http://www.argus.bstu.bundesarchiv.de/BStU_MfS_Abt-XII/index.htm, Abruf am 8.7.2015.

21 Roland Lucht (Hg.), Das Archiv der Stasi. Begriffe, Göttingen 2015.

22 Roland Lucht, Einleitung, in: ders. (Hg.), Archiv, S. 11–24, hier S. 16.

23 Hermann Schreyer, Das staatliche Archivwesen der DDR. Ein Überblick, Düsseldorf 2008. Vgl. auch ders., Der politisch-gesellschaftliche Rahmen der Archiventwicklung: Das Beispiel DDR, in: Sächsisches Staatsarchiv (Hg.), Festakt des Sächsischen Staatsarchivs aus Anlass des 175-jährigen Bestehens des Hauptstaatsarchivs Dresden und Fachtagung „Archivische Facharbeit in historischer Perspektive“, Dresden 2009, S. 67–71; ders., Das staatliche Archivwesen der DDR. Ein Überblick unter Berücksichtigung der politischen und fachlichen Besonderheiten, in: Becker/Hirsch/Wenz-Haubfleisch (Hg.), Strukturen, S. 39–53.

tauschs beschränkt. Die Archivgeschichte der DDR wird hier vor allem unter dem Gesichtspunkt der politisch-ideologischen Einflussnahme der SED auf die Staatliche Archivverwaltung der DDR beschrieben.

Darüber hinaus beschränkt sich die bisherige Aufarbeitung der DDR-Archivgeschichte vor allem auf ein Kolloquium an der Archivschule Marburg im Jahr 2010. Dabei ging es einerseits um die Frage, „welche Entwicklung die Archive in der DDR im Verlauf von 40 Jahren – gerade auch im Unterschied zur BRD – genommen haben" und andererseits darum, „die Leistungen der Archivwissenschaft in der DDR für die heutige Tätigkeit nutzbar [zu] machen"[24]. Eine grundlegende Auseinandersetzung mit der Funktion des Archivwesens in der DDR und insbesondere auch mit der Mitwirkung von Archivaren beim Aufbau und beim Erhalt des Herrschaftssystems ist dagegen nur in Ansätzen erkennbar. Nicht zuletzt der „Mantel der Kollegialität scheint kritische Fragen"[25] bislang verboten zu haben. Zudem wurde Schreyers „unterschwellige" These, die „nicht mit Sonderaufgaben betrauten ‚wirklichen' Archivare [seien] mehrheitlich politisch unangepasst[e] […], im DDR-Nischendasein agierende Akteure"[26] gewesen, noch nicht durch eingehende biographische Forschungen bestätigt oder widerlegt. Es zeigt sich hier ein Phänomen, das bereits im Rahmen der Auseinandersetzungen um die Einbindung des Archivwesens in den Nationalsozialismus zu konstatieren war: In Fragen eines selbstkritischen Blicks auf die Geschichte der eigenen Disziplin ist die archivgeschichtliche Forschung nicht unbedingt als Speerspitze zu betrachten.

Dabei gäbe es nicht zuletzt im Kontext der Geschichte der Abt. XII zahlreiche Themen, bei denen derartige Forschungen ansetzen könnten. So lassen sich beispielsweise vor allem in den 1950er-Jahren – insbesondere im Zusammenhang mit Hinterlassenschaften des Nationalsozialismus – eine Reihe von Aktenübergaben und Aktenübernahmen zwischen staatlichen oder kommunalen Archiven einerseits und dem MfS andererseits nachweisen, die demonstrieren, dass die Abt. XII als Teil der Archivlandschaft der DDR verstanden werden muss. „Auf Grund der Vorsprache Ihres Beauftragten übermitteln wir Ihnen aus dem Stadtarchiv Freital die nachstehend aufgeführten Akten zur ständigen Benutzung"[27], heißt es etwa in einem vom Leiter des dortigen Stadtarchivs un-

24 Irmgard Christa Becker/Volker Hirsch/Annegret Wenz-Haubfleisch, Vorwort, in: dies. (Hg.), Strukturen, S. 11–15, hier S. 12.

25 Volker Schockenhoff, Reflexionen über „Janus". Deutsche Archivare in verschiedenen Zeiten und Herrschaftskonstellationen des 20. Jahrhunderts, in: Unverhau (Hg.), „Janus", S. 27–38, hier S. 32.

26 Anke Löbnitz, Rezension zu: Schreyer, Hermann: Das staatliche Archivwesen der DDR. Ein Überblick. Düsseldorf 2008, in: H-Soz-Kult, 20.8.2009, Abruf am 8.6.2015.

27 Rat der Stadt Freital/Stadtarchiv, Schreiben an die BV Dresden betr. Übergabe-Protokoll, 25.10.1962, BStU, MfS, AS 280/71, Bd.1, S. 72; in der Akte auch weitere Beispiele.

terzeichneten Schreiben vom Oktober 1962. Zwölf Bände gelangten so (zumindest zeitweise) zum MfS – nur ein Beispiel von vielen für das vermutlich oft nicht freiwillige Zusammenwirken zwischen den Archiven und dem MfS. Derartige Fälle machen deutlich, dass es einer intensiveren Erforschung dieser Kooperation bedarf.

Noch deutlicher stellt sich dieses Problem in Bezug auf die Frage der Überwachung von Mitarbeitern und Nutzern der Archive. Es ist davon auszugehen und durch Ralf Blum bereits punktuell nachgewiesen,[28] dass das MfS durch den Einsatz von inoffiziellen Mitarbeitern und Offizieren im besonderen Einsatz eine solche Überwachung oder auch andere Formen der Einflussnahme realisierte. Neben der Tätigkeit von Leitern und Mitarbeitern stand dabei auch das Verhalten westlicher Benutzer im Fokus des Interesses der Geheimpolizei.[29] Fragen nach Formen und Ausmaß von Überwachung und versuchter Einflussnahme durch das MfS könnten auch an westliche Institutionen gerichtet werden, da diese und ihre Mitarbeiter ebenfalls das Interesse des MfS geweckt haben dürften.[30]

Darüber hinaus wirft die Anwerbung angehender Archivare als hauptamtliche Mitarbeiter für die Abt. XII ein Schlaglicht auf die bislang unbeantwortete Frage, wie weit auch die archivfachlichen Bildungsinstitutionen der DDR im Fokus des MfS standen.[31] Selbstverständlich sollte schließlich beim Blick auf das Wirken des MfS in der DDR-Archivgeschichte auch die Bedeutung der übrigen Herrschaftsinstitutionen nicht unbeachtet bleiben. Insbesondere die

28 Vgl. Ralf Blum, Wie die Stasi ins Archiv kam – der Einfluss des MfS auf das Deutsche Zentralarchiv zu Beginn der 1960er Jahre, in: Heiner Timmermann (Hg.), Historische Erinnerung im Wandel. Neuere Forschungen zur deutschen Zeitgeschichte unter besonderer Berücksichtigung der DDR-Forschung, Berlin 2007, S. 281–302.

29 Vgl. zum Beispiel den Fall des GI (bzw. IM) „Joachim" (Kurt Metschies), der von 1966 bis 1989 aus dem Deutschen Zentralarchiv (später Zentrales Staatsarchiv der DDR) an das MfS berichtete; vgl. BStU, MfS, BV Potsdam Abt. VII 13. Ein weiteres Beispiel für einen IM im Archivwesen der DDR ist Matthias Wagner, der nach seiner Enttarnung 1997 darüber publiziert hat (Wagner, Stasi-Syndrom).

30 Ob umgekehrt auch westliche Geheimdienste einen Blick auf DDR-Archive geworfen haben, bildet schließlich ein weiteres interessantes Themenfeld.

31 Zur Rolle archivfachlicher Ausbildung in der Abt. XII und zu den Beziehungen zwischen den betreffenden Ausbildungsinstitutionen und der Abt. XII vgl. den Beitrag „‚Müde Einzelgänger' und ‚ganze Kerle'" von Philipp Springer in diesem Band. Die Frage der Einflussnahme durch SED und MfS fehlt beispielsweise bei Waldemar Schupp, Die Anfänge und das Ende der Fachschule für Archivwesen in Potsdam (1955/1993), in: Friedrich Beck/Eckart Henning/Joachim-Felix Leonhard/Susanne Paulukat/Olaf B. Rader (Hg.), Archive und Gedächtnis. Festschrift für Botho Brachmann, Potsdam 2005, S. 177–200. Schupp leitete die Fachschule von 1960 bis 1990. Er berief den wichtigsten Archivar des MfS, Joachim Hinz, im Jahr 1969 in die Studienplankommission der Fachschule; vgl. Fachschule für Archivwesen/Direktor Schupp, Schreiben an Hinz betr. Studienplankommission, 20.5.1969, BStU, MfS, Abt. XII Nr. 4162, S. 22. Vgl. dazu den Beitrag „‚Müde Einzelgänger' und ‚ganze Kerle'" von Philipp Springer in diesem Band.

Rolle der SED ist dabei näher zu untersuchen, da Einflussnahme, Repression und Überwachung nicht zuletzt durch die herrschende Partei direkt organisiert wurden.[32]

Neue Perspektiven für die Archivgeschichte

Die zurückhaltende Beschäftigung mit der Rolle von Archiven in der DDR ordnet sich ein in eine generell eher „verspätete" Auseinandersetzung der Archivwissenschaft mit der eigenen Geschichte in den Diktaturen des 20. Jahrhunderts. „Während Archivare [...] andere in den Stand versetz(t)en, Themen der NS-Zeit zu bearbeiten und auch selbst als Historiker oder Dokumentare tätig wurden, kam es freilich nicht dazu, daß sie den forschenden Blick auch auf die Geschichte des eigenen Berufsstandes nach 1933 gerichtet hätten"[33], beschrieb Astrid M. Eckert die erstaunlichen Umstände dieser „Verspätung".

Die Gründe für die – im Vergleich mit anderen Disziplinen auffällige – Scheu dürften vielfältig sein. Dabei ist insbesondere an die große Bedeutung leitender Archivare innerhalb archivfachlicher Netzwerke zu denken, die eine kritische Beschäftigung mit der Vergangenheit dieser Personen zumindest erschwert.

Darüber hinaus scheint das Bild der Institution Archiv, die gleichsam über allen gesellschaftlichen und politischen Strömungen zu schweben scheint, in der Archivlandschaft noch immer verbreitet zu sein. So heißt es etwa in der „Kleine[n] Theorie des Archivs" von Dietmar Schenk, „nur das Archiv [verkörpere] seiner Idee nach [den] Geist der Kritik" und könne deshalb „selbst mächtigen Geschichtsinteressen gegenüber Neutralität [...] wahren"[34]. Auch die Vorstellung, im DDR-Archivwesen sei „unterhalb des politisch-ideologischen ‚Nebels', der sich über alle Arbeitsbereiche" ausgebreitet habe, „weithin sachkundige, professionelle Arbeit geleistet worden"[35], spiegelt eine ähnliche Sicht-

32 Vgl. zum Beispiel Simone Walther, Zum Umgang mit der NS-Vergangenheit beim personellen Neubeginn im zentralen Archivwesen der SBZ/DDR (1945–1952). Versuch einer Bestandsaufnahme, in: Beck/Henning/Leonhard/Paulukat/Rader (Hg.), Archive, S. 217–236.

33 Astrid M. Eckert, Zur Einführung: Archive und Archivare im Nationalsozialismus, in: Das deutsche Archivwesen und der Nationalsozialismus. 75. Deutscher Archivtag 2005 in Stuttgart, Essen 2007, S. 11–19, hier S. 12.

34 Dietmar Schenk, Kleine Theorie des Archivs, Stuttgart 2014^2, S. 51. Vgl. kritisch dazu Annika Wellmann, Theorie der Archive – Archive der Macht. Aktuelle Tendenzen der Archivgeschichte, in: Neue Politische Literatur 57 (2012) H.1, S. 385–401, hier S. 388.

35 Gerhard Schmid, Prolegomena zur Archivgeschichte der DDR. Eine Wortmeldung zur Einheit im deutschen Archivwesen, in: Der Archivar 43 (1990) H. 4, Sp. 501–516, hier Sp. 509f. Auch Schreyer orientiert sich an dieser Gegenüberstellung (vgl. Archivwesen, S. 4f., 279). Es braucht im Übrigen nicht eigens betont zu werden, dass die Kritik an einer derartigen Gegenüberstellung keineswegs bedeuten soll, es habe in DDR-Archiven keine „sachkundige, professionelle Arbeit" gegeben – eine solche gab es selbstverständlich.

weise wider. Die „Politik“ auf der einen und die „Archivarbeit“ auf der anderen Seite werden dabei einander gegenübergestellt, so, als ob es sich um zwei getrennte Sphären handele – mit der historischen Wirklichkeit hat eine derartige Kontrastierung jedoch wenig zu tun. Eine solche Vorstellung neigt dazu, eine umfassende Aufarbeitung und kritische Reflexion der Vergangenheit eher zu behindern.

„Archivierung“ sei „immer eine politische Angelegenheit“, argumentiert dagegen der Journalist Heribert Prantl, „weil Archive die alte Ordnung, die alten Macht- und Eigentumsverhältnisse überliefern, weil sie die alten Besitztitel tradieren und die alten Verhältnisse bewahren“[36]. Ein „guter Archivar“ müsse als derjenige, der das „Gedächtnis der Gesellschaft“ verwalte, „ein Prophet sein oder ein Zukunftsforscher, weil er zukünftige Erkenntnisinteressen vorausahnen und voraussehen“ müsse: „Er ist es, der die Erinnerungsmaschinerie füttert.“[37] Eine grundsätzliche „Neutralität“ des Archivwesens kann es vor diesem Hintergrund in keinem System geben.[38]

Schließlich ist auch die verhältnismäßig begrenzte methodische und inhaltliche Bandbreite, durch die die archivgeschichtliche Forschung seit jeher geprägt ist, ein weiterer Grund für die mangelnde Aufarbeitung der Verstrickungen des Archivwesens. Das geringe Interesse, das Forscher, die „nicht aus dem Archivbereich selbst stammen“[39], der Geschichte der Archive entgegenbringen, verschärft das Problem zusätzlich. „Die Mehrzahl der archivgeschichtlichen Publikationen in Deutschland dürfte“, so konstatiert Wilfried Reininghaus, „in neuerer Zeit aus Anlass von Jubiläen der bestehenden Archive oder archivischen Fachorganisationen entstanden sein. […] Selten werden in den offiziösen Archivgeschichten alle Karten auf den Tisch gelegt.“[40]

Doch das Problem geht tiefer, als es ein solcher Verweis auf archivgeschichtliche Publikationen, die eher der Öffentlichkeitsarbeit zuzurechnen sind, nahe legen mag. Reininghaus skizziert in seinem Forschungsüberblick vier grundlegende Zugänge, durch die die „Subdisziplin“ Archivgeschichte geprägt sei. Neben der

36 Heribert Prantl, Das Gedächtnis der Gesellschaft. Die Systemrelevanz der Archive, Warum Archivare Politiker sind, in: Alles was Recht ist. Archivische Fragen – juristische Antworten, 81. Deutscher Archivtag in Bremen, Fulda 2012, S. 17–27, hier S. 19.

37 Ebd., S. 18.

38 Zur Frage der Verantwortung von Archivaren vgl. James O'Toole, Archives and Historical Accountability: Towards a Moral Theology of Archives, in: Archivaria 58 (Fall 2004), S. 3–19. O'Toole thematisiert dabei auch die Rolle der „Archivare“ des MfS; vgl. ebd., S. 16f. Vgl. auch Volker Schockenhoff, Archivwissenschaft in der Wende. Rückblicke und Perspektiven, in: Beck/Henning/Leonhard/Paulukat/Rader (Hg.), Archive, S. 331–341.

39 Wilfried Reininghaus, Archivgeschichte. Umrisse einer untergründigen Subdisziplin, Archivar 61 (2008) H.4, S. 352–360, hier S. 352.

40 Reininghaus, Archivgeschichte, S. 353. Die geringe Beschäftigung des Archivwesens mit der eigenen Geschichte konstatiert auch Torsten Musial, Staatsarchive im Dritten Reich. Zur Geschichte des staatlichen Archivwesens in Deutschland 1933–1945, Potsdam 1996, S. 11.

„nicht besonders modische[n]“[41] Geschichte der Institutionen, unter die er auch die genannten Festschriften einordnet, erkennt er dabei die Geschichte der Archivare „mit ihren lebensweltlichen Bezügen und fachlichen Leistungen“[42], die Geschichte der Epochen und die Geschichte der archivischen Methoden.

Annika Wellmann hat diese Skizzierung insbesondere mit Blick auf die neuere kulturwissenschaftliche Forschung ergänzt.[43] Trotz ihrer Kritik an der in diesem Kontext nicht selten „schwammigen“ Verwendung des Archivbegriffs erkennt sie etwa in der Herausarbeitung des „Vergessens“ oder in der Untersuchung der Rolle des Archivs als „organisierende[s] Prinzip von Wissen“ wichtige Innovationen der neuen Forschungsansätze. Darüber hinaus sieht sie in der archivgeschichtlichen Forschung – neben „blinden Flecken“ bei der Frage der Archivbenutzung und der internationalen Kooperation von Archiven[44] – wesentliche Desiderate nicht zuletzt bei Darstellungen zu nationalen Archiven: „Insbesondere in der Forschung zu deutschen Archiven werden Einzelinstitutionen und Personen in den Mittelpunkt gerückt. Die methodischen Zugriffe sind dabei wenig innovativ. Das offenkundige Desinteresse an theoretischer Reflexion führt dazu, dass grundlegende Strukturen, Praktiken und größere Kontexte unterbelichtet bleiben.“[45]

Vor allem mit Blick auf das 20. Jahrhundert zeigt sich, dass erst eine intensivere Beschäftigung mit solchen Fragestellungen, die nach den Strukturen, Praktiken und Kontexten suchen, die Rolle von Archiven in den verschiedenen Herrschaftssystemen beleuchten könnte.[46] Dabei lässt sich an Reininghaus’

41 Wilfried Reininghaus, Die Archivgeschichte und ihre Methodik. Überlegungen unter dem Eindruck des Kölner Archiveinsturzes am 3. März 2009, in: Sächsisches Staatsarchiv (Hg.), Festakt des Sächsischen Staatsarchivs aus Anlass des 175-jährigen Bestehens des Hauptstaatsarchivs Dresden und Fachtagung „Archivische Facharbeit in historischer Perspektive“, Dresden 2009, S. 24–27, hier S. 24.

42 Reininghaus, Archivgeschichte und ihre Methodik, S. 24.

43 Vgl. Wellmann, Theorie. Zur Debatte um kulturwissenschaftliche Ansätze in der Archivgeschichte vgl. auch Dietmar Schenk, „Archivmacht“ und geschichtliche Wahrheit, in: Rainer Hering/Dietmar Schenk (Hg.), Wie mächtig sind Archive? Perspektiven der Archivwissenschaft, Hamburg 2013, S. 21–43; Mario Wimmer, Archivkörper. Eine Geschichte historischer Einbildungskraft, Konstanz 2012; Markus Friedrich, Die Geburt des Archivs. Eine Wissensgeschichte, München 2013; Anja Horstmann/Vanina Kopp (Hg.), Archiv – Macht – Wissen. Organisation und Konstruktion von Wissen und Wirklichkeiten in Archiven, Frankfurt a. M./New York 2010.

44 Zu ersten Erkenntnissen zu diesem Thema in Bezug auf die DDR bzw. das MfS vgl. Kai von Jena, Aspekte der deutsch-polnischen Archivbeziehungen. Wahrnehmungen – Entwicklungen – offene Fragen, in: Mitteilungen aus dem Bundesarchiv H.1/2008, o. S.; Annette Weinke, Der Kampf um die Akten. Zur Kooperation zwischen MfS und osteuropäischen Sicherheitsorganen bei der Vorbereitung antifaschistischer Kampagnen, in: DA 32 (1999) H. 4, S. 564–577.

45 Wellmann, Theorie, S. 397.

46 Vgl. Michelle Caswell, Hannah Arendt’s World: Bureaucracy, Documentation, and Banal Evil, in: Archivaria Nr. 70 (2010), S. 1–25.

Vorstellung von der „nicht besonders modische[n]"[47] Geschichte der Institutionen und an Wellmanns Kritik an der Erforschung von „Einzelinstitutionen" anknüpfen.

Hinter einem solchen, traditionellen Forschungsansatz, der ausgewählte Archive in den Blick nimmt und ihre Geschichte nacherzählt, steht ein „verwaltungsgeschichtliches Institutionenverständnis", wie Bernhard Löffler diese „klassische" Vorstellung beschrieben hat. Er meint damit eine Vorstellung, die er von folgenden Merkmalen geprägt sieht: „Es handelt sich um ein einigermaßen staatsorientiertes, auf die staatliche Ordnung bezogenes Institutionenverständnis. Entsprechende Arbeiten tragen einen stark organisationsgeschichtlichen Zug, oftmals auch einen verwaltungsjuristischen Akzent. Die Vorgehensweise ist über weite Strecken ausgesprochen positivistisch, theoretische oder methodologische Reflexionen kommen kaum […] vor. Der eindeutige inhaltliche Schwerpunkt liegt auf den normativen Regelwerken der Institutionen, auf den gesetzlichen und geschäftsordnungsmäßigen Grundlagen, auf dem organisationstechnischen Aufbau (Abteilungen, Referate etc.), auf den zentralen Kompetenzzuordnungen, insgesamt also auf den formalen Bedingungen behördlichen Agierens. Und wo es um die Behördenpolitik geht, werden vornehmlich die Entscheidungen, also das Ende der politischen Vorgänge, nicht die Vorgänge selbst und die Verfahrenswege, betrachtet."[48] Der von Löffler stattdessen geforderte Blick auf die „institutionelle Wirklichkeit"[49] lenkt den Blick dagegen auf ein ganz anderes Verständnis von Institutionen – ein Verständnis, das nicht nur der archivgeschichtlichen Forschung neue Perspektiven bietet.

Das MfS als Institution

Löffler vermisst in der klassischen Institutionengeschichte Hinweise „auf den informellen Verfahrensprozeß jenseits der Normen und auf die internen Verständigungsmodalitäten, auf die Modifikationen der normativ-rechtlichen oder verwaltungstechnischen Vorgaben im und durch den bürokratisch-politischen Alltag, auf Wirkungen und Wahrnehmungen dieser Vorgaben, auf die Herausbildung der speziellen Eigenarten und verschiedenen ‚Organisationskulturen' der Institutionen, auf institutionstypische Mitarbeitermentalitäten und das spezifische Betriebsklima"[50].

47 Reininghaus, Archivgeschichte und ihre Methodik, S. 24.

48 Bernhard Löffler, Moderne Institutionengeschichte in kulturhistorischer Erweiterung. Thesen und Beispiele aus der Geschichte der Bundesrepublik Deutschland, in: Hans-Christof Kraus/Thomas Nicklas (Hg.), Geschichte der Politik. Alte und neue Wege, München 2007 (Historische Zeitschrift Beihefte, Bd. 44), S. 155–180, hier S. 155.

49 Ebd., S. 157.

50 Ebd.

Nicht nur in der Betrachtung der Geschichte von Archiven würde eine derartige Erweiterung der Perspektive wichtige neue Erkenntnisse liefern. Auch in der „nahezu ins Unüberschaubare angewachsen[en]"[51] Forschungslandschaft zur Geschichte des MfS sucht man Untersuchungen, die von einem derartigen Blick auf Institutionen geprägt sind, vergeblich. Über das Innenleben des MfS und über den Arbeitsalltag der hauptamtlichen Mitarbeiter ist bislang wenig bekannt. So scheinen etwa Netzwerke von Mitarbeitern innerhalb des MfS eine wichtige Funktion eingenommen zu haben. Dabei dürften diese Netzwerke insbesondere in der Anfangsphase, als sich Hauptamtliche zum Beispiel durch gemeinsame KZ-Haft oder durch den gemeinsamen Einsatz im Spanischen Bürgerkrieg kannten, eine zentrale Rolle gespielt haben. Doch auch für die 1980er-Jahre, als immer mehr Mitarbeiter aufgrund von familiärer Rekrutierung zur Geheimpolizei stießen, lässt sich die Existenz solcher Netzwerke vermuten. Im Übrigen dürften wohl auch die nicht seltenen Versetzungen, bei denen Mitarbeiter von einer Diensteinheit zur anderen wechselten, die Verbreitung informeller Kontakte innerhalb des Ministeriums gefördert haben. Es ist davon auszugehen, dass trotz der großen Bedeutung, die die Konspiration für das Selbstverständnis des MfS besaß, derartige Verbindungslinien zwischen Mitarbeitern den Alltag bei der Staatssicherheit mitbestimmten und möglicherweise in nicht unerheblichem Maße dazu beitrugen, den Apparat funktionsfähig zu halten.

Bei der Untersuchung von Netzwerken im MfS liegt es nahe, auch den Freizeitbereich stärker in den Blick zu nehmen. Neben dem häufig erwähnten Wohnen in den gleichen Stadtvierteln lässt sich dabei auch an gemeinsame Aktivitäten denken, beispielsweise an den Sport, an benachbarte Kleingartengrundstücke oder an den Urlaub in MfS-Unterkünften. Auch das Jagdwesen fügt sich in diese Reihe ein, das nicht zuletzt wegen seiner „männerbündischen" Konnotation eine eingehende Untersuchung im Rahmen der MfS-Forschung verdient hätte.[52] Derartige „männliche" Freizeitaktivitäten dürften, so ist zu vermuten, dazu beigetragen haben, dass Karrierewege weiblicher Hauptamtlicher in der Regel weit weniger steil verliefen als die ihrer männlichen Kollegen.[53]

Der Blick auf derartige Freizeitaktivitäten, die viele MfS-Mitarbeiter teilten, verweist darüber hinaus auf eine ganz andere Frage. So ist zu untersuchen, welche Folgen ein selbstgewählter „Ausschluss" aus dem „Freizeitmilieu" der MfS-

51 Jens Gieseke, Die Stasi. 1945–1990, München 2012, S. 314.

52 Zur Rolle des Jagdwesens für die Führungselite der DDR mit einigen Hinweisen auf das MfS vgl. Burghard Ciesla/Helmut Suter, Jagd und Macht. Die Geschichte des Jagdreviers Schorfheide, Berlin 2011, S. 203–232. Auch unter den Mitarbeitern der Abt. XII lassen sich Jäger nachweisen, darunter der dritte Leiter der Abt. XII, Reinhold Knoppe; vgl. BStU, MfS, BCD 66.

53 Zu weiblichen Mitarbeiterinnen im MfS vgl. den Beitrag „‚Müde Einzelgänger' und ‚ganze Kerle'" von Philipp Springer in diesem Band. Dort auch weitere Literaturhinweise.

Kollegen haben konnte – und derartige „eigensinnige" Verhaltensweisen gab es durchaus.[54] Abgrenzungsversuche wie die von Leutnant Carsten R., der in dem von Unangepassten und Oppositionellen „durchsetzten" Wohnbezirk Prenzlauer Berg in Berlin lebte,[55] wurden jedenfalls ebenso kritisch beäugt wie der Wunsch von Leutnant Andreas R. nach einer Partnerin, die keine MfS-Mitarbeiterin sein sollte. „[S]onst hat man ja keine Vorstellung mehr, was ‚draußen' passiert"[56], wurde der junge Mann 1986 zitiert – eine Vorstellung, die sein Vorgesetzter umgehend zu „korrigieren" versuchte. Derartige Fälle von MfS-Mitarbeitern, die sich lebensweltlich abzugrenzen versuchen, laden dazu ein, über das Selbstverständnis der Hauptamtlichen nachzudenken, das variantenreicher gewesen sein dürfte als gemeinhin angenommen.

Die nicht selten zu beobachtende Konzentration auf einzelne, gleichsam aus dem Gesamtsystem „herausoperierte" Diensteinheiten scheint einer der Gründe zu sein, warum Konflikte oder andere Formen der Interdependenzen zwischen verschiedenen Diensteinheiten bislang kaum thematisiert worden sind. Auch über den Ablauf von Entscheidungsprozessen gibt es nur wenige Informationen. Insbesondere der Einfluss unterer Hierarchieebenen, die zum Beispiel Entscheidungen durch ihre technische Expertise vorbereiteten und damit vermutlich recht häufig vorherbestimmten, würde eine intensivere Betrachtung lohnen.

Der militärische Charakter des MfS und die hohe Konspiration, der die Mitarbeiter verpflichtet waren, mag auf den ersten Blick einer Analyse des MfS unter den Gesichtspunkten „moderner Institutionengeschichte", zu der sich die genannten Fragestellungen rechnen lassen, entgegenstehen, zumal Löffler seine Forderungen nach einem veränderten Institutionenverständnis im Rahmen seiner Untersuchung des Bundeswirtschaftsministeriums unter Ludwig Erhard und demnach nicht im Kontext eines diktatorischen Herrschaftssystems entwickelt hat.[57]

Doch auch nicht-demokratische, höchst hierarchische Institutionen wie das MfS können nicht auf Dauer allein durch Zwang funktionieren. Stefan Kühl hat bei seinen Forschungen zu den „ganz normalen Organisationen" bei der Umsetzung des Völkermordes im NS-Deutschland darauf hingewiesen, dass es diesen erst das Zulassen von Freiräumen ermöglicht habe, „sehr weitgehende Anforderungen an ihre Mitglieder [zu] stellen, ohne permanent die organisationseigenen Erzwingungsstäbe in Bereitschaft halten zu müssen". Voraussetzung für

54 Vgl. auch das „eigensinnige" Verhalten des Mitarbeiters Thomas S., dargestellt in dem Beitrag „‚Müde Einzelgänger' und ‚ganze Kerle'" von Philipp Springer in diesem Band.

55 Vgl. ebd.

56 Abt. XII/5/Leiter Fischer, Vermerk zum Fehlverhalten des Gen. Leutnant R[…], 2.12.1986, BStU, MfS, Abt. XII Nr. 3432, S. 1 f., hier S. 1.

57 Vgl. Löffler, Marktwirtschaft.

eine derartige Abwesenheit von Zwang war allerdings, „dass die Nutzung der Freiräume die Legitimität der Organisationserwartungen nicht untergräbt“[58].

Neben der Bedeutung des Zwangs für die Motivation von beispielsweise während des Krieges im Osten eingesetzten Polizisten beleuchtet Kühl weitere Motivationsmittel, die in der Regel zudem in Kombination auftraten: das Angebot an für die Mitglieder attraktiven Zwecken (beispielsweise der behauptete Schutz der „Nation“ vor der „jüdischen Weltverschwörung“), Kollegialität bzw. Kameradschaft, finanzielle Motive und die hohe Attraktivität der auszuübenden Handlungen. Seiner Ansicht nach konnte der Holocaust nur deshalb realisiert werden, „weil der NS-Staat sich auf Organisationen – also auf ein zentrales Prinzip moderner Gesellschaften – stützen konnte. Und Organisationen differenzieren Mitgliedschaftsrollen und bringen ihre Mitglieder dazu, Dinge zu tun, die sie außerhalb der Organisation nicht tun würden“[59]. Kühls Fazit: „Die besorgniserregende Erkenntnis lautet, dass nicht nur die Mitglieder in auf Massentötungen spezialisierten Organisationen häufig ganz normale Menschen sind, sondern dass auch die Organisationen, über die die Massentötungen geplant und durchgeführt werden, Merkmale ganz normaler Organisationen aufweisen.“[60]

Es erscheint lohnenswert, auch das MfS in diesem Sinne als „ganz normale Organisation“ (bzw. Institution) zu betrachten. Mit einem solchen Blick ließen sich Erkenntnisse über die Arbeitsrealität der hauptamtlichen Mitarbeiter, über die Funktionsweisen des MfS-Apparates, über Milieu, Mentalität und Kollektivbiografien der hauptamtlichen Mitarbeiter, über Konflikte und Loyalitäten innerhalb des Apparates, über den Fluss von Informationen im MfS jenseits der vorgegebenen Wege und über die vermutlich nicht selten hemmende Kraft der Konspiration sammeln. Auf diese Weise würden nicht nur neue Perspektiven auf die Tätigkeit des MfS eröffnet. Vielmehr wären auch neue Antworten auf die Frage denkbar, warum das MfS fast 40 Jahre Bestand hatte – und warum es schließlich scheinbar wehrlos zusammenbrach. Und schließlich könnte die Analyse der „institutionellen Wirklichkeit“ des MfS auch zur Revision des verbreiteten Bildes vom MfS als geheimnisumwitterter, allwissender „Krake“ beitragen – ein Bild, das die Mitarbeiter oft pauschal als Rädchen im Getriebe oder als verrohte Unholde erscheinen lässt und das die kritische Auseinandersetzung mit der Rolle und der Verantwortung der Hauptamtlichen eher verhindert.

58 Stefan Kühl, Ganz normale Organisationen. Zur Soziologie des Holocaust, Berlin 2014, S. 144. Kühl bezieht sich mit seiner Darstellung der „ganz normalen Organisationen“ auf die wegweisende Studie von Christopher R. Browning, Ganz normale Männer. Das Reserve-Polizeibataillon 101 und die „Endlösung“ in Polen, Reinbek 1993.

59 Kühl, Organisationen, S. 299.

60 Ebd., S. 326.

Zu diesem Band

Der vorliegende Sammelband zur Geschichte der Abt. XII möchte erste Schritte auf dem Weg zu einer derartigen „modernen" institutionengeschichtlichen Erweiterung der MfS-Forschung unternehmen. Neben vielem Anderen liefert er – so die Hoffnung – Materialien und Hinweise, die die „institutionelle Wirklichkeit" des MfS aufscheinen lassen und zu weiteren Forschungen anregen.

Einleitend analysiert der Autor des vorliegenden Beitrags, Philipp Springer, Struktur, Entwicklung und Bedeutung der Abt. XII von 1949 bis 1989 und hebt insbesondere die Rolle der Abteilung als einem „der wichtigsten Knoten bzw. Sammelpunkte der Informationsflüsse"[61] innerhalb des MfS hervor, ohne jedoch den notwendigen Abgleich zwischen Anspruch und Wirklichkeit der Arbeit der Abteilung zu vernachlässigen. Karsten Jedlitschka und Roland Lucht demonstrieren anhand der Geheimen Ablage bzw. der Karteien, welche Formen der „archivischen" Arbeit in der Abt. XII praktiziert wurden und welche Bedeutung diese für die Arbeit des MfS insgesamt hatten. Stephan Wolf und Karsten Jedlitschka beschäftigen sich mit den Gebäuden, in denen die Mitarbeiter der Abteilung arbeiteten – der in den 1980er-Jahren errichtete Archivzweckbau kann dabei als besonderer baulicher Ausdruck der Überwachungspraxis des MfS betrachtet werden. Der für die Geheimpolizei spezifischen Struktur und der Arbeitsrealität der Mitarbeiter widmet sich Philipp Springer. Er analysiert dabei unter anderem – auch auf der Basis von Interviews mit ehemaligen hauptamtlichen Mitarbeitern der Abt. XII – die in der MfS-Forschung bislang wenig untersuchte Rolle weiblicher Hauptamtlicher, die Bedeutung archivfachlicher Ausbildung für das MfS und die „Angst" der Geheimpolizei vor ihren Mitarbeitern. Ralf Blum und Philipp Springer lenken mit ihren Beiträgen den Blick auf zwei prägende Leiter der Abteilung und beleuchten dazu anhand der Lebensläufe von Reinhold Knoppe und Roland Leipold exemplarisch insbesondere die unterschiedliche generationelle Prägung des Führungspersonals im Laufe der fast vierzigjährigen Existenz der Abteilung. Die kurze Geschichte von Auslandseinsätzen der Abt. XII schildert Philipp Springer und nutzt dabei als Quelle auch ein Interview, das er mit einem der beteiligten Hauptamtlichen führen konnte – ein Beispiel dafür, dass derartige Gespräche auf der Basis einer notwendigen Quellenkritik eine wichtige, leider zu wenig genutzte Grundlage und Anregung für die Forschung sein können.

Der Anhang umfasst neben elf, von Roland Lucht entwickelten Strukturschemata, die die strukturellen Veränderungen der Abt. XII deutlich werden lassen, eine von Philipp Springer erarbeitete Aufstellung von Kurzbiografien der 43 leitenden Mitarbeiter der Abt. XII in der Zentrale, der sechs Leiter der

61 Ist-Zustandsanalyse der Abt. XII, 1.12.1969, BStU, MfS, Abt. XII Nr. 4535, S. 131–224, hier S. 135.

Archivabteilungen von HA I und HV A und der 65 Leiter der Selbstständigen Referate bzw. Abteilungen XII der Bezirksverwaltungen des MfS. Diese Aufstellung, die auf der Auswertung der entsprechenden Kaderakten basiert, ermöglicht einen Einblick in Herkunft, Ausbildung, generationelle Zugehörigkeit und weitere Details der Lebenswege der wichtigsten hauptamtlichen Mitarbeiter der Abt. XII. Sowohl die Organigramme als auch die Kurzbiografien konnten dabei nicht auf entsprechende Zusammenstellungen bzw. Listen des MfS zurückgreifen – trotz der verbreiteten Vorstellung vom vermeintlich hochbürokratisierten Apparat des MfS existierten derartige Überblicksdarstellungen in der Geheimpolizei allenfalls punktuell.

Die vorliegenden Beiträge sind die Ergebnisse eines im Jahr 2015 abgeschlossenen Forschungsprojekts der Archivabteilung des BStU, das nicht zuletzt einen Beitrag für den quellenkritischen Umgang mit den Beständen des Stasi-Unterlagen-Archivs liefern möchte. Das Projekt wurde durch eine beim Grundsatzreferat der Archivabteilung angesiedelte Arbeitsgruppe realisiert. Deren Forschungsergebnisse bilden die Grundlage für den vorliegenden Sammelband.

Die Herausgeber danken den Mitarbeiterinnen und Mitarbeitern der Archivabteilung des BStU für ihre zahlreichen Ideen, Hinweise und anderweitigen Hilfen, mit denen sie die Arbeit begleiteten. Die Mitglieder des Wissenschaftlichen Beratungsgremiums unterstützten das Projekt mit Anregungen und Kritik. Dem Bundesbeauftragten für die Unterlagen des Staatssicherheitsdienstes der ehemaligen Deutschen Demokratischen Republik, Roland Jahn, und der Leiterin der Abt. Archivbestände, Birgit Salamon, schulden die Herausgeber großen Dank für ihre wohlwollende Begleitung des Projekts.

Philipp Springer

Das Gedächtnis der Staatssicherheit

Entwicklung, Struktur und Funktion der Abteilung XII des MfS

Als Oberstleutnant Ingeburg Heinritz im November 1985 vor die Delegierten ihrer SED-Grundorganisation trat, blickte sie auf ein langes, in ihren Augen erfolgreiches Arbeitsleben zurück. Über 32 Jahre hatte sie dem MfS gedient, zuletzt als Leiterin der Abt. XII/4. Heinritz, dienstälteste Mitarbeiterin der Abteilung, war prädestiniert für einen solchen Rückblick auf die Geschichte ihrer Abteilung. Die Angehörige der Gründergeneration des MfS verkörperte in ihrer eng mit der Abteilung verbundenen Biografie in besonderer Weise die Entwicklung der Karteien und des Archivs im MfS. „Von Anbeginn gab es Erfassungen, Registrierungen oder Archivierungen. Für eine geordnete, koordinierte Arbeit im MfS war das unerläßlich", berichtete sie ihren Zuhörern von den Anfängen der Abteilung in den 1950er-Jahren. Nach einem Verweis auf den umfangreichen Ausbau der Abteilung, die anfangs in zweieinhalb Zimmern begonnen hatte, nun aber ein „großzügiges, der Bedeutung der Abt. XII entsprechendes Gebäude" nutzen dürfe, fuhr Heinritz fort: „In dem Verhältnis, wie das gesamte MfS gewachsen ist, wurden auch die durch die Abt. XII zu lösenden Aufgaben immer größer und sie sind für alle Diensteinheiten des MfS sehr wichtig. Einfach war die XIIer Arbeit noch nie, früher nicht, weil für uns alles neu und keine Erfahrungen da waren, und heute, weil die Aufgaben komplexer, komplizierter und vom Niveau her anspruchsvoller geworden sind."[1]

Zu diesem Zeitpunkt, kurz nach Bezug des neu errichteten Archivzweckbaus an der Magdalenenstraße in Berlin-Lichtenberg,[2] schien die Abt. XII auf dem Höhepunkt ihrer Bedeutung für den Apparat des MfS zu stehen. Die kontinuierliche personelle Erweiterung, aber auch die zunehmende Dominanz der modernen Datenverarbeitungssysteme im Alltag der Abteilung dürften das Selbstbewusstsein vieler Mitarbeiter gestärkt haben.

1 Ingeburg Heinritz, Rede bei der Delegiertenversammlung der APO 4, 23.11.1985, BStU, MfS, Abt. XII Nr. 4359, S. 42–55, hier S. 45 f.

2 Vgl. den Beitrag „Speicher einer Diktatur" von Karsten Jedlitschka in diesem Band.

Doch Heinritz thematisierte in ihrer Rede, die offenbar von der Abt. XII auch als Material für die „Traditionsarbeit" genutzt werden sollte, nicht nur den Bedeutungszuwachs ihrer Abteilung. Auch die Inhalte der täglichen Arbeit und damit die Funktion der Abteilung im Herrschaftssystem des MfS sprach die 58-Jährige an: „Den operativen Diensteinheiten müssen wir mit nützlichen Informationen dienlich sein. Ich lege deshalb immer Wert darauf, daß meine Mitarbeiter das Ziel verfolgen, in Speicherüberprüfungen etwas zu finden. Selbst bei kompliziertesten Aufgaben darf man nicht aufgeben. Diese Absicht, etwas für die operative Arbeit finden zu müssen, schließt die Genauigkeit, die Vergleichsarbeit und das Knobeln ein. Damit helfen wir Personen oder Objekte zu identifizieren, Sachverhalte zu klären und ersparen operativen Mitarbeitern oftmals langwierige Aufklärungsarbeiten."[3] Mit der Beschreibung der „dienenden" Funktion ihrer Abteilung formulierte Heinritz das von Beginn an vertretene Selbstbild der Abt. XII. In einer internen Analyse von 1969 hieß es dazu ein wenig selbstbewusster: „Die Abteilung XII im MfS nimmt im System der Staatssicherheit der DDR eine zentrale Stellung ein. Deshalb stellt die Leistungsfähigkeit der Abteilung XII, bzw. der gesamten Linie XII, einen bedeutenden Faktor bei der Erhöhung der Schlagkraft unseres Organes dar."[4]

Ein anderes Selbstbild als das der „Diener" wäre im MfS von der Abt. XII auch nicht vertretbar gewesen. Insbesondere die Gründergeneration, die bekanntlich bis zum Ende durch den Minister selbst an höchster Stelle (und als letztem Vertreter) präsent war, zeigte sich eher skeptisch gegenüber einem wachsenden Geltungsanspruch des bürokratischen Apparats, den auch die Abt. XII verkörperte. Die durch Straßenkämpfe und Untergrundarbeit geprägten Alt-Tschekisten fürchteten diesen Apparat als potentielles Hemmnis für die Arbeit der „richtigen", nämlich operativ tätigen Geheimpolizisten – und zudem als Überbleibsel eines untergegangenen Systems. „Die Abt. XII sei eine bürokratische Abteilung[,], wo nur noch das Kaiser-Wilhelm-Bild fehle"[5], soll etwa ein leitender Mitarbeiter der BV Cottbus im Jahr 1954 gegenüber Mitarbeitern der Abteilung erklärt haben – in einer solchen Vorstellung galt das Feindbild „Bürokratie" als Relikt des überwundenen preußischen Militarismus. Das immer wieder in Reden beschworene Selbstbild der Abt. XII als „Diener" lässt sich nicht zuletzt auch als Reaktion auf derartige Befürchtungen und Zuschreibungen betrachten.

3 Ingeburg Heinritz, Rede bei der Delegiertenversammlung der APO 4, 23.11.1985, BStU, MfS, Abt. XII Nr. 4359, S. 42–55, hier S. 49f.

4 Ist-Zustandsanalyse der Abteilung XII, 1.12.1969, BStU, MfS, Abt. XII Nr. 4535, S. 131–224, hier S. 134. Dort auch die folgenden Zitate.

5 Abt. XII/Rohner, Bericht von der Kontrolle der Abteilung XII der BV Cottbus, 23.12.1954, BStU, MfS, AS 189/58, Bd. 2, S. 381–386, hier S. 385.

Abb. 1: Ihre Bedeutung leitete die Abt. XII aus der „engen Zusammenarbeit" mit den anderen Diensteinheiten des MfS ab. In einer abteilungsinternen Ausstellung wird diese Zusammenarbeit in den 1980er-Jahren als „Voraussetzung und Erfordernis" des Wirkens der Abteilung dargestellt.

Heinritz' Hinweis auf die Notwendigkeit zum „Knobeln" und auf die daraus folgende Zeitersparnis für die operativen Diensteinheiten deutet an, dass der Anspruch an die Abt. XII allerdings weit über eine rein verwaltende Tätigkeit hinausging. Vielmehr schloss das Selbstbild der „Diener" auch eine aktive Rolle in der operativen Tätigkeit des MfS ein, wie es in der Analyse von 1969 formuliert wurde: „Die Abteilung bzw. Referate XII müssen in der Lage sein, schnell und exakt die Anfragen der operativen DE [Diensteinheiten] ‚Wer ist Wer?' zu beantworten. Damit wird die entscheidende Voraussetzung für eine gute Koordinierung der Arbeit am Feind geschaffen."

Die Abt. XII, durch die Verwaltung von Karteien, Akten und sogar der meisten Blankoformulare und Aktendeckel Inbegriff des bürokratischen MfS-Apparats, war somit weit mehr als nur „Hüter" von Daten und Unterlagen, wie es die Definition „Abteilung zur Speicherung und Verwaltung von Informationen zu Personen und formgerecht geführten Vorgängen (Registratur und Archivaufgaben)"[6] suggeriert. Eine solche Sichtweise erweckt den Eindruck, es habe sich bei den Speichern der Abt. XII um eine gewöhnliche Alt-Aktenablage gehandelt – tatsächlich aber fungierten sie als Instrumente des MfS, mit deren Hilfe man die „Feinde" im In- und Ausland mit größtmöglicher Wirksamkeit zu bekämpfen versuchte.

Die „dienende" Funktion der Abt. XII, wie sie in Heinritz' Worten deutlich wird, weist zudem darauf hin, dass es sich bei der Abteilung keineswegs um ein herkömmliches Archiv handelte, auch wenn der „teilweise exzessive Gebrauch von Begriffen aus dem Archivwesen innerhalb des Staatssicherheitsdienstes"[7] dies nahe zu legen scheint. Alle fachlichen Ansprüche und archivwissenschaftlichen Theorien hatten sich vielmehr dem eigentlichen Auftrag des MfS unterzuordnen. Daher überrascht es auch nicht, dass das traditionelle Selbstbild des Archivars als – scheinbar objektivem – Bewahrer schriftlicher Überlieferung in der Abt. XII nicht zum Tragen kam. Anschaulich belegt dies eine kritische Einschätzung, die der wichtigste „Archivar" des MfS, Joachim Hinz, über den Direktor des Militärarchivs der DDR, Oberst Rudolf Studanski, abgab, mit dem er sich um die Zuständigkeit für Archivgut aus der NS-Zeit stritt. Studanski gehe, so Hinz, „vorrangig als Historiker und Archivar an die Bearbeitung der Archivbestände heran [...] und weniger von ihrer Bedeutung für die Lösung der aktuellen politischen Aufgaben."[8]

Die Aufgaben der Abteilung gingen eben weit über die reine Verwaltung von Karteien und Akten hinaus. Vielmehr sollte die Diensteinheit als Mit-Akteur die Wirkungsmacht des MfS erhöhen, die Tätigkeiten anderer Akteure des Apparates miteinander verknüpfen, durch statistische Analysen Schwächen der MfS-Arbeit oder „feindliche Konzentrationen", also Schwerpunkte der „Feindtätigkeit", erkennen, den Zugriff auf archivierte Akten ermöglichen, deren Inhalte

6 Art. „Abteilung XII (Zentrale Auskunft, Speicher)", in: Roger Engelmann u. a. (Hg.), Das MfS-Lexikon. Begriffe, Personen und Strukturen der Staatssicherheit der DDR, Berlin 2012[2], S. 25–27, hier S. 25.

7 Stephan Wolf, Die Bestände der Abteilung XII des Ministeriums für Staatssicherheit. Ihr Entstehen, ihr Charakter und ihre Nutzung, unveröffentl. Diplomarbeit FH Potsdam, 2010, S. 8.

8 Abt. XII/Hinz, Information über Gen. Oberst Studanski, 18.7.1947 [gemeint ist 1974], BStU, MfS, Abt. XII Nr. 8, S. 44. Zu Hinz vgl. die Beiträge „Speicher einer Diktatur" von Karsten Jedlitschka und „‚Müde Einzelgänger' und ‚ganze Kerle'" von Philipp Springer in diesem Band.

operativ nutzbar machen und durch größtmögliche Konspiration das MfS vor Angriffen auf die gesammelten Daten und Unterlagen und auf das elitäre Selbstbild der Mitarbeiter[9] schützen. Demnach bildete die Abt. XII, so unscheinbar sie innerhalb der Geheimpolizei auch auf den ersten Blick wirken mag, die Grundlage für die systematische Überwachung der Bevölkerung und für den Ausbau des Repressionsapparates – sie war das „Gedächtnis" der Staatssicherheit.

Archiv und Karteien bei der K 5

Als Abt. Erfassung und Statistik war die spätere Abt. XII am 20. September 1950 mit dem Befehl Nr. 1/50[10] auf Republik- und auf Landesebene gegründet worden. Ziel war die „Organisation und Schaffung einer einheitlichen zentralisierten Erfassung" von Personen, die ins Visier des MfS geraten waren. Dazu zählten laut den drei Richtlinien, die einen Monat später in Kraft traten und die Grundlage der Arbeit der Abteilung bilden sollten, erstens Personen, die einer „feindliche[n] Tätigkeit" verdächtigt wurden, zweitens geheime Mitarbeiter, Informatoren und Personen, die konspirative Wohnungen unterhielten und drittens Menschen, die vom MfS verhaftet worden waren. Außerdem sollten die Diensteinheiten zukünftig „erfassungsstatistische Berichte" bei der neuen Abteilung einreichen. Auch die für die Berichterstattung notwendigen „Blanko-Karteikarten und Formulare" thematisierte der Befehl – sie sollten von der Abt. Erfassung und Statistik angefertigt und den Landesverwaltungen des MfS zur Verfügung gestellt werden.

Die neue Abteilung konnte bei ihrer Gründung – wie andere Diensteinheiten auch – an die Arbeit der Vorläuferorgane des MfS anknüpfen, insbesondere an die Abteilung K 5, die den Kern der Politischen Polizei innerhalb der Deutschen Verwaltung des Innern in den Jahren bis zur Staatsgründung bildete. Die K 5 war „offiziell eine Abteilung der Kriminalpolizei, de facto jedoch ein Überwachungsapparat mit sorgfältig ausgewähltem Personal, zur direkten Disposition der Besatzungsmacht"[11]. Außerdem existierte in der Abteilung Kriminal-

9 Vgl. Karsten Jedlitschka, Arkanum der Macht. Die „Geheime Ablage" im Zentralarchiv der DDR-Staatssicherheit, in: VfZ 60 (2012) H. 2, S. 279–290, hier S. 288 f.

10 Vgl. BStU, MfS, BdL/Dok Nr. 1. Vgl. auch Art. „Befehl Nr. 1/50 über die Schaffung einer Abteilung Erfassung und Statistik", in: Roland Lucht (Hg.), Das Archiv der Stasi. Begriffe, Göttingen 2015, S. 67 f.

11 Dieter Marc Schneider, Innere Verwaltung/Deutsche Verwaltung des Innern (DVdI), in: Martin Broszat/Hermann Weber (Hg.), SBZ-Handbuch. Staatliche Verwaltungen, Parteien, gesellschaftliche Organisationen und ihre Führungskräfte in der Sowjetischen Besatzungszone Deutschlands 1945–1949, München 1993[2], S. 207–217, hier S. 215. Zur K5 vgl. auch Jens Gieseke, Von der Deutschen Verwaltung des Innern zum Ministerium für Staatssicherheit 1948 bis 1950, in: Dierk Hoffmann/Hermann Wentker (Hg.), Das letzte Jahr der SBZ. Politische Weichenstellungen und Kontinuitäten im Prozeß der Gründung der DDR, München 2000 (Son-

polizei auch das Referat K 7, das für Erfassung und Statistik zuständig war.[12] In einem Entwurf des Leiters der Abteilung K vom 11. April 1947 für die K 5 war schließlich von der Einrichtung einer Arbeitsgruppe „Registratur und Archiv" die Rede. Diese sollte auch für Statistiken, für Karteien und für das Sammeln von Nachrichtenmaterialien über „politische" Straftaten zuständig sein.[13] Angesichts dessen ist es naheliegend, dass die MfS-Abteilung Erfassung und Statistik auf diesen Unterlagen und Karteien der Vorgängerorgane aufbauen konnte – das Material stellte „wahrscheinlich die wichtigste Kontinuitätslinie von der K 5 zum MfS"[14] dar.

Dokumentiert ist, dass die bei der K 5 „befindlichen op[erativen] Unterlagen [...] ab 1950 in der Abt. EuS karteimäßig nachgewiesen"[15] wurden. Die übernommene Kartei der K 5 „beinhaltete die Erfassung ehemaliger Naziunterlagen und Delikte der staatsfeindlichen Tätigkeit bis zum Jahre 1950", wie ein Mitarbeiter der Abt. XII 1976 rückblickend in einem Schulungsvortrag erläuterte. „Diese Kartei", so der Vortragende weiter, „ging in die spätere Personenkartei ein, die Karten wurden neu geschrieben."[16] Bis heute finden sich in der zentralen Personenkartei des MfS Karteikarten aus der Zeit der K 5.[17]

Personell lässt sich eine solche Kontinuitätslinie dagegen nur bedingt beobachten. Zwar existieren keine Aufstellungen über die Mitarbeiter der unmittelbaren Anfangszeit. Doch blickt man auf die 15 Mitarbeiter, die im April 1952 in der Abt. XII arbeiteten,[18] so waren nur zwei von ihnen zuvor bei der K 5: der Leiter Paul Karoos und der Sachbearbeiter (und spätere Leiter des Ref. 2) Richard Stopfkuchen. Darüber hinaus hatten der Leiter des Ref. 3 (Bildstelle) Walter Tiepold und sein Mitarbeiter Franz Liedtke beim Erkennungsdienst der

dernr. der Schriftenreihe der Vierteljahrshefte für Zeitgeschichte), S. 133–148; Monika Tantzscher, Die Vorläufer des Staatssicherheitsdienstes in der Polizei der Sowjetischen Besatzungszone. Ursprung und Entwicklung der K 5, in: Jahrbuch für historische Kommunismusforschung 1998, S. 125–156.

12 Vgl. Tantzscher, Vorläufer, S. 140.

13 Vgl. ebd., S. 141.

14 Ilko-Sascha Kowalczuk, Stasi konkret. Überwachung und Repression in der DDR, München 2013, S. 55.

15 Abt. XII/3, Vortrag „Grundsätze der Führung von Karteien in den Abteilungen XII", Mai 1981, BStU, MfS, Abt. XII Nr. 2599, S. 1–41, hier S. 7.

16 [O.A.], Vortrag zum Thema „Der Aufbau der Zentralkartei und ihre Entwicklung – Die Bedeutung der zentralen Personenkartei zur Gewährleistung der Informationsaufgaben", 28.4.1976, BStU, MfS, Abt. XII Nr. 683, S. 105–123, hier S. 109.

17 Vgl. den Beitrag Karteien, Speicher, Datenbanken von Roland Lucht in diesem Band; Ralf Blum/Roland Lucht, Der Schlüssel zur Macht. Karteien und andere Findmittel zu den Überlieferungen der Staatssicherheit, in: Der Archivar 64 (2011) H. 4, S. 414–426, hier S. 414f.

18 Vgl. Abt. XII/Karoos, Schreiben an Chefinspekteur Last betr. Struktur der Abt. XII, 15.4.1952, BStU, MfS, AS 187/58, Bd.1, S. 255. Für eine der in der Aufstellung genannten Mitarbeiterinnen lässt sich der berufliche Werdegang vor Einstellung beim MfS nicht nachweisen. Es ist jedoch sehr wahrscheinlich, dass sie nicht bei der K 5 tätig war.

Abb. 2: Heinrich Fomferra, Leiter der Abt. Erfassung und Statistik 1950/51.

Kriminalpolizei gearbeitet.[19] Außerdem hatte Karoos' Vorgänger, der erste Leiter der Abteilung Heinrich Fomferra, Erfahrungen bei der K 5 gesammelt.[20] Der 54-jährige Fomferra, früherer Interbrigadist und Widerstandskämpfer, blieb allerdings nur etwas mehr als ein Jahr in der Abteilung und übernahm Ende 1951 die Leitung des Sekretariats des Ministers – offensichtlich wurden Loyalität und Erfahrung dieses altgedienten Parteisoldaten an zentraler Stelle dringender benötigt als beim Aufbau von Kartei und Archiv.

Auch der 44-jährige Karoos, der am 1. Dezember 1951 die Leitung der Abteilung von Fomferra übernahm,[21] konnte eine frühere KPD-Mitgliedschaft vor-

19 Vgl. die KKK bzw. Kaderakten der betreffenden Mitarbeiter.

20 Vgl. BStU, KKK Fomferra.

21 Vgl. MfS/Minister Zaisser, Befehl Nr. 65/51, 29.11.1951, BStU, MfS, HA KuSch Nr. 1065, S. 77.

Abb. 3: Paul Karoos, Leiter der Abt. XII von 1951 bis 1964, während einer Feier in der Abteilung.

weisen. Allerdings hatte der ungelernte Arbeiter die NS-Zeit anders als Fomferra verbracht: Nach verschiedenen, meist kurzen Beschäftigungsverhältnissen arbeitete er von Juni 1937 bis 1944 als Packer bei der Jaroslaw Glimmerwaren-Fabrik in Berlin-Weißensee,[22] einem „arisierten" Betrieb, in dessen Kondensatorenproduktion auch Zwangsarbeiter eingesetzt wurden.[23] Offenbar schützte die Bedeutung der Fabrik für die Rüstungswirtschaft Karoos bis Kriegsende vor der Einberufung zur Wehrmacht. Nach dem Krieg war Karoos zunächst knapp fünf Jahre bei der Kriminalpolizei tätig, erst als Kriminalsekretär in verschiedenen Revieren, anschließend in der Abteilung K des Bereichs Alliierte Kommandantur im Präsidium der Volkspolizei. Im Februar 1950 wechselte er, wie ein Teil seiner Kollegen, zum neu gegründeten MfS.[24] Hier wurde er zunächst als Sachbearbeiter in der Abt. Erfassung und Statistik eingesetzt, bevor er die Nachfolge von Fomferra antrat und die Entwicklung der Abteilung in den folgenden 17 Jahren bestimmte.

Die drei anderen Mitarbeiter mit Erfahrungen bei der Kriminalpolizei, Walter Tiepold, Franz Liedtke und Richard Stopfkuchen, hatten ebenfalls eine kom-

22 Vgl. BStU, KKK Karoos.

23 Vgl. o.A., Zur Geschichte des VEB Isokond Berlin-Weißensee in der Lehderstraße 34–35, http://www.museum-digital.de/berlin/documents/11101823975.pdf, abgerufen am 22.1.2015.

24 Vgl. BStU, MfS, Abt. XII Nr. 4115.

munistische Vergangenheit in der Weimarer Republik. Allerdings waren sie bei der Kriminalpolizei in weniger zentralen Bereichen tätig gewesen: Tiepold hatte sich seit 1946 vom Fotografen in der Bildstelle des Dezernats Erkennungsdienst der Abt. K zum Leiter dieses Dezernats hochgedient, Liedtke war erst im Dezember 1948 ebenfalls zum Erkennungsdienst gekommen und hatte sich dort vor allem mit Spurensicherung beschäftigt und Stopfkuchen war vor seiner Einstellung beim MfS wenige Monate Angestellter der K 5 in Wurzen gewesen.[25]

Die Gründungsstruktur der Abt. Erfassung und Statistik

Die im Befehl Nr. 1/50 genannten Aufgaben der Abteilung bildeten die Grundlage für die anfängliche Arbeitsstruktur. Folgt man dem frühesten dokumentierten Organisationsschema, das Karoos am Tag seines Amtsantritts an die HA Personal sandte, so existierten zu diesem Zeitpunkt drei Referate in der Abteilung, die personell sehr unterschiedlich besetzt waren und dementsprechend die Relevanz ihrer Tätigkeit für die Arbeit des MfS widerspiegeln.[26]

Referat I „Registrierung und Kartei“ beschäftigte sich mit der Erfassung von Einzel- und Gruppenvorgängen, von Untersuchungsvorgängen und von Informatoren und mit der „Karteihaltung“. Es bildete den Kern der Abteilung – ein halbes Jahr später arbeiteten hier acht von insgesamt 15 Mitarbeitern.[27]

Im Referat II „Archiv“ war dagegen nur ein einziger Mitarbeiter tätig – Zeichen der eher geringen Bedeutung, der man in der MfS-Leitung diesem Arbeitsbereich beimaß. Dies war bereits im Verzicht auf den Begriff „Archiv“ bei der Benennung der Abteilung zum Ausdruck gekommen. Allerdings dürfte auch der Bestand an Unterlagen, die archiviert und verwaltet werden mussten, zu diesem Zeitpunkt noch überschaubar gewesen sein.

Das Referat III „Bildstelle“ unterstützte die operativen Diensteinheiten auf dem Gebiet der Fotografie. Hier wurden Fotoaufnahmen reproduziert, Negative verwaltet und „operative“ Aufnahmen archiviert.[28] Auch die Arbeit mit Fingerabdrücken fiel in das Tätigkeitsfeld des Referats. Es umfasste im April 1952 fünf Mitarbeiter.

25 Vgl. Zusammengefaßte Auskunft zu Walter Tiepold, BStU, MfS, KS 16207/90, S. 3–13, hier, S. 4; Polizeipräsident in Berlin/Personalabt./Dezernat III, Vermerk zur Einstellung von Franz Liedtke, 19.12.1948, BStU, MfS, KS II 26/80, Bd. 1, S. 210; VPKA Grimma/Abt. K/ Komm. K5, Fachliche Beurteilung des Kameraden Richard Stopfkuchen, 6.9.1949, BStU, MfS, KS II 350/65, S. 21.

26 Vgl. im Folgenden Abt. EuS/Karoos, Schreiben an die HA Personal, 1.12.1951, BStU, MfS, AS 187/58, Bd.1, S. 273.

27 Vgl. Abt. XII/Karoos, Schreiben an Chefinspekteur Last betr. Struktur der Abt. XII, 15.4.1952, BStU, MfS, AS 187/58, Bd.1, S. 255.

28 Vgl. Karin Hartewig, Das Auge der Partei. Fotografie und Staatssicherheit, Berlin 2004, S. 38.

Die Gründung der Abt. Erfassung und Statistik erfolgte dabei vor dem Hintergrund wichtiger Veränderungen in der Arbeit des MfS. Dies gilt insbesondere für das Verhältnis zur sowjetischen Besatzungsmacht. Schrittweise wurden in dieser Zeit die Kompetenzen der Deutschen erweitert – selbstverständlich nicht ohne strenge Kontrolle durch das sowjetische Ministerium für Staatssicherheit MGB, dem Vorläufer des KGB. „Dieser Prozess wurde [...] mit der Einrichtung der Abteilung ‚Erfassung und Statistik' formal abgeschlossen."[29]

Mit der Übernahme zusätzlicher Aufgaben durch die deutschen Geheimpolizisten stieg auch die Menge der von ihnen bearbeiteten Personen und der zu verwaltenden Akten. Zeitgleich begann im Sommer 1950 darüber hinaus die systematische Rekrutierung von inoffiziellen Mitarbeitern.[30] Die rasch an Umfang zunehmenden Informationen bedurften einer zentralen Verwaltung, wenn man die Arbeit der unterschiedlichen Diensteinheiten effizient organisieren und mithilfe statistischer Analysen kontrollieren wollte. Blickt man auf die Arbeitsschwerpunkte der drei Referate und berücksichtigt die im Befehl Nr. 1/50 genannten Aufgaben, so erscheint die Gründung der Abt. Erfassung und Statistik als zwangsläufige Konsequenz aus dieser Entwicklung. Es überrascht eigentlich nur, dass die Abteilung nicht schon mit Gründung des MfS gebildet wurde. Doch offenbar hatte der Aufbau einer eher im Hintergrund tätigen Diensteinheit, wie sie die Abt. Erfassung und Statistik darstellte, in der Frühphase des MfS zunächst keine Priorität – zumal davon auszugehen ist, dass die vorhandenen Karteien auch ohne den Befehl Nr. 1/50 bereits weitergeführt wurden.

Die sowjetischen Berater in den 1950er-Jahren

Wie im gesamten Prozess des Aufbaus des MfS dürfte auch bei der Gründung der Abt. Erfassung und Statistik die Übernahme sowjetischer Vorgaben, Bestimmungen und Organisationsformen eine wesentliche Rolle gespielt haben. Dies galt umso mehr, als in den frühen 1950er-Jahren „das MfS praktisch eine Abteilung der sowjetischen Geheimpolizei darstellte"[31]. So hat etwa Helmut Müller-Enbergs auf die „eigentümliche Begrifflichkeit" hingewiesen, mit der im MfS ein Teil der IM nun als „Informatoren" bezeichnet wurde.[32] Auch bei der Begriffskombination „Erfassung und Statistik" handelte es sich ganz offensichtlich um eine Orientierung am sowjetischen Vorbild, und zwar nicht nur deshalb, weil die Übersetzung – anders als im Deutschen – im Russischen eine verbrei-

29 Jörg Rudolph/Frank Drauschke/Alexander Sachse, Hingerichtet in Moskau. Opfer des Stalinismus aus Berlin 1950–1953, Berlin 2007, S. 56.

30 Vgl. Helmut Müller-Enbergs, Inoffizielle Mitarbeiter des Ministeriums für Staatssicherheit. Richtlinien und Durchführungsbestimmungen, Berlin 1996, S. 23f.

31 Kowalczuk, Stasi, S. 88.

32 Vgl. Müller-Enbergs, Mitarbeiter, S. 25.

tete Bezeichnung darstellt. Vielmehr existierte in der sowjetischen Geheimpolizei zumindest zeitweise und offensichtlich in den betreffenden Jahren 1950 bis 1953 eine Abteilung gleichen Namens. Diese sowjetische Registrierabteilung war unter anderem für die Dokumentation von Hinrichtungen zuständig – ein Vertreter der Abteilung nahm beispielsweise an Urteilsvollstreckungen teil.[33]

Die tatsächliche Einflussnahme der sowjetischen Berater, meist „Freunde" genannt, auf die Arbeit der Abt. Erfassung und Statistik ist in den Akten des MfS allerdings nur punktuell nachweisbar. Auch der Wandel in den Beziehungen zwischen MfS und MGB, der sich in den 1950er-Jahren vollzog,[34] lässt sich anhand der generell spärlichen Überlieferung aus der Frühzeit der Abteilung nicht ablesen. Sehr selten wird der „Gen. Fr." („Genosse Freund") zitiert, sein Name findet in den Akten keine Erwähnung, seine Teilnahme an Dienstkonferenzen ist in den Anwesenheitslisten nicht dokumentiert. Aus den wenigen Fundstellen, die trotzdem überliefert sind, lassen sich kaum generelle Aussagen treffen. Bezeichnend ist allerdings eine Episode während einer Besprechung mit den Leitern der Abteilungen XII der Bezirksverwaltungen des MfS am 4. Januar 1954. Im Zuge der Besprechung der „Richtlinie über die operative Erfassung und Statistik" äußerte die Leiterin der Abt. XII Groß-Berlin, Ingeborg Steinbock, ihre Unsicherheit über eine neue IM-Kategorie: „Es gint [sic] doch jetzt bei der Registrierung Haupt-GI [Geheimer Informator]. Bei uns in der Verwaltung Groß-Berlin gibt es auch schon Haupt-GM [Geheimer Mitarbeiter]. Der Genosse Hüttner aus dem S.f.S. [Staatssekretariat für Staatssicherheit] der bei uns eine Kontrolle durchführte, sagte, dass von HGM noch nichts bekannt ist. Wie steht

33 Vgl. Arsenij Roginskij, „Um unverzügliche Vollstreckung des Urteils wird ersucht". Letzte Dokumente über die von 1950 bis 1953 in Moskau erschossenen Deutschen, in: ders./Frank Drauschke/Anna Kaminsky (Hg.), „Erschossen in Moskau…" Die deutschen Opfer des Stalinismus auf dem Moskauer Friedhof Donskoje 1950–1953, Berlin 2008³, S. 39–68, hier S. 40. Roginskij nennt als weitere Vorläufer- bzw. Nachfolger-Bezeichnungen „Abteilung für zentrale Registratur", „Abteilung für Erfassung und Registrierung", „1. Sonderabteilung" und „Abteilung ‚A' des MGB der UdSSR".

34 Vgl. Roger Engelmann, Aufbau und Anleitung der ostdeutschen Staatssicherheit durch sowjetische Organe 1949–1959, in: Andreas Hilger/Mike Schmeitzner/Ute Schmidt (Hg.), Diktaturdurchsetzung. Instrumente und Methoden der kommunistischen Machtsicherung in der SBZ/DDR 1945–1955, Dresden 2001, S. 55–64; Roger Engelmann, Diener zweier Herren. Das Verhältnis der Staatssicherheit zur SED und den sowjetischen Beratern 1950–1959, in: Siegfried Suckut/Walter Süß (Hg.), Staatspartei und Staatssicherheit. Zum Verhältnis von SED und MfS, Berlin 1997, S. 51–72; Kowalczuk, Stasi, S. 88–91; Bernhard Marquardt, Die Zusammenarbeit zwischen MfS und KGB, in: Karl Wilhelm Fricke/Bernhard Marquardt, DDR-Staatssicherheit. Das Phänomen des Verrats. Die Zusammenarbeit zwischen MfS und KGB, Bochum 1995, S. 50–169, hier S. 53–66; Bernhard Marquardt, Die Kooperation des Ministeriums für Staatssicherheit (MfS) mit dem KGB und anderen Geheimdiensten, in: Deutscher Bundestag (Hg.), Materialien der Enquete-Kommission „Überwindung der Folgen der SED-Diktatur im Prozeß der deutschen Einheit", Bd. VIII/2: Das geteilte Deutschland im geteilten Europa, Baden-Baden 1999, S. 1966–2007, hier S. 1969–1973.

es damit." Der Leiter der Abt. XII, Karoos, sah sich offenbar außerstande, diese nicht unwichtige Frage zu beantworten, denn im Protokoll der Besprechung heißt es weiter: „Der Gen. Fr. der an der Besprechung teilnahm teilte mit, dass es HGM noch nicht gibt."[35] Zwei Monate später antwortete Karoos auf eine andere Frage in einer Besprechung – es ging um Überprüfungsvorgänge gegen „unbekannt" –: „Ich werde diesbezüglich mit dem Gen. Fr. sprechen, und dann mitteilen, ob dies möglich ist."[36]

Allerdings deutet sich in dieser Phase bereits ein veränderter Umgang miteinander an, der nicht mehr der anfänglichen Rolle des MfS als „Hilfsorgan des MGB"[37] entsprach – eine Entwicklung, die sich im Verhältnis der beiden Geheimpolizeien seit den späten 1950er-Jahren noch deutlicher manifestieren sollte. So erklärte Karoos gegenüber den Leitern der Abteilungen XII der Bezirksverwaltungen des MfS am 3. März 1954 zum Problem von verschwundenen Akten, dass auch beim „Gen. Fr. [...] diesbezüglich Nachfrage zu halten"[38] sei. Offenbar hatten sich die Mitarbeiter der Abt. XII bis dahin damit zurückgehalten, bei den Beratern die Rückgabe ausgeliehener Akten anzumahnen. Nun, so lassen sich Karoos' Worte deuten, gewannen die ostdeutschen Geheimpolizisten derartig an Selbstbewusstsein, dass sie sogar Akten vom sowjetischen Bruderorgan zurückforderten.

Die lange Aufbauphase

Derartige Probleme wie das „Verschwinden" von Akten illustrieren zugleich, mit welchen Schwierigkeiten die Abteilung in ihrer Aufbauphase zu kämpfen hatte. Angesichts ihrer Aufgabe, zentrale Bereiche der Arbeit des MfS präzise zu erfassen und mit Hilfe von Statistiken auszuwerten, musste sie an einer weitergehenden Bürokratisierung des MfS interessiert sein. Doch insbesondere die personelle Zusammensetzung des Apparates stand dem entgegen, „handelte es sich [doch] bei der Masse der Mitarbeiter um extrem junge Männer aus sozial unterprivilegierten Verhältnissen mit ausgesprochen niedrigem Bildungsstand"[39], denen es nicht selten „an Fähigkeiten für elementare Techniken der Polizeiexekutive wie das Abfassen von Vernehmungsprotokollen"[40] mangelte.

35 Abt. XII/Karoos, Protokoll der Besprechung mit den Leitern der Abteilungen XII am 4.1.1954, BStU, MfS, AS 187/58, Bd.6, S. 367–389, hier S. 381.

36 Abt. XII/Karoos, Protokoll der Besprechung mit den Leitern der Abteilungen XII am 5.3.1954, BStU, MfS, AS 187/58, Bd.6, S. 233–248, hier S. 242.

37 Engelmann, Aufbau, S. 58.

38 Abt. XII/Karoos, Protokoll der Besprechung mit den Leitern der Abteilungen XII am 5.3.1954, BStU, MfS, AS 187/58, Bd.6, S. 233–248, hier S. 236.

39 Jens Gieseke, Die Stasi. 1945–1990, München 2012, S. 56.

40 Ebd., S. 57.

Bis weit in die 1950er-Jahre hinein rissen die Klagen der Abt. XII über die unzureichende Aktenführung der operativen Diensteinheiten nicht ab. So hieß es beispielsweise in einem Arbeitsplan der Abt. XII aus dem Jahr 1955: „Der Sinn und Zweck der einzelnen Vorgangsarten wird von einem grossen Teil der operativen Mitarbeiter nicht erkannt.“[41] Ein Jahr später kritisierte die Abt. XII, dass „nicht wenige der operativen Mitarbeiter die Notwendigkeit der zentralen Erfassung nach festgelegter Ordnung sowie die politische Bedeutung der Statistik und deren Auswertung für die weitere Arbeit noch nicht erkannt“[42] hätten.

Derartige Kritik an den Mitarbeitern anderer Dienststellen zeigt darüber hinaus, dass die Abt. XII offenbar über keine Sanktionsmöglichkeiten verfügte und auch die Stellung innerhalb des MfS zumindest zu diesem Zeitpunkt untergeordnet gewesen sein dürfte. Unzureichende Aktenführung oder mangelhafte Bereitschaft zur Kooperation mit der Abteilung scheint für die Verursacher zu keinen ernsthaften Konsequenzen geführt zu haben – vermutlich war der laxe Umgang mit den Anforderungen der Abt. XII auch zu weit verbreitet. Erschwerend dürfte hinzugekommen sein, dass sich der Aufbau der Abt. XII bis weit in die 1950er-Jahre hinzog. Immer wieder wurden Organisation und Aufgabengebiete neu strukturiert, kam es zu grundlegenden Änderungen der Arbeitsweise und der personellen Ausstattung. Damit unterschied sich die Abteilung nicht von anderen Diensteinheiten des MfS, die in der Phase der Etablierung der Diktatur schnell ausgebaut und häufig organisatorisch neu aufgestellt wurden.

Die Umbenennung der Abt. Erfassung und Statistik in die Abt. XII erfolgte Ende 1951 „im zeitlichen Kontext mit der Umwandlung der bisherigen Abt. XII in HA S“[43]. Allerdings setzte sich der neue Name nur zögerlich durch – zum Teil wurde wohl noch bis in die 1960er-Jahre die alte Benennung genutzt.[44] Sogar die für die Arbeit der Abteilung zentrale „Richtlinie für die operative Erfassung und Statistik“ vom 12. Dezember 1953 verwendet diese Begrifflichkeit, auch in Bezug auf die Abteilung und deren Ableger in den Bezirksverwaltungen. Ein Schreiben der HA V an die Verschlussstelle lässt jedoch erkennen, dass im Verwaltungshandeln die Umstellung Mitte des Jahres 1952 erfolgt sein muss. Zu diesem Zeitpunkt wurden Geheime Verschlusssachen nicht mehr an die Abt. Erfassung und Statistik, sondern an die Abt. XII gerichtet.[45]

41 Abt. XII/Karoos, Entwurf des Arbeitsplans der Abt. XII für das 2. Quartal (April–Juni) 1955, BStU, MfS, AS 187/58, Bd. 5, S. 297–303, hier S. 297.

42 Abt. XII/Karoos, Arbeitsplan der Abt. XII für das II. Quartal 1956, 27.3.1956, BStU, MfS, AS 187/58, Bd. 5, S. 152–157, hier S. 152.

43 Roland Wiedmann, Die Diensteinheiten des MfS 1950–1989. Eine organisatorische Übersicht, Berlin 2012 (MfS-Handbuch), S. 81.

44 Vgl. ebd., S. 81.

45 Vgl. HA V/Leiter Schröder, Schreiben an die Verschlußstelle, 20.3.1963, BStU, MfS, AS 75/70, Bd. 1, S. 30f., hier S. 30.

Der erste große Eingriff in die Struktur der Abteilung erfolgte im November 1953. Das Referat III – die Bildstelle – wurde von der Abt. S übernommen,[46] offenbar um die vor allem mit technischen Aufgaben befassten Arbeitsbereiche zu bündeln. Die Bildstelle war von Beginn an Bestandteil der Abt. Erfassung und Statistik gewesen. Sie hatte offensichtlich besonders unter der Knappheit technisch versierten Personals zu leiden. So begründete Karoos am 6. August 1953 in einem Schreiben an die Abteilung Personal seinen „Vorschlag zur Versetzung" eines Mitarbeiters, der „Fotoamateur" sei: „Die Bildstelle benötigt dringend Mitarbeiter, die mit dem Wesen der Fotografie vertraut sind."[47] Neben dem ersten Leiter Walter Tiepold, der eine Ausbildung zum Fototechniker vorweisen konnte und von 1943 bis 1945 beim Berliner Pressebilderdienst „Atlantik und Transocean" gearbeitet hatte,[48] handelte es sich bei den übrigen fünf Mitarbeitern[49] offenbar hauptsächlich um solche Amateure – einer war u. a. Filmvorführer[50] gewesen. Einer dieser Mitarbeiter, Franz Liedtke, hatte anderthalb Jahre beim Erkennungsdienst der Abt. K der Volkspolizei gearbeitet.[51]

Für die Abt. XII war die Bildstelle eine Belastung, da deren Aufgaben sich deutlich von den übrigen Bereichen unterschieden. Rund zwei Monate vor der Abtrennung hieß es im „Kaderbedarfsplan" der Abteilung: „Zurzeit ist die zentrale Bildstelle als Referat der Abt. XII angegliedert. Diese führt rein technische Arbeiten aus, die mit den Aufgaben der Abt. XII nicht zusammenfallen und kann daher von der Leitung der Abt. XII fachlich nicht angeleitet und beraten werden."[52] Sollte die Bildstelle in der Abteilung verbleiben, müsse sie zu einer Unterabteilung aufgewertet werden und eine Verdoppelung der Mitarbeiterzahl erfahren. Doch die SfS-Leitung entschied anders: Die Abt. XII gab die Bildstelle ab.

Acht Monate später erfolgte die nächste Änderung der Abteilungsstruktur: im Juli 1954 kam die „Fahndung" zur Abt. XII.[53] Hintergrund für diese Maßnahme war die Auflösung der Abt. X, die wegen mangelhafter Arbeit in der Kritik gestanden hatte: „Der derzeitige Stand der Fahndungsarbeit in den Organen der Staatssicherheit hat bei der augenblicklichen Arbeitsmethode einen rein administrativen Charakter. […] In zwei Jahren waren lediglich 1.000 Handakten und Fahndungsvorgänge angelegt worden und ohne dabei große Erfolge

46 Vgl. Notiz, BStU, MfS, AS 97/70, S. 33. Gemeint ist offenbar die HA S. Lt. Roland Wiedmann kam die Bildstelle zur HA/Abt. Allgemeines; vgl. ders., Diensteinheiten, S. 230.

47 Schreiben der Abt. XII/Karoos an die Abt. Personal, 6.8.1953, BStU, MfS, AS 187/58, Bd. 1, S. 205.

48 Vgl. BStU, KKK Tiepold. Gemeint ist offensichtlich die Bildagentur Atlantic.

49 Außerdem gehörte ein Sachbearbeiter für Schriftuntersuchung zur Bildstelle; vgl. Abt. XII/Rohner, Kaderbedarfsplan der Abt. XII, BStU, MfS, AS 187/58, Bd. 1, S. 197–199, hier S. 199.

50 Vgl. BStU, KKK Schütze.

51 Vgl. BStU, KKK Liedtke.

52 Abt. XII/Rohner, Kaderbedarfsplan der Abt. XII, BStU, MfS, AS 187/58, Bd. 1, S. 197–199, hier S. 198.

53 Vgl. Notiz, BStU, MfS, AS 97/70, S. 58a.

zu tätigen."[54] An einer funktionstüchtigen Fahndungsarbeit, die angesichts der noch offenen Grenzen eine erhebliche Bedeutung besaß, dürften insbesondere die sowjetischen Berater ein großes Interesse gehabt haben. Dafür spricht nicht zuletzt, dass Karoos unmittelbar nach der Übernahme der Fahndung einen Dolmetscher von der HA KuSch forderte, „der die russische Sprache in Wort und Schrift beherrscht". Als Grund dafür nannte er „ständige umfangreiche Übersetzungsarbeiten"[55], die das neue Referat IV zu leisten habe.

Die Arbeitsfähigkeit des Referates, das in der Zentrale laut Plan über zwölf Mitarbeiter verfügen sollte[56], tatsächlich aber nur aus sieben bestand[57], blieb jedoch trotz der Eingliederung in die Abt. XII weiterhin ein Problem. So heißt es im Arbeitsplan der Abteilung für Oktober 1954: „Wegen objektiven Schwierigkeiten konnte das Fahndungsbuch, die Grundlage für die Arbeit des Referates 4 (Fahndung) noch nicht hergestellt werden, so dass dieses Referat und die Fahndungsgruppen in den Bezirken ihre spezielle Arbeit noch nicht in Angriff nehmen konnten."[58]

Leiter des Referats Fahndung wurde nicht der ehemalige Leiter der Abt. X, Willi Schläwicke, der anders als die meisten seiner Mitarbeiter nicht von der Abt. XII übernommen wurde,[59] sondern Friedrich Kraft. Dieser verließ die Abteilung jedoch bereits Anfang Januar 1958,[60] nachdem das Referat im Oktober 1957 nach einer erneuten Umstrukturierung aufgelöst und als Sachgebiet Fahndung dem Referat I zugeteilt wurde.[61]

Zu diesem Zeitpunkt war bereits die nächste größere Eingliederung umgesetzt worden. Im April 1956 ging das Referat Auslandsreisen in den Verantwortungsbereich der Abt. XII über. Von den vier Sachgebieten dieses Referates, das zuvor von der HA II betreut worden war, wurden Reisende jeglicher Art überprüft: „Ein und Ausreisen dienstlicher und privater Art sowie sämtliche Ein- und Auswanderungen und Transitreisen."[62] Zu diesem Zweck verfügte das Referat über eine Personenkartei, darüber hinaus gingen alle Anträge zusätzlich

54 Zit. n. Wiedmann, Diensteinheiten, S. 72.

55 Schreiben der Abt. XII/Karoos an die HA KuSch, 20.7.1954, BStU, MfS, AS 187/58, Bd. 1, S. 148.

56 Vgl. Schreiben der Abt. XII/Karoos an die HA KuSch, 23.10.1954, BStU, MfS, AS 187/58, Bd. 1, S. 133–135, hier S. 133.

57 Vgl. Abt. XII/Karoos, Schreiben an die HA KuSch betr. Erhöhung des Stellenplanes für das Jahr 1956, 22.12.1955, BStU, MfS, AS 187/58, Bd.1, S. 67–71, hier S. 69.

58 Abt. XII/Karoos, Arbeitsplan der Abt. XII für den Monat Oktober 1954, 29.9.1954, BStU, MfS, AS 187/58, Bd. 5, S. 354–357, hier S. 354.

59 Vgl. Abt. XII/Rohner, Protokoll der Besprechung mit den Leitern der Abteilungen XII am 3.8.1954, BStU, MfS, AS 187/58, Bd. 6, S. 126–131, hier S. 130.

60 Vgl. den Aktenvermerk zur Entbindung Krafts von seiner Funktion als Leiter des Ref.4 der Abt. XII und zur Versetzung zur Verwaltung Groß-Berlin, 3.1.1958, BStU, MfS, KS 30/63, S. 6f.

61 Vgl. Notiz, BStU, MfS, AS 97/70, S. 58.

62 Vorlage für das Kollegium, 3.4.1956, BStU, MfS, AS 76/70, Bd. 1, S. 273–275, hier S. 273.

zur Kontrolle in die Abt. XII. Im Jahr 1955 fielen monatlich rund 6600 Überprüfungen an, die durch das Referat betreut wurden. Bei Ein- und Ausreisen in die bzw. aus der Sowjetunion informierte das Referat zudem den sowjetischen Berater. Außerdem erstellte das Referat Statistiken „über das Kommen und Gehen in der DDR“[63]. Damit sollte den operativ tätigen Diensteinheiten „Möglichkeiten für Maßnahmen der Abwehr des Eindringens von Agenten in die DDR sowie Möglichkeiten zur Aufnahme von Kontakten und Verbindungen“ gegeben werden.

In der Vorlage, der das Kollegium zustimmte, wurde die Neuorganisation damit begründet, dass das Referat Auslandsreisen ausschließlich administrative Aufgabe wahrnehme und zudem fast allen Linien diene – so wie die Abt. XII. Außerdem glichen sich die Aufgaben, „weil hier eine Kartei geführt wird und daher die gleichen Probleme der Sicherung und Auswertung bestehen.“[64] Mit der Zusammenlegung beabsichtigte das Kollegium demnach eine effektivere Organisation des Kartei- und Überprüfungswesens im MfS.

Das Referat Auslandsreisen blieb allerdings nur rund acht Jahre bei der Abt. XII. Am 1. Oktober 1964 wurde es mit seinen 18 Mitarbeitern in die Arbeitsgruppe Sicherung des Reiseverkehrs eingegliedert, aus der 1970 die HA VI hervorging.[65] Die Abspaltung des Referates Auslandsreisen hatte vermutlich mit der Zunahme des Reiseverkehrs zu tun, die neue, größere Organisationseinheiten im MfS erforderlich machte. Insbesondere der Reiseverkehr im Zuge der Passierscheinabkommen, der im Dezember 1963 mit dem ersten Reisezeitraum des ersten Abkommens einsetzte, dürfte diese Neuorganisation befördert haben – im MfS erkannte man schnell, welches Potential der Geheimpolizei aus der Überwachung der Reisenden erwuchs.

Neben den großen strukturellen Veränderungen, wie sie die Ein- und Ausgliederung der Referate Bildstelle und Auslandsreisen darstellten, gab es in den 1950er-Jahren auch kleinere Neuerungen, die in der Regel den Bedeutungszuwachs bestimmter Tätigkeitsfelder der Abt. XII widerspiegeln. Dazu gehört die Bildung des Sachgebietes Statistik und Analysen, das 1954 „zwecks Verbesserung der stat[istischen] Berichterstattung der der [sic] Analysierung der operativen Tätigkeit“[66] geschaffen wurde. Es konnte wegen Raumproblemen jedoch erst ein halbes Jahr nach dem geplanten Termin seine Arbeit aufnehmen.[67]

63 Ebd., S. 274. Dort auch das folgende Zitat.

64 Ebd., S. 275.

65 Vgl. Abgänge 1964, BStU, MfS, AS 76/70 Bd. 4, S. 2. Zur ASR vgl. Wiedmann, Diensteinheiten, S. 220–222; Monika Tantzscher, Hauptabteilung VI: Grenzkontrollen, Reise- und Touristenverkehr, Berlin 2008 (MfS-Handbuch), S. 51 f.

66 Abt. XII/Karoos, Arbeitsplan der Abt. XII des SFS für das 2. Quartal 1954 (April–Juni), 15.4.1954, BStU, MfS, AS 187/58, Bd. 5, S. 372–377, hier S. 374.

67 Vgl. Abt. XII/Karoos, Arbeitsplan der Abt. XII für das 3. Quartal (Juli–Sept.) 1954, BStU, MfS, AS 187/58, Bd. 5, S. 364–369, hier S. 364.

Insgesamt spiegeln die mehrfachen Ein- und Ausgliederungen von Arbeitsgebieten die Suche nach einer effektiven Struktur, wie sie für das MfS vor allem in den 1950er-Jahren typisch war. Um die Akten und Karteien möglichst gewinnbringend für die operativen Diensteinheiten nutzen zu können, musste man die „richtige" Organisationsform erst finden. Zugleich geben die sich wandelnden Strukturen aber auch veränderte politische Rahmenbedingungen und Vorgaben wieder, was sich, wie angedeutet, beispielsweise in der Frage der Auslandsreisen zeigte. Erst Anfang der 1960er-Jahre nahmen die Eingriffe durch strukturelle Veränderungen ab – die Abt. XII konsolidierte sich.

Die „Richtlinie für die operative Erfassung und Statistik"

Auch im Bereich der Erfassung von Personen in den Karteien der Abt. XII gab es im Laufe der 1950er-Jahre einschneidende Veränderungen. Sie betrafen die Organisation der täglichen Arbeit und vor allem deren konspirative Absicherung. Grundlage für diese Veränderungen war die „Richtlinie für die operative Erfassung und Statistik in den Organen des Staatssekretariats für Staatssicherheit des MdI der DDR" vom 12. Dezember 1953,[68] die im Kontext der Umgestaltung des MfS nach den Ereignissen am 17. Juni 1953 gesehen werden muss. Die Richtlinie schuf die Grundlage für das Registriersystem der Abt. XII, das in wesentlichen Zügen bis zum Ende der DDR Bestand haben sollte.

Die Richtlinie thematisierte die Struktur des Karteiwesens im MfS, definierte die verschiedenen Arten operativer Vorgänge und legte den Umgang damit fest und bestimmte die Aufgaben der Abteilungen XII in den zentralen Bereichen Karteiwesen, Vorgänge, Archivierung und Statistik. Das umfangreiche Dokument, von dem alle Diensteinheiten des MfS betroffen waren, unterstrich die Bedeutung der Abt. Erfassung und Statistik für die Arbeit des MfS und stärkte – zumindest auf dem Papier – ihre Stellung gegenüber den operativ tätigen Abteilungen. Die künftige Funktion der Abt. XII als bürokratisches Herzstück des Repressionsapparates kam in der Einleitung der Richtlinie deutlich zum Ausdruck: „Zum Zwecke einer vollständigen Auswertung des gesamten von den Organen des SfS der DDR im Verlaufe der operativen und Untersuchungstätigkeit erworbenen Materials, zur Systematisierung dieses Materials und zur Organisierung seiner richtigen Registrierung und Aufbewahrung, wird eine einheitliche Führung der operativen Vorgänge eingeführt und

68 Vgl. SfS/Wollweber, Richtlinie für die operative Erfassung und Statistik in den Organen des Staatssekretariats für Staatssicherheit des MdI der DDR, 12.12.1953, BStU, MfS, Abt. XII Nr. 4363, S. 1–12. Vgl. auch Art. „Richtlinie GVS-Nr. 90/54 für die operative Erfassung und Statistik in den Organen des Staatssekretariats für Staatssicherheit des MdI der DDR", in: Lucht (Hg.), Archiv, S. 191–193.

die operative Erfassung und Statistik der in diesen Vorgängen bearbeiteten Personen zentralisiert.“[69]

Die Erarbeitung der Richtlinie lag nicht allein in Händen der Abt. XII. So erklärte Karoos bei der ersten Besprechung mit den Leitern der Abteilungen XII der Bezirksverwaltungen nach Inkrafttreten, dass in den Text „Vorschläge“ des sowjetischen Beraters, der Leitung des SfS, der Abt. IX und seiner eigenen Abteilung eingeflossen seien.[70]

Eingriffe des SfS-Leiters Ernst Wollweber in die Richtlinie lassen sich anhand einer von ihm korrigierten Fassung nachvollziehen. Danach ergänzte er u. a. in der Gruppe der zentral zu erfassenden Personen, „welche eine aktive antidemokratische Tätigkeit“ durchführen, „Funktionäre der S.P.D.“ und „aus der S.E.D. Ausgeschlossene“[71]. Als einzig völlig neuen Abschnitt fügte Wollweber eine Vorgabe zur stärkeren Konspiration in Bezug auf die statistische Arbeit hinzu.[72] Außerdem entfernte er einen deutlichen Hinweis darauf, dass zumindest einzelne Formulierungen des Textes direkte Übernahmen sowjetischer Vorbilder gewesen sein dürften. So waren in der Vorlage unter der Kategorie der verdächtigen Angehörigen von „Kirchen und Sekten“ auch „Katholiken, Unitaten und Lutheraner“, „Klerus und Angehörige der rechtgläubigen Kirche“, „Buddhistischer Klerus“ und „Mohammedanischer Klerus und Sekten“ genannt.[73] Die beiden letztgenannten versah Wollweber mit einem Fragzeichen und strich sie – diese Gruppen von Gläubigen spielten in Deutschland, anders als in der Sowjetunion, keine Rolle. Ebenso „unpassende“ Begriffe wie „Unitaten“ und „rechtgläubige Kirche“ blieben allerdings in der verabschiedeten Fassung enthalten – vermutlich verfügten die an der Ausarbeitung des Textes beteiligten MfS-Mitarbeiter über zu wenige Kenntnisse der konfessionellen Hintergründe, als dass sie eine Streichung dieser Gruppen ebenfalls hätten befürworten können.

Zu den wichtigsten Änderungen durch die neue Richtlinie zählten die Festlegung von „Vorgangsarten“ und die Einführung einer „Vorgangskartei“ in der Abt. XII. Die Abteilung war nun zuständig für die Registrierung der un-

69 SfS/Wollweber, Richtlinie für die operative Erfassung und Statistik in den Organen des Staatssekretariats für Staatssicherheit des MdI der DDR, 12.12.1953, BStU, MfS, Abt. XII Nr. 4363, S. 1–12, hier S. 2.

70 Vgl. Abt. XII/Karoos, Protokoll der Besprechung mit den Leitern der Abteilungen XII am 4.1.1954, BStU, MfS, AS 187/58, Bd. 6, S. 367–389, hier S. 368.

71 Entwurf der Richtlinie für die operative Erfassung und Statistik in den Organen des Staatssekretariats für Staatssicherheit des MdI der DDR, 1953, BStU, MfS, Abt. XII Nr. 3759, S. 2–59, hier S. 2 f. Vgl. SfS/Wollweber, Richtlinie für die operative Erfassung und Statistik in den Organen des Staatssekretariats für Staatssicherheit des MdI der DDR, 12.12.1953, BStU, MfS, Abt. XII Nr. 4363, S. 1–12, hier S. 2.

72 Entwurf der Richtlinie für die operative Erfassung und Statistik in den Organen des Staatssekretariats für Staatssicherheit des MdI der DDR, 1953, BStU, MfS, Abt. XII Nr. 3759, S. 2–59, hier S. 59.

73 Vgl. ebd., S. 9.

terschiedlichen Vorgänge, die ihr von den operativen Diensteinheiten gemeldet werden mussten. Als Grund für die Veränderung wird in der Richtlinie die „Systematisierung der Registrierung der verbrecherischen Tätigkeit verschiedener feindlicher Elemente"[74] genannt.

Was damit gemeint war, erläuterte Ingeburg Heinritz den Leitern der Abteilungen XII der Bezirksverwaltungen bei einer Besprechung vier Wochen nach Inkrafttreten der Richtlinie: „Wir wollen erreichen, dass wir jederzeit in der Lage sind zu sagen[,] wo, d. h. in welcher Abteilung, Dienststelle und bei welchem Mitarbeiter sich der entsprechende Vorgang befindet. Es muss aus dieser Kartei die Bewegung des gegebenen Vorganges hervorgehen, d. h. auch wenn z. B. der Vorgang eingestellt oder abgeschlossen ist, dass wir wissen dass der Vorgang sich im Archiv befindet und unter welcher Archivnummer."[75] Als Vorteil des neuen Registrierverfahrens betrachtete Heinritz nicht zuletzt den geringeren Arbeitsaufwand bei anfallenden Korrekturen: „Z. B. wenn ein Vorgang 20–30 Personen beinhaltet, so braucht man jetzt nicht die 20–30 Karteikarten berichtigen, sondern nur die 1 Vorgangskarteikarte."[76]

Auch für das Archiv lieferte die neue Richtlinie Festlegungen, die wesentliche Grundlagen für die nächsten Jahrzehnte schufen. Dies betraf insbesondere die Schaffung unterschiedlicher Ablagearten. So gliederte sich das Archivmaterial von nun an in eine „Operative Ablage", eine Ablage von Untersuchungsvorgängen, eine Ablage für IM-Vorgänge, in eine „Besondere Geheimablage" und in eine Ablage für den allgemeinen Schriftverkehr.[77] Diese Einteilung sollte in ihren Grundzügen bis 1989 erhalten bleiben, auch wenn es immer wieder kleinere und größere Korrekturen gab, mit denen auf Veränderungen in der Tätigkeit des MfS reagiert wurde.[78]

Die Einführung der Vorgangskartei verlief ebenso wie die Umsetzung der Richtlinie keineswegs reibungslos. So hieß es im Entwurf des Arbeitsplans der Abt. XII für den Monat Januar 1955: „Die zur Zeit bestehende Richtlinie über die operative Erfassung und Statistik hat sich in der Praxis in einigen Punkten als unvollkommen bzw. unzweckmässig erwiesen."[79] Deshalb sollte die Richtlinie überarbeitet werden. Und der Leiter des für das Archiv zuständigen

74 SfS/Wollweber, Richtlinie für die operative Erfassung und Statistik in den Organen des Staatssekretariats für Staatssicherheit des MdI der DDR, 12.12.1953, BStU, MfS, Abt. XII Nr. 4363, S. 1–12, hier S. 3.

75 Abt. XII/Karoos, Protokoll der Besprechung mit den Leitern der Abteilungen XII am 3.2.1954, BStU, MfS, AS 187/58, Bd. 6, S. 286–305, hier S. 297 f.

76 Ebd., S. 298.

77 Vgl. SfS/Wollweber, Richtlinie für die operative Erfassung und Statistik in den Organen des Staatssekretariats für Staatssicherheit des MdI der DDR, 12.12.1953, BStU, MfS, Abt. XII Nr. 4363, S. 1–12, hier S. 10 f.

78 Zum System der Ablagen und zur Archivierung in der Abt. XII vgl. Wolf, Bestände.

79 Abt. XII/Karoos, Entwurf des Arbeitsplans der Abt. XII für den Monat Januar 1955, 20.12.1954, BStU, MfS, AS 187/58, Bd. 5, S. 331–336, hier S. 331.

Referates 2, Richard Stopfkuchen, kritisierte: „In den Verwaltungen und Bezirksverwaltungen muss die Bearbeitung der Vorgangskartei ernster genommen werden."[80]

Tatsächlich waren die nächsten Jahre von kleineren und größeren Veränderungen der Arbeitsorganisation der Abt. XII geprägt. Dabei hatten Karoos und seine Mitarbeiter immer wieder Schwierigkeiten, bei der MfS-Leitung ihre Vorstellungen einer effizienteren Struktur durchzusetzen. Die Bestätigung entsprechender Vorlagen ließ oft lange auf sich warten – für „Unverständnis und Diskussionen unter den Mitarbeitern"[81] sorgte etwa 1958 die erhebliche Verzögerung der überarbeiteten Richtlinie. In seltener Deutlichkeit lässt sich Karoos' Verärgerung in einem Papier erkennen, das er am 11. Februar 1958 an den Leiter der HV B, Wilhelm Gaida, sandte. Unter dem Titel „Hinweise zur Verbesserung der Arbeit" fasste Karoos gegenüber seinem Vorgesetzten die wichtigsten Punkte seines Vorschlags für eine überarbeitete Richtlinie zusammen, „welche in ihrer jetzt neuen Form der Bestätigung durch den Minister harrt"[82]. „Der Entscheid steht noch aus" notierte er gleich drei Mal in dem Papier und bezog sich dabei auf die fehlende Zustimmung Mielkes zu Entwürfen von Anweisungen, die er ihm bis zu zehn Monate vorher vorgelegt hatte.[83] Karoos unterstrich die Dringlichkeit seines Vorschlages, da er andernfalls ernsthafte Schwierigkeiten in der Tätigkeit des gesamten MfS befürchtete: „In der Praxis der bisherigen Arbeit hat sich gezeigt, dass in sehr vielen Fällen die Registrierordnung von den operativen und auch den leitenden Mitarbeitern mißachtet und verletzt wurde, wodurch die operative zentrale Erfassung noch unvollkommen und unzulänglich ist. Dieser Zustand führt zwangsläufig zu geringeren Erfolgen in der gesamt[en] operativen Arbeit."[84]

Offensichtlich war die Abt. XII zwischen die Fronten des Machtkampfes zwischen Wollweber und Ulbricht geraten, der am 1. November 1957 mit der Berufung Mielkes an die MfS-Spitze entschieden worden war. Dieser Kampf hatte, so ist zu vermuten, die Entscheidung über grundlegende Fragen der MfS-Arbeit in den Hintergrund treten lassen.

Allerdings stand Mielke der Abt. XII auch schon zuvor nicht unkritisch gegenüber. So berichtete Karoos in der Besprechung mit den Referatsleitern am 5. Januar 1957, Mielke sei „der Ansicht […], dass die Arbeit der Abteilung XII

80 Abt. XII/Karoos, Protokoll der Besprechung mit den Leitern der Abteilungen XII der Verwaltungen und Bezirksverwaltungen am 3.3.1955, BStU, MfS, AS 187/58, Bd. 6, S. 100–111, hier S. 106.

81 Karoos, Notiz nach Gespräch mit Oberst Gaida zu Raumfragen und Richtlinie am 8.7.1958, BStU, MfS, AS 97/70, S. 4 f., hier S. 5.

82 Abt. XII/Karoos, Hinweise zur Verbesserung der Arbeit, 11.2.1958, BStU, MfS, AS 82/70, S. 181–185, hier S. 182.

83 Vgl. ebd., S. 183 f.

84 Ebd., S. 182.

noch nicht in allen Dingen so ist wie sie sein müsste." Im Protokoll heißt es weiter: „Es hatte sich sinngemäss so ausgedrückt (Gen. Mielke) dass man nur auf einen Knopf drücken brauchte und die Abteilung XII müsste dann sofort in der Lage sein bestimmte operative Angaben zu machen. Z.B. wenn gefragt wird wie viele GM haben wir in Berlin-Charlottenburg und welche Abteilung hat die dort, so müssten wir das sagen können. Oder wir müssten eine wertmässige Einschätzung der Operativvorgänge gegeben können. Alle anwesenden Genossen sollen sich einmal Gedanken machen ob diese Frage nicht irgendwie gelöst werden könnte. Das braucht nun nich gleich morgen zu sein. Aber irgendwie muss man vielleicht in dieser Frage auf die Idee kommen etwas zu schaffen was uns hilft viel Dinge bekannt zu geben, wenn sie von der Leitung in bestimmten Situation gefordert werden."[85]

Die „Neutralisierung" der Personenkartei

Derartige Forderungen Mielkes zeigen, dass die Arbeit der Abt. XII auch auf der Leitungsebene keineswegs allein als rein verwaltungstechnische Frage behandelt wurde. Dies gilt selbstverständlich auch für eine weitere grundlegende Änderung der Arbeitsorganisation, die bis 1989 die Tätigkeit der Mitarbeiter ganz wesentlich bestimmen sollte: die „Neutralisierung der Personenkartei".

Die Initiative zu diesem erheblichen Eingriff in die Registrierungsorganisation, die nicht nur die Abt. XII sondern das gesamte MfS betraf, ging offensichtlich vom sowjetischen Verbindungsoffizier aus. So heißt es im Protokoll einer Besprechung mit den Referatsleitern vom 21. September 1957: „Vom Gen. Karoos wurde die Frage angesprochen, dass der Gen. Berater den Vorschlag gemacht hatte, eine einheitliche Registrierung bei uns zu schaffen. Das würde so aussehen, dass keiner in der Kartei anhand der Karteikarten erkennen kann, ob es sich um die Person um einen inoffiziellen Mitarbeiter handelt oder um Personen, die bearbeitet werden. [...] Gen. Karoos sagte, dass dies eine Aufgabe nicht von heute auf morgen ist, aber jeder Anwesende sollte sich hierüber Gedanken machen, falls diese Frage bald an uns herantritt, wobei das Für und das Wider erwogen werden müsste."[86]

Auch wenn Karoos den „Vorschlag" seinen Mitarbeitern gegenüber nur als mögliche Option darstellt, so dürfte ein solcher Hinweis des sowjetischen Beraters in jedem Fall eine Aufforderung zu sofortigem Handeln gewesen sein.

85 Abt. XII, Protokoll der Besprechung am 5.1.1957 mit den Referatsleitern und den Leitern selbständiger Sachgebiete, 5.1.1957, BStU, MfS, AS 189/58, Bd. 1, S. 110–116, hier S. 116. Fehler im Original.

86 Abt. XII, Protokoll der Besprechung am 21.9.1957 mit den Referatsleitern und den Leitern selbständiger Sachgebiete, 21.9.1957, BStU, MfS, AS 189/58, Bd. 1, S. 36–39, hier S. 38f.

In diesem Kontext von Bedeutung dürfte der Einwurf der Mitarbeiterin Marie Riedel gewesen sein: „Gen. Riedel sagte, dass dies auch schon in Ungarn, Polen und in anderen Volksdemokratien gemacht würde und sich das gut bewährt haben soll." Es ist einer der seltenen Hinweise auf die Beobachtung der Arbeitsweise anderer sozialistischer Geheimpolizeien im Zusammenhang mit dem Aufbau der Abt. XII.[87]

Den „Vorschlag" des Verbindungsoffiziers setzte die Abt. XII im Entwurf einer neuen Richtlinie um. Zur Bestätigung kam es allerdings nicht – trotz immer wiederkehrender Klagen der Abteilung über die Unsicherheit, die angesichts fehlender Grundlagen für die Arbeit herrschte, wie sie etwa in dem bereits zitierten Vermerk Karoos' vom 11. Februar 1958 über „Hinweise zur Verbesserung der Arbeit" zum Ausdruck kam.

Der Hintergrund für Mielkes fehlende Zustimmung zum Entwurf der Richtlinie lässt sich kaum ermitteln. Eine grundsätzliche Ablehnung scheint es jedenfalls nicht gegeben zu haben, denn die Umsetzung der Inhalte und damit auch der „Neutralisierung der Personenkartei" erfolgte schließlich durch eine Anweisung[88] von Wilhelm Gaida, dem Leiter der HV B, der die Abt. XII zu diesem Zeitpunkt unterstellt war. Offenbar war dies eine Form, mit der der MfS-Apparat fehlende Entscheidungen unterlaufen und die Arbeit „am Laufen" halten konnte – selbstverständlich nur, wenn die Lösungsmöglichkeiten grundsätzlich der Ausrichtung des MfS entsprachen. Zuvor hatte Karoos Gaida geradezu ultimativ „unterbreitet", dass die Abteilung „die Absicht" habe, „damit zu beginnen, die Arbeit in bezug der Auskunftserteilung und der Erfassung entsprechend des Entwurfs der ausgearbeiteten Richtlinie – unabhängig von deren Bestätigung – nach und nach zu verändern"[89]. In einer Notiz hielt er fest: „Gen. Oberst Gaida ist damit einverstanden. Er will seinerseits dem [sic] Gen. Minister [Mielke] […] befragen und Bescheid geben."[90]

87 Riedels Anmerkung deutet darauf hin, dass sie offensichtlich über genauere Kenntnisse der Arbeitsweise der östlichen „Bruderorgane" verfügte. Möglicherweise waren diese Kenntnisse Kontakten geschuldet, die sich aus ihrem Lebenslauf ergaben: Riedel wurde 1920 im tschechischen Altstadt (Krs. Tetschen/Sudetenland) geboren, war von Mai 1939 bis 1945 im sowjetischen Exil und hatte nach dem Krieg ein Jahr in der Tschechoslowakei gelebt, bevor sie im April 1946 als „antifaschistische Umsiedlerin" in die DDR übersiedelte. Für die Abt. XII fungierte sie u. a. als Dolmetscherin für tschechische und russische Sprache – „in Zusammenarbeit mit dem sowjetischen Berater", wie es in ihrer Kaderakte heißt. Vgl. Marie Riedel, Lebenslauf, 18.9.1949, BStU, MfS, KS 16/71, S. 51 f.; Abt. XII/Leiter Leipold, Vorschlag zur Auszeichnung mit der Verdienstmedaille der NVA in Silber, 24.10.1969, BStU, MfS, KS 16/71, S. 46; Miroslav Schneider, Die tschechoslowakische Auswanderung in die Sowjetunion in der Zwischenkriegszeit (1921–1939), Diss., Regensburg 2007 (http://epub.uni-regensburg.de/10791/1/Elektronische_Publikation_2008_pt11.pdf, abgerufen am 22.1.2015), S. 210.

88 Vgl. Abt. XII/Karoos, Analyse für das Jahr 1960, 27.1.1961, BStU, MfS, AS 97/70, S. 296–313, hier S. 297.

89 Karoos, Notiz nach Gesprächen mit Oberst Gaida, 27.1.1960, BStU, MfS, AS 97/70, S. 2.

90 Ebd.

Abb. 4: Mitarbeiter der Abt. XII bei Recherchen in einer Kartei.

Das neue System der Erfassung wurde schließlich am 1. Juli 1960 eingeführt. Grund für die Umstellung, die sämtliche Diensteinheiten des MfS in ihrem Arbeitsalltag betraf, war der Wunsch nach besserem Schutz der gesammelten Informationen. So hieß es im Eröffnungsvortrag zu einer Beratung nach Inkrafttreten der neuen Anweisung: „Bei dem Kampf der Feinde gegen die DDR und ihrer sozialistischen Entwicklung konzentriert sich ganz zwangsläufig das Interesse alle[r] feindlichen Geheimdienste auf das Organ in der DDR, welches berufen ist, ihre Absichten und Pläne zu vereiteln und jede von ihnen eingeplante Provokationen zu verhindern. Diese Tatsache zwingt uns, die Konspiration im eigenen Organ zu erhöhen und die Arbeit mehr abzusichern."[91]

Von nun an war allein mit der Karteikarte aus der Personenkartei nicht mehr erkennbar, weshalb die betreffende Person vom MfS erfasst worden war. Erst der Blick in die Vorgangskartei lieferte diese Erkenntnisse.[92] Die strikte Trennung der beiden Karteibereiche machte die Mitarbeiter der Abt. XII aus Sicht des MfS weniger anfällig für Geheimnisverrat.

Ebenfalls zur Verbesserung der Konspiration war bereits vier Monate zuvor das Verfahren der Auskunft aus den Karteien verändert worden: „Wurde vorher

91 Vortrag zur Eröffnung der Arbeitsberatung bzw. des Kurzlehrgangs, o. D., BStU, MfS, AS 76/70 Bd. 2, S. 343–353, hier S. 349.

92 Vgl. zur „Neutralisierung der Personenkartei" Blum/Lucht, Schlüssel, S. 416.

als Auskunft die Diensteinheit und der Mitarbeiter mitgeteilt, für den die Person erfasst ist, so erfolgt jetzt nur noch in solchen Fällen die Mitteilung ‚Erfasst'. Die Verbindungsaufnahme mit der anfragenden Stelle zur Klärung in der Sache erfolgt nur noch von der bearbeitenden Diensteinheit, welche mittels der Durchschrift des Suchauftrages von der Abteilung XII informiert wird."[93]

Das Archiv der Abt. XII und die NS-Akten

Mit der Einführung des veränderten Systems der Erfassung und der intensivierten Konspiration war die unmittelbare Aufbauzeit der 1950er-Jahre zum Abschluss gekommen. Eine neue Phase in der Entwicklung der Abt. XII zum „Gedächtnis" der Staatssicherheit hatte begonnen.

Bis zu diesem Zeitpunkt – und zum Teil auch noch darüber hinaus – spielte der Archivbereich nur eine verhältnismäßig untergeordnete Rolle in den strukturellen Veränderungen der Abt. XII. Dies lag vor allem an der geringen Bedeutung, die im MfS dem Archiv entgegengebracht wurde. So klagten der stellvertretende Abteilungsleiter Walter Rohner und die Leiterin des Zentralarchivs Lieselotte Behrendt im Dezember 1953 gegenüber der MfS-Personalabteilung über die ihrer Ansicht nach zu geringe Bezahlung der Mitarbeiter.[94] Diese lieferten, so die beiden in ihrem Schreiben, „den operativen Abteilungen äusserst wichtige Belastungsmaterialien zur Eröffnung operativer Vorgänge und Unterlagen, die zur Erweiterung des GI- und GM-Apparates benötigt werden" und müssten deshalb über „ein gutes politisches Wissen und fachliche Qualifizierung" verfügen, doch sie würden „viel zu niedrig eingestuft", wie auch Generalmajor Otto Last festgestellt habe. „Die Arbeit im Archiv [habe] keinesfalls weniger Bedeutung, wie die der operativen Abteilungen", schlossen sie ihre Bitte um Höherstufung von fünf Mitarbeitern.

Zu diesem Zeitpunkt verzeichnete der Kaderbedarfsplan der Abt. XII[95] zwei verschiedene Organisationseinheiten, die sich mit Fragen des Archivwesens beschäftigten. Das Referat III war mit zwei Mitarbeitern besetzt und für „Archiv" und „Auskunftsstelle" zuständig. Hier wurden die eigentlichen MfS-Unterlagen bearbeitet. Die Aufgabe des Zentralarchivs war dagegen die „Überprüfung von Unterlagen aus der Zeit des Naziregimes". Mit insgesamt neun Mit-

93 Abt. XII/Karoos, Analyse für das Jahr 1960, 27.1.1961, BStU, MfS, AS 82/70, S. 98–115, hier S. 100.

94 Vgl. im Folgenden Schreiben der Abt. XII/UA Archiv/Rohner u. Behrendt an die Abt. Personal zu Beförderungsvorschlägen ausser der Reihe, 9.12.1953, BStU, MfS, AS 187/58, Bd. 1, S. 187, 187a.

95 Vgl. im Folgenden Abt. XII/Rohner, Kaderbedarfsplan der Abt. XII, 9.9.1953, BStU, MfS, AS 187/58, Bd. 1, S. 194–196.

arbeitern verfügte es über eine wesentlich bessere Personalausstattung – Zeichen für die große Bedeutung, die dieser Aufgabe beigemessen wurde. Zu diesem Zeitpunkt gehörte das Zentralarchiv organisatorisch noch nicht zur Abt. XII, denn im Kaderbedarfsplan heißt es: „Sollte dahingehend entschieden werden, das Zentralarchiv der Abt. XII beizugeben, wäre es hierbei zweckmässig, [...] dieses Zentralarchiv als Unterabteilung anzugliedern." Der Vorschlag Rohners fand Gehör – spätestens im März 1955 verzeichnete eine Aufstellung über die Mitarbeiter der Abt. XII nur noch das Referat III „Archiv und Auskunft", dem auch die früheren Mitarbeiter des Zentralarchivs zugeordnet waren. Nur in den Signaturen der Ablagen (A bzw. Z) war die ursprüngliche Zweiteilung des MfS-Archivbereichs noch erkennbar.[96] Insgesamt zählten jetzt 16 Mitarbeiter zu dem Referat, das damit das zweitgrößte innerhalb der Abteilung war.[97]

Die Suche nach NS-Belasteten in den auf unterschiedlichen Wegen ins MfS gelangten Unterlagen nahm in der Arbeit des Archivs großen Raum ein. Dies betraf natürlich auch westdeutsche Funktionsträger. So beauftragte Wollweber am 31. Januar 1955 die Abt. XII, in den Akten nach Informationen über „leitende Personen aus Westdeutschland"[98] zu suchen. Explizit genannt wurden von Wollweber „Dr. Gerstemeyer [und] Dr. Jess", womit wohl Bundestagspräsident Eugen Gerstenmaier und der Präsident des Bundesamtes für Verfassungsschutz, Hanns Jess, gemeint waren. Generalmajor Markus Wolf, zu diesem Zeitpunkt Leiter der HA XV, sollte dazu eine Liste von „vorerst [...] ca 50 Personen"[99] für Karoos zusammenstellen.

Offensichtlich war dies der Auftakt für die zahlreichen Propagandaaktionen der DDR gegen westdeutsche Politiker und Juristen in den folgenden Jahren, die im Mai 1957 mit der „erste[n] vergangenheitspolitische[n] Großkampagne [...] gegen ‚Hitlers Blutrichter im Dienst des Adenauer-Regimes'"[100] ihren Anfang nahm. Hinter den Kampagnen „stand die Überlegung, daß sich brisante vergangenheitspolitische Themen in besonderer Weise dafür eigneten, um sie für die agitatorischen und operativen Zielsetzungen der ‚Westarbeit' auszunutzen und zuzuspitzen"[101].

In diese Recherchen war die Abt. XII von nun an intensiv eingebunden, bis sie 1967/68 alle Unterlagen aus der NS-Zeit an die neu gegründete Abt. IX/11

96 Vgl. Art. „Zentralarchiv des MfS", in: Lucht (Hg.), Archiv, S. 250–252.

97 Vgl. Abt. XII, Aufstellung über die Mitarbeiter der Abt. XII, 11.3.1955, BStU, MfS, AS 187/58, Bd. 1, S. 90–92.

98 BStU, MfS SdM 1920, S. 16.

99 Abt. XII/Karoos, Notiz, 1.2.1955, BStU, MfS, AS 280/71, Bd.1, S. 249–251, hier S. 250.

100 Annette Weinke, Die Verfolgung von NS-Tätern im geteilten Deutschland. Vergangenheitsbewältigungen 1949–1969 oder: Eine deutsch-deutsche Beziehungsgeschichte im Kalten Krieg, Paderborn u.a. 2002, S. 76. Weinke datiert den Beginn der Recherche „nach kompromittierenden Dokumenten" allerdings erst auf 1956; vgl. ebd., S. 77.

101 Ebd., S. 77.

abtrat, die fortan für deren Auswertung zuständig war.[102] In der Forschung wurde die Beteiligung der Abt. XII an diesem Tätigkeitsbereich des MfS bislang meist nur im Rahmen der Vorgeschichte der Abt. IX/11 beschrieben. Tatsächlich legte die Abt. XII jedoch wesentliche Grundlagen für die Arbeit des MfS mit NS-Materialien.

Angesichts der Bedeutung des Materials für das Selbstverständnis der DDR als antifaschistischer Staat überrascht es nicht, dass die Aktivitäten der Abteilung auf diesem Gebiet in Zusammenhänge eingebunden waren, die über das MfS hinausgingen. Dies zeigte sich beispielsweise bei den Auseinandersetzungen um ein Depositum in der Außenstelle Merseburg des Zentralarchivs der DDR. Auslöser war offenbar ein Auftrag, den „höchste Regierungsstellen der DDR" im Juni 1952 an das Archiv gerichtet hatten. Dabei ging es um die Recherche nach Materialien zur „Ostpolitik Hitlers und seiner Gauleiter", wie Archivleiter Walter Nissen an den Stellv. des Ministers, Otto Last, schrieb. In seinem Schreiben beklagte sich Nissen darüber, dass zentrale Aktenbestände aus der NS-Zeit, aber auch aus anderen Zeitabschnitten, auf Veranlassung des MfS in Merseburg unter Verschluss gehalten würden. Dabei handelte es sich offensichtlich um rund 25.000 Akten und Dokumente, die bereits seit 1949 in Merseburg lagen, jedoch erst im April 1952 von der Sowjetischen Kontrollkommission an das MfS übergeben worden waren.[103] Forschungsprojekte wie die des Historikers Leo Stern zur Geschichte der Arbeiterbewegung seien ohne die Benutzung dieser Bestände „Nonsens", notierte Nissen.[104] Wenige Tage später intervenierte auch der Staatssekretär im Ministerium des Innern, Johannes Warnke, beim Minister für Staatssicherheit, Wilhelm Zaisser, um eine Öffnung des Depositums zu erwirken.[105] Es sollte jedoch noch über ein Jahr dauern, bis das Problem tatsächlich gelöst werden konnte. Im August 1953 wurden die betreffenden Bestände zwischen dem Zentralarchiv der DDR und dem MfS aufgeteilt. Am 8. August 1953 übernahm Nissen unter anderem Akten aus dem Reichsarchiv und dem Preußischen Geheimen Staatsarchiv. Gleichzeitig behielt das MfS unterschiedliche Bestände ein, darunter 264 Aktenbände aus dem Büro des Reichspräsidenten und der Präsidialkanzlei, eine Zeitungsausschnittssammlung des „Stahlhelm", vier Bildmappen der Stadtverwaltung Wiesbaden und

102 Vgl. Dagmar Unverhau, Das „NS-Archiv" des Ministeriums für Staatssicherheit. Stationen einer Entwicklung, Münster 2004², S. 17–33; Henry Leide, NS-Verbrecher und Staatssicherheit. Die geheime Vergangenheitspolitik der DDR, Göttingen 2007³, S. 156–162.

103 Vgl. Leide, NS-Verbrecher, S. 153f.

104 Deutsches Zentralarchiv in der DDR/Zweigstelle Merseburg/Walter Nissen, Schreiben an MfS/Stellv. des Ministers Otto Last, 26.6.1952, BStU, MfS, AS 280/71, Bd. 2, T. 1, S. 116f. Nissen ging 1959 in die Bundesrepublik; vgl. Schreyer, Archivwesen, S. 92; Dieter Neitzert, Walter Nissen zum Gedächtnis, in: Göttinger Jahrbuch, Bd. 41 (1993), S. 5f.

105 Vgl. MdI/Staatssekretär Johannes Warnke, Schreiben an MfS/Minister Zaisser betr. Akten im Landesarchiv Merseburg, 1.7.1952, BStU, MfS, AS 280/71, Bd. 2, T. 1, S. 115.

Akten der SS.[106] Zehn Tage später übernahm das MfS, vertreten durch die Leiterin der Abt. Zentralarchiv, Lieselotte Behrendt, verschiedene Akten des Zentralarchivs, darunter 24 Hefte des Chefs der Ordnungspolizei.[107]

Möglicherweise hatte zu der Einigung auch ein anderes Forschungsprojekt beigetragen, für das Albert Norden, zum damaligen Zeitpunkt Professor für Geschichte an der Humboldt-Universität zu Berlin, im Frühjahr 1953 vom Sekretariat des ZK der SED den Auftrag erhalten hatte. Norden sollte, wie er im September 1953 Wollweber mitteilte, „eine Geschichte der antisowjetischen Verschwörungen auf deutschem Boden vom November 1917 bis zum 22. Juni 1941 sowie des Widerstandes der Arbeitsklasse und anderer Schichten dagegen“[108] schreiben. Seine Aktenrecherchen in Merseburg waren jedoch erfolglos geblieben – auch die für ihn wichtigen Quellen gehörten zu den „sekretierten“ Beständen. Norden hatte sich daraufhin im März 1953 an Zaisser gewandt, ohne jedoch eine Antwort zu erhalten. Sein Schreiben an Wollweber vom September konnte der Minister dahingehend beantworten, dass das MfS die Bestände „bis auf ganz wenige Ausnahmen“[109] nun nach Merseburg abgegeben habe.

Mit der Teilung der Bestände im August 1953 kam der Vorgang jedoch noch immer nicht an sein Ende. Im Juli 1955 wandte sich der Staatssekretär des MdI, Josef Hegen, an das SfS und verlangte, dass diejenigen Bestände, die 1953 das MfS übernommen hatte, nun endlich dem Zentralarchiv der DDR übergeben werden sollten. Als Grund dafür führte Hegen an, dass das Zentralarchiv derzeit in seinen Neubau übersiedle und deshalb eine Einordnung der restlichen Akten in die Bestände zum jetzigen Zeitpunkt sinnvoll sei.[110] Lieselotte Müller (geb. Behrendt), Leiterin des Zentralarchivs, das mittlerweile in die Abt. XII eingegliedert worden war, legte daraufhin Mielke eine Liste der betreffenden Bestände vor. Obwohl sie darauf verwies, dass die Akten „keinerlei Bedeutung“ für das MfS hätten, strich Mielke zwei der vier aufgeführten Posten, und zwar die „Prozeßakten der faschistischen Justizorgane (überwiegend Feldgerichtsakten) betreffend krimineller Delikte“ und „Strafakten verschiedener Vollzugsanstal-

106 Vgl. Protokoll über die Übernahme des sogenannten „Depositums“ in der Zweigstelle Merseburg des Deutschen Zentralarchivs, 8.8.1953, BStU, MfS, AS 280/71, Bd. 2, T. 1, S. 110–113.

107 Vgl. Protokoll über die Übernahme von Aktenstücken aus dem sogenannten „Depositum“ der Zweigstelle Merseburg und der Abteilung I des Zentralarchivs der DDR, 18.8.1953, BStU, MfS, AS 280/71, Bd. 2, T. 1, S. 108f.

108 Albert Norden, Schreiben an MdI/Staatssekretär Wollweber, 25.9.1953, BStU, MfS SdM 1908, T. 1, S. 74. Zu den Ergebnissen der Untersuchung vgl. Albert Norden, Zwischen Berlin und Moskau. Zur Geschichte der deutsch-sowjetischen Beziehungen, Berlin 1954; ders., Fälscher. Zur Geschichte der deutsch-sowjetischen Beziehungen, Berlin 1959.

109 SfS/Staatssekretär Wollweber, Schreiben an Albert Norden, 30.9.1953, BStU, MfS SdM 1908, T. 1, S. 73.

110 Vgl. [MdI]/Staatssekretär Josef Hegen, Schreiben betr. Akten des Deutschen Zentralarchivs beim SfS (Abschrift), 14.7.1955, BStU, MfS, AS 280/71, Bd. 2, T. 1, S. 107.

ten betreffend kriminelle Häftlinge". Lediglich Akten des Preußischen Ministeriums des Innern und die Zeitungsausschnittsammlung des „Stahlhelm" gingen daraufhin an das Zentralarchiv der DDR.[111]

Einen Schub hatte die Beschäftigung mit NS-Akten im MfS im Übrigen nach den Ereignissen vom 17. Juni 1953 erhalten. „Die Vorkommnisse" hätten gezeigt, so die am 5. Mai 1954 von Karoos unterzeichnete „Richtlinie für die Auswertung der in den Bezirksverwaltungen des S.f.S. vorhandenen alten Archiv-Unterlagen aus der Nazizeit", „dass die Rädelsführer und aktiven Teilnehmer dieses versuchten Putsches zum größten Teil ehemalige aktive Faschisten und Anhänger des Nazi-Regimes"[112] gewesen seien. Dementsprechend erwartete man bei der Auswertung von NS-Unterlagen Erkenntnisse für die operative Arbeit – nun sei es möglich, so die Richtlinie weiter, „die Anwerbungs-Reservoiren des Feindes, die […] zum größten Teil aus ehemaligen Faschisten bestehen, entsprechend aufzuklären und Konzentrationspunkte solcher Elemente festzustellen". In Folge der Richtlinie wurden NS- und auch Entnazifizierungsakten aus den Bezirksverwaltungen in Berlin zentralisiert.[113]

Vor welchen Schwierigkeiten die Abt. XII dabei stand, zeigt ein Vorgang aus dem Jahr 1955. „Schon seit längerem" hatte die Abt. K des Präsidiums der Volkspolizei „den Wunsch geäussert", dort befindliche Akten aus der NS-Zeit an das MfS übergeben zu können. Karoos und Müller (geb. Behrendt) fanden bei einer Besichtigung 150.000 Aktenbände und ca. 500.000 Karteikarten vor, deren Übernahme sie empfahlen. Allerdings: „Mit dem vorhandenen Bestand der Mitarbeiter im Archiv kann diese Aufgabe nicht durchgeführt werden, da die Auswertung unserer alten Unterlagen ebenfalls noch sehr lange Zeit beansprucht. Bei Übernahme der Unterlagen vom VP-Präsidium wäre es notwendig, den Mitarbeiterbestand im Archiv um mindest 6 Mitarbeiter zu erhöhen, welche sich mit der Auswertung und Erfassung dieser Unterlagen beschäftigen müssen. Die bloße Übernahme ohne die notwendige Auswertung ist wertlos."[114] Schließlich scheiterte die Übernahme allerdings zunächst an der Raumfrage: Karoos notierte fast drei Jahre später, am 4. Juli 1958, auf dem Bericht von der Besichtigung, dass die für die Archivierung vorgesehenen Räume bis 1960 von der Abt. M belegt seien. Nachdem das Präsidium der Volkspolizei am 12. November 1959 nochmals einen „verbindlichen Termin" für die „immer wieder hinaus-

111 Vgl. Abt. XII/Zentralarchiv/Müller, Vorlage für Gen. Generalleutnant Mielke, 15.8.1955, BStU, MfS, AS 280/71, Bd. 2 T. 1, S. 103f.

112 Abt. XII/Karoos, Richtlinie für die Auswertung der in den Bezirksverwaltungen des S.f.S. vorhandenen alten Archiv-Unterlagen aus der Nazizeit, 5.5.1954, BStU, MfS, Abt. XII Nr. 3884, S. 1–6, hier S. 1.

113 Vgl. Abt. XII/Knoppe für Generalmajor Scholz, Analyse über Archivunterlagen und Auskunftserteilung, 3.6.1965, BStU, MfS, Abt. XII Nr. 5818, S. 25–73, hier S. 26.

114 Schreiben der Abt. XII/Karoos an Generalmajor Weikert betr. Naziunterlagen im Präsidium der VP Berlin, 3.12.1955, BStU, MfS, AS 280/71, Bd. 1, S. 212f., hier S. 213.

Abb. 5: Lieselotte Müller (geb. Behrendt), Leiterin des Zentralarchivs des MfS von 1953 bis 1958.

geschoben[e]" Übernahme angemahnt hatte, wurde diese laut handschriftlichem Vermerk auf dem Schreiben schließlich „im April 1961"[115] realisiert.

Stärker systematisiert wurde die Recherche nach NS-Akten erst Ende der 1950er-Jahre, als der Stellvertreter des Ministers, Oberst Bruno Beater, alle Bezirksverwaltungen des MfS zur „Feststellung von noch nicht erfaßten Archivmaterialien" aus der NS-Zeit aufforderte. Umfangreiche Listen und detaillierte Beschreibungen einzelner Dokumente, die die örtlichen MfS-Mitarbeiter in diesem Zusammenhang für wichtig hielten, gelangten auf diese Weise in die Unterlagen des MfS.[116]

115 Schreiben des Präsidiums der VP Berlin/Leiter der Abt. K/i.A. Heidenreich an das MfS Berlin betr. Übernahme der Aktenunterlagen aus dem NS-Archiv, 12.11.1959, BStU, MfS, AS 280/71, Bd. 1, S. 207.

116 Vgl. verschiedene Dokumente in BStU, MfS, AS 280/71 Bd.1. Vgl. dazu auch Leide, NS-Verbrecher, S. 164–166.

Die Bestände waren zum Teil derart umfangreich, dass im Referat 3 der Abt. XII eigene arbeitsorganisatorische Strukturen geschaffen werden mussten. So betrieb die Abteilung im Jahr 1959 in Berlin-Johannisthal eigens eine „Auswertergruppe“, die ZE-Akten, also vor allem Entnazifizierungsunterlagen, untersuchte und für das MfS aufbereitete.[117]

Involviert war die Abt. XII auch in die Zusammenarbeit mit Geheimpolizeien anderer osteuropäischer Staaten in Fragen der NS-Akten. So führte die Abteilung beispielsweise die Rückgabe von derartigen Materialien an Polen durch. Am 5. April 1956 händigte Lieselotte Müller, die Leiterin des MfS-Archivs, am Grenzübergang Frankfurt/Oder knapp 3.700 Akten aus NS-Prozessen gegen polnische Staatsangehörige dem Komitee für Öffentliche Sicherheitsfragen der Volksrepublik Polen „zum dortigen Verbleib“[118] aus. Eine Dienstreise mit ähnlichem Auftrag unternahm Walter Rohner einige Tage später in den deutsch-tschechischen Grenzort Schmilka. Er übergab dem tschechoslowakischen Ministerium des Innern fast 13.400 Akten.[119] Müller hatte die Rückgabe damit begründet, dass die Akten „keinen Wert“ für das MfS hätten, da „es sich hier ausschließlich um Prozesse gegen Polen und Tschechen“ gehandelt habe. Folgt man Müllers Vorlage, so scheint die Initiative zur Rückgabe von ihr selbst ausgegangen zu sein. In dem Text heißt es: „Es wird gebeten, den Sicherheitsorganen der Volksrepublik Polen und der ČSR diese Akten anzubieten.“[120]

Die Rückgaben verliefen allerdings nicht nur in eine Richtung. So erhielt das MfS im Rahmen der Rückführungen an die DDR auch Unterlagen aus der Sowjetunion. Am 4. April 1957 wurden beispielsweise mehr als 200.000 Akteneinheiten übergeben, die zunächst „provisorisch im Tresorraum des Ministeriums des Innern“ gelagert und anschließend „mithilfe einer Kommission aus Vertretern von Partei- und Sicherheitsapparat“ gesichtet wurden, „wobei das MfS ein vorrangiges Verfügungsrecht beanspruchen konnte“[121]. Für das MfS gehörte Karoos dieser Kommission an.[122] Am 16. März 1959 übernahm Karoos zum Auftakt der bis dahin größten Rückgabeaktion weitere vier Eisenbahnwaggons mit Archivmaterial aus der Sowjetunion.[123] Hierbei handelte es sich nur zu einem kleinen Teil um NS-Akten, sodass der größte Bestand weiter

117 Vgl. Notiz, BStU, MfS, AS 97/70, S. 57; Notiz, BStU, MfS, AS 76/70 Bd. 1, S. 259.

118 Protokoll, 5.4.1956, BStU, MfS, AS 84/70, Bd. 1, S. 145f., hier S. 145.

119 Vgl. Dienstauftrag Nr. A für Walter Rohner, 8.4.1956, BStU, MfS, AS 84/70, Bd. 1, S. 140; MfS/Minister Wollweber, Schreiben an den Minister des Innern der ČSSR, Rudolf Barak, 23.2.1956, BStU, MfS, AS 189/58, Bd. 2, S. 241; Protokoll, 9.4.1956, BStU, MfS, AS 75/70 Bd. 1, S. 336–339.

120 Zentralarchiv/Müller, Vorlage, 7.12.1955, BStU. MfS, AS 189/58, Bd.2, S. 239.

121 Leide, NS-Verbrecher, S. 154.

122 Vgl. ebd.

123 Vgl. im Folgenden Abt. XII/Karoos, Bericht, 20.3.1959, BStU, MfS, AS 280/71, Bd. 2, T. 2, S. 371–374; Leide, NS-Verbrecher, S. 155.

an das Staatsarchiv Potsdam ging – nicht ohne, dass Karoos sich bei Gerhard Enders, dem stellvertretenden Leiter des Archivs, erkundigte, ob das MfS auch später noch Unterlagen zur Auswertung erhalten könne. Für das MfS sicherte Karoos aus der Lieferung allerdings Akten zur NSDAP, zu den „Militärbehörden Deutschlands", zum Bevollmächtigten des Deutschen Roten Kreuzes in der Sowjetunion und Materialien aus dem Privatarchiv des früheren Außenministers und Reichsprotektors für Böhmen und Mähren, Konstantin von Neurath. Das MfS hatte demnach – neben dem Parteiarchiv beim ZK der SED[124] – auch hier ersten Zugriff auf zurückgegebene Archivalien.

Beteiligt waren Mitarbeiter der Abt. XII auch an Recherchen nach NS-Akten in polnischen Archiven. So reisten Walter Rohner und Klara Schellheimer 1957 drei Wochen nach Warschau, um dort Unterlagen in verschiedenen Archiven zu begutachten und zu fotokopieren. Ob bei der Wahl der beiden Mitarbeiter deren Biografie als Verfolgte des NS-Regimes eine Rolle gespielt hatte, darüber lässt sich nur spekulieren – denkbar ist es aber durchaus, dass man sie deshalb für diese heikle Mission benannt hatte.

Die Kontakte waren ein Jahr zuvor angebahnt worden, als Mielke eine erste Liste von Personen, die der NS-Täterschaft verdächtigt wurden, nach Polen sandte.[125] Die Abt. XII war dabei nicht federführend gewesen – da es sich um einen Auslandseinsatz handelte, beauftragte Wolf die Abt. X mit den Personenrecherchen.[126] Offensichtlich benötigte man aber die Kompetenz der Abt. XII in Archivfragen.

Gänzlich unproblematisch war der Kontakt zu den polnischen Kollegen während des Aufenthaltes in Warschau wohl nicht: Rohner berichtete, dass weder eine Auslieferung der Akten noch eine publizistische Auswertung der „zur Kenntnis gelangten Materialien"[127] erfolgen dürfe. Es scheint so, als ob sich die polnische Seite zu diesem Zeitpunkt nicht in die gegen den Westen gerichtete Propagandakampagne einbinden lassen wollte. Und diese Propagandakampagnen standen im Vordergrund der Bemühungen um NS-Materialien: „Das spezifische Selbstverständnis des DDR-‚Antifaschismus' entwickelte in dieser

124 Vgl. Michael Hollmann, Das „NS-Archiv" des Ministeriums für Staatssicherheit der DDR und seine archivische Bewältigung durch das Bundesarchiv, in: Mitteilungen aus dem Bundesarchiv H.3/2001, S. 53–62, hier S. 54.

125 Vgl. 1. Stellv. d. Ministers Mielke, Schreiben an das Komitee für öffentliche Sicherheitsangelegenheiten der Volksrepublik Polen betr. Ausnutzung der polnischen Archivunterlagen, 10.7.1956, BStU, MfS AP 6546/76, Bd. 1, S. 12–15. Vgl. dazu Annette Weinke, Der Kampf um die Akten. Zur Kooperation zwischen MfS und osteuropäischen Sicherheitsorganen bei der Vorbereitung antifaschistischer Kampagnen, in: DA 32 (1999), H. 4, S. 564–577, hier S. 567–569.

126 Vgl. GM Wolf, Schreiben an die Abt. X betr. Ausnutzung der polnischen Archivmaterialien, 2.7.1956, BStU, MfS AP 6546/76, Bd. 1, S. 7.

127 Abt. XII/Schellheimer u. Rohner, Bericht über die in der Zeit vom 18.2.1957 bis 9. März 1957 in Warschau durchgeführte Tätigkeit, 17.4.1957, BStU, MfS, AS 75/70 Bd. 1, S. 323–328, hier S. 326.

Phase eine Eigendynamik, die die Frage nach den eigenen innergesellschaftlichen Lasten dauerhaft ausblendete: Es war der Kampf gegen die ‚Westdeutschen' Oberländer und Globkes, die den Antifaschismus in den Sphären von Justiz und Politik völlig ausfüllten […].“[128] Dementsprechend fehlen in den Akten der Abt. XII auch Hinweise auf größere Aktivitäten zur Recherche nach NS-Unterlagen, die etwa gegen NS-Belastete im eigenen Land eingesetzt werden sollten. Bemerkenswert ist in diesem Zusammenhang ein Vorgang aus dem Jahr 1955. Während einer Dienstbesprechung mit Mitarbeitern der Abt. XII hatte Wollweber nicht nur – wie bereits dargestellt – die Recherche nach möglichen NS-Belastungen leitender Personen in der Bundesrepublik gefordert. Vielmehr ging es ihm auch um DDR-Bürger, als er die Auswertung der archivierten Unterlagen mit Blick auf leitendes Personal aus verschiedenen Bereichen forderte. Konkret nannte er das Ministerium für Land- und Forstwirtschaft, das Ministerium für Aufbau, die großen Betriebe, aber auch überhaupt alle Funktionäre im Partei- und Staatsapparat (ausgenommen die Mitglieder des Politbüros), die Angehörigen des S.f.S. und die GM. „Bei der Prüfung ist besonders darauf zu achten“, so Wollweber, „wie sich die Personen bei der Gestapo – ob negativ oder positiv verhalten haben.“[129] Hektische Aktivitäten der Abt. XII waren die Folge – zunächst einmal musste zum Beispiel eine Liste aller ZK-Mitglieder und -Kandidaten und aller SED-Bezirksvorsitzenden organisiert werden. Doch schon bald wurde das Vorhaben beendet. „Gen. Staatssekretär hat entschieden, daß es in der Form nicht durchgeführt werden soll, sondern nur wenn Material über die infrage kommenden Genossen anfällt, dies an die Sicherheitskommission weiterleiten“[130], notierte (offenbar) Lieselotte Müller am 7. März 1955. Ob weniger der Aufwand als die drohenden Erkenntnisse für Wollwebers Rückzug verantwortlich zeichneten, muss offen bleiben.

„Wer ist denn unser Vorgesetzter?“ – der Konflikt um den „Leiter für das Archivwesen der Staatssicherheit“ Kurt Grünler

Strukturell veränderte sich im Archivbereich der Abt. XII bis in die 1960er-Jahre hinein wenig. Das Referat 3 verfügte über die Sachgebiete Verwaltung und Auswertung[131] und hatte, angesichts der noch jungen Geschichte des MfS, über-

128 Jens Gieseke, Antifaschistischer Staat und postfaschistische Gesellschaft: Die DDR, das MfS und die NS-Täter, in: Historical Social Research 35 (2010), H. 3, S. 79–94, hier S. 88.

129 Vermerk über die Dienstbesprechung am 31.1.1955 mit der Abt. XII, BStU, MfS SdM 1920, S. 15–18, hier S. 16.

130 Schreiben der Abt. XII/Karoos an die HA V/Reuscher betr. Aufstellung über leitende Funktionäre des Parteiapparates, 1.3.1955, BStU, MfS, AS 280/71, Bd. 1, S. 247.

131 Vgl. Notiz, BStU, MfS, AS 97/70, S. 57.

schaubare Bestände zu verwalten – abgesehen von den NS-Unterlagen, die vom Zentralarchiv betreut wurden.

Weniger Kontinuität gab es allerdings in der Leitungsposition des Referats. Im Jahr 1964 wurde mit Rudolf Bartonek bereits der vierte Leiter eingesetzt. Vor ihm hatten Richard Stopfkuchen von 1950 bis 1954, Lieselotte Müller (geb. Behrendt) von 1954 bis 1958 und Klara Schellheimer (geb. Ruseck) von 1958 bis 1964 die Position ausgeübt. Die jeweiligen Gründe ihrer Ablösung hatten meist wohl im privaten Bereich gelegen, denn alle – bis auf Müller – waren während der NS-Zeit zum Teil langjährig inhaftiert gewesen und galten somit als verlässliche Kader.

Erhebliche Unruhe verursachte allerdings eine bemerkenswerte Personalentscheidung Mielkes im Jahr 1961. Am 15. Februar dieses Jahres setzte er Oberstleutnant Kurt Grünler als Leiter des Zentralarchivs bzw. „Leiter für das Archivwesen der Staatssicherheit“[132] ein, der seine Anweisungen direkt vom Minister erhielt und eine „Sonderplanstelle im Stellenplan der Abteilung“[133] einnahm. Diese Entscheidung stellte einen deutlichen Eingriff in die Organisationsstruktur der Abt. XII dar. Derartige Fragen dürften jedoch dem Minister zweitrangig erschienen sein, ging es ihm bei der Installation Grünlers – neben der Versorgung eines verdienten, gesundheitlich beeinträchtigten Genossen[134] – wohl vor allem um die schlagkräftige Instrumentalisierung der NS-Akten, die Grünler vorantreiben sollte.

Grünler – seit 1922 Mitglied des Kommunistischen Jugendverbandes, seit 1928 KPD-Mitglied – gehörte zu den altgedienten Kommunisten.[135] Er hatte unter anderem im Spanischen Bürgerkrieg gekämpft und war von 1940 bis 1945 in Buchenwald inhaftiert gewesen. Nach 1945 gehörte er nach zwei Jahren K 5 zur Gründergeneration des MfS, wo er unter anderem als Leiter der Bezirksverwaltungen Frankfurt/Oder und Suhl tätig gewesen war, bevor er 1961 zur Abt. XII kam.

Grünlers direkte Unterstellung unter Mielkes Befehl bereitete der Abt. XII offenbar erhebliche Schwierigkeiten. Dies erkannte jedenfalls die HA KuSch, als sie 1963 eine Untersuchung „einiger kaderpolitischer Probleme“ anstellte. Sie bemängelte, dass Karoos „keinen Einfluß auf die Arbeit in diesem Arbeits-

132 Abt. XII/Karoos, Analyse für das Jahr 1961, 26.1.1962, BStU, MfS, AS 82/70, S. 81–97, hier S. 91.

133 Ebd.

134 Grünler hatte 1959 einen Herzinfarkt erlitten und war deshalb 1960 verrentet worden. Nach erfolgreicher Regeneration wurde der Rentenbescheid wieder aufgehoben und der behandelnde Arzt schlug der HA KuSch vor, Grünler „in eine Tätigkeit zu bringen, in der nicht allzuviel Verantwortung auf seinen Schultern lastet“. Daraufhin kam er zur Abt. XII; vgl. Medizinischer Dienst/Chefarzt Oberst Kempe, Schreiben an HA KuSch betr. Kurt Grünler, 30.12.1960, BStU, MfS, KS I 11/85, S. 109f.

135 Zur Biografie Grünlers vgl. seine Kaderakte BStU, MfS, KS I 11/85.

Abb. 6: Kurt Grünler, „Leiter für das Archivwesen der Staatssicherheit" von 1961 bis 1964.

bereich" habe, Schellheimer „nicht immer" wisse, „wie sie sich verhalten" müsse und sich in einer „Zweifelsstellung" befinde. Der Bericht empfahl: „Wir schlagen vor, diesen Zustand zu beenden und evlt. [sic] das bisherige Arbeitsgebiet – Auswertung – im Referat 3, welches zur Zeit dem Gen. Grünler untersteht, aus der Abt. XII herauszulösen und der Abt. Agitation anzugliedern, weil das auch im Interesse einer besseren Auswertung richtig wäre." Einen entsprechenden Vorschlag habe Grünler bereits selbst dem Minister unterbreitet, doch gebe es dazu noch keine Entscheidung. Im Übrigen müsse das Problem schnell gelöst werden, denn: „Die gegenwärtige Lage wirkt sich bei den Mitarbeitern so aus, daß sie ständig vor der Frage stehen: ‚Wer ist denn unser Vorgesetzter, wer hat hier etwas zu sagen?'"[136]

136 HA KuSch/Abt. Kader/Ref. 1/Klug, Einschätzung einiger kaderpolitischer Probleme in der Abt. XII, 17.4.1963, BStU, MfS, AS 97/70, S. 162–178, hier S. 170.

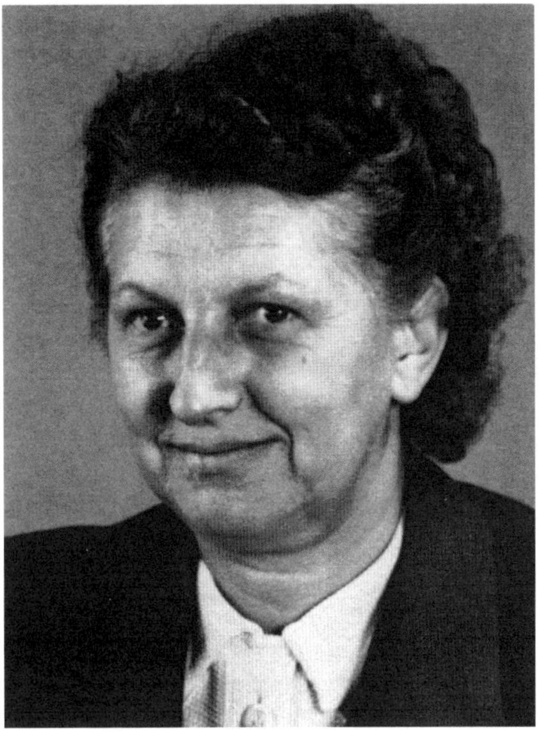

Abb. 7: Klara Schellheimer, Leiterin des Archivs der Abt. XII von 1958 bis 1964.

Die Dramatik der Situation zeigte sich auch darin, dass das „Problem Grünler" eines der wichtigsten Themen bei der kurzfristig anberaumten Besprechung des Berichts war. Schellheimer bestritt dabei die Probleme: „Ich bin nicht eingeschnappt, daß man den Genossen Grünler da hingesetzt hat. Wenn die Genossen nicht wissen, wo sie hingehen sollen, ob zu mir, zum Genossen Grünler oder zur Gen. Butter so liegt das nicht an uns."[137] Und auch Grünler erklärte: „Genosse Karoos und ich sind uns nicht ins Gehege gekommen."[138] Tatsächlich aber kam es erst zu einer Lösung, als Grünler und Schellheimer im Jahr 1964 verrentet wurden.[139]

137 Abt. XII/Karoos, Protokoll über die am 23.4.1963 durchgeführte Besprechung mit den Referatsleitern und selbst. Hauptsachbearbeitern der Abt. XII, 24.4.1963, BStU, MfS, AS 97/70, S. 179–210, hier S. 196.

138 Ebd., S. 198.

139 Vgl. BStU, KKK Grünler; BStU, KKK Schellheimer.

Der Vorschlag Grünlers, die Auswertung der NS-Unterlagen der Abt. Agitation anzugliedern, deutet auf den Kontext hin, in dem die Personalie verhandelt wurde. Denn in dieser Zeit begannen die intensiven Debatten um den propagandistischen und organisatorischen Umgang mit NS-Akten, die schließlich in der Gründung der Dokumentationsstelle durch das ZK der SED und den Ministerrat im Jahr 1964 und längerfristig auch in der Bildung der HA IX/11 mündeten.[140] Es überrascht daher nicht, dass Grünler als zivilbeschäftigter Rentner von Februar 1967 bis mindestens 1971 die HA IX/11 „bei der Erforschung und Erarbeitung von Material über den Widerstandskampf gegen den Faschismus"[141] unterstützte und somit den von ihm vorgeschlagenen Umgang mit NS-Material auch noch nach seiner Zeit in der Abt. XII begleitete.

„Von operativem Interesse" – die „Sonderkartei" der Abt. XII

Der lange Zeit ungeklärte Umgang mit NS-Akten innerhalb des MfS-Archivs fiel in eine Entwicklungsphase der Abt. XII, die nach den größeren strukturellen Veränderungen der 1950er-Jahre nun vor allem von innerer Konsolidierung geprägt war. Arbeitsabläufe wurden stärker systematisiert, Ordnungssysteme vereinheitlicht, Tätigkeitsbereiche zugeschnitten und neue Aufgabengebiete übernommen. Ziel war es, in allen Bereichen effiziente Arbeitsmethoden zu finden und so den „Feind" wirksamer bekämpfen zu können.

Um bei den zahlreichen meist kleineren Neuerungen den Überblick zu behalten, wurde in der Abt. XII eine offenbar kontinuierlich fortgeführte Aufstellung unter dem Titel „Veränderungen in der Arbeitsweise"[142] angelegt, die für die Jahre 1958 bis 1962 mehr als 60 Positionen auf 23 Seiten umfasst.

Manche dieser Veränderungen scheinen – wie die „Neutralisierung der Personenkartei" – langfristig konzipiert gewesen zu sein, andere folgten, wie im Fall Grünlers, auch personellen Konstellationen, nach denen verdiente Mitarbeiter versorgt werden mussten. In manchen Fällen lässt sich der tagesaktuelle Kontext, der das MfS zu Lösungen zwang, deutlich erkennen.

Letzteres gilt für die Schaffung der sogenannten „Sonderkartei", mit der Oberleutnant Kurt Merkel Mitte Oktober 1959 durch Bruno Beater beauftragt wurde.[143] Merkel war zuvor Mitarbeiter der HA VIII gewesen,[144] deren

140 Vgl. Leide, NS-Verbrecher, S. 168–176; Unverhau, „NS-Archiv", S. 45–105.

141 Abt. XII/Leipold, Schreiben an die HA KuSch betr. Ehrung aus Anlaß des 65. Geburtstages von Kurt Grünler, 25.5.1971, BStU, MfS, KS I 11/85, S. 60f.

142 Vgl. Aufstellung „Veränderungen in der Arbeitsweise", 1958–1962, BStU, MfS, AS 97/70, S. 106–129.

143 Vgl. ebd., S. 114.

144 Vgl. Abt. XII/Karoos, Schreiben an die HA KuSch betr. Oberleutnant Kurt Merkel, 18.1.1960, BStU, MfS, AS 76/70, Bd. 1, S. 105.

Vorgesetzter Beater war, und kam erst wegen des Auftrags im Januar 1960 zur Abt. XII. Welche Bedeutung Beater der Sonderkartei beimaß, lässt sich daran erkennen, dass für sie eigens ein neues Referat geschaffen wurde. Laut dem von Karoos am 5. Januar 1960 beantragten Stellenplan sollten in diesem Referat V neben dem Leiter vier weitere Mitarbeiter in zwei Sachgebieten arbeiten – vorwiegend „ältere, bewährte und zuverlässige Mitarbeiter“[145], wie Karoos notierte. Angesichts der Brisanz der Kartei wollte man kein Risiko eingehen.

Den Zweck der Kartei fasste Karoos Ende 1960 zusammen: „Diese Sonderkartei enthält Karteikarten über Personen, die in keinen Vorgängen verankert aber von operativem Interesse sind.“[146] Damit zeigte sich eine neue Stufe der Überwachung der DDR-Gesellschaft im Rahmen der Tätigkeit der Abt. XII. Es bedurfte nun nicht mehr eines konkreten Verdachts oder eines Vergehens, um in die Karteien aufgenommen zu werden. Vielmehr reichte es, einer bestimmten Gruppe von Menschen anzugehören, um in das Raster des MfS zu passen und „vorbeugend“ erfasst zu werden.

In seiner „Jahres-Analyse“ schilderte Merkel im Januar 1961 die Arbeit seines Referates: „Die Sonderkartei […] besteht aus vier verschiedenen Arten. 1. Karteikarten der HA II/4/a über Personen Ost-West-Verkehr FDGB. 2. Karteikarten der HA VII über RF [republikflüchtige] Personen. 3. Karteikarten über Personen welche beim AZKW [Amt für Zoll und Kontrolle des Warenverkehrs] angefallen sind. 4. Karteikarten über Personen welche sich zur Mitarbeit anboten.“[147] Die in der Sonderkartei gespeicherten Personen zählten demnach zu sehr unterschiedlichen Kategorien. Es gehörten Menschen dazu, die „Arbeiterfestspiele, Messe, Beratungen usw“ besuchten und deshalb in den Blick der für die Abwehr von Aktivitäten der westdeutschen Verfassungsschutzämter und SED-feindlicher westlicher Gruppen verantwortlichen HA II/4/a geraten waren.[148] Aber auch Republikflüchtige und Personen, an denen wegen Zollvergehen u. ä. operatives Interesse bestand, zählten zu den Betroffenen. 1962 wurde im Referat 5 außerdem noch eine Kartei ehemaliger Grenzgänger aus den Bezirken Potsdam, Frankfurt/Oder und Berlin geschaffen.[149]

145 Abt. XII/Karoos, Schreiben an HA KuSch betr. Stellenplan, 5.1.1960, BStU, MfS, AS 76/70, Bd. 1, S. 117. Tatsächlich waren Anfang 1961 erst drei Mitarbeiter im Referat V tätig; vgl. Abt. XII/Ref. V/Merkel, Jahres-Analyse, 23.1.1961, BStU, MfS, Abt. XII Nr. 4535, S. 14–16, hier S. 14.

146 Abt. XII/Karoos, Analyse für das Jahr 1960, 27.1.1961, BStU, MfS, AS 82/70, S. 98–115, hier S. 101.

147 Abt. XII/Ref. V/Merkel, Jahres-Analyse, 23.1.1961, BStU, MfS, Abt. XII Nr. 4535, S. 14–16.

148 Vgl. Wiedmann, Diensteinheiten, S. 257.

149 Vgl. Abt. XII/Karoos, Analyse für das Jahr 1962, 24.1.1963, BStU, MfS, AS 82/70, S. 62–80, hier S. 64; Aufstellung „Veränderungen in der Arbeitsweise“, 1958–1962, BStU, MfS, AS 97/70, S. 106–129, hier S. 128.

Auch wenn Karoos in seiner „Analyse für das Jahr 1960“ schreibt, dass „seit dem Bestehen des Referats schon viele Hinweise an die einzelnen Diensteinheiten gegeben“ worden seien, „die für die operative Arbeit von Wert“ gewesen „sein können“[150], so war die Effektivität des Referats 5 wohl eher marginal. Merkel selbst schreibt Anfang 1961, dass die 50.000 bis 60.000 Karteikarten – und es bleibt offen, ob er damit den Gesamtbestand meint – bislang „nicht für operative Zwecke ausgenutzt“[151] worden seien.

Dies lag wohl auch an der schlechten gesundheitlichen Konstitution, unter der die Mitarbeiter litten. Im Jahr 1961 fiel Merkel krankheitsbedingt an 81 Tagen aus, seine Mitarbeiter Franz Wieden und Ursula Jentsch an 77 bzw. 163 Tagen (einschließlich eines Kuraufenthaltes).[152] Berücksichtigt man zusätzlich den jeweiligen Jahresurlaub, so war die tatsächliche Arbeitszeit im Referat 5 sehr begrenzt.

Der zweite Arbeitsschwerpunkt des Referates 5 war die Auswertung der Strafnachrichten. Diese wurden seit einer entsprechenden Weisung Bruno Beaters – nach der Löschung aus dem Strafregister – von den Staatsanwaltschaften der DDR übernommen.[153] Offenbar hatten allerdings bereits vor der Weisung Beaters derartige Unterlagen im Zentralarchiv der Abt. XII gelagert – Merkel schreibt von „ca. 10–11 Tonnen Material“[154], mit dessen Auswertung Ende Dezember 1959 begonnen wurde. Es lässt sich vermuten, dass dieses Material und das generelle Interesse des MfS an den Strafnachrichten ein wichtiger Grund für den Auftrag Beaters an Merkel zur Bildung der Sonderkartei bzw. des Referates 5 gewesen sein dürfte.

Die Kriterien der Auswertung waren weit definiert. So suchten die Mitarbeiter nach „faschistischen und anderen unserer Entwicklung feindlich gesinnten Personen“, die dann in der Zentralkartei überprüft und, falls sie noch nicht erfasst waren, auf Karteikarten festgehalten wurden.

Über die Dimensionen der Arbeit im Jahr 1960 berichtete Merkel: „Die Überprüfung in der Zentralkartei ergab, daß nur 30 % bis 35 % der verurteilten Faschisten, Bibelforscher usw. erfaßt sind. Dies trifft auch für die verurteilten Widerstandskämpfer zu. Es wurden ca. 3.000 der überprüften Strafnachrichten

150 Abt. XII/Karoos, Analyse für das Jahr 1960, 27.1.1961, BStU, MfS, AS 82/70, S. 98–115, hier S. 101.

151 Abt. XII/Ref. V/Merkel, Jahres-Analyse, 23.1.1961, BStU, MfS, Abt. XII Nr. 4535, S. 14–16, hier S. 14.

152 Vgl. Abt. XII/Ref. 5/Leiter Merkel, Jahresanalyse, 8.1.1962, BStU, MfS, AS 97/70, S. 290f, hier S. 290.

153 Vgl. Stephan Wolf, Die Bestände der Abteilung XII des Ministeriums für Staatssicherheit. Ihr Entstehen, ihr Charakter und ihre Nutzung, unveröffentl. Diplomarbeit FH Potsdam, 2010, S. 89; Art. „Sonderkartei“, in: Lucht (Hg.), Archiv, S. 210f.

154 Abt. XII/Ref. V/Merkel, Jahres-Analyse, 23.1.1961, BStU, MfS, Abt. XII Nr. 4535, S. 14–16, hier S. 15. Dort auch die folgenden Zitate.

alphabetisch geordnet. Weiter sind ca. 10.000 Strafnachrichten der vom sowj. Tribunal verurteilten Personen alphabetisch geordnet worden."

Trotz dieser scheinbaren Erfolge endete die Geschichte der Sonderkartei und des Referats 5 schon bald wieder. Am 1. Mai 1963 wurde das Referat aufgelöst und seine Aufgaben und Mitarbeiter – ohne den Referatsleiter – an Referat 2 angegliedert.[155] Die Sonderkartei ging in der Zentralkartei auf. Man versprach sich davon „eine grössere Ausnutzung der Sonderkartei"[156] und eine Verkürzung der Überprüfungszeiten. Das Arbeitsgebiet Strafnachrichten blieb erhalten und wurde zunächst im Referat 2 fortgeführt, bis es am 3. August 1964 an die Archivabteilung überging und auch räumlich von der Magdalenenstraße in das Archivgebäude in der Freienwalder Straße wechselte.[157] Dass damit kein Bedeutungsverlust einherging, lässt sich am Aufbau des „Speichers XII/01" ablesen, in dem seit 1981 Strafnachrichten und ähnliche Materialien gesammelt wurden.[158]

Merkel, bei dem es sich „um einen älteren Genossen mit nur noch bedingter Diensttauglichkeit handelt[e]", wurde vom Referatsleiter zum Hauptsachbearbeiter zurückgestuft und in der Kontrollgruppe eingesetzt. „Trotz seiner Einsicht in die Notwendigkeit der vorgenommenen Strukturveränderung und damit verbunden auch eine Klärung hinsichtlich seiner Dienststellung, krankt er noch an dieser Sache"[159], vermerkte Karoos in seiner „Analyse über das Jahr 1963".

Die kurze Geschichte des Referates 5 lässt sich als Episode einer Entwicklungsphase betrachten, in der sich das MfS auf der Suche nach einer effizienten Struktur befand. Zeitgleich sah sich die Geheimpolizei mit immer neuen Aufgaben bei der Überwachung der Bevölkerung konfrontiert, da infolge der zunehmenden Fluchtbewegung ein Ausbluten der DDR drohte und die Machthaber dies durch eine intensivierte Kontrolle verhindern wollten. Der wachsende Anspruch des MfS, immer größere Bereiche der DDR-Gesellschaft unter Kontrolle zu halten, war mit dem Ende des Referates 5 selbstverständlich nicht auch an sein Ende gekommen. Die Schaffung neuer und die Erweiterung bestehender Organisationseinheiten sorgten dafür, dass die Beteiligung der Abt. XII an der Überwachung der Bevölkerung in anderer, effizienterer Form fortgesetzt wurde.

155 Vgl. Abt. XII/Karoos, Analyse über das Jahr 1963, 15.1.1964, BStU, MfS, AS 82/70, S. 24–49, hier S. 24.

156 Ebd.

157 Vgl. Notizen, BStU, MfS, AS 97/70, S. 62, 68.

158 Zum Speicher XII/01 vgl. Wolf, Bestände, S. 89 f.; Art. „Speicher XII/01", in: Lucht (Hg.), Archiv, S. 214 f.

159 Abt. XII/Karoos, Analyse über das Jahr 1963, 15.1.1964, BStU, MfS, AS 82/70, S. 24–49, hier S. 25.

Die Abt. XII Mitte der 1960er-Jahre

Mit der Auflösung des Referates 5 im Jahr 1963 und der Übergabe des für Auslandsreisen zuständigen Referates 4 an die Arbeitsgruppe Sicherung des Reiseverkehrs war die Abt. XII Mitte der 1960er-Jahre wieder weitgehend auf seine ursprüngliche Struktur zurückgeführt worden. Aufgrund der erheblichen Veränderungen in der Arbeitsorganisation wie etwa der „Neutralisierung der Personenkartei“ unterschied sich die Abt. XII dieser Zeit deutlich von der Abt. XII der frühen 1950er-Jahre.

In den Jahren 1963/64 erfolgten weitere Veränderungen, darunter die Bildung einer Zentralen Parteiorganisation: Hatten zuvor zwei Grundorganisationen existiert, waren die Mitarbeiter entsprechend dem „Produktionsprinzip“ in vier Grundorganisationen eingeteilt, die einer Zentralen Parteileitung in der Abteilung unterstanden.

Ebenfalls in diese Zeit fällt eine Veränderung im Unterstellungsverhältnis der Abt. XII.[160] In dieser Frage hatte es schon in den 1950er-Jahren mehrfache Wechsel gegeben: Von der Gründung bis 1952 war die Abt. Erfassung und Statistik bzw. XII Minister Zaisser direkt unterstellt, dann bis 1955 dem Stellvertreter für Wirtschaft und Verkehr, Generalmajor Otto Last, anschließend für kurze Zeit dem Stellvertreter für Spezialabteilungen, Oberst Martin Weikert. Im Frühjahr 1956 wurde die Abteilung dem 1. Stellvertreter des Ministers (und späteren Minister) Erich Mielke unterstellt, bevor Anfang der 1960er-Jahre ein Wechsel in den Bereich des Leiters der HV B, Oberst Wilhelm Gaida, folgte. Im Jahr 1964 kam die Abt. XII schließlich zu Oberst Alfred Scholz, dem in dieser Zeit verschiedene technische und administrative Diensteinheiten zugeordnet wurden. Danach folgten erst 1979 und 1986 erneute Veränderungen, als die Abteilung zunächst dem neu gebildeten Anleitungsbereich von Generalmajor Gerhard Neiber und dann Mielke direkt bzw. dienstrechtlich der ZAIG unterstellt wurde. Die häufigen Veränderungen bis Mitte der 1960er-Jahre unterstreichen somit den Eindruck, dass sich die Abteilung in dieser Zeit in einer Phase der Konsolidierung befand.

Nicht zufällig vollzog sich auch an der Spitze der Abt. XII in dieser Zeit eine wichtige Veränderung. Nach 13 Jahren als Leiter der Abteilung musste Karoos am 1. April 1964 den Posten an den nur wenige Monate jüngeren Oberstleutnant Reinhold Knoppe abgeben. Karoos wechselte nicht etwa in eine andere Abteilung, sondern wurde zu Knoppes Stellvertreter degradiert.

Knoppe verfügte anders als Karoos über eine „passendere“ Biografie für eine Leitungsfunktion im MfS.[161] Seit 1928 Mitglied der KPD emigrierte Knoppe

160 Vgl. im Folgenden Wiedmann, Diensteinheiten, S. 82.

161 Vgl. im Folgenden den Beitrag „Letzte Station Abteilung XII“ von Philipp Springer in diesem Band.

Abb. 8: Reinhold Knoppe, Leiter der Abt. XII von 1964 bis 1968.

1933 in die Tschechoslowakei, kämpfte von 1937 bis 1939 im Spanischen Bürgerkrieg. Anschließend war er zunächst in Frankreich und von 1941 bis 1945 im KZ Sachenhausen interniert. Nach 1945 arbeitete er bei der Polizei in Berlin, darunter in leitender Funktion bei der K 5. Im MfS wurde er 1950 Leiter der HA III, musste jedoch nach dem 17. Juni 1953 zur Bezirksverwaltung Magdeburg wechseln. Von dort kam er 1962 zurück in die Zentrale, wo er kurze Zeit beim Büro der Leitung und anschließend knapp zwei Jahre als Leiter der Arbeitsgruppe des Ministers tätig war.

Sein biografischer Hintergrund dürfte die Grundlage für ein offenbar nicht unerhebliches Selbstbewusstsein des „altgedienten Kommunisten" gewesen sein. Noch während seiner Zeit in Magdeburg zitierte ihn beispielsweise ein Mitarbeiter bei einer Debatte um unterschiedliche Vorstellungen bei der Aktenablage gegenüber den Kollegen in Berlin: „[W]enn dies dem Gen. Oberstleutnant Karoos nicht recht sei, so kann er sich ja in Berlin darüber beschweren. Gen. Knoppe würde schon in Berlin vortragen[,] warum diese Dinge in der Abteilung XII abgelegt werden müssen[,] und die anderen würden dies dann auch einsehen."[162]

Knoppe hatte wie die meisten Mitarbeiter der Abt. XII keine archivfachliche Ausbildung. Eine Episode aus dem Jahr 1955 zeigt jedoch, dass er über Kenntnisse aus der Zeit vor 1945 verfügte, die sein Bild eines Archivs geprägt hatten. Bei einer Besprechung mit den Leitern der Abteilungen XII und den Archivsachbearbeitern aus den Bezirksverwaltungen thematisierten die Mitarbeiter der Zentrale „Unklarheiten" bei der Auswertung von Unterlagen aus der NS-Zeit. So forderte Lieselotte Müller, die Leiterin des MfS-Archivs, die Vertreter der Abt. XII der BV Magdeburg dazu auf, sich zum dortigen Umgang mit Akten über abgelehnte VdN-Mitglieder zu äußern – es entsprach offenbar nicht dem üblichen, in Magdeburg aber dennoch praktizierten Vorgehen, diese Akten auszuwerten und Karteikarten für die Berliner Zentralkartei anzufertigen.

Der Leiter der Abt. XII der BV Magdeburg, Gustav Weil, rechtfertigte sich damit, dass ihm Knoppe, zum damaligen Zeitpunkt Leiter der BV Magdeburg, den Auftrag dazu gegeben habe: „‚Unserem Leiter der BV schwebt ein Archiv vor Augen, wie er es in der Emigration in Paris gesehen hat. Der Leiter unserer BV sagte, dass die VdN-Akten bei uns gut aufgehoben sind und dass man diese evtl. für Kaderbewerbungen usw. noch benötigen kann.' […] Unter den abgelegten VdN-Vorschlägen befinden sich natürlich auch Unterlagen, die für uns von Interesse sind z. B. über Bibelforscher, Trotzkisten usw. Im Archiv der BV Magdeburg befindet sich weiterhin Material über 1.) alle die entlassen wurden 2.) über solche, die nicht polizeidiensttauchlich [sic] sind. Nach Meinung des Gen. Hauptmann Weil ist eben der Gen. Oberst Knoppe dafür, dass alles archiviert wird, weil ihm ein Archiv, welches er in der Emigration gesehen hat vor Augen schwebt."[163]

Auch wenn seit dieser Episode bei Knoppes Antritt in der Abt. XII Jahre vergangen waren, so dokumentieren sie – wenig überraschend – die Vorstellung von der „dienenden" Funktion, die die Abt. XII gegenüber den operativ tätigen Diensteinheiten einnehmen müsse. Zugleich befand sich Knoppe mit seinem Anspruch, dass die Abt. XII allumfassend Informationen sammeln müsse, ganz auf der Linie des MfS.

Misst man Knoppe an den Aktivitäten, die er schon sehr bald nach seinem Amtsantritt in der Abt. XII entfaltete, so scheint er nicht nur aus Gründen der Versorgung dorthin versetzt worden zu sein. In besonderer Weise widmete sich Knoppe dabei der Weiterentwicklung des Archivs.

Eine umfassende „Analyse über Archivunterlagen und Auskunftserteilung" legte Knoppe im Juni 1965 Generalmajor Alfred Scholz vor. Anlass waren zwei

162 Abt. XII/Karoos, Protokoll der Besprechung mit den Leitern der Abteilungen XII am 4.7.1955, BStU, MfS, AS 187/58, Bd. 6, S. 83–89, hier S. 84.

163 Ebd.

archivierte, offenbar hochbrisante Akten, die Scholz Knoppe zur Durchsicht übergeben hatte mit dem Hinweis, diese könnten „unmöglich der Auskunft und Einsichtnahme zugänglich“[164] gemacht werden. Daraufhin untersuchte Knoppe das gesamte System. Auch wenn er zu Anfang seiner Analyse betonte, dass es „viele Dinge“ gebe, die er „für in Ordnung halte und sie deswegen in der Analyse nicht anspreche“[165], handelte es sich bei dem 49-seitigen Papier um eine Generalabrechnung mit der Arbeit seines Vorgängers und Stellvertreters Karoos. Zugleich liefert sein Bericht Erkenntnisse über den Zustand des Archivs in dieser Zeit.

Zentraler Kritikpunkt Knoppes war „das Fehlen einer grundsätzlichen Ordnung über Ausgabe, Umlauf, Aufbewahrung und Nachweisführung von Archivunterlagen sowie der Auskunftserteilung“[166] – es gebe keine bestätigten Anweisungen von Mielke oder einem seiner Stellvertreter, Festlegungen würden in der Praxis nicht eingehalten und Abläufe „nach mündlichen Vereinbarungen“ zwischen den Sachbearbeitern der Abt. XII und den Mitarbeitern anderer Diensteinheiten durchgeführt.

Knoppe bemängelte insbesondere auch die Arbeit der Bezirksverwaltungen. Dort gesammelte Informationen würden unzureichend zentralisiert, auch führe das Fehlen einer Archivordnung dazu, dass „jeder Leiter [...] die Arbeit nach eigenem Dafürhalten“ organisiere. Bislang gebe es „keine Gesamtübersicht über vorhandenes Material zu einer Person“[167]. Knoppe schlug ein neues Ablagesystem vor, das einen sofortigen Zugriff auf Akten bestimmter Personengruppen – beispielsweise der Spionage, der Staatsverleumdung oder der Verbrechen gegen gesellschaftliches Eigentum Verdächtigter – ermögliche.

Große Schwierigkeiten sah Knoppe bei der Frage der baulichen Situation der Archive in der Zentrale und in den Bezirksverwaltungen. Fast überall seien die Kapazitäten ausgeschöpft, in einigen MfS-Archiven müsste schon über die Zurückweisung von Unterlagen, darunter auch neu aufgefunden NS-Akten, nachgedacht werden. „Die BV Frankfurt (Oder) z. B. löste das Archivraumproblem, indem das Ref. XII im Einverständnis mit dem Leiter der BV (allerdings ohne der Abt. XII des MfS) bestimmte Komplexe unregistrierter Unterlagen aus dem Archiv nahm und dem Zerreißwolf übergab. Dadurch wurde für begrenzte Zeit wieder Platz zur Aufnahme neuer Archivalien geschaffen“[168], schildert Knoppe ein besonders drastisches Beispiel.

164 Schreiben der Abt. XII/Knoppe an Mielke betr. dessen Anruf am 19.11.1965, 20.11.1965, BStU, MfS, Abt. XII Nr. 5818, S. 76–80, hier S. 76.

165 Abt. XII/Knoppe für Generalmajor Scholz, Analyse über Archivunterlagen und Auskunftserteilung, 3.6.1965, BStU, MfS, Abt. XII Nr. 5818, S. 25–73, hier S. 25.

166 Ebd. Dort auch das folgende Zitat.

167 Ebd., S. 41.

168 Ebd., S. 34.

Oft seien zudem die genutzten Räume für Archivzwecke nicht geeignet, es fehle an Klimaanlagen, Brände und Rohrbrüche gefährdeten die Akten, die sich nicht selten „in einem erschreckenden Zustand“[169] befänden. Die Ausleihe von Originalakten trage ebenfalls zu der Gefährdung der Akten bei – allein im Jahr 1964 wurden 63.250 Akten ausgeliehen,[170] manche so häufig, dass sie als „Reiseakten“ bezeichnet wurden.[171] Trotzdem habe Restaurierung und Konservierung bislang keine Rolle in der Arbeit der Abt. XII gespielt, weshalb Knoppe nun die Bildung einer drei- bis fünfköpfigen Restauratorengruppe vorschlug.

Schließlich kritisierte Knoppe die Verletzung der Konspiration durch laxe Ausleihbedingungen, die Mitarbeitern anderer Diensteinheiten Einblicke in Unterlagen gestatteten, die sie für ihre Arbeit eigentlich nicht bräuchten. Auch die Arbeitsweise anderer MfS-Abteilungen, einschließlich deren Legenden, Losungen, Hilfsmittel, Zuwendungen und konspirativen Wohnungen, könnten so einem breiten Kreis von Mitarbeitern bekannt werden. Außerdem würde die mangelhafte Zentralisierung der Informationen zu einem ganz erheblichen Mehraufwand für die operativ tätigen Mitarbeiter führen.[172] Darüber hinaus müssten in besonderer Weise Unterlagen über leitende Funktionäre des Staats- und Parteiapparates geschützt werden, da „solche Funktionäre in den Augen besonders junger Mitarbeiter diskriminiert werden“[173] könnten.

Als Lösung für die vielfältigen Probleme schlug Knoppe eine Reihe von Maßnahmen vor, darunter die Erarbeitung einer Archivordnung und die Einstellung der Ausleihe von Originalunterlagen. Eine Auswertungsgruppe sollte „nach und nach alle Archivmaterialien auf operativen Wert [und] Archivwürdigkeit“ überprüfen und gegebenenfalls „Materialien mit rein informatorischem und historischem Charakter [...] den staatlichen Archiven“[174] übergeben. Dabei dachte Knoppe insbesondere an NS-Akten.[175] Außerdem sollte diese Gruppe „Personenakten“ zusammenstellen, in denen das vorhandene Material gesammelt würde – „Auskunftsberichte“ könnten dann die Ausleihe der Akten überflüssig machen.

Abschließend beschäftigte sich Knoppe auch noch mit der „Wertbestimmung des Materials“, die offenbar ebenfalls von der Auswertungsgruppe vorgenommen werden sollte. Diese Wertbestimmung sei die Voraussetzung für den „E[rnst]-Fall“, da man festlegen könne, was evakuiert, verfilmt oder schon vorzeitig ausgelagert werden könnte.[176] Eine solche Wertermittlung und auch die

169 Ebd., S. 35.
170 Vgl. ebd., S. 38.
171 Vgl. ebd., S. 57.
172 Vgl. ebd., S. 48.
173 Ebd., S. 51.
174 Ebd., S. 60.
175 Vgl. ebd., S. 73.
176 Vgl. ebd., S. 62.

Entscheidung über Kassationen wollte Knoppe einer neu zu bildenden Kommission überlassen.[177]

Seine Vorschläge, die einen massiven Eingriff in die Tätigkeit der Abt. XII bedeuteten, stünden, so Knoppe, „in keinem Widerspruch zur perspektivischen Arbeit der Abt. XII, denn gerade eine maschinelle Nachweisführung und Auswertung der Materialien setzt eine bessere Ordnung voraus, die für die Katalogisierung und schnellere Greifbarmachung der Materialien unerläßlich ist."[178]

Knoppes ebenso akribische wie schonungslose Analyse der Wirkungsweise seiner Abteilung muss als Vorarbeit für umfassende Regelungen gesehen werden, die in dieser Zeit entwickelt wurden. Auch Veränderungen in der Archivgesetzgebung der DDR, wie sie in der Verordnung über das Staatliche Archivwesen vom 17. Juni 1965 und in der Archivordnung des Ministers des Innern vom 8. Januar 1966 zum Ausdruck kamen,[179] dürften eine Rolle gespielt haben, als sich das MfS intensiver mit der Ordnung seines Archivs beschäftigte.

Wichtigstes Resultat dieses Prozesses war Mielkes Anweisung Nr. 8/65 zur „Auskunftserteilung und Anforderung von Archivunterlagen aus der Abteilung bzw. den Referaten XII" vom 10. September 1965.[180] Im Mittelpunkt der Anweisung stand eine Verschärfung der Konspiration, die durch einen strenger reglementierten Zugang zu den Akten und eine Beschränkung der Information über erfasste Personen ausschließlich an die Leiter von Diensteinheiten erreicht wurde.

Zum Erlass einer in der Einleitung der Anweisung angekündigten „Archiv- und Auskunftsordnung", die ja auch Knoppes zentrale Forderung gewesen war, kam es jedoch nicht. Zwar wurden in den folgenden Monaten Entwürfe für die „Ordnung über die Arbeit mit Archivdokumenten im Ministerium für Staatssicherheit"[181] und die „Ordnung über die Bearbeitung von Überprüfungsersuchen und die Auskunftserteilung der Abteilung/selbständigen Referate XII"[182] erarbeitet, doch kam es nie zur Bestätigung dieser für die Abt. XII grundlegenden Dokumente durch den Minister.

Die Gründe dafür lassen sich kaum rekonstruieren. Die Vermutung, dass Mielke „möglicherweise [...] seine Unterschrift nicht wegen der fachlichen

177 Vgl. ebd., S. 68.

178 Ebd., S. 72.

179 Vgl. Art. „Ordnung für [sic] die Arbeit mit Archivdokumenten", in: Lucht (Hg.), Archiv, S. 168 f. Zur Verordnung über das Staatliche Archivwesen vgl. auch Hermann Schreyer, Das staatliche Archivwesen der DDR. Ein Überblick, Düsseldorf 2008, S. 110–114.

180 Vgl. BStU, MfS, BdL/Dok. Nr. 3531. Vgl. auch Art. „Anweisung Nr. 8/65", in: Lucht (Hg.), Archiv, S. 38 f.

181 Entwurf der Ordnung über die Arbeit mit Archivdokumenten im Ministerium für Staatssicherheit – Archivordnung –, o. D. [1966], BStU, MfS, Abt. XII Nr. 5817, S. 3–14.

182 Entwurf der Ordnung über die Bearbeitung von Überprüfungsersuchen und die Auskunftserteilung der Abteilung/selbständigen Referate XII, o. D., BStU, MfS, Abt. XII Nr. 5818, S. 109–116.

Mängel [verweigert habe], sondern weil seine operativen Diensteinheiten zu sehr mit der Durchsicht und Bewertung ‚alter Akten' beschäftigt worden wären"[183], erscheint plausibel. Allerdings sollte die Auswertung des „alten Archivgutes", wie es im Entwurf der 1. Durchführungsbestimmung der Ordnung heißt, durch „Kommissionen aus operativ erfahrenen Mitarbeitern"[184] in der Abt. XII in der Zentrale und in den Bezirksverwaltungen erfolgen. Die Leiter der operativen Diensteinheiten wären in das Verfahren nur insofern involviert gewesen, als ihnen allein „wertvolle Archivalien, insbesondere abgelegte IM-Vorgänge und IM-Vorläufe, nicht bis zu Ende operativ geklärte Operativ-Vorgänge, Operativ-Vorläufe und andere operative Materialien" zur weiteren Auswertung übergeben worden wären. Alle anderen Materialien wären von den Kommissionen erschlossen und ausgewertet worden. Nur die zur Kassation bestimmten Akten hätten die Leiter zuvor noch einmal sehen und gegebenenfalls ihr Veto einlegen können. Der zeitliche Aufwand wäre dementsprechend wohl nicht allzu groß gewesen.

Mielkes fehlende Unterschriften unter die Archiv- und Auskunftsordnungen könnten allerdings auch als Furcht vor Behinderungen der operativen Arbeit durch allzu starre Festlegungen und damit vor einem zu großen Einfluss des Archivwesens im MfS gedeutet werden. Darauf weisen zwei Konflikte hin, in deren Mittelpunkt Knoppe in dieser Zeit stand. Der erste betraf die Anweisung Nr. 8/65. Am 20. November 1965 musste er sich in einem fünfseitigen Schreiben zu drei Fragen äußern, die ihm Mielke am Tag zuvor in einem offenbar recht heftigen Telefonat gestellt hatte. „Wie kam es zur Anweisung 8/65 – Wer gab den Auftrag dazu? […] Wer hat meinen bisherigen Befehl aufgehoben? […] Wie kam es zu der Festlegung ‚Archivmaterial den laufenden Vorgängen gleichzustellen'?", lauteten die Fragen, auf die der Minister Antworten haben wollte und die eine Anweisung betrafen, die er selbst wenige Monate vorher unterzeichnet hatte.

Knoppe schilderte nun, dass ihn zwei Fälle von „dekonspiriertem" Archivmaterial zunächst zur Analyse der Auskunftserteilung – gemeint waren seine Papiere von Anfang 1965 – und schließlich zur Erarbeitung der Archiv- und Auskunftsordnung veranlasst hätten. Letzteres hätte aber eine längere Zeit in Anspruch nehmen müssen, wie er Generalmajor Beater erläutert habe. Den weiteren Verlauf schilderte Knoppe so: „Vom Genossen Beater wurde mir am Telefon gesagt, ich solle mich sofort hinsetzen und einen Entwurf für eine vorläufige Zwischenlösung erarbeiten. Auf meinen Vorschlag, doch bis zur Erarbeitung des Entwurfes einer grundsätzlichen Ordnung zu warten, wurde mir erklärt: ‚Wenn

183 Art. „Ordnung für die Arbeit mit Archivdokumenten", in: Lucht (Hg.), Archiv, S. 168 f.

184 Entwurf der 1. Durchführungsbestimmung zur Ordnung über die Arbeit mit Archivdokumenten im Ministerium für Staatssicherheit – Archivordnung –, o. D. [1966], BStU, MfS, Abt. XII Nr. 5817, S. 15–23, hier S. 21.

ich von einem Zustand Kenntnis habe[,] der nicht in Ordnung ist, bin ich verpflichtet, ihn sofort zu verändern. Setze Dich hin und erarbeite mir sofort den Entwurf für eine provisorische Lösung.'"[185]

Auch die zweite, nicht weniger erstaunliche Frage zur Aufhebung seines „bisherigen Befehls" zeugte von den geringen Kenntnissen Mielkes über die Abt. XII. Knoppe antwortete: „Trotz wiederholter Nachfrage innerhalb der Abteilung XII und beim Büro der Leitung konnte mir kein Befehl von Ihnen über die Auskunftserteilung und den Archivaktenumlauf benannt werden. Eine schriftliche Arbeitsrichtlinie über diese Arbeit der Abteilung XII gibt es nicht. Die letzte Richtlinie über Fragen der Registrierung stammt aus der Zeit Wollwebers und enthält nicht die von mir genannte Problematik."[186]

Schließlich rechtfertigte sich Knoppe noch für die Gleichstellung von Archivmaterial und laufenden Vorgängen, wie sie in der Anweisung Nr. 8/65 festgelegt worden war. Die Abläufe bei der Auskunftserteilung hätten vorher durch die Art der Auskunft unter Umständen zur Dekonspiration von Innoffiziellen Mitarbeitern führen können, erklärte er Mielke. Dieser Zustand sei nun beseitigt worden.

Die Episode lässt sich durchaus als Beleg für eine gewisse Furcht Mielkes vor einem bürokratischen Apparat deuten, dessen wachsende Macht die „eigentliche" Arbeit der Geheimpolizei hätte behindern können. Eine Archivabteilung, die aus formalen Gesichtspunkten den Zugang zu den Akten reglementiert und somit über großes internes Herrschaftspotential verfügte, dürfte für den Minister keine angenehme Vorstellung gewesen sein.

Der recht unfreundliche Ton des Schreibens an Mielke, einschließlich des „Abwälzens" der Verantwortung auf Beater, deutet zudem an, dass Knoppe alles andere als eine starke Stellung im MfS innehatte. Dies zeigte sich auch in der Auseinandersetzung um die Einführung neuer IM-Akten, die von September 1965 bis März 1966 zwischen Knoppe und Beater ausgetragen wurde. Dabei ging es um die Erweiterung der IM-Akten, die bis zu diesem Zeitpunkt in A- und P-Akten unterteilt waren. Nun sollte dies – offenbar auf Vorschlag des damaligen Leiters der Bezirksverwaltung Frankfurt/Oder, Oberstleutnant Gerhard Neiber – zugunsten einer dreiteiligen Gliederung verändert werden, um die Akte übersichtlicher und handlicher zu gestalten.[187]

Die Abt. XII war in der Folgezeit mit dem Vorgang befasst, da sie für Gestaltung, Druck und Lagerung von Formularen – dazu zählten auch Aktendeckel – im MfS mitverantwortlich war. Am 23. Dezember 1965 reagierte Knoppe des-

185 Schreiben der Abt. XII/Knoppe an Mielke betr. dessen Anruf am 19.11.1965, 20.11.1965, BStU, MfS, Abt. XII Nr. 5818, S. 76–80, hier S. 77.

186 Ebd.

187 Vgl. Schreiben BV Frankfurt/Oder/Leiter Neiber an 1. Stellv. d. Ministers Beater betr. Vorschlag zur Einführung neuer IM-Akten, 20.9.1965, BStU, MfS, Abt. XII Nr. 5818, S. 74f.

halb auf den Vorschlag mit einem Schreiben an Beater, der ebenfalls in die Veränderung der IM-Akten involviert war. Darin begrüßte Knoppe zwar das Vorhaben, doch hob er grundlegende Probleme hervor. So befürchtete er insbesondere einen deutlich steigenden Bedarf an Archivraum, an Kapazitäten und Kosten für den Druck der benötigten Aktendeckel, Formulare und Umschläge und an Arbeitsaufwand für die Mitarbeiter seiner Abteilung. Auch archivfachliche Probleme betonte Knoppe, beispielsweise sollte auf rostende Materialien in den Unterlagen verzichtet und Akten so verschlossen werden, dass nichts entnommen oder ergänzt werden könnte. Darüber hinaus bricht sich in Knoppes Schreiben auch ein gewisser Ärger darüber Bahn, zu wenig beachtet zu werden: „Die Abteilung XII macht sich seit Jahren Gedanken, wie wir durch Einschränkung der Vielzahl der Formblätter durch textliche Umgestaltung, Vereinfachung des drucklichen Aufbaus und trotzdem höheren Aussagekraft, den operativen Mitarbeitern unnötige Beschäftigung nehmen und den Leiter von formaler Unterschriftsleistung befreien können.“[188]

Knoppes Kritik führte zu einer heftigen Auseinandersetzung mit Beater, bei der sich Knoppe nicht durchsetzen konnte. Scholz wies Knoppe schließlich am 14. Februar 1966 an, „zum nächstmöglichen Termin“[189] mit der Realisierung von Beaters Vorschlag zu beginnen. Zuvor hatte Beater Knoppes Verhalten in den Verhandlungen massiv gerügt und ihm unter anderem fehlerhafte Kostenberechnungen vorgeworfen. Diese Episode gewährt seltene Einblicke in Aushandlungsprozesse, mit denen die Abt. XII befasst war. Sie unterstreicht nochmals die schwache Stellung Knoppes innerhalb der MfS-Spitze. Zugleich belegt sie die zumindest in dieser Zeit kraftlose Position archivfachlicher Argumente bei MfS-internen Auseinandersetzungen. Dies dürfte, so ist zu vermuten, dazu beigetragen haben, dass die in der Anweisung Nr. 8/65 angekündigte „Archiv- und Auskunftsordnung“ in diesen Jahren nicht realisiert wurde.

Erste Pläne für einen Archivneubau

Auch in baulicher Hinsicht hatte die Abt. XII in dieser Zeit einen schweren Stand. Seit den späten 1950er-Jahren beschäftigte die unzureichende Unterbringung der Aktenbestände die Geschichte der Abteilung. Lange vor dem Amtsantritt des wichtigsten Archivars des MfS, Joachim Hinz,[190] wurde von Vertretern der Abteilung immer wieder die Lagerung der Akten in einem ehemaligen

188 Schreiben Abt. XII/Knoppe an 1. Stellv. d. Ministers Beater, 23.12.1965, BStU, MfS, Abt. XII Nr. 5818, S. 81–84, hier S. 82.

189 Schreiben des 1. Stellv. d. Ministers Beater an Knoppe, 10.2.1966, BStU, MfS, Abt. XII Nr. 5818, S. 96–98, hier S. 98.

190 Vgl. den Beitrag „‚Müde Einzelgänger‘ und ‚ganze Kerle‘“ von Philipp Springer in diesem Band.

Fabrikgebäude in der Freienwalder Straße in Berlin-Hohenschönhausen bemängelt und eine Lösung des Problems gefordert.

Auf der einen Seite handelte es sich um ein Problem der nicht ausreichenden Fläche. Am 1. Juni 1965 sandte etwa Knoppe ein Schreiben an den Leiter der HV B, Gaida, in dem er die Dramatik der Archivsituation ungewöhnlich vehement schilderte: „Für die Unterbringung weiterer Materialien im Zentralarchiv ist kein Platz mehr vorhanden. Da wir unvorhergesehene Materialien aus den sozialistischen Ländern dazu bekommen haben, ist die Stellfläche vorzeitig aufgebraucht und damit unsere Aufnahmekapazität erschöpft. [...] Die Lösung des Problems ist für uns eine zwingende Notwendigkeit. Deshalb bitte ich Sie um bevorzugte Erledigung."[191] In seinem Schreiben wies Knoppe auch darauf hin, dass bereits 1962 von Karoos und Schellheimer die Dringlichkeit in dieser Sache angemahnt worden war.

Wenige Monate später rechnete Bartonek seinem Vorgesetzten Knoppe vor, dass das Archiv spätestens im Herbst 1965 seine Aufnahmekapazität erreichen werde. Möglicherweise könne dies sogar früher der Fall sein: „Falls vom Genossen Minister noch vorgesehen ist, daß wir bestimmte Archivteile von der Hauptabteilung IX, der Abteilung Agitation, des Archivs der Hauptverwaltung A usw. übernehmen werden müssen, ist weiterer Raum erforderlich."[192] Es ist vorstellbar, dass die Fortexistenz von Teilarchiven außerhalb der Abt. XII eine Folge dieser Kapazitätsproblem war.

Das andere Problem des Archivs waren die schlechten Lagerungsbedingungen. Das Gebäude, das seit etwa 1957 von der Abt. XII genutzt wurde,[193] war offensichtlich für Archivzwecke ungeeignet: „Der bauliche Zustand des Archivs hat sich weiter verschlechtert", schilderte Leipold 1972 die Situation. „Die Kellerräume stehen über mehrere Monate des Jahres unter Wasser. Abgesehen von den negativen hygienischen Auswirkungen wird dadurch die Festigkeit der Fundamente des Gebäudes beeinträchtigt."[194] Leipold fürchtete, dass Maßnahmen, die mehr Lagerfläche schaffen sollten – beispielsweise das Zusammenrücken von Regalen –, die Tragfähigkeit des Gebäudes weiter gefährden könnten. So würden sich bereits Risse im Mauerwerk zeigen.

Auch die maroden Installationen gefährdeten die Akten – so zum Beispiel am 10. Oktober 1973, als es zum Bruch einer Heißwasserleitung kam und 50 lfd. Meter operatives Aktenmaterial durchnässt wurde. „Nur mit großem Aufwand

191 Abt. XII/Knoppe, Schreiben an HV B/Gaida betr. Beschaffung von Raumkapazität für das Zentralarchiv, 1.6.1965, BStU, MfS, AS 162/83, S. 207.

192 Abt. XII/Zentralarchiv/Bartonek, Schreiben an Knoppe, 28.10.1964, BStU, MfS, AS 162/83, S. 212.

193 Vgl. Abt. XII/Leipold, Begründung für die dringende Notwendigkeit der kurzfristigen Errichtung eines Gebäudes für das Archiv der Abteilung XII, 20.5.1972, BStU, MfS, AS 162/83, S. 90–92, hier S. 90.

194 Ebd., S. 91.

konnte dieses Material für die politisch-operative Arbeit erhalten bleiben", berichtete Leipold anschließend der HV B.[195]

Schließlich war auch der Brandschutz nicht gewährleistet, sodass 1969 sogar die Lagerung von Filmen in dem Gebäude vom Büro der Leitung untersagt wurde.[196] Die Situation wurde dadurch verschärft, dass andere Diensteinheiten das Gelände ebenfalls nutzten und dort unter anderem leicht brennbare Materialien wie Farben, Teer und Autoreifen lagerten.[197] Außerdem beklagte Leipold 1971, dass das Gelände an der Freienwalder Straße unzureichend gesichert sei und Zivilisten zum Teil ohne Kontrollen Zugang hätten.[198]

Angesichts derartiger Probleme überrascht es nicht, dass schon frühzeitig Überlegungen zur Errichtung eines Neubaus angestellt wurden. Bereits 1962 hatte Kurt Hesse, Mitarbeiter des Zentralarchivs der Abt. XII, „in seiner Freizeit" einen derartigen Plan für einen „Archivzweckbau" erarbeitet und dazu Zeichnungen angefertigt. Nach mehrfachen Wiedervorlagen notierte Karoos auf dem Durchschlag des Schreibens, mit dem er dem Leiter der HV B, Wilhelm Gaida, das Projekt vorgestellt hatte: „Unterlagen wurden von Gen. Oberst Gaida an die Bauabteilung gegeben. Meinung dazu ist bisher nicht eingegangen."[199]

Die Verwendung des Fachterminus' „Archivzweckbau" deutet an, dass mit Hesse ein Fachmann den Plan vorgelegt haben muss. Tatsächlich hatte Hesse – seit 1951 beim MfS und seit 1955 Mitarbeiter der Abt. XII – von 1956 bis 1959 ein Studium an der Fachschule für Archivwesen absolviert[200] und war einer der wenigen staatlich geprüften Archivare in der Abt. XII.

In den folgenden Jahren bemühten sich Knoppe[201] und sein Nachfolger Leipold wiederholt darum, die Planungen für einen Neubau zu forcieren. Im Zuge des Leiterwechsels, der wachsenden Bedeutung der Abt. XII und der zunehmenden Lagerungsprobleme wurden die Überlegungen Anfang der 1970er-Jahre konkreter. Im April 1971 berieten dazu Vertreter der Abt. XII mit der HA VuW, um den Neubau in den Perspektivplanvorschlag 1971–1975 einstellen zu können. Dabei bot der zuständige Mitarbeiter der HA VuW, Hampe, die Errich-

195 Abt. XII/Leiter Leipold, Schreiben an HV B/Leiter Brode betr. Archiv der Abt. XII, 22.10.1973, BStU, MfS, AS 162/83, S. 156.

196 Vgl. BdL/Leiter Ludwig, Schreiben an Abt. XII/Leiter Leipold, betr. Lagerung von Filmen im Zentralarchiv, 29.12.1969, BStU, MfS, VRD Nr. 7082, S. 8.

197 Vgl. Auszug aus dem Kontrollbericht des HSG Brandschutz beim BdL, 11.2.1969, BStU, MfS, AS 162/83, S. 71.

198 Vgl. Abt. XII/Zentralarchiv/Leiter Abt. XII Leipold, Schreiben an den Leiter der Abt. XVI Mühlner betr. Sicherung des Dienstobjektes Zentralarchiv der Abt. XII, 28.12.1971, BStU, MfS, AS 162/83, S. 89.

199 Abt. XII/Leiter Karoos, Schreiben an den Leiter der HV B, Gaida, 1.10.1962, BStU, MfS, AS 80/70, S. 9. Karoos' hs. Anmerkung datiert vom 1.10.1963.

200 Vgl. BStU, KKK Hesse.

201 Vgl. Abt. XII/Leiter Knoppe, Schreiben an den Leiter der HV B, Gaida, betr. Beschaffung von Raumkapazität für das Zentralarchiv, 1.6.1965, BStU, MfS, AS 162/83, S. 207.

tung des Gebäudes im Dienstkomplex Karlshorst an. Doch im Mai 1972 erfuhr Leipold, dass der Archivbau „auf unbestimmte Zeit zurückgestellt“[202] sei. Leipold forderte deshalb, das Archiv nun „außerplanmäßig“ zu errichten. Doch es sollten noch weitere sechs Jahre verstreichen, bis schließlich im März 1978 die MfS-Leitung dem Neubau zustimmte. Im Jahr 1984 konnte die Abt. XII das Gebäude an der Magdalenenstraße beziehen.[203]

Die Einführung der EDV in der Abt. XII

Knoppes Tätigkeit als Leiter der Abt. XII endete, als er am 30. April 1968 in Rente ging. Sein Nachfolger wurde Roland Leipold, Vertreter einer neuen Generation Hauptamtlicher im MfS. Der 1930 bei Dresden geborene Leipold war der erste Leiter der Abteilung, der nicht zu den durch Widerstand und Krieg geprägten altgedienten Kommunisten zählte.[204] Vielmehr hatte das frühere HJ-Mitglied 1951 nach einer Verwaltungslehre und einer zweijährigen Tätigkeit für die Volkspolizei in seiner Heimatstadt Dippoldiswalde als Sachbearbeiter in der HA VIII des MfS in Berlin begonnen. Nach zwei Jahren wechselte er zur HA IX, wo er einen rasanten Aufstieg erlebte, der ihn schließlich 1965 für drei Jahre im Auftrag der HV A als OibE nach Sansibar führte. Nach seiner Rückkehr gehörte er zwei Monate der Arbeitsgruppe des Ministers an, bevor er zur Abt. XII wechselte.

Mit 37 Jahren war Leipold bei seinem Dienstantritt als Leiter der Abteilung auch – zum Teil deutlich – jünger als seine Vorgänger bei deren Tätigkeitsbeginn in der Abt. XII. Somit spiegelt sein geringes Alter den Generationswechsel, von dem auch untere Ebenen der Abteilung und darüber hinaus fast das gesamte MfS erfasst wurden.

Zentrale Aufgabe Leipolds war die Modernisierung der Abt. XII, die zu einem schlagkräftigeren Instrument des MfS umgebaut und erweitert werden sollte. Dabei stand die elektronische Datenverarbeitung im Mittelpunkt, deren Einführung man offenbar Leipolds Vorgänger Knoppe, der zudem gesundheitlich angeschlagen war, nicht mehr zutraute.

Mit den Möglichkeiten der aufkommenden Datenverarbeitung hatte man sich in der Abt. XII allerdings auch schon weit vor Leipolds Amtsantritt beschäftigt. In seinen „Forschungen“ für die Traditionsarbeit sah 1989 der zuständige Offizier Wolfgang Tausch den Grund für das Interesse der Abt. XII an der EDV,

202 Abt. XII/Leiter Leipold, Vorschlag für die Einrichtung [sic] eines Archivneubaus, 18.5.1972, BStU, MfS, AS 162/83, S. 67–69, hier S. 69.

203 Zu den Planungen, zum Bau und zum Umzug des Archivs vgl. den Beitrag Speicher einer Diktatur von Karsten Jedlitschka in diesem Band.

204 Vgl. im Folgenden den Beitrag „Aufstieg und Fall eines ‚Unfehlbaren‘“ von Ralf Blum und Philipp Springer in diesem Band.

vor allem an der veränderten Arbeitsweise: „Bereits 1959/60 hatte sich [...] die Überprüfungs- und Auskunftstätigkeit zu einem Massenprozeß entwickelt."[205] Wachsende Anforderungen an die Abteilung, immer mehr Auskünfte in immer kürzerer Zeit und mit besserer Qualität den operativen Diensteinheiten liefern zu können, hätten Mitte/Ende der 1960er-Jahre – neben „operativen Erwägungen" – zu der Entscheidung geführt, den Einsatz der EDV vorzubereiten.

Die Schwierigkeiten, vor die der „Massenprozeß" die Abt. XII stellte, wird in einer Analyse der Arbeit mit Statistiken in der Abt. XII aus dem Jahr 1965 deutlich: „Das Hauptproblem bleibt [...] die Nutzung der Möglichkeiten, wie sie die Datenverarbeitung erst bietet. Eine umfangreiche Auswertung und Vergleichsarbeit zwischen operativer Bearbeitung und Feinderscheinungen sowie die Sicherung durch Agenturen ist auf manueller Basis nicht oder nur mit Schwierigkeiten durchführbar."[206] Die EDV sollte demnach nicht nur schnelleres Arbeiten, sondern, so hoffte man, durch verbesserte, massenbasierte Analyse auch präzisere Erkenntnisse über den „Feind" ermöglichen.

Die Überlegungen, in der Abt. XII Datenverarbeitung einzuführen, erfolgten im Rahmen des Auf- und Ausbaus der EDV im gesamten MfS. Im Dezember 1963 hatte sich die Geheimpolizei ihren ersten eigenen Rechenautomaten auf Lochkartenbasis beschafft – ein französisches Gerät, das in der Arbeitsgruppe zur Sicherung des Reiseverkehrs zum Einsatz kam. Das MfS folgte damit der Forderung Walter Ulbrichts auf dem VI. Parteitag der SED, in der DDR beschleunigt Datenverarbeitungsanlagen zu entwickeln und einzusetzen.[207]

Offenbar geriet die Bedeutung, die die EDV für die Abt. XII spielen könnte, allerdings erst mit Verzögerung in den Fokus der Aufmerksamkeit. Im Januar 1966 legte Knoppe eine „Konzeption für die Einführung der Datenverarbeitung" vor.[208] Darin benannte er die wichtigsten Ziele, die mithilfe der neuen Technik erreicht werden sollten. So sah er den „betrieblich-ökonomische[n] Nutzen" vor allem in der „Freistellung von Arbeitskräften", in der „Steigerung der Arbeitsleistung" und im reduzierten Papieraufwand. Darüber hinaus erwartete Knoppe jedoch von der EDV auch, dass mit ihrer Hilfe die statistischen Analysen und auf diese Weise auch die gesamte Arbeit des MfS verbessert

205 Abt. XII/AKG/Wolfgang Tausch, Zuarbeit zum Referat für die Dienstversammlung anlässlich des 40. Jahrerstages der Gründung der DDR – wesentliche Aspekte der Entwicklung der Diensteinheit, 23.9.1989, BStU, MfS, Abt. XII Nr. 4055, S. 85–88, hier S. 85.

206 Abt. XII, Analyse über die Erarbeitung von Statistiken und Analysen in der Abteilung XII, 2.8.1965, BStU, MfS, Abt. XII Nr. 4587, S. 49–82, hier S. 63.

207 Vgl. Stephan Konopatzky, Dokumentation BStU, MfS, HV A/MD/1–6 SIRA, unveröffentl. Diplomarbeit, Februar 2007, S. 8. Zur Entwicklung der EDV in der DDR vgl. Erich Sobeslavsky, Der schwierige Weg von der traditionellen Büromaschine zum Computer, in: ders./Nikolaus Joachim Lehmann, Zur Geschichte von Rechentechnik und Datenverarbeitung in der DDR 1946–1968, Dresden 1996 (Berichte und Studien 8), S. 7–122.

208 Vgl. Abt. XII/Kn[oppe], Konzeption für die Einführung der Datenverarbeitung, Januar 1966, BStU, MfS, Abt. XII Nr. 5815, S. 2–10, vgl. dort auch im Folgenden.

werden könnten. Schließlich hegte Knoppe auch die Hoffnung, dass „die bisherige Monotonie der Karteiarbeit […] herabgemindert bzw. beseitigt" würde – die „Monotonie-Gefahr" der EDV sah er dabei jedoch nicht und spiegelte damit die positiven Zukunftsvisionen seiner Zeit.

Weitere anderthalb Jahre vergingen, bis die Planungen weiter konkretisiert wurden. Im September 1967 nahm eine Kommission ihre Arbeit auf, die die „Probleme der Vorbereitung der Datenverarbeitung im Anleitungsbereich der Arbeitsgruppe des Ministers" untersuchen sollte. Zu den zentralen Zielen der Kommission, deren Tätigkeit als Fortführung der „konkrete[n] Auswertung des VII. Parteitages"[209] verstanden wurde, gehörte die Entwicklung der „datenverarbeitungsgerechte[n] Organisation und Arbeitsmethodik"[210] insbesondere in der Abt. XII. Dabei dachte man vor allem daran, Arbeitsprozesse zu automatisieren und so zu beschleunigen. Die geplanten Veränderungen bedeuteten geradezu eine Revolution für die Arbeit der Abt. XII: „Dabei ist von der bisherigen Betrachtungsweise der manuellen Karteiführung abzugehen. Die Abteilung XII muß so zu einem wirksamen Instrument der Führungs- und Leitungstätigkeit der Leitung des MfS werden."[211]

Im Vorfeld der ersten Sitzung dieser Kommission legte Knoppe eine umfangreiche Untersuchung vor, in der er wesentliche Probleme in der Arbeit seiner Abteilung benannte.[212] Dabei ging er auch auf die Einführung der Lochkartentechnik ein.[213] Erneut verwies er darauf, dass der Einsatz der herkömmlichen, manuellen Karteien „mit jedem Tag teurer" würde und man „immer mehr Kräfte […], Raum und Karteibehältnisse" benötige. Zudem würden die „Aussagemöglichkeit und Auswertungsmöglichkeit" zunehmend geringer, „weil sich eine Kartei großen Umfangs sehr schlecht manuell durcharbeiten" lasse. „Schrittweise" sollten deshalb die vorhandenen Karteien – beginnend mit den „kleinsten, unkompliziertesten Karteien" – auf die neue Technik umgestellt und damit gleichzeitig eine „Vorarbeit" für die künftige „Arbeit mit einer Datenverarbeitungsanlage" geleistet werden. „Die bisherige große, unbewegliche Kartei", so Knoppes Fazit zur Lochkartentechnik", „erhält erstmalig Leben, indem mit ihr in der Gesamtheit gearbeitet werden könnte."

Sehr kurzfristig angesetzte Termine für die weitere Arbeit der Kommission, deren vorbereitende Sitzung von Generalmajor Scholz persönlich geleitet wurde,

209 AGM, Aktenvermerk über eine Beratung zur Einsetzung einer Kommission zur Untersuchung von Problemen der Vorbereitung der Datenverarbeitung im Anleitungsbereich der Arbeitsgruppe des Ministers (Abt. XI, XII, N und 26) am 22.9.1967, BStU, MfS, Abt. XII Nr. 4535, S. 49–63, hier S. 51.

210 Ebd., S. 52.

211 Ebd., S. 56.

212 Vgl. Abt. XII/Knoppe, Schreiben an AGM/Generalmajor Scholz betr. „Kennwort Auswertung", 7.9.1967, BStU, MfS, Abt. XII Nr. 5815, S. 36–93.

213 Vgl. im Folgenden ebd., S. 52–60.

zeigen, dass die Zeit offensichtlich drängte, in der der Einsatz der EDV in der Abt. XII umgesetzt werden sollte: „Es wurde von den Genossen hervorgehoben, daß es darauf ankommt, daß die für die Kommission benannten und bestätigten Mitarbeiter sich dieser Aufgabe vorrangig und voll und ganz widmen und andere Aufgaben für sie zurückgestellt werden müssen."[214]

Dies hatten die Kommissionsmitglieder wohl auch nötig, denn die Kenntnisse über Datenverarbeitung waren in dieser Zeit alles andere als breit gestreut. So sah der Arbeitsplan der Kommission die „Besichtigung einer Datenverarbeitungsanlage"[215] vor, auch auf die notwendige Benutzung von Fachliteratur musste eigens hingewiesen werden.[216] Vermutlich dürfte auch die Vertreterin der Abt. XII in der Kommission, Hauptmann Erika Butter, die seit dem 1. April 1967 als Leiterin des für die Registrierung zuständigen Referates 1 fungierte, zuvor nicht allzu viele Erfahrungen mit Fragen der Datenverarbeitung gesammelt haben. Immerhin hatte sie von Oktober 1966 bis Februar 1967 an der Zentralen Betriebsakademie des Ministerrates einen Lehrgang „Einführung in die Datenverarbeitung" absolviert.[217]

Zwei Monate nach Beginn der Kommissionsarbeit stellte der Leiter Major Stephan bei einer erweiterten Leitungssitzung der Kommission, an der auch 21 Mitarbeiter der Abt. XII teilnahmen, erwartungsgemäß fest, dass sich die Notwendigkeit zur „Umstellung der Arbeit der Abt. XII auf DV […] durch die Untersuchungen bestätigt"[218] habe. Insbesondere Analysen der Arbeitsorganisation waren durchgeführt worden, um die Abläufe dann mittels der neuen Technik beschleunigen zu können. Nach den Vorstellungen der Kommission sollte nun „eine vollautomatische Datenverarbeitungsanlage mit interner elektronischer Speicherung" zum Einsatz kommen, „die die automatische Fernübertragung gewährleisten"[219] könne.

214 AGM, Aktenvermerk über eine Beratung zur Einsetzung einer Kommission zur Untersuchung von Problemen der Vorbereitung der Datenverarbeitung im Anleitungsbereich der Arbeitsgruppe des Ministers (Abt. XI, XII, N und 26) am 22.9.1967, BStU, MfS, Abt. XII Nr. 4535, S. 49–63, hier S. 62.

215 Kommission „DVA", Aktenvermerk über die erste (konstituierende) Beratung der Kommission, 26.9.1967, BStU, MfS, Abt. XII Nr. 4535, S. 64–67, hier S. 67.

216 Vgl. AGM, Aktenvermerk über eine Beratung zur Einsetzung einer Kommission zur Untersuchung von Problemen der Vorbereitung der Datenverarbeitung im Anleitungsbereich der Arbeitsgruppe des Ministers (Abt. XI, XII, N und 26) am 22.9.1967, BStU, MfS, Abt. XII Nr. 4535, S. 49–63, hier S. 61.

217 Vgl. Büro des Ministerrates/Zentrale Betriebsakademie, Qualifizierungsnachweis für Erika Butter, 27.2.1967, BStU, MfS, KS II 233/79, S. 71. Der Lehrgang umfasste 27 Doppelstunden, von denen Butter 24 besuchte.

218 Abt. XII, Protokoll der erweiterten Leitungssitzung zur Arbeit der Kommission für Datenverarbeitung, 21.11.1967, BStU, MfS, Abt. XII Nr. 4535, S. 91–101, hier S. 91.

219 Ebd., S. 92.

Abb. 9: Mitarbeiter an einem Fernschreiber, mit dem der Informationsaustausch zwischen den Abt. XII des MfS und der Bezirksverwaltungen betrieben wurde.

Die Erkenntnisse der Kommissionsarbeit gingen jedoch weit über die Frage der Datenverarbeitung hinaus. Die Analysen, mit denen die Einführung der Datenverarbeitung vorbereitet werden sollte, förderten grundsätzliche Probleme in der Abteilung zutage. So urteilte Oberleutnant Großmann, Mitarbeiter der Abt. XI und stellvertretender Vorsitzender der Kommission: „Arbeit der Abteilung XII entspricht nicht mehr den Anforderungen der operativen Erfordernisse"[220].

Offenbar sammelten die Kommissionsmitglieder Eindrücke von einer rückständigen Abteilung, die sich nun unverhofft mit den Herausforderungen der Zukunft konfrontiert sah. Laut Major Stephan behinderte vor allem die Einstellung vieler Mitarbeiter die weitere Einführung der Datenverarbeitung: „Bei den Untersuchungen ist die Kommission auf eine Reihe Auffassungen gestoßen, die aus der bisherigen Arbeitsweise resulteiren [sic] (Mitarbeiter meinen, daß sie das nicht mehr erleben so lange sie in der Abteilung noch arbeiten)."[221] Zeugen solche Bewertungen bereits von Missmut innerhalb der Diensteinheit, so wurde dies während der erweiterten Leitungssitzung auch in der Aussprache deutlich. Eva Tobies kritisierte Knoppe, der einen Vorschlag zur Verbesserung der Arbeit des Sekretariats nicht akzeptiert habe, Werner Ullmann „stellte fest, daß

220 Ebd., S. 94.
221 Ebd., S. 93.

mit ihm keiner gesprochen hat, obwohl sich die Genossen ebenfalls Gedanken gemacht haben"[222], Herbert Enderlein meinte, die „Arbeit der Abt. XII [werde] immer komplizierter [...] (Beispiel: soviel Stempel)"[223]. Offensichtlich bestand auch Skepsis gegenüber der Einführung des 3-Schicht-Systems, das in diesem Zusammenhang diskutiert wurde.

Wichtigste strukturelle Veränderung, die durch die Kommissionsarbeit auf den Weg gebracht wurde, war die Institutionalisierung der Datenverarbeitung in der Abt. XII. Zwar hatte es zuvor bereits eine „Arbeitsgruppe Organisation und Technologie" gegeben.[224] Doch erst die von der Kommission geäußerte Forderung, es müsse für diese Aufgabe ein eigenes Referat geschaffen werden, das auch die notwendige Vereinfachung der Arbeit betreibe, bildete gleichsam die „Geburtsstunde des Referates 4"[225], wie offenbar Jahre später ein Mitarbeiter der Abt. XII am Rand des Protokolls notierte.

Wenige Monate später, am 21. April 1968, wurde dieses Referat eingerichtet.[226] Das Tätigkeitsfeld des Referates reichte dabei weit über die eigentliche Datenverarbeitung hinaus. In seiner „Aufgabenstellung zur umfassenden Untersuchung des IST-Zustandes der Abteilung XII" umschrieb Leutnant Joachim Moschner, der am 15. März 1968 von der Abt. XI zur Abt. XII gewechselt war,[227] das Ziel: „[E]s geht um eine möglichst genaue Analysierung der bestehenden Organisationsformen und Datenmengen aller Bereiche der Abteilung XII, als Voraussetzung für die Erarbeitung von Organisationsprojekten für die Datenverarbeitung."[228]

Die „Ist-Zustandsanalyse", die schließlich am 1. Dezember 1969 vorgelegt wurde, sparte nicht mit Kritik an der Abteilung. Bemängelt wurde insbesondere, dass die Abt. XII nicht „in ausreichendem Maße" ihrer Aufgabe nachkomme, die einzelnen Diensteinheiten anzuleiten und zu kontrollieren, „um gewisse Systemregelungen im Rahmen des ganzen Ministeriums durchzusetzen"[229]. Ein

222 Ebd., S. 97.

223 Ebd., S. 98.

224 Vgl. ebd., S. 101.

225 Ebd., S. 96. Tatsächlich aber war bereits in Knoppes „Konzeption für die Einführung der Datenverarbeitung" vom Januar 1966 die Bildung eines Referates 4 thematisiert worden. Lt. dieser Konzeption hätte es den Einsatz der Lochkartentechnik planen und umsetzen sollen; vgl. BStU, MfS, Abt. XII Nr. 5815, S. 2–10.

226 Die Datierung in der Ist-Zustandsanalyse der Abt. XII, 1.12.1969 (BStU, MfS, Abt. XII Nr. 4535, S. 131–224, hier S. 172) wurde allerdings hs. in „1969" geändert. Allerdings wird das Referat 4 auch schon erwähnt im Aktenvermerk zur Bildung des Arbeitsgebietes Schlüsselung, Abt. XII/Leutnant Joachim Moschner, 6.9.1968, BStU, MfS, Abt. XII Nr. 4535, S. 102 f., hier S. 102.

227 Vgl. BStU, KKK Moschner.

228 Abt. XII/4, Joachim Moschner, Aufgabenstellung zur umfassenden Untersuchung des IST-Zustandes der Abteilung XII, 21.9.1968, BStU, MfS, Abt. XII Nr. 4535, S. 107–109, hier S. 107.

229 Ist-Zustandsanalyse der Abt. XII, 1.12.1969, BStU, MfS, Abt. XII Nr. 4535, S. 131–224, hier S. 134.

späteres „Grobkonzept" für die weitere Arbeit mit der EDV in der Abt. XII zeigte zudem auf, dass die Einführung der Datenverarbeitung mehr bedeutete als das Aufstellen eines Rechners: „Die Lösung dieses Aufgabenkomplexes ist ein langwieriger Prozeß, der unter anderem Umgestaltungen von Überprüfungsformularen, neue Methoden der Registratur, befehlsmäßige Neufassungen und Vereinheitlichungen der Auskunftsprinzipien sowie Schaffung und Entwicklung neuer Arbeitsgebiete beinhaltet."[230]

Zugleich entwarfen die Autoren der Analyse von 1969 aber auch Grundzüge einer Abt. XII, deren Bedeutung sich weit von den Anfängen der frühen 1950er-Jahre entfernt hatte. Die Linie XII, so die Autoren, sei eine „koordinierende und kontrollierende Stelle", ihre besondere Bedeutung liege „letzten Endes darin begründet, das [sic] sie einer der wichtigsten Knoten bzw. Sammelpunkte der Informationsflüsse innerhalb des Ministeriums für Staatssicherheit der Deutschen Demokratischen Republik"[231] darstelle.

Offensichtlich führten das Aufkommen der Datenverarbeitung und die damit notwendige Modernisierung der Abteilung zu einer Neubewertung der Stellung der Abt. XII innerhalb des MfS – zumindest in der Selbstwahrnehmung ihrer neu hinzu gekommenen Mitarbeiter. Als Kontrollinstanz sollte die Abteilung die bürokratische Organisation des Überwachungs- und Repressionsapparates begleiten und durchsetzen. Darüber hinaus gewann die Abt. XII aber vor allem durch die Verwaltung der vielfältigen Massendaten, deren Auswertung erst mit den neuen technischen Mitteln so richtig beginnen konnte, an Relevanz. Leipold, der ganz offensichtlich verärgert war über die Abkoppelung seiner Abteilung von der Diskussion um die EDV-Entwicklung im MfS, umschrieb im Januar 1969 gegenüber dem Leiter der AG XIII, Kurt Opitz, den Kontrast zwischen der damaligen Realität und den zukünftigen Ansprüchen: „Es muß [...] damit gerechnet werden, daß mit der Einführung der EDV qualitativ neue Anforderungen auftreten werden, über deren Umfang zur Zeit nur spekulative Aussagen gemacht werden könnten, da diese Anforderungen durch die Kenntnis seitens der Diensteinheiten und Mitarbeiter des MfS über die beschränkten Möglichkeiten des gegenwärtigen Arbeitssystems der Abt. XII in der Abteilung XII teilweise nicht bekannt werden."[232] Bislang, so lassen sich diese Worte „übersetzen", galt die Abt. XII im MfS als rückständige Dienstleistungseinheit, die man mit komplizierten Fragestellungen erst gar nicht behelligte – ein Zustand, den Leipold zu verändern bemüht war. Es überrascht in diesem Zusammenhang kaum, dass die Einbindung der Abt. XII in den Prozess der EDV-

230 Grobprojekt EDV – XII, 3.8.1970, BStU, MfS, Abt. XII Nr. 4535, S. 225–230, hier S. 228.

231 Ist-Zustandsanalyse der Abt. XII, 1.12.1969, BStU, MfS, Abt. XII Nr. 4535, S. 131–224, hier S. 135.

232 Schreiben von Leipold an Opitz zu den Anforderungen der Abt. XII an ein Datenverarbeitungssystem im Perspektivzeitraum bis 1975, 18.1.1969, BStU, MfS, Abt. XII Nr. 8612, S. 1–3, hier S. 3.

Einführung im MfS kein Selbstläufer war. So musste der Leiter der Arbeitsgruppe des Ministers, Alfred Scholz, im April 1969 gegenüber Beater eine stärkere Berücksichtigung der Abteilung anmahnen.[233]

Allerdings: Die Modernisierung machte eine weitgehend veränderte Personalstruktur erforderlich. So notierten die Autoren der „Ist-Zustandsanalyse“: „[T]rotz umfangreicher Qualifizierungsmaßnahmen [kann] der Ausbildungsstand der Mitarbeiter noch nicht befriedigen [...]. Besonders im Hinblick auf die zu erwartenden Strukturänderungen bei der Einführung bzw. Anwendung der EDV und der damit zusammenhängenden Umgestaltung vieler Arbeitsprozesse besteht ein großer Nachholebedarf an qualifizierten Kadern.“[234] Mit dem Beginn der Datenverarbeitung setzte dementsprechend auch eine personelle Umwälzung der Abt. XII ein,[235] von der Leipold 1972 an die MfS-Leitung berichtete: „Durch Zuführung von qualifizierten Kadern, durch Delegierungen zum Fernstudium sowie vor allem durch die Qualifizierung im Prozeß der Arbeit wurde ein Stamm von Mitarbeitern mit speziellen EDV-Kenntnissen und umfassenden Kenntnissen über das Arbeitssystem der Abteilung XII herangebildet.“ Und dies war mehr als nötig gewesen, denn „für eine derartige Aufgabe dieses Ausmaßes“ hätten „keinerlei vergleichbare Werte bzw. Erfahrungen“ vorgelegen und bei den Mitarbeitern seien „nur in sehr geringem Maße die erforderlichen Kenntnisse vorhanden“[236] gewesen.

Eine ganz besondere Rolle spielte bei der EDV-Einführung in der Abt. XII – wie im gesamten MfS – der „Klassenfeind“ aus dem Westen. So stammten wesentliche Elemente der technischen Ausstattung von westlichen Unternehmen. Insbesondere die Siemens AG besaß dabei eine entscheidende Funktion, da die seit 1969 beschafften Großrechenanlagen aus deren Produktion stammten. Entwürfe wie der für einen „Kaufvertrag über drei elektronische Datenverarbeitungsanlagen“,[237] den die Abt. Vertrieb Datentechnik der Berliner Siemens-Zweigniederlassung am 6. Mai 1969 an die Ost-Berliner Büromaschinen-Export GmbH sandte und dabei einen Kaufpreis von über 22 Millionen Valutamittel berechnete, zeigen, wie involviert das westdeutsche Unternehmen war.

Als Legende fungierte ein „Zentralinstitut für Information und Dokumentation“, das mit den Rechenanlagen angeblich die „Herausgabe öffentlicher

233 Vgl. Schreiben von Scholz an den 1. Stellv. des Ministers Generalleutnant Bruno Beater, 14.4.1969, BStU, MfS, Abt. XIII Nr. 8612, S. 32 f., hier S. 33.

234 Ist-Zustandsanalyse der Abt. XII, 1.12.1969, BStU, MfS, Abt. XII Nr. 4535, S. 131–224, hier S. 138.

235 Vgl. den Beitrag „‚Müde Einzelgänger‘ und ‚ganze Kerle‘“ von Philipp Springer in diesem Band.

236 Schreiben von Leipold vermutl. an Mielke, 5.12.1972, BStU, MfS, Abt. XII Nr. 2050, S. 120–123, hier S. 121.

237 Vgl. Schreiben der Siemens AG an die Büromaschinen-Export GmbH Berlin betr. Kaufvertrag, 6.5.1969, BStU, MfS, Abt. MfS, Abt. XIII Nr. 8612, S. 36–45.

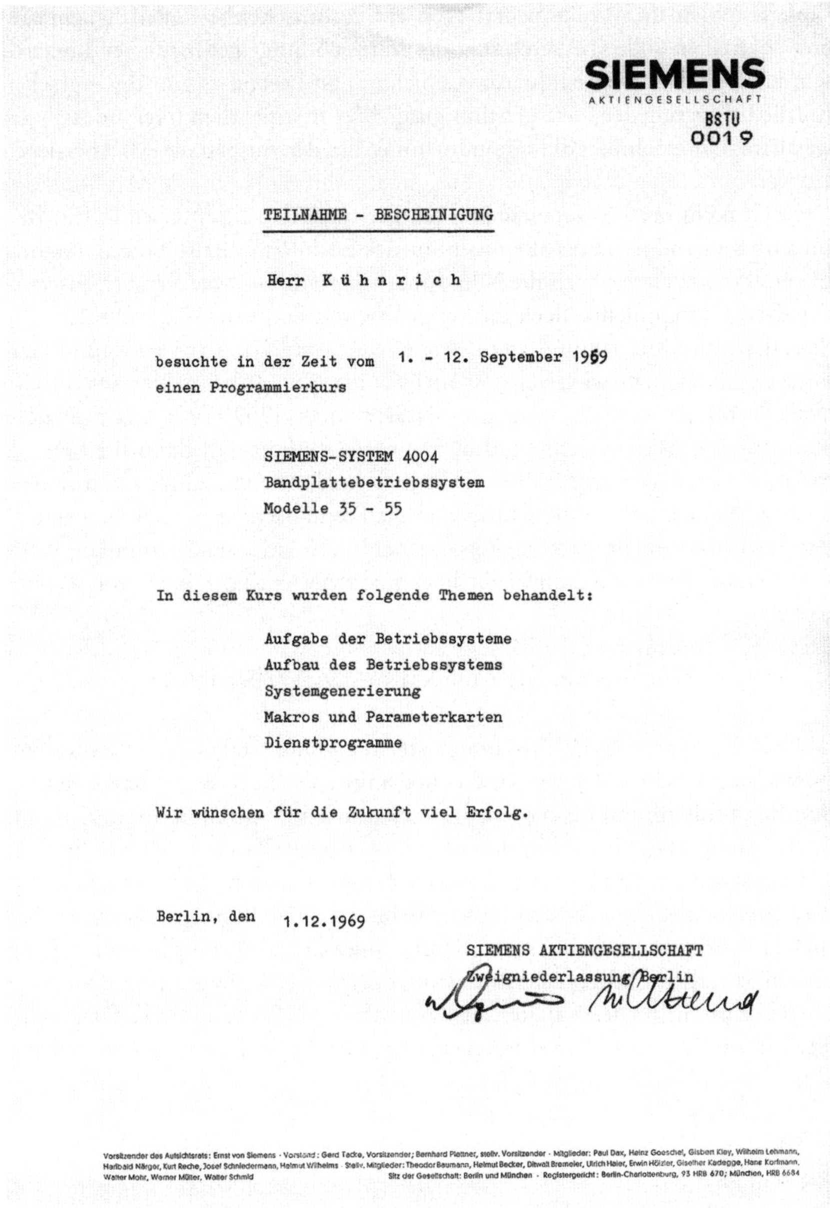

SIEMENS
AKTIENGESELLSCHAFT

BSTU
0019

TEILNAHME - BESCHEINIGUNG

Herr K ü h n r i c h

besuchte in der Zeit vom 1. - 12. September 1969
einen Programmierkurs

SIEMENS-SYSTEM 4004
Bandplattebetriebssystem
Modelle 35 - 55

In diesem Kurs wurden folgende Themen behandelt:

Aufgabe der Betriebssysteme
Aufbau des Betriebssystems
Systemgenerierung
Makros und Parameterkarten
Dienstprogramme

Wir wünschen für die Zukunft viel Erfolg.

Berlin, den 1.12.1969

SIEMENS AKTIENGESELLSCHAFT
Zweigniederlassung Berlin

Vorsitzender des Aufsichtsrats: Ernst von Siemens · Vorstand: Gerd Tacke, Vorsitzender; Bernhard Plettner, stellv. Vorsitzender · Mitglieder: Paul Dax, Heinz Goeschel, Gisbert Kley, Wilhelm Lehmann, Harlbald Närger, Kurt Reche, Josef Schniedermann, Helmut Wilhelms · Stellv. Mitglieder: Theodor Baumann, Helmut Becker, Ditwalt Bremeier, Ulrich Haier, Erwin Hölzler, Giselher Kadegge, Hans Korfmann, Walter Mohr, Werner Müller, Walter Schmid Sitz der Gesellschaft: Berlin und München · Registergericht: Berlin-Charlottenburg, 93 HRB 670; München, HRB 6684

Abb. 10: Unter einer Legende nahm der Mitarbeiter der Abt. XII Wilfried Kühnrich 1969 an Einführungskursen der Siemens AG teil, mit denen er auf den Einsatz eines neuen EDV-Systems im MfS vorbereitet werden sollte.

Bibliographien und Dokumentationen auf technisch-wissenschaftlichem Gebiet" betreiben solle. Insbesondere die Verzeichnung medizinischer Literatur wurde, folgt man dem MfS, „seitens Siemens als besonders günstig angesehen für die Erlangung der Liefergenehmigung"[238]. Offensichtlich forcierte auch das westliche Unternehmen die Legende, hinter der der Ausbau des MfS betrieben wurde.

Doch nicht nur die Technik und das Personal, das die Anlagen in Ost-Berlin aufbaute und jeden Abend wieder zurück nach West-Berlin fuhr,[239] stammten aus dem Westen. Auch die MfS-Mitarbeiter wurden von Siemens ausgebildet. Davon zeugt nicht zuletzt die Teilnahme von Leutnant Wilfried Kühnrich, dem späteren Oberst und Leiter der AKG der Abt. XII, an vier Fortbildungskursen, die Siemens während des Aufbaus der Anlage beim MfS offenbar in West-Berlin veranstaltete. Von Juli bis September 1969 lernte Kühnrich, der von 1961 bis 1966 in Leningrad Mathematik studiert und dann bis 1969 als Programmentwerfer beim VEB Elektronische Rechenmaschinen Karl-Marx-Stadt gearbeitet hatte,[240] unter anderem die Programmierung, den Aufbau und das Betriebssystem des Siemens-Großrechners 4004 kennen.[241] Auf diese Weise trug Siemens zur Ausbildung neuer, hochqualifizierter Kader in der Abt. XII bei.

Der Ausbau der Abt. XII in den 1970er-Jahren

Die Abt. XII war in den 1970er-Jahren einem rasanten Veränderungsprozess unterworfen. Vor allem die gewachsene Bedeutung der EDV in der Abteilung bildete den Hintergrund für die häufigen Strukturänderungen in dieser Zeit. Die Entwicklung neuer EDV-Projekte erforderte ebenso Personal wie die Eingabe von zuvor auf Papier oder Karteikarten verwalteten Daten. Zwar versuchte man dem personellen Engpass auch mit Umschulungen zu begegnen, doch standen diesem Weg oft die fehlende Qualifikation oder die mangelnde Bereitschaft der älteren Mitarbeiter entgegen. Hinzu kam, dass manuelle Verwaltung keineswegs entfiel, denn die Karteien sollten auch weiterhin außerhalb der EDV fortgeführt werden, um in Ernstfällen einsatzbereit zu sein. Auch die über allem stehende Konspiration forderte ihren Tribut: Schrankenlose Umsetzungen von Mitarbeitern hätten die Geheimhaltung von Informationen gefährdet

Schon allein die massive Erweiterung des Personalbestandes macht deutlich, wie sehr sich die Abt. XII wandelte: Arbeiteten 1968 noch 114 Mitarbeiter in

238 O.A., Informationen zur Ministervorlage, 25.2.1969, BStU, MfS, Abt. MfS, Abt. XIII 8612, S. 10–15, hier S. 13.

239 Vgl. ebd., S. 11.

240 Vgl. die Angaben in Kühnrichs Kaderakte BStU, MfS, KS 502/90.

241 Vgl. die vier Teilnahmebescheinigungen vom 1.12.1969 in BStU, MfS, Abt. XII Nr. 4160, S. 16–19.

der Abteilung, so waren es 1975 bereits 226.[242] Und mit den personellen Veränderungen ging ein struktureller Ausbau der Abt. XII einher. Nach der bereits erwähnten Gründung des Referates 4 im Jahr 1968 folgten 1971 die Referate 5 und 6.[243] Hierbei handelte es sich um die Umwandlung der bisherigen Organisationseinheiten Sekretariat und AG S. Während das Ref. 5 für „Rückwärtige Dienste" und Aufgaben wie Kurier- und Verbindungswesen, Formulare und Objekte der Abt. XII zuständig war, handelte es sich bei Ref. 6 um eine kleine Einheit, die Grundsatzfragen und die Planungen für den weiteren EDV-Einsatz bearbeitete.

Zwei Jahre später erfolgte die nächste Umstrukturierung. Am 1. Dezember 1973 wurden die Bereiche Karteiorganisation, Veränderungsdienst und Fahndung, die bislang von Ref. 2 verwaltet wurden, in einem neuen Ref. 3 ausgegliedert. Das bisherige Ref. 3, also das Archiv, fungierte von nun an unter der Bezeichnung Ref. 7. Zwischenzeitlich war Ende 1975 offenbar auch noch ein Ref. 8, das für Kurier- und Verbindungswesen zuständig war, hinzugekommen. Dieses existierte aber wohl nur für etwa ein Jahr als eigenständiges Referat, bevor es 1976 dem Archiv zugeordnet wurde.[244]

Im Mai 1976 wurden die Referate in Unterabteilungen umbenannt und neu sortiert. Aus Ref. 1 wurde UA 4, aus Ref. 2 UA 3, aus Ref. 3 UA 5, aus Ref. 4 UA 2, aus Ref. 5 UA 1, aus Ref. 6 UA 6 und aus Ref. 7 UA Zentralarchiv.[245] Möglicherweise stand diese Umbenennung in Zusammenhang mit der Neustrukturierung der Abt. XII in den BV. Hier waren durch den Befehl des Ministers vom 14. März 1975 die Selbstständigen Referate XII zu Abteilungen erhoben worden.[246] Da Strukturveränderungen im MfS in der Regel intransparent abliefen, lässt sich als Hintergrund für die Einführung der Unterabteilungen in der Abt. XII der Zentrale nur vermuten, dass die Struktureinheiten durch die neuen Bezeichnungen eine Aufwertung erfahren sollten. Dies gilt auch für die vorerst letzte Veränderung, die am 1. Juli 1980 in Kraft trat – also drei Monate nach dem Amtsantritt von Heinz Roth als neuem Leiter der Abt. XII – und bei der

242 Vgl. Abt XII/Leipold, Schreiben an HA KuSch/Leiter betr. Einschätzung einiger Seiten der Festigung des politisch-ideologischen und politisch-moralischen Zustandes der Diensteinheit und der wirksamen Schaffung der kadermäßigen Voraussetzungen zur Lösung der der Diensteinheit gestellten Aufgaben, 13.11.1970, BStU, MfS, Abt. XII Nr. 2648, S. 19–30, hier S. 30; [Abt. XII]/Eva Zander u. Manfred Günzel, Zum 25. Jahrestag der Bildung des MfS, 8.2.1975, BStU, MfS, Abt. XII Nr. 7165, S. 1–74, hier S. 70. Zum Personalwachstum vgl. auch den Beitrag „‚Müde Einzelgänger' und ‚ganze Kerle'" von Philipp Springer in diesem Band.

243 Vgl. Struktur Abt. XII, nach 1982, BStU, MfS, Abt. XII Nr. 4091, S. 77 f., hier S. 78.

244 Vgl. ebd. Aus den Kaderunterlagen des in dieser Zeit für das Kurierwesen zuständigen Leiters Walter Bettzieche geht die Existenz eines Ref. 8 allerdings nicht eindeutig hervor; vgl. BStU, KKK Bettzieche; BStU, MfS, KS II 341/77; BStU, MfS, Abt. XII Nr. 3321.

245 Vgl. Struktur Abt. XII, nach 1982, BStU, MfS, Abt. XII Nr. 4091, S. 77 f., hier S. 78.

246 Vgl. Art. „Befehl Nr. 6/75", in: Lucht (Hg.), Archiv, S. 70.

die Unterabteilungen in Abteilungen umbenannt wurden.[247] Die Abt. XII umfasste zu diesem Zeitpunkt nun sieben Abteilungen und die Organisationseinheiten Zentralarchiv, AKG, AGL und Sekretariat.[248]

Weder in den 1970er-, noch in den 1980er-Jahren erfuhr allerdings die gesamte Abteilung eine Aufwertung, indem sie zu einer Hauptabteilung ernannt worden wäre. Derartige Veränderungen hatten in den 1950er-Jahren beispielsweise die Abteilungen V, VII und IX erlebt,[249] andere waren mit einer weiteren Abteilung zu einer Hauptabteilung verschmolzen worden. Eine zu geringe Mitarbeiterzahl war für das Ausbleiben einer solchen Aufwertung nicht verantwortlich. So verfügte etwa die HA VII im Jahr 1980, als die Abt. XII 280 Mitarbeiter umfasste, über 293 Mitarbeiter.[250] Möglicherweise wollte man aber einer „rückwärtig" tätigen Diensteinheit wie der Abt. XII einen derartige Bedeutungszuwachs nicht zugestehen, zumal die Höherstufung vermutlich auch einen zusätzlichen Bedarf an Personal und Finanzmitteln hervorgerufen hätte. Somit blieb die Abt. XII bis zum Ende des MfS eine selbstständige Abteilung. Daran konnte auch das zunehmende Vordringen der ZAIG auf Arbeitsfelder der Abt. XII nichts ändern, wie es für die 1980er-Jahre zu beobachten ist.

EDV in den 1970er-Jahren

Angesichts des erheblichen personellen und finanziellen Aufwandes bei der Einführung der EDV in der Abt. XII sollte die Umstellung auch umgehend Erträge für die Arbeit der operativen Diensteinheiten liefern. Aus diesem Grund erfolgte der Aufbau der Datenverarbeitung in mehreren Stufen, die jeweils eine Nutzung der Daten bereits vor Abschluss des Gesamtprojektes möglich machten. Dies zeigt sich bei der Entwicklung des wichtigsten EDV-Projektes der Abteilung in den 1970er-Jahren, dem „System der automatischen Vorauswahl" (SAVO).[251]

Diese EDV-Anwendung wurde 1975 eingeführt und diente bis Anfang der 1980er-Jahre als „Hilfsmittel zur Vorprüfung und Selektierung von Erfassungen anhand der Personengrunddaten für die manuelle Überprüfungs- und Auskunftstätigkeit"[252] in der Abt. XII. Dies bedeutete, dass Überprüfungen von Personen von nun an nicht mehr ausschließlich manuell an den Karteikarten er-

247 Vgl. Struktur Abt. XII, nach 1982, BStU, MfS, Abt. XII Nr. 4091, S. 77 f., hier S. 77.

248 Vgl. Strukturübersicht der selbständigen Abteilung XII des MfS, o. D., BStU, MfS, Abt. XII Nr. 5818, S. 117–122.

249 Vgl. Wiedmann, Diensteinheiten, S. 42, 57, 70.

250 Vgl. Jens Gieseke, Die hauptamtlichen Mitarbeiter des Ministeriums für Staatssicherheit, Berlin 1996[2] (MfS-Handbuch), Anlage.

251 Vgl. Art. „SAVO", in: Lucht (Hg.), Archiv, S. 196–198; Blum/Lucht, Schlüssel, S. 419.

252 Redemanuskript von der „Beratg. m. AKG-Leitern BV", 4.12.1987, BStU, MfS, AS 398/89, S. 260–308, hier S. 267.

folgten. Vielmehr konnten die Mitarbeiter der Abt. XII beim ersten Schritt der Überprüfung jetzt am Rechner feststellen, ob die betroffene Person in der F16-Personenkartei erfasst war oder nicht. Der Überprüfungsprozess ließ sich auf diese Weise erheblich reduzieren, den operativen Diensteinheiten konnten Auskünfte schneller erteilt werden.

Welche Bedeutung das SAVO-System auch im Selbstverständnis der Abt. XII besaß, belegt dessen Rolle in der Traditionsarbeit: Den Beleg für die zwanzigmillionste SAVO-Überprüfung, die am 6. Oktober 1980 durchgeführt worden war, kennzeichneten die Mitarbeiter der Abteilung und präsentierten ihn offenbar der MfS-internen Öffentlichkeit.[253]

Zur Vorbereitung der SAVO-Einführung mussten die Angaben der F16-Kartei in die Datenbank, die zunächst noch als „Informationssystem für Personendatenbanken" (ISPER) bezeichnet wurde,[254] übertragen werden. Mit diesem Prozess begann die Abt. XII im April 1969. Bis zum 25. Februar 1970 waren bereits die Informationen von über 1,2 Millionen Karteikarten gespeichert,[255] knapp drei Jahre später waren es rund 4 Millionen.[256] Dafür wurden allein im Jahr 1970 zehn Mitarbeiter für die Datenaufbereitung und 13 Mitarbeiter im Referat 2 neu eingestellt.[257]

Die Datenumsetzung stellte für die involvierten Mitarbeiter eine große Herausforderung dar: Die „Auslegungsmöglichkeiten der Karteikarten"[258] konnten dazu führen, dass bei der Übertragung Informationen verloren gingen. Zugleich mussten auch die Neuerfassungen und die Veränderungen in den Datensätzen parallel dazu weiter verarbeitet werden.

Im Dezember 1972 – drei Jahre vor dem Beginn des Echtlaufs – verkündete Leipold, dass schon in kleinem Maßstab mit der maschinellen Auswertung der Daten begonnen werden konnte. So stellte die Abt. XII den operativen Diensteinheiten „listenmäßige Zusammenstellungen der ehemaligen Grenzgänger"[259] zur Verfügung. Darüber hinaus ermittelten die Mitarbeiter in der Datenbank

253 Vgl. den Beleg in BStU, MfS, Abt. XII Nr. 4358, S. 25.

254 Vgl. Art. „SAVO", in: Lucht (Hg.), Archiv, S. 196–198, hier S. 197.

255 Vgl. Leipold, Abschlussberichterstattung über die zu Ehren des 20. Jahrestages der Deutschen Demokratischen Republik einschließlich des 20. Jahrestages des Ministeriums für Staatssicherheit durchgeführten Maßnahmen, 28.2.1970, BStU, MfS, Abt. XII Nr. 2050, S. 132–142, hier S. 135.

256 Vgl. Schreiben von Leipold vermutl. an Mielke, 5.12.1972, BStU, MfS, Abt. XII Nr. 2050, S. 120–123, hier S. 122.

257 Abt XII/Leipold, Schreiben an HA KuSch/Leiter betr. Einschätzung einiger Seiten der Festigung des politisch-ideologischen und politisch-moralischen Zustandes der Diensteinheit und der wirksamen Schaffung der kadermäßigen Voraussetzungen zur Lösung der der Diensteinheit gestellten Aufgaben, 13.11.1970, BStU, MfS, Abt. XII Nr. 2648, S. 19–30, hier S. 29.

258 Grobprojekt EDV – XII, 3.8.1970, BStU, MfS, Abt. XII Nr. 4535, S. 225–230, hier S. 227.

259 Schreiben von Leipold vermutl. an Mielke, 5.12.1972, BStU, MfS, Abt. XII Nr. 2050, S. 120–123, hier S. 122.

die Altersstruktur der in der Personenkartei erfassten Menschen, um Möglichkeiten zur „Rationalisierung der Karteiordnung"[260] zu erarbeiten – gemeint war damit die Überlegung, ältere Jahrgänge aus den normalen Überprüfungsvorgängen herauszunehmen und die Kartei so für die Zukunft zu entlasten.[261]

Der eigentliche Beginn der rechnergestützten Recherche in den Karteien erfolgte jedoch erst mit dem Start des SAVO-Echtlaufs im Juli 1975. Allerdings war man noch weit davon entfernt, vollständig auf manuelle Karteiüberprüfungen verzichten zu können. Ein solcher Verzicht galt zwar Ende der 1960er-Jahre als erstrebenswerte Zukunftsvision, doch kam sie nach weiteren technischen Verbesserungen erst Ende der 1980er-Jahre in den Bereich des Machbaren. Aber auch dann ließ man vom papierenen Arbeitsmittel nicht ab: „Klarheit muß aber auch darüber bestehen, dass der Einsatz der EDV gerade auch in der Abt. XII die Gewährleistung der Arbeitsfähigkeit durch die Weiterführung der manuellen Speicher einschließt"[262], hieß es noch 1987. Grund dafür war die Vorstellung, auch im Falle von Unruhen oder Krieg einsatzfähig zu bleiben – der Zugriff auf die gespeicherten Informationen erschien den Machthabern dabei von zentraler Bedeutung.

Schwingt aus den Dokumenten zur EDV in der Abt. XII von Ende der 1960er-Jahre noch eine gewisse Euphorie über die künftigen Möglichkeiten mit, so kehrte im Laufe der 1970er-Jahre Realismus ein: „Es wird eingeschätzt, daß entsprechend den gegenwärtig zu überblickenden Bedingungen im Perspektivplanzeitraum 1976–1980 keine Möglichkeiten gesehen werden, neben SAVO ein weiteres EDV-Projekt ähnlicher Größe zu realisieren. Die durchgehende Vervollständigung des gesamten Datenbestandes mit dem Ziel der vollautomatischen Auskunftserteilung ist gegenwärtig noch nicht real"[263], räumten die beiden Mitarbeiter der Abt. XII, Moschner und Kühnrich, im August 1976 gegenüber zwei Kollegen von der Abt. XIII ein. Von nun an sollte deshalb, so die Vertreter der Abt. XII, erst einmal die Erweiterung der SAVO-Datenbank um zusätzliche Informationen im Vordergrund stehen.

Immer stärker rückte zudem die „Beschleunigung der Recherche als Haupterfordernis für die Realisierung der wachsenden Anforderungen"[264] in den Mittelpunkt der Arbeit der Abt. XII. Gemeint war damit die Geschwindigkeit, in der die Überprüfungen in der Abteilung durchgeführt wurden. Diese Frage stieg

260 Ebd.

261 Vgl. Abt. XII, Planaufgabe 1.2.1: Rationalisierung und Weiterentwicklung des bestehenden Erfassungs- und Auskunftssystems, 8.12.1970, BStU, MfS, Abt. XII Nr. 2049, S. 43–69.

262 Redemanuskript von der „Beratg. m. AKG-Leitern BV", 4.12.1987, BStU, MfS, AS 398/89, S. 260–308, hier S. 267.

263 Abt. XII/UA 1, Aktennotiz über eine Beratung zwischen Vertretern der Abt. XIII und der Abt. XII zu Fragen der weiteren Entwicklung der Nutzung der EDV durch die Abt. XII am 10.8.1976, 12.8.1976, BStU, MfS, Abt. XIII Nr. 289, S. 1–6, hier S. 2.

264 Ebd., S. 1.

in den 1970er-Jahren zum beherrschenden Kriterium für die Leistungsfähigkeit der Abteilung auf. Und um diese Geschwindigkeit musste man sich im MfS Gedanken machen, da die Zahl der Überprüfungen deutlich zunahm: Mussten die Mitarbeiter der Abt. XII 1968 noch knapp über 2,2 Millionen Anfragen bearbeiten,[265] so waren es 1979 5,95 Millionen[266] – eine Zahl, die ohne den intensiven Einsatz der EDV nicht zu erreichen gewesen wäre.

Als Grund für die „wachsenden politisch-operativen Anforderungen"[267], die seitens der operativ tätigen Diensteinheiten an die Abt. XII gerichtet wurden, nannten die Mitarbeiter der Abteilung insbesondere ihre Aufgaben bei der „Sicherung des Einreiseverkehrs". Diese Aufgaben waren seit der Zunahme des innerdeutschen Reiseverkehrs im Zuge der deutsch-deutschen Entspannung deutlich gewachsen. Getreu der Vorstellung, nach der deutsch-deutsche Kontakte das Einfallstor für regimekritische Handlungen sein könnten, bildeten die Speicher der Abt. XII auf diesem Gebiet ein wichtiges Instrument der Herrschaftssicherung: „Reiseverkehr, politisch-ideologische Diversion und Kontakttätigkeit bilden in der Planung des Gegners eine Einheit, und darauf stellen wir uns ein. In der Praxis der Arbeit der Abteilung XII wird somit sichtbar, dass eine schnellstmögliche Auskunftserteilung an operative Diensteinheiten ein zutiefst politisch-ideologisches Problem ist, eine direkte Mitwirkung im täglichen, stündlichen Klassenkampf bedeutet,"[268] notierte ein Mitarbeiter der Abt. XII im Februar 1982 und unterstrich damit die Bedeutung seiner Abteilung für die Arbeit des MfS, die nicht zuletzt auf dem Einsatz der EDV basierte.

Die in den 1970er-Jahren immer wichtiger werdende Rolle der EDV spiegelte sich auch in der Personalentwicklung der Abt. XII. Neben der Qualifizierung von vorhandenen Mitarbeitern bemühte sich das MfS ebenso verstärkt darum, Studenten der betreffenden Fachrichtungen anzuwerben. Abgesehen vom früheren Mathematik-Studenten Wilfried Kühnrich, der später die AKG der Abt. XII leitete, ist die 1945 geborene Rosemarie Redmann ein weiteres Beispiel für den jungen, EDV-geprägten Nachwuchs. Redmann erklomm die Karriereleiter bis zum Rang des Oberstleutnant und war damit eine der am weitesten aufgestiegenen weiblichen Mitarbeiter in der Abt. XII.

265 Vgl. Ist-Zustandsanalyse der Abt. XII, 1.12.1969, BStU, MfS, Abt. XII Nr. 4535, S. 131–224, hier S. 204.

266 Vgl. Schreiben Abt. XII/Roth an HA KuSch/Leiter betr. notwendige Erweiterungen des Stellenplanes der Abt. XII, 24.6.1983, BStU, MfS, HA KuSch Nr. 2418, S. 67–71, hier S. 67.

267 Abt. XII/UA 1, Aktennotiz über eine Beratung zwischen Vertretern der Abt. XIII und der Abt. XII zu Fragen der weiteren Entwicklung der Nutzung der EDV durch die Abt. XII am 10.8.1976, 12.8.1976, BStU, MfS, Abt. XIII Nr. 289, S. 1–6, hier S. 1.

268 Oltn. Dietmar Hoffmann, Die Aufgaben und Funktion des OPD der Abteilung XII des MfS bei der Gewährleistung einer schnellen und exakten Informationsbereitstellung zur Unterstützung der Arbeit der operativen Diensteinheiten des MfS, Fachschulabschlussarbeit, Februar 1982, BStU, MfS, Abt. XII Nr. 2052, S. 41–76, hier S. 44.

Während ihres Studiums der Fachrichtung „Elektrische Energieanlagen", in dem sie „zu den besten Studenten"[269] zählte und über eine „ausgezeichnete Studiendisziplin"[270] verfügte, wie ihre Kaderakte vermerkte, nahm die Abt. XII Kontakt mit ihr auf. Am 28. März 1969 führten zwei Vertreter der Abteilung ein Kadergespräch mit ihr, schlossen einen Vorvertrag und versprachen eine Erhöhung des Stipendiums um 80,- Mark. Redmann erklärte sich zu einer hauptamtlichen Tätigkeit bereit, auch der notwendige Wechsel aus ihrem bisherigen Spezialgebiet Elektrotechnik zur EDV fiel ihr nicht schwer, denn „die Wahl ihrer jetzigen Studienrichtung [sei] seinerzeit etwas unglücklich zustande"[271] gekommen.

Offensichtlich trug die Faszination, die von der damals noch neuen elektronischen Datenverarbeitung ausging, dazu bei, dass sich Redmann beim MfS verpflichtete. Hier sah sie wohl ihre Chance, an der Entwicklung moderner Technologie mitwirken zu können. Hinzu kam, dass sie sich in einem familiären Umfeld bewegte, in dem offenbar keine Zweifel am Herrschaftsanspruch von SED und MfS existierten. Außerdem dürfte vermutlich auch die finanzielle Seite eine Rolle bei der Entscheidung für eine Verpflichtung beim MfS gespielt haben.

Am 1. Oktober 1970 nahm Redmann ihre Tätigkeit in der Abt. XII in Berlin auf und beschäftigte sich hier in den nächsten Jahren hauptsächlich mit Fragen der EDV.[272] Bereits 1974 wurde sie stellvertretende Referatsleiterin, später stieg sie zur Referatsleiterin, dann zur stellvertretenden Leiterin der AKG auf. Im Jahr 1985 schloss sie schließlich ihren kontinuierlichen Karriereweg als Leiterin der für die Zentrale Personenkartei zuständigen Abt. XII/6 ab.

Die Anwerbung derartig qualifizierter Kader wie Kühnrich und Redmann spiegelt im Übrigen nicht nur die gewachsene Bedeutung der EDV in der Entwicklung der Abt. XII. Vielmehr zeigt sich in ihrer Anwerbung auch, dass die Abteilung mittlerweile eine derartig wichtige Rolle im Informationsnetz des MfS spielte, dass zukunftsträchtige Nachwuchskräfte wie die beiden EDV-Spezialisten hier in der Abt. XII und nicht nur in vermeintlich wichtigeren Diensteinheiten eingesetzt wurden.

269 Einschätzung Rosemarie Redmann, undat. [um 1969], BStU, MfS, KS 250/90, S. 46–48, hier S. 46.

270 HA KuSch/Abt. Kader/Ref. 8, Einstellungsvorschlag, 9.4.1970, BStU, MfS, KS 250/90, S. 20–26, hier S. 24.

271 Abt. XII/4, Perspektivkader Redmann, 31.3.1969, BStU, MfS, KS 250/90, S. 222f., hier S. 222.

272 Vgl. im Folgenden BStU, KKK Redmann.

Generationswechsel im Archiv

Auch das Archiv war von den vielfältigen Veränderungen der 1970er-Jahre in der Abt. XII betroffen. Ebenso wie im Karteibereich wurde auch hier mit der Modernisierung begonnen, um die archivierten Unterlagen umfassender für Repression und Überwachung nutzen zu können.

Wie auf der Abteilungsleiterebene vollzog sich auch auf der Ebene des Referates XII/3 – bis 1973 die Struktureinheit des Archivs – ein personeller Wandel, der die Ablösung der „Gründergeneration“ in dieser Zeit deutlich machte. Im Jahr 1971 löste Joachim Hinz den bisherigen Leiter des Referates, Rudolf Bartonek, ab. Bartonek hatte das Amt 1964 von Klara Schellheimer übernommen. Wie diese zählte er zu den altgedienten Kommunisten:[273] Der gelernte Bergarbeiter und gebürtige Österreicher war mit 17 Jahren in die KPÖ eingetreten, hatte von 1939 bis 1945 in NS-Haft verbracht und war nach dem Krieg in der DDR geblieben. Nach kommunalen Tätigkeiten in Sachsen hatte er 1951/52 an einer sowjetischen Parteihochschule studiert und war bald nach seiner Rückkehr zur HV A gegangen. Hier wurde er nach drei Jahren 1955 Leiter der HV A-eigenen Schule – ein Amt, das er bis zu seinem Wechsel zur Abt. XII ausübte. Offenbar bildete – wie bei anderen altgedienten Kommunisten – sein angeschlagener Gesundheitszustand den Hintergrund für seinen Wechsel ins Archiv. So notierte ein ihn behandelnder Arzt Anfang 1964 vor Bartoneks Wechsel zur Abt. XII, dass dieser „jetzt einsichtig [sei] in bezug auf seine wesentlich eingeschränkte Leistungsbreite“ und er demnächst eine „nicht emotional belastende Tätigkeit ausüben“[274] werde. Fünf Jahre später erklärte Leipold Bartonek für „an sich dienstuntauglich“ – „unter Berücksichtigung dieses Umstandes [sei] sein Einsatz im Archiv erfolgt“[275]. Da Mitte der 1960er-Jahre auch die Bearbeitung der NS-Akten noch immer ein Schwerpunkt der Archivarbeit war, dürfte zudem Bartoneks Biografie beim Wechsel in die Abt. XII eine Rolle gespielt haben.

Als Bartonek 1971 verrentet wurde, folgte ihm mit dem 26 Jahre jüngeren Joachim Hinz der Vertreter einer neuen Generation. Hinz stammte aus Neuruppin und hatte nach einer Lehre auf der Kupfer-Silberhütte in Hettstedt im Jahr 1955 beim MfS in Halle als operativer Mitarbeiter begonnen.[276] Ein Jahr später wechselte er nach einem Grundlehrgang an der MfS-Schule in Potsdam-Eiche zur HA II, wo er bis 1965 blieb. Zu diesem Zeitpunkt trat, wie es in einer

273 Vgl. im Folgenden BStU, KKK Bartonek.

274 Ambulante Behandlungen durch den Medizinischen Dienst, Eintragungen vom 14.1. u. 4.2.1964, BStU, MfS, KS 253/72 Gu Bd.1, S. 18f.

275 Leipold, Vermerk, 5.6.1969, BStU, MfS, Abt. XII Nr. 4162, S. 23–25, hier S. 24.

276 Vgl. im Folgenden BStU, KKK Hinz; Abt. XII, Auskunftsbericht über Joachim Hinz, 12.6.1971, BStU, MfS, Abt. XII Nr. 4162, S. 38–43.

Abb. 11: Rudolf Bartonek (l.) und sein Nachfolger als Leiter des Archivs der Abt. XII, Joachim Hinz, während einer Feier, um 1971.

späteren Beurteilung hieß, „ein Stillstand in seiner Arbeit"[277] ein. Ihm wurden „ungenügende Gründlichkeit" und „Unausgeglichenheit" attestiert, „deren Ursache in einer vegetativen Labilität des Nervensystems" gelegen habe. „Ärztlicherseits" sei ein Arbeitsplatzwechsel empfohlen worden, der ihn schließlich als herabgestufter Sachbearbeiter zur Abt. XII führte – Hinz war somit ein weiterer Fall eines aus Gesundheitsgründen in die Abt. XII verschobenen Mitarbeiters.

Bis zu einem weiteren, vermeintlichen Karriereknick im Jahr 1982 begann nun allerdings für Hinz ein Aufstieg, der ihn zu einem der bis 1989 prägenden Mitarbeiter des Archivs werden ließ. Nach einer mit Auszeichnung abgeschlossenen Ausbildung zum Archivassistenten an der Archivschule Caputh 1966/67 und einem Fernstudium zum „Staatlich geprüften Archivar" an der Fachschule für Archivwesen 1967/71 war Hinz der in Archivfragen wohl am besten ausgebildete Mitarbeiter des MfS. In einem Auskunftsbericht zu seiner Person hieß es 1971 über Hinz: „Er entwickelte großes Interesse für die archivtheoretischen und praktischen Probleme [...]. Durch sein zielstrebiges und systematisches Studium erwarb er sich ein umfassendes Fachwissen, das ihn in die Lage versetzt, die Aufgaben und die Rolle des Archivs im Komplex und in der Perspektive zu sehen."[278]

277 Abt. XII, Auskunftsbericht über Joachim Hinz, 12.6.1971, BStU, MfS, Abt. XII Nr. 4162, S. 38–43, hier S. 41, dort auch die folgenden Zitate.

278 Ebd., S. 41 f.

BSTU
0046

FACHSCHULE FÜR ARCHIVWESEN

URKUNDE

Joachim Hinz

geb. am 4.9.1937 in Neuruppin

HAT DAS FACHSCHULSTUDIUM IN DER FACHRICHTUNG

Archivwesen

MIT Auszeichnung BESTANDEN

UND ERHALT DAS RECHT, DIE BERUFSBEZEICHNUNG

STAATLICH GEPRÜFTER ARCHIVAR

ZU FÜHREN.

POTSDAM, DEN 31. August 1971

DIREKTOR

Deutsche Demokratische Republik – Ministerium des Innern – Fachschule für Archivwesen

1 1611 115 Fu 320 68

Abb. 12: Der langjährige Leiter des Archivs der Abt. XII, Joachim Hinz, hatte zuvor ein Studium an der Fachschule für Archivwesen absolviert. Seit 1955 war er bereits als hauptamtlicher Mitarbeiter für das MfS tätig.

Nach seiner Ausbildung zum Archivassistenten war Hinz zunächst zum stellvertretenden Referatsleiter, 1971 schließlich zum Referatsleiter und damit zum Leiter des MfS-Archivs aufgestiegen. Seine Ablösung erfolgte 1982, als eine Mitarbeiterin sich wegen fortwährender Belästigungen durch Hinz beim 1. Sekretär der SED-Kreisleitung Horst Felber beschwerte.[279] Da sich die Angelegenheit bereits herumgesprochen hatte und das Klima in der Abteilung belastete, mussten Hinz' Vorgesetzte reagieren, zumal zwei Jahre zuvor Leipold wegen ähnlicher Vergehen hatte gehen müssen.[280] Da man es aber einerseits Hinz ermöglichen wollte, die Verfehlung vor seiner Ehefrau geheim zu halten, und andererseits offensichtlich nicht auf seine Kenntnisse verzichten konnte, fiel Hinz „weich". Als Offizier für Sonderaufgaben betreute er nun den weiteren Bau des Archivneubaus der Abt. XII. Schon einmal hatte Hinz nach einer ähnlichen Affäre im Jahr 1976 mit einer Archivarin des Historischen Staatsarchivs Oranienbaum,[281] die zudem über Westkontakte verfügte, seine archivfachliche Qualifikation „gerettet". Die Abt. Disziplinar der HA KuSch bescheinigte ihm damals, „hohen Anteil an der Modernisierung der Archivarbeit im MfS und in den Bezirksverwaltungen" zu haben und über „gute technisch-organisatorische Kenntnisse und Fähigkeiten"[282] zu verfügen. Nach Inbetriebnahme des Gebäudes wechselte er 1984 – zunächst vertretungsweise – zur Abt. Sekretariat und sicherstellende Aufgaben.

Der Wechsel von Bartonek zu Hinz symbolisierte wie schon die Ablösung Knoppes durch Leipold den generationellen Einschnitt, der um 1970 im MfS und zeitgleich in der Abt. XII vollzogen wurde. Die durch ihre Biografie geprägten und dadurch mit Autorität ausgestatteten „Gründer" traten ab. Ihre Nachfolger verfügten über eine bessere Ausbildung und waren so in der Lage, die Arbeit der Abt. XII zu modernisieren und so die Effizienz des Repressionsapparates zu steigern.

279 Vgl. das Versetzungsgesuch von Claudia S., 1982, BStU, MfS, Abt. XII Nr. 4162, S. 85–90; vgl. zum disziplinarischen Umgang mit Hinz' „moralischem Fehlverhalten" BStU, MfS, HA KuSch Diszi 2233/92, S. 160–178.

280 Vgl. den Beitrag „Aufstieg und Fall eines ‚Unfehlbaren'" von Ralf Blum und Philipp Springer in diesem Band.

281 Das MfS führte zu der Affäre, in die auch ein weiterer Mitarbeiter der Abt. XII verwickelt war, umfangreiche Ermittlungen durch; vgl. BStU, MfS, HA KuSch Diszi 2233/92, S. 1–159.

282 HA KuSch/Abt. Disziplinar/Richter, Zusammenfassender Bericht, BStU, MfS Diszi 2233/92, S. 74–93, hier S. 93.

„Erstmals ein so komplexes Dokument!" – Neue Arbeitsgrundlagen

Als Oberst Heinz Roth am 1. Februar 1980 die Leitung der Abt. XII übernahm, hinterließ ihm sein Vorgänger Roland Leipold eine Diensteinheit, die seit dessen Amtsantritt 1968 erhebliche Veränderungen erfahren hatte. Die Modernisierung der Abteilung war in den 1970er-Jahren vorangeschritten, die Errichtung eines Archivgebäudes auf den Weg gebracht, die personelle Ausstattung erheblich erweitert worden: Die Abt. XII hatte sich zu einem wichtigen Instrument im Herrschaftssystem des MfS entwickelt. Ohne ihre Karteien und Akten und Speichersysteme wäre die Geheimpolizei kaum in der Lage gewesen, ihre Aktivitäten im praktizierten Umfang durchzuführen.

Der 1931 in Mittelschmalkalden/Thüringen geborene Roth war nach seiner Ausbildung als Maschinenschlosser 1949 zur Grenzpolizei gekommen.[283] 1956 wechselte er zum MfS, wo er zunächst in der HA I, dann – nach einem Studium an der JHS 1961 bis 1964 – in der HA VII Karriere machte, dort bis zum stellvertretenden Leiter der HA aufstieg und 1975 an der JHS promovierte.

Roths Einsatz in der Abt. XII dürfte angesichts der überraschenden Ablösung Leipolds, der wegen eines außerehelichen Verhältnisses seinen Platz räumen musste,[284] kaum ein Resultat langfristiger Planungen gewesen sein. Tatsächlich lassen sich, blickt man auf Roths Biografie, wenig Anknüpfungspunkte für eine Tätigkeit in der Abt. XII finden. Zwar war dies bei seinen Vorgängern ähnlich, doch wäre angesichts einer modernisierten und nicht zuletzt in technischer Hinsicht komplizierteren Arbeit auch eine „professionellere" Besetzung des Leitungspostens vorstellbar gewesen. Vermutlich dürften vor allem Roths Verwaltungs- und Leitungserfahrungen eine Rolle gespielt haben. Darüber hinaus war er als stellvertretender Leiter der HA VII seit 1973 auch für die Anleitung der Abteilung 1 zuständig, die unter anderem für die Überwachung des Staatlichen Archivwesens in der DDR verantwortlich zeichnete.[285] Die kaderpolitischen Probleme, die ihm sein Sohn bereitete,[286] existierten zum Zeitpunkt seines Wechsels zur Abt. XII noch nicht.

283 Zu Roths Biografie vgl. seine Kaderakte BStU, MfS, KS 22572/90.

284 Vgl. den Beitrag „Aufstieg und Fall eines ‚Unfehlbaren'" von Ralf Blum und Philipp Springer in diesem Band.

285 Vgl. Tobias Wunschik, Hauptabteilung VII: Ministerium des Innern, Deutsche Volkspolizei, Berlin 2009 (MfS-Handbuch), S. 61.

286 Roths Sohn arbeitete zunächst wie seine Mutter und seine Schwester beim MfS, entschied sich dann jedoch noch während seiner Zeit im Wachregiment gegen eine weitere MfS-Karriere. Seit Juni 1980 wurde er vom MfS bearbeitet, da er „persönliche Verbindungen zu einer negativen Gruppierung von dekadenten Jugendlichen" (BStU, MfS, HA KuSch Diszi 5880/92, Bd. 1, S. 1) hatte. Auch stand er in Kontakt zu Bekannten aus dem westlichen Ausland. Im August 1980 erklärte er seinen (später wieder zurückgenommenen) Austritt aus der GST-Betriebsgruppe mit den Worten: „bin gegen jegliche Uniformierung (einschließlich GST-Kleidung) in meinen [sic] beruf-

Roths Amtszeit wurde in besonderem Maße von zwei neu erlassenen Bestimmungen geprägt, die grundsätzliche Bedeutung für die Arbeit der Abteilung hatten: die Dienstanweisung Nr. 2/81 vom 1. September 1981 (und die anschließenden Durchführungsbestimmungen) und die „Archivordnung" von 1988. Diese Anweisungen und im Fall der Archivordnung auch ihre spezielle Entstehungsgeschichte geben Auskunft über die Praxis der Arbeit der Abt. XII in den 1980er-Jahren.

Mit der DA Nr. 2/81 wurde erstmals seit der Anweisung Nr. 8/65 ein Dokument verabschiedet, in dem grundlegende Fragen der Erfassungs- und Archivarbeit geklärt wurden. Die Unterordnung der Abt. XII unter die Bedingungen der operativ tätigen Diensteinheiten dürfte zuvor in den 1970er-Jahren zu einem Verzicht auf ein derartiges Dokument geführt haben – detaillierte Verfügungen durch den bürokratischen Apparat hätten die Arbeit der hauptamtlichen Mitarbeiter behindern können.

Nachweisbar ist allerdings, dass bereits Anfang der 1970er-Jahre Pläne für ein derartiges Dokument auf der Tagesordnung standen. So berichtete der damalige Leiter des Zentralarchivs Rudolf Bartonek in seiner „Jahresabschlußanalyse 1970", dass die „Erarbeitung einer Archivordnung mit Kassationsordnung" durch sein Referat entfielen, „da mit der Ausarbeitung einer entsprechenden Ordnung für die gesamte Abteilung XII begonnen" worden sei. „Nach Bestätigung dieser Ordnung", so Bartonek weiter, sollten „Arbeitsrichtlinien für die einzelnen Bereiche"[287] erstellt werden. Tatsächlich wurde ein solches Dokument allerdings nie bestätigt.

Insbesondere die wachsende Bedeutung der Konspiration dürfte dann aber ein Jahrzehnt später ein wesentlicher Grund gewesen sein, weshalb sich das MfS Anfang der 1980er-Jahre wieder zentralen Fragen der Arbeit der Abt. XII widmete – ohne dass allerdings von der grundsätzlichen Linie abgewichen worden wäre: „Maßgeblich blieben dabei Erfordernisse der operativen Tätigkeit des MfS, nicht aber die einer archivischen Professionalisierung."[288]

Gegenstand der DA Nr. 2/81 waren fast alle Tätigkeitsbereiche der Abteilung. So wurden neben „grundsätzliche[n] Verantwortlichkeiten und Aufgabenstellungen"[289] auch Fragen der Erfassung und Registrierung von Personen und

lichen und privaten Leben" (BStU, MfS, HA KuSch Diszi 5880/92, Bd.3, S. 25). Im April 1988 sandte er eine Eingabe an Honecker mit dem Wunsch, einmal in den Westen reisen zu dürfen (vgl. BStU, MfS, HA KuSch Nr. 27594, S. 4 f.). Sein Vater berichtete wiederholt dem MfS über das Verhalten und die persönlichen Lebensumstände seines Sohnes; vgl. die Berichte vom 19.8.1981 und 29.8.1981 (BStU, MfS, HA KuSch Diszi 5880/92, Bd. 2, S. 222–230) und vom 28.1.1986 (BStU, MfS, HA KuSch Nr. 27594, S. 42–44).

287 Abt. XII/Zentralarchiv/Leiter Bartonek, Jahresabschlußanalyse 1970, 14.12.1970, BStU, MfS, Abt. XII Nr. 668, S. 17–28, hier S. 24.

288 Art. „Dienstanweisung Nr. 2/81", in: Lucht (Hg.), Archiv, S. 82–84, hier S. 84.

289 Dienstanweisung Nr. 2/81 zur einheitlichen Gestaltung der Erfassung und Überprüfung von Personen und Objekten, der Registrierung von Vorgängen und Akten sowie der Archivierung

Abb. 13: Blick auf die Aktenregalanlagen im Archiv der Abt. XII vor 1984 im Dienstobjekt Freienwalder Straße. Nach der Errichtung des Archivgebäudes an der Magdalenenstraße und dem damit verbundenen Umzug des Archivs der Abt. XII nutzte die HA IX/11 die Magazinräume weiter.

Objekten, der Archivierungspraxis und der Überprüfungs- und Auskunftsvorgänge thematisiert. Die umfangreichen Durchführungsbestimmungen und deren Änderungen, die in den folgenden Jahren unterzeichnet wurden, behandelten darüber hinaus weitere Themen. Dabei ging es beispielsweise um die einheitliche Aktenführung[290], um Kassationen[291] und um die „Übernahme von Schriftgut anderer staatlicher Organe und Einrichtungen der DDR“[292].

Wichtiges Resultat der DA Nr. 2/81 war außerdem die Erhöhung der Konspiration in der Arbeit der Abteilung, nicht zuletzt im Zentralarchiv. So wurden etwa die dort vorhandenen Planstellen für Zivilbeschäftigte, bei denen es sich um MfS-Rentner handelte, in Planstellen für attestierte Mitarbeiter umgewandelt, da diese unter stärkerer Kontrolle standen. Außerdem beabsichtigte Hinz

politisch-operativen Schriftgutes in den Abteilungen XII, 1.7.1981, BStU, MfS, ZAIG Nr. 20760, S. 5–27, hier S. 8.

290 Vgl. 1. Durchführungsbestimmung zur Dienstanweisung Nr. 2/81 vom 1. Juli 1981, 7.12.1981, BStU, MfS, ZAIG Nr. 20760, S. 28–46.

291 Vgl. 3. Durchführungsbestimmung zur Dienstanweisung Nr. 2/81 vom 1.7.1981, 15.3. 1984, BStU, MfS, ZAIG Nr. 20760, S. 66–93, hier S. 89f.

292 Vgl. ebd., S. 90f.

als Leiter des Archivs die Einrichtung einer zentralen Garderobe, um die Sicherung der Akten besser zu gewährleisten. Hinzu kam, dass nun weitere technische Anlagen – darunter eine Videoüberwachungsanlage im Benutzerraum – installiert und regelmäßige Postengänge auf den Dächern des Archivgebäudes durchgeführt werden sollten.[293]

In der abteilungseigenen „Geschichtsschreibung" wurde die DA Nr. 2/81 später als Ausdruck der „höhere[n] Qualität in der Zusammenarbeit der Abteilung XII mit den operativen Diensteinheiten"[294] (und umgekehrt) betrachtet. Hinter diesen Worten verbargen sich die Bemühungen des MfS, „die zunehmenden Schriftgutmengen einerseits wie die stets umfangreicher und eiliger werdenden Informationsinteressen andererseits durch Anpassung der Bestimmungen zu bewältigen"[295].

„Erstmals ein so komplexes Dokument!"[296] jubelte der für die Traditionsarbeit der Abt. XII zuständige Mitarbeiter und illustrierte damit ungewollt das erstaunliche Phänomen, dass die Abteilung seit Jahren ohne eine angemessene Arbeitsgrundlage arbeitete. Doch trotz ihrer Komplexität reichten die DA Nr. 2/81 und die diversen Änderungsdokumente für die Tätigkeit der Abteilung nicht aus. Mithilfe von „Linieninformationen", in denen die Abt. XII der Bezirksverwaltungen angeleitet wurden, versuchte man dem Problem entgegenzuwirken. Doch diese Bestimmungen „erreichten bald eine kritische Menge, wurden unübersichtlich und waren nicht mehr handhabbar"[297].

Seit 1986 entwarf die Abt. XII deshalb unter dem Arbeitstitel „Grundsätze der Archivarbeit" eine Archivordnung, in der die verschiedenen Anweisungen zusammengefasst werden sollten. Gleichzeitig arbeitete die ZAIG an einer DA Nr. 3/89, die die DA Nr. 2/81 ersetzen sollte. Als Ziel formulierte der für die Archivabteilung zuständige Stellvertreter Roths, Raimund Bartl, dass es mit der Archivordnung „erstmals eine einheitliche, in sich geschlossene Arbeitsdokumentation zu allen Archivprozessen" geben sollte, „verbindlich für alle Archive der Linie XII"[298].

293 Vgl. Abt. XII/Zentralarchiv/Hinz, Schlußfolgerungen zur ersten Auswertung der Dienstanweisung 2/81 zur Erhöhung von Sicherheit, Geheimhaltung und Konspiration, 10.8.1981, BStU, MfS, Abt. XII Nr. 668, S. 39f.

294 Abt. XII/AKG/Wolfgang Tausch, Zuarbeit zum Referat für die Dienstversammlung anlässlich des 40. Jahrerstages der Gründung der DDR – wesentliche Aspekte der Entwicklung der Diensteinheit, 23.9.1989, BStU, MfS, Abt. XII Nr. 4055, S. 85–88, hier S. 86.

295 Art. „Dienstanweisung Nr. 2/81", in: Lucht (Hg.), Archiv, S. 82–84, hier S. 84.

296 Abt. XII/AKG/Wolfgang Tausch, Zuarbeit zum Referat für die Dienstversammlung anlässlich des 40. Jahrerstages der Gründung der DDR – wesentliche Aspekte der Entwicklung der Diensteinheit, 23.9.1989, BStU, MfS, Abt. XII Nr. 4055, S. 85–88, hier S. 86.

297 Art. „Archivordnung XII", in: Lucht (Hg.), Archiv, S. 53–55, hier S. 54. Vgl. dort auch im Folgenden.

298 Abt. XII/[Bartl], Diskussionsbeitrag zur zentralen Dienstkonferenz der Linie XII am 8.12.1987, 7.12.1987, BStU, MfS, Abt. XII Nr. 667, S. 1–16, hier S. 13.

Abb. 14: Ein Mitarbeiter der Abt. XII vor einem Aktenregal, nach 1984.

Da es nicht zu einer Bestätigung der DA Nr. 3/89 durch den Minister kam, bildeten schließlich die Festlegungen des Leiters der Abt. XII, die vom Leiter der ZAIG am 24. Juni 1988 bestätigt wurden, und vor allem der darin erwähnte „Katalog“ mit dem Titel „Arbeitsorganisatorische Festlegungen zur ‚Archivordnung XII‘“ das für die weitere Arbeit der Abteilung entscheidende Dokument, das „im Sommer 1989 [...] in zahlreichen Exemplaren in der Linie XII verteilt“[299] wurde. Diese Verteilaktion des noch nicht bestätigten Dokuments sollte ursprünglich bereits ein Jahr früher stattfinden. Damit wollte man es einer „umfassenden Erprobung“ unterziehen, in deren Verlauf alle Abteilungen der Linie XII zu einer Einschätzung veranlasst werden sollten. Erst im Anschluss daran wären die neuen Festlegungen dann tatsächlich eingeführt worden.[300]

Die Archivordnung thematisierte zentrale archivische Fragen wie Archivierung, Archivverwaltung, Mikroverfilmung, Restaurierung und Kassation. Das Dokument, das 370 Seiten umfasst, bildete somit die archivpraktische Arbeit der Abt. XII am Ende der 1980er-Jahre ab. Allerdings stand weniger die Arbeit in der Zentrale als vielmehr die Anleitung der Abteilungen XII der Bezirksverwaltungen im Zentrum des Katalogs, an dessen Erarbeitung die BVs Ros-

299 Art. „Archivordnung XII“, in: Lucht (Hg.), Archiv, S. 53–55, hier S. 54.

300 Vgl. Abt. XII/[Bartl], Diskussionsbeitrag zur zentralen Dienstkonferenz der Linie XII am 8.12.1987, 7.12.1987, BStU, MfS, Abt. XII Nr. 667, S. 1–16, hier S. 13.

tock, Frankfurt/Oder, Magdeburg, Halle und Dresden[301] beteiligt gewesen waren: „Auffallend ist vor allem, dass nur die sechs in den Archiven der Bezirksverwaltungen geführten Archivbestände genannt und erläutert werden, Besonderheiten des Zentralarchivs mit mehr und anderen Archivbeständen, mit Sonderablagen und Speichern fanden keinen Eingang."[302] Wie schon die DA Nr. 2/81 wurde auch die Archivordnung in der Abt. XII selbst als Meilenstein ihrer Entwicklung betrachtet. So urteilte der Leiter des Zentralarchivs Klaus Handke Mitte Oktober 1989: „Für die Archivarbeit von außerordentlicher Bedeutung war die Inkraftsetzung der ‚Arbeitsorganisatorischen Festlegungen' zur Archivordnung XII und der erstmalig eindeutig fixierten, in einem Dokument bindend abgefassten Regelungen für alle Archivprozesse auf der gesamten Linie."[303] Somit verfügte die Abt. XII seit Sommer 1989 erstmals über eindeutig formulierte, „solide Grundlagen"[304], wie Raimund Bartl angekündigt hatte – wenige Monate später gab es dafür keinen Bedarf mehr.

Strukturveränderungen in den 1980er-Jahren

Die Schaffung neuer bzw. die Fixierung bestehender Arbeitsgrundlagen und der Einzug in das neue Archivgebäude stellten wichtige Wegmarken in der Geschichte der Abt. XII in den 1980er-Jahren dar. Sie wurden von einigen Strukturveränderungen begleitet, die jedoch in ihrem Umfang nicht an die Maßnahmen des vorangegangenen Jahrzehnts anknüpften.

Eine wichtige Neuerung betraf die Implementierung der Auswertungs- und Kontrollgruppe (AKG) in der Abt. XII. Analog zu der Umwandlung der Auswertungs- und Informationsgruppen in den anderen Hauptabteilungen und selbstständigen Abteilungen[305] erfolgte dies in der Abt. XII mit der Bestätigung durch Mielke Anfang 1980. Aufgabe der AKG war die „weitere Qualifizierung der politisch operativen Informationstätigkeit der Diensteinheit"[306]. Neben verschiedenen Kontrollaufgaben sollte die AKG dienstliche Bestimmungen und Materialien für die Abteilung erarbeiten, aber auch Statistiken erstellen und sich mit Grundsatzfragen beschäftigen. Die Traditionsarbeit erhielt hier ebenfalls ihren Platz.

301 Vgl. ebd., S. 13.

302 Art. „Archivordnung XII", in: Lucht (Hg.), Archiv, S. 53–55, hier S. 55.

303 Abt. XII/Archiv/Leiter Handke, Bericht über die Erfüllung der Aufgaben der Kaderarbeit im Jahr 1989, o. D. [um 17.10.1989], BStU, MfS, Abt. XII Nr. 4746, S. 56–69, hier S. 61.

304 Abt. XII/[Bartl], Diskussionsbeitrag zur zentralen Dienstkonferenz der Linie XII am 8.12.1987, 7.12.1987, BStU, MfS, Abt. XII Nr. 667, S. 1–16, hier S. 13.

305 Vgl. Roger Engelmann/Frank Joestel, Die Zentrale Auswertungs- und Informationsgruppe, Berlin 2009 (MfS-Handbuch), S. 76.

306 Abt. XII, Aufgaben und Strukturen der Auswertungs- und Kontrollgruppe (AKG) der Abteilung XII, 3.12.1979 (VVS 021 322/79), BStU, MfS, ZAIG Nr. 8606, S. 117–124, hier S. 118.

Personell wurde die AKG mit Mitarbeitern der UA 1 und der aufgelösten Arbeitsgruppe Anleitung und Kontrolle gebildet.[307] Leiter der UA 1 war Wilfried Kühnrich gewesen, der ebenfalls zur AKG wechselte und am 1. April 1980 deren Leiter wurde.[308] Der 38-jährige Diplom-Mathematiker und „Programmentwerfer“ (Programmierer), der in Leningrad studiert hatte, bot sich nicht nur wegen seiner EDV-Kenntnisse an – auch seine mehrjährige Tätigkeit als Planungsoffizier der Abt. XII[309] dürfte eine Rolle bei der Entscheidung gespielt haben, ihn an diese zentrale Stelle der Abteilung zu setzen.

Ende 1988 wurde die AG EDV in die AKG integriert. Vordergründig ging es dabei um eine „bessere Anpassung an die generelle übliche Struktur der AKG der Diensteinheiten“[310], wie Roth in einer Zuarbeit an den Leiter der HA KuSch schrieb. Sein Hinweis, dass durch die Zusammenlegung zugleich auch eine „effektive Konzentration und Anleitung dieser Kräfte gesichert“ würden, deutet jedoch einen weiteren Hintergrund an: Die AG EDV hatte im Jahr 1986 „aufgrund von Vorkommnissen und Verstößen […] den Schwerpunkt bei der Gewährleistung von Ordnung und Sicherheit“[311] in der Abt. XII gebildet. Die Vermutung liegt nahe, dass die Umstrukturierung ein Versuch war, die Probleme in der AG EDV in den Griff zu bekommen.

Eine weitere Strukturveränderung der 1980er-Jahre betraf die Abt. XII/6, deren Bildung Roth im Juni 1981 ankündigte. Ihr sollten die OPD [Operativ-Dienststelle] der Abt. XII, der Bereich IMAK und die Offiziere für Sonderüberprüfungen und Objektkarteien angehören.[312] Hintergrund war offenbar die Verbesserung der Konspiration, die man wohl durch eine strikte Trennung dieser Aufgaben von den anderen Abteilungen der Diensteinheit erreichen wollte. Doch nur zwei Jahre später wurde die Abt. XII/6 aber bereits wieder aufgelöst und ihre Aufgaben den Abteilungen 3 und 4 zugeordnet.[313] Weitere vier Jahre später existierte die Abt. XII/6 jedoch trotzdem noch (bzw. wieder), als sie

307 Vgl. Abt. XII, Aufgaben und Strukturen der Auswertungs- und Kontrollgruppe (AKG) der Abteilung XII, 3.12.1979 (VVS 021 322/79), BStU, MfS, ZAIG Nr. 8606, S. 117–124, hier S. 123.

308 Vgl. BSTU, KKK Kühnrich.

309 Vgl. Abt. XII/GO-Sekretär Geisler und Stellv. d. Leiters Moschner, Beurteilung von Hauptmann Kühnrich, Wilfried, 19.4.1976, BStU, MfS, Abt. XII Nr. 4160, S. 34–38, hier S. 35.

310 Abt. XII/Leiter Roth, Schreiben an HA KuSch/Leiter betr. Zuarbeit zur Vorbereitung des Planstellennormativs für die Abt. XII, 28.7.1987, BStU, MfS, HA KuSch Nr. 24255, S. 2–21, hier S. 4. Dort auch das folgende Zitat.

311 [HA KuSch], Berichterstattung zur Umsetzung der Schlußfolgerungen aus dem Bericht der Abt. XII über die Erfüllung der Aufgaben der Kaderarbeit 1986, o. D. [1987], BStU, MfS, HA KuSch Nr. 2419, S. 14f., hier S. 15.

312 Vgl. Abt. XII/Leiter Roth, Referat bei der Dienstberatung, 18.6.1981, BStU, MfS, Abt. XII Nr. 2598, S. 1–62, hier S. 26.

313 Vgl. Abt. XII/Leiter Roth, Schreiben an die Leiter der Abt. XII der BVs betr. Strukturelle Veränderungen in der Abt. XII des MfS, 27.9.1983, BStU, MfS, Abt. XII Nr. 2452, S. 9f., hier S. 9.

durch die Zusammenführung mit zwei Referaten der Abt. XII/3 neu formiert wurde.[314] Zuständig war sie für die Speicherführung.

Ebenfalls im Jahr 1983 wurde die Abt. XII/7, die für die rückwärtigen Dienste zuständig war, mit dem Sekretariat zusammengelegt.[315] Mit dieser und einer Reihe weiterer Zusammenlegungen – beispielsweise die Vereinigung zweier bislang getrennter Arbeitsgebiete zu einem Referat Kartei- und Archivverfilmung – sollte eine „wirksamere Konzentration der Kräfte auf die Schwerpunkte der politisch-fachlichen Arbeit“[316] erreicht werden.

Die Veränderung bei der Abt. XII/3, die auch ihr Ref. 3 an die Abt. XII/4 abgab[317] und damit vollständig aufgelöst wurde, resultierte aus dem Wandel der Arbeitsprozesse in der Abt. XII. Durch den fortschreitenden Einsatz der EDV verlor die manuelle Karteirecherche, für die die Abt. XII/3 zuständig gewesen war, weiter an Bedeutung.[318] Auch wenn man die Karteien und kundiges Personal weiterhin für notwendig erachtete, sollte dieser Bereich doch nur für Notfälle wie Kriegszustände vorgehalten werden, in denen man möglicherweise auf die manuelle Karteirecherche hätte zurückgreifen müssen. Zwischen 1983 und 1988 sank die Zahl manueller Karteiüberprüfungen von 40.000 bis 50.000 wöchentlich auf ca. 15.000.[319]

Zwar waren diese Strukturveränderungen Folge des technischen Wandels im MfS, doch sie gehörten zugleich auch zum „Hunger“ nach zusätzlichen Mitarbeitern, der insbesondere die letzten Jahre des MfS beherrschte. Da der Nachschub nicht in gewünschter Menge erfolgte und die Aufgaben zum Teil zunahmen, musste Personal durch Umstrukturierungen an anderer Stelle innerhalb der eigenen Abteilung gewonnen werden – ein Prozess, der das gesamte MfS (und auch die DDR-Wirtschaft insgesamt) erfasste.

Trotz aller Umbauten änderte sich in den 1980er-Jahren in der Grundstruktur der Abt. XII wenig. Im Jahr 1989 verfügte die Abteilung schließlich neben der Leitung mit dem Sekretariat, der AKG und der AGL, zu der auch die Objekt-

314 Vgl. Abt. XII/6/Leiter Redmann, Bericht über die Erfüllung der Aufgaben der Kaderarbeit im Jahre 1988, 12.10.1988, BStU, MfS, Abt. XII Nr. 4415, S. 184–209, hier S. 185.

315 Vgl. Abt. XII/Leiter Roth, Schreiben an die Leiter der Abt. XII der BVs betr. Strukturelle Veränderungen in der Abt. XII des MfS, 27.9.1983, BStU, MfS, Abt. XII Nr. 2452, S. 9 f., hier S. 10.

316 Abt. XII/Leiter Roth, Bericht über die in Durchsetzung des Befehls Nr. 2/83 des Genossen Minister durchgeführten Untersuchungen und erarbeiteten Schlußfolgerungen, 24.6.1983, BStU, MfS, HA KuSch Nr. 2418, S. 64–66, hier S. 66.

317 Vgl. Abt. XII/4/Leiter Bormann, Bericht zur Erfüllung der Aufgaben der Kaderarbeit 1987, 15.10.1987, BStU, MfS, Abt. XII Nr. 4415, S. 298–309, hier S. 299.

318 Vgl. Abt. XII/Leiter Roth, Bericht zur Erfüllung der Aufgaben der Kaderarbeit 1987, 10.11.1987, BStU, MfS, Abt. XII Nr. 4415, S. 219–244, hier S. 239.

319 Vgl. Abt. XII, Die effektive Erfüllung der wachsenden politisch-fachlichen Aufgaben der Abt. XII durch die planmäßige Erschließung von Leistungsreserven, 23.8.1988, BStU, MfS, Abt. XII Nr. 2985, S. 3–21, hier S. 4.

sicherung zählte, über drei Arbeitsbereiche. Zum Karteibereich gehörten die Abteilungen 4 (Karteien) und 6 (Speicherführung und manuelle Karteirecherche), zum Bereich Steuerung, Organisation und EDV die Abteilungen 2 (Datenerfassung und Kontrolle) und 5 (EDV) und der Archivbereich mit den Abteilungen Archiv und 1 (Mikroverfilmung/Sicherungsfonds und technische Sicherstellung). Als Oberst Roth im März 1989 die Ergebnisse von Untersuchungen zusammenfasste, mit der die Effektivität der Struktur der Abt. XII bewertet werden sollte, zeigte er sich – natürlich – zufrieden: „Die gegenwärtige Abteilungsstruktur entspricht insgesamt den objektiven Bedingungen der Prozeßorganisation in ihrer Einheit von EDV-Prozessen und manuellen Arbeitsabläufen, den erforderlichen Abgrenzungen für eine zweckmäßige Organisation und Wahrung der Geheimhaltungserfordernisse bei der Führung der unterschiedlichen manuellen Speicher sowie der Konzentration der Potenzen zur optimalen Nutzung der EDV-Technik in der Diensteinheit.“[320] Er schlug neben einigen kleineren Änderungen vor, die Struktur bis 1995 erneut zu überprüfen und dann „noch zweckmäßiger zu gestalten“. Dazu kam es nicht mehr.

Die Abt. XII und die sowjetischen Verbindungsoffiziere in den 1980er-Jahren

Die Tätigkeit der Abt. XII beschrieben leitende Mitarbeiter der Abteilung in den 1980er-Jahren regelmäßig als die eines „Dieners“ der operativen Diensteinheiten des MfS. Doch die Abteilung „diente“ nicht nur den Kollegen der eigenen Geheimpolizei – auch dem sowjetischen „Bruderorgan“, dem KGB, lieferte die Abt. XII vielfältige Informationen.

Über den Alltag dieser Zusammenarbeit seit Ende der 1950er-Jahre ist wenig bekannt. Damit unterscheidet sich die Abt. XII kaum von anderen Bereichen des MfS, über die ebenfalls nur spärliche Erkenntnisse vorliegen. Die Vermutung liegt nahe, dass „vor allem MfS-Tätigkeitsfelder, die mit Spionageabwehr, Militäraufklärung, Aufklärung im Ausland oder internationaler Terrorabwehr zu tun hatten, […] unter sowjetischer Hoheit [blieben] bzw. besonders intensiver Anleitung und Kontrolle“[321] unterlagen.

Zentrales Bindeglied zwischen MfS und KGB war die Abt. XII. Als Hüterin der Akten und Karteien, die auch der KGB für seine Zwecke nutzte, bildete sie eine wichtige Schnittstelle in der Arbeit der beiden Geheimpolizeien. Dementsprechend gehörte die Arbeit der Abteilung zu den Schwerpunkten der zentralen

320 [Abt. XII/]Roth, Untersuchungen zur Effektivierung der Struktur der Abt. XII des MfS Berlin, 10.3.1989, BStU, MfS, AS 398/89, S. 100–103, hier S. 101.

321 Kowalczuk, Stasi, S. 91. Vgl. auch Marquardt, Zusammenarbeit.

Vereinbarung zwischen MfS und KGB, die am 29. März 1978 von Mielke und KGB-Chef Juri Andropow unterzeichnet wurde.[322]

In dem Abkommen war unter anderem festgelegt worden, dass einer der insgesamt 15 in der MfS-Zentrale tätigen Verbindungsoffiziere für die Abt. XII zuständig sein sollte. Inhaltlich standen neben anderen Fragen außerdem der Austausch operativer Archivmaterialien, die Zutrittsmöglichkeiten der Verbindungsoffiziere zu den MfS-Gebäuden und der Schutz der Geheimhaltung übermittelter Informationen im Vordergrund.

Offensichtlich im Zuge der Vereinbarung referierte Mielke vor Mitarbeitern über deren praktische Umsetzung und erläuterte in diesem Zusammenhang auch die Rolle der Abt. XII.[323] Dabei ging es beispielsweise um die Überprüfung und Erfassung von DDR-Bürgern, die vom KGB für eine inoffizielle Tätigkeit gewonnen werden sollten, bzw. von sowjetischen Bürgern, die man für das MfS arbeiten lassen wollte. Mielke erwähnte darüber hinaus auch den „Austausch von Auskünften aus Archiven und Karteien des MfS und des KfS“[324]. Die sowjetische Geheimpolizei sollte demnach den Diensteinheiten des MfS gleichgestellt werden: „Das betrifft sowohl die Vorschriften für die Auftragserteilung an die speicherführenden Diensteinheiten als auch den Inhalt, den Umfang, die Form, die Art und Weise der Auskunftserteilung, die Nachweisführung, Ausleihfristen u. a.“ Schließlich legte Mielke Wert darauf, dass „die Ersuchen der Freunde nach Auskünften aus Archiven und Karteien des MfS gewissenhaft bearbeitet und beantwortet werden“ sollten.

Mielke sagte damit seinen Zuhörern nichts Neues – eine entsprechende Praxis in der Abt. XII gab es seit den 1950er-Jahren, wie Generalmajor Gerhard Neiber dem Minister im Dezember 1979 offenbar im Vorfeld der Rede berichtete.[325] Ende 1977 war allerdings auf mündliche Weisung von Generalleutnant Alfred Scholz das Verfahren in Bezug auf die „Auskunftserteilung über Vorgänge der HVA sowie über IM“ verschärft worden. „Zur Erhöhung der Geheimhaltung“ mussten die Auskünfte seitdem „in jedem Einzelfall“ mit den Leitern der Diensteinheiten abgestimmt werden. Dies habe, so Neiber, „in wenigen

322 Vgl. Protokoll über die Regelung des Zusammenwirkens zwischen dem Ministerium für Staatssicherheit der DDR und der Vertretung des Komitees für Staatssicherheit beim Ministerrat der UdSSR beim Ministerium für Staatssicherheit der DDR, 29.3.1978, BStU, MfS, BdL/Dok. Nr. 1862, S. 1–11.

323 Vgl. im Folgenden die Auszüge aus der undatierten Rede Mielkes BStU, MfS, Sekr. Neiber Nr. 632, S. 59–70. Die Autorenschaft Mielkes ist nicht genannt, geht aber aus der Erwähnung „meiner“ Ordnung über die Erfassung von Personen in der Abteilung XII auf der Grundlage von Sicherungsvorgängen vom 1.6.1976 auf S. 63 hervor.

324 [Mielke], Auszüge aus einer Rede, o. D., BStU, MfS, Sekr. Neiber Nr. 632, S. 59–70, hier S. 68 f. Dort auch die folgenden Zitate.

325 Vgl. im Folgenden Neiber, Information an Mielke, 11.12.1979, BStU, MfS, Sekr. Neiber Nr. 632, S. 6 f.

Fällen" zur Auskunft „nicht erfaßt" geführt – die „Freunde" waren somit bewusst falsch informiert worden.

Solche Fälle von Auskunftsersuchen, die innerhalb des MfS abgestimmt werden mussten, waren aber selten – Leipold schätzte deren Zahl auf fünf bis zehn pro Woche.[326] Insgesamt erreichten „50 bis 100 Überprüfungsaufträge zu Personen" täglich die Abt. XII. Hinzu kam eine kleinere Anzahl Aufträge, die von den Verbindungsoffizieren der BV überbracht wurden und von den dortigen Abt. XII bearbeitet wurden.

Offenbar konnte die Menge aber auch durchaus größer sein. So berichtete die Abt. XII gleichfalls im Vorfeld der Rede Mielkes, dass am 3. Dezember 1979 der Verbindungsoffizier der Abt. XII, Ponin, 311 Suchaufträge „über Journalisten sowie Mitarbeiter von Touristenbüros und anderer Grenien [sic] aus kapitalistischen Staaten zur Überprüfung übergeben"[327] habe. Die Anfrage stand im Zusammenhang der Vorbereitungen für die Olympischen Spiele, die 1980 in Moskau stattfanden. 22 Personen konnte die Abt. XII als „erfasst" melden, davon 14 Westdeutsche, drei Briten, zwei US-Amerikaner und jeweils eine Person aus Österreich, Schweden und den Niederlanden.

Dass Leipold 1979 die Zahl der sowjetischen Anfragen nur schätzen konnte, lag an der fehlenden Dokumentation: Über diese für die Zusammenarbeit der Geheimpolizeien und auch für die Tätigkeit der Abt. XII nicht unwichtige Frage fertigte das MfS zu diesem Zeitpunkt keine Statistiken an. Offensichtlich betrachtete man die Daten als derart sensibel, dass man sie erst gar nicht erheben ließ. Wie sensibel, zeigt eine Episode vom November 1987. Die Leiterin des Ref. 3 in der Abt. Archiv, Helga Wolschendorf, musste ihren Posten unter anderem deshalb räumen, weil sie entsprechende Daten ohne Auftrag sammeln ließ: „So hat sie aufgrund von Fehlern bei der Bearbeitung von Archivauskünften für den Verbindungsoffizier, die infolge mangelhafter Anleitungs- und Kontrolltätigkeit eingetreten waren, ihren Stellvertreter beauftragt, alle Archivanforderungen des ‚Freundes' zu registrieren, um sie unter Kontrolle zu halten."[328]

Zu diesem Zeitpunkt hatte das MfS seine Verfahrensweise geändert, ohne dass dies eine Entschuldigung für Wolschendorfs eigenmächtiges Verhalten dargestellt hätte. Der Anstoß zur Dokumentation kam allerdings von der sowjetischen Seite. Im Januar 1985 bat der Verbindungsoffizier Anissimov Roth um verschiedene Auskünfte, darunter zu der Frage, wie viele F 10-Überprüfungen die Verbindungsoffiziere durchführen ließen. „Er begründete seinen Wunsch mit Anregungen, die er von seinen Linienverantwortlichen beim Komitee für

326 Vgl. im Folgenden Abt. XII/Leipold, Gegenwärtige Praxis der Überprüfung von Personen durch die Freunde in der Abt. XII, 7.12.1979, BStU, MfS, Sekr. Neiber Nr. 632, S. 4f.

327 Abt. XII, Information, 7.12.1979, BStU, MfS, Sekr. Neiber Nr. 632, S. 2.

328 Konzeption zur Führung eines Kadergesprächs mit Helga Wolschendorf, 17.11.1987, BStU, MfS, Abt. XII Nr. 650, S. 40.

Staatssicherheit der UdSSR aus Moskau in Auswertung seines Jahresabschlußberichtes 1984 erhalten hat. Die Zusammenarbeit mit dem MfS sei im Bericht nicht konkret genug dargestellt worden“[329], vermerkte Roth. Da Anissimov erst seit Herbst 1983 als Verbindungsoffizier zur Abt. XII agierte und der Bericht über das Jahr 1984 somit sein erster war,[330] erscheint die Begründung durchaus plausibel.

Zeitgleich mit dem Verbindungsoffizier erkundigte sich allerdings auch ZAIG-Chef Werner Irmler bei Roth nach der Praxis der Zusammenarbeit zwischen der Abt. XII und den Sowjets. So wollte er wissen, ob es entsprechende Vereinbarungen gäbe: „Ich habe ihm mitgeteilt, daß meines Wissens nach 1978 an einer Vereinbarung gearbeitet worden ist, mir persönlich jedoch nicht bekannt ist, ob diese fertiggestellt bzw. in Kraft gesetzt wurde“[331], berichtete Roth anschließend seinem Vorgesetzten Neiber. Demnach war Roth das für seine Abteilung so zentrale Abkommen zwischen KGB und MfS von 1979 nicht bekannt.

Die Zahl der Suchaufträge schien sich seit der Schätzung Leipolds von 1979 nicht verändert zu haben – Roth ging ebenso von 50 bis 100 Überprüfungen täglich aus, von denen weniger als zehn als Sofort-Überprüfungen bearbeitet werden mussten. Außerdem nahm Anissimov, der „fast täglich zwischen 10.00 und 11.00 Uhr“[332] zur Abt. XII kam, wie Roth säuberlich notierte, jeden Tag zwei bis drei Archivakten in Empfang.

Rund drei Monate nach Anissimovs Vorstoß wandten sich die Sowjets erneut in der Frage der Zusammenarbeit in Bezug auf die Abt. XII an das MfS – diese Mal offenbar auf höherer Ebene. Wieder ging es um die Frage der Statistiken, insbesondere über die Arbeit der Verbindungsoffiziere auf der Bezirksebene. Außerdem wünschten die Sowjets, „in der Abteilung XII des MfS die uns evtl. operativ interessanten Personen für uns aktiv erfassen zu lassen“[333]. Roth erarbeitete daraufhin eine von Neiber bestätigte Stellungnahme, in der beide Wünsche der Sowjets als realisierbar beschrieben wurden – bislang gäbe es eine derartige Praxis nicht. Mit Hauptmann Klaus Schumann wurde in der Abt. XII/4 eigens ein Mitarbeiter mit der Koordination dieser Erfassungen beauftragt[334] und ein eigener Sicherungsvorgang angelegt. Bis April 1987 waren

329 Abt. XII/Roth, Vermerk, 15.1.1985, BStU, MfS, Abt. XII Nr. 5812, S. 42–44, hier S. 42.

330 Vgl. ebd., S. 43.

331 Abt. XII/Roth, Schreiben an den Stellv. des Ministers, Neiber, 15.1.1985, BStU, MfS, Abt. XII Nr. 5812, S. 41.

332 Abt. XII/Roth, Vermerk, 15.1.1985, BStU, MfS, Abt. XII Nr. 5812, S. 42–44, hier S. 43.

333 Vgl. [Verbindungsoffizier], Notiz, o.D. [Anfang April 1985], BStU, MfS, Abt. XII Nr. 5812, S. 60. Die Notiz wurde von Neiber an Roth mit der Bitte um Rücksprache am 8.4.1985 weitergeleitet. Außerdem notierte Neiber auf dem Schreiben: „Rückspr[ache] mit GM Titow zum Vermerk am 2.4.85“. Dabei handelte es sich vermutlich um den Chef der KGB-Residentur in Berlin-Karshorst.

334 Vgl. Abt. XII/Roth, Vervollkommnung der Unterstützung der Abt. XII für das sowjetische Bruderorgan, 10.4.1985, BStU, MfS, Abt. XII Nr. 5812, S. 51 f.

darin 485 Personen erfasst.[335] Zweimal im Jahr wurde von nun an die Zahl der Suchaufträge erhoben und über den Leiter der AKG der Abt. XII an den Verbindungsoffizier weitergeleitet.[336]

Nur zehn Tage nach der Bestätigung durch Neiber begannen die Statistiker der Abt. XII zu zählen. In den Bezirksverwaltungen Rostock und Cottbus hatte man bereits einige Monate früher mit der Statistik angefangen,[337] offenbar ohne dass es dafür eine Grundlage gegeben hätte.

Die Statistiken zeigen, dass zwischen April 1985 und Juni 1989 (ohne November 1986 bis November 1987) durchschnittlich zwischen 69 und 80 Überprüfungen täglich für die sowjetische Geheimpolizei in der Abt. XII durchgeführt wurden.[338] Dabei lag die Gesamtzahl der von den Bezirksgruppen des KGB eingereichten Überprüfungen immer deutlich über der in der Zentrale. Hinzu kam eine unbekannte Anzahl an Überprüfungen, die von bestimmten Hauptabteilungen „abgedeckt“ durchgeführt wurden, wie die Abt. XII selbst vermutete – für die Abteilung war dann nicht erkennbar, dass die anfragende Diensteinheit dies im Auftrag der „Freunde“ erledigte.[339]

Die Forderungen nach Statistiken und nach der Möglichkeit, Personen erfassen zu lassen, waren nicht die einzigen Wünsche, die die Abt. XII durch ihren Verbindungsoffizier erreichten. Im April 1986 bat Anissimov Roth um eine „Stellungnahme“ zum Thema „Konzeption der Struktur der operativen Erfassung in der Abt. XII als Systems [sic] mit dezentraler Erfassung und Zentralverarbeitung“[340]. Außerdem wollte er Auskünfte über die „Muster der heute in Verwendung befindlichen Maschinenformulare“. In einem Vermerk, der vermutlich für Irmler bestimmt war, hielt Roth fest, dass er den Verbindungsoffizier in einer Unterredung „nochmals darüber informiert“[341] habe, für die Weitergabe derartiger Informationen die Genehmigung des ZAIG-Leiters zu benötigen. Offenbar war Anissimov darüber wenig erfreut, wollte aber die entsprechenden

335 Vgl. Abt. XII/Günzel, Erfassungen für befreundete Dienststelle, 21.4.1987, BStU, MfS, AS 398/89, S. 492–494, hier S. 492. Die Erfassungen von ca. 80 Personen waren zu diesem Zeitpunkt bereits wieder gelöscht. Offenbar nicht enthalten ist in der Zahl der Erfassungen die Zahl derjenigen, die über die Bezirksverwaltungen und die dortigen Verbindungsoffiziere erfolgten.

336 Vgl. Abt. XII/Roth, Schreiben an die Leiter der Abt. XII der BVs betr. Statistische Erfassung der Suchaufträge der Freunde, 10.4.1985, BStU, MfS, Abt. XII Nr. 5812, S. 56.

337 Vgl. Abt. XII/Roth, Statistische Erfassung der Suchaufträge der Freunde, 8.7.1985, BStU, MfS, AS 398/89, S. 499.

338 Vgl. die entsprechenden Statistiken in BStU, MfS, AS 398/89, S. 496–500; BStU, MfS, Abt. XII Nr. 4465, S. 4f. u. 10.

339 Vgl. [o.A.], Informationsaufgaben der Abt. XII für das sowjetische Bruderorgan, o.D., BStU, MfS, Abt. XII Nr. 4465, S. 1f., hier S. 1.

340 A. Anissimov, Notiz an Roth, 15.4.1986, BStU, MfS, Abt. XII Nr. 5812, S. 61. Dort auch das folgende Zitat.

341 Abt. XII/Roth, Vermerk, 17.4.1986, BStU, MfS, Abt. XII Nr. 5812, S. 62.

BStU
000061

Genosse Roth

Wie verabredet, möchte ich Sie um Ihre Stellungnahme zu folgender Frage bitten:

Konzeption der Struktur der operativen Erfassung in der Abt. XII als Systems mit dezentraler Erfassung und Zentralverarbeitung. Muster der heute in Verwendung befindlichen Maschinenformulare.

A.Anissimow

15.04.86.

Abb. 15: Notiz des sowjetischen Verbindungsoffiziers Anissimov an den Leiter der Abt. XII, Heinz Roth, 15. April 1986.

Genehmigungen einholen – die Abt. XII solle aber bereits jetzt „mit der Vorbereitung der Aufgaben […] beginnen".

Dass, wie die Reaktion Anissimovs andeutet, das Verhältnis der Verbindungsoffiziere zur Abt. XII nicht völlig konfliktfrei verlief, zeigte sich naturgemäß immer dann, wenn das MfS Informationen zurückhielt. So erwähnt ein Vermerk aus den späten 1980er-Jahren, basierend auf einer Information des Leiters der Abt. XII der BV Frankfurt/Oder, „daß es bei der Auswertung von Überprüfungsergebnissen der Abteilung XII verschiedentlich zu Problemen zwischen Leitern operativer Diensteinheiten und den sowjetischen Genossen" gekommen sei: „So werden teilweise Ersuchen der sowjetischen Genossen um Unterstützung mit unseren inoffiziellen Kräften abgelehnt, wenn dann durch die Freunde in der Abteilung XII Überprüfungen erfolgen, erhalten sie jedoch Auskünfte zu Erfassungen der betreffenden Diensteinheiten. Bei daraufhin erneuten Rücksprachen der Feunde [sic] kommen die Leiter operativer Diensteinheiten teilweise in eine schwierige Lage."[342] Die Verbindungsoffiziere waren so-

342 [O. A.], Informationsaufgaben der Abt. XII für das sowjetische Bruderorgan, o. D., BStU, MfS, Abt. XII Nr. 4465, S. 1 f., hier S. 2.

Abteilung XII
Leiter

Berlin, 17. April 1986
bi

Vermerk

Am 17. 4. 1986 hatte ich eine kurze Unterredung mit dem sowjetischen Verbindungsoffizier, Genossen Oberst Anissimow, zum Inhalt des beiliegenden Schreibens, welches er mir am 15. 4. 1986 zugeleitet hatte.

Ich habe Genossen Oberst Anissimow während des heutigen Gespräches nochmals darüber informiert, daß wir zur Erledigung dieses Wunsches der sowjetischen Seite eine Genehmigung des Genossen Minister bzw. des Leiters der ZAIG, Genossen Generalmajor Irmler, benötigen.

Er stellte in diesem Zusammenhang die Frage, warum sich das so verhält.
Ich habe ihm die Sachlage an der in den Befehlen und Weisungen des Genossen Minister für die EDV-Projektierung festgelegten Verantwortlichkeit des Leiters der ZAIG erläutert.
Er hatte dazu keine weiteren Fragen und brachte zum Ausdruck, daß er mit dem vorgeschriebenen Weg die Genehmigung zur Erarbeitung einer Information erwirken will, bat jedoch im gleichen Zusammenhang, mit der Vorbereitung der Aufgaben durch uns zu beginnen.

Anlage

Roth
Oberst

Abb. 16: Oberst Roth wies Anissimov darauf hin, dass dessen schriftliche Anfrage nur auf dem vorgeschriebenen Dienstweg beantwortet werden könne. Offensichtlich zeigte sich der sowjetische Verbindungsoffizier darüber wenig erfreut. Der Vorgang lässt sich als Beispiel für den nicht immer konfliktfreien Umgang der MfS-Mitarbeiter mit den Sowjets deuten.

mit mithilfe ihres Zugangs zu den Karteien und Archiven den Diensteinheiten meist einen Schritt voraus.

Schwierigkeiten gab es darüber hinaus durch die Konspiration, mit der die Arbeit der Verbindungsoffiziere auch MfS-intern verschleiert werden sollte. So berichtete etwa der 1. Stellvertreter Roths, Oberst Manfred Günzel, im April 1987 von den drängenden Nachfragen der Kreisdienststelle Berlin-Marzahn nach einer Entscheidung in dem Übersiedlungsverfahren einer Person, die auf Verlangen des Verbindungsoffiziers erfasst worden war – was die KD-Mitarbeiter jedoch nicht wussten und deshalb immer wieder bei der Abt. XII nachfragten, bis diese schließlich „über den Charakter der Erfassung informiert[e]“[343]. Derartige Probleme bei der Zusammenarbeit mit den Verbindungsoffizieren waren wohl so häufig, dass Günzel „eine einheitliche Regelung für den Gesamtkomplex dieser Fragen“[344] wünschte. Zu einer umfassenden Anweisung zur Zusammenarbeit zwischen Abt. XII und den Verbindungsoffizieren scheint es allerdings nie gekommen zu sein.

Wie kompliziert die Rolle der Abt. XII als Schnittstelle zwischen den operativen Diensteinheiten und den Sowjets sein konnte, zeigt sich im Fall eines Rechercheersuchens, das im Dezember 1987 vom Verbindungsoffizier Oberst Ponin übergeben wurde.[345] Gesucht wurde ein Mann, der 1930 mit seinen Eltern in der Sowjetunion gewesen sein sollte, jetzt vermutlich in der DDR lebte und dessen Tochter zur Zeit in der Sowjetunion wohnhaft sei. Die Abt. XII ermittelte die Person und übergab die Daten an Ponin. Eine andere Information hielt sie aber – zumindest vorläufig – zurück: Der Mann war erfasst, da er 1943 im Partisanenkampf in Polen ausgezeichnet worden war. Umgehend wurde die Abt. XII nun vom Mitarbeiter der zuständigen HA IX/11, die wie üblich ohne Einzelheiten über die Anfrage informiert worden war, mit der Frage bedrängt, ob eine operative Diensteinheit die Recherche ausgelöst habe. Aus Gründen der Konspiration musste die Abt. XII nun eine Legende erfinden: „Ihm wurde mitgeteilt, daß die Person im Rahmen einer Recherche der Abteilung XII zur Feststellung der Identität mit anderen gespeicherten, nicht vollständigen Personengrunddaten bekannt wurde. Aufgrund der Tatsache, daß bei der HA IX/11 Material vorliegt, sollte das möglicherweise die Identifizierung erleichtern. […] Unter Nutzung eines Verschleierungsmittels wurden die aktuellen Daten (PKZ-Rest und Anschrift) übermittelt.“[346] Die Legende von den nach korrekten „Personengrunddaten“ suchenden Karteimitarbeitern dürfte den Kollegen von

343 Abt. XII/Günzel, Erfassungen für befreundete Dienststelle, 21.4.1987, BStU, MfS, AS 398/89, S. 492–494, hier S. 493.

344 Ebd., S. 494.

345 Vgl. Abt. XII/Roth, Schreiben an den Leiter der ZAIG, 22.12.1987, BStU, MfS, AS 398/89, S. 256.

346 Abt. XII/Oltn. Domsch (Offizier für Koordinierung), Information, o. D. [17./22.12.1987], BStU, MfS, AS 398/89, S. 257 f., hier S. 258.

der HA IX/11 sicher überzeugt haben und dessen Bild von der Abt. XII entsprochen haben. Auf diese Weise ließ sich die Tätigkeit der Abteilung für den Verbindungsoffizier gut verschleiern.

Die wenigen Einblicke, die die MfS-Akten in die Zusammenarbeit der Abt. XII mit den „Freunden" gewähren, erlauben somit dennoch ein recht deutliches Bild. Als zentrale Schnittstelle war die Abteilung ein wichtiger Lieferant von Informationen an das sowjetische „Bruderorgan". Die Praxis der „Rechercheersuchen", die die Verbindungsoffiziere an die Abt. XII richteten, lief nur sehr bedingt auf Grundlage von fest fixierten Vereinbarungen oder gar detaillierten Anweisungen ab – vieles wurde offenbar so gehandhabt, wie es schon immer praktiziert worden war, detailreiche Abkommen hätten da nur stören können. Ein großer Teil der Kontakte erfolgte in den Bezirksverwaltungen des MfS, und es ist bemerkenswert, dass die Abt. XII der Zentrale verhältnismäßig wenige Kenntnisse über die dortige Praxis hatte. Trotz der grundsätzlich dienenden Funktion der Abt. XII, die die Abteilung auch gegenüber dem „Bruderorgan" einnahm, prägten auch Konflikte und gegenseitige Konspiration den Alltag der Zusammenarbeit.

Die „Massenprozesse" der 1980er-Jahre

Als Oberst Heinz Roth im Jahr 1981 in der MfS-Schule in Gransee MfS-Mitarbeitern den „Platz und die Stellung sowie die Hauptaufgaben der Linie XII" schilderte, hob er vier Kriterien für die Qualität der Arbeit in seiner Abteilung hervor: „Schnelligkeit", „Genauigkeit", „Operativität" (damit war die Unterstützung der operativen Diensteinheiten durch Recherchen und statistische Analysen gemeint) und „Geheimhaltung und Sicherheit"[347].

Die exponierte Stellung, die der Leiter der Abt. XII im Rahmen der Qualitätskriterien der „Schnelligkeit" einräumte, war Ausdruck einer – insbesondere im Vergleich zu den 1950/60er-Jahren – veränderten Positionierung und Aufgabenstellung der Abt. XII innerhalb des MfS. Vor dem Hintergrund wachsender Datenmengen, steigender Überprüfungsanforderungen und zunehmender technischer Möglichkeiten wurde die Geschwindigkeit, in der die operativen Diensteinheiten mit Informationen beliefert werden konnten, zu einem maßgeblichen Arbeitsschwerpunkt und auch zu einem zentralen Bestandteil des Selbstbildes der Abteilung. „Zwischen Nacht und Morgen / Ein Funkspruch. / Sofort! / Eile"[348], heißt es etwa einleitend in einem Gedicht, das ein

347 Roth, Der Platz und die Stellung sowie die Hauptaufgaben der Linie XII im MfS, Vortrag in Gransee, 1981, BStU, MfS, Abt. XII Nr. 2601, S. 1–49, hier S. 19.

348 Arndt Beger, Nachtschicht, in: Wir über uns. Anthologie der Kreisarbeitsgemeinschaft „Schreibende Tschekisten", Berlin [1985], S. 45. Zu dem Gedicht vgl. auch den Beitrag „‚Müde Einzelgänger' und ‚ganze Kerle'" von Philipp Springer in diesem Band.

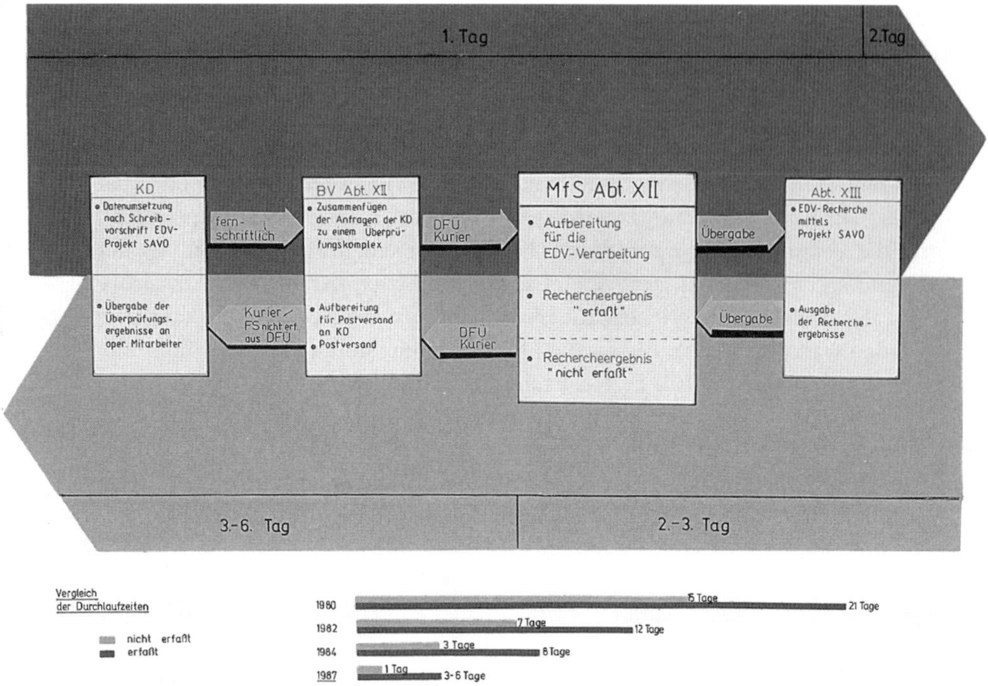

Abb. 17: Die Abt. XII war insbesondere in den 1980er-Jahren bestrebt, die Bearbeitungszeiten von Anfragen der operativen Diensteinheiten zu reduzieren.

langjähriger Mitarbeiter der Abt. XII im Jahr 1985 verfasste. Und in abteilungsinternen Ausstellungen wurde die kurze Dauer der „Durchlaufprozesse" besonders hervorgehoben.[349]

Debatten um die Geschwindigkeit der Überprüfungen begleiteten die Abt. XII seit ihrer Gründung. Doch angesichts des kontinuierlichen Ausbaus des MfS-Überwachungsapparats häufte die Geheimpolizei immer größere Akten- und Datenberge an, deren zügige und effektive Durchdringung das MfS vor immer größere Herausforderungen stellte. Allein der Blick auf die rasant steigende Zahl der Überprüfungsanforderungen, die die Abt. XII zu bewältigen

349 Vgl. die grafische Darstellung „Informationsfluß bei zentraler Überprüfung in der Abt. XII des MfS", Dezember 1984, BStU, MfS, Abt XII 4579, S. 66. Die Tafel stammt aus der Ausstellung „Verantwortung und Aufgabenstellungen der Abteilung XII", die anlässlich des 35. Jahrestages des MfS und „der Arbeitsaufnahme im neuen Dienstobjekt gestaltet wurde" (Bl. 1). Auf der Grafik werden die Durchlaufzeiten dargestellt, die der Weg einer Überprüfung von einer KD über die Abt. XII einer BV zur Abt. XII und ggf. zur Abt. XIII und zurück dauert. Diese Zeiten sanken demnach bei erfassten Personen von 21 Tagen im Jahr 1980 auf 8 Tage 1984 und bei nicht erfassten Personen von 15 Tagen auf 3 Tage.

hatte, lässt das Ausmaß dieser Herausforderung erahnen. Hatten die Mitarbeiter der Abteilung im Jahr 1979 noch 5,95 Millionen Überprüfungsanforderungen zu bearbeiten, so lag die Zahl 1980 bereits bei 8,5 Millionen und ein Jahr später bei 10,295 Millionen.[350] Im Jahre 1986 zählte die Abteilung dann 12,8 Millionen Überprüfungen[351] und 1988 schließlich über 14,6 Millionen[352]. Die Aufgabenbereiche der Abteilung wurden vor diesem Hintergrund immer häufiger als „Massenprozesse" bezeichnet.

Diese Massenprozesse, die aus der gestiegenen Zahl an Überprüfungsanforderungen der operativen Diensteinheiten resultierten, waren Folge der Maßnahmen, die das MfS umsetzte, um die Überwachung der Bevölkerung immer weiter zu perfektionieren. Die Veränderungen in der Politik der SED gegenüber den Reisewünschen der Bevölkerung trugen zudem zur Intensivierung der „Massenprozesse" bei. „Die Entwicklung der politisch-operativen Lage insgesamt, insbesondere die Maßnahmen zur Sicherung der Reisen in dringenden Familienangelegenheiten [...] hat zu einer qualitativ neuen Situation für die Abteilungen XII auf diesem Gebiet geführt", beschrieb Roth 1987 den Leitern der AKGs der BVs die Situation. „Sowohl die erheblich angewachsenen Antragsstellungen als auch die vielfach sehr kurz bemessenen Einspruchsfristen für die zuständigen Diensteinheiten des MfS haben zur Folge, dass nur mit großen Anstrengungen in den Kreisdienststellen, Abteilungen XII der Bezirksverwaltungen und in der Abteilung XII des MfS die Überprüfungsaufgaben in der notwendigen Zeit realisiert werden können."[353] Die für MfS-Verhältnisse recht ungeschminkte Schilderung der wachsenden Dramatik in seiner Abteilung spiegelt den Druck, unter dem sich Roth und seine Mitarbeiter in dieser Zeit befanden – und lässt erahnen, wie unzufrieden man in der Abteilung wohl über die neue Reisepolitik der SED war.

Die Entwicklung der Mitarbeiterzahlen hielt mit den gestiegenen Arbeitsanforderungen nicht annähernd Schritt, zumal man aus Sicherheitsgründen dazu überging, nicht länger Zivilbeschäftigte mit befristeten Arbeitsverträgen einzusetzen.[354] Klagen über eine hohe Arbeitsbelastung waren dementsprechend auch bei den Mitarbeitern nicht selten.

Gleichzeitig sah sich die Abt. XII mit neuen oder zumindest erweiterten Ansprüchen seitens der MfS-Spitze konfrontiert. So forderte der Stellvertreter des

350 Vgl. Abt. XII/Leiter Roth, Schreiben an HA KuSch/Leiter zur Forderung nach Erweiterung des Stellenplans, 24.6.1983, BStU, MfS, HA KuSch Nr. 2418, S. 67–71, hier S. 67.

351 Vgl. o. A., Berat[ung] m[it] AKG-Leitern [der] BV (Redemanuskript), 4.12.1987, BStU, MfS, AS 398/89, S. 260–308, hier S. 265.

352 Vgl. Abt. XII, Bericht über die politisch-fachliche Arbeit der Abteilung XII/MfS Berlin 1988, 14.12.1988, BStU, MfS, ZAIG Nr. 7877, S. 2–18, hier S. 3.

353 [Roth], Manuskript der Rede bei der Beratung mit AKG-Leitern der BV, 4.12.1987, BStU, MfS, AS 398/89, S. 260–308, hier S. 265.

354 Vgl. Abt. XII/Leiter Roth, Schreiben an HA KuSch/Leiter zur Forderung nach Erweiterung des Stellenplans, 24.6.1983, BStU, MfS, HA KuSch Nr. 2418, S. 67–71, hier S. 68 u. 70.

Ministers, Generalmajor Gerhard Neiber, „die Massenprozesse der Überprüfung, Erfassung, Registrierung, Archivierung und Auskunftserteilung, also das, was seit Existenz der Abteilungen XII als selbstverständlich von den operativen Mitarbeitern vorausgesetzt wird, wesentlich rationeller und effektiver zu gestalten"[355]. „Tagfertigkeit" lautete das zentrale Kriterium, unter dem die Arbeit der Abteilung in den 1980er-Jahren organisiert wurde – mit erheblichen Auswirkungen auf die Arbeitsbedingungen in der Abteilung.[356] Unter „Tagfertigkeit" wurde verstanden, dass „bei der arbeitsteiligen Realisierung der Aufgaben in keinem Bereich der Abteilung XII Verzögerungen durch Anwachsen zu bearbeitender Aufträge operativer Diensteinheiten aus vorangegangenen Tagen entstehen"[357] sollten.

Die damit verbundene erhebliche Senkung der Bearbeitungszeiten von Überprüfungen wäre ohne den weiteren Ausbau der EDV-Technik undenkbar gewesen. Einen wesentlichen Schritt bei der Erweiterung des EDV-Einsatzes in der Abteilung, an dem seit 1977 gearbeitet wurde,[358] stellte die Einführung der „automatischen Auskunftserteilung" (AAE) dar. Seit Mitte Dezember 1980 wurden dafür Auskunftsinformationen zugespeichert. Bis Ende März 1981 standen bereits Daten zu rund 110.000 erfassten Personen für automatische Auskünfte zur Verfügung und wurden – zunächst probeweise – bereits genutzt.[359] Im Jahr 1987 erteilte die Abt. XII schließlich über 90 % der Auskünfte (einschließlich der als „nicht erfasst" erkannten Überprüfungsergebnisse) automatisiert.[360] Die AAE spielte im Informationssystem des MfS eine wichtige Rolle – bei ihrer Einführung bezeichnete der Leiter der Abt. XII/1, Major Dieter Fischer, sie als „den praktisch einzig gangbaren Weg zur Lösung der wachsenden Überprüfungsanforderungen"[361].

Der Ausbau der Möglichkeiten zur automatisierten Auskunft war verbunden mit der Erweiterung von SAVO, dem zentralen Datenverarbeitungsprojekt der Abt. XII. Seit 1982 wurde an einer Erweiterung des Ende der 1960er-Jahre ge-

355 [Gerhard Neiber, Referat auf der zentralen Dienstkonferenz der Linie XII, 4.7.1986], BStU, MfS, ZAIG Nr. 17611, S. 1–89, hier S. 22 (zur Autorenschaft und Datierung vgl. den ersten Teil des Referats in BStU, MfS, ZAIG Nr. 17459, S. 1–25).

356 Vgl. den Beitrag „‚Müde Einzelgänger' und ‚ganze Kerle'" von Philipp Springer in diesem Band.

357 Abt. XII, Die effektive Erfüllung der wachsenden politisch-fachlichen Aufgaben der Abteilung XII durch die planmäßige Erschließung von Leistungsreserven, 23.8.1988, BStU, MfS, Abt. XII Nr. 2985, S. 3–21, hier S. 10.

358 Vgl. Art. „SAVO", in: Lucht (Hg.), Archiv, S. 196–198, hier S. 197.

359 Vgl. Abt. XII/1/Leiter Fischer, Rapport über die Erfüllung der Kampfaufgaben zu Ehren des X. Parteitages, 8.4.1981, BStU, MfS, Abt. XII Nr. 2050, S. 12–15, hier S. 13.

360 Vgl. [Roth], Manuskript der Rede bei der Beratung mit AKG-Leitern der BV, 4.12.1987, BStU, MfS, AS 398/89, S. 260–308, hier S. 268.

361 Abt. XII/1/Leiter Fischer, Rapport über die Erfüllung der Kampfaufgaben zu Ehren des X. Parteitages, 8.4.1981, BStU, MfS, Abt. XII Nr. 2050, S. 12–15, hier S. 12.

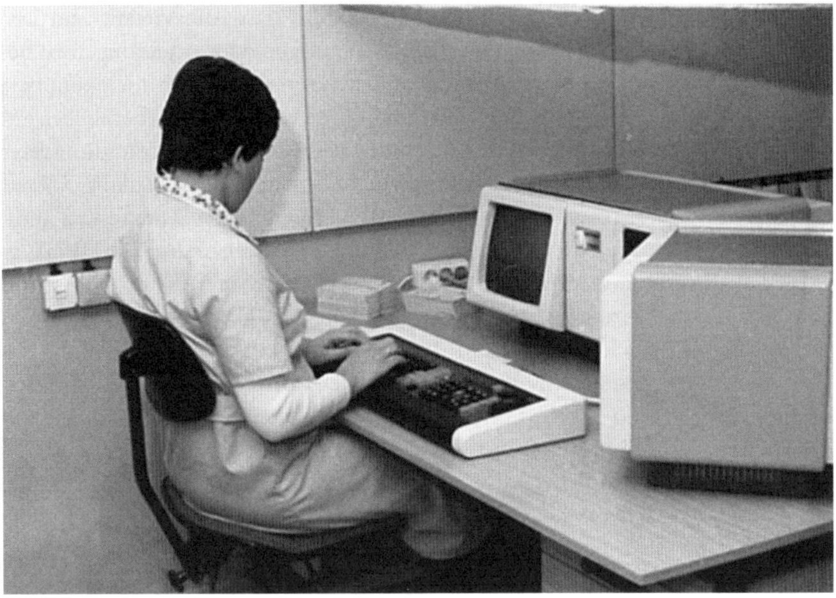

Abb. 18: Mitarbeiterin der Abt. XII bei der Dateneingabe an einem Bürocomputer, 1980er-Jahre.

starteten Projekts gearbeitet[362] und im April 1986 durch die Einführung von SAVO 2.0 – „als 1. Ausbaustufe des EDV-Projektes SAVO-2“[363] – abgeschlossen. Wenige Monate später feierte Generalleutnant Neiber den Ausbau als „Grundlage […] für die Lösung der künftigen Aufgaben einer noch konsequenteren Rationalisierung der Massenprozesse der Linie XII“ und hob hervor, dass es „in der gesamten Phase der Überleitung an keinem Tag eine Beeinträchtigung der Auskunftserteilung für die operativen Mitarbeiter“[364] gegeben habe.

Eine weitere Neuerung, die gleichfalls der Beschleunigung der Überprüfungsprozesse dienen sollte, stellte die Einführung des „einheitlichen Verfahrens der Erfassung und Registrierung“ (EVER) – auch als SAVO-2.1 bezeichnet[365] –

362 Vgl. Abt. XII/AKG/Wolfgang Tausch, Zuarbeit zum Referat für die Dienstversammlung anlässlich des 40. Jahrerstages der Gründung der DDR – wesentliche Aspekte der Entwicklung der Diensteinheit, 23.9.1989, BStU, MfS, Abt. XII Nr. 4055, S. 85–88, hier S. 87.

363 Abt. XII/Leiter Roth, Vorschlag zur Erhöhung der Leistungsfähigkeit der Abteilung XII durch umfassendere und zweckmäßigere Nutzung der neuen EDV-Technik, 23.5.1986, BStU, MfS, HA KuSch Nr. 22476, S. 7–10, hier S. 7.

364 Generalleutnant Gerhard Neiber, Referat auf der zentralen Dienstkonferenz der Linie XII, 4.7.1986, BStU, MfS, ZAIG Nr. 17459, S. 1–25, hier S. 16.

365 Vgl. Abt. XII/Leiter Roth, Schreiben an den Leiter der ZAIG, 20.4.1988, BStU, MfS, AS 398/89, S. 215f., hier S. 215.

dar. Mit diesem Projekt reagierte das MfS darauf, dass „die Vielfalt und Unterschiedlichkeit der bei Erfassungen, Registrierungen oder Änderungen zu beachtenden Vorschriften bzw. anzuwendenden Formulare durch die operativen Mitarbeiter kaum noch zu beherrschen und durch die Leiter zu überblicken“[366] waren, wie Roth erläuterte. „Die Grundidee von EVER“, so Roth an anderer Stelle, „besteht darin, dass die Erfassung von Personen in der Abteilung XII auf der Grundlage vereinheitlichter Erfassungsdokumente veranlasst werden kann und die internen Speichermittel der Abteilung XII (Karteikarten) EDVmäßig erstellt werden. Damit entfällt für die operativen Mitarbeiter die Erstellung von Karteikarten und ihre Übergabe an die Abteilung XII. Die Ordnungsmäßigkeit der realisierten Speicher- und Datenbank-Änderung wird bei EVER dadurch erhöht, dass nach maschineller Realisierung der beantragten Erfassung bzw. Änderung ein Beleg (sog. Erfassungsnachweis [ENA]) entsteht, der dem operativen Mitarbeiter als Quittung über die realisierte Änderung übergeben wird.“[367]

Während der Einführung von EVER wurde allerdings auch deutlich, dass die EDV in der Abt. XII offenbar an ihre Leistungsgrenzen stieß. Mehrfach musste der Termin für die Inbetriebnahme verschoben werden. Grund dafür war unter anderem die notwendige „Dauernutzung des Druckers“ – ein derart gravierendes Problem, dass Roth sich veranlasst sah, dem Leiter der ZAIG im April 1988 sogar ein „Einfrieren“ der Vorbereitungsarbeiten für EVER vorzuschlagen.[368]

Die Weiterentwicklung der EDV stellte die Abt. XII seit den 1970er-Jahren darüber hinaus auch in personeller Hinsicht vor große Herausforderungen. Mit erheblichem Aufwand mussten Mitarbeiter weiterqualifiziert werden, um die Erfordernisse der Datenverarbeitung bewältigen zu können. „Inzwischen“ sei, urteilte ein Bericht aus dem Jahr 1988, ein „erfahrener und befähigter Stamm an Kadern für die Softwareentwicklung in der EDV geschaffen“[369] worden. Im selben Jahr nahmen 13 Angehörige der Diensteinheit an Weiterbildungsmöglichkeiten außerhalb des MfS teil, darunter an Lehrgängen bei den Kombinaten Robotron und Datenverarbeitung.[370]

Zugleich war man bemüht, die ideologische „Bodenhaftung“ der hochspezialisierten MfS-Mitarbeiter zu bewahren. So betonte ein Bericht der AG EDV über die Kaderarbeit des Jahres 1986: „Die Überzeugung der Genossen der AG EDV

366 Redemanuskript von der „Beratg. m. AKG-Leitern BV“, 4.12.1987, BStU, MfS, AS 398/89, S. 260–308, hier S. 272.

367 Abt. XII/Leiter Roth, Schreiben an Abt. XIII/Leiter, Weiterentwicklung des DVP SAVO-2.0, 4.4.1987, BStU, MfS, AS 398/89, S. 516–519, hier S. 516.

368 Vgl. Abt. XII/Leiter Roth, Schreiben an den Leiter der ZAIG, 20.4.1988, BStU, MfS, AS 398/89, S. 215 f., hier S. 215.

369 Abt. XII, Die effektive Erfüllung der wachsenden politisch-fachlichen Aufgaben der Abteilung XII durch die planmäßige Erschließung von Leistungsreserven, 23.8.1988, BStU, MfS, Abt. XII Nr. 4983, S. 21–39, hier S. 26.

370 Vgl. Abt. XII/Leiter Roth, Bericht über die Erfüllung der Aufgaben der Kaderarbeit im Jahre 1988, 15.11.1988, BStU, MfS, Abt. XII Nr. 4415, S. 11–38, hier S. 27.

wurde weiter gefestigt, dass die EDV kein Selbstzweck ist, sondern sich immer und in erster Linie den operativen Anforderungen, die an unsere Diensteinheit gestellt sind, unterordnen muß. Im Prozeß der Arbeit bewies ausnahmslos jeder Angehörige, dass er nicht in erster Linie EDV-Spezialist, sondern Tschekist mit Spezialkenntnissen auf dem Gebiet der EDV ist und somit nicht nur ‚einfach' Projektierungsleistungen zu erbringen hat, sondern an die Lösung seiner Aufgabe vom tschekistischen Standpunkt herangehen muß."[371] Offensichtlich wollte man der Befürchtung entgegentreten, Spezialistentum könne bei den betreffenden Mitarbeitern zur Gefahr für die ideologische Grundhaltung führen – eine Reaktion, die keineswegs nur auf den Bereich der EDV beschränkt war.

Im Herbst 1989 verschärften die Veränderungen im Land schließlich auch die Situation der EDV in der Abt. XII. „Es ist bereits gegenwärtig die EDV-Anlage so stark belastet, daß jeder weitere Schritt die entstandene Diskrepanz zwischen notwendigen und wünschenswerten Erweiterungen der EDV-Nutzung und den realen, gegenwärtig verfügbaren technischen Möglichkeiten noch vergrößert!", erklärte Roth in einem Referat. Angesichts der „Lageentwicklung", wie Roth die Ereignisse in der DDR umschrieb, wurde die EDV in besonderer Weise beansprucht: „Die bis um das 5-fache höheren Anforderungen an die Bildschirmrecherchen für dringende Überprüfungen, neue Aufgaben zur Realisierung weiterer, äußerst umfangreicher Überprüfungen zum Reiseverkehr in das sozialistische Ausland, absehbaren Steigerungen operativer Anforderungen für Erfassungen operativ relevanter Personenkreise" zwangen „zu neuen Überlegungen"[372]. So sei eine „verstärkte rein manuelle Überprüfung einzukalkulieren" – gerade diese Form der Informationsbeschaffung hatte man ja eigentlich weitgehend überflüssig machen wollen. Außerdem sollten Aufgaben, die nicht unmittelbar für die operative Arbeit des MfS notwendig waren, „differenzierter" betrachtet, d. h. zurückgestellt werden – gemeint waren damit die „Klärung von Unstimmigkeiten zu passiven Erfassungen oder bei der Bereinigung der Datenbank von Ballast aus früheren Zeiten, bis hin zu Löschungen in Verbindung mit der Kassation von Archivmaterial"[373]. Die finale Krise des MfS war nun sogar in den elektronischen Speichern der Abt. XII angekommen.

Nicht nur für die EDV, sondern auch für den Archivbereich standen die Bewältigung der „Massenprozesse" und die Orientierung am Leitmotiv „Schnelligkeit" im Mittelpunkt der Veränderungen der 1980er-Jahre. Neben dem Bezug des Archivzweckbaus an der Magdalenenstraße bildete dabei vor allem die Bildung eines zentralen Speichers „Schriftlicher Archivauskünfte" (SAA) eine we-

371 Abt. XII/AG EDV/Leiter, i. V. Krimmer, Bericht über die Erfüllung der Aufgaben der Kaderarbeit 1986, 15.10.1986, BStU, MfS, Abt. XII Nr. 4416, S. 105–115, hier S. 106.

372 Abt. XII/Leiter Roth, Referat, 17.10.1989, BStU, MfS, Abt. XII Nr. 7601, S. 121–148, hier S. 133.

373 Ebd., S. 135.

sentliche Neuerung der 1980er-Jahre. Eine Bereitstellung von Informationen an die operativen Diensteinheiten in dieser Form hatte es bereits seit den 1960er-Jahren gegeben.[374] So berichtete Reinhold Knoppe im Juni 1965 von Aktenauszügen, die sich die ASR von Mitarbeitern der Abt. XII erstellen ließ, um Anträge auf Ein- oder Durchreise von Ausländern bearbeiten zu können.[375] Einheitliche Kriterien für solche Texte gab es zu jenem Zeitpunkt jedoch ebenso wenig wie eine zentrale Dokumentation.[376] Erst im Jahr 1975 war ein Speicher von Auskunftsberichten eingerichtet, worden, der sich „aus auf Anforderung erarbeiteten schriftlichen Auskünften" zusammensetzte.[377] Doch nun wurde das Verfahren systematisiert und vorangetrieben. Erklärtes Ziel war die „Beschleunigung der Auskunftserteilung aus Archivmaterial"[378] – auch in dieser Frage fungierte demnach die Schnelligkeit als Leitmotiv einer Neuerung. Insbesondere durch die als „Kopplung" bezeichnete gleichzeitige Übersendung der Ergebnisse der Kartei- und Archivrecherche an die anfragende operative Diensteinheit erhoffte man sich einen Zeitgewinn für die Informationsbereitstellung.

Mit dem Aufbau des Speichers schriftlicher Archivauskünfte begann die Abt. XII am 1. September 1986.[379] Von nun an sollten die Mitarbeiter der Archivabteilung verstärkt mittels schriftlicher Berichte Auskünfte erteilen. Diese Form hatte nicht nur den Effekt, dass der betreffende operative Mitarbeiter Zeit sparte, da er nun nicht mehr selbst die Akten auswerten musste. Darüber hinaus konnte man nun immer häufiger darauf verzichten, das Ausgangsmaterial zu transportieren.[380] Trotzdem blieb die Ausleihe von Akten an der Tagesordnung. So erfolgte im Jahr 1988 bei 56.300 Auskünften die Ausleihe von Akten, während der Anteil der schriftlichen Archivauskünfte auf 32.700 beschränkt blieb und damit nur 35,5 % an den gesamten Auskünften ausmachte.[381]

Ein weiteres Speicherprojekt der Archivabteilung in den 1980er-Jahren betraf die Verwaltung der Aktenausleihe. Bereits in den 1960er-Jahren war mit einer Systematisierung der ein- und ausgehenden Akten begonnen worden, als der Leiter der Abt. XII, Oberst Knoppe das „Fehlen einer grundsätzlichen Ordnung über Ausgabe, Umlauf, Aufbewahrung und Nachweisführung von Ar-

374 Vgl. Art. „Auskunftsberichtespeicher", in: Lucht (Hg.), Archiv, S. 59 f.

375 Vgl. Abt. XII/Knoppe für Generalmajor Scholz, Analyse über Archivunterlagen und Auskunftserteilung, 3.6.1965, BStU, MfS, Abt. XII Nr. 5818, S. 25–73, hier S. 53.

376 Vgl. ebd., S. 53 u. 63.

377 Vgl. Abt. XII/Archiv, Diskussionsbeitrag zur Dienstberatung am 17./18.11.1986, BStU, MfS, Abt. XII Nr. 513, S. 1–21, hier S. 13.

378 Ebd., S. 4.

379 Vgl. ebd., S. 9.

380 Vgl. Abt. XII, Diskussionsbeitrag zur zentralen Dienstkonferenz der Linie XII am 8.12.1987, 7.12.1987, BStU, MfS, Abt. XII Nr. 667, S. 1–16, hier S. 5.

381 Vgl. Abt. XII, Bericht über die politisch-fachliche Arbeit der Abteilung XII/MfS Berlin 1988, 14.12.1988, BStU, MfS, ZAIG Nr. 7877, S. 2–18, hier S. 12.

chivunterlagen sowie der Auskunftserteilung“[382] bemängelt hatte. Die von ihm vorgeschlagene Ordnung, die noch auf einer Verwaltung in manuellen Karteien fußte, musste Knoppe allerdings bereits zum damaligen Zeitpunkt gegen die entstehende elektronische Verwaltung verteidigen, indem er betonte, sein Vorschlag stehe „in keinem Widerspruch zur perspektivischen Arbeit der Abt. XII, denn gerade eine maschinelle Nachweisführung und Auswertung der Materialien [setze] eine bessere Ordnung voraus“[383]. Wie langsam die Systematisierung jedoch vonstatten ging, zeigt sich zum Beispiel daran, dass erst 1971 in der AG Benutzerdienst der Abt. XII eine gemeinsame Nachweisführung über ausgeliehene und zurückgenommene Archivalien erfolgte – zuvor war diese Nachweisführung „dezentral“ bei den einzelnen Mitarbeitern vorgenommen worden.[384]

In den 1980er-Jahren wurde schließlich ein EDV-Projekt mit der Bezeichnung „Nachweisführung zur Archivmaterialausleihe“ (NAMA) realisiert. Mit diesem Projekt war die Archivabteilung nun in der Lage, Archivanforderungen und Archivauskünfte zu dokumentieren. Die zuständigen Mitarbeiter konnten an ihren Bürocomputern jetzt zügiger Vormerkungen feststellen, Postlisten erarbeiten und die Überschreitung von Ausleihfristen realisieren. Im zweiten Halbjahr 1988 wurden nach Einführung von NAMA 6.800 Mahnungen an andere Diensteinheiten versandt.[385]

Mit den verschiedenen EDV-Projekten, die der Bewältigung der „Massenprozesse“ dienten, bestätigte die Abt. XII ihre Rolle als „Dienstleistungsabteilung“ der operativen Diensteinheiten – eine Rolle, die sie seit ihrer Bildung im Jahr 1950 inne gehabt hatte. Nicht zuletzt angesichts der wachsenden Datenmengen besaß die Abteilung somit eine wichtige Position als Schaltstelle für den Informationsaustausch innerhalb des MfS.

Die „Dienstleistung“ bestand jedoch nicht nur in der Verwaltung der Massenprozesse. Darüber hinaus lieferten Mitarbeiter der Abteilung auch konkrete Einzelinformationen, auf die sie ohne direkte Anforderung in archivierten oder zu archivierenden Akten gestoßen waren. Diese Verfahren, meist als „operative Archivauswertung“ bezeichnet, wurden Anfang der 1980er-Jahre stärker systematisiert. Im Juli 1980 lautete etwa eine der „Kampfaufgaben“ der Abteilung: „Die Möglichkeiten zur unmittelbaren Unterstützung der operativen Tätigkeit der Diensteinheiten des MfS sind allseitig zu erschließen und konsequent zu realisieren. Im Bereich des Zentralarchivs sind die Maßnahmen der operativen Archivauswertung zu vervollkommnen und bis zum 31. Jahrestag des MfS monat-

382 Abt. XII/Knoppe für Generalmajor Scholz, Analyse über Archivunterlagen und Auskunftserteilung, 3.6.1965, BStU, MfS, Abt. XII Nr. 5818, S. 25–73, hier S. 25.

383 Ebd., S. 72.

384 Vgl. Abt. XII/Zentralarchiv/Hinz, Jahresabschlussanalyse 1971, 14.12.1971, BStU, MfS, Abt. XII Nr. 668, S. 29–38, hier S. 30.

385 Vgl. Abt. XII, Bericht über die politisch-fachliche Arbeit der Abteilung XII/MfS Berlin 1988, 14.12.1988, BStU, MfS, ZAIG Nr. 7877, S. 2–18, hier S. 12f.

lich mindestens 15 operativ bedeutsame Informationen zu erarbeiten."[386] Wie die Umsetzung dieser Aufgaben im Jahr 1980 zeigt, konnten die Informationen sehr unterschiedlicher Natur sein. Das Zentralarchiv versprach nämlich „im Zusammenhang mit dem grenzüberschreitenden Reiseverkehr aus den Aktenkategorien AU, AOP und AIM 75 Informationen und aus eingestellten IM-Vorgängen 50 Informationen mit dem Ziel der Wiederaufnahme der Verbindung"[387] zu ermitteln. Generalleutnant Neiber erwähnte 1986 bereits „ca. 300 derartige Informationen" der Abt. XII, von denen einige „teilweise zur Wiederaufnahme der operativen Bearbeitung" geführt oder „die Erweiterung der operativen Basis, insbesondere für die Arbeit im oder nach dem Operationsgebiet"[388] – gemeint war das westliche Ausland –, unterstützt hätten.

Die Recherche nach möglichen IMs bildete einen Schwerpunkt der operativen Archivauswertung, für die auch eigens ein Hauptsachgebiet geschaffen wurde, das 1986 über vier Mitarbeiter verfügte.[389] Für die Abt. XII spielte diese Auswertung zudem eine weitere wichtige Rolle. So wurde im Oktober 1986 festgelegt, dass sich das Referat operative Archivauswertung „voll auf Sichtung der Akten für Kadergewinnung und Maßnahmen der Aufklärung der Kaderkandidaten in Abstimmung mit Kaderorgan zu konzentrieren"[390] habe. Vier Mitarbeiter anderer Abteilungen der Abt. XII unterstützten im ersten Halbjahr 1987 diese Recherchen. Hintergrund für die Maßnahme waren die Schwierigkeiten der Abteilung, Nachwuchskräfte auf dem Weg der „Eigenwerbung" zu finden – Grund für immer wiederkehrende Kritik an der Abteilung. Operativen Diensteinheiten gelang dies besser, da sie – anders als die Abt. XII – mit ihren IMs über ein Reservoir an Kräften verfügte, aus denen hauptamtliche Mitarbeiter gewonnen werden konnten oder die zumindest Ausschau nach geeigneten Kandidaten halten konnten.[391]

386 Abt. XII, Kampfaufgaben der Abteilung XII des MfS, 25.7.1980, BStU, MfS, Abt. XII Nr. 7601, S. 4–7, hier S. 5.

387 Abt. XII/Zentralarchiv/Leiter i. V. Jentsch, Kampfaufgaben zum X. Parteitag, 13.8.1980, BStU, MfS, Abt. XII Nr. 7601, S. 13f. hier S. 14. Zur Recherchepraxis vgl. Abt. XII/Zentralarchiv/Ref. 4/Leiter Wolschendorf, Hinweise zur inhaltlichen Erschließung des archivierten politisch-operativen Schriftgutes sowie zur Erarbeitung operativer Archivinformationen, 13.9.1983, BStU, MfS, Abt. XII Nr. 6463, S. 1–9.

388 Generalleutnant Gerhard Neiber, Referat auf der zentralen Dienstkonferenz der Linie XII, 4.7.1986, BStU, MfS, ZAIG Nr. 17459, S. 1–25, hier S. 14.

389 Vgl. Abt. XII/Zentralarchiv, Gedanken und Vorschläge zur weiteren Qualifizierung der operativen Archivauswertung des Zentralarchivs zur Erhöhung des operativen Nutzeffektes sowie Möglichkeiten der stärkeren Verbindung der operativen Auswertung mit dem Prozeß der Archivierung, 10.1.1986, BStU, MfS, Abt. XII Nr. 683, S. 41–43, hier S. 41.

390 Abt. XII/AKG/Leiter Kühnrich, Protokoll zur Leitungsberatung vom 10.10.1986, 13.10.1986, BStU, MfS, Abt. XII Nr. 7601, S. 96–98, hier S. 96.

391 Vgl. den Beitrag „‚Müde Einzelgänger' und ‚ganze Kerle'" von Philipp Springer in diesem Band.

Neben der Suche nach IMs und künftigen Kadern befasste sich die Archivauswertung aber auch mit der Kontrolle des eigenen Personals. Im Zuge der Archivierung von Akten, die von operativen Diensteinheiten der Abt. XII übergeben wurden, durchsuchten Angehörige der Abteilungen XII/4 und XII/Archiv die Unterlagen nach Hinweisen auf Gefahren für die Konspiration, beseitigten „Dokumentationen, welche Aussagen über eingesetzte operativ-technische Mittel bzw. operative Maßnahmen treffen, die einer hohen Geheimhaltung unterliegen“[392], und gaben Hinweise auf Verstöße gegen die „Operativgeldordnung“, also die Veruntreuung von Finanzmitteln.

„[W]er, wenn nicht die Abteilung XII, soll das operative ‚Gold‘ aus dem Archiv graben, und wie unvergleichlich größer kann der Aufwand für die operativen Diensteinheiten sein, entsprechende Informationen in der politisch-operativen Arbeit neu zu gewinnen“[393], erklärte Generalleutnant Neiber 1986 vor den Angehörigen der Diensteinheit und betonte so die Funktion der operativen Archivauswertung und damit der gesamten Abteilung. Das „operative ‚Gold‘“, die einzige für die Geheimpolizei relevante „Währung“, war eben auch in den Speichern und Ablagen der Abt. XII zu finden. Nicht nur durch die Verwaltung von Daten in den „Massenprozessen“, sondern auch durch die Lieferung konkreter Einzelinformationen war die Abteilung in das Repressionssystem des MfS eingebunden.

Der „Zerreißwolf“ im MfS – Kassationen in der Abt. XII

Das „Graben“ nach dem „operativem Gold“ stellte die Mitarbeiter allerdings vor immer größere Herausforderungen – der Umfang der Aktenbestände, die durch die Abt. XII verwaltet wurden, wuchs von Jahr zu Jahr. Die Probleme steigender Aktenberge waren für die Abteilung nicht neu. Bereits Anfang der 1960er-Jahre hatte man sich damit befasst. Im Jahr 1963 benannte der Leiter der Abteilung, Paul Karoos, die Schwierigkeiten: „Im allgemeinen besteht die Tendenz, alles Material – auch solches ohne operativen Wert – dem Archiv zur Aufbewahrung zu geben, um sich der Entscheidung über die tatsächliche Notwendigkeit der Aufbewahrung zu entledigen. Durch die Archivierung solcher operativ wert-

392 Abt. XII/4/Leiter Bormann u. Abt. XII/Archiv/Leiter Handke, Festlegungen zur Erarbeitung von operativ bedeutsamen Hinweisen und Information [sic] bei der Auswertung der zur Archivierung übergebenen registrierten Vorgänge/Akten, 27.7.1989, BStU, MfS, ZAIG Nr. 13939, S. 9–13, hier S. 9. Das Dokument umfasst auch eine zweiseitige Liste mit Kriterien, nach denen die Mitarbeiter in den Akten mögliche IMs ermitteln sollten. Dazu gehörten u. a. „sicheres Auftreten“, keine sichtbaren Narben, „alleinstehende Frauen“, „kriminell vorbestrafte Personen“, „ständige Transitreisende“ und „alle Berufe im Operationsgebiet, die aufgrund ihrer Tätigkeitsmerkmale eine bestimmte Freizügigkeit genießen (Vertreter, Einkäufer, Juristen, Freischaffende, selbständige Handwerker und Gewerbetreibende, Inhaber von Massagesalons)“; ebd., S. 12 f.

393 Generalleutnant Gerhard Neiber, Referat auf der zentralen Dienstkonferenz der Linie XII, 4.7.1986, BStU, MfS, ZAIG Nr. 17459, S. 1–25, hier S. 15.

losen Materialien und der damit verbundenen Hinweise auf dieses Material wird in bestimmten [sic] Maße die operative Arbeit erschwert. Es werden Archivakten angefordert, transportiert und ausgehändigt, die keinen operativen Inhalt haben und dann geht der Gang wieder zurück. Die andere Frage ist die Raumkapazität in den Archiven. Es gibt schon eine Reihe von Hinweisen aus unseren Archiven, daß der Raum nicht mehr ausreicht."[394]

Zur Lösung der Probleme schlug Karoos vor, dass erstens die Leiter der operativen Diensteinheiten die Notwendigkeit der Aufbewahrung begründen sollten, zweitens Material über unschuldig bearbeitete Personen vernichtet werden müsste und drittens Vorgänge, die zehn Jahre lang nicht ausgeliehen worden seien, ebenfalls kassiert werden sollten. Insbesondere die beiden letztgenannten Lösungsvorschläge überraschen und dürften kaum auf die Zustimmung der operativen Diensteinheiten gestoßen sein.

An der von Karoos geschilderten Situation änderte sich auch unter seinem Nachfolger Knoppe nichts. Dieser berichtete Generalmajor Scholz im Juni 1965 vor allem von der Lage in den Selbständigen Referaten XII der Bezirksverwaltungen: „Es wurde festgestellt, daß die Grenzen der Kapazität der Räumlichkeiten in fast allen Archiven erreicht ist [...]. Demzufolge drängt sich überall der Gedanke nach möglicher Zurückweisung von Unterlagen, Nichtübernahme von erneut aufgefundenen Nazi-Unterlagen und nach Möglichkeiten zur Vernichtung vorhandener Unterlagen auf."[395] Einige Archive wie das der BV Frankfurt/Oder hätten bereits zur „Selbsthilfe" gegriffen und – ohne Wissen der Abt. XII der Zentrale – unregistrierte Unterlagen dem „Zerreißwolf" übergeben.

Auch Knoppe schlug vor, die betreffenden Akten, die „keinen politisch-operativen oder historischen Wert" besäßen, denjenigen Diensteinheiten zurückzugeben, die sie dem Archiv ursprünglich übergeben hatten. Für die Abt. XII wäre diese Variante in der Tat komfortabel gewesen, da sie nicht nur Archivkapazität eingespart hätte, sondern auch der Entscheidung über die Vernichtung ledig gewesen wäre.

Schließlich befürwortete Knoppe auch die Bildung einer Kommission aus „erfahrenen Mitarbeitern der einzelnen Linien"[396], die „zeitweise" zusammentreten und die jeweilige Kassation von Unterlagen beschließen sollte. Außerdem, so meinte er, seien in Zukunft Aktenbestände, „die den Wert für das MfS verloren" hätten, an die „staatlichen Archive abzustoßen, z. B. Akten aus der Zeit des Faschismus"[397]. Zur Entscheidung über diese Frage kam es jedoch nicht, da

394 Abt. XII/Karoos, Analyse über das Jahr 1963, 15.1.1964, BStU, MfS, AS 82/70, S. 24–49, hier S. 48.

395 Abt. XII/Knoppe für Generalmajor Scholz, Analyse über Archivunterlagen und Auskunftserteilung, 3.6.1965, BStU, MfS, Abt. XII Nr. 5818, S. 25–73, hier S. 34.

396 Ebd., S. 68.

397 Ebd., S. 73.

die von Knoppe geplante Archivordnung, in der auch die Kassation hätte behandelt werden sollen,[398] nicht bestätigt wurde.

Erst mit der Dienstanweisung Nr. 2/81 wurde eine grundsätzliche Regelung der Kassation auf den Weg gebracht.[399] Offenbar hatte vor allem die Einführung der Mikrofilmtechnik zu einem Sinneswandel geführt. In der Dienstanweisung wurde die Vernichtung von Originalmaterial allerdings zunächst nur dann in Aussicht gestellt, wenn entsprechende Weisungen des Ministers und seiner Stellvertreter ergangen waren und wenn das Material verfilmt worden war.[400]

Drei Jahre später erlaubte Mielke schließlich in der 3. Durchführungsbestimmung zur DA Nr. 2/81 auch die „ersatzlose Vernichtung von Archivmaterial"[401]. Die Vorarbeiten für diese Entscheidung hatte der oberste „MfS-Archivar" Oberstleutnant Joachim Hinz bereits seit 1982 geleistet[402] – seit 1988 leitete er zudem eine Arbeitsgruppe der Abt. XII zu Kassationsfragen an.[403] Voraussetzung für die Vernichtung war nun, dass die Akten „mindestens 20 Jahre im Archiv aufbewahrt wurde[n] und [...] keine politisch-operative, historische oder andere Bedeutung mehr" besaßen. Außerdem betraf dies nur Unterlagen der Allgemeinen Personenablage (AP), der Allgemeinen Sachablage (AS), aus KK-Erfassungen (AKK) oder bestimmte archivierte IM-Vorläufe. Hinzu kam, dass die in den betreffenden Akten erfassten Personen „in der Regel ein Alter von mindestens 75 Jahren auf-

398 Vgl. Entwurf der Ordnung über die Arbeit mit Archivdokumenten im Ministerium für Staatssicherheit – Archivordnung –, o. D. [1966], BStU, MfS, Abt. XII Nr. 5817, S. 3–14, hier S. 7; Entwurf der 1. Durchführungsbestimmung zur Ordnung über die Arbeit mit Archivdokumenten im Ministerium für Staatssicherheit – Archivordnung –, o. D. [1966], BStU, MfS, Abt. XII Nr. 5817, S. 15–23, hier S. 21–23.

399 Die Kassationspraxis im MfS vor 1989 ist bislang noch nicht umfassend untersucht worden. Erste Erkenntnisse liefert Roland Lucht, Schriftgutvernichtungen im „Zentralarchiv" der Abteilung XII und in der Auflösungsphase des MfS 1989/90, unveröffentl. MS, März 2008, S. 4–6.

400 Vgl. Dienstanweisung Nr. 2/81 zur einheitlichen Gestaltung der Erfassung und Überprüfung von Personen und Objekten, der Registrierung von Vorgängen und Akten sowie der Archivierung politisch-operativen Schriftgutes in den Abteilungen XII, 1.7.1981, BStU, MfS, ZAIG Nr. 20760, S. 5–27, hier S. 20.

401 Vgl. im Folgenden 3. Durchführungsbestimmung zur Dienstanweisung Nr. 2/81 vom 1.7.1981, 15.3.1984, BStU, MfS, ZAIG Nr. 20760, S. 66–93, hier S. 89 f.

402 Vgl. Material für die Leiter zur Auswertung der Dienstkonferenz mit den Leitern und ausgewählten Funktionären der Abteilung XII vom 31.8.1982, 10.9.1982, BStU, MfS, Abt. XII Nr. 2604, S. 1–25, hier S. 10. Vgl. zur Entstehung dieser Festlegung auch Abt. XII/Leiter Roth, Schreiben an ZAIG/Leiter mit dem Entwurf von Festlegungen zur ersatzlosen Kassation von Archivmaterial des MfS, 15.2.1983, BStU, MfS, ZAIG Nr. 19926, S. 4–8; ZAIG/Leiter i. V. Taube, Schreiben an Abt. XII/Leiter betr. Stellungnahme zum Entwurf von Festlegungen zur Auswahl und Bewertung von Archivmaterial des MfS in den Archiven der Linie XII mit dem Ziel einer ersatzlosen Kassation, 3.5.1983, BStU, MfS, ZAIG Nr. 19926, S. 1 f.

403 Vgl. Abt. XII/1. Stellv. d. Leiters Moschner, Beurteilung von Joachim Hinz, 30.8.1989, BStU, MfS, Abt. XII Nr. 3549, S. 1–3, hier S. 1.

weisen" sollten. Die Entscheidung über die Kassation wurde einer zu bildenden Kommission unter dem Vorsitz des Leiters der zuständigen Abt. XII zugewiesen.

In den folgenden Jahren bemühte sich die Abt. XII darum, andere Diensteinheiten von der Notwendigkeit der Kassation von Akten zu überzeugen.[404] Als problematisch erwies sich jedoch der ursprüngliche Plan der vollständigen Mikroverfilmung des Archivmaterials: „Aus gegenwärtiger Sicht kann eingeschätzt werden, daß sich die Auskunftserteilung mittels Mikrofilm nicht bewährt hat, da die Auswertbarkeit der Informationen für die operativen Mitarbeiter erschwert wird, zeitlich aufwendiger ist und technischer Voraussetzungen bedarf (Lesegeräte), die nicht überall und vor allem nicht an den Arbeitsplätzen der Mitarbeiter vorhanden sind."[405]

Trotz dieser Schwierigkeiten wurde im Zentralarchiv der Abt. XII bereits in der ersten Hälfte der 1980er-Jahre recht umfänglich kassiert. So verzeichnen die Statistiken für die Jahre 1984 und 1985 224,25 lfm bzw. 31,5 lfm.[406] In den folgenden Jahren wurden die Kriterien für Kassationen weiter differenziert. Dabei stand das Ziel im Vordergrund, die personellen und finanziellen Aufwendungen für die Archivarbeit auf ein notwendiges Maß zu begrenzen. Damit war nicht nur die Lagerung der Akten gemeint, sondern auch die Sicherungsverfilmung, die sich „auf das notwendige Maß"[407] beschränken sollte. Die finale Krise, in der sich das MfS in zunehmendem Maße mit Ressourcenfragen beschäftigen musste, schlug sich demnach auch im Bereich des Archivs und damit auch der Kassationen nieder.

In der 2. Ergänzung der 3. Durchführungsbestimmung zur DA 2/81 wurden nun drei Kategorien festgelegt, nach denen Akten aufbewahrt werden sollten.[408] „Dauernd" aufzubewahren war Schriftgut aus der operativen Arbeit, dem man „historischen Wert" zuschrieb. Dabei handelte es sich unter anderem um Material zu „besonders bedeutsamen" IMs, zu „feindlichen Dienststellen" und

404 Vgl. zum Beispiel Abt. XII/Leiter Roth, Schreiben an Abt. XIV/Leiter betr. Archivierung und Kassation von Schriftgut der Abteilung XIV, 5.12.1985, BStU, MfS, Abt. XII Nr. 673, S. 5; Abt. XII/Leiter Roth, Schreiben an HA VII/Leiter betr. Archivierung und Kassation von Schriftgut des Arbeitsgebietes I, 3.12.1985, BStU, MfS, Abt. XII Nr. 673, S. 6f.

405 Abt. XII, Vorschlag für die Erhöhung der Effektivität der Sicherungsverfilmung von Karteien und Archivmaterialien der Linie XII und die Realisierung von Ersatzverfilmungen festgelegter Kategorien von Archivmaterialien, 18.4.1987, BStU, MfS, AS 398/89, S. 402–407, hier S. 403.

406 Vgl. Jahresübersichten, BStU, MfS, Abt. XII Nr. 4468, S. 34, 45

407 [Abt. XII/vermutl. Bartl], Diskussionsbeitrag auf der Linientagung am 27./28.6.1989 zum Thema „Erkenntnisse zum Stand der Durchsetzung der 2. Ergänzung zur 3. Durchführungsbestimmung zur Dienstanweisung Nr. 2/81 des Ministers und weiterführende Aufgaben", 22.6.1989, BStU, MfS, Abt. XII Nr. 2930, S. 1–26, hier S. 10.

408 Vgl. im Folgenden Abt. XII, Vorschlag zur Erhöhung des operativen Aussagewertes und der Einheitlichkeit der Abschlussberichte zu operativen Vorgängen und Akten und zur effektiveren Gestaltung der Aufbewahrung und Kassation sowie der Sicherungs- und Ersatzverfilmung von Archivmaterialien in den Archiven der Abteilungen XII, 30.9.1988, BStU, MfS, AS 398/89, S. 134–155, hier S. 136–138.

zur Zusammenarbeit mit Sicherheitsorganen sozialistischer Staaten. „Befristet" aufbewahrt werden sollte „politisch-operatives Schriftgut mit praktischem Wert". Darunter waren Akten zu verstehen, die möglicherweise noch einmal für die operative Arbeit Bedeutung erlangen konnten – beispielsweise über ehemalige IMs, die wieder aktiviert werden könnten. Bei der „zeitlich begrenzten Aufbewahrung" ging es schließlich um Unterlagen, deren Erhalt die abgebende Diensteinheit je nach Aktenkategorie auf 10 bzw. 20 Jahre festgelegt hatte.

Auch die Gründung der Kassationskommissionen im MfS und in den BVs wurde jetzt forciert. In der Berliner Zentrale nahm diese Institution, die von nun an die Kassationen überwachen sollte, Anfang 1989 ihre Tätigkeit auf. Ende März 1989 waren bereits Akten aus 22 Kassationsbeschlüssen vernichtet, weitere 68 befanden sich in der Vorbereitung.[409] Im Oktober 1989 konnte Oberst Roth stolz verkünden, dass der „Bewertungs- und Kassationsprozeß [...] auf ‚volle Touren' gekommen"[410] sei.

Für die Mitarbeiter des zuständigen Referates 3 der Archivabteilung in der Abt. XII stellte die Kassation eine „Herausforderung" dar, mussten sie sich doch nun „intensiver mit operativen Prozessen, historisch begründeten operativen Schwerpunkten und Bearbeitungsrichtungen des MfS in den letzten 40 Jahren [...] beschäftigen und eine persönliche Sicherheit bei der Bewertung von Archivmaterial [...] erlangen"[411]. „Erfahrungen sind kaum vorhanden"[412], hieß es dementsprechend im Juni 1989 bei einer Dienstkonferenz, bei der auch die „rückwirkende Aufbereitung des archivierten Bestandes" thematisiert wurde. Ausgehend von den Ablagejahren 1950 und 1969 bearbeiteten zwei Mitarbeitergruppen der Abt. XII/Archiv in unterschiedliche Richtungen die im Archiv liegenden Unterlagen. Zunächst sollten nur die nicht gesperrten nicht registrierten Akten bewertet werden, da erstens die Abt. XII bei diesen selbst entscheiden konnte und zweitens eine relativ hohe Zahl an Personen- und Erfassungslöschungen zu erwarten war. Im Anschluss sollten dann auch die registrierten Archivmaterialien bewertet werden – hier rechnete man jedoch nur in ein bis drei Prozent der Fälle mit einer Kassation.

In der Abt. XII der BV Dresden wurde zudem die Erarbeitung von Findhilfsmitteln erprobt. Dazu wurden die Signaturen zu Materialien erfasst, die Per-

409 Abt. XII/Archiv/Bomm, Quartalsmäßiger Bericht zur Kassation, 29.3.1989, BStU, MfS, Abt. XII Nr. 649, S. 26.

410 Abt. XII/Leiter Roth, Referat, 17.10.1989, BStU, MfS, Abt. XII Nr. 7601, S. 121–148, hier S. 125.

411 O.A., Zuarbeit zur Kaderarbeit im Jahr 1989, o.D., BStU, MfS, Abt. XII Nr. 529, S. 21–28, hier S. 22.

412 [Abt. XII/vermutl. Bartl], Diskussionsbeitrag auf der Linientagung am 27./28.6.1989 zum Thema „Erkenntnisse zum Stand der Durchsetzung der 2. Ergänzung zur 3. Durchführungsbestimmung zur Dienstanweisung Nr. 2/81 des Ministers und weiterführende Aufgaben", 22.6.1989, BStU, MfS, Abt. XII Nr. 2930, S. 1–26, hier S. 9.

sonen betrafen, die 90 Jahre oder älter waren. Auf diese Weise sollte der Kassationsvorgang systematischer erfolgen.[413]

Offenbar wurden zu den Beratungen der Kassationskommission zum Teil sogar Mitarbeiter anderer staatlicher Organe herangezogen, darunter die Arbeitsrichtung I der Hauptabteilung Kriminalpolizei im Ministerium des Innern und der Bereich Aufklärung des Ministeriums für Nationale Verteidigung.[414] Sie berieten die MfS-Mitarbeiter bei Materialien, die nicht aus dem MfS stammten.

Die Probleme durch die wachsenden Aktenberge waren jedoch trotz der Einführung der Kassationskommissionen offenbar so gravierend, dass Roth – insbesondere mit Blick auf die Abteilungen XII in den BVs – noch weitergehende Regelungen forderte: „Längerfristig sollte untersucht werden, ob das Prinzip – jede Bezirksverwaltung archiviert das von den Diensteinheiten der Bezirksverwaltung erarbeitete bzw. bearbeitete Material im Archiv ihrer Abteilung XII – noch richtig ist." Vor allem durch die Einführung der SAA hätten sich „viele Relationen verschoben" – gemeint war wohl, dass man zunehmend auf die Originalakten verzichten könnte. „Darüber hinaus", so Roth weiter, „muß auch aus ökonomischen Gründen die gegenwärtige Archivpraxis überprüft werden, da die bestehenden Probleme mit der Kassationsordnung alleine nicht gelöst werden können."[415]

Das Ziel, möglichst umfassend über die Bevölkerung Bescheid zu wissen und dieses Wissen notfalls repressiv einzusetzen, behinderte letztlich – neben den ökonomischen Hürden und dem hohen Maß an Konspiration – eine effiziente Aktenverwaltung in der Abt. XII. Die „Erschließung von Archivraumkapazität [dürfe nicht] zum Maßstab aller Dinge" gemacht werden, erklärte Roth im Juni 1989 und fügte hinzu: „Bei aller Notwendigkeit, hier schnell und rationell vorzugehen, der Grundsatz muß stets bleiben: Keine operativ wertvolle Information darf voreilig vernichtet werden!"[416] Auch wenn die Kassation die Geschichte der Abt. XII seit ihrer Gründung begleitete, so wurde sie doch immer auch als Gefahr für die operative Praxis der Geheimpolizei angesehen.

„Kardinalproblem" – die Abt. XII unter Druck

Zeitgleich mit der Entwicklung der verschiedenen EDV-Projekte, die für eine schnellere Auskunftserteilung durch die Abt. XII sorgen sollten, wurde in der ZAIG ein Datenbankprojekt vorangetrieben, das als MfS-interne Konkurrenz

413 Vgl. ebd., S. 14.

414 Vgl. ebd., S. 13.

415 Abt. XII/Leiter Roth, Hinweise zur Problemzusammenstellung, 4.7.1989, BStU, MfS, Abt. XII Nr. 4287, S. 7 f., hier S. 8.

416 Auszüge aus dem Referat des Leiters der Abteilung XII des MfS Berlin [Roth] auf der Dienst Dienstkonferenz [sic] der Linie XII am 27./28.6.1989, BStU, MfS, Abt. XII Nr. 2931, S. 91–135, hier S. 125 f.

zur Arbeit der Abt. XII gesehen werden kann. Mit der Zentralen Personendatenbank (ZPDB) schuf die Geheimpolizei einen „zentralen personen-, sach- und objektbezogenen Datenspeicher mit Informationen, die nach Personenkategorien, Sachverhaltsarten sowie Hinweis- und Merkmalskategorien in einem Rahmenkatalog präzise definiert waren und bis zur Einführung der ZPDB zum größeren Teil nicht oder nur mit manuellen Verfahren dezentral erfasst wurden"[417]. Die ZPDB stellte das größte Datenbankprojekt des MfS dar – Ende November 1989 waren bereits Daten über 1,32 Millionen Personen gespeichert. Insbesondere durch die „schnelle zentrale Abrufbarkeit von unzähligen Daten"[418], die die ZPDB ermöglichte, war das Projekt ein wichtiger Schritt beim Ausbau der Überwachung und Repression der Bevölkerung. Mit der zügig wachsenden Bedeutung der Datenbank, die ältere EDV-Speicher „verdrängte"[419], festigte sich auch die ohnehin immer wichtiger werdende Rolle der ZAIG im MfS.

Mit dem Ausbau der ZPDB geriet die ZAIG zunehmend in ureigene Tätigkeitsfelder der Abt. XII. So stießen 1983 die Pläne der Abteilung für einen „Arbeitsthesaurus XII", mit dessen Hilfe die inhaltliche Erschließung des im Zentralarchiv und in den BVs abgelegten „politisch-operativen Archivmaterials" umgesetzt werden sollte, auf scharfe Kritik der ZAIG: „Der uns vorgelegte ‚Arbeitsthesaurus XII' ist nicht kompatibel mit dem Rahmenkatalog und den Dateithesauri ZPDB […] sowie den anderen im MfS zur Anwendung kommenden Thesauri. Eine Indexierung nach dem ‚Arbeitsthesauri XII' würde dazu führen, daß der gleiche operativ-inhaltliche Gegenstand unterschiedlich aufbereitet würde und keine Einordnung in die Datenorganisation der ZPDB möglich wäre."[420] Der Vorgang zeigt, dass sich die ZAIG mittlerweile als diejenige Instanz betrachtete, die über die Vorgaben für die Aktenerschließung zu bestimmen hatte.

Eine andere Form der Doppelung betraf einzelne Karteien. So wurde 1987 beschlossen, den seit den 1950er-Jahren bestehenden Speicher von Objekten aus dem „Operationsgebiet", in dem hauptsächlich Anschriften von „gegen die DDR tätigen Personen" und „Feindorganisationen" im westlichen Ausland und deren Autokennzeichen und Telefonnummern gespeichert waren, aufzulösen: „Aufgrund des zunehmend komplexeren Charakters und der damit verbundenen höheren Aussagefähigkeit der in den Speichern der ZPDB enthaltenen Angaben

417 Art. „Zentrale Personendatenbank", in: Lucht (Hg.), Archiv, S. 260. Zur ZPDB vgl. auch Engelmann/Joestel, Zentrale Auswertungs- und Informationsgruppe, S. 81–83; Walter Süß, Die Staatssicherheit im letzten Jahrzehnt der DDR. Geschichte der Staatssicherheit, Teil III, Berlin 2009 (MfS-Handbuch), S. 43–46.

418 Engelmann/Joestel, Zentrale Auswertungs- und Informationsgruppe, S. 81.

419 Rita Sélitrenny/Thilo Weichert, Das unheimliche Erbe. Die Spionageabteilung der Stasi, Leipzig 1991, S. 121.

420 ZAIG/Leiter i.V. Taube, Schreiben an Neiber betr. Stellungnahme zum Arbeitsthesaurus Information/Dokumentation für die politisch-operative Erschließung des Archivmaterials der Archive der Linie XII, 15.1.1983, BStU, MfS, ZAIG Nr. 19925, S. 1–6, hier S. 2.

zu den Objekten können Anfragen entsprechend den operativen Erfordernissen wesentlich inhaltsreicher und objektbezogener durch die ZPDB beauskunftet werden."[421] Zwei Jahre später wurde die Arbeit der Feindobjektkartei, in der 1987 22.000 Karteikarten einlagen, eingestellt.

Das wachsende Gewicht der ZPDB im Informationsnetz des MfS betraf in besonderer Weise die Arbeit der Archivabteilung. „Zunehmende Bedeutung erlangt bei allen Fragen der Vervollkommnung der Auswertung von Archivmaterial der Abteilung XII die Tatsache, daß die ZPDB des MfS hinsichtlich des operativen Datenbestandes und bezüglich ihrer praktischen Nutzung einen immer größeren Stellenwert für die operativen Diensteinheiten erhält"[422], erläuterte Roth 1987 in einem Referat. Seit 1980 wurden operativ bedeutende Sachverhalte in der ZPDB gespeichert – eine Auswertung von Akten musste nur noch bei Ablagejahrgängen von vor 1980 und bei Akten, die archivierte IM-Vorgänge betrafen, gesondert erfolgen.

Die Konkurrenz zur ZPDB führte Ende der 1980er-Jahre schließlich dazu, dass Roth eine grundlegende Klärung der Beziehungen forderte. In einer Aufstellung verschiedener Aufgaben „für die längerfristige Planung" notierte er im Juli 1989: „Ein Kardinalproblem, welches sich mit der weiteren Komplettierung und Entwicklung der ZPDB ergibt, ist das Verhältnis und die Wechselwirkung des Speicherinhaltes der ZPDB, sich daraus ergebende Überprüfungsmöglichkeiten sowie die Aufgaben und Verantwortung der Linie XII. Zu diesem Komplex wären gemeinsame Untersuchungen der ZPDB und der Abteilung XII erforderlich, sowohl hinsichtlich der Möglichkeit einer koordinierten Überprüfungs- und Auskunftstätigkeit als auch der konkreten Untersuchung der Notwendigkeit, die Überprüfungspraxis in der Abteilung XII in diesem Umfang, wie sie die Dienstanweisung Nr. 2/81 stellt, aufrechtzuerhalten."[423] Offensichtlich sah Roth in zunehmendem Maße die Tätigkeit seiner Abteilung durch den Ausbau der ZPDB beeinträchtigt. Zu der von ihm geforderten Klärung kam es jedoch nicht mehr.

Die Konkurrenz von ZPDB und Abt. XII weist auf die Existenz paralleler Strukturen im MfS hin, die im Fall der kostenintensiven Datenbankprojekte ganz besonders überraschen. Da Entscheidungsprozesse im MfS oft nur schwer nachzuzeichnen sind, lässt sich über die Gründe nur spekulieren. Tatsächlich aber war der Vorgang um die ZPDB nur ein einzelner Baustein in der zunehmend schwierigeren Positionierung der Abt. XII gegenüber der ZAIG, der die Abt. XII

421 Abt. XII/Leiter Roth, Konzeption zur Auflösung des Karteispeichers zu Objekterfassungen in der Abteilung XII des MfS, 22.10.1987, BStU, MfS, AS 398/89, S. 244–248, hier S. 245. Vgl. auch Art. „Feindobjektkartei", in: Lucht (Hg.), Archiv, S. 99 f.

422 Abt. XII/Leiter Roth, Auszug aus einem Referat, [1987], BStU, MfS, Abt. XII Nr. 667, S. 17–19, hier S. 18.

423 Abt. XII/Leiter Roth, Hinweise zur Problemzusammenstellung, 4.7.1989, BStU, MfS, Abt. XII Nr. 4287, S. 7 f., hier S. 8.

seit 1986 dienstrechtlich unterstellt war.[424] Im Juli 1981 erklärte Roth zwar in einem Referat, dass „[i]m Ergebnis der Abstimmung der weiteren Perspektive der EDV-Anwendung durch die Abteilung XII mit der ZAIG [...] nochmals der Platz der Abteilung XII im gesamten politisch-operativen Informationssystem des MfS bestimmt“ worden sei und „die Überprüfung in der Abteilung XII ein allen anderen Überprüfungs- und Erfassungsmaßnahmen im MfS vorgelagerter Prozeß“[425] bleibe. Doch nicht zuletzt angesichts der Entwicklung der ZPDB erscheint Roths Aussage eher wie ein „Pfeifen im Walde“ – der weitgehende Alleinvertretungsanspruch der Abt. XII in Fragen von Karteien und Archiv war zu diesem Zeitpunkt bereits unter anderem durch die Tätigkeit der ZAIG auf dem Gebiet des Informationsflusses im MfS in Zweifel gezogen. Und es ist durchaus vorstellbar, dass an höherer Stelle bereits über eine Integration der Abt. XII in die ZAIG nachgedacht wurde – Belege dafür existieren allerdings nicht.

In dieses Bild fügt sich ein, dass in den 1980er-Jahren auch von anderen Seiten Kritik an der Arbeit der Abteilung geübt wurde. So musste sich Roth beispielsweise im Oktober 1987 gegen Vorwürfe wehren, die die HA VI in einem von Generalleutnant Neiber bestätigten Schreiben geäußert hatte. Dabei ging es um die Dauer der Überprüfungen im Rahmen von Anträgen auf Reisen in das sozialistische Ausland. Im Vorfeld hatte es, so der erkennbar verärgerte Roth, keine „Konsultation oder Abstimmung“[426] mit ihm gegeben.

Schließlich beschäftigte sich sogar der informelle Informationsaustausch der MfS-Mitarbeiter, der sich allenfalls punktuell rekonstruieren lässt, mit der Abt. XII. Im August 1988 musste sich Oberleutnant Hans-Joachim K., dessen Ehefrau bei der ZAIG beschäftigt war, unter anderem für seine Äußerung rechtfertigen, „daß die Genossen der ZAIG über die Abteilung XII diskutieren“[427]. Die Wahrnehmung und Diskussion von Konflikten unterschiedlicher Abteilungen und die Bewertung von Machtverhältnissen innerhalb des MfS waren offensichtlich nicht erwünscht – das Idealbild der stets gemeinsam und im nicht zu diskutierenden Klassenauftrag handelnden Tschekisten stand einem solchen, für Behörden, Betriebe und ähnliche Organisationen typischen Verhalten entgegen. Oberleutnant K. wollte jedenfalls gegenüber seinem Vorgesetzten in der Abt. XII zu seiner Äußerung „keine Aussagen machen“ – offensichtlich fürchtete er Konsequenzen, wenn er die Konkurrenz der Abteilungen weiter thematisierte. In einer geschlossenen Organisation wie dem MfS war die offene Debatte derartiger Strukturfragen, wie das Beispiel zeigt, undenkbar.

424 Vgl. Wiedmann, Diensteinheiten, S. 82.

425 Abt. XII/Leiter Roth, Referat bei der Dienstberatung, 18.6.1981, BStU, MfS, Abt. XII Nr. 2598, S. 1–62, hier S. 41.

426 Abt. XII/Leiter Roth, Schreiben an ZAIG/Leiter betr. Meinungsäußerung zum Schreiben des Leiters der HA VI vom 19.10.1987, 29.10.1987, BStU, MfS, AS 398/89, S. 329f., hier S. 330.

427 Abt. XII/4/1/Leiter Schreiber, Aktenvermerk zum Genossen Oberleutnant Hans-Joachim K[...], 7.9.1988, BStU, MfS, Abt. XII Nr. 6835, S. 59–61, hier S. 60.

„Den ‚XII-er Stolz' herausbilden" – die Traditionsarbeit in der Abt. XII

Die „Decke an persönlichen Erlebnisberichten, Schilderungen von Entwicklungsetappen, Höhepunkten und Ereignissen" sei „recht dünn" beklagte Hauptmann Wolfgang Tausch, Mitarbeiter der Abt. XII für Öffentlichkeitsarbeit und die Gestaltung des Traditionskabinetts, im Juni 1988. „Die ‚alten XIIer-Hasen'", so Tausch weiter, „werden bald durch die nachfolgende Generation ersetzt werden müssen, aber ihre Erfahrungen, Wissen, Erkenntnisse, historisch entstandene Verfahrensweisen, Prozesse u. a. Dinge dürfen hernach nicht unbeantwortet [sic] bleiben – müssen hier für die ‚Nachfolger' verfügbar bzw. fundiert erklärbar sein." Insbesondere „junge und neue Angehörige" könne man mit „Lebens- und Kampferfahrungen" verdienter Mitarbeiter „ansprechen und begeistern".[428]

Tauschs „Gedanken" über die Bewahrung der Erinnerungen seiner älteren Kollegen spiegeln die Grundsätze der MfS-internen „Traditionsarbeit", die spätestens seit Mitte der 1980er-Jahre in allen Diensteinheiten betrieben wurde. Bereits 1966 hatte der Entwurf der 1. Durchführungsbestimmung zur geplanten Archivordnung die Bedeutung der von der Abt. XII verwalteten Archivmaterialien für die „Forschungs- und Vergleichsarbeit auf politisch-op. und historischem Gebiet"[429] hervorgehoben und damit dem Archiv indirekt eine Rolle bei der Produktion des MfS-Selbstbildes zugewiesen.

Eine erste Zusammenstellung historischer Daten, Ereignisse und ehemals leitender Kader wurde in der Abt. XII jedoch erst 1975 angefertigt.[430] Zum 25. Jahrestag der Gründung des MfS stellten zwei langjährige Mitarbeiter der Abteilung, Eva Zander und Manfred Günzel, eine Materialsammlung zusammen, die die Entwicklung der Abt. XII belegen sollte. Hervorgehoben wurde dabei naturgemäß vor allem die „wirksame Unterstützung der politisch-operativen Arbeit" durch die Mitarbeiter der Abteilung in den Jahren seit 1950. Zander und Günzel stützten sich bei ihrer Dokumentation offenbar vor allem auf Akten, doch bezogen sie zum Teil ihre Informationen auch aus Gesprächen mit Angehörigen der Diensteinheit, die bereits in der Anfangszeit für die Abt. XII tätig gewesen waren.

428 Abt. XII/AKG/Tausch, Einige Gedanken zu persönlichen Schlussfolgerungen aus den Ergebnissen der Referatsleitertagung der Diensteinheit vom April und deren Auswertung durch den Leiter der Diensteinheit vom 6. Juni 1988, 10.6.1988, BStU, MfS, Abt. XII Nr. 4055, S. 77 f., hier S. 78.

429 Entwurf der 1. Durchführungsbestimmung zur Ordnung über die Arbeit mit Archivdokumenten im Ministerium für Staatssicherheit – Archivordnung –, o. D. [1966], BStU, MfS, Abt. XII Nr. 5817, S. 15–23, hier S. 18.

430 Vgl. im Folgenden [Abt. XII]/Eva Zander u. Manfred Günzel, Zum 25. Jahrestag der Bildung des MfS, 8.2.1975, BStU, MfS, Abt. XII Nr. 7165, S. 1–74.

Die Materialsammlung umfasste Übersichten über das Leitungspersonal und die Organisationsstruktur, ausgewählte Dokumente aus der Frühzeit der Abteilung und eine chronologische Zusammenstellung wichtiger Ereignisse wie die Gründung von Referaten und Sachgebieten. Angesichts der beschränkten Überlieferung zur Frühgeschichte der Abteilung, stellt die Materialsammlung eine wichtige Quelle dar, zumal im Rahmen der Traditionsarbeit der 1980er-Jahre die Dokumentation weiter genutzt wurde.[431]

Der Beginn der abteilungseigenen Geschichtsschreibung Mitte der 1970er-Jahre entsprach dem Bedeutungszuwachs der Traditionsarbeit im gesamten MfS seit dieser Zeit. Im Rahmen der sogenannten „Feindbildvermittlung" kam ihr eine wichtige Aufgabe zu. Nachrückenden jungen Kadern, die durch veränderte gesellschaftliche Erfahrungen geprägt waren, sollte auch und gerade der Blick in die Vergangenheit das notwendige ideologische Rüstzeug und die Motivation für ihre tägliche Arbeit „am Feind" liefern. Die Vermittlung der historischen Wurzeln, denen man sich im MfS verhaftet sah, galt als Mittel, um den „idealen Tschekismus" gefährdenden Entwicklungen entgegenzutreten.[432]

Blickt man auf die im Kontext der Traditionsarbeit in der Abt. XII entstandenen Ausstellungen, die den Mitarbeitern der eigenen und anderer Diensteinheiten gezeigt wurden, so erscheinen hier neben der Feindbildvermittlung jedoch weitere Leitmotive deutlicher zum Ausdruck zu kommen. So geht es beispielsweise in der zum 35. Jahrestag des MfS im Jahr 1985 realisierten Ausstellung „Verantwortung und Aufgaben der Abteilung XII"[433] ausschließlich um die verschiedenen Tätigkeitsbereiche der Abt. XII. Nicht die Feindbildvermittlung stand hier im Vordergrund, sondern vielmehr die Präsentation der Fähigkeiten der Abteilung. Diese Ausstellung diente somit einerseits der Vergewisserung eigener Stärke und andererseits der Leistungsschau gegenüber anderen Diensteinheiten – der in die Krise geratene Tschekismus sollte demnach durch die Präsentation seiner Erfolge neue Kraft gewinnen.

Dies gilt ebenso für eine zweite Ausstellung der Abt. XII, die von der Abt. Archiv erarbeitet worden war.[434] Vom 18. bis 26. September 1989 wurde anlässlich des 40. Jahrestages der DDR und der Bildung des MfS erneut die Arbeit der Abteilung dokumentiert, allerdings galt nun den „Feinden" deutlich größere Aufmerksamkeit. So sollten neben Akten und Fotos auch Objekte wie eine „Bild-Zeitung", eine gefälschte Ausgabe der Zeitung „Junge Welt" und offenbar auch

431 Vgl. zum Beispiel die handschriftlichen Eintragungen in ebd., S. 9, 68 f.

432 Vgl. Jens Gieseke, „Genossen erster Kategorie": Die hauptamtlichen Mitarbeiter des Ministeriums für Staatssicherheit als Elite, in: Peter Hübner (Hg.), Eliten im Sozialismus. Beiträge zur Sozialgeschichte der DDR, Köln/Weimar/Wien 1999, S. 201–240, hier S. 218 f.

433 Vgl. die Bildtafeln der Ausstellung, BStU, MfS, Abt. XII Nr. 4579.

434 Vgl. im Folgenden Materialien und Fotos zur Ausstellung, BStU, MfS, Abt. XII Nr. 4545; BStU, MfS, Abt. XII Nr. Fo/71.

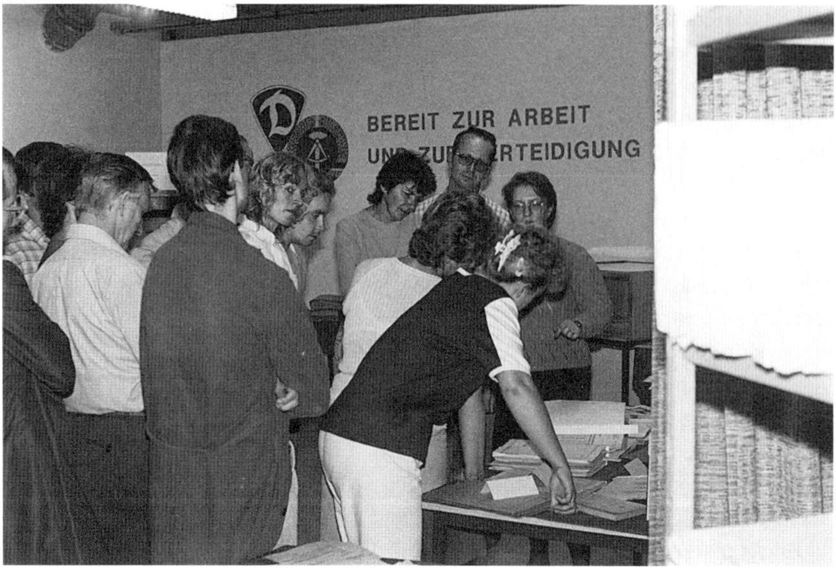

Abb. 19: Mitarbeiter der Abt. XII besuchen im September 1989 eine abteilungsinterne Ausstellung.

Schlagringe und andere Prügelgegenstände das vermeintlich verbrecherische Handeln westlicher Organisationen und Behörden belegen.

Die Wirkung derartiger Ausstellungen dürfte allerdings kaum nachhaltig gewesen sein. Rund 220 Besucher – ausschließlich aus der Abt. XII – zählte der zuständige Mitarbeiter im September 1989. Die auf elf Tischen und in zwei Vitrinen im Sportraum der Abteilung präsentierten Materialien waren vermutlich kaum in der Lage, junge Mitarbeiter zu „begeistern", zumal die ausgestellten Fälle von „Feinden" in der Regel offenbar aus den 1950er-Jahren stammten. Das wichtigste Projekt der Traditionsarbeit in der Abt. XII bildete allerdings die Einrichtung des „Traditions- und Fachkabinetts". Für die Erarbeitung war eigens ein Mitarbeiter – Hauptmann Wolfgang Tausch – zur AKG der Abteilung versetzt worden. Tausch sollte außerdem die Öffentlichkeitsarbeit betreuen.[435] Gemeinsam mit anderen Mitarbeitern stellte Tausch innerhalb weniger Monate Material zur historischen Entwicklung der Abteilung zusammen. Die Schau orientierte sich am üblichen inhaltlichen Rahmen des MfS-Geschichtsbildes. Folgt man dem „Maßnahmeplan", der die Grundlage für die Erarbeitung des abteilungsspezifischen Teils der Ausstellung bildete, so umfasste das Drehbuch

435 Vgl. Abt. XII/AKG, Plan zur Einarbeitung des Gen. Hptm. Tausch, 18.3.1987, BStU, MfS, Abt. XII Nr. 4052, S. 19f., hier S. 19.

Abb. 20: Als Agent im Bundeskanzleramt hatte Günter Guillaume bis zu seiner Enttarnung 1974 für das MfS gearbeitet. Als er nach mehrjähriger Haft 1981 in die DDR zurückkam, wurde er dort als „Kundschafter des Friedens" gefeiert. Auch in der Abt. XII trat er am 14. März 1988 bei einer Veranstaltung als Ehrengast auf.

sechs Abschnitte.[436] Nach einem Überblick über die historische Entwicklung der Abteilung und deren Vorgeschichte folgten vier Kapitel über 1. die Themen Konspiration, Qualität der Arbeit und Arbeitsbedingungen, 2. den Überprüfungs- und Auskunftsprozess, 3. die Speicherführung und 4. die Archivarbeit. Zum Abschluss wurden die „spezifische Auswertungs- und Informationstätigkeit" thematisiert und ein Überblick über die Zusammensetzung des Kaderbestandes gegeben.

Die Ausstellung wurde den Mitarbeitern der Abteilung – anderen Diensteinheiten war aus Gründen der Konspiration der Besuch untersagt – in der Folgezeit mittels Führungen und Vorträgen nahe gebracht. Veranstaltungen mit ehemaligen West-Spionen wie Günter Guillaume und Heinz Felfe gehörten ebenso zum Programm wie Beratungen mit Vertretern operativer Diensteinheiten.

436 Vgl. Abt. XII/AKG/Leiter Kühnrich, Maßnahmeplan, 11.5.1987, BStU, MfS, Abt. XII Nr. 4304, S. 3–5. Außerdem wurden allgemeine Themen aus der Geschichte des MfS und der sozialistischen Geschichtsschreibung behandelt; vgl. BStU, MfS, Abt. XII Nr. 4304, S. 7. Darüber hinaus präsentierte die Ausstellung in eigenen Abschnitten unter anderem die Arbeit der FDJ, der Sportabteilung und der SED-GO präsentiert; vgl. BStU, MfS, Abt. XII Nr. 4304, S. 9. Für weitere Materialien aus der Ausstellungsvorbereitung vgl. BStU, MfS, Abt. XII Nr. 4091.

Eine wichtige Grundlage für die Traditionsarbeit der Abt XII war die Diplomarbeit, die Tausch im Mai 1989 an der JHS Potsdam einreichte. Der 1948 geborene Tausch, seit 1967 Angehöriger des MfS, arbeitete seit 1973 in der Abt. XII.[437] Kurze Zeit nach Eröffnung des Traditionskabinetts bat Roth die HA KuSch, das geplante Thema von Tauschs Diplomarbeit zu ändern – eine „Analyse der Versuche des Gegners der Nutzung und des gezielten Mißbrauchs sozialistischer Demokratie für Feindtätigkeit" habe keine „praktischen Bezugspunkte" zur Tätigkeit der Abteilung und könne auch nicht später durch die Diensteinheit genutzt werden. Dies sei jedoch bei einer Arbeit zur Traditionspflege anders, „da bisher auf diesem Gebiet keine Erfahrungen, Erkenntnisse und anderweitigen Dokumentationen"[438] vorlägen.

Tausch schildert in seiner Arbeit zunächst die Entwicklung der Traditionspflege in der Abt. XII, die er Anfang 1984 mit dem Entschluss Roths zur Aufarbeitung der Geschichte der Abteilung und der daraus resultierenden Ausstellung beginnen lässt.[439] Insbesondere die drei Lebensberichte ehemaliger Leiter der Diensteinheit hebt er dabei hervor. Somit war die Abt. XII bereits vor dem Erlass der „Traditionspflegeordnung" durch Mielke auf diesem Gebiet tätig, doch nun wurde die Traditionsarbeit in einem „Traditions- und Fachkabinett" institutionalisiert – im Vergleich mit anderen Diensteinheiten „relativ frühzeitig"[440], wie Tausch meint.

Inhaltlich reproduzierte Tausch in seiner Diplomarbeit das im MfS herrschende Bild einer Traditionsarbeit, die einerseits der Vermittlung „eines klaren, aktuellen und aufgabenbezogenen Feindbildes"[441] zu dienen hatte. Auf der anderen Seite sollte sie dazu beitragen, „daß die Mitarbeiter motiviert und emotional berührt zu leidenschaftlichen, relativ starkem und länger anhaltendem alle ihre Kräfte auf ein Hauptziel ausgerichtetes Engagement"[442] ihrer Arbeit nachgingen. Außerdem sollte den Angehörigen der Diensteinheit mit Hilfe der Traditionsarbeit die „hohe Vertrauensstellung"[443], die sie durch ihre Tätigkeit besaßen, bewusst werden. „Ordnungsfaktor XII" und „Geheimniszentrale" sind die Begriffe, mit denen Tausch, vermutlich als Zitate, die Rolle seiner Abteilung beschreibt.

437 Vgl. BStU, KKK Tausch.

438 Abt. XII/Leiter Roth, Schreiben an HA KuSch/Hauptaußenstelle I/Oberst Brückner betr. Thema zur Anfertigung der Diplomarbeit, 27.11.1987, BStU, MfS, Abt. XII Nr. 4052, S. 23f.

439 Vgl. im Folgenden Wolfgang Tausch, Erfordernisse, Möglichkeiten und Wege der Traditionspflege in der Abteilung XII des MfS zur Unterstützung einer wirkungsvollen tschekistischen Erziehung sowie der qualifizierten fachspezifischen Aus- und Weiterbildung der Angehörigen der Diensteinheit, Diplomarbeit an der Hochschule des MfS, 31.5.1989, BStU, MfS, JHS Nr. 21522, S. 1–125.

440 Ebd., S. 19.

441 Ebd., S. 64.

442 Ebd., S. 65.

443 Ebd., S. 26.

Die Diplomarbeit, die in der Abt. XII eher Enttäuschung hervorrief und nur mit „befriedigend" bewertet wurde,[444] bietet sich vor allem durch ihren Anhang als Quelle für die Entwicklung der Abt. XII an.[445] Hier dokumentierte der Autor eine Befragung, die er unter 50 Mitarbeitern der Abteilung zum Thema „Traditionspflege" durchgeführt hatte – fast alle hatten zuvor das Traditionskabinett der Abteilung besucht. Insbesondere die zum Teil deutlich differierenden Antworten von Mitarbeitern unterschiedlicher Altersgruppen sind dabei auffällig. So erklärten 83 % der über 41-Jährigen, erneut das Kabinett besuchen zu wollen, während dies bei den 21- bis 30-Jährigen nur 57 % erklärten. Auf die Frage, ob sie daran interessiert seien, sich näher mit Erlebnisberichten früherer Mitarbeiter zu beschäftigen, lehnten dies 71 % der jungen Mitarbeiter ab – unter den älteren waren es nur 33 %. Die Antworten auf sieben Fragen zu Ereignissen und Personen aus der Abt. XII zeigen, dass die jungen Mitarbeiter wesentlich weniger als ihre älteren Kollegen über die Geschichte der Abteilung wussten – selbst das Jahr der Gründung der Abteilung konnten von ihnen nur 43 Prozent (gegenüber 67 % der älteren) nennen. Schließlich offenbaren auch die Antworten nach gewünschten Formen der Traditionspflege Unterschiede zwischen den Altersgruppen. So befürworten beispielsweise weitaus mehr ältere als jüngere Mitarbeiter eine Erweiterung des Traditionskabinetts und eine weitere Erforschung der Geschichte ihrer Abteilung.

Offensichtlich existierten demnach zwischen den Angehörigen unterschiedlicher Altersgruppen deutliche Differenzen im Bewusstsein über die Traditionen der Abt. XII. Die für MfS-Verhältnisse erstaunlich offenen Antworten der Mitarbeiter, die ja abteilungsintern auch als versteckte Kritik an der Traditionsarbeit hätten gedeutet werden können, lassen sich durchaus als Ausdruck der nachlassenden „Prägekraft des kommunistischen Gesellschaftsideals"[446] deuten, wie dies für die jüngere Mitarbeitergeneration im MfS konstatiert worden ist. Die nachrückenden Kader maßen offenbar den Traditionen, die den Älteren so wichtig waren, eine verhältnismäßig geringe Bedeutung bei. Dies lässt sich auch als Resultat einer nachlassenden emotionalen Bindung der jüngeren Mitarbeiter an die Geheimpolizei verstehen, wie sie auch in einem Kaderbericht aus dieser Zeit deutlich wird: „Insgesamt ist einzuschätzen, dass ein eigener Drang zur weiteren Entwicklung durch die jungen Angehörigen wenig zu verspüren ist. Ursachen werden in der Vielfalt der auf sie einwirkenden politisch-fachlichen Probleme[,] der nach festen Vorschriften ablaufende, ständig gleichförmig wie-

444 Vgl. JHS/Sektion Marxismus/Leninismus/Lehrstuhl Geschichte der deutschen Arbeiterbewegung und des MfS/Rosulek [Abt. XII] u. Löther, Gutachten zur Diplomarbeit des Gen. Hptm. Tausch, 27.9.1989, BStU, MfS, Abt. XII Nr. 5898, S. 3 f. Vgl. auch Abt. XII/AKG/Rosulek, Schreiben an JHS/Lehrstuhl Geschichte/Major Löther betr. die Diplomarbeit des Gen. Tausch, 8.8.1989, BStU, MfS, Abt. XII Nr. 5898, S. 1 f.

445 Vgl. im Folgenden ebd., S. 68–123.

446 Gieseke, „Genossen", S. 232.

derkehrende Arbeitsprozeß[,] eine noch geringe Lebenserfahrung einschließlich einer guten materiellen Geborgenheit gesehen."[447]

Neben den Unterschieden bei der Bewertung der Traditionsarbeit fällt in den Daten zu Tauschs Umfrage eine weitere Abweichung zwischen den Altersgruppen auf. Während 10 % der jungen Mitarbeiter wünschen, dass die Arbeit ihrer Abteilung den operativen Diensteinheiten stärker als bisher erläutert werden solle, fordert dies keiner aus der mittleren und der älteren Altersgruppe. Konträr dazu das Meinungsbild beim Schlagwort „mehr den ‚XII-er Stolz' d. MA herausbilden/ausprägen" – dies verlangen acht Prozent der älteren, aber keiner der jungen und mittleren Mitarbeiter. So unterschiedlich die Ergebnisse in dieser Frage sind – zusammengenommen zeigen sie einen nicht zu vernachlässigenden Teil von Mitarbeitern, die mit dem Selbstbild ihrer Diensteinheit offenbar unzufrieden waren. Auch die Traditionsarbeit konnte wohl an dem Empfinden der Mitarbeiter, sich mit ihrer Abteilung innerhalb des MfS in der Defensive zu befinden, nichts ändern.

Das Ende der Abt. XII

„Die faktisch letzten Reserven müssen für die angewiesenen Überprüfungen der Ausreisen nach bzw. durch Ungarn aufgebraucht werden"[448], fasste Oberst Roth in einem Brandbrief, den er im Oktober 1989 an den Leiter der ZAIG sandte, die dramatische Situation in seiner Abteilung zusammen. Die EDV-Anlagen waren völlig überlastet, zeitweise musste sogar auf die manuelle Karteiüberprüfung zurückgegriffen werden – ein Verfahren, das eigentlich nur noch im Verteidigungsfall hätte zum Einsatz kommen sollen. In der Not schlug Roth grundlegende Änderungen des Überprüfungsprozesses vor, deren Umsetzung an die Substanz der Überwachungstätigkeit des MfS gerührt hätte. So regte Roth an, Reiseanträge, die einen wichtigen Posten beim Anstieg der EDV-Arbeit bildeten, nur noch im Fall ausgewählter Altersgruppen zu bearbeiten. Außerdem solle untersucht werden, ob tatsächlich alle auf Reiseanträgen genannten Personen („Reisender und Reiseziel") überprüft werden müssten oder ob man nicht auch hier eine Reduzierung des Aufwandes vornehmen könnte.

Die Überlastung der Abt. XII im Sommer/Herbst 1989 zeigt, dass Roth und seine Mitarbeiter kaum noch in der Lage waren, die Mobilisierung der Gesellschaft, wie sie in dieser Zeit immer deutlicher wurde, vollständig nachzuzeich-

447 Abt. XII/2/Leiter Hamich, Bericht über die Erfüllung der Aufgaben der Kaderarbeit in der Abteilung XII/2 im Jahre 1988, 11.10.1988, BStU, MfS, Abt. XII Nr. 4415, S. 144–157, hier S. 151 f.

448 Abt. XII/Leiter Roth, Schreiben an ZAIG/Leiter betr. EDV-Kapazität für die Abteilung XII, 20.10.1989, BStU, MfS, AS 398/89, S. 16–19, hier S. 16. Vgl. dort auch im Folgenden.

Abb. 21: Die Leitung der Abt. XII im Jahr 1989: Oberst Heinz Roth mit seinen Stellvertretern Oberst Joachim Moschner und Oberst Raimund Bartl und dem Parteisekretär Major Ulrich Tischler (v. l.).

nen. Nicht zuletzt angesichts der großen Zahl von Menschen, die über Ungarn und Polen in den Westen flohen oder denen man zumindest solche Fluchtgedanken zutraute, verstopften die „Informationsflüsse", für die die Abt. XII einen zentralen „Knoten"[449] darstellte – die wachsende Zahl von Informationen und Anfragen überforderte die Abteilung. Die finale Krise der DDR war spätestens jetzt in den Speichern der Abt. XII angekommen.

Auch die Mitarbeiter der Abteilung zeigten sich offenbar zunehmend verunsichert angesichts der Ereignisse im Land. So notierte der Leiter der Abt. XII/5, Major Klaus Bresemann, Mitte Oktober 1989 in seinem Kaderbericht: „Erscheinungen der PID[450] sind im Kollektiv nicht zu verzeichnen. Doch es ist zu beachten, daß eine Reihe von Angehörigen bewusst zeitweilig oder ständig Sendungen des Rundfunks und Fernsehen der BRD als Informationsquelle aufnimmt. Einige Gen[ossen] machen daraus keinen Hehl und es resultieren des öfteren Fragen zu aktuell-politischen Ereignissen aus dieser Tatsache. Die Ursache

449 Ist-Zustandsanalyse der Abt. XII, 1.12.1969, BStU, MfS, Abt. XII Nr. 4535, S. 131–224, hier S. 135.

450 Unter „Politisch ideologischer Diversion" (PID) verstand das MfS die kritische Beschäftigung mit der Politik der SED und der Staatsorgane. Eine solche Beschäftigung wurde als vom Westen – insbesondere mittels westlicher Medien – gesteuerte Kampagne angesehen, die den Sturz der DDR-Machthaber zum Ziel hatte.

liegt sicher in einer bestimmten Unzufriedenheit der Berichterstattung unserer Medien." Keinesfalls dürfe, so Bresemann, das Verhalten der Mitarbeiter allerdings als Gefahr für die Geheimpolizei angesehen werden: „Feststellungen, daß dabei politisch-ideologische Grundüberzeugungen oder parteiliche Haltungen erodiert sind, bzw. werden, gibt es jedoch nicht. [...] Es kann nicht von einem Vertrauensschwund zur Politik unserer Partei bei diesen Mitarbeitern gesprochen werden."[451]

Nur vier Wochen später hatte sich das Bild grundlegend gewandelt. Wie massiv das Regime seine Bindungskraft selbst innerhalb des Milieus der „sozialistischen Dienstklasse" verlor, zeigte sich nicht zuletzt an den Erosionserscheinungen im privaten Umfeld der Abt. XII. In den Tagen unmittelbar nach dem Fall der Mauer häuften sich Mitteilungen, in denen Mitarbeiter über Besuche von engsten Familienangehörigen in West-Berlin berichteten.[452] Die jahrzehntelang gepflegte Absicherung der Familien gegen westliche Einflüsse brach innerhalb kürzester Zeit in sich zusammen. Noch immer betrachteten die Mitarbeiter es allerdings als ihre Pflicht, derartige Westkontakte, die ihnen vor dem 9. November 1989 erhebliche Probleme bereitet hätten, ihren Vorgesetzten zu melden.

Nicht zuletzt angesichts ihrer nach Westen reisenden Verwandten dürfte sich unter den Mitarbeitern zunehmend das Gefühl verbreitet haben, abgeschnitten von den Vorgängen „draußen" zu sein. Daher überrascht es nicht, dass der Sekretär der SED-APO 2, Hauptmann Ingelore S., vier Tage nach dem Fall der Mauer ein Radio beantragte, „um tagsüber die Nachrichten verfolgen und [ihre] Genossen aktuell informieren zu können"[453]. Und schließlich wurde sogar das Speiseangebot in den MfS-Kantinen reduziert, wie die VRD dem Leiter der Abt. XII am 22. November 1989 mitteilte – die „auftretenden Verluste durch nicht verkaufte Mittagessen [seien] nicht mehr ökonomisch und moralisch vertretbar"[454].

Es war in der Tat ein „äußerst komplizierte Lage"[455], wie ein Mitarbeiter der Abt. XII/2 während einer Beratung am 12. Dezember 1989 notierte. „Bisher" sei es „gelungen, die Archive und Kartei zu sichern", doch müsse der „Schutz des Objektes weiter [ausgebaut]" werden – in der Abt. XII herrschte Belagerungszustand.

451 Abt. XII/5/Leiter Bresemann, Bericht über die Erfüllung der Aufgaben der Kaderarbeit im Jahr 1989, 12.10.1989, BStU, MfS, Abt. XII Nr. 4746, S. 4–18, hier S. 12.

452 Vgl. zum Beispiel Erika S[...], Information, 11.11.1989, BStU, MfS, Abt. XII Nr. 6684, S. 140.

453 Abt. XII/APO 2/S[...], Antrag, 13.11.1989, BStU, MfS, Abt. XII Nr. 6684, S. 145.

454 VRD/1. Stellv. des Leiters Oberst Kraus, Schreiben an den Leiter der Abt. XII betr. Veränderungen der Verpflegungsversorgung der Angehörigen, 22.11.1989, BStU, MfS, Abt. XII Nr. 6279, S. 180 f., hier S. 181.

455 Abt. XII/2, Notiz zu einer Beratung, 12.12.1989, BStU, MfS, Abt. XII Nr. 6684, S. 177 f., hier S. 177.

Unterdessen wurden in der Abteilung die ersten Konzepte für die Zukunft der Diensteinheit entwickelt. Dabei ging es einerseits darum, dem Amt für Nationale Sicherheit – unter diesem Namen fungierte seit Mitte November 1989 das frühere MfS – die Akten und Karteien zu sichern und weiter nutzbar zu halten. Andererseits herrschten in der Abt. XII ebenso wie in anderen Diensteinheiten Existenzängste unter den Mitarbeitern, denen mit Plänen für die künftige Rolle der Geheimpolizei begegnet werden sollte.

In der Abteilung wurden – zum Teil entsprechend zentraler Vorgaben – mehrere Kommissionen gebildet, die sich mit verschiedenen Aspekten des notwendigen Umbaus beschäftigten. So leitete Oberst Roth eine Kommission, die die „Neubestimmung bzw. Qualifizierung der Aufgaben und der Struktur der Abteilung XII"[456] entwickeln sollte. Ein erstes Resultat dieser Überlegungen sandte Roth am 24. November 1989 an die Leiter der ZKG und der ZAIG, Gerhard Niebling und Werner Irmler. In dem Papier wurde eine „neue" Abt. XII entworfen, die allerdings auffallend viele Gemeinsamkeiten mit der „alten" besaß.[457] So wurde prognostiziert, dass die bisherigen Aufgaben – Erfassung, Registrierung, Archivierung und Auskunftserteilung – im Wesentlichen bestehen bleiben würden. Nur der Umfang der Aufgaben würde sich reduzieren, beispielsweise durch den Wegfall der Überprüfungen im grenzüberschreitenden Reiseverkehr, die bislang 50–60 % des Gesamtüberprüfungsaufkommens ausmachten. Eine größere Bedeutung würden jedoch „bestimmte Auswertungs- und Aufbereitungsaufgaben, vor allem zu Archivmaterialien"[458] erhalten.

Das größte Einsparpotential sah man in den Bezirksämtern des Amtes für Nationale Sicherheit. Da künftig alle Unterlagen in der Berliner Zentrale dauerhaft archiviert werden sollten, würden vor Ort nur noch „Zwischenarchive" existieren. Vor allem aber sollten sämtliche Karteien und EDV-Speicher und die Mikroverfilmung ebenfalls in Berlin zentralisiert werden. Die Folge wäre ein Personalabbau von etwa 50 % in den früheren Bezirksverwaltungen. In der Zentrale solle dagegen, so das Konzept, die Mitarbeiterzahl nur um rund ein Viertel auf ca. 250 reduziert werden. Die gestiegene Bedeutung des Archivbereichs lässt sich daran erkennen, dass statt der bisherigen Zahl von rund 50 Mitarbeitern nun 70 vorgesehen waren.

Auch zum Prozess der Umgestaltung der Abteilung machte man sich intensive Gedanken. Für die erste Etappe, die bis Mitte 1990 dauern sollte, erwartete man „in großem Umfang Lösch- und Änderungsprozesse im Personendatenspeicher sowie außerordentlich zahlreiche Archivierungen"[459] auf die Abteilung

456 Abt. XII/Leiter Roth, Schreiben betr. Lösung von Aufgaben zur Stärkung des Amtes für Nationale Sicherheit, 22.11.1989, BStU, MfS, Abt. XII Nr. 6279, S. 175–177, hier S. 176.

457 Vgl. im Folgenden Abt. XII, Vorstellungen zur künftigen Arbeit der Abteilung XII im Amt für Nationale Sicherheit der DDR, 22.11.1989, BStU, MfS, AS 398/89, S. 3–11.

458 Ebd., S. 4.

459 Ebd., S. 8.

zukommen. In der zweiten Etappe, für die man zwei bis drei Jahre veranschlagte, sollte dann die „Freisetzung" von „Kräfte[n] und Material"[460] realisiert werden. Die dritte Etappe stellte schließlich die künftige, weitgehend zentralisierte Gestalt der Abt. XII dar.

Der Eindruck einer klaren Konzeption, den der Stufenplan zur Umgestaltung der Abteilung zunächst erweckt, erweist sich jedoch spätestens beim Blick auf den zweiseitigen Fragenkatalog des Papiers als Trugbild. Darin bittet der Verfasser um die Klärung weitreichender grundsätzlicher Probleme: Ob die IM-Vorauswahlkarteien in den Bezirksämtern fortgeführt werden sollten, welche Daten in Zukunft zu speichern seien, ob die „lückenlose Erfassung aller Angehörigen und ehemaligen Angehörigen" erhalten bleiben solle, ob die bislang zur EDV-Erfassung parallel erfolgende manuelle Karteiführung eingestellt werden könne, was mit den Speichern XII/01 und XII/02 geschehen solle und ob die Bereitstellung von Vordrucken für die Behörde weiterhin durch die Abt. XII erfolgen müsse. Die Fragen demonstrieren, dass in der Abteilung angesichts der rasanten Entwicklungen im Land alles andere als Klarheit über die eigentliche Arbeit bestand. Zugleich wurde in der Abt. XII versucht, Strategien zu entwickeln, mit denen sich laufende Aktenvernichtungen rechtfertigen und die Inhalte der archivierten Unterlagen über „Andersdenkende" verschleiern ließen. So schlug die Abteilung am 25. November 1989 als Argumentationshilfe vor, dass es entsprechend der „Verordnung über das staatliche Archivwesen der DDR" schon immer gleichsam legale Kassationen gegeben habe. Außerdem seien im MfS nur Akten zu „vorbeugende[n] Sicherungsmaßnahmen" und zur „Aufklärung des Verdachtes der Verletzung von Straftatbeständen" angelegt worden. Auch Fragen nach „Auskünften über getilgte Strafen" sollten abgeblockt werden – dafür sei das MfS nicht zuständig gewesen.[461]

In den folgenden Wochen verlor das Führungspersonal der Abt. XII jedoch zunehmend an Handlungsfähigkeit. Die Bildung des Zentralen Runden Tisches, die beginnenden Besetzungen von Einrichtungen des MfS, der Rücktritt des Kollegiums, die Auflösung des AfNS, der Verzicht auf Gründung eines Verfassungsschutzes aus den Überresten des MfS und schließlich die Stürmung der Berliner Zentrale des MfS am 15. Januar 1990 bildeten den Hintergrund für den schrittweisen Übergang, den die von der Abt. XII verwalteten Bestände auf dem Weg zu einem „normalen" Archiv nahmen.

Als neuer Akteur trat Anfang Dezember 1989 das Zentrale Staatsarchiv auf den Plan. Dessen Direktorin Elisabeth Brachmann-Teubner wandte sich an den zwischenzeitlichen Leiter des AfNS, Wolfgang Schwanitz, der sich am 7. Dezember 1989 öffentlich über Aktenvernichtungen in seiner Behörde geäußert hatte. Sie berief sich auf die „gesamtstaatliche Aufgabe" ihres Archivs, die ge-

460 Ebd., S. 9.

461 Abt. XII, Vermerk, 25.11.1989, BStU, MfS, Abt. XII Nr. 55, S. 15.

gen die „Politik der Reißwölfe" gerichtet sei.[462] Brachmann-Teubner verlangte erstens die Rückgabe von Archivmaterialien aus der Zeit des Nationalsozialismus, die im Zuge der Arbeit der HA IX/11 in das MfS gelangt waren, eigentlich jedoch dem Zentralen Staatsarchiv gehörten. Zweitens bot die Direktorin „Hilfe und Unterstützung" bei der „Lösung der aktuellen und der mit der Verwaltungsreform verbundenen Dokumentensicherung"[463] an. Dazu zählte auch die „Übernahme besonders wertvollen, vertraulichen bzw. stark gefährdeten Archivgutes durch das Zentrale Staatsarchiv". Schließlich führte Brachmann-Teubner Schwanitz in die Grundlagen archivrechtlicher Arbeit ein: „International ist es üblich, für besonders sensible staatliche Bereiche, aber auch für die Interessen jedes einzelnen Bürgers Datenschutzvorschriften zu fixieren, die eine unbefugte Einsichtnahme in Unterlagen oder deren mißbräuchliche Nutzung verhindern soll." Zur „Information und um Analogien zu finden" legte die Direktorin ihrem Schreiben entsprechende Festlegungen des Nationalarchivs der USA bei.

Das Schreiben Brachmann-Teubners markierte einen Wendepunkt im Umgang mit den Akten des MfS. Im Zuge der Ereignisse, die das gesamte Land ergriffen, beanspruchten die staatlichen Archiveinrichtungen diejenigen Kompetenzen, die ihnen das MfS in den vorangegangenen Jahrzehnten in zentralen Bereichen der Aktenüberlieferung verwehrt hatte. Vertreter der Staatlichen Archivverwaltung entwickelten weitergehende Pläne für die Hinterlassenschaften des MfS, so insbesondere die „Konzeption für die zivile Unterstellung der Archive des Amtes für nationale Sicherheit"[464]. Dieses Papier spiegelt den neuen Anspruch, den das staatliche Archivwesen nun gegenüber dem MfS erhob. „Die

462 Zur Vernichtung von Akten 1989/90 vgl. Roland Lucht, „Ablagen liquidieren – ‚spezifische' Vorgänge tragfähig gestalten". Schriftgutvernichtung des MfS während der „Wende" und der Auflösungsphase der Staatssicherheit, in: Dagmar Unverhau (Hg.), Hatte „Janus" eine Chance? Das Ende der DDR und die Sicherung einer Zukunft der Vergangenheit, Referate der Tagung der BStU in Zusammenarbeit mit der Museumsstiftung Post und Telekommunikation sowie dem Bundesarchiv vom 27.–29.11.2002 in Berlin, Münster 2003, S. 81–97; Dagmar Unverhau, Zerreißen, vernichten, verlagern, verschwinden lassen. Die Aktenpolitik der DDR-Staatssicherheit im Zeichen ihrer „Wende" 1989, in: Archive und Herrschaft. Referate des 72. Deutschen Archivtages 2001 in Cottbus, Siegburg 2002, S. 174–210; Klaus Bästlein, Der Kampf um die Akten. Die Vernichtung von Unterlagen der Staatssicherheit 1989/90, in: DA 43 (2010), H. 5, S. 830–837.

463 Zentrales Staatsarchiv/Der Direktor Brachmann-Teubner, Schreiben an den Ministerrat der DDR/AfNS/Schwanitz betr. Archivgutsicherung in den zentralen Staatsorganen der DDR einschließlich des Amtes für Nationale Sicherheit, 8.12.1989, BStU, MfS, Abt. XII Nr. 3744, S. 247–249, hier S. 249. Dort auch die folgenden Zitate. Zu dem Schreiben vgl. auch Unverhau, Zerreißen, S. 176.

464 Ministerium des Innern/Staatliche Archivverwaltung, Konzeption für die zivile Unterstellung der Archive des Amtes für nationale Sicherheit, [8.12.1989], BStU, MfS, Abt. XII Nr. 55, S. 12–14. Vgl. dazu auch Dagmar Unverhau, Das „NS-Archiv" des Ministeriums für Staatssicherheit. Stationen einer Entwicklung, Münster 2004^{2}, S. 119–122.

Archive des Amtes für nationale Sicherheit (End- und Verwaltungsarchive) werden der Staatlichen Archivverwaltung des MfIA zugeordnet", heißt es darin selbstbewusst. Allerdings wird in der Konzeption auch die – aus verständlichen Gründen – weitgehende Unkenntnis über das „Archiv" des MfS deutlich. So betonte der Verfasser, bei dem es sich offenbar um den stellvertretenden Leiter der Staatlichen Archivverwaltung Reinhard Kluge handelt,[465] dass die „archivfachlichen Mitarbeiter [...] an ihren Arbeitsplätzen" bleiben sollten. Vor allem aber sei zu gewährleisten, „daß das gesamte dienstliche Schriftgut einschließlich VS aus den Sekretariaten und anderen aktenführenden Stellen vollständig und geordnet und verzeichnet an die Außenstellen der Staatsarchive übergeben werden". Tatsächlich erhielten die staatlichen Archivare und die ebenfalls in die Umgestaltung involvierten Vertreter des Bürgerkomitees erst in den folgenden Monaten einen realen Eindruck von Form, Inhalt und Überlieferung des in der Abt. XII gesammelten Materials.

Die Entstehung der „Konzeption" weist darüber hinaus auf den gleichzeitig erfolgenden Umbruch im Archivwesen der DDR hin. So notierte Kluge auf dem Entwurf des Papiers: „8.12.89 Gen. Leipold vorgelegt, der ablehnt. 11.12. Gen. Dr. Herzog vorgelegt. Dieser trägt das Problem GL Schmalfuß[466] vor. Positive Reaktion".[467] Offensichtlich hatte der Leiter der Staatlichen Archivverwaltung und OibE des MfS, Roland Leipold, der zudem ja früher selbst Leiter der Abt. XII gewesen war, zu diesem Zeitpunkt bereits keine Macht mehr, um die von den Archivaren entwickelten Ideen zur Übernahme der MfS-Unterlagen abzuwehren, zumal bereits seit längerer Zeit feststand, dass er Ende 1989 in Rente gehen sollte.[468]

In der Abt. XII begann man dagegen im Laufe des Dezembers notgedrungen Sympathien für die Übernahme durch das Zentrale Staatsarchiv zu entwickeln. Zwar hatte man offenbar zunächst an eine „generelle bzw. selektive Vernichtung einzelner Bestände" gedacht. Diese Variante schied jedoch „angesichts bestehender Rechtsvorschriften der DDR und der aktuellen politischen Lage" aus. „Aufgrund des Umfangs des Archivgutes" sei eine solche Vernichtung „nur im Rahmen einer größeren öffentlichkeitswirksamen Aktion in einer großen Papiervernichtungsanlage [...] möglich"[469]. Die Mitarbeiter schreckten demnach vor möglichen Protesten der Bevölkerung zurück – der Abtransport der riesi-

465 Dies legt das handschriftliche Kürzel Kluges auf dem Entwurf nahe, vgl. BArch DO 1 22.0 2381, S. 1–3, hier S. 3.

466 Generalleutnant Karl-Heinz Schmalfuß, stellvertretender Innenmister der DDR.

467 BArch DO 1 22.0 2381, S. 1–3, hier S. 3. Den Hinweis verdanke ich Roland Lucht.

468 Vgl. den Beitrag „Aufstieg und Fall eines ‚Unfehlbaren'" von Ralf Blum und Philipp Springer in diesem Band.

469 Abt. XII, Konzeption zur Auflösung der Abteilung XII des AfNS, 14.12.1989, BStU, MfS, HA KuSch Nr. 21184, S. 2–4, hier S. 2. Als Ort für die Vernichtung wurde der VEB Papier- und Kartonwerke Schwedt in Erwägung gezogen, vgl. ebd.

gen Bestände wäre nicht zu realisieren gewesen, ohne dass die mittlerweile sensibilisierte Öffentlichkeit davon erfahren hätte. So trug der große Umfang des vom MfS archivierten Materials letztlich dazu bei, dass erhebliche Teile davon der Vernichtung entgingen. Die Höhe der „Aktenberge" verhinderte demnach das geräuschlose Verwischen der Spuren – das MfS wurde „Opfer" der eigenen Sammelwut.

So ging man in der Abt. XII also mit den Vorstellungen des Zentralen Staatsarchivs „konform"[470] und schlug vor, die MfS-Bestände – einschließlich der Gebäude – diesem Archiv als „Sonderarchiv (Hauptstaatsarchiv)" zuzuordnen. Folgt man der „Konzeption zur Auflösung der Abteilung XII des AfNS" vom 14. Dezember 1989, die Oberst Joachim Moschner, 1. Stellvertreter des Leiters der Abteilung, an Generalleutnant Günter Möller sandte,[471] so war auch Leipold inzwischen auf diese Linie eingeschwenkt. Ganz offensichtlich hofften die Vertreter des MfS, auf diese Weise weiterhin die Verfügungsgewalt über die Akten und damit ihre Daseinsberechtigung zu behalten: „Mit diesem Sonderarchiv", so die Konzeption weiter, „würden Voraussetzungen geschaffen, das mit der Auflösung des AfNS übernommene Schriftgut unter Federführung der Staatlichen Archivverwaltung aufzubereiten, zu bewerten bzw. zu kassieren und in den staatlichen Archivfonds einzuordnen. [...] Die Aufbereitung durch das Zentrale Staatsarchiv müßte unter Einbeziehung der Staatsanwaltschaft und Vertreter der jeweiligen Organe bzw. ihrer Rechtsnachfolger, die Archivgut eingelagert haben, erfolgen."[472]

Die Übernahme sollte, so die Vorstellungen der Abt. XII, unter Mitwirkung eines Teils ihrer Mitarbeiter geschehen. Diese Frage rückte bei den weiteren Debatten zunehmend in den Vordergrund. Dabei ging es wohl nicht nur darum, ehemalige MfS-Angehörige als „Herrscher" über die Akten zu installieren, auch wenn dieses Motiv sicherlich von zentraler Bedeutung gewesen sein dürfte. Darüber hinaus dürften sich die Mitarbeiter aber in wachsendem Maße Sorgen um ihre persönliche Zukunft gemacht haben – 55 von ihnen waren am 9. Januar 1990 noch in der Behörde verblieben, während ihre Kollegen bereits in den zivilen Bereich oder zu anderen Behörden gewechselt waren.[473] Joachim Moschner, seit 1. Januar 1990 Nachfolger Roths als Leiter der Abt. XII, setzte den rapiden Verlust an Personal sogar als Druckmittel ein und drohte am 5. Februar 1990 damit, dass „bei einer weiteren Verzögerung der Entscheidung über die zumindest vorläufige Rechtsnachfolge für die Archiv- bzw. Schriftgutbestände" schon in wenigen Tagen keine „weitere Archivierung des Schriftgutes" mehr

470 Ebd.

471 Vgl. Abt. XII/1. Stellv. des Leiters Moschner, Begleitnotiz, undat., BStU, MfS, HA KuSch Nr. 21184, S. 1.

472 Abt. XII, Konzeption zur Auflösung der Abteilung XII des AfNS, 14.12.1989, BStU, MfS, HA KuSch Nr. 21184, S. 2–4, hier S. 3.

473 Vgl. die Aufstellung in BStU, MfS, Abt. XII Nr. 6279, S. 200 f.

Verfassungsschutz der DDR
Leiter

BSTU
0001

Berlin, 22. 12. 1989
BdL/376/89

Ex.-Nr.: 0030

Diensteinheiten
Leiter

<u>Einstellung der Tätigkeit der Abteilung XII</u>

Im Zusammenhang mit der Auflösung des Amtes für Nationale Sicherheit ist mit sofortiger Wirkung die Tätigkeit der Abteilung XII eingestellt.

Somit entfallen grundsätzlich alle bisherigen Möglichkeiten der Überprüfung, Erfassung, Registrierung, Archivierung und Auskunftserteilung in dieser Diensteinheit. In begründeten Ausnahmefällen - soweit sich eine Nutzung der bisherigen Möglichkeiten der Abteilung XII zwingend erforderlich macht - ist hierzu meine Genehmigung bzw. die des Genossen Niebling einzuholen.

Im Zusammenhang mit der Bildung des Verfassungsschutzes der DDR werden neue Voraussetzungen und entsprechende Regelungen geschaffen.

Engelhardt

Abb. 22: Heinz Engelhardt, Leiter des kurzzeitig existierenden und aus dem MfS hervorgegangenen Verfassungsschutzes der DDR, erklärte am 22. Dezember 1989 die „Einstellung der Tätigkeit der Abteilung XII".

möglich sei und keine Anfragen von Staatsanwaltschaften und Gerichten mehr bearbeitet werden könnten. Da die betreffenden Kader „gegenwärtig neue Arbeitsrechtsverhältnisse vorbereiten“ würden, müsse es umgehend „verbindliche Sofortentscheidungen“[474] über die Zukunft der Mitarbeiter geben.

Zu diesem Zeitpunkt existierte die Abt. XII bereits nicht mehr. Am 22. Dezember 1989 hatte der Leiter des neu gebildeten Verfassungsschutzes der DDR, Heinz Engelhardt, den Leitern der Diensteinheiten die „Einstellung der Tätigkeit der Abteilung XII“[475] mitgeteilt: „Somit entfallen grundsätzlich alle bisherigen Möglichkeiten der Überprüfung, Erfassung, Registrierung, Archivierung und Auskunftserteilung in dieser Diensteinheit.“ Er kündigte an, dass „mit Bildung des Verfassungsschutzes der DDR [...] neue Voraussetzungen und entsprechende Regelungen geschaffen“ würden. Dazu kam es nicht mehr. Spätestens mit der Erstürmung der MfS-Zentrale in Berlin am 15. Januar 1990, bei der die Speicher der Abt. XII unbehelligt blieben, begann der langwierige Prozess der Sicherung und der Öffnung der Akten, die fast vierzig Jahre lang das Gedächtnis der Staatssicherheit gebildet hatten.

Sechs Tage nach der Erstürmung tagte erstmals die „Arbeitsgruppe 2 – Akten“ des Bürgerkomitees Berlin für die Auflösung des AfNS.[476] Neben Vertretern der Staatlichen Archivverwaltung, des Bürgerkomitees, der ZAIG und der HA IX/11 waren auch drei Mitarbeiter der Abt. XII anwesend: Joachim Moschner, seit 1. Januar 1990 Nachfolger Roths als Leiter der Abt. XII, Joachim Hinz, Leiter der Abt. XII/1 und oberster Archivar des MfS, und Ulrich Tischler, Leiter des Ref. 3 der Abt. XII/Archiv. Folgt man dem Protokoll der Sitzung, gaben Moschner und Hinz einen Überblick über die Arbeit ihrer Abteilung und den Umfang der archivierten Unterlagen. Sie erläuterten die Richtlinien, die die Grundlage ihrer Tätigkeit gebildet hatten, bezifferten den Umfang der Akten auf 18.000 lfm, hoben die technische Ausrüstung des Archivgebäudes hervor und erwähnten, dass die „Vernichtungsanlage für Trockenvernichtung im Haus 8/9“ bis zum 4. Dezember 1989 im Einsatz gewesen sei. „Im Anschluss an die Beratung“, so der Schluss des Protokolls, „fand von 17.30–19.00 Uhr eine Archivbesichtigung (Aktenverwahrungsraum, Karteikartenraum, Datenerfassungsstelle, Aktenvernichtungskeller) statt.“ Eine neue Zeit hatte begonnen.

474 Abt. XII in Auflösung, Schreiben an Engelhardt mit Bitte um Weiterleitung an den Regierungsbeauftragten Generaloberst Peter, 5.2.1990, BStU, MfS, Abt. XII Nr. 3744, S. 70f.

475 Verfassungsschutz der DDR/Leiter Engelhardt, Schreiben an die Leiter der Diensteinheiten betr. Einstellung der Tätigkeit der Abteilung XII, 22.12.1989, BStU, MfS, ZAIG Nr. 7955, S. 7.

476 Vgl. im Folgenden Bürgerkomitees Berlin für die Auflösung des AfNS/Arbeitsgruppe 2 – Akten, Protokoll über die 1. Konstituierende Beratung der gemischten Kommission der Arbeitsgruppe 2 – Akten am 23.1.90, 25.1.1990, BArch DO 1 22.0 2381, S. 93–95.

Resümee

„Unsere Arbeit dürfen wir niemals als eine tote, starre Arbeit sehen, sondern wir müssen erkennen, daß hinter jedem Suchauftrag, den wir überprüfen, hinter jeder Karteikarte, die wir einlegen, ein Mensch steht."[477] Der namentlich nicht bekannte Autor eines Referats über den Aufbau und die Entwicklung der Zentralen Personenkartei der Abt. XII sah in dieser Erkenntnis naturgemäß keinen Anlass, über die moralisch-ethischen Konsequenzen seines Handelns und das seiner Kollegen nachzudenken. Vielmehr leitete er daraus die große Bedeutung ab, die die Arbeit der Abteilung seiner Ansicht nach im MfS besitze: „Von unserer Auskunft und Information sind operative Entscheidungen abhängig. Eine fehlerhafte Auskunftserteilung kann der operativen Arbeit großen Schaden zufügen, kann zu falschen Maßnahmen führen, was für uns selbst nicht sichtbar wird. Das sollten wir immer in den Vordergrund unserer gesamten Tätigkeit stellen und deshalb die Aufgaben der Abteilung XII nicht als monotone, abseitig von der operativen Arbeit am Feind stehende Arbeit sehen. Die Erfolge der operativen Diensteinheiten sind auch unsere Erfolge, wir können sie mit unserer Arbeit fördern aber auch hemmen." Seine Abteilung betrachtete der Mitarbeiter dementsprechend als „Herzstück im Gesamtsystem des MfS"[478].

Wenig überraschend entstand eine solche Selbstbeschreibung Mitte der 1970er-Jahre und damit in einer Zeit, in der sich die Abt. XII am Scheitelpunkt ihrer Entwicklung befand. Waren die 1950er-Jahre von einem schwierigen Aufbauprozess mit erheblichen Personalproblemen und von einer geringen Akzeptanz bürokratischer Strukturen geprägt, so hatte sich dies im Laufe der 1960er-Jahre geändert. Insbesondere die Einführung neuer technischer Möglichkeiten, aber auch der Eintritt einer jungen Generation von Mitarbeitern veränderte die Abteilung nachhaltig. Der Einsatz von Kerblochkartei-Systemen[479], Kopiergeräten und später auch von Computern schuf völlig neue Grundlagen für die Arbeit der Abteilung – die Abt. XII schien sich zur Speerspitze der Modernisierung geheimpolizeilicher Arbeit zu entwickeln.

Den Hintergrund für diese Entwicklung lieferte der wachsende Stellenwert, den die Informationsgewinnung und damit auch die Verwaltung dieser Informationen im MfS erhielten. Dies war nicht zuletzt Resultat der grenzenlosen Erwartungen, die die Modelle der auch in der DDR euphorisch debattierten und vor allem auf Fragen der „Informationssysteme" beruhenden Kybernetik ausgelöst hatten. „Überall, wo es sich um die Steuerung, die zweckmäßi-

477 [O.A.], Der Aufbau der Zentralkartei und ihre Entwicklung – Die Bedeutung der zentralen Personenkartei zur Gewährleistung der Informationsaufgaben (Vortragsmanuskript), 28.4. 1976, BStU, MfS, Abt. XII Nr. 683, S. 105–123, hier S. 122f. Dort auch das folgende Zitat.

478 Ebd., S. 106.

479 Vgl. den Beitrag „Karteien, Speicher, Datenbanken" von Roland Lucht in diesem Band.

gen Prozesse, die wirksamsten, genauesten und rentabelsten Wege zur Erreichung des Ziels handelt, begegnen wir der Kybernetik und ihren Gesetzen"[480], hieß es beispielsweise in der 1967 veröffentlichten Schrift „Die Kybernetik im Kampf gegen die Kriminalität". Die Kybernetik, die als „Wissenschaft von den allgemeinen Gesetzmäßigkeiten der Steuerungsprozesse und der Informationsübertragung in Maschinen, lebenden Organismen und ihren Vereinigungen" definiert wurde, galt als umfassender Lösungsansatz für fast alle zeitgenössischen Fragen in Technik und Gesellschaft. Auch das MfS durfte da nicht fehlen – die Geheimpolizei sollte mit Methoden, die den kybernetischen Modellen zugrunde lagen, die Arbeit von Staat und Partei unterstützen.[481] Dementsprechend sah etwa eine Kommission der AGM, die 1967 Probleme bei der Vorbereitung des EDV-Einsatzes in der Abt. XII und anderen Abteilungen untersuchen sollte, ihre Rolle darin, „die Aufgabenstellung und Arbeitsprozesse der Abteilung XII vom kybernetischen Standpunkt her als spezifische Prozesse und Seiten der Informationstätigkeit anzusehen und zu behandeln"[482]. Und der Leiter der Abt. XII, Oberst Reinhold Knoppe, absolvierte 1964/65 gar ein „Studium" der Kybernetik und besuchte dabei 24 Lehrveranstaltungen – sein anschließend durchlaufener Lehrgang in „Datenverarbeitung" umfasste dagegen nur acht.[483]

Doch der Ausbau der Abt. XII war nicht nur Folge des „Booms" eines neuen theoretischen Modells. Mehr und mehr wuchs im MfS – auch nach dem Ende der Kybernetik-Euphorie – die Erkenntnis, dass die von einem wachsenden Ministerium gesammelten zunehmenden Datenmengen auch in immer größeren Informationsspeichern verwahrt und zudem besser organisiert werden mussten. Als „einer der wichtigsten Knoten bzw. Sammelpunkte der Informationsflüsse"[484] im MfS kam der Abteilung dabei eine entscheidende Bedeutung zu. Ausdruck dieser Entwicklung war die Errichtung des Archivzweckbaus an der Magdalenenstraße – Abbild des Herrschaftsanspruchs der Geheimpolizei, wie er in den dort „gelagerten" Informationen zum Ausdruck kam.

480 W.N. Kudrjawzew/A.A. Eisman, Die Kybernetik im Kampf gegen die Kriminalität. Statt einer Vorrede, in: Die Kybernetik im Kampf gegen die Kriminalität, Red.: [Michael] Benjamin, Potsdam-Babelsberg 1967, S. 7–84, hier S. 7.

481 Vgl. Christian Booß, Der Sonnenstaat des Erich Mielke. Die Informationsverarbeitung des MfS: Entwicklung und Aufbau, in: ZfG 60 (2012), H. 5, S. 441–457, hier S. 448f.

482 AGM, Aktenvermerk über eine Beratung zur Einsetzung einer Kommission zur Untersuchung von Problemen der Vorbereitung der Datenverarbeitung im Anleitungsbereich der Arbeitsgruppe des Ministers (Abt. XI, XII, N und 26) am 22.9.1967, 25.9.1967, BStU, MfS, Abt. XII Nr. 4535, S. 49–63, hier S. 56.

483 Vgl. Betriebsakademie des Volkswirtschaftsrates der DDR und der Staatlichen Plankommission, Qualifizierungsnachweise „Kybernetik" und „Einführung in die Datenverarbeitung" für Reinhold Knoppe, 2.3.1965 bzw. 16.6.1965, BStU, MfS, KS I 1/84, Bd. 3, S. 67f.

484 Ist-Zustandsanalyse der Abt. XII, 1.12.1969, BStU, MfS, Abt. XII Nr. 4535, S. 131–224, hier S. 135.

Die Entwicklung der Abt. XII bewegte sich dabei seit Mitte der 1960er-Jahre im Windschatten der Expansion des gesamten MfS. Diese war Folge der Veränderungen, die nicht zuletzt die neue Ostpolitik der Bundesrepublik mit sich brachte: „Das MfS nahm eine zentrale Stellung in allen Bemühungen der SED-Führung ein, die innenpolitischen Konsequenzen der Westöffnung und die damit verbundenen Zugeständnisse zu minimieren. Die Staatssicherheit sollte dem Wandel vorbeugen, den die Annäherung zu bewirken drohte."[485] Dementsprechend berichtete Oberst Heinz Roth 1981 in einem Vortrag vor Mitarbeitern seiner Abteilung von einer Äußerung Mielkes: „Der Genosse Minister schätzte ein, dass heutzutage im Prinzip jede Art der Feindtätigkeit irgendwie mit dem Reiseverkehr verbunden ist."[486] Eine der wichtigsten Folgen der Intensivierung des Reiseverkehrs und seiner zunehmenden Überwachung war aber die Zunahme der vom MfS gesammelten Informationen, die wiederum in der Abt. XII verfügbar gehalten werden mussten.

Doch wichtiger noch als das Speichern der Informationen ist seit jeher das Auswerten von Informationen. Zwar gehörte das Führen der „Statistik" über die Arbeit des MfS ursprünglich zu den Kernaufgaben der Abt. XII, wie sie bei der Gründung der Abteilung festgelegt und im Namen „Abt. Erfassung und Statistik" benannt worden waren. Doch im Laufe der Jahre verschwand dieses Gebiet immer mehr aus dem Arbeitsbereich der Abteilung. Parallel dazu etablierte sich dagegen die ZAIG als diejenige Abteilung, die diese Aufgaben übernahm und sich so zum „‚Funktionalorgan' des Ministers für Staatssicherheit und somit [zur] wichtigste[n] Schaltstelle im MfS"[487] entwickelte. Neben den Fragen der Auswertung und Information zählten auch die „Berichterstattung an die politische Führung" und die „Optimierung der entsprechenden Verfahren und Strukturen im Gesamtapparat des MfS" zu den Tätigkeitsfeldern der ZAIG. Sie führte Kontrollen durch und untersuchte die Effektivität der Arbeit der unterschiedlichen Diensteinheiten, organisierte den Einsatz der EDV und realisierte zusammen mit den Sicherheitsdiensten der „Bruderstaaten" das Datenaustauschsystem SOUD[488]. Angesichts dieses rasanten Aufstiegs der ZAIG (und ihrer Vorläufer) überrascht es nicht, dass ihr 1986 auch die Abt. XII unter-

485 Jens Gieseke, Die hauptamtlichen Mitarbeiter der Staatssicherheit. Personalstruktur und Lebenswelt 1950–1989/90, Berlin 2000, S. 304.

486 Roth, Der Platz und die Stellung sowie die Hauptaufgaben der Linie XII im MfS, Vortrag in Gransee, 1981, BStU, MfS, Abt. XII Nr. 2601, S. 1–49, hier S. 41.

487 Engelmann/Joestel, Zentrale Auswertungs- und Informationsgruppe, S. 5 f. Dort auch die folgenden Zitate.

488 Zu SOUD, dem gemeinsamen Datenspeicher der kommunistischen Geheimpolizeien, vgl. Bodo Wegmann/Monika Tantzscher, SOUD. Das geheimdienstliche Datennetz des östlichen Bündnissystems, Berlin 1996 (Analysen und Berichte 1/96). Die Abt. XII hatte nur am Rande Berührungspunkte mit der Arbeit von SOUD.

stellt wurde. Spätestens seit Ende der 1970er-Jahre hatte sich die Abt. XII mehr und mehr zum ausführenden Organ der ZAIG entwickelt.

Diese institutionelle Unterordnung änderte jedoch nichts daran, dass die Abt. XII Hüterin und Verwalterin der wichtigsten Bereiche des „Informationsschatzes“ und damit ein zentrales Element im Herrschaftsapparat des MfS blieb. Aufgabe der Abteilung war auch weiterhin, das geheimpolizeiliche Wissen zu vernetzen und zu verwahren. Auf diese Weise trug die Abt. XII ganz wesentlich dazu bei, dass das MfS trotz des wachsenden Umfangs der gesammelten Erkenntnisse und der sich daraus entwickelnden Probleme weiterhin arbeitsfähig blieb und auf dieser Basis die Repression der Bevölkerung bis zum Ende umsetzen konnte.

Vor diesem Hintergrund zeigt die Entwicklung der Abt. XII, dass die beiden scheinbar konträren Interpretationsansätze zur Rolle des MfS, die die bisherige Forschung bestimmt haben, nicht unbedingt als Gegensatz gesehen werden müssen. Auf der einen Seite wird bei dieser Kontroverse, wie sie Jens Gieseke vor allem mit Blick auf die Personalentwicklung zusammengefasst hat, die Effizienz des MfS betont, das mit „‚verfeinerten‘ Methoden […] die Herrschaft der SED aufrechterhalten und [damit] dazu beitragen [konnte], das System am Leben zu erhalten“[489]. Eine solche Interpretation lässt sich mit Blick auf die Abt. XII bestätigen. So trug insbesondere der technische Ausbau der Abteilung dazu bei, dass die Geheimpolizei zunehmend schneller und effizienter arbeiten konnte. Informationen ließen sich in größerer Geschwindigkeit dort verfügbar machen, wo der betreffende operative Mitarbeiter sie benötigte. Maßnahmen wie die „schriftlichen Archivauskünfte“ (SAA) ermöglichten zugleich eine ertragreichere Verwertung der archivierten Unterlagen.

Auf der anderen Seite finden sich in der Entwicklung der Abt. XII auch Hinweise darauf, dass das MfS „Ausdruck einer hypertrophen, völlig aus dem Ruder gelaufenen Sicherheitsbürokratie“ war, die „die von ihr produzierten Massen an Informationen gar nicht mehr bewältigen konnte“[490]. So nahm in den 1980er-Jahren der ungedeckte Bedarf an Arbeitskräften in der Abteilung ebenso zu wie die Klagen der Mitarbeiter über die hohe Arbeitsbelastung. Vor allem aber zeigt der insbesondere von der Abt. XII betriebene Versuch, mittels Kassationen die Menge der archivierten Unterlagen zu reduzieren, dass in der Abteilung wohl mancher Mitarbeiter die Gefahr vor den wachsenden Akten- und Informationsbergen erkannt hatte. Angesichts der sehr zögerlichen Umsetzung der Kassationspläne lässt sich erkennen, dass der Apparat nicht in der Lage war, eine grundsätzliche Lösung für die steigenden Informationsberge zu entwickeln und somit tatsächlich „an sich selbst erstickt[e]“. Einer solchen Lösung stand die häufig beschriebene „Sammelwut“ des Ministeriums entgegen. Diese Sam-

489 Gieseke, Stasi, S. 74.
490 Ebd.

melwut war vor allem durch die kaum zu überschätzende Bedeutung von Konspiration und Sicherheit bedingt – jede noch so kleine Information hätte in der Vorstellung des MfS einmal eine Rolle im großen Kampf für den Sozialismus spielen können. Und als im Sommer 1989 die DDR-Gesellschaft schließlich in Bewegung geriet, waren die EDV-Anlagen der Abt. XII kaum noch in der Lage, diese Mobilisierung zu erfassen.

Somit stehen die Speicher, Karteiumlaufschränke und Aktenregale der Abt. XII gleichzeitig für die Effizienz wie für die Ineffizienz des MfS-Apparates. Mit Blick auf dieses „Gedächtnis" der Staatssicherheit lässt sich erkennen, dass solch gegenläufige Prozesse Teil der komplexen Alltagsrealität im MfS und Folge des umfassenden Anspruchs waren, die Bevölkerung durch Repression und Überwachung still zu halten.

„Von Anbeginn gab es Erfassungen, Registrierungen oder Archivierungen. Für eine geordnete, koordinierte Arbeit im MfS war das unerläßlich"[491], erinnerte Oberstleutnant Ingeburg Heinritz im November 1985 vor den Delegierten ihrer SED-Grundorganisation an die Anfänge der Abt. XII und unterstrich so die Funktion ihrer Abteilung als bürokratisches Rückgrat des MfS. „[W]ir waren von Anbeginn engstens verbunden mit der operativen Arbeit, mit dem Leben und der Entwicklung in der DDR", ergänzte Heinritz ihren historischen Rückblick – und gab dabei in ihrer sprachlichen Gleichsetzung von „operativer Arbeit" und „Leben in der DDR" eher unabsichtlich den universalen Herrschaftsanspruch wieder, mit dem das MfS agierte. Die Abt. XII, das „Gedächtnis" der Staatssicherheit, trug ganz wesentlich dazu bei, diesen Anspruch Wirklichkeit werden zu lassen.

491 Ingeburg Heinritz, Rede bei der Delegiertenversammlung der APO 4, 23.11.1985, BStU, MfS, Abt. XII Nr. 4359, S. 42–55, hier S. 45.

Karsten Jedlitschka

„Staatsgeheimnisse von zentraler Bedeutung"

Die „Geheime Ablage" der Abteilung XII

Wer den kleinsten Teil seines Geheimnisses hingibt,
hat den anderen nicht mehr in der Gewalt

Jean Paul

Ein Maulwurf in der West-Berliner Polizei. Karl-Heinz Kurras alias IM „Otto Bohl"

Selten zeigt sich die Bedeutung von Archiven und der von ihnen verwahrten Quellencorpora für Zeitgeschichte und Gegenwart so unmittelbar und medienwirksam wie im Fall des ehemaligen West-Berliner Kriminalpolizisten Karl-Heinz Kurras. Kurras war jener Polizeibeamte, der am 2. Juni 1967 die tödlichen Schüsse auf den Studentenführer Benno Ohnesorg abgegeben hatte. Im Frühjahr 2009 nun war ebendieser Kurras als innoffizieller Mitarbeiter (IM) der DDR-Staatssicherheit (IM „Otto Bohl") enttarnt worden.[1] Zwischen 1955 und 1967 hatte er, zuletzt als Mitarbeiter einer Sonderermittlungsgruppe zur Spionageabwehr, brisante Informationen nach Ost-Berlin geliefert, war sogar SED-Mitglied geworden.[2] Die Enttarnung Kurras' fand größte mediale und publizistische Beachtung, zu Spekulationen über die Unterwanderung der West-Berliner Polizei gesellten sich Forderungen nach einer Generalrevision der Geschichte der Studentenproteste und der 68er-Bewegung.[3]

1 Der vorliegende Beitrag stellt eine aktualisierte Zusammenfassung bereits veröffentlichter Ergebnisse dar, siehe: Karsten Jedlitschka, Die „Geheime Ablage" der Abteilung XII (Zentrale Auskunft/Speicher) des Ministeriums für Staatssicherheit, in: Irmgard Christa Becker/Volker Hirsch/Annegret Wenz-Haubfleisch (Hg.), Neue Strukturen – bewährte Methoden? Was bleibt vom Archivwesen der DDR. Beiträge zum 15. Archivwissenschaftlichen Kolloquium der Archivschule Marburg (Veröffentlichungen der Archivschule Marburg, Institut für Archivwissenschaften, 53), Marburg 2011, S. 107–125; ders., Arkanum der Macht. Die Geheime Ablage im Zentralarchiv der Staatssicherheit, in: VfZ 60 (2012), S. 279–290.

2 Siehe dazu Helmut Müller-Enbergs/Cornelia Jabs, Der 2. Juni 1967 und die Staatssicherheit, in: Deutschland Archiv 42 (2009), H. 3, S. 395–400.

3 Detailreich und sachlich-ausgewogen die Darstellung bei Armin Fuhrer, Wer erschoss Benno Ohnesorg? Der Fall Kurras und die Stasi, Berlin 2009. Dagegen wirkt die Studie von Sven Felix Kellerhoff, Die Stasi und der Westen. Der Kurras-Komplex, Hamburg 2010 über

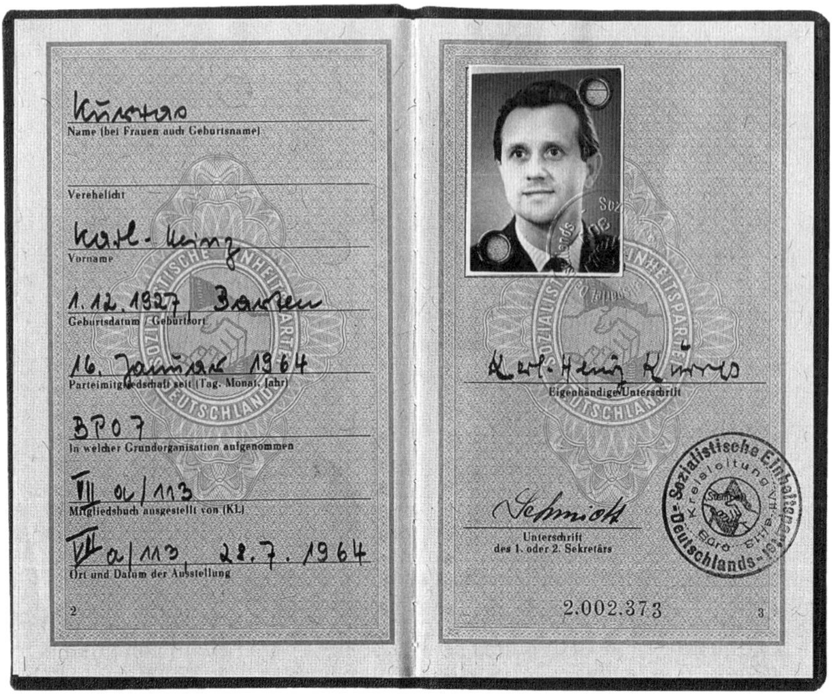

Abb. 1: SED-Mitgliedsbuch von Karl-Heinz Kurras.

Basis und Ausgangspunkt der Enttarnung Kurras' im Frühsommer 2009 war die IM-Akte im Archiv der Zentralstelle des BStU in Berlin.[4] Der insgesamt 17 Bände, zwei Filmrollen und ein Tonband umfassende Vorgang war von der Stasi ob seiner Brisanz in einer speziellen Ablage – der „Geheimen Ablage" (Archivbestand 5) – in der Abteilung XII (Zentrale Auskunft/Speicher), dem

weite Strecken bemüht, die Interpretationen sind oft überzogen. Eine Studie des Forschungsverbundes SED-Staat an der Freien Universität Berlin zeigt, dass der Staatssicherheit weder eine flächendeckende Infiltrierung, noch eine substantielle Beeinflussung der West-Berliner Polizeiarbeit gelang. Die Anwerbung von Kurras war demnach der Ausnahmefall und wohl der größte Erfolg des MfS in diesem Bereich. Vgl. dazu Kaum Stasi-Spitzel in West-Berliner Polizei, in: Süddeutsche Zeitung vom 24.3.2011, S. 9; Kurras war die Ausnahme, in: Frankfurter Allgemeine Zeitung vom 24.3.2011, S. 4; Jochen Staadt, Die Mörder verneigen sich vor dem Toten, in: Frankfurter Allgemeine Sonntagszeitung vom 2.12.2012, S. 8; Susanne Leinemann/Jens Anker, Stasi überwachte 16.000 Polizisten in West-Berlin, in: Berliner Morgenpost vom 5.6.2014, S. 1.

4 BStU, MfS, GH 2/70. Bei den Signaturen der GH bezeichnet die erste Ziffer die fortlaufende Archivnummer, die zweite das Jahr der Ablage in der GH. Das Jahr der Ablage muss nicht identisch sein mit dem Jahr des Abschlusses eines Vorgangs, oft wurden bereits abgeschlossene und archivierte Vorgänge im Nachhinein in die GH überführt und entsprechend umsigniert.

Zentralarchiv des Ministeriums für Staatssicherheit (MfS), verwahrt worden.[5] Geschichte, Profil und Inhalt dieser besonderen Ablage sind Gegenstand dieses Beitrages.

Eine „Besondere Geheimablage“

Im Jahr 1953 schuf das MfS in der Archivabteilung der Berliner Zentrale eine eigene, „besondere Geheimablage“, die „Geheime Ablage“ (im Folgenden GH).[6] Gründe für die Einrichtung werden nicht genannt.[7] Möglicherweise spielten die Erfahrungen während des Arbeiteraufstandes am 17. Juni 1953 eine Rolle, als Kreisdienststellen in Bitterfeld, Jena und Merseburg gestürmt wurden und dabei Akten und Karteien in die Hände von Aufständischen gefallen waren.[8] Eine GH gab es nur im Archiv der Berliner Zentrale, entsprechend eingestufte Vorgänge aus den Kreis- und Bezirksverwaltungen wurden ebenfalls in Berlin archiviert. Vier Kategorien von Unterlagen sollten zur Ablage kommen, nämlich 1. persönliche Arbeitsvorgänge von MfS-Mitarbeitern, die „besondere Aufträge“ ausgeführt hatten, 2. Personalakten und Vorgänge „besonders wertvoller inoffizieller Mitarbeiter, mit welchen aus operativen Gründen die Verbindung zeitweilig abgebrochen ist“, 3. Untersuchungsunterlagen aus Vorgängen, die „große staatliche Bedeutung haben“, 4. „besonders wichtige Vorgänge von

5 Die Darstellung bei Müller-Enbergs/Jabs, Der 2. Juni 1967 und die Staatssicherheit, ist zu korrigieren. Es trifft zu, dass das MfS nach dem Vorfall nicht nur den Kontakt zu Kurras abgebrochen, sondern darüber hinaus offenbar zusätzlich seine Karteikarte aus der sog „F 16-Kartei“, der Personenkartei des MfS (benannt nach dem dort verwendeten Formular F 16), entfernt hatte. So wurde eine interne Auskunftsabfrage im November 1967 negativ beschieden – obgleich Kurras erfasst war und ein Vorgang vorlag (BStU, MfS, GH 2/70, Bd. 17, S. 87). Allerdings wurde zwanzig Jahre später, im Dezember 1987, wieder eine (neue) Karte zu Kurras eingestellt. Über den Grund kann nur spekuliert werden. Denkbar ist ein Zusammenhang mit der zeitgleichen Pensionierung Kurras', die Personalie war dann wohl nicht mehr so brisant. Im Jahr 2009 lag die entsprechende Karteikarte zu Kurras also vor und war problemlos recherchierbar. Der Vorgang zu Kurras war demnach keineswegs nur zufällig oder „ausschließlich durch interne Forschungen“ auffindbar, wie bei Müller-Enbergs/Jabs behauptet (Müller-Enbergs/Jabs, Der 2. Juni 1967, S. 399, Anm. 31). Als Reaktion auf Jedlitschka, Geheime Ablage siehe nun auch die Korrektur bei Cornelia Jabs, Ein Zufallsfund? Der besondere Weg zu den Kurras-Akten, in: Deutschland-Archiv 45 (2012), H. 3, S. 533–536.

6 Richtlinie für die operative Erfassung und Statistik in den Organen des Staatssekretariats für Staatssicherheit des MdI der DDR, 12.12.1953, Geheime Verschlusssache (GVS) 90/54, BStU, BdL Dok. 3032.

7 Für Hinweise und vielfältige Unterstützung danke ich meinen Mitarbeitern Günter Finck, Roland Lucht und Stephan Wolf.

8 Schreiben über abhanden gekommene Vorgänge und Unterlagen, 10.7.1953, BStU, MfS, AS 189/58, Bd. 2, S. 69/70. Vgl. weiter Karl Wilhelm Fricke/Roger Engelmann, Der „Tag X“ und die Staatssicherheit. 17. Juni 1953 – Reaktionen und Konsequenzen im DDR-Machtapparat, Bremen 2003, S. 116f.

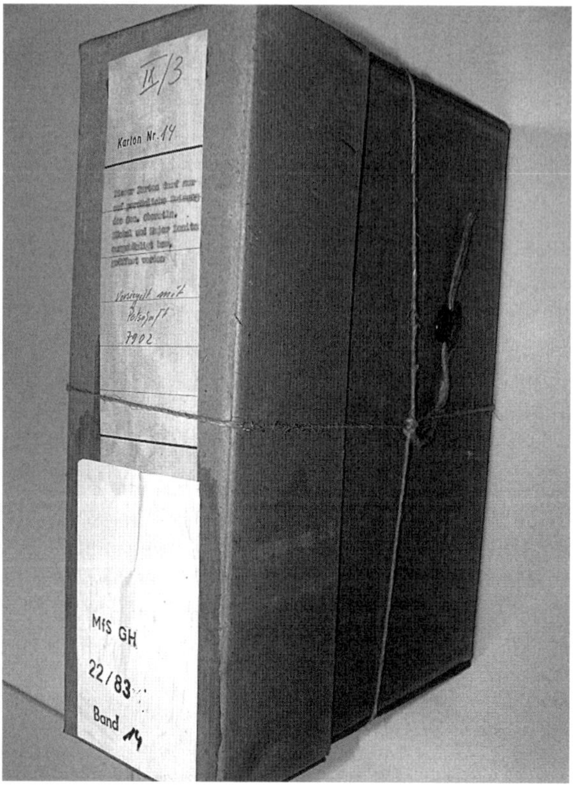

Abb. 2: Verplombter Archivkarton der Geheimen Ablage im Originalzustand.

gesamtstaatlicher Bedeutung"[9]. Der Leiter der Abt. XII sprach 1965 gar von „Staatsgeheimnisse[n] von zentraler Bedeutung"[10]. Diese doch recht weite Definition führte zur Ablage verschiedenster Erfassungsarten bzw. Aktenkategorien, etwa von Vorgängen inoffizieller Mitarbeiter, von Untersuchungs- und Operativen Vorgängen oder von Personalakten und Material aus Personenüberprüfungen. Die Akten unterlagen größter Geheimhaltung. Vorgänge wurden verplombt, teilweise noch in verplombte Kartons verpackt (Abb. 2). Abverfügungen bzw. Beschlüsse zur Archivierung waren außen aufzubringen, die

9 Richtlinie für die operative Erfassung und Statistik in den Organen des Staatssekretariats für Staatssicherheit des MdI der DDR, 12.12.1953, Geheime Verschlusssache (GVS) 90/54, BStU, MfS, BdL/Dok. 3032, S. 10.

10 Leiter der Abt. XII, Analyse der Archivunterlagen, 30.6.1965, BStU, MfS, Abt. XII Nr. 5818, S. 38.

Akten ohne Zwischenlagerung sofort einzuordnen. Spätere Ergänzungen erfolgten in ebenfalls versiegelten Umschlägen. Die GH hatte eine eigene, separate und verschließbare Hebelschubanlage, die Schlüssel lagerten in einem versiegelten Safe. Nur ausgewählte Mitarbeiter durften die Vorgänge ausheben oder reponieren. Ausschließlich die ablegende Diensteinheit war berechtigt, die jeweiligen Akten zu nutzen, andere Abteilungen nur mit ausdrücklicher Genehmigung der anlegenden Diensteinheit. Ansonsten blieb die GH grundsätzlich gesperrt. Die Ausleihe erfolgte an den Leiter der zuständigen Diensteinheit persönlich, in verplombten Kurierbeuteln, getrennt von anderer Post. Darüber hinaus liefen Aktenausleihen ausnahmslos immer über den Tisch des Leiters des Zentralarchivs. Unterschriften wurden anhand von Vergleichskarteien penibel auf Zuständigkeit und Berechtigung geprüft. Selbst die Ausleihnachweise und der Rücknahmespeicher für die GH waren gesondert von anderen Nachweisen in einem Panzerschrank unter Verschluss zu halten.[11]

Zwischen 1955 und 1978 wurden jährlich durchschnittlich 63 Vorgänge (282 Bände) abgelegt. 1979 prüfte die Hauptabteilung IX, das Untersuchungsorgan des MfS, in der „Aktion Stein“ (benannt nach dem beauftragten Mitarbeiter) eine große Zahl bereits in anderen Ablagen der Zentrale und der Bezirksverwaltungen archivierter Vorgänge. Daraufhin wurden 369 Vorgänge (1.888 Bände) nachträglich in die GH überführt.[12] Dies ist wohl als Reaktion auf eine prominente Spionage-Affäre zu interpretieren. Im Januar 1979 war Werner Stiller, Offizier der DDR-Auslandsspionage, in die Bundesrepublik geflohen und hatte dem BND zahlreiche Schriftstücke und verfilmte Unterlagen der Staatssicherheit als Morgengabe mitgebracht. So konnten in mehreren westeuropäischen Ländern ostdeutsche Agenten enttarnt werden, allein in der Bundesrepublik wurden 15 DDR-Agenten verhaftet.[13] Zu einer solchen Blamage sollte es nicht noch einmal kommen. Vielleicht spielte zudem auch die sich abzeichnende Auflösung der Abt. XXI (Innere Sicherheit) eine Rolle, in deren Vorbereitung eine größere Anzahl von Vorgängen dieser Abteilung in die GH zur Ablage verfügt wurde. In den folgenden Jahren wurde mit durchschnittlich 110 Vorgängen (460 Bänden) die jährliche Ablage fast verdoppelt. 1985 wanderten, nach einer erneuten Sichtungsaktion, abermals 354 Vorgänge mit insgesamt 727 Bänden in die GH. Insgesamt sind zwischen 1955 und 1989

11 Festlegung zur Bearbeitung und Ausleihe von Akten der Ablagen „GH“, vorläufige Ablage A und B, 8.8.1983, BStU, MfS, Abt. XII Nr. 6246, S. 57 f.; Arbeitsfestlegung für die Aufbewahrung, Bearbeitung und die Ausleihe der Sonderbestände des Zentralarchivs, 19.3.1986, BStU, MfS, Abt. XII Nr. 175, S. 1–6. Weiter BStU, MfS, Abt. XII Nr. 84, 150, 797, 1007.

12 BStU, MfS, Abt. XII Nr. 6284.

13 Der Fall fand in den Medien ein großes Echo, der Spiegel titelte „DDR-Geheimdienstchef enttarnt“; vgl. Der Spiegel 33 (1979) Nr. 10. Stiller selbst veröffentlichte zwei Autobiografien, vgl. Werner Stiller, Im Zentrum der Spionage, Mainz 5. Aufl. 1986; ders., Der Agent. Mein Leben in drei Geheimdiensten, Berlin 2010.

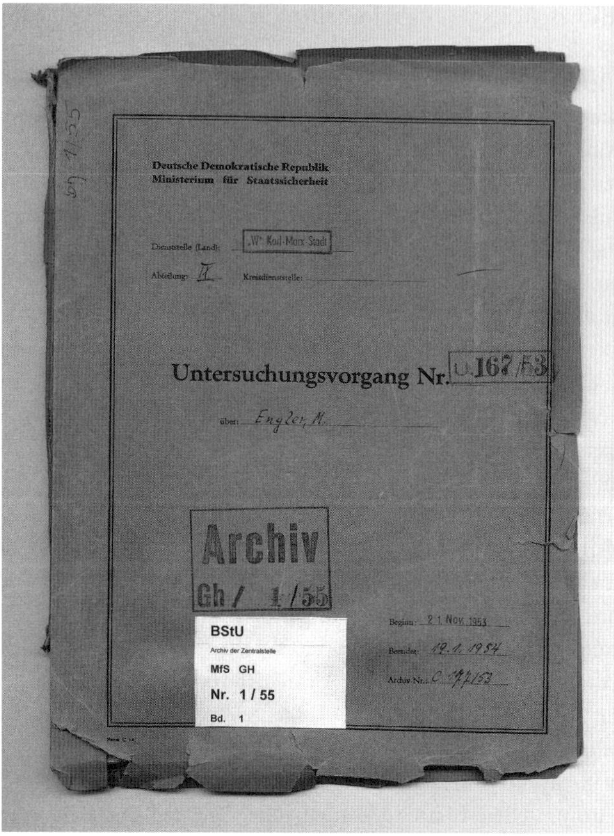

Abb. 3: Früheste Akte der Geheimen Ablage mit der Signatur GH 1/55.

13.300 Aktenbände in der GH zur Ablage gekommen, wovon wiederum 337 Vorgänge (3,5 %) bis 1989 vom MfS „gelöscht“ (kassiert) wurden. Die GH wurde – soweit von der ablegenden Diensteinheit erlaubt – ab 1983 auch in die kontinuierlich erfolgende Sicherungsverfilmung der archivierten Ablagen aufgenommen, immerhin gut zwei Drittel des Bestandes sind daher auch auf Film gesichert (1.666 Vorgänge).[14] Heute umfasst die GH damit 2.685 Vorgänge mit insgesamt 12.966 Bänden, die einen Gesamtumfang von 348 lfm ausmachen. Der Großteil der Akten stammt aus den verschiedenen Diensteinheiten der Zentrale, nur knapp ein Viertel des Bestandes ist in den Bezirks- oder Kreisdienststellen entstanden.

14 Siehe dazu BStU, MfS, Abt. XII Nr. 84, 7469.

Bestand und Inhalte

Das MfS verwaltete seine Archivbestände in zentralen Findkarteien, den Nutzungszwecken einer Geheimpolizei entsprechend personenbezogen geordnet. Das trifft auch für die GH zu. Um für diese Ablage zusätzlich auch noch einen thematischen Zugang zu ermöglichen, wurde in der Archivabteilung der BStU im Juli 2009 eine kleine Arbeitsgruppe gebildet, die bis April 2010 die knapp 350 lfm der GH ergänzend gesichtet, thematisch verzeichnet und neu verpackt hat.

Was war nun aus Sicht des MfS so geheim, dass es selbst innerhalb des hermetisch gesicherten Zentralarchivs nochmals zusätzlich abgeschirmt werden musste? Die überwiegende Mehrzahl der Vorgänge betreffen hauptamtliche und inoffizielle Mitarbeiter des MfS, sowie ihre Familienangehörige und Freunde. Immerhin fast ein Drittel der bearbeiteten Personen war nicht für das MfS tätig. So ist eine ganze Reihe von Vorgängen zu Mitarbeitern und Funktionären aus dem Partei- und Staatsapparat, zu Angehörigen der Nationalen Volksarmee (NVA), der Deutschen Volkspolizei (DVP) und der Zollverwaltung überliefert.

Das Spektrum der Delikte bzw. Tatbestände der in der GH archivierten Vorgänge ist breit und vielfältig (Abb. 4). Es geht um politische und militärische Straftaten, Gewalt- und Sexualverbrechen, Eigentumsdelikte, Wirtschaftsverbrechen, Fahnenflucht und besondere operative Personenüberprüfungen, etwa hoher Generäle aus der Deutschen Volkspolizei oder Nationalen Volksarmee.[15] Auch Vorgänge zu im Dienst begangenen Straftaten (Betrug, Diebstahl etc.) finden sich in der GH. Weiter finden sich in der GH Vorgänge zu häufig verwendeten Auffangtatbeständen wie „staatsgefährdende Hetze" oder „Beihilfe zur Republikflucht", daneben der Verdacht auf Beteiligung an NS- und Kriegsverbrechen, aber auch Untersuchungen wegen unerlaubtem Waffenbesitz, Passvergehen oder Brandstiftung. Schließlich gibt es auch einige (teilweise sehr umfangreiche) Vorgänge zu bestimmten MfS-Aktionen. Im Vorgang „Oktobersturm" wurde das gleichnamige Manöver des Warschauer Paktes auf dem Territorium der DDR im Jahr 1965 abgesichert und die dabei aufgetretenen, teilweise gravierenden Mängel dokumentiert.[16] In dem insgesamt 102 Bände umfassenden Vorgang „Gast I–IV" sind die Maßnahmen zur Flankierung der Passierscheinabkommen mit dem Senat von West-Berlin niedergelegt.[17] Unterlagen zur geheimpolizeilichen Absicherung des Einmarsches der Truppen des

15 BStU, MfS, GH 30/72, 120/86, 121/86, 122/86, 123/86, 124/86, 125/86, 127/86.

16 BStU, MfS, GH 8/68. Siehe hierzu Stephan Wolf, Das Ministerium für Staatssicherheit und die Überwachung der NVA durch die Hauptabteilung I, in: Hans Ehlert/Matthias Rogg (Hg.), Militär, Staat und Gesellschaft in der DDR. Forschungsfelder, Ergebnisse, Perspektiven, Berlin 2004, S. 323–336.

17 BStU, MfS, GH 4/68. Siehe Eckart Huhn, Die Passierscheinvereinbarungen des Berliner Senats mit der Regierung der DDR 1963 bis 1966, Ludwigsfelde 2011.

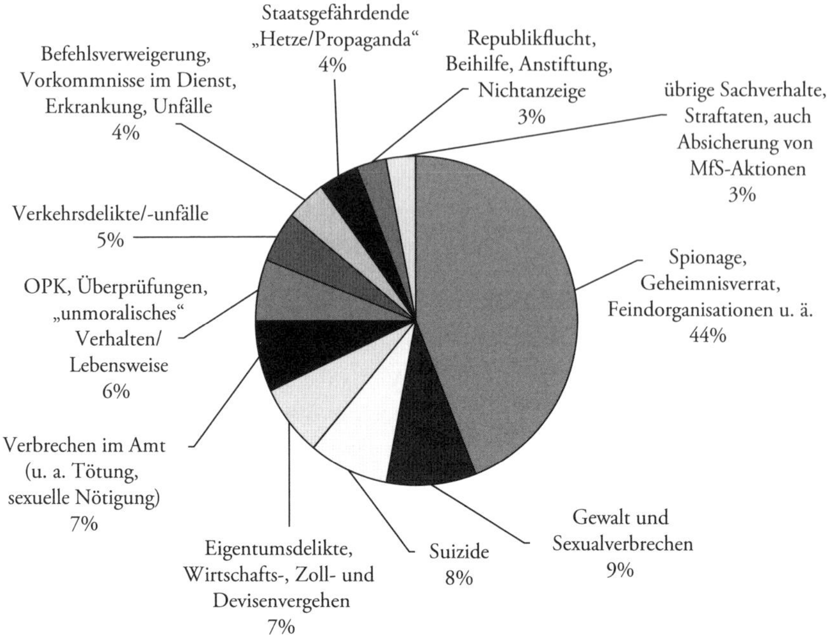

Abb. 4: Inhalte der Vorgänge und prozentuale Verteilung nach Tatbeständen bzw. Deliktgruppen in der Geheimen Ablage.

Warschauer Paktes in die ČSSR zur Niederschlagung des „Prager Frühlings“ fanden Eingang in einen ebenso vielbändigen Vorgang mit dem vielsagenden Namen „Genesung“.[18]

Auch die prozentuale Verteilung der einzelnen Tatbestände ist aufschlussreich. Untersuchungsvorgänge zum weiteren Bereich der Spionage („Geheimnisverrat“, Tätigkeit für „Feindorganisationen“, Doppelagententätigkeit, etc.) – oft mit Todesstrafe belegt – stellen erwartungsgemäß fast die Hälfte (genau 44,3 %, 1.192 Vorgänge). So finden sich in der GH allein fünfzehn Vorgänge mit der Verhängung von Todesurteilen gegen Mitarbeiter des MfS oder der DVP, sowie 32 Dossiers mit Verurteilungen zu lebenslanger Haft.[19] Bemerkenswert ist dage-

18 BStU, MfS, GH 18/84. Dazu Monika Tantzscher, „Maßnahme Donau und Einsatz Genesung“. Die Niederschlagung des Prager Frühlings 1968/69 im Spiegel der MfS-Akten, Berlin 1994.

19 Siehe dazu Karl Wilhelm Fricke, „Jeden Verräter ereilt sein Schicksal“. Die gnadenlose Verfolgung abtrünniger MfS-Mitarbeiter, in: Deutschland Archiv 27 (1994), H. 3, S. 258–265; Jens Gieseke, Abweichendes Verhalten in der totalen Institution. Deliquenz und Disziplinierung der hauptamtlichen MfS-Mitarbeiter in der Ära Honecker, in: Roger Engelmann/Clemens Vollnhals (Hg.), Justiz im Dienste der Parteiherrschaft. Rechtspraxis und Staatssicherheit in der DDR, Berlin 1999, S. 531–553.

gen der Umstand, dass Gewalt- und Sexualverbrechen immerhin fast ein Zehntel (exakt 9,6 %, 259 Vorgänge) ausmachen, auch die Zahl von 8 % (270 Vorgänge) zu Suiziden von MfS-Mitarbeitern und Staatsfunktionären wirft ein bezeichnendes Licht auf das Innenleben des MfS bzw. mancher Angehöriger der SED-Nomenklatur.[20]

Zwei charakteristische Fälle seien im Folgenden detaillierter vorgestellt. Zum einen ein Beispiel aus dem Bereich Spionage/Geheimnisverrat, die „Rückführung“ und Bestrafung eines geflohenen MfS-Offiziers. Zum andern ein Fall eines wichtigen IM, dessen Identität aus außenpolitisch-propagandistischen Gründen unbedingt geheim gehalten werden musste.

Keine Gnade für Verräter – Der Operative Vorgang „Lump“

Absolute Loyalität und Gehorsam sind die Grundkoordinaten kommunistischer Geheimpolizeien, Flucht oder Geheimnisverrat wurden streng bestraft. Besonders eindringlich ist der Fall des MfS-Majors der Bezirksverwaltung Schwerin, Sylvester Murau (1907–1956).[21] Murau war im Frühjahr 1954 über West-Berlin ins hessische Heubach geflohen. Im Oktober bot seine 21jährige Tochter dem MfS ihre Zusammenarbeit an. Umgehend ergriff man die Chance und legte den Operativen Vorgang (OV) „Lump“ an – den Plan zur „Zurückführung“ des Flüchtigen, im Stasi-Jargon als „Ziehung“ bezeichnet. Die Tochter, alias „IM Honett“, diente als Lockvogel. Bei einem Besuch in Hessen gelang es ihr, zusammen mit zwei westdeutschen Kriminellen, den nach einer durchzechten Nacht willenlos Gewordenen über die Grenze zur DDR zu schaffen. Dort warteten bereits die ehemaligen Genossen. Murau wurde wegen „Verbrechen gegen Art. 6 der Verfassung der DDR“ (sog. „Kriegs- und Boykotthetze“) der Prozess gemacht, am 22. Februar 1956 fiel das Todesurteil, ein Gnadengesuch wurde abgelehnt. Vor der Exekution habe Murau, so der Bericht der Staatssicherheit, einen „verbissenen Eindruck“ gemacht und sich „ablehnend und widerspenstig“ gezeigt. Am 16. Mai 1956 endet das Leben des 49jährigen unter dem Fallbeil. Die Staatssicherheit hatte unmissverständlich deutlich gemacht, was Verräter aus den eigenen Reihen erwartete. Das abschließende Kapitel des Falles Murau könnte aus einem schäbigen Spionage-Roman stammen: IM „Honett“, alias

20 So liegen umfangreiche Vorgänge zu den Suiziden von Gerhard Ziller, Sekretär für Wirtschaft des ZK der SED, im Jahr 1957 und zum Selbstmord Erich Hans Apels, Sekretär des ZK der SED und Vorsitzender der Staatlichen Plankommission, im Jahr 1965 vor (BStU, MfS, GH 9/59 bzw. 22/83).

21 Im Folgenden nach BStU, MfS, GH 124/55 und 89/85. Siehe dazu auch Jürgen Schreiber, Das Urteil. Wie der Stasi-Major Sylvester Murau mit Hilfe seiner Tochter unters Fallbeil kam, in: Süddeutsche Zeitung vom 14.3.1997, S. 12.

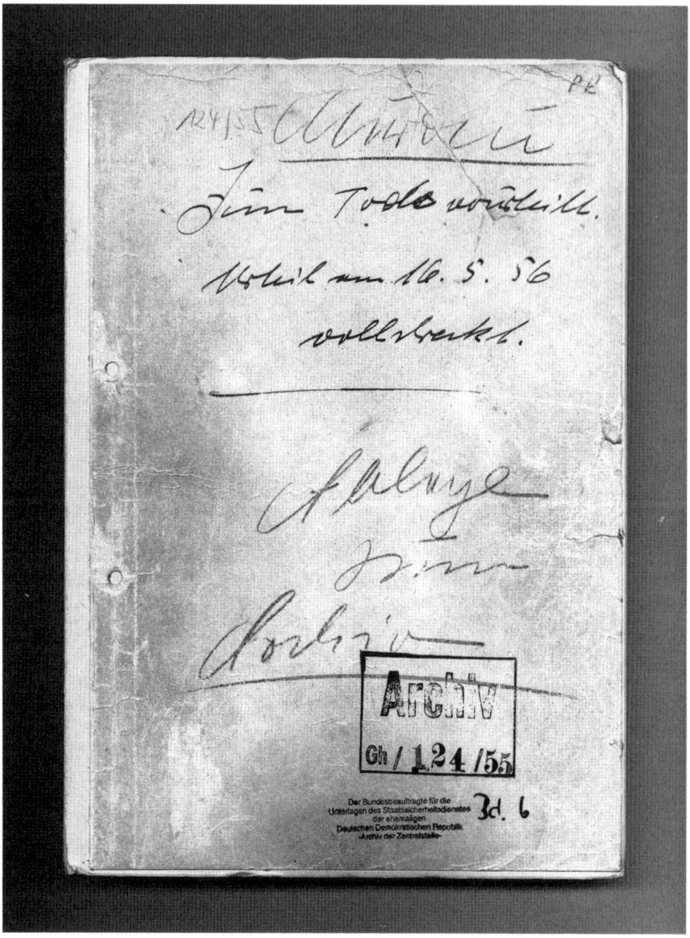

Abb. 5: Aktendeckel des Vorgangs zu Sylvester Murau mit der Aufschrift „Zum Tode verurteilt. Urteil am 16.5.56 vollstreckt. Ablage zum Archiv".

Muraus Tochter, heiratete in zweiter Ehe den für den OV „Lump" und damit letztlich die Ermordung ihres Vaters zuständigen MfS-Offizier.

Murau war kein Einzelfall, das ebenfalls aus der Bezirksverwaltung des MfS in Schwerin stammende Ehepaar Krüger, das 1953 nach West-Berlin geflohen war, wurde 1954 „rückgeführt" und endete 1955 auf dem Schafott.[22] Ebenso musste der ehemalige Leiter der Kreisdienststelle Prenzlau, Paul Rebenstock,

22 BStU, MfS, GH 108/55, 32/68.

seine Flucht in den Westen 1954 mit dem Leben bezahlen.[23] Insgesamt finden sich in der GH fünfzehn Vorgänge, in denen Mitarbeiter des MfS oder auch der DVP zum Tode verurteilt wurden.[24] Das unerbittliche Vorgehen und die drakonischen Strafen (hier zeigte man sich als gelehriger Schüler des sowjetischen Bruderorgans) dienten der Stärkung des Binnenzusammenhalts und der Disziplin im Apparat. In Rundschreiben wurden die MfS-Mitarbeiter über die Verratsfälle und die Todesurteile informiert, die Kenntnisnahme musste schriftlich bestätigt werden und wurde von eingehenden Belehrungen durch Vorgesetzte flankiert.[25] Details zur Flucht oder möglicher Helfer wurden selbstverständlich nicht bekannt. Damit das auch so blieb, wanderten die Akten in die gesonderte Ablage der GH.

Todesschüsse am Fluchttunnel – IM „Pankow" und der OV „Maulwürfe"

Im Sommer 1962 wurde von einem Keller in Berlin-Kreuzberg (Sebastianstrasse) aus ein Tunnel in Richtung eines Hauses in der Ost-Berliner Heinrich-Heine-Straße gegraben.[26] Die Staatssicherheit war bestens informiert. Sie hatte einen Spitzel in die Fluchthelfergruppe eingeschleust. IM „Pankow", alias Ernst-Jürgen Henning, war spezialisiert darauf, Fluchtwillige und -helfer auszuspähen. Das MfS sah nun die Chance, nicht nur die Ost-Berliner Fluchtwilligen festzusetzen, sondern v. a. die westdeutschen Fluchthelfer auszuschalten. Im OV „Maulwürfe" wurden entsprechende Maßnahmen geplant. Als die Tunnelbauer am 28. Juni 1962 den Ost-Berliner Keller von unten durchbrachen, war-

23 BStU, MfS, GH 37/55.

24 Siehe dazu Karl Wilhelm Fricke, „Jeden Verräter ereilt sein Schicksal". Die gnadenlose Verfolgung abtrünniger MfS-Mitarbeiter, in: DA 27 (1994), H. 3, S. 258–265; Jens Gieseke, Abweichendes Verhalten in der totalen Institution. Delinquenz und Disziplinierung der hauptamtlichen MfS-Mitarbeiter in der Ära Honecker, in: Roger Engelmann/Clemens Vollnhals (Hgg.), Justiz im Dienste der Parteiherrschaft. Rechtspraxis und Staatssicherheit in der DDR, Berlin 1999, S. 531–553; Gerhard Sälter, Interne Repression. Die Verfolgung übergelaufener MfS-Offiziere durch das MfS und die DDR-Justiz (1954–1966), Dresden 2002.

25 So etwa im Fall des Ehepaares Krüger mit dem Befehl Nr. 224/55 vom 5.8.1955 (BStU, MfS BdL/Dok. 285). Siehe weiter die entsprechenden Befehle zu den Todesurteilen gegen den ehem. Leiter der Kreisdienststelle in Prenzlau Paul Rebenstock vom 5.3.1954, gegen die Feldwebel Paul Köppe und Heinz Ebeling vom 17.5.1955 oder den Mitarbeiter des ehem. Zweiten Sekretärs der FDJ-Kreisleitung im MfS Johannes Schmidt vom 23.12.1955 (BStU, MfS BdL/Dok. 116, 316 u. 299). Die Vorgänge liegen alle in der GH; vgl. BStU, MfS, GH 37/55 u. 107/85 (Rebenstock), BStU, MfS, GH 11/55 u. 32/68 (Köppe), BStU, MfS, GH 12/55 u. 96/55 (Ebeling), BStU, MfS, GH 27/56 u. 179/85 (Schmidt).

26 Im Folgenden nach BStU, MfS, GH 22/64. Siehe weiter Bernd Eisenfeld/Roger Engelmann, 13.8.1961: Mauerbau. Fluchtbewegung und Machtsicherung, Berlin 2001, S. 102–104; Dietmar Arnold/Sven Felix Kellerhoff, Die Fluchttunnel von Berlin, Berlin 2009, S. 105–116.

tete hinter einer Tür bereits eine vierköpfige Festnahmegruppe. Die Polizisten stürmten den Keller und eröffneten das Feuer, noch bevor sich die unbewaffneten Fluchthelfer ergeben konnten. Ein Tunnelbauer, der 22jährige Siegfried Noffke, wurde tödlich getroffen. Aber auch IM „Pankow" und ein MfS-Offizier wurden von Querschlägern verletzt und mussten ins Krankenhaus eingeliefert werden. Alsbald rollte die Propagandamaschine der SED an, das Neue Deutschland sprach von einem „Anschlag auf die Staatsgrenze der DDR" und dem Eindringen „bewaffneter Terroristen und Agenten Westberliner Untergrundorganisationen". Um die Zusammenarbeit mit IM „Pankow" geheim zu halten, wurde auch dieser mit seinem Klarnamen Henning als Teil der „Bande aus asozialen und kriminellen Elementen" genannt. Hennings Ehefrau war vom MfS eingeweiht worden und erhielt bis zur Gesundung ihres Mannes ein Schweigegeld von monatlich 400 Westmark. Ein Bekanntwerden der eigentlichen Rolle Hennings bei dieser Aktion hätte zu einem propagandistischen Fiasko geführt, das Ost-Berlin um jeden Preis verhindern musste. Um größtmögliche Geheimhaltung zu sichern, verschwand der Vorgang rasch in der GH.

Weitere Beispiele mit Zwang zu größter Diskretion bieten etwa die Akten der beiden West-Berliner Hans Wax und Walter Jakobs, die als „IM Donner" und „IM Blitz" lange Jahre „spezielle Aufträge" für das MfS erledigt hatten – neben Beobachtungs- und Aufklärungsarbeiten auch Entführungen, Anschläge und Einbrüche.[27] Nach ihrer Übersiedlung in die DDR kamen sie im sozialistischen Alltag nicht zurecht und wurden straffällig. Die dabei entstandenen Vorgänge wanderten in die GH.

Resümee

Die besondere Geheimhaltung der GH zielte nicht vordringlich, wie die bei der Gründung 1953 festgelegten Kriterien nahelegen könnten, auf „Staatsgeheimnisse" und operativ-geheimdienstlich brisante Vorgänge (wenngleich sich dort auch eine ganze Reihe solcher Dossiers finden). Der Schutz der vom MfS angelegten Akten war, insbesondere mit dem Einzug in das nach modernsten Sicherheitsstandards 1984 fertig gestellte Archivgebäude, umfassend gewährleistet – nach außen durch hermetische Abschirmung und nach innen durch ein ausdifferenziertes System von Zugangsberechtigungen, durch eine Vielzahl

27 BStU, MfS, GH 6/74 und 9/74. Siehe dazu Susanne Muhle, Mit „Blitz" und „Donner" gegen den Klassenfeind. Kriminelle im speziellen Westeinsatz des Ministeriums für Staatssicherheit, in: dies./Hedwig Richter/Juliane Schütterle (Hg.), Die DDR im Blick. Ein zeithistorisches Lesebuch, Berlin 2008, S. 159–167; Christiane Kohl, Donner, Blitz und Teddy, in: Der Spiegel 10/1996, S. 52–68.

komplexer Karteisysteme sowie ständiger Kontrolle.[28] Bei der Ablage in der GH spielte vielmehr ein anderes Motiv eine wichtigere, wenn nicht sogar die ausschlaggebende Rolle. Abgelegt wurden hier, wie die Analyse gezeigt hat, v. a. solche Vorgänge, die moralisches oder gar strafrechtlich relevantes Fehlverhalten von MfS-Mitarbeitern und deren Angehörigen, Mitgliedern anderer bewaffneter Organe oder Personen aus dem Kreis der SED-Kader dokumentierten. Diese Unterlagen sollten nur einem möglichst kleinen Kreis bekannt und zugänglich sein. Als „Schild und Schwert" der Partei trug das MfS so dafür Sorge, dass entsprechend sensible Informationen geheim blieben. Vor allem aber galt es, die innere Disziplin und Moral der Staatssicherheit selbst, den elitären Anspruch der sich nach dem Vorbild der sowjetischen Geheimpolizei als Avantgarde der „Diktatur des Proletariats" verstehenden MfS-Mitarbeiter nicht zu gefährden.[29] Die drakonischen Strafen gegen Verräter wurden intern intensiv kommuniziert, sie schreckten ab und mahnten zu unbedingter Loyalität. Dagegen sollten die Details zu Fluchtversuchen oder „Rückführungen" geheim bleiben, um nicht etwa Zögernde noch zu ermutigen und interne Fahndungsmethoden zu konterkarieren. Hierfür sind die Fälle des Ehepaares Krüger und Sylvester Muraus eindrucksvolle Beispiele. Nach außen galt es – im Inland wie gegenüber den „imperialistischen" Gegnern – den Mythos einer ubiquitären und omnipotenten Geheimpolizei zu pflegen. Schwachpunkte oder gar Desertionen passten da nicht ins Bild. Besonders wertvolle oder aber kompromittierte bzw. straffällig gewordene IM mussten (auch nach Beendigung der Zusammenarbeit) sorgfältig vor Enttarnung bewahrt werden. Sonst drohte großer propagandistischer oder politischer Schaden, zudem waren solche IM leicht erpressbar. Beispiele bieten IM „Pankow", aber auch IM „Otto Bohl", alias Karl-Heinz Kurras. In beiden Fällen hat die GH die ihr zugedachte Funktion bestens erfüllt. Ähnlichen Zielen des Geheimschutzes dienten, neben den laufenden Abverfügungen, die beiden beschriebenen Sichtungsaktionen der Jahre 1979 und 1985.

In der GH fand die Methode der „inneren und äußeren Konspiration" eine besondere Zuspitzung. Waren die Registraturen und Archive des MfS ohnehin nach außen und innen bestens gesichert, bildete die GH einen weiteren, zusätzlichen Sicherungskreis innerhalb des Systems. Diese Staffelung bot ein aus Sicht des MfS maximal mögliches Sicherheitsniveau. Noch abgeschirmter ruhte nur noch der berühmte „Rote Koffer" mit den Unterlagen zum Hochverratsverfah-

28 Vgl. dazu die Beiträge „Speicher einer Diktatur" von Karsten Jedlitschka und „Karteien, Speicher, Datenbanken" von Roland Lucht in diesem Band.

29 Vgl. Jens Gieseke, „Genossen erster Kategorie". Die hauptamtlichen Mitarbeiter des Ministeriums für Staatssicherheit als Elite, in: Peter Hübner (Hg.), Eliten im Sozialismus. Beiträge zur Sozialgeschichte der DDR, Köln u. a. 1999, S. 201–240. Grundlegend und detailreich zu Personal und Selbstverständnis Jens Gieseke, Die hauptamtlichen Mitarbeiter der Staatssicherheit. Personalstruktur und Lebenswelt 1950–1989/90, Berlin 2000.

ren gegen Erich Honecker vor dem Volksgerichtshof 1937, der beim Stasi-Chef Erich Mielke persönlich im Tresor lag.[30]

Sucht man die GH archivgeschichtlich bzw. -typologisch einzuordnen, stößt man auf die Geheimarchive des Alten Reiches. Sie waren integraler Bestandteil der Landesherrschaft. Das „Geheime" nahm den Charakter eines herrschaftslegitimierenden Symbols an, das über die reine Zurückhaltung von Informationen weit hinausging. Anschließend an den theologischen Diskurs der göttlichen Geheimnissphäre stieg das Geheimnis vielmehr auf zum zentralen Sinnbild herrscherlicher Majestät. Von dort aus strahlte es wiederum weit aus in die politische Kultur jener Zeit, wie zahlreiche Wortschöpfungen („Geheime Räte", „Geheime Korrespondenzen", etc.) zeigen.[31] In diesem Zusammenhang wäre weiter auf bis in die Gegenwart bestehende Geheimarchive zu verweisen – besonders prominent das „Archivio Segreto Vaticano"[32]. Hier meint „segreto" allerdings weniger „geheim" in diesem Verständnis, sondern eher „privat" im Sinne von ‚nicht öffentlich', ‚abgetrennt', wie etwa auch beim Preußischen „Geheimen Staatsarchiv" in Berlin-Dahlem oder dem ehemaligen „Geheimen Staatsarchiv" in München. Alle diese Elemente finden sich auch in der GH des Zentralarchivs der Staatssicherheit: Sie war ein separierter, abgeschlossener Bereich, der nur einem kleinen Kreis zugänglich war. Und sie hatte eine wichtige herrschaftsstabilisierende Funktion, indem sie besonders sensible Informationen im Herrschaftsapparat der SED-Diktatur bestmöglich schützte. Geschichte kann ab und an listig sein – die Staatssicherheit war sich der genannten Traditionslinien wohl kaum bewusst.

In der großen Zahl aus der Zeit der nationalsozialistischen und kommunistischen Diktatur überlieferten Unterlagen finden einige Teilbestände oder Sondersammlungen besondere Aufmerksamkeit in Forschung und Medien. Zu nennen wären hier allen voran das ehemalige *Berlin Document Center* oder das

30 Der Koffer war 1990 vom damaligen Generalstaatsanwalt der DDR beschlagnahmt worden und gelangte von dort ins Bundesarchiv. Nach Analyse der im Bundesarchiv zu verwahrenden Provenienzen wurde der Koffer schließlich 2004 dem BStU übergeben. Vgl. dazu Karsten Jedlitschka/Stephan Wolf, Den Akten der Staatssicherheit auf der Spur. Bilanz nach zwei Jahrzehnten, in: Jahrbuch der Juristischen Zeitgeschichte 11 (2010), S. 115–140, hier S. 129.

31 Andreas Gestrich, Absolutismus und Öffentlichkeit. Politische Kommunikation in Deutschland zu Beginn des 18. Jahrhunderts, Göttingen 1994, S. 34–74; Friedrich Battenberg, Der Funktionswandel der Archive vom 18. Jahrhundert bis zum Beginn des 20. Jahrhunderts, in: 50 Jahre Verein deutscher Archivare. Bilanz und Perspektiven des Archivwesens in Deutschland. Referate des 67. Deutschen Archivtags und des Internationalen Kolloquiums zum Thema: Die Rolle der archivarischen Fachverbände in der Entwicklung des Berufsstandes. 17. –20. Sept. 1996 in Darmstadt (Der Archivar, Beiband 2), Siegburg 1997, S. 101–116, hier S. 106–108. Siehe allg. auch Bernhard W. Wegener, Der geheime Staat. Arkantradition und Informationsfreiheitsrecht, Göttingen 2006.

32 Kerstin Rahn, Wie „geheim" kann das Vatikanische Geheimarchiv noch sein? Die Legge sugli Archivi della Santa Sede von 2005, in: Quellen und Forschungen aus italienischen Archiven und Bibliotheken 87 (2007), S. 355–373.

sog. „NS-Archiv“ des MfS. Für beide Bestände liegen gründliche Analysen zu Geschichte und Inhalt vor.[33] Gut vorstellbar, dass auch die GH des MfS – mit knapp 350 lfm freilich kleineren Umfangs – ein ähnliches Interesse erfahren wird. Das Potenzial dazu hat sie zweifelsfrei, wie diese Analyse und das Echo in der Presse gezeigt haben.[34]

33 Vgl. Dieter Krüger, Archiv im Spannungsfeld von Politik, Wissenschaft und öffentlicher Meinung. Geschichte und Überlieferungsprofil des ehemaligen „Berlin Document Center“, in: VfZ 45 (1997), S. 49–74 und die Beiträge in Sabine Weißler/Wolfgang Schäche (Hg.), Daten-Reich im Verborgenen. Das Berlin Document Center in Berlin-Zehlendorf, Marburg 2010. Zum sog. „NS-Archiv“ der Staatssicherheit, gewissermaßen dem ostdeutschen Pendant zum Berlin Document Center, siehe Dagmar Unverhau, Das „NS-Archiv“ des Ministeriums für Staatssicherheit. Stationen einer Entwicklung, Münster 2004[2].

34 Die Ergebnisse von Jedlitschka, Arkanum der Macht wurden gewürdigt u. a. bei Sven Felix Kellerhoff, Was sogar der Stasi zu brisant fürs Archiv war. Mehr als 13.000 Akten des SED-Geheimdienstes wanderten bis 1989 in die Sonderablage „GH“. Jetzt geben Experten der Jahn-Behörde erstmals einen Überblick, was genau dort verwahrt wurde, in: Welt vom 23.4.2012, S. 3.

Roland Lucht

Karteien, Speicher, Datenbanken

Kern des Informationssystems der Abteilung XII

Informationen, die digital, schnell und ubiquitär, also nahezu jederzeit und überall verfügbar sind, prägen heute unseren Alltag. In dieser neuen Datenwelt entwickelten sich soziale Netzwerke, in denen nicht wenige Menschen freiwillig private Daten faktisch zum Allgemeingut machen, ihr Seelenleben wie ihre Physis entblößen. Andere geben ihre Daten bei elektronischen Einkäufen, bei Online-Recherchen, beim Mailen und Chatten, ja sogar durch bloßes Mitführen eines Mobiltelefons oder beim Telefonieren selbst mehr oder weniger zwangsläufig oder unwissend preis. Die Datensammelwut und das Informationsspeichervermögen mancher Konzerne wie einiger Geheimdienste kennen kaum noch technische Grenzen. Sie bedürfen öffentlicher Aufmerksamkeit wie rechtlicher Regulierung. Die öffentlichen Diskussionen darüber – kennzeichnend für demokratisch verfasste Gesellschaften – sind längst in Gange und im medialen Raum insbesondere am sogen. NSA-Skandal entflammt.[1]

Mit Blick auf das hier interessierende Thema finden wir sowohl politisch-rechtlich als auch technisch völlig andere Rahmenbedingungen vor: In der DDR war eine mit heute vergleichbare öffentliche Diskussion oder gar rechtliche Handhabe gegen die Erfassung persönlicher Daten völlig undenkbar. Als das MfS im Februar 1950 gegründet wurde, war zudem die technische Entwicklung anwendungsfähiger digitaler Datenspeicherung noch fern. Karteien waren das wesentliche Mittel für das Erfassen, Speichern und Auswerten von personen-

1 Siehe dazu beispielsweise Stefan Aust/Thomas Ammann, Digitale Diktatur. Totalüberwachung, Datenmissbrauch, Cyberkrieg, Berlin 2014; Yvonne Hofstetter, Sie wissen alles. Wie intelligente Maschinen in unser Leben eindringen und warum wir für unsere Freiheit kämpfen müssen, München 2014; Friederike Kühn, Das Netz weiß alles. Mit Highspeed in die totale Überwachung, Fernsehdokumentation, Phönix, 28.1.2014. All dies ist aber im Kern nicht neu. Bereits 1996 berichtete die ZDF-Dokumentation von Egmont R. Koch, Zündstoff. Hacker mit Geheimauftrag. Angriff auf die Datensicherheit, ZDF, 24.4.1996, u.a. darüber, dass die NSA seit den 1980er-Jahren ein Programm namens „PROMIS" zur weltweiten Datensammlung und -verknüpfung entwickeln würde. Hinsichtlich der rechtlichen Möglichkeiten Deutschlands siehe bei Josef Foschepoth, Überwachtes Deutschland. Post- und Telefonüberwachung in der alten Bundesrepublik, Göttingen 2013[3], insbes. S. 186–196.

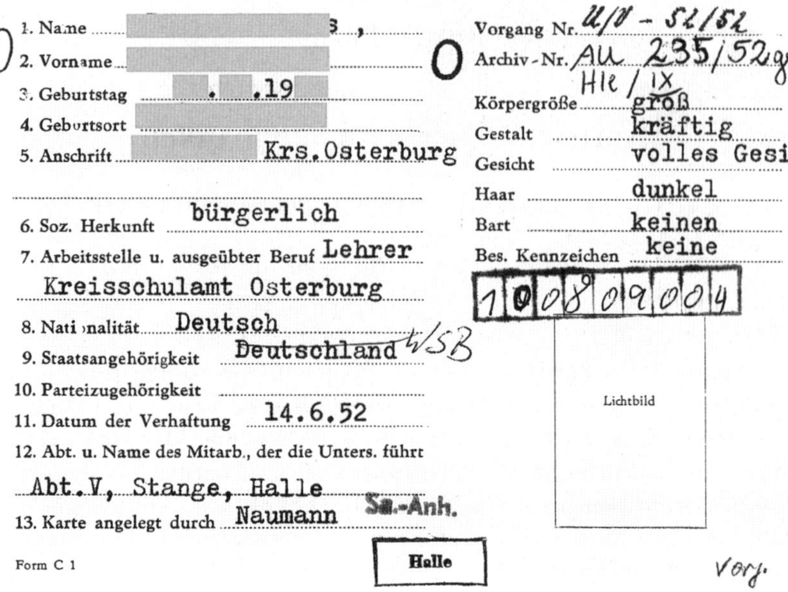

D

1. Name ... ,
2. Vorname ...
3. Geburtstag . .19
4. Geburtsort
5. Anschrift ... Krs. Osterburg
6. Soz. Herkunft bürgerlich
7. Arbeitsstelle u. ausgeübter Beruf Lehrer
Kreisschulamt Osterburg
8. Nationalität Deutsch
9. Staatsangehörigkeit ~~Deutschland~~ WSB
10. Parteizugehörigkeit
11. Datum der Verhaftung 14.6.52
12. Abt. u. Name des Mitarb., der die Unters. führt
Abt. V, Stange, Halle Sa.-Anh.
13. Karte angelegt durch Naumann

Form C 1

O

Vorgang Nr. U/V – 52/52
Archiv-Nr. AU 235/52 gp.
Hle / IX
Körpergröße groß
Gestalt kräftig
Gesicht volles Gesic[h]
Haar dunkel
Bart keinen
Bes. Kennzeichen keine

1 0 0 8 0 9 0 0 4

Lichtbild

Halle

Vorg.

Abb. 1: Von 1950 bis 1953 für Personenerfassungen genutzte Karteikarte C 1, hier als „Nullkarte" (Stempelaufdruck „0") erhalten geblieben, in den 1970er- oder 1980er-Jahren per Stempelaufdruck mit dem Schlüssel der Erfassungsdaten versehen („10" für „gesperrte Ablage" und „0809004" für die erfassende Abt. IX der BVfS Halle) und mit dem „D" als in die Datenbank SAVO übertragen gekennzeichnet (anonymisiert).

und objektbezogenen Informationen. Sie behielten diesen Status bis zum Ende des MfS 1989/90, obwohl sich parallel zu Karteien längst elektronische Datenbanken etabliert hatten. Planungen des MfS reichten jedoch bis zum Jahre 2000 und zielten auf einen massiven Ausbau der operativen Technik und der elektronischen Datenspeicherung.

Das MfS unterschied zentrale von dezentralen Karteien. Als zentrale Kartei[2] betrachtete man in der Abt. XII der 1980er-Jahre im Kern nur die auf der Ebene des Ministeriums geführte Personenkartei F 16, in der grundsätzlich auch alle Karteikarten der in den Bezirksverwaltungen geführten Personenkartei F 16 durch Duplikate gespiegelt wurden, zudem die Objektkartei und die Vorgangskartei. Alle anderen Karteien in operativen Diensteinheiten galten als dezentral.

2 In den 1980er-Jahren auch als „Zentrale Speicher" bezeichnet. Siehe zum Begriff im Wörterbuch XII, Kapitel „Erfassung und Registrierung", BStU, MfS, Abt. XII Nr. 883 bzw. Art. „Zentrale Speicher", in: Roland Lucht (Hg.), Das Archiv der Stasi. Begriffe, Göttingen 2015 (Archiv zur DDR-Staatssicherheit 11), S. 261.

Sogar die in den Abteilungen XII der Bezirksverwaltungen und der HA I geführten Karteien wurden als dezentral betrachtet. Doch auch dort nahmen die Abteilungen XII mit der Erfassung von Personen und der Registrierung von Vorgängen für sämtliche Diensteinheiten ihres Zuständigkeitsbereichs (archivisch vergleichbar einem Sprengel) grundlegende Serviceleistungen wahr. Diese lassen sich unschwer als zentrale Aufgaben erkennen, ohne die eine operative geheimpolizeiliche Arbeit kaum möglich gewesen wäre. Folgerichtig wären sämtliche zu diesen Zwecken in den Abteilungen XII aller Ebenen und Zuständigkeitsbereiche geführten Karteien als zentrale anzusprechen.[3] Abzugrenzen wären davon Karteien, die nicht für diese Serviceaufgaben bestimmt waren sowie weitgehend[4] alle in anderen Diensteinheiten geführten Karteien als dezentrale. Neben diese vielfältigen Karteien traten seit den frühen 1970er-Jahren verschiedene Datenbanken (im MfS als Datenverarbeitungsprojekte bezeichnet), die in den 1980er-Jahren stark an Bedeutung gewinnen und die Funktionen der Karteien schneller und wirkungsvoller ausführen sollten.

Zentrale Karteien der Abteilung XII

Erst sieben Monate nach Gründung des MfS wurde im September 1950 die Abt. Erfassung und Statistik gebildet. Mit dem dazu erlassenen Befehl traten drei Richtlinien in Kraft, die drei verschiedene Karteien begründen sollten: Eine Kartei (Form A 1) der als „feindlich" angesehenen, in operativen Vorgängen „bearbeiteten" Personen, eine Kartei (Form B 1) der inoffiziellen Mitarbeiter und eine Kartei (Form C 1) der verhafteten Personen.[5] Die Richtlinien enthielten maschinenschriftliche Muster der Karteien als Vorlage. Die Karteien sollten jeweils als Kartei über aktiv geheimpolizeilich bearbeitete Personen und als Archivkartei über abgeschlossene Akten personenbezogen alphabetisch aufgestellt werden. Zudem war für die operativen Vorgänge ein Karteikartenexemplar in eine Arbeitskartei einzustellen, die nach Einzel- und Gruppenvorgängen

3 So auch der Leiter der Abteilung XII, Karoos, in einer Durchführungsbestimmung vom 17.2.1960, BStU, MfS, Abt. XII Nr. 4361, S. 2. Dort werden die Personen- und die Vorgangskartei der Abteilungen XII der Bezirksverwaltungen ebenfalls als zentrale bezeichnet.

4 Zentrale Aufgaben hatten zudem die Vorgangskartei der HA IX/11 (Personenbetreffe aus der und über die Zeit vor Mai 1945), die Dokumentenkartei des Büros der Leitung (zentraler Nachweis aller beim MfS entstandenen oder dessen Tätigkeit berührenden dienstlichen Bestimmungen) sowie die Karteien zur Personalverwaltung des MfS. Diese werden hier aber nicht oder lediglich soweit behandelt, wie sie die Arbeit der Abteilung XII berührten.

5 Befehl Nr. 1/50 über die Schaffung einer Abteilung Erfassung und Statistik und über das Inkraftsetzen der Richtlinien vom 20.9.1950, BStU, MfS, BdL/Dok. Nr. 1 in Verbindung mit den zugehörigen drei Richtlinien GVS-Nr. 8/50, 9/50 u. 10/50, BStU, MfS, BdL/Dok. Nrn. 2505, 2506 u. 2508.

der einzelnen Abteilungen geordnet war (im Prinzip ein Vorläufer der 1954 eingeführten Vorgangskartei F 22). Dieses System wurde auf zentraler Ebene im Ministerium sowie als Duplikat für den jeweiligen Zuständigkeitsbereich in den damaligen Landesverwaltungen aufgebaut.

Daneben hatte das MfS eine Kartei von einer Vorgängerinstitution übernommen, den Kommissariaten 5 der Deutschen Verwaltung des Innern (DVdI), die seit 1947 für Zwecke der Entnazifizierung genutzt worden war. Diese Karteikarten waren in ihren Formen jedoch recht vielfältig. Hier war offenbar alles zusammengetragen worden, was für die Personenerfassung pragmatisch erschien. D. h. hier wurden aus nationalsozialistischen Dienststellen erbeutete Karteikarten weitergenutzt, verfügbare Karton- und Papierstücke im Format DIN A6 formlos beschriftet, aber auch Karteikarten im Format DIN A5 für die K 5 neu geschaffen und später auf das Format DIN A6 beschnitten. Diese Kartei wie die Akten der K 5 gelangten zunächst in eine Abt. Zentralarchiv des MfS. Aus dem Anfangsbuchstaben leiteten sich die Bezeichnungen „Z-Kartei“ und für die Akten entsprechend „Z-Material“ ab. Erst die revolutionären Ereignisse vom Juni 1953 brachten Strukturänderungen im MfS und die Eingliederung der Abt. Zentralarchiv in die Abt. Erfassung und Statistik im November 1953. Die vier Karteien (über potentielle „Feinde“, über inoffizielle Mitarbeiter, über Verhaftete und die Z-Kartei) mit Karteikarten im Format DIN A6 sollen anfangs gemeinsam in einem Stahlschrank und einem Karteischrank Platz gefunden haben.[6]

Seit 1953 wurden die Karteien wegen des besseren Zugriffs in eigens angefertigten großen Holztrögen auf Gestellen gelagert und genutzt, ihr Umfang war bereits entsprechend angewachsen und stark frequentiert. Gleichzeitig waren die Karteien der als feindlich „bearbeiteten“ und der verhafteten Personen in einer „Belastetenkartei“ zusammengeführt worden. Die Trennung in aktiv erfasste Personen und Personendaten in der Archivkartei wurde spätestens zu dieser Zeit aufgehoben. Die Kartei der inoffiziellen Mitarbeiter blieb zunächst separiert.[7] Sie wurde damals auch „Agenturenkartei“ genannt. Die getrennte Aufstellung diente in den 1950er-Jahren der Unterscheidung von „Freund“ und „Feind“, die sich auch in der Farbe der Karteikarten ausdrückte: gelb für operativ „bearbeitete“ Personen (Form A 1, seit 1954 F 16), rot für Untersuchungsvorgänge, Haftsache oder Festnahme (Form C 1, seit 1954 F 18), blau und hellgrau für inoffizielle Mitarbeiter (Form B 1, seit 1954 F 19). Entsprechende Farben gab es zeitgleich für die zugehörigen Akten. Aus dieser Farblegende entsprang unter MfS-Mitarbeitern umgangssprachlich die Bezeichnung

6 Schulungsmanuskript über den Aufbau der Zentralkartei und ihre Entwicklung, 28.4.1976, S. 5; Vortragsmanuskript „Grundsätze der Führung von Karteien in den Abteilungen XII“, Mai 1981, BStU, MfS, Abt. XII Nr. 2599, hier S. 8 f.

7 Lektion für die interne Schulung über Zweck und Aufbau der Karteien, 1953, BStU, MfS, AS 20/62, hier S. 150–152.

Abb 2: Ende 1953 eingeführte Holzkonstruktion für die Verwaltung der Karteien, unten mit den ca. 1968 zur nötigen Erweiterung der Kapazität aufgesetzten Rollkästen.

„ein Blauer" für einen inoffiziellen Mitarbeiter oder „einen blau gemacht" für eine erfolgreiche Werbung.[8]

Schon 1954 wurde die gerade erst eingerichtete Belastetenkartei F 16/F 18 um eine neue Kartei ergänzt: eine nach Registriernummern geordnete Vorgangskartei F 22[9] für die Vorgangsdaten aller operativen- und Untersuchungsvorgänge sowie für die Kontrolle über jeweils zuständige Mitarbeiter und die Bewegung dieser Vorgänge. In Ersterer wurden Personendaten erfasst, in Letzterer die über diese Personen angelegten Vorgänge registriert. Mit der Aufteilung von Personen- und Vorgangsdaten auf zwei Karteien sollte sich nicht nur die „Konspiration" und Geheimhaltung erhöhen, sondern die Änderung von Vorgangsdaten einfacher sein: Statt mehrerer Personenkarteikarten war nur noch eine Vorgangskarteikarte zu ändern.[10] Für die geordnete Registrierung der eröffneten

8 BStU, MfS, Abt. XII Nr. 2599, S. 9.

9 Schulungsmanuskript über den Aufbau der Zentralkartei und ihre Entwicklung, 28.4. 1976, S. 8; Vortragsmanuskript, Mai 1981, BStU, MfS, Abt. XII Nr. 2599, S. 15.

10 Schulungsmanuskript über den Aufbau der Zentralkartei und ihre Entwicklung, 28.4.1976, S. 9; Lektion für die interne Schulung über die Bedeutung der Vorgangskartei, 1954. BStU, MfS, AS 20/62, hier S. 131–140.

Vorgänge bestanden schon zuvor Registrierbereiche, gegliedert in die vierzehn Bezirksverwaltungen, die Verwaltung Wismut sowie die Zentrale des Ministeriums (einschließlich der Verwaltung Groß-Berlin). 1954 erhielt zudem die HA I (Militärabwehr) einen eigenen Registrierbereich.[11]

Neben den genannten Karteien existierten seit Anfang der 1950er-Jahre eine Decknamenkartei mit Karteikarten F 20 (später F 77) für Decknamen der verschiedenen Arten operativer Vorgänge, eine Kartei der „antidemokratischen Parteien, Organisationen, Zentren der Geheimdienste und anderer Objekte“ mit Karteikarten F 17, später bezeichnet als Feindobjektkartei,[12] und eine statistische Kartei für die Ermittlung der Anzahl bearbeiteter Vorgänge und erfasster Personen.[13] Die Decknamenkartei enthielt ähnliche Daten wie die Vorgangskartei F 22, die Karteikarten waren aber etwas anders strukturiert, von hellblauer Farbe und für laufende Vorgänge nach Diensteinheiten, Vorgangsarten und den Decknamen, für abgeschlossene Vorgänge direkt nach dem Decknamen geordnet.[14] Sie diente vor allem statistischen Auswertungen.

Umfangreiche Veränderungen traten 1960 ein, sie prägten die Art der zentralen Karteiführung in den folgenden drei Jahrzehnten: Die bisherigen Vorgangsarten wurden reduziert, gleichzeitig verloren die bis dahin genutzten Formulare für Karteikarten ihre Gültigkeit und wurden durch neue, nun gleichfarbige Formulare ersetzt. Die Belastetenkartei und die Agenturenkartei über inoffizielle Mitarbeiter wurden zusammensortiert. Dafür fand ein Austausch der Personenkarteikarten von allen aktiven[15] inoffiziellen Mitarbeitern in die neuen gelben Formulare F 16 statt, eine Unterscheidung von „Freund“ und „Feind“ war anhand der Farbe nicht mehr möglich.[16] Die so geschaffene Personenkartei F 16 galt als „neutralisiert“ und in der Geheimhaltung verbessert.[17] Gleichzeitig fanden die Vorgangsdaten inoffizieller Mitarbeiter (IM) Aufnahme in die

11 Zu den Registrierbereichen vgl. Art. „Registrierbereich“, in: Lucht (Hg.), Archiv, S. 183 f.; vgl. BStU, MfS, AS 97/79, S. 124 f.

12 Vortragsmanuskript, Mai 1981, BStU, MfS, Abt. XII Nr. 2599, S. 16.

13 Richtlinie GVS-Nr. 90/54 über die operative Erfassung und Statistik in den Organen des Staatssekretariats für Staatssicherheit des Ministeriums des Innern der DDR, 12.12.1953, BStU, MfS, BdL/Dok. Nr. 3032. Siehe weiterführend Art. „Feindobjektkartei“, in: Lucht (Hg.), Archiv, S. 99 f.; siehe auch hier in Abschnitt 4 über elektronische Datenspeicher.

14 Siehe weiterführend Art. „Decknamenkartei“, in: Lucht (Hg.), Archiv, S. 78 f.

15 Als aktiv erfasst galten alle IM, mit denen das MfS mehr oder weniger regelmäßig arbeitete. Im Unterschied dazu war bei passiv erfassten IM die Zusammenarbeit bereits eingestellt worden; für diese blieben die alten Karteikarten erhalten.

16 Schreiben über Veränderungen im System der operativen Erfassung, 20.5.1960, BStU, MfS, BdL/Dok. Nr. 3030.

17 Schulungsmanuskript über den Aufbau der Zentralkartei und ihre Entwicklung, 28.4.1976, S. 9; Vortragsmanuskript „Grundsätze der Führung von Karteien in den Abteilungen XII“, Mai 1981, BStU, MfS, Abt. XII Nr. 2599, hier S. 9 u. 15.

Vorgangskartei F 22.[18] Mit dieser „Neutralisierung“[19] setzte sich ein Karteisystem durch, das bis zur Auflösung des MfS Bestand haben sollte: Eine zentrale Personenkartei mit gelben Karteikarten F 16 für die Erfassung von Personendaten, zudem eine Vorgangskartei mit ebenfalls gelben Karteikarten F 22 für die Registrierung von angelegten Vorgängen. Erstere ließ keinen Rückschluss auf die Art des Vorgangs mehr zu, letztere keinen mehr auf die erfasste Person. Davon abweichende Karteikarten gab es nur noch in Ausnahmefällen. Beispielsweise wurden 1961 (bezeichnender Weise) grüne Karteikarten für die Erfassung von Grenzgängern angelegt.

Seit 1960 wurden einmal vergebene Registriernummern beibehalten und nicht mehr wie zuvor bei Übergabe der Akte an einen anderen Registrierbereich verändert. Registriernummern enthielten seit Juli 1960 keine Vorgangsbezeichnung mehr, sondern nur noch den Registrierbereich, die laufende Nummer und den Jahrgang;[20] im Januar 1962 traten römische Ziffern für die Registrierbereiche hinzu.[21] Bis 1969 wurden gelöschte Erfassungen von Personen aus der Personenkartei F 16 entfernt und die Karteikarte vernichtet, seit September 1969 blieben gelöschte Erfassungen erhalten.[22] Das ist aber nach 1976 offenbar wieder geändert worden, denn seit mindestens 1978 sind Löschungen über Statistiken belegbar.[23]

Die seit 1970 in der DDR eingeführte Personenkennzahl (PKZ) fand ihren Eingang in entsprechend geänderte Karteikarten der Personenkartei F 16. Eine sogenannte „Klassifizierung“ der erfassten Daten in „gesperrt“ und „nicht gesperrt“ für Auskünfte an Mitarbeiter anderer Diensteinheiten des MfS fand seit 1971 statt.[24] Das Zusammenwirken mit der Arbeitsrichtung I der Kriminalpolizei und deren Pflicht zur Überprüfung ihrer inoffiziellen Mitarbeiter und ihres Nachweises in den MfS-Karteien war 1974 mit einer Dienstanweisung geregelt worden.[25] 1975 wurde ebenso mit der Militäraufklärung des Ministeriums für

18 Schulungsmanuskript über den Aufbau der Zentralkartei und ihre Entwicklung, 28.4.1976, S. 9, Vortrag, Mai 1981, BStU, MfS, Abt. XII Nr. 2599, S. 15.

19 Über die „Neutralisierung“ der Personenkartei siehe weiterführend den Beitrag „Das Gedächtnis der Staatssicherheit“ von Philipp Springer in diesem Band.

20 BStU, MfS, Abt. XII Nr. 4361, S. 17; BStU, MfS, Abt. XII Nr. 2919, S. 19 f.

21 BStU, MfS, AS 97/70, S. 124 f.

22 Schulungsmanuskript über den Aufbau der Zentralkartei und ihre Entwicklung, 28.4.1976, S. 3.

23 BStU, MfS, Abt. XII Nr. 5903, S. 6 f.

24 Schulungsmanuskript über den Aufbau der Zentralkartei und ihre Entwicklung, 28.4.1976, S. 12; Schulungsmaterial, April 1987, BStU, MfS, Abt. XII Nr. 2919, S. 19.

25 Mit der Dienstanweisung Nr. 1/74 und deren 1. DfB, BStU, MfS, Abt. XII Nr. 2599, S. 12 f. Eine Neuregelung fanden mit der 1. DfB zur Dienstanweisung Nr. 2/79 statt, BStU, MfS, Abt. XII Nr. 678, S. 11 f. u. 21–35. Zuletzt galt die Arbeitsordnung zur Bearbeitung der Materialien der Kriminalpolizei vom 22.7.1987, mit der auch die Umstellung der Erfassungsart von OG auf KAG I einherging, BStU, MfS, Abt. XII Nr. 346.

Nationale Verteidigung eine Vereinbarung getroffen und die Ergebnisse in einer Dienstanweisung festgehalten. Seitdem war die Erfassung inoffizieller Verbindungen der Militäraufklärer in den Karteien des MfS verbindlich geregelt. Zudem wurden über diese Verbindungen geführten Akten der Militäraufklärer im Archiv der Stasi zur Ablage gebracht und in den MfS-Karteien nachgewiesen.[26]

Im Zusammenhang mit dem Aufbau der Datenbank SAVO (siehe in Abschnitt 4) erhielten Karteikarten der Personenkartei F 16 seit den 1970er-Jahren verschiedene Kennzeichnungen, z. B. ein „P“, wenn ein Abgleich der Personendaten mit der Personendatenbank des Ministeriums des Innern stattgefunden hatte, oder ein „D“, wenn die Erfassungsdaten für die Dateneingabe verschlüsselt wurden. Weitere Kennzeichnungen verwiesen auf besondere Erfassungsverhältnisse. Schon zuvor kennzeichnete ein kleines Kreuz eine Hauptkarte, wenn eine Hinweiskarte unter anderem Namen vorhanden war. Dies konnte bei Doppelnamen aber ebenso bei Namen z. B. aus dem arabischen oder dem südostasiatischen Raum, die aus mehreren Namensteilen bestanden, notwendig sein. Hinweiskarten waren zudem für Personendaten aus dem anglophonen Kulturkreis mit einer abweichenden Schreibweise des Geburtsdatums üblich.[27] Eine Null als Markierung auf dem Kartenrand zeigte an, dass ausnahmsweise eine ältere Karteikarte erhalten blieb und die aktuelle dieser vorangestellt wurde.

Die Personenkartei war nicht streng alphabetisch geordnet, sondern nach dem Klang der Namen. Hierfür gab es keine Standards. Vielmehr wurden die am häufigsten vorkommenden Schreibweisen als Stammname festgelegt und alle gleich klingenden aber anders geschriebenen Namen dort eingeordnet. Durch regionale Unterschiede in der Namenshäufigkeit ergaben sich folgerichtig unterschiedlich Festlegungen in den Abteilungen XII der jeweiligen Bezirksverwaltungen und des MfS. Eine weitere Abweichung bestand darin, dass bei der Einordnung doppelte Buchstaben wie einer gewertet wurden.[28]

Die Vorgangskartei F 22 wurde 1982, wiederum mit dem Ziel, die Geheimhaltung zu erhöhen, in eine Arbeitskartei F 22 und eine Auskunftskartei F 22a getrennt. Die neu ausgefertigten Karteikarten der Auskunftskartei enthielten nur noch im Umfang reduzierte Daten.[29]

Die Abt. XII schuf sich nicht nur eigene Karteien, sondern nutzte ebenso Personenkarteien anderer Institutionen nach. Eingangs erwähnt wurde bereits die sogen. Z-Kartei, die aus der Tätigkeit der Kommissariate 5 (K 5) entstanden war. Die K 5 waren von 1947 bis 1949 als politische Polizei mit Entnazi-

26 Dienstanweisung Nr. 7/75, 1.9.1975, BStU, MfS, BdL/Dok. 4627; für die vorhergehende Zeit siehe die ZAIG-Berichte vom 23.2. und 20.3.1973, BStU, MfS, ZAIG Nr. 18993, S. 34–44; siehe weiterführend Art. „Militäraufklärung“, in: Lucht (Hg.), Archiv, S. 152–154.

27 Vortrag, Mai 1981, BStU, MfS, Abt. XII Nr. 2599, S. 29.

28 Ebd., S. 25–28.

29 Schulungsmaterial über Personen- und Vorgangskarteien, April 1987, BStU, MfS, Abt. XII Nr. 2919, S. 15 u. 21.

Abb. 3: Der Saal A-K (damals Raum A 201) der Personenkartei F 16 in einer Teilansicht, etwa um 1985 im Archivgebäude an der Magdalenenstraße in Berlin-Lichtenberg. Die Karteikarten F 16 der Anfangsbuchstaben L-Z waren im Geschoss darüber in einem gleichartig ausgestatteten Saal (Raum A 301) untergebracht.

fizierungsaufgaben betraut. Anschließend gelangten diese Kartei und zugehörige Akten in die Verwahrung des eingangs genannten Zentralarchivs des MfS, das zunächst neben der Abt. XII bestand. Es wurde im Dezember 1953 in die Abt. XII integriert, die anschließend die personenbezogene Verzeichnung der Akten und somit eine stetige Erweiterung der Z-Kartei vorantrieb. Allein für den Zeitraum 1960 bis 1963 ist die Erfassung von mehr als 317.000 als belastet angesehenen Personen und Objekten belegt. Die Abt. XII hatte dazu nicht nur neue Karteikarten gefertigt, sondern auch Signaturen von Z-Material (das sind Akten aus der NS-Zeit und über die Entnazifizierung) auf die über eine Person bereits vorhandene Karteikarte aufgetragen sowie die von den K 5 übernommenen Karteikarten in die zentrale Personenkartei eingeordnet. Mit der Herausbildung der HA IX/11 im Sommer 1966 und ihrer offiziellen Gründung durch den Befehl Nr. 39/67 am 1. Februar 1968 trat diese in die Zuständigkeit für das Z-Material und somit auch für die Z-Kartei ein.[30]

30 Über die Archive und Karteien bei der K 5 siehe weiterführend den Beitrag „Das Gedächtnis der Staatssicherheit" von Philipp Springer in diesem Band.

In Folge des Aufbaus der Vorgangskartei der HA IX/11 (VK IX/11)[31] wurden seit 1970 Karteikarten mit Archivsignaturen von Z-Materialien aus der zentralen Personenkartei F 16 wieder herausgelöst und die Erfassungen in die VK IX/11 eingearbeitet. Die Erfassungsdaten mussten somit nach Zuständigkeit getrennt und entsprechend neue Karten ausgefertigt werden. Dafür wurden eigens Karteikarten F 16 a und F 16 c gedruckt, doch häufiger wurden „normale“ F 16 benutzt. Das Aussortieren sollte im laufenden Arbeitsprozess geschehen. Insbesondere im Buchstabenbereich L bis Z der Personenkartei F 16 wurden diese Arbeiten jedoch bis zur Auflösung des MfS nicht abgeschlossen.[32]

In einer Sonderkartei (SK) sammelte die Abt. XII ausgesonderte Karteien der Gerichte und Staatsanwaltschaften der DDR und Strafnachrichten über Strafen, die offiziell als gelöscht galten. Bereits im Oktober 1959 erteilte der Stellvertreter des Ministers, Bruno Beater, den Auftrag, die SK aufzubauen.[33] Die in der SK gesammelten Strafnachrichten und Karteien waren seit 1981 Bestandteil des Speichers XII/01 im Zentralarchiv des MfS. Einige waren alphabetisch (SK 1–5), andere nach Straftatbeständen geordnet (SK 10–25). Die zuletzt ca. 2 Millionen Karteikarten und Strafnachrichten betrafen beispielsweise Urteile aus der Zeit des II. Weltkriegs (SK 1), Urteile sowjetischer Militärtribunale (SK 4), Sammlung und Übermittlung von Nachrichten an Geheimdienste der NATO (SK 11), Geheimnisverrat (SK 13), Widerstand gegen staatliche Maßnahmen, Terror (SK 14), Widerstand gegen die Staatsgewalt (SK 15), Beihilfe zur Republikflucht, Passvergehen, (SK 18), Sabotage der Volkswirtschaft (SK 20) oder die Nichtanzeige eines Staatsverbrechens (SK 25) und spiegelten damit das Rechtsverständnis der DDR.[34]

Mit der Etablierung von Datenbanken und Begriffen der elektronischen Datenverarbeitung bezeichnete das MfS seit 1980 zunehmend auch ihre Karteien und selbst den Aktenfonds als Speicher. Festmachen lässt sich dies an der Speichernutzungsordnung von 1980 und den Speicherführungsprinzipien[35] von 1983: Erstere katalogisierte alle im MfS für spezifische Anfragen zur Verfügung stehende Karteien (die ggf. auf Akten verweisen), letztere gestalteten

31 Diese Vorgangskartei hat nichts mit der Vorgangskartei F 22 der Abteilung XII zu tun. Die HA IX/11 nutzte ein Format DIN A5 quer und erfasste darin Personendaten und zugehörige Aktenstücke im Zuge ihrer Ermittlungen über Nazi- und Kriegsverbrechen, später auch über die antifaschistische Traditionspflege, doch immer unter den Vorzeichen geheimpolizeilicher und politischer Interessenabwägungen.

32 Siehe weiterführend Art. „Z-Kartei“, in: Lucht (Hg.), Archiv, S. 247–249.

33 Über die „Sonderkartei“ siehe weiterführend den Beitrag „Das Gedächtnis der Staatssicherheit“ von Philipp Springer in diesem Band.

34 Siehe weiterführend Art. „Sonderkartei“, in: Lucht (Hg.), Archiv, S. 210 f.

35 Prinzipien der Speicherführung in den Abteilungen XII und der Gestaltung dazu erforderlicher Informationsprozesse – Speicherführungsprinzipien XII –, 21.1.1986, einschließlich Anlagen; BStU, MfS, BdL/Dok. Nr. 11153. Siehe weiterführend Art. „Speicherführungsprinzipien“, in: Lucht (Hg.), Archiv, S. 217.

als dienstliche Bestimmung das Verfahren der Informationsspeicherung und -nutzung im MfS.

Die 1980 eingeführte Speichernutzungsordnung enthielt in ihrer letzten Fassung als Nr. 3/89 ausgewählte Informationsspeicher des MfS und in Nr. 4/89 die Möglichkeiten zur Nutzung „ausgewählter Informationsspeicher staatlicher und wirtschaftsleitender Organe, Kombinate, Betriebe und Einrichtungen sowie gesellschaftlicher Organisationen durch operative Diensteinheiten des MfS". Die Ordnung Nr. 3/89 beschreibt 36 Informationsspeicher, die jeweils thematische Schwerpunkte betreffen. Darunter befinden sich die beschriebe Z-Kartei mit zugehörigen Akten als Speicher IX/03, der oben kurz genannte Speicher XII/01 über „durch Gerichte der DDR verurteilte Personen", der Speicher XII/02 mit „Fahndungsunterlagen der BRD" (über beide unten gleich mehr) und der „Sonderspeicher" ZAIG/05 mit dem „System der vereinigten Erfassung von Daten über den Gegner" (SOUD, darüber mehr im Abschnitt 4). Auf die Vorverdichtungs-, Such- und Hinweiskarteien (darüber im Abschnitt 3) der 216 Kreis- und Objektdienststellen sowie der operativen Abteilungen der Bezirksverwaltungen für Staatssicherheit wird pauschal als „Informationsspeicher 100" verwiesen.

Die Stasi vereinnahmte nicht nur ausgesonderte Unterlagen anderer Institutionen für die geheimpolizeiliche Verwertung, sie erschloss sich auch aktive Datenquellen: Die Ordnung Nr. 4/89 beschreibt 92 Informationsspeicher, gegliedert nach den Bereichen staatliche Organe, Ministerium des Innern, Rechtspflege, Volkswirtschaft, Bildung und Erziehung, Gesundheits- und Sozialwesen, Kunst, Kultur und Massenmedien, Militär und Sonstige. Zu diesen Informationsspeichern, auf die sich das MfS Zugriff verschaffte, gehörten das Bildarchiv und die Dokumentation des Allgemeinen Deutschen Nachrichtendienstes (ADN), Stellen, die Eingaben von Bürgern entgegennahmen, Autoren- und Nutzerdaten aus der Deutschen Bücherei Leipzig, personenbezogene Gesundheits- und Sozialversicherungsdaten, u.a. aus der Zentralstelle zur Bekämpfung der Geschlechtskrankheiten aber auch aus den Kreisvorständen des Freien Deutschen Gewerkschaftsbundes, Daten über die Kontoführung bei Banken und Sparkassen sowie personenbezogene Daten über Versicherungsverhältnisse bei der Staatlichen Versicherung der DDR. Auf die „konspirative Nutzung" dieser Informationsspeicher durch das MfS und die eigentliche Verschwiegenheitspflicht der die Daten verwaltenden Stellen wird in der Ordnung Nr. 4/89 mehrfach hingewiesen. Für die Nutzung der Personendatenbank (PDB) beim Ministerium des Innern der DDR durch Diensteinheiten des MfS bestand eine eigene Ordnung Nr. 18/85.[36]

36 Ordnung Nr. 9/80, Speichernutzungsordnung des MfS, 5.11.1980; BStU, MfS, BdL/Dok. Nrn. 5821 u. 5745; Ordnung Nr. 9/83, Speichernutzungsordnung andere Organe, 10.11.1983; BStU, MfS, BdL/Dok. Nr. 8051. Siehe weiterführend Art. „Speichernutzungsordnung", in: Lucht (Hg.), Archiv, S. 218f.

Die 1959 begonnene Vereinnahmung von ausgesonderten Karteien und Strafnachrichten aus Gerichten und Staatsanwaltschaften durch die Stasi wurde oben schon genannt. Seit Ende der 1960er-Jahre erhielt dies eine neue Dimension, als in Größenordnungen auch ausgesonderte Akten aus den Verwaltungsarchiven der Staatsanwaltschaften durch die Stasi übernommen wurden. Die Unterlagen betrafen Personen, deren Delikte im zentralen Strafregister der DDR bereits gelöscht waren, d. h., die Daten hätten nicht mehr verwendet werden dürfen. Die Akten wurden darum zunächst konspirativ in ein Archivdepot der Staatlichen Archivverwaltung (StAV) der DDR in das Schloss Dornburg an der Elbe verbracht, dort separiert von fünf hauptamtlichen inoffiziellen Mitarbeitern der Abt. XII hinsichtlich ihrer geheimpolizeilichen Verwertbarkeit durchgesehen und eine umfassende Personenkartei angelegt. Die Karteikarten F 16 und F 16b wurden regelmäßig nach Berlin gebracht und in die zentrale Personenkartei F 16 eingeordnet. Für Auskünfte aus diesen Unterlagen bestand eine Kurierverbindung zur Abt. XII des Ministeriums.[37] Im Oktober 1981[38] begann diese Abteilung, ihren Speicher XII/01 „über durch Gerichte der DDR verurteilte Personen“[39] aufzubauen. Hierin wurden die oben beschriebenen SK-Unterlagen (Strafnachrichten und eine Kartei im Format DIN A5) und die in Dornburg mit SKS-Signaturen verzeichneten Akten einschließlich der dabei entstandenen Kartei im Format DIN A6 organisatorisch zusammengeführt. Dafür wurden Karteikarten mit SK- und SKS-Signaturen sukzessive wieder aus der zentralen Personenkartei herausgezogen. Die Maßnahme lief in der Abt. XII unter der Bezeichnung „SK-Löschung“ und sollte 1987 abgeschlossen sein,[40] war aber bis zur Auflösung des MfS noch nicht beendet. Die Akten aus Dornburg wurden in das 1984 fertig gestellte Magazingebäude der Abt. XII verlagert, die bis dahin genutzten Räume 1985 an die StAV übergeben.[41] Seit dem waren die Unterlagen des Speichers XII/01 auch körperlich in einem Gebäude zusammengeführt.[42]

Die Abt. XII unterhielt einen weiteren „Speicher“: Seit 1956 erhielt sie durch inoffizielle Quellen beschaffte Fahndungsunterlagen westlicher Länder, seit

37 Sondervorgang, seit 1977 Sicherungsvorgang, zum Kontrollobjekt „Elbe“, Reg.-Nr. XV 1792/73, BStU, MfS, Abt. XII Nr. 8; siehe weiterführend Art. „SKS-Akten“, in: Lucht (Hg.), Archiv, S. 206–208.

38 Anweisung Nr. XII/6/81, 6.10.1981, BStU, MfS, Abt. XII Nr. 2484, S. 3–7.

39 So in der Fassung der Speichernutzungsordnung von 1989. In früheren Ergänzungs- und Austauschblättern wurde er noch benannt als Speicher über „ehemals vorbestrafte Bürger der DDR“ bzw. über „Personen, die wegen Delikten der allgemeinen Kriminalität vorbestraft waren“.

40 Beschreibung des Aufbaus und der Nutzung des Speichers XII/01, BStU, MfS, Abt. XII Nr. 1039, S. 2–16, hier S. 5.

41 Zur Übergabe an die StAV im Oktober 1985 siehe in BStU, MfS, Abt. XII Nr. 9, insbes. S. 19–28; ebd., S. 145–159 finden sich auch Personendaten und Beurteilungen der in Dornburg eingesetzten HIM sowie Angaben über ihre weitere Verwendung.

42 Siehe weiterführend Art. „Speicher XII/01“, in: Lucht (Hg.), Archiv, S. 214f.

Abb. 4: Karteisaal des Speichers XII/01 (damals Raum A 602) mit Personenerfassungen aus Akten der Gerichte, der Staatsanwaltschaften und des Strafvollzugs. Lediglich die Bürodrehstühle stammen aus der Nutzung durch den BStU, Foto um die Jahreswende 1992/93.

1965 dann periodisch, nahezu monatlich.[43] Im Zeitraum zwischen 1966 und 1974 sollen einem 1979 gefertigten MfS-Bericht zufolge ca. 350.000 Personen aus Fahndungsunterlagen „karteimäßig nachgewiesen" worden sein; der Nachweis sei 1975 eingestellt worden, weil seitdem in den Deutschen Fahndungsbüchern des Bundeskriminalamts „die jeweiligen Neuerfassungen nicht mehr direkt erkennbar waren" und der weitere Abgleich der Daten einen zu hohen Aufwand erfordert hätte: Es wurde mit 180.000–200.000 Personennamen pro neuem Fahndungsbuch gerechnet.[44] Verzichtet werden sollte auf diese Quellen aber nicht: 1982 wurde in der Abt. XII der Speicher XII/02 eingerichtet und mittels aktualisierender Austauschblätter in der Speichernutzungsordnung anderen Diensteinheiten der Stasi für Personenabfragen angeboten.[45] Er enthielt Fahndungsbücher und -listen der Bundesrepublik seit 1956, das Österreichische Fahndungsbuch (1975–1985), einzelne Fahndungsbücher skandinavischer Staaten sowie weitere nur einmalig vorliegende Fahndungslisten. Seit Mitte der

43 BStU, MfS, Abt. XII Nr. 4105, S. 61.
44 Ebd., S. 34f.
45 Ebd., S. 57f.

BStU 000244

Form 16 Personenkarteikarte

1950			
1951			
1952			
1953			
1954			
1955	–	500.000	Stück
1956	–	1.500.000	Stück
1957	–	64.000	Stück
1958	–	10.000	Stück
1959	–	1.000.000	Stück
1960	–	500.000	Stück
1961	–	502.000	Stück
1962	–	500.000	Stück
1963	–	500.000	Stück
1964	–	1.002.000	Stück
1965	–	1.022.000	Stück
1966	–	1.000.000	Stück
1967	–	1.000.000	Stück
1968	–	1.215.000	Stück
1969	–	2.006.000	Stück
1970	–	1.000.000	Stück
1971	–	1.999.000	Stück
1972	–	1.004.000	Stück
1973	–	1.000.000	Stück
1974	–	2.502.000	Stück
1975	–	2.500.000	Stück (Druckauftrag)

Abb. 5: Für Neuerfassungen und die Aktualisierung von Daten ließ die Abt. XII allein von 1955 bis 1975 mehr als 22 Millionen Karteikarten F 16 drucken, mit einer im Bedarf grundsätzlich steigenden Tendenz.

1980er-Jahre kamen noch Fahndungsblätter der INTERPOL hinzu.[46] Die Auskünfte unterlagen einer hohen Geheimhaltung. Damit sollten die inoffiziellen Quellen, die die Fahndungsunterlagen aus der Bundesrepublik und Westeuropa beschafft hatten, geschützt werden.[47]

46 Ebd., S. 55, 59–61, 66.

47 Siehe weiterführend Art. „Speicher XII/02", in: Lucht (Hg.), Archiv, S. 216.

Zu den Karteien mit zentralen Funktionen gehörten zudem die Straßenkartei (F 78)[48] und die Objektkartei (F 80),[49] die beide der Erfassung konspirativer Wohnungen und Objekte des MfS dienten. Bis auf die Objektkartei mit Karten im Format DIN A4 quer bestanden alle zentralen Karteien aus Karteikarten im Format DIN A6 quer und waren je nach Verwendungszweck unterschiedlich bedruckt. Das System der zentralen Erfassung von Personen und der Registrierung von Vorgängen in einer Personenkartei F 16, einer Vorgangskartei F 22, einer Decknamenkartei F 77, einer Straßenkartei F 78, einer Objektkartei F 80 und einer IM-Vorauswahlkartei war in den Abteilungen XII der Bezirksverwaltungen grundsätzlich gleichermaßen wie auf der Ebene des Ministeriums vorhanden. Die Z-Kartei, die Speicher XII/01 und XII/02 sowie einige Erfassungsarten waren Besonderheiten der Zentrale.

Die Karteikarten waren in den Abteilungen XII keine Dokumente mit Urkundencharakter, sondern bloßes Arbeitsinstrument für die sogenannte „politisch-operative", also geheimpolizeiliche Tätigkeit. Sie erfuhren nicht nur durch neue oder aktualisierte Erfassungen, sondern auch durch den Austausch abgegriffener oder veralteter Karten ständige Veränderung und Erneuerung. Im Laufe des 40-jährigen Wirkens des MfS mischten sich ältere Formulare und Erfassungsvermerke mit neu gestalteten. Daraus ergab sich ein recht differenziertes Bild, dessen richtige Auswertung großer Aufmerksamkeit und Erfahrung bedarf, um für die heutigen vielfältigen Aufarbeitungsinteressen zutreffende Auskünfte zu liefern und den Aktenzugang zu ermöglichen.[50]

Dezentrale Karteien

Das MfS bestand aus zuletzt 44 selbstständigen Hauptabteilungen, Abteilungen und Gruppen in der Stasi-Zentrale sowie deren fachlich nachgeordneten Diensteinheiten in 15 Bezirksverwaltungen, 209 Kreis- und 7 Objektdienststellen. Über die im vorherigen Abschnitt dargestellten zentralen Karteien hinaus führte jede dieser Diensteinheiten eigene, sogenannte dezentrale Karteien. Die wichtigsten davon waren direkt mit der zentralen Personenkartei über Hinweise bzw. Erfassungsarten verknüpft. Lediglich diese drei Formen der Karteien: Kerblochkarteien, VSH-Karteien und Sichtlochkarteien, sollen hier kurz vorgestellt werden.

Seit den 1960er-Jahren kamen vor allem Kerblochkarten als Handlochkarten im Format DIN A4 mit je nach Verwendungszweck unterschiedlichen Aufdrucken zur Anwendung: als Personenkerblochkartei, als IM-Vorauswahl-

48 Siehe weiterführend Art. „Straßenkartei", in: Lucht (Hg.), Archiv, S. 220 f.

49 Siehe weiterführend Art. „Objektkartei", in: Lucht (Hg.), Archiv, S. 160 f.

50 Vortrag über Grundsätze der Führung von Karteien in den Abteilungen XII, Mai 1981, BStU, MfS, Abt. XII Nr. 2599, S. 40.

kartei[51], als Kfz-Kartei (alle im Querformat) oder als Deliktekartei (im Hochformat). In die Personenkerblochkartei wurden, getrennt nach Provenienz Ost oder West, Personen aufgenommen, die in irgendeiner Form ins Blickfeld des MfS geraten waren; das konnte sowohl der Verdacht einer „feindlichen“ Tätigkeit sein, als auch das Interesse des MfS an einer perspektivischen Zusammenarbeit. Die IM-Vorauswahlkartei diente, wie der Name vermuten lässt, der Vorauswahl eines IM mit bestimmten Merkmalen, die diesen für eine zu übertragende Aufgabe geeignet erscheinen ließen; sie sollte dem MfS also gewissermaßen die Personalplanung für „konspirative“ Einsätze erleichtern. In der Kfz-Kartei wurden sicherheitspolitisch aufgefallene Kennzeichen von Kraftfahrzeugen, beispielsweise der Militärverbindungsmissionen der Alliierten, erfasst. In der Deliktekartei schließlich wurden alle Vorfälle gespeichert, in denen das MfS als Untersuchungsorgan tätig geworden war. Delikte oder Tathergänge mit gleichen Merkmalen konnten mittels der Deliktekartei schnell miteinander in Verbindung gebracht werden.

Kerblochkarten trugen zwei gestanzte Lochreihen am Kartenrand. Die Lochreihen gliederten sich in Felder und Paare, deren Löcher zur Speicherung von Informationen zum Kartenrand hin flach (äußere Reihe) oder tief (innere Reihe) nach einem verbindlichen Schlüssel gekerbt wurden. Sie bedurften keiner inneren Sortierung. Bei der Auswertung wurde eine Selektionsnadel in das Loch für das abgefragte Merkmal geschoben und der Kartenblock angehoben oder gekippt. Auf das Merkmal zutreffende Karten fielen dabei heraus. Mit Selektionsgabeln ließen sich mehrere Merkmale gleichzeitig abfragen. Selektionsgeräte für komplexe Abfragen an einem Kartenrand konnten bis zu 350 Kerblochkarten gleichzeitig aufnehmen. Die Kerblochkarten wurden, um größere Informationsmengen verfügbar zu halten, u. a. durch sogenannte zentrale Materialablagen (ZMA) der Diensteinheit ergänzt. Das waren Aktenmappen, in die Schriftstücke über eine Person oder einen Sachverhalt abgeheftet wurden. Wie diese Kerblochkarteien zu führen und zu nutzen waren, bestimmte der umfangreiche Befehl Nr. 299/65 mit mehreren Anlagen, Durchführungsbestimmungen und Ergänzungen; er galt weitgehend bis 1982. Kerblochkarteien blieben jedoch darüber hinaus in einigen Diensteinheiten bis zum Ende des MfS in Gebrauch.[52]

51 Diese gab es sowohl als zentrale Kartei für alle Diensteinheiten in den Abteilungen XII als auch in operativen Diensteinheiten als dezentrale Kartei.

52 Befehl Nr. 299/65 v. 24.7.1965, Anl. 1 Nr. 10 a, zudem die Anlagen 3, 4 u. 6. BStU, MfS, BdL/Dok. Nrn. 3904, 3906, 3908 u. 3909; 2. Durchführungsbestimmung v. 20.5.1974 zum Befehl Nr. 299/65. BStU, MfS BdL/Dok. Nr. 3902; Herstellerprospekt, 1969, BStU, MfS, ZAIG Nr. 16527; Herstellerprospekt, 1970er-Jahre, BStU, MfS, Abt. XII Nr. 8238; Verschlüsselungsmethode der Kerblochkartei, BStU, MfS, Abt. XII Nr. 5947; Erich Magritz u. a. (Hg.), Lexikon der Wirtschaft. Organisation und Technik der Verwaltungsarbeit, Berlin 1975, S. 159 f., 190 u. 219. Siehe weiterführend Art. „Kerblochkartei“, in: Lucht (Hg.), Archiv, S. 141 f.; Art. „Kerblochkarte“, in: Lucht (Hg.), Archiv, S. 142.

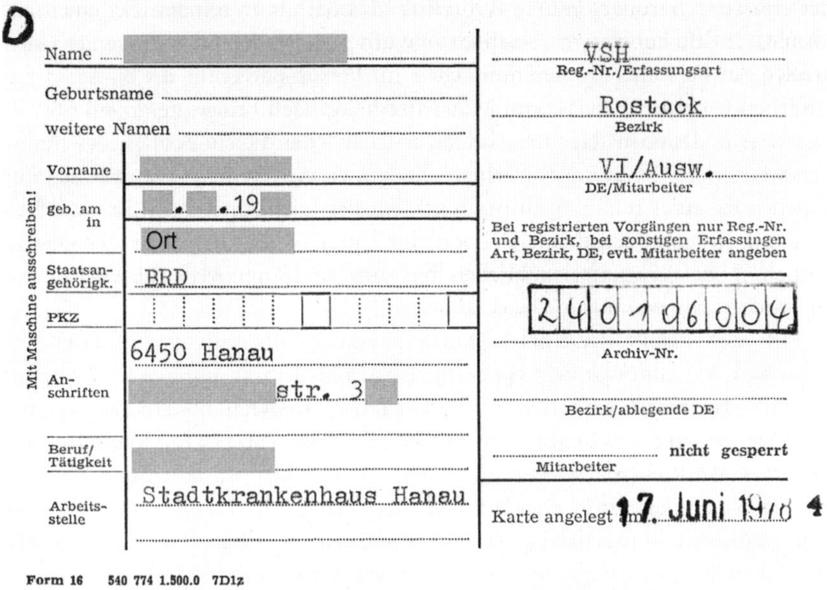

D

Name .... | ....VSH.... Reg.-Nr./Erfassungsart
Geburtsname .... | ....Rostock.... Bezirk
weitere Namen ....
Vorname .... | ....VI/Ausw..... DE/Mitarbeiter
geb. am .... .19 ....
in ....Ort....
Bei registrierten Vorgängen nur Reg.-Nr. und Bezirk, bei sonstigen Erfassungen Art, Bezirk, DE, evtl. Mitarbeiter angeben
Staatsangehörigk. ....BRD....
PKZ | 2 4 0 1 0 6 0 0 4 | Archiv-Nr.
Anschriften 6450 Hanau
.... str. 3 | .... Bezirk/ablegende DE
Beruf/Tätigkeit .... | .... Mitarbeiter nicht gesperrt
Arbeitsstelle Stadtkrankenhaus Hanau | Karte angelegt am 17. Juni 1974
Mit Maschine ausschreiben!

Form 16 540 774 1.500.0 7D1z

Abb. 6: Karteikarte F 16 aus der zentralen Personenkartei der Abteilung XII des MfS im Druckbild der zweiten Hälfte der 1970er-Jahre, hier mit der Erfassung einer Person aus Hanau, die dort im Stadtkrankenhaus tätig war, durch die Abt. VI der BVfS Rostock in deren VSH-Kartei. Der aufgetragene Schlüssel der Erfassungsdaten verweist mit der „24“ auf die VSH-Erfassung. Die übrigen Ziffern stehen für die erfassende Diensteinheit.

Im Zeitraum Mai/Juni 1974 begann der Aufbau von Vorverdichtungs-, Such- und Hinweiskarteien (VSH-Karteien) in allen operativen Diensteinheiten des MfS und der Bezirksverwaltungen sowie in den Kreis- und Objektdienststellen. Es handelte sich um eine alphabetisch geordnete Personennamenkartei im Format DIN A6. Sie bestand aus roten Vorverdichtungs- und Suchkarten F 401 und weißen Hinweiskarten F 402. Auf der Karte F 401 sollten alle Personen erfasst werden, die von der karteiführenden Diensteinheit geheimpolizeilich „bearbeitet“ wurden. F 402 wurden benutzt, wenn eine Person bereits von einer anderen Diensteinheit „aktiv erfasst“ war, also aktuell „bearbeitet“ wurde: Die Karte wurde dann an diese Diensteinheit gegeben und dort in die VSH-Kartei eingeordnet. Die abgebende Diensteinheit hatte damit ihr Interesse an der Person dokumentiert und erhielt umgehend einen Hinweis, wenn erneut Informationen vorlagen. Die damit erreichte Vernetzung der Diensteinheiten untereinander sollte diesen eine höhere Selbstständigkeit in der Speicherung personenbezogener Daten gewähren. Gleichzeitig wurde damit die Datenbasis, also die Menge der erfassten Personen, enorm verbreitert, das MfS kam seinem Ziel einer „lückenlosen Erfassung" von „politisch-operativ" interessierenden Personen einen großen Schritt näher. Neben den Daten zur Person enthielten die Karteikarten Angaben über den zuständigen MfS-Mitarbeiter, den Erfassungsgrund und als „operativ bedeutsam" erachtete Informationen – für die ein Schlagwortkatalog entsprechende Abkürzungen vorhielt. Zudem vermerkt waren Verweise auf vorliegende Erfassungen, z. B. in der zentralen Personenkartei F 16, in einer Datenbank, in einer Sichtlochkartei oder auf Unterlagen in der ZMA der Diensteinheit. Die VSH-Karteien blieben bis zum Ende des MfS die wichtigsten Arbeitskarteien operativer Diensteinheiten.[53]

Seit Mitte der 1970er-Jahre begannen operative Diensteinheiten mit der Einführung der Sichtlochkartei. Sie sollte die Kerblochkartei ablösen und bestand wie diese aus Handlochkarten im Format DIN A4. Die Sichtlochkartei war ein von Hand betriebenes Registraturmittel auf der Basis von Deskriptoren. Im MfS gehörten sie zu einem System, neben den Sichtlochkarten bestehend aus dem Deskriptorenverzeichnis, einer Dokumentenkartei F 404/F 405 und Akten in einer zentralen Materialablage der Diensteinheit. Für jeden Deskriptor wurde eine Karteikarte angelegt. Jede Karte enthielt 7.000 Lochfelder. Jedes Lochfeld stand für eine Nummer. Einer zu speichernden Information wurden mehrere Deskriptoren zugewiesen und die vergebene Ablagenummer auf der entsprechenden Karte mit einem Handbohrer abgelocht. Für die Abfrage bestimmter Informationen wurden dafür zutreffende Deskriptoren ausgewählt und die entsprechenden Karten übereinandergelegt. Lochfelder, die eine Durchsicht boten, offenbarten übereinstimmende Merkmale. Die über ein Raster ablesbare Nummer des Lochfelds verwies auf die numerisch geordneten Dokumentenkarten, ggf. auf eine Akte in der ZMA und die darin aufgezeichneten Informationen. Die Sichtlochkartei diente wie zuvor die Kerblochkartei vor allem der Speicherung und Verdichtung operativ erhobener Informationen und deren Auswertung in Lage- und Jahresberichten, aber auch der Vorauswahl von inoffiziellen Mitarbeitern.[54]

53 3. Durchführungsbestimmung v. 20.5.1974 zum Befehl Nr. 299/65, BStU, MfS, BdL/Dok. Nr. 3903; Dienstanweisung Nr. 1/80 v. 20.5.1980 über Grundsätze der Aufbereitung, Erfassung und Speicherung operativ bedeutsamer Informationen durch die operativen Diensteinheiten des MfS, Nr. 2.1, BStU, MfS, BdL/Dok. Nr. 5221; Anforderungen an die weitere Erhöhung der operativen Wirksamkeit der VSH-Karteien, 10.2.1989. BStU, MfS, Abt. XII Nr. 1903. Siehe weiterführend Art. „Vorverdichtungs-, Such- und Hinweiskartei", in: Lucht (Hg.), Archiv, S. 243–245.

54 Anlage 7 v. 20.3.1975 zum Befehl 299/65. BStU, MfS BdL/Dok. Nr. 3910; Herstellerprospekte zum SLK-Verfahren, Lesegerät und Sichtlochbohrer v. 1969–1973, BStU, MfS, ZAIG Nr. 7922; Vortrag über das SLK-Verfahren, BStU, MfS, ZAIG Nr. 7051; Magritz u. a. (Hg.), Lexikon, S. 159 f. u. 319; Steffen Rückl/Georg Schmoll (Hg.), Lexikon der Information und Dokumentation, Leipzig 1984, S. 164 f. u. 278–280. Siehe weiterführend Art. „Sichtlochkartei", in: Lucht (Hg.), Archiv, S. 204 f.

Elektronische Datenspeicher

Seit Mitte der 1960er-Jahre befasste sich das MfS mit elektronischer Datenspeicherung.[55] Sukzessive wurden verschiedene Datenbanksysteme geschaffen und ständig weiterentwickelt. Die Abt. XII begann einem rückblickenden MfS-Bericht zufolge bereits 1967 mit der Entwicklung ihres Datenverarbeitungsprojekts ISPER (Informationssystem für Personendatenbanken). Dies soll infolge einer Weisung des späteren Stellvertreters des Ministers für Staatssicherheit, Generalmajor Alfred Scholz, geschehen sein.[56] Seit 1968 wurden alle Grunddaten aus der Personenkartei F 16 in ISPER übertragen. Die Abt. XII hatte sich dafür im April 1968 ein Referat 4 geschaffen. Nach Abschluss dieser (auch später) als Datenumsetzung bezeichneten Arbeiten begann 1971 die Erprobung und Fortentwicklung des Datenverarbeitungsprojekts, dass schließlich die Bezeichnung SAVO (System der automatischen Vorauswahl) erhielt.

Der SAVO-Echtlauf startete vier Jahre später im Juli 1975. Das SAVO diente seitdem zunächst dazu, alle Überprüfungsersuchen herauszufiltern, zu denen die abgefragten Personen nicht erfasst waren. Das Prüfergebnis „nicht erfasst" konnte anschließend zügig und direkt übermittelt werden. Die manuelle Prüfung in der Personenkartei beschränkte sich damit auf die als „erfasst" ausgewiesenen Personendaten.

Die Durchlaufzeit von Überprüfungsersuchen einer Kreisdienststelle bei der Abt. XII des MfS verringerte sich dadurch zwar erheblich, betrug aber immer noch 12 bis 15 Tage für nicht erfasste Personen und gar 21 Tage für erfasste. Zwischen 1975 und 1979 durchliefen 10 Millionen Personenüberprüfungen das SAVO. Selbst auf regionaler Ebene ergaben sich beeindruckende Zahlen: Im Jahre 1978 überprüfte die Abt. XII der Bezirksverwaltung Leipzig 280.932 Personen für operative Zwecke, davon entfielen 127.084 auf das SAVO. Hinzu kamen über 400.000 Überprüfungen im Zusammenhang mit Reisen in das oder Einreisen aus dem westlichen Ausland sowie rund 6.000 Überprüfungen in den Fahndungsbüchern des späteren Speichers XII/02. Von den insgesamt über 700.000 Überprüfungen waren weniger als neun Prozent tatsächlich erfasst.[57]

Seit 1977 wurde an Erweiterungen gearbeitet, zunächst unter der Bezeichnung SAVONKA (System der automatischen Vorauswahl mit Nutzung von Kennzeichen zur Auskunftsbereitstellung), schließlich vor 1984 eingeführt als automatische Auskunftserteilung (AAE). Damit konnten, bei festgestellter Identität von abgefragten und gespeicherten Personendaten, vorbereitete „Aus-

55 Siehe weiterführend die Abschnitte über die Einführung der EDV in der Abt. XII und über die EDV in den 1970er-Jahren im Beitrag „Das Gedächtnis der Staatssicherheit" von Philipp Springer in diesem Band.

56 BStU, MfS, Abt. XII Nr. 2804, S. 1.

57 BStU, MfS, Abt. XII Nr. 5903, S. 6f.

kunftsinformationen" direkt ausgedruckt und bereitgestellt werden. Seit 1979 waren alle in der Abt. XII üblichen Überprüfungsarten in die EDV-Recherche einbezogen.

Grundlegende Erweiterungen wurden 1986 als SAVO 2.0 mit größerer Kapazität und neuen Funktionen eingeführt: SAVO 2.0 enthielt weitgehend alle Daten der Personenkartei F 16, manuelle Recherchen wurden nahezu unnötig. Die Weitergabe von Überprüfungsersuchen und Auskünften mittels Kurier wurde durch Datenfernübertragung (DFÜ) über Fernschreibverbindungen ersetzt; die Durchlaufzeiten verringerten sich auf drei bis sechs Tage für „erfasst" und einen Tag für „nicht erfasst". Gleichzeitig diente SAVO 2.0 im Zusammenwirken mit der HA VI (zuständig für Passkontrolle und die Abwehr im Bereich Tourismus und den Interhotels) der Überprüfung von einreisenden Personen aus dem westlichen Ausland und Polen, von der Stasi bezeichnet als AGV (Antrags- und Genehmigungsverfahren). Die Menge der täglichen Überprüfungsersuchen stieg von 1979 bis 1987 auf mehr als das Doppelte.[58]

Zwar konnte SAVO 2.0 die Aufgaben der Personenkartei F 16 schneller leisten, sollte diese aber nicht ersetzen. Die Karteien enthielten trotz aller Dateneingaben noch immer mehr Detailinformationen, waren bei dringenden Anfragen schneller verfügbar und vor allem weniger störanfällig, somit – militärisch ausgedrückt – unter allen Lagebedingungen nutzbar.[59] Beide Datenspeicher – Karteien und Datenbank – wurden bis zum Ende des MfS parallel gepflegt und miteinander abgeglichen. Für Ersterfassungen und bei Änderung der Erfassungsdaten ließen sich seit 1986 aus SAVO 2.0 für die EDV modifizierte Karteikarten F 16 ausdrucken, die dann in die Personenkartei einsortiert wurden.[60]

Parallel zu dieser Entwicklung hatte Stasi-Minister Mielke im Juni 1969 der Zentralen Auswertungs- und Informationsgruppe (ZAIG) befohlen, den EDV-Einsatz voranzutreiben und dafür nötige Strukturen zu schaffen.[61] Zehn

58 Studie über die weitere Nutzung der EDV in der Abteilung XII, Dezember 1977, BStU, MfS, Abt. XII Nr. 2804, S. 1–17; Rahmenkonzeption über Nutzung des Bürocomputers für die elektronische Erfassung und Änderung von Personendaten bei gleichzeitigem Druck der Karteikarten F 16, 4.11.1985, BStU, MfS, Abt. XII Nr. 3060, S. 1–15; Tafeln aus dem damaligen „Traditionskabinett" der Abteilung XII, BStU, MfS, Abt. XII Nr. 4579; Linieninformationen XII Nr. 1/86, Teil D, Bl. 2 über automatische Auskunftserteilung im SAVO, BStU, MfS, Abt. XII Nr. 2886; Berichterstattungen der Abteilung XII zur Erfüllung des Jahresarbeitsplans, 26.7.1979, und zum 30. Jahrestag der DDR, 14.2.1980, mit statistischen Daten über SAVO, BStU, MfS, Abt. XII Nr. 3183, S. 28–35.

59 Schulungsmanuskript über „Aktuelle Aspekte der Arbeit mit den Hauptkarteimitteln der Abteilung XII – Personen- und Vorgangskarteien", April 1987, BStU, MfS, Abt. XII Nr. 2919, hier S. 22–24.

60 Rahmenkonzeption über Nutzung des Bürocomputers für die elektronische Erfassung und Änderung von Personendaten bei gleichzeitigem Druck der Karteikarten F 16, 4.11.1985, BStU, MfS, Abt. XII Nr. 3060, S. 1–15; Linieninformationen XII Nr. 1/86, Teil D, B. 10 u. 11 über EDV-Vordrucke, BStU, MfS, Abt. XII Nr. 2886.

61 Befehl Nr. 21/86 über den EDV-Einsatz, 25.5.1969, BStU, MfS, BdL/Dok. Nr. 1348.

Jahre später trat neben die Datenbank SAVO der Abt. XII seit 1979 das elektronische Datenspeichersystem SOUD[62] und seit 1980/1981 die Zentrale Personendatenbank (ZPDB), beide geführt von der ZAIG. Zuvor hatte schon 1974 die Hauptverwaltung Aufklärung (HV A) ihre Datenbank SIRA[63] in Betrieb genommen.

Über die ZAIG lohnt ein kurzer Exkurs für das weitere Verständnis. Sie war 1953 als Konsequenz aus den revolutionären Ereignissen um den 17. Juni bereits am 7. August als Informationsgruppe gegründet worden; über mehrere Zwischenstationen ging daraus 1965 die ZAIG hervor. Ihre Aufgabe bestand im Analysieren, Auswerten und Aufbereiten der durch das MfS beschafften Informationen zu Berichten an den Minister für Staatssicherheit und an die Partei- und Staatsführung der DDR, zudem in der Anleitung, Qualifizierung und Kontrolle der gesamten Informationstätigkeit im MfS.[64] Diese „Gruppe" beschäftigte sehr viel mehr Mitarbeiter als die für die zentralen Karteien und die Archive des MfS zuständige Abt. XII, sie hatte letztlich seit 1986 sogar die Fachaufsicht über die Abt. XII.[65] Für diese stellte die ZAIG mit ihren modernen Datenbanken eine ernstzunehmende, in dieser Hinsicht noch kaum erforschte Konkurrenz zur Informationsverwaltung in Karteien und Akten dar.[66]

Das oben genannte SOUD, das System der vereinigten Erfassung von Informationen über den Gegner, war eine Datenbank, über die 1977 die Geheimdienste Bulgariens, der DDR, Kubas, der Mongolei, Polens, der Sowjetunion, der Tschechoslowakei und Ungarns ein Abkommen schlossen und in der sie seit 1979 ihre Erkenntnisse über den „Gegner" gemeinsam speicherten. 1984 trat Vietnam dem Datenverbund bei. Der Zentrale Arbeitsapparat des SOUD befand sich beim KGB in Moskau. Von 1979 bis 1987 wurden dort jährlich durchschnittlich 18.500 Datensätze neu eingespeist. Bis Ende 1989 hatte allein

62 „SOUD" kam aus dem Russischen und stand für „Sistema odjedinnjonnogo utschjota dannych o protiwnike". Siehe weiterführend Art. „SOUD-Abkommen" u. „SOUD-Ordnung", in: Lucht (Hg.), Archiv, S. 213.

63 „SIRA" stand für „System der Informationsrecherche der Aufklärung".

64 Gegründet mit Befehl Nr. 279/53 v. 7.8.1953, BStU, MfS BdL/Dok. Nr. 183; über Aufgaben und Verantwortlichkeiten u. a. in BStU, MfS, ZAIG Nr. 7828; weiterführend siehe Roland Lucht, Mit Propaganda in den Untergang. Über die Informationstätigkeit des MfS an die Partei- und Staatsführung der DDR, (unveröffentl. MS) Potsdam 2006; Daniela Münkel, Die DDR im Blick der Stasi 1989, in: Archiv für Politik und Zeitgeschichte 21–22/2009, S. 26–32; siehe auch die Editionsreihe des BStU: Die DDR im Blick der Stasi. Die geheimen Berichte an die SED-Führung, Göttingen 2009 ff., bisher erschienen die Jahresbände für 1953, 1961, 1965, 1976, 1977, 1988 und ein Band über den Herbst 1989.

65 Befehl Nr. 20/86 über das Unterstellungsverhältnis der Diensteinheiten, 14.11.1986, BStU, MfS, BdL/Dok. Nr. 8387.

66 Siehe vertiefend den Abschnitt „‚Kardinalproblem' – die Abt. XII unter Druck" im Beitrag „Das Gedächtnis der Staatssicherheit" von Philipp Springerin diesem Band.

das MfS 74.884 Erfassungen von Personen in SOUD veranlasst.[67] Überliefert sind lediglich die der Erfassung zugrunde liegenden Datenerfassungsbögen in ca. 67.000 schmalen Heftern der ZMA der ZAIG, dem sogen. „Sonderspeicher ZAIG/05".

Ihre Zentrale Personendatenbank (ZPDB) hatte die ZAIG seit den 1970er-Jahren entwickelt, 1981 nahm diese ihre Arbeit auf. Zugunsten der ZPDB gab die Abt. XII ihre seit den 1950er-Jahren geführte Feindobjektkartei F 17 auf: Bis September 1988 waren alle Daten aus den damals ca. 22.000 Karteikarten der F 17 in die ZPDB übertragen worden. Im Juni 1989 wurde die Beauskunftung aus der F 17 eingestellt und die Karteikarten der Abt. XII/Archiv zur Verwahrung übergeben.[68] Die ZPDB dürfte das größte und wohl auch wichtigste zentrale Datenverarbeitungsprojekt des MfS gewesen sein. Strukturiert nach einem Rahmenthesaurus und mehreren damit verknüpften Teil-Katalogen waren Ende 1989 darin u.a. Datensätze über 1,32 Millionen Personen, 417.000 Sachverhalte, 558.000 Objekte und zahlreiche weitere damit verbundene Informationen gespeichert.[69] Erhalten blieben davon lediglich die Kataloge sowie Sachakten und unstrukturierte Aufzeichnungen über Entwicklung, Arbeit und Einspeisung der Datenbank.[70]

Die Hauptverwaltung A (HV A), zuständig für die Auslandsspionage des MfS, hatte bereits seit den 1960er-Jahren ein eigenes System der Informationsrecherche der Aufklärung (SIRA) mit mehreren Teildatenbanken aufgebaut und 1974 in Betrieb genommen. Gespeichert wurden darin vor allem seit 1969 im Spionagenetz erworbene Informationen, und zwar nicht diese selbst, sondern deren Metadaten: Titel, Quelle, Zeitraum, Art und Umfang, Wertigkeit u.ä.m., zudem Aufträge zur Informationsbeschaffung und Nachweise über Informationslieferungen an die Partei- und Staatsführung der DDR. Zuletzt waren darin ca. 650.000 Datensätze gespeichert. Im Zuge von Systemumstellungen der Datenbank in den 1980er-Jahren separierte Duplikate der Magnetbänder blieben erhalten und ließen beim BStU eine weitgehende Rekonstruktion zu.[71] SIRA bietet damit einen wertvollen Einblick in die Intensität und die Ausrichtung der

67 Bodo Wegmann/Monika Tantzscher, SOUD. Das geheimdienstliche Datennetz des östlichen Bündnissystems, Berlin 1996 (Analysen und Berichte 1/96), insbes. S. 7, 63 u. 70. Siehe auch Art. „System der vereinigten Erfassung von Daten über den Gegner (SOUD)", in: Lucht (Hg.), Archiv, S. 223.

68 Schreiben über Auflösung des Speichers „Objekte aus dem Operationsgebiet", BStU, MfS, BdL/Dok. Nr. 103477. Konzeption vom 4.8.1987, BStU, MfS, Abt. XII Nr. 977. Siehe weiterführend Art. „Feindobjektkartei", in: Lucht (Hg.), Archiv, S. 99f.

69 Art. „Zentrale Personendatenbank", in: Lucht (Hg.), Archiv, S. 260.

70 Eine Recherche in der Datenbank Sachaktenerschließung des BStU zeigte 2260 Akteneinheiten mit Betreffen ZPDB an.

71 Jochen Hecht, „Rosenholz" und SIRA – archivalische Quellen zur Geschichte der Hauptverwaltung Aufklärung (HV A) des MfS, in: Dagmar Unverhau (Hg.), Hatte „Janus" eine Chance? Das Ende der DDR und die Sicherung einer Zukunft der Vergangenheit, Münster 2003

Informationsbeschaffung der DDR im Westen und zudem Rückschlüsse auf die damaligen Quellen.

Die oben genannten und weitere Datenbanken belegen eine in den 1980er-Jahren sich abzeichnende deutliche Tendenz zur Ablösung bzw. Ergänzung der bis dahin praktizierten Karteiarbeit durch Datenverarbeitungsprojekte. Im Rahmen der „Strategie operative Technik bis zum Jahre 2000" plante beispielsweise die Abt. 26 (zuständig für Telefon- und Raumüberwachung) eine Datenbank, die ihre Überwachungsergebnisse systematisch auswerten lassen würde. Bislang geführte Karteien sollten damit abgelöst werden. Ebenso sollte eine Stimmdatenbank zur elektronischen Identifizierung unbekannter Sprecher über definierte Merkmale aufgebaut und über Indizes mit der ZPDB verknüpft werden.[72] Zudem standen die Verwendung von Lichtwellenleiter- und Lasertechnik sowie die Digitalisierung der Nachrichtenübertragung auf der Wunschliste.[73] Das alles wirkt recht modern und zeigt auf, wohin die Entwicklung hätte gehen können. In der DDR verhinderten nicht nur knappe Ressourcen eine schnelle Realisierung. Die weitreichenden Planungen bis zum Jahre 2000 wie die im Magazingebäude der Abt. XII begonnenen Baumaßnahmen für abstrahlungssichere Räume, in die Großrechner hätten einziehen sollen, kamen durch das Ende des MfS nicht mehr zum Tragen.

Strukturelle Entwicklung

Die Aufgaben der Vorgangsregistrierung und des Aufbaus der Karteien waren Kern des Gründungsbefehls der Abt. Erfassung und Statistik und der drei damit verbundenen Richtlinien. Das Referat „Registrierung und Karteien" trug darum die Nummer I und war zum Ende des Jahres 1951 mit sechs Sachgebieten und sieben Mitarbeitern (von insgesamt 16)[74] das mit Abstand größte (Strukturschema 1).[75] Unter der Leitung von VP-Oberkommissar Walter Rohner waren dort Mitarbeiterinnen und Mitarbeiter mit dem Karteiaufbau befasst,[76] die später wesentliche Positionen in der Abt. XII einnehmen sollten: Käthe Schubert, Marie Riedel, Eva Tobies und Hellmuth Lohmann.

(Archiv zur DDR-Staatssicherheit 6), S. 99–112; Art. „SIRA", in: Roger Engelmann u. a. (Hg.), Das MfS-Lexikon. Begriffe, Personen und Strukturen der Staatssicherheit der DDR, Berlin 2011, S. 272 f.; Art. „System der Informationsrecherche der HV A", in: Lucht (Hg.), Archiv, S. 222 f.

72 BStU, MfS, Abt. 26 Nr. 1073, S. 35–44.

73 Ebd., S. 88.

74 Im August 1953 waren es sogar nur 14 Mitarbeiter. BStU, MfS AS 187/58, Bd. 1, S. 202.

75 Zur Gründungsstruktur der Abt. EuS siehe weiterführend den Beitrag „Das Gedächtnis der Staatssicherheit" von Philipp Springer in diesem Band. Zu den im Folgenden genannten Mitarbeitern der Abt. XII vgl. die betreffenden Kurzbiografien in diesem Band.

76 BStU, MfS, AS 187/58, Bd. 1, S. 225 u. 255.

Von etwa Januar bis August 1953 waren Zentralkartei und Archiv im Referat II zusammengefasst; Referat I war für Registrierung und Statistik sämtlicher Vorgangsarten zuständig.[77] Ab September 1953 registrierte Referat I mit vier Mitarbeitern die Überprüfungs-, Einzel-, Gruppen-, Fahndungs-, Objekt-, Kontroll- und Untersuchungsvorgänge und führte die Vorgangshefte, in denen für jeden MfS-Mitarbeiter die zugewiesenen Vorgänge aufgeführt waren. Referat II war mit fünf Mitarbeitern wieder zuständig für die Registrierung der geheimen Informatoren, der geheimen Mitarbeiter und der konspirativen Wohnungen, für die „Agenturenkartei", die „Beschuldigtenkartei" und die „Feindobjektkartei". Wegen des Arbeitsaufkommens wurde allerdings für beide Referate ein Bedarf von zusammen 30 Mitarbeitern angemahnt.[78]

Als Reaktion auf die revolutionären Ereignissen im Juni 1953 fanden ab Januar 1954 umfangreiche Strukturänderungen statt, die auch die Karteiführung betrafen. Die Aufgabengebiete Registrierung und Kartei wurden auf die neuen Referat I und II aufgeteilt.[79] Referat I bestand aus drei Sachgebieten für die Registrierung operativer Vorgänge, der Untersuchungsvorgänge und der Vorgänge über inoffizielle Mitarbeiter. Seit Januar 1954 wurde es von Hauptmann Hellmuth Lohmann geleitet. Das Referat II hatte fünf Sachgebiete, und zwar für die Zentrale Auskunftskartei, die Decknamenkartei, die Agenturenkartei, die Objektkartei und die Vorgangskartei. Geleitet wurde es von Major Richard Stopfkuchen, der zuvor noch für das Archiv zuständig war. Für Statistik und Analysen war zudem ein selbstständiges Sachgebiet mit Hauptmann Marie Riedel an der Spitze geschaffen worden (Strukturschema 2). Im März 1955 hatte die Abteilung 55 Mitarbeiter, davon neben Leiter und Stellvertreter drei im Sekretariat, einer für Statistik und Analysen, sechs im Referat 1 (Registrierung), 22 im Referat 2 (Kartei), 16 im Referat 3 (Archiv) und fünf im Referat 4 (Fahndung).[80]

Parallel zu diesen Änderungen wurden auch die Abteilungen XII in den Bezirksverwaltungen sowie in den Verwaltungen Wismut und Groß-Berlin mit einer Dienstanweisung neu strukturiert.[81] Das Referat I wurde mit drei Sachgebieten und zumeist vier Mitarbeitern für Statistik und Registrierung zuständig. Im Referat II waren Karteien und Archiv in fünf Sachgebiete bei ebenfalls zumeist vier Mitarbeitern zusammengefasst (Strukturschema 9).[82]

77 BStU, MfS, AS 187/55, Bd. 1, S. 201.

78 Ebd., S. 194 u. 196.

79 Richtlinie GVS-Nr. 90/54 für die operative Erfassung und Statistik in den Organen des Staatssekretariats für Staatssicherheit des Ministeriums des Innern der DDR, 12.12.1953, BStU, MfS, BdL/Dok. Nr. 3032, i. V. m. der Dienstanweisung Nr. 40/53, 2.12.1953, BStU, MfS, BdL/ Dok. Nr. 2092.

80 BStU, MfS, AS 187/58, Bd. 1, S. 90–92.

81 Dienstanweisung Nr. 37/53, 16.11.1953, BStU, MfS, BdL/Dok. Nr. 2068, S. 1–32.

82 Siehe auch in BStU, MfS, AS 187/58, Bd. 1, S. 99 f., 111–125, 177 f.

In der Zentrale wuchs die Abt. XII bis Ende 1956 auf 75 Mitarbeiter an. Die beiden Referate Registrierung und Kartei bestanden hinsichtlich Struktur und Leitung im Wesentlichen fort, wurden nun aber mit arabischen Nummern bezeichnet. Das Referat 2 (Karteien) hatte im November 1956 einen Stellenplan von 21 Mitarbeitern. Vom ersten Quartal bis zum November war die Zahl der Überprüfungsanträge um 30 % gestiegen, so dass vier weitere Mitarbeiter für die Bearbeitung geordert wurden.[83] Zeitgleich hatte das Referat 1 (Registrierung) sechs Mitarbeiter.[84] Die personelle Ausstattung hinkte somit dem schon drei Jahre zuvor angemeldeten Bedarf noch immer hinterher. Im Juli 1954 war ein Referat 4 für Fahndungen hinzugekommen und unterhielt eine eigene Fahndungskartei. Es wurde schon im Oktober 1957 wieder aufgelöst und als Sachgebiet dem Referat 1 (Registrierung) eingegliedert. Das Ende 1955 gebildete Referat 5 für Aus- und Einreisen unterhielt ebenfalls eine eigene Kartei. Es erhielt wohl im ersten Quartal 1957 die freigewordene Nummer 4 (Strukturschema 3).[85] Im Juli 1958 beklagte der Leiter der Abt. XII bei seinem Vorgesetzten, Oberst Gaida, eindringlich die beengten Verhältnisse für die Karteien und dass dadurch die Arbeitsfähigkeit gefährdet sei. In diesem Zusammenhang sprach er sich auch gegen einen Umzug des HV A-Archivs in die Räume der Abt. XII in der Freienwalder Straße aus. Gaida stimmte zu, die Unterlagen blieben in Johannisthal. Offenbar wurde hier, nicht aus fachlichen Erwägungen, sondern aus reinen Sachzwängen, eine Zusammenführung der Unterlagen verhindert.[86]

Bereits im Oktober 1959 erteilte der Stellvertreter des Ministers, Bruno Beater, den Auftrag, eine Sonderkartei (SK) aufzubauen. Am 12. Januar 1960 wurde dafür das Referat 5 gebildet. Schon drei Jahre später wurde es wieder aufgelöst und die SK zunächst im Mai 1963 in das Referat 2 (Kartei), dann aber im August 1964 in das Referat 3 (Archiv) eingegliedert. Die in der SK gesammelten Strafnachrichten und Karteien waren seit 1981 Bestandteil des Speichers XII/01 im Zentralarchiv des MfS.

Seit 1958 waren die Referate in der Zuständigkeit zwischen Abteilungsleiter und Stellvertreter aufgeteilt. Das Referat 2 (Kartei) unterstand seit Januar 1962 der stellvertretenden Abteilungsleiterin, Hauptmann Käthe Schubert. Referatsleiter blieb Major Richard Stopfkuchen, die Untergliederungen wurden aber nunmehr Arbeitsgebiete genannt. Die zentrale Personenkartei war so angewachsen, dass sie seit 1959 auf zwei Arbeitsgebiete aufgeteilt war. Die Vorgangskartei wurde im November 1963 an das Referat 1 (Registrierung) abgegeben. Referat 1 unterstand direkt dem Abteilungsleiter. Das Referat 4 (Auslandsreisen) verließ

83 BStU, MfS, AS 187/55, Bd. 1, S. 68.
84 Ebd., S. 90.
85 BStU, MfS, AS 97/70, S. 366–373.
86 Ebd., S. 4.

im Oktober 1964 die Abt. XII und ging in der selbstständigen Arbeitsgruppe Sicherung des Reiseverkehrs (ASR) auf (Strukturschema 4).[87]

Die Leitung des Referats 1 (Registrierung) ging im April 1967 an Hauptmann Erika Butter über. Das Referat 2 (Karteien) leitete seit Oktober 1967 Hauptmann Manfred Günzel. Beide Referate unterstanden inzwischen der stellvertretenden Abteilungsleiterin, Hauptmann Käthe Schubert. 1968 bildete sich ein neues Referat 4 heraus, dass die elektronische Datenverarbeitung in der Abt. XII einführen sollte (Strukturschema 5).

Bis 1975 wurden die karteibezogenen Aufgaben weiter differenziert. Das Referat 1 war noch immer unter Leitung von Erika Butter für die Registrierung und die Vorgangskartei zuständig. Doch das Referat 2 (Kartei) war nur noch für die zentrale Personenkartei und Auskünfte aus dieser zuständig. Seit Dezember 1973 wurde es von Hauptmann Elisabet Kraft geleitet. Die abgetrennten arbeitsorganisatorischen Aufgaben, die Feindobjektkartei und der Änderungsdienst bildeten ein neues Referat 3, dem seit Oktober 1973 Hauptmann Ursula Rudolph vorstand. Das EDV-Referat 4 leitete seit November 1974 Oberleutnant Dieter Fischer (Strukturschema 6). Die Referate wurden im Mai 1976 zu Unterabteilungen (UA) erhoben und dabei neu nummeriert: Die Registrierung wurde UA 4, die UA Personenkartei erhielt die Nummer 3, das Referat mit Serviceaufgaben und der Feindobjektkartei wandelte sich zur UA 5. Bezeichnenderweise rückte das EDV-Referat in der Nummerierung als Unterabteilung 2 vor die Karteien (Strukturschema 6). Für die Bezirksverwaltungen regelte der Befehl Nr. 6/75 vom 14. März 1975 die Struktur der Abteilungen XII neu: Es bestand demnach ein Referat I für die Karteien, ein Referat II für die Vorgangsregistrierung und eine selbstständige Arbeitsgruppe IM-Vorauswahlkartei (Strukturschema 10). Für die Abt. XII des Ministeriums war 1980 eine entsprechende Untergliederung als ZIMAK, zentrale IM-Vorauswahlkartei geplant.[88]

Nach Erika Butters Invalidisierung im März 1979 übernahm im Folgemonat Major Ingeburg Heinritz die Leitung der UA 4 (Registrierung). Die UA 3 (Kartei) und die UA 5 (Karteienorganisation) blieben bis 1985 unter stabiler Leitung, doch waren vor 1980 die Fandungskartei und die Objektkartei zur UA 3 gewechselt. Die EDV-UA wurde im April 1980 geteilt in die UA 1 (EDV-Projektierung) unter Major Dieter Fischer und die UA 2 für die laufende Datenaufbereitung und Dateneingabe, geleitet von Hauptmann Thea Kleine (Strukturschema 7).[89] Die Unterabteilungen wurden im Oktober 1980 zu Abteilungen erhoben. Aus Abt. XII, UA 3 wurde somit die Abt. XII/3. Kurzzeitig bestand

87 Ebd., S. 134–159, insbes. 135 f.

88 Strukturentwürfe in BStU, MfS, Abt. XII Nr. 3383.

89 BStU, MfS, Abt. XII Nr. 3383 u. 5818. Über Strukturveränderungen in den 1980er-Jahren siehe weiterführend den Beitrag „Das Gedächtnis der Staatssicherheit“ von Philipp Springer in diesem Band.

wohl auch die oben genannte ZIMAK als Abt. XII/6,[90] wurde aber 1983 wieder aufgelöst.[91]

Ebenso geschah dies offenbar in den Bezirksverwaltungen. Stellenpläne vom Juni 1988 zeigen jedenfalls die IM-Vorauswahlkartei als Sachgebiet im Referat 2 (Karteien und Registrierung). In diesem finden sich die vormaligen Referat I (Kartei) und II (Registrierung) vereinigt. Das neue Referat 1 war für elektronische Datenerfassung und Organisation zuständig, stand also auch hier numerisch vor den Karteien (Strukturschema 11).

Auf zentraler Ebene fanden in der Abt. XII in den 1980er-Jahren wiederum Neugliederungen statt: Die Abt. XII/3 (Personenkartei) erhielt 1982 auch die Auskunftskartei zugeteilt. Rechercheergebnisse dürften damit schneller zu erledigen gewesen sein. 1985 wurde Oberstleutnant Rosemarie Redmann die Leiterin. Im September 1987 übernahm die Abteilung auch die Datenaufbereitung für die EDV (zuvor Abt. XII/2) und wurde fortan zur Abt. XII/6. Die Abt. XII/4 blieb zwar für Registrierung zuständig, wurde aber seit Juni 1987 von Oberstleutnant Peter Bormann geleitet. Mit der elektronischen Datenerfassung befasste sich die Abt. XII/2 unter Oberstleutnant Christian Hamich. Betrieb und Verwaltung der Datenbanken und Großrechner sowie Überprüfungen in Datenbanken besorgte die von Major Klaus Bresemann geleitete Abt. XII/5.

Zuletzt, 1989, waren in den beiden Abteilungen für Karteien und Registrierung 107 Mitarbeiter bzw. 31 % des Personals der Abt. XII tätig. Die beiden EDV-Abteilungen beschäftigten 86 Mitarbeiter. Insgesamt arbeiteten folglich mit den Karteien und ihren digitalen Abbildern in den Datenbanken zuletzt über 56 % des Personalbestands der Abt. XII (1951 waren es noch 44 %). Hinzu kamen Mitarbeiter, die sich in der Auswertungs- und Kontrollgruppe der Abt. XII mit dem EDV-Einsatz und der Programmierung befassten (Strukturschema 8). Verglichen mit den sieben Mitarbeitern des Referats Registrierung und Karteien von 1951 zeichnet sich hier eine enorme Steigerung ab: nur bezogen auf die Beschäftigten in Karteien und Registrierung auf das 15,2-fache, unter Einbeziehung der EDV-Mitarbeiter sogar auf das 27,6-fache.

Neben der Abt. XII hatte sich die Zentrale Auswertungs- und Informationsgruppe (ZAIG) als Informationen verarbeitende und speichernde Diensteinheit etabliert. Die Abt. XIII (Zentrale Rechenstation) half nicht nur bei der Entwicklung von Software für Datenbanken der Stasi, sie unterstützte auch durch Bereitstellung von Rechnerleistungen. Die ZAIG hatte sich mit ihren Datenbanken zunehmend eine führende Stellung im MfS erarbeitet, 1986 erhielt sie darum die dienstrechtliche Aufsicht über die Abteilungen XII und XIII.[92] Drei

90 Strukturübersicht in BStU, MfS, Abt. XII Nr. 5818, S. 117 f.

91 BStU, MfS, Abt. XII Nr. 2452 u. 2598, S. 26.

92 Befehl Nr. 20/86 über das Unterstellungsverhältnis der Diensteinheiten, 14.11.1986; BStU, MfS, BdL/Dok. Nr. 8387.

Jahre später sahen die Strukturplanungen vom Dezember 1989 für ein Amt für Nationale Sicherheit und kurz darauf für einen Verfassungsschutz der DDR schließlich eine Abt. „Zentrale Speicherführung und Auskunftserteilung" vor. Darin sollten die Aufgaben der Abt. XII sowie Teilaufgaben der Abt. XIII und der ZAIG, insbesondere deren ZPDB zusammengeführt werden.[93] Mit der Auflösung des MfS wurden diese Pläne obsolet.

Brüche in der Überlieferung

In der Arbeit der Abt. XII fiel ständig Schriftgut an (z. B. EDV-Ausdrucke aus Testläufen und Datenabgleichen, Entwürfe von Statistiken, ersetzte Karteikarten), das nicht zur Aufbewahrung bestimmt, sondern unter Wahrung der Geheimhaltung entsorgt werden musst. Die Abteilung verfügte darum seit 1969 über zwei leistungsfähige, mit Valuta beschaffte Aktenvernichter vom Typ Taifun Boss und ein Gerät Taifun Mister X.[94] Diese Anlagen waren 1989 auch nach dem offiziellen Vernichtungsstopp vom 4. Dezember, mindestens aber bis zum 6. Dezember in Betrieb.[95] Zwar hatte die Abt. XII bei Mobilmachungsübungen, beispielsweise im Oktober 1986 die Vernichtung von Unterlagen trainiert und den Zeitbedarf kalkuliert: Demnach hätten sechs MfS-Mitarbeiter fünf Stunden und 40 Minuten benötigt, um alle 170.000 Karteikarten der Straßenkarte F 78 mit den Adressen inoffizieller Mitarbeiter und der Objektkartei F 80 über konspirative Wohnungen und Objekte des MfS zu beseitigen.[96]. Zwei Jahre später, im November 1988, existierte nach weiteren Tests und Übungen für den Verteidigungsfall bereits eine Konzeption zur Vernichtung von 200.000 Karten der Vorgangskartei F 22, 30.000 Karten der Decknamenkartei F77, aller 2.200 Vorgangshefte und 1.000 Blatt großformatiger Statistiken. Demnach würden einschließlich Entnahme und Transport neun Mitarbeiter in drei Stunden alles vernichtet haben.[97] Somit wäre für den Herbst und Winter 1989 die trainierten, zielgerichteten Aktivitäten zu erwarten gewesen. Doch die bei MfS-Mitarbeitern gehegte Hoffnung, in geänderten Strukturen weitermachen zu können, stand dem entgegen, die Einsicht, verloren zu haben, kam zu spät.

Stattdessen überhäuften sich von November 1989 bis Februar 1990 Vorschläge der Abt. XII, welche geführten Karteien und Nachweise, welche der verwahrten Akten, zu vernichten und welche unter bestimmten Bedingungen

93 BStU, MfS, SdM Nr. 2289, S. 144; BStU, MfS, HA IX Nr. 1003, S. 9 u. 34; BStU, MfS, AGM Nr. 107, S. 34 u. 40.

94 BStU, MfS, AS 158/83, S. 147, Inventur v. 12.5.1975.

95 BStU, MfS, Abt. XII Nr. 6245, S. 138–140.

96 BStU, MfS, Abt. XII Nr. 5168, S. 74. Die Karteikarten F 80 im Format DIN A4 wurden bei der Kalkulation von der Abt. XII ins Format DIN A6 umgerechnet und mit den F 78 addiert.

97 Ebd., S. 163 f.

aufzuheben wären.[98] Ein Vorschlag vom 2. Januar 1990 sah u. a. vor, alle Karteien der Bezirksverwaltungen sowie sämtliche Nachweise und Mikrofilme, also auch die Sicherungsfilme, zu vernichten. Zudem war gedacht alle IM-Akten und alle Ermittlungsakten der Untersuchungsvorgänge herauszuziehen und zu vernichten, wobei „in Abhängigkeit von den Vernichtungskapazitäten mit den aktuelleren Ablagen begonnen werden sollte"[99]. Letztlich kam keiner dieser Vorschläge, mit denen sich die Abt. XII paralysierte, zum Tragen. Zudem wurde sie durch andere Diensteinheiten, die ihre Karteien und Akten bereinigt wissen wollten, aufgehalten – so vor allem von der HV A, die massenhaft Karteikarten aus der Personenkartei F 16 herauszog. Sicherungsfilme der Karteien, das heißt 55 Stapelkassetten mit den Mikrofilmen der Personenkartei F 16 und der Vorgangskartei F 22 hatte sich die HV A am 28. Dezember 1989 „zur sicheren Verwahrung" herausgeben lassen.[100] Am 6. April 1990 wurden die Filme der F 16 in Begleitung eines Vertreters des Bürgerkomitees gehäckselt. Die Filme der F 22 sollten eigentlich erhalten bleiben, wurden aber von der „HV A selbständig ohne Kontrolle" am 7. und 8. April 1990 vernichtet, wie der Vertreter des Bürgerkomitees einige Tage später vermerkte.[101]

Davon abgesehen verblieben die zentralen Karteien des MfS in der Auflösungsphase 1989/90 grundsätzlich an ihrem Lagerungsort. In einigen Bezirksverwaltungen dagegen wurden die Liegenschaften geräumt. Dort kam es zu Verunordnungen der Karteien, zeitweilig zu unsachgemäßer Lagerung in Bunkern und Garagen, teilweise sogar zu Verlusten. Bei der Auflösung der Diensteinheiten des MfS wurde das mehr oder weniger lose Schriftgut mit Schnüren gebündelt, dezentrale Karteien oft ebenso. Zum Teil gelangten letztere auch in ihren Karteischränken oder in deren herausgezogenen Schubladen zum Abtransport. Alle Unterlagen der Berliner Zentrale wurden im Gebäude des früheren Zentralarchivs[102] des MfS in Berlin-Lichtenberg zusammengeführt. Unter dem Druck der damaligen Ereignisse geriet beim Bündeln, Verladen und Einlagern manches durcheinander – gelegentlich wohl nicht ohne Absicht, es waren MfS-Mitarbeiter, die dies verrichteten. Vertreter des Bürgerkomitees begleiteten diese Arbeiten, konnten durch Kontrollbesuche Auswüchse eindämmen, gezielte Eingriffe aber kaum verhindern.[103]

98 Über das Ende der Abt. XII siehe weiterführend den Beitrag „Das Gedächtnis der Staatssicherheit" von Philipp Springer in diesem Band.

99 BStU, MfS, Abt. XII Nr. 3744, S. 113.

100 Abschlussbericht über die Auflösung der Abt. XII, 9.3.1990, Anlage 7: Protokoll, 28.12.1989 u. ebd., Vermerke, 6.4. u. 11.4.1990, Matthias-Domaschk-Archiv, ASTAK BK 6–1.

101 Ebd., Vermerke, 6.4. u. 11.4.1990.

102 Über Planung, Bau und Arbeit des ehemaligen Zentralarchivs der Staatssicherheit siehe den Beitrag von Karsten Jedlitschka in diesem Band.

103 Erster Tätigkeitsbericht des BStU 1993, S. 25–31.

Die elektronischen Datenträger, also Magnetplattenspeicher, Magnetbänder und Disketten wurden im Februar und März 1990 weitgehend vernichtet. Die Vertreter des Zentralen Runden Tisches hatten sich von dem Argument blenden lassen, dass westliche Geheimdienste einen schnellen Zugriff auf die unrechtmäßig erworbenen, vom MfS gespeicherten Daten haben könnten, für die Aufarbeitung jedoch alles auch in Akten und auf Karteien vorhanden wäre. Sie stimmten einer Vernichtung dieser Datenträger zu.[104] Erst im Zuge der Vernichtungsaktion und in den darauf folgenden Wochen und Monaten erhielten Vertreter des Bürgerkomitees eine Ahnung von den gigantischen Ausmaßen und Verzweigungen des Stasi-Netzes, vor allem aber davon, dass unwiederbringlich Informationen verloren gingen, die eine zügigere Aufarbeitung ermöglicht hätten, und zudem damals sicher geglaubte Karteien und Akten verschwanden.[105]

Insbesondere der HV A war damit ein großer Coup gelungen, über den ein Zeitzeuge später berichtete: „Eines Tages stand ein glatzköpfiger Stasi-General vor dem Gremium und sprach mit tränenerstickter Stimme von den Vertrauensleuten der Aufklärung unserer Republik, die unter gefährlichsten Bedingungen für den Frieden gearbeitet hatten. Könnten wir wollen, dass diese Menschen ins Gefängnis kämen, gar von der Todesstrafe bedroht würden? Nein, das wollten wir nicht. Niemand sollte im Gefängnis sitzen oder aufgehängt werden, nur weil er für die Sicherheit unseres Staates gesorgt hatte. Und ein bisschen spioniert wird doch schließlich überall. War das noch Naivität oder schon gezielte Spurenverwischung?“[106] Im Ergebnis hatte die HV A von der Arbeitsgruppe Sicherheit des Zentralen Runden Tisches die Genehmigung erhalten, sich selbst aufzulösen. Sie nutzte dies als Freibrief zur weitgehenden Vernichtung all ihrer Unterlagen. Darüber hinaus hatte sie, wie oben beschrieben, aus der zentralen Personenkartei F 16 um den Jahreswechsel 1989/90 alle Karteikarten mit Erfassungen für die HV A entfernen lassen. Damit waren ihre Spuren weitgehend beseitigt. Nur an die Datenbänder mit Fragmenten der Datenbank SIRA (siehe in Abschnitt 4) hatte niemand mehr gedacht.[107] Ebenso gelangten Kopien der Sicherungsfilme über geschäftstüchtige Geheimdienstler in die Hände der CIA und sind später unter dem Namen „Rosenholz“ bekannt geworden.[108] Das tatsächliche Ausmaß der Vernichtung von Karteien, elektronischen Datenträgern

104 Uwe Thaysen (Hg.), Der Zentrale Runde Tische der DDR. Wortprotokoll und Dokumente, Bd. III: Neuer Machtkampf, Wiesbaden 2000, S. 752–756 u. 872–874; ders., ebd., Bd. V: Dokumente, Wiesbaden 2000, S. 205, 347 u. 390–393.

105 Anne Worst, Das Ende eines Geheimdienstes, Berlin 1991, S. 112–116.

106 Stefan Wolle, Mutti, Mutti! Er hat gar nicht gebohrt. Oder: Der Preis der friedlichen Revolution, in: Horch und Guck 28/1999, S. 62–64.

107 Trotz der umfassenden Vernichtungen ließen sich nicht nur wie oben dargestellt die SIRA-Teildatenbanken rekonstruieren, insgesamt sind Fragmente vom 44 Datenbankprojekten überliefert und konnten beim BStU nutzbar gemacht werden.

108 Siehe bei Helmut Müller-Enbergs, Rosenholz. Eine Quellenkritik, Berlin 2007 (BF informiert 28); Hecht, „Rosenholz“.

und Akten seit November 1989 ist bisher erst in Grundzügen und für einzelne Diensteinheiten untersucht worden und wird sich in vielen Details nicht mehr nachvollziehen lassen.[109]

Fazit

Der Aufbau von Karteien, die bei hoher Geheimhaltung jederzeit Auskunft über Erfassungsverhältnisse von Personen und über statistische Daten geben konnten, war eine Kernaufgabe bei der Gründung der Abt. Erfassung und Statistik (seit 1952 Abt. XII). Die 1950er-Jahre lassen sich als Phase der Entwicklung, der Suche nach geeigneten Strukturen der Karteien betrachten. Sie waren geprägt von häufigen organisatorischen und strukturellen Veränderungen. Im September 1950 begann die zentrale Karteiführung mit drei Karteien, Ende 1953 kam die Z-Kartei hinzu. 1954 wurden neue Formulare und die Vorgangskartei eingeführt, 1960 schließlich flossen alle Personenkarteien der Anfangszeit zusammen in eine mit seitdem einheitlichen, neutralen Formularen.

Mit dieser Zusammenführung und Neutralisierung beginnend standen die 1960er-Jahre für organisatorische Straffung, Maßnahmen für eine erhöhte Geheimhaltung und die beginnende Technisierung. Die 1970er- und 1980er-Jahre waren insbesondere geprägt von der Vereinnahmung geheimpolizeilich verwertbarer Unterlagen aus Gerichten und Staatsanwaltschaften, dem Strafvollzug, Teilen der Polizei und der Armeeaufklärung, von einem organisatorisch immer weiter gefassten Zugriff auf Datenquellen anderer Institutionen der DDR und vom Einsatz elektronischer Datenbanken, die Karteien zunehmend ablösen aber nicht völlig ersetzen sollten.

Bei der Modernisierung durch elektronische Datenbanken wurde die Abt. XII seit Ende der 1970er-Jahre von der ZAIG überholt, die 1986 sogar die Fachaufsicht über die Abt. XII erhielt. Die Abt. XII hatte mit ihrem SAVO im Wesentlichen die Daten der bestehenden Karteien elektronisch abgebildet, die ZAIG hatte dagegen mit ihrer ZPDB eine neue Datenbankstruktur geschaffen, die komplexe Abfragen zuließ und direkt operativ verwertbare Informationen ausgab.

Die Karteien und Daten verwaltenden Strukturen der Abt. XII entwickelten sich von einem Referat für Registrierung und Kartei mit sieben Mitarbeitern (von 16) zu einem Apparat mit drei Karteien verwaltenden Abteilungen und

109 Dagmar Unverhau, Zerreißen, vernichten, verlagern, verschwinden lassen. Die Aktenpolitik der DDR-Staatssicherheit im Zeichen der „Wende" 1989, in: Archive und Herrschaft. Referate des 72. Deutschen Archivtages 2001 in Cottbus, Siegburg 2002 (Der Archivar, Beiband 7), S. 174–210; Roland Lucht, „Ablagen liquidieren – ‚spezifische' Vorgänge tragfähig gestalten". Schriftgutvernichtungen des MfS während der „Wende" und der Auflösungsphase der Staatssicherheit, in: Unverhau (Hg.), Janus, S. 81–97.

zwei Abteilungen für elektronische Datenverarbeitung mit zusammen 193 (von 344) Mitarbeitern. Die Karteien und Datenbanken dienten in erster Linie den operativen Interessen des MfS. Sie erst ermöglichten dessen zielorientierte und koordinierte geheimpolizeiliche „Bearbeitung" von Personen. Erst nachrangig dienten die Karteien auch als Nachweis abgeschlossener und im Titulararchiv zur Ablage gebrachter Vorgänge und Akten. Verwaltungstechnisch wird hierin der Charakter einer Registratur mit angeschlossener Altablage unterstrichen.

Dem feststellbaren Modernisierungsstau bei der Informationstechnologie in der Abt. XII und dem Auseinanderdriften von Zuständigkeiten sollte noch Ende 1989 durch eine Zusammenlegung mit Datenbanken betreibenden Teilen der ZAIG und IT-Strukturen der Abt. XIII begegnet werden. Allein dazu kam es nicht mehr, die Zeit für das MfS war abgelaufen.

Philipp Springer

„Müde Einzelgänger" und „ganze Kerle"

Personalstruktur und Lebenswelt hauptamtlicher Mitarbeiter der Abteilung XII

Als Reinhold Knoppe, einer der führenden Köpfe beim Aufbau des Ministeriums für Staatssicherheit, Anfang 1950 den späteren Leiter der Abt. XII Paul Karoos zur Übernahme in das kurz vor Gründung stehende MfS empfahl, zeichnete er ein wenig schmeichelhaftes Bild seines bisherigen Mitarbeiters bei der Polizei. Karoos mache, so Knoppe, einen „schleppenden, müden Eindruck", sei „wortkarg", finde „schwer gesellschaftlichen Kontakt" und führe „das Leben eines Einzelgängers" – er, Knoppe, halte ihn „besonders befähigt für das Aufgabengebiet eines Archivars, Kartei oder Sachverwalters"[1].

Ganz offensichtlich betrachtete Knoppe das Aufgabengebiet der zukünftigen Abt. XII und die Fähigkeiten der dort einzusetzenden Mitarbeiter als nachrangiges Problem beim Aufbau des MfS. Die fähigsten Köpfe galt es in denjenigen Diensteinheiten einzusetzen, wo die „wirkliche" Geheimpolizeiarbeit stattfand. Die Kartei- und Archivabteilung dagegen war, so lässt sich Knoppes Einschätzung wohl verstehen, nur ein notwendiges Übel, das es zwar auch geben musste, dessen Personal aber aus dem übrig gebliebenen Rest bestückt werden sollte – hier konnten solche Hauptamtlichen eingesetzt werden, die man andernorts nicht benötigte und die aufgrund ihrer Persönlichkeit sozial schwierig zu sein schienen.

Knoppes Vorstellung von einer geheimpolizeilichen Archiv- und Karteiabteilung und ihrer Mitarbeiter lässt sich nicht nur als amüsantes Detail seiner eigenen Biografie lesen – 14 Jahre später wurde er nämlich selbst Leiter der Abt. XII.[2] Vielmehr gibt seine Beschreibung Karoos' einerseits einen Eindruck davon, was im „Aufbaustab" des MfS zu Beginn der 1950er-Jahre von Archiv- und Karteitätigkeit gehalten wurde. Andererseits veranschaulicht Knoppes Kommentar, dass in der Vorstellungswelt des MfS-Führungspersonals die Mitarbeiter der zukünftigen Abt. XII „anders" waren als „richtige" Geheimpolizisten,

1 Reinhold Knoppe, Bericht über Paul Karoos, 2.2.1950, BStU, MfS, KS 266/68, S. 91–95, hier S. 95.

2 Vgl. den Beitrag „Letzte Station Abteilung XII" von Philipp Springer in diesem Band.

eine eigene „Spezies“ innerhalb des Apparats, die sich von den Kollegen aus den operativen Diensteinheiten unterschied.

Mehr als dreißig Jahre später entwarf Knoppes letzter Nachfolger im Amt des Leiters der Abt. XII, Heinz Roth, ein ganz anderes Bild von den Mitarbeitern seiner Abteilung. „Ganze Kerle“[3] würden gebraucht, erläuterte er 1981 neuen Mitarbeitern in seinem Einführungsvortrag an der MfS-Fachschule Gransee. Was sich hinter diesem Begriff verbergen sollte, blieb allerdings recht unscharf – von „hohe[n] Anforderungen an die Gedächtnisleistungen der Mitarbeiter“ war da bei Roth die Rede, vom „richtigen Verständnis für den Inhalt der mittels EDV erstellten Überprüfungsbelege“, von „ausdauernde[r] konzentrierte[r] Arbeit, nicht selten über die reguläre Dienstzeit hinaus“ und von einer „sauberen, gut lesbaren Handschrift“[4]. Es gäbe jedenfalls, so betonte Roth, „weit mehr Gelegenheit, sich zu beweisen, als das vielleicht auf den ersten Blick in der Arbeit der Abteilung XII der Fall“[5] sei. Deutlich wird in diesen Worten die defensive Haltung, in der sich Roth und damit auch die Abt. XII befand – andere Diensteinheiten dürften wohl weniger Schwierigkeiten gehabt haben, neuen Mitarbeitern das vermeintlich „Spannende“ ihrer künftigen Tätigkeit zu vermitteln.

Knoppes Bild vom „müden Einzelgänger“ als idealem Archivverwalter und Roths Vorstellung vom „ganzen Kerl“ als idealem Mitarbeiter lenken den Blick auf die Frage nach dem Personal, das zwischen 1950 und 1989 Aufbau und Arbeit der Abt. XII bestimmten. Die beiden Episoden vom Anfang und vom Ende der Geheimpolizei deuten dabei an, dass die Abteilung offenbar einen Sonderfall im Gesamtsystem des MfS darstellte.

Eine Betrachtung der Mitarbeiter der Abt. XII bewegt sich dabei auf einem wenig bearbeiteten Forschungsfeld. „Bislang kann man nur auf wenige Studien zurückgreifen, die sich detaillierter mit den Hauptamtlichen beschäftigen“[6], urteilt Katharina Lenski und beschreibt damit das Phänomen, dass die zentralen Akteure des MfS in der wissenschaftlichen Auseinandersetzung mit dem Repressionssystem der Geheimpolizei – sieht man von der wegweisenden Studie Jens Giesekes über Personalstruktur und Lebenswelt der hauptamtlichen Mitarbeiter des MfS ab[7] – bisher kaum Beachtung gefunden

3 Heinz Roth, Der Platz und die Stellung sowie die Hauptaufgaben der Linie XII im MfS, Vortrag in Gransee, 1981, BStU, MfS, Abt. XII Nr. 2601, S. 1–49, hier S. 48.

4 Ebd., S. 47 f.

5 Ebd., S. 48.

6 Katharina Lenski unter Mitarb. v. Agnès Arp, Die Hauptamtlichen der Stasi. Schattenriss einer Parallelgesellschaft, in: Lutz Niethammer/Roger Engelmann (Hg.), Bühne der Dissidenz und Dramaturgie der Repression. Ein Kulturkonflikt in der späten DDR, Göttingen 2014, S. 237–318, hier S. 239.

7 Jens Gieseke, Die hauptamtlichen Mitarbeiter der Staatssicherheit. Personalstruktur und Lebenswelt 1950–1989/90, Berlin 2000.

haben.[8] Dies gilt insbesondere auch für vergleichende Untersuchungen zu unterschiedlichen Diensteinheiten, für Fragen nach personellen Netzwerken im MfS oder für biografische Fallanalysen.

Der Blick auf die Mitarbeiter der Abt. XII kann somit einerseits die spezifische Entwicklung innerhalb dieser besonderen MfS-Abteilung erhellen. Wie setzte sich der Kaderbestand der Abteilung zusammen, welche Veränderungen der personellen Zusammensetzung lassen sich zwischen 1950 und 1989 erkennen, verfügten die Mitarbeiter über spezifische Qualifikationen, konzentrierten sich hier die „Abgeschobenen" anderer Diensteinheiten, welche Bedeutung besaßen weibliche Hauptamtliche, welche Rolle spielte die besondere Konspiration im Arbeitsalltag der Mitarbeiter – derartige Fragen liefern notwendige Ergänzungen zur Beschreibung der Abt. XII und relativieren nicht zuletzt die Bilder von den „müden Einzelgängern" und den „ganzen Kerlen".

Zugleich kann die Betrachtung auch generelle Erkenntnisse über hauptamtliche Mitarbeiter des MfS liefern, denn selbstverständlich nicht jeder Aspekt der Lebenswelt von Mitarbeitern der Abt. XII – beispielsweise die geforderte Einhaltung weitreichender Prinzipien „tschekistischer" Verhaltensweisen – ist allein spezifisch für diese Personengruppe. Somit ergeben sich auch hier Einsichten in die allgemeine Geschichte des MfS und seiner Mitarbeiter. Angesichts der in Fragen der Lebenswelt zum Teil begrenzten Aussagekraft der überlieferten Unterlagen erweisen sich Interviews mit ehemaligen hauptamtlichen Mitarbeitern zudem als sinnvolle und notwendige Ergänzung zu den ansonsten herangezogenen Quellenbeständen.

Abgeschoben ins Archiv – die Personalstruktur in den 1950/60er-Jahren

Die Abt. XII erfuhr seit ihrer Gründung in personeller Hinsicht einen nahezu kontinuierlichen Ausbau. Damit entsprach ihre Entwicklung den allgemeinen Tendenzen im MfS und spiegelte zugleich die zunehmende Entfaltung des Re-

8 Zum Forschungsstand vgl. Lenski, Hauptamtlichen, S. 239–244, Gieseke, Mitarbeiter, S. 38–43. Vgl. außerdem Jenny Krämer/Benedikt Vallendar, Leben hinter Mauern. Arbeitsalltag und Privatleben hauptamtlicher Mitarbeiter des Ministeriums für Staatssicherheit der DDR, Essen 2014; Uwe Krähnke/Matthias Finster, „Für mich war wichtig, dass ich irgendwie dazu gehörte". Die Fallstruktur der MfS-Mitarbeiterin Frau Dorsch, in: BIOS Jg. 19 (2006); H. 1, S. 143–160; Alexander Bastian, Repression, Haft und Geschlecht. Die Untersuchungshaftanstalt des Ministeriums für Staatssicherheit Magdeburg-Neustadt 1958–1989, Halle 2012, S. 196–277; Elisabeth Martin, „Ich habe mich nur an das geltende Recht gehalten". Herkunft, Arbeitsweise und Mentalität der Wärter und Vernehmer der Stasi-Untersuchungshaftanstalt Berlin-Hohenschönhausen, Baden-Baden 2014.

pressionsapparates, für dessen wachsende Aufgaben eine funktionierende Archiv- und Karteiabteilung unverzichtbar war.

Mitte April 1952, dem Zeitpunkt der ersten überlieferten namentlichen Aufstellung der beschäftigten hauptamtlichen Mitarbeiter, arbeiteten in der Abt. XII – einschließlich des Leiters Paul Karoos – 16 Personen, darunter elf Männer und fünf Frauen.[9] Blickt man auf den Altersdurchschnitt, so liegt er mit knapp 39 Jahren nicht allzu hoch. Sieht man allerdings zugleich auf die geschlechtermäßige Verteilung, so lässt sich bereits 1952 ein Phänomen erkennen, das die Abt. XII bis in die 1970er-Jahre hinein begleiten sollte: Hier arbeiteten eine große Gruppe älterer Männer und eine kleine Gruppe junger Frauen. Während nämlich bei den Männern ein Durchschnittsalter von 44 Jahren zu verzeichnen war, lag es bei den Frauen bei 24 Jahren.

Der Bildungsgrad der Mitarbeiter war sehr niedrig. Bis auf Franz Liedtke, der im Referat III (Bildstelle) für die Daktyloskopie, also den Einsatz von Fingerabdruckverfahren in der Ermittlungsarbeit des MfS, verantwortlich war, hatten alle Mitarbeiter ausschließlich die Volksschule besucht, und auch Liedtke war über fünf Semester Abendschule während des Krieges nicht hinausgekommen. Diesem Grad an Bildung entsprachen auch die Berufe, die die späteren Mitarbeiter der Abt. XII vor ihrer Tätigkeit für das MfS ausgeübt hatten. Sie reichten von Fabrikarbeiterin über Schlosser bis zu Müller – selbst der Leiter der Abteilung, Paul Karoos, hatte nur als Packer gearbeitet.

Angesichts der Brisanz der Unterlagen, die die Mitarbeiter zu bearbeiten hatten, ließe sich vermuten, dass der Anteil altgedienter Kommunisten in der Abt. XII hätte hoch sein müssen. Und tatsächlich waren von denjenigen Mitarbeitern, die vor dem Krieg bereits erwachsen gewesen waren, elf Mitglieder der KPD oder KPD-naher Organisationen gewesen.[10] Allerdings konnte nur die Hälfte dieser Gruppe Verfolgungen während der NS-Zeit nachweisen, zumeist mehrmonatige Inhaftierungen während des frühen Terrors der Nationalsozialisten im Jahr 1933. Im sowjetischen Exil war allein Marie Riedel gewesen, die aufgrund ihrer Herkunft aus der Tschechoslowakei und ihrer Mitgliedschaft in der KPČ über einen gänzlich anderen Hintergrund verfügte – und dementsprechend auch die älteste der weiblichen Mitarbeiter war. Der Blick in die Personalstruktur zeigt somit, dass die Abt. XII kein Sammelbecken für langjährige, durch den Widerstand geprägte und der Konspiration besonders verpflichtete Kommunisten war.

Darüber hinaus stellte auch die K 5 kein zentrales Reservoir für die Abt. XII dar: Nur Paul Karoos, Richard Stopfkuchen, Walter Tiepold und Franz Liedtke

9 Vgl. Abt. XII/Leiter Karoos, Schreiben an Chefinspekteur Last betr. die Struktur der Abt. XII, 15.4.1952, BStU, MfS, AS 187/58, Bd. 1, S. 255. Bei der folgenden Analyse konnte eine weibliche Mitarbeiterin nicht berücksichtigt werden, da über sie keine Angaben überliefert sind.

10 Vgl. die KKK bzw. Kaderakten der betreffenden Mitarbeiter.

hatten zuvor bei der Kriminalpolizei gearbeitet.[11] Stattdessen handelte es sich bei den männlichen Hauptamtlichen in der Regel um ältere Arbeiter, die nach 1945 über die Tätigkeit für die Volkspolizei zum MfS gestoßen waren. Meist kamen sie nicht aus Berlin, sondern waren erst während ihrer Arbeit für eine regionale Abteilung der Geheimpolizei, etwa eine Kreisdienststelle, zur Zentrale gewechselt.

Die Abt. XII des Jahres 1952 unterschied sich damit in ihrer Struktur zum Teil von der des gesamten MfS. Neben dem höheren Anteil weiblicher Mitarbeiter in der Abteilung war dafür auch das höhere Durchschnittsalter verantwortlich. So lag Anfang der 1950er-Jahre der Anteil der unter 40-Jährigen bei etwa einem Drittel, während er im MfS bei weit über zwei Dritteln lag.[12]

Rund zehn Jahre später hatte sich an diesem Kontrast kaum etwas geändert.[13] Während der Anteil der über 40-Jährigen in der Abt. XII weiter bei rund zwei Dritteln lag, war er im MfS auf etwa ein Viertel gesunken.[14] Letzteres kam einer Verjüngung der Geheimpolizei gleich und lässt sich als Folge des Ausscheidens alter Kommunisten und der gleichzeitig laufenden Erhöhung der Mitarbeiterzahlen deuten – eine Entwicklung, von der die Abt. XII jedoch weitgehend abgekoppelt war. Da der meist junge MfS-Nachwuchs in der Regel in den operativen Diensteinheiten eingesetzt wurde, überalterte die Abteilung weiter – rund 47 % der Mitarbeiter waren 1963 über 50 Jahre.[15]

Der Anteil derjenigen Mitarbeiter, die noch durch das kommunistische, sozialdemokratische oder zumindest gewerkschaftsnahe Milieu der Weimarer Republik geprägt worden waren, lag in der Abt. XII in dieser Zeit zwar weiterhin hoch – fast die Hälfte hatte derartige Erfahrungen in ihrer Biografie. Doch gehörten die wenigsten von diesen zu denjenigen, die nach 1933 in den Widerstand oder ins Exil gegangen waren – von den insgesamt 92 Mitarbeitern der Abt. XII lassen sich nur noch 11 zu dieser Kategorie zählen. Blickt man also auf den gesamten Kaderbestand, so hatte die Prägung der Abteilung durch „verdiente“ Kommunisten rapide abgenommen, auch wenn einige von ihnen – wie beispielsweise Klara Schellheimer und Kurt Grünler – weiterhin in der Führungsebene zu finden waren.

11 Vgl. den Beitrag „Das Gedächtnis der Staatssicherheit“ von Philipp Springer in diesem Band.

12 Zu den Zahlen für das MfS vgl. Gieseke, Mitarbeiter, S. 111.

13 Abt. XII/Stellv. Leiterin Schubert, Schreiben an HA KuSch/Ref. Allgemein betr. Umtausch der gegenwärtig gültigen DPA in neue DPA, Dezember 1963, BStU, MfS, AS 76/70 Bd. 4, S. 139–142. Die folgenden Angaben basieren auf dieser Liste und den entsprechenden KKK der Mitarbeiter.

14 Vgl. Gieseke, Mitarbeiter, S. 262.

15 Vgl. Abt. XII/Stellv. Leiterin Schubert, Schreiben an HA KuSch/Ref. Allgemein betr. Umtausch der gegenwärtig gültigen DPA in neue DPA, Dezember 1963, BStU, MfS, AS 76/70 Bd.4, S. 139–142.

Arbeitsausfalltage

1954 = 72 Mitarbeiter bis 22.12.54		1956 = 72 Mitarbeiter bis 18.12.56	
Krankheit u.Schwangerschaft:	364 Tage	Krankheit u.Schwangerschaft:	1 o25 Tage
Unbezahlten Url.(Kind krank):	50 "	Unbezahlten Url.(Kind krank):	61 "
Wochenendurlaub:	80 "	Wochenendurlaub:	3o "
Sonderurlaub:	? "	Sonderurlaub: Fernstudium = 48 Umzugs-Url. = 13 Heirats-Url.= 3 Fahrt n.Prag= 1o Sonder-Url. = 8 82	82 "
Haushaltstage:	47 "	Haushaltstage:	- "
Unentschuldigt:	7 "	Unentschuldigt:	2 "
	548 Tage		1 200 Tage

Abb. 1: Die besondere Personalstruktur der Abt. XII mit einem hohen Anteil junger Frauen und alter Männer sorgte vor allem in den 1950er-Jahren für erhebliche Probleme, wie die Aufstellung über die Arbeitsausfalltage in den Jahren 1954 und 1956 zeigt.

Das hohe Durchschnittsalter der Mitarbeiter war zwangsläufig mit einem schlechten Gesundheitszustand verbunden. Dies führte zu einem jahrelang hohen Krankenstand in der Abteilung. So wurden im Jahr 1959 über 3.500 Ausfalltage gezählt, also Tage, an denen Mitarbeiter krankheitsbedingt nicht zur Arbeit kommen konnten. Damit fielen täglich etwa 10 % der Mitarbeiter aus, wie Walter Rohner, stellvertretender Leiter der Abt. XII, die Situation Anfang 1961 analysierte.[16] Dass dies ein strukturelles Problem darstellte, zeigte sich auch darin, dass 80 % der Mitarbeiter nur über die niedrige Tauglichkeitsstufe III verfügten.[17] Hinzu kam, dass auch die ambulante Behandlung, der sich „ein verhältnismäßig grosser Anteil der Mitarbeiter bald ständig"[18] unterziehen musste, meist während der Arbeitszeit erfolgte.

Typisch waren Fälle wie der des Oberleutnants Martin M. Der 51-Jährige kam 1958 zur Abt. XII, nachdem er für seine vorherige Diensteinheit HA V aus

16 Vgl. Rohner, Jahresanalyse, 11.1.1961, BStU, MfS, AS 97/70, S. 314–316.

17 Vgl. Abt. XII/Karoos, Analyse für das Jahr 1960, 27.1.1961, BStU, MfS AS 82/70, S. 98–115, hier S. 109.

18 Abt. XII/Karoos, Einschätzung der Abteilung XII in bezug der Diensttauglichkeit und der Einsatzfähigkeit der Mitarbeiter, 15.10.1962, BStU, MfS, AS 82/70, S. 51–61, hier S. 53.

gesundheitlichen Gründen zum Problem geworden war. Ein Bericht der Sanitätsstelle meldete ein Jahr zuvor unter anderem „stärkere nervöse Beschwerden [...], wie rasche Erregbarkeit, Schlafstörungen, Kopfschmerz, Vergesslichkeit, Konzentrationsschwäche, Labilität der Stimmungslage, Empfindsamkeit [...], gespannter und erschöpfter Gesichtsausdruck, Durchblutungsstörungen [...], Händezittern“[19]. Da er nur noch im Innendienst einsetzbar war, wurde er zur Abt. XII versetzt, wo er „Akten, welche aus der Emigrationszeit der SPD vorhanden sind“[20], durcharbeiten sollte. Nach Auseinandersetzungen um eine mit der Versetzung verbundene Gehaltsreduzierung[21] und einem Herzinfarkt Anfang 1959[22] wurde M. 1960 invalidisiert.[23] Angesichts der gesundheitsbedingten Ausfälle dürfte er für die Abt. XII vor allem eine Belastung dargestellt haben.

Die Klagen der Leitung der Abt. XII über die personelle Situation, wie sie sich auch in M.s Fall widerspiegelt, dominierten Anfang der 1960er-Jahre die Berichte über die Kaderarbeit der Abteilung. Dabei fürchtete man auch um die übrigen Mitarbeiter: „Die Konzentration kranker Mitarbeiter in einer Abteilung muß sich zwangsläufig ungünstig und nachteilig auf einen bestimmten Kreis noch ‚gesunder‘ Mitarbeiter auswirken. Als Dauerzustand für diese Genossen hat diese eine ständige Mehrbelastung zur Folge“[24], kritisierte Rohner.

Trotz der hohen Arbeitsbelastung gelang es einigen Mitarbeitern, zum Teil jahrelang ohne einen einzigen Krankheitstag auszukommen. Eine „Analyse über Ausfalltage“ zählte 1962 unter anderem den Abteilungsleiter Paul Karoos und drei weitere Mitarbeiter auf, die sieben Jahre lang nicht einen Tag gefehlt hatten und damit vermutlich auch ihre Einsatzbereitschaft dokumentieren wollten.[25] Dass dies offenbar nicht ohne Folgen blieb, zeigt sich beispielsweise in der Begründung für die Urlaubsgenehmigung der langjährigen, später auch leitenden Mitarbeiterin Eva Tobies: „In ihrer über 17jährigen Tätigkeit hat diese bisher nie ihre Arbeit versäumt, war weder krank noch zur Kur oder Genesung. Nervlich ist sie in der letzten Zeit stark strapaziert.“[26]

19 Sanitätsstelle, Schreiben an die HA KuSch betr. Martin M., 25.10.1957, BStU, MfS, KS 232/73 GU, S. 200.

20 HA V/2, Schreiben an die HA KuSch betr. Martin M., 16.4.1958, BStU, MfS, KS 232/73, S. 160.

21 HA KuSch, Vermerk, 9.6.1959, BStU, MfS, KS 232/73, S. 161 f.

22 Krankenhaus der Volkspolizei/Innere Abt., Schreiben an die Sanitätsstelle des MfS betr. Martin M., 15.5.1959, BStU, MfS, KS 232/73 GU, S. 197.

23 Vgl. Abt. Finanzen, Schreiben an die HA KuSch betr. Martin M, 23.6.1960, BStU, MfS, KS 232/73, S. 166. Wenige Jahre später hatte sich M. allerdings gesundheitlich soweit erholt, dass er vom MfS wieder eingestellt wurde – diesmal jedoch nicht in der Abt. XII.

24 Rohner, Jahresanalyse, 11.1.1961, BStU, MfS, AS 97/70, S. 314–316, hier S. 314.

25 Vgl. Abt. XII/Schubert, Analyse über Ausfalltage im Jahre 1962, 12.1.1963, BStU, MfS, AS 97/70, S. 247 f., hier S. 248.

26 Abt. XII/Leiter Karoos, Schreiben an den Medizinischen Dienst/Kempe betr. den Kurantrag für Eva Tobies, 19.3.1965, BStU, MfS, AS 76/70 Bd. 5, S. 199.

Angesichts einer derartig dramatischen Situation sah Karoos die Arbeit seiner Abteilung gefährdet: „In bezug der Einsatzfähigkeit entspricht die Abteilung XII *nicht* den Bedingungen, die an eine Dienststelle unseres Organs gestellt werden müssten. In der Abteilung sind viele ältere und auch kranke Mitarbeiter konzentriert, deren Einsatzfähigkeit z. T. sehr stark eingeschränkt ist." Diese ungewöhnliche Personalstruktur resultierte, so Karoos, aus der Versetzungspraxis im MfS: „Der grösste Teil der Mitarbeiter ist aus den anderen Diensteinheiten zur Abteilung XII versetzt worden, wobei in der Regel der Gesundheitszustand Grund der Versetzung war."[27]

Bereits einige Jahre zuvor hatte sich Karoos über diese Praxis beklagt: „Für die notwendige Unterbringung solcher Genossen, die aufgrund ihres Alters, wegen Krankheit, wegen Uneignung in der operativen Arbeit usw. ihre bisherige Tätigkeit nicht mehr ausüben können aber für die Auswertungsarbeit im Archiv noch geeignet sind, muß, wenn solche Genossen für die Abteilung XII vorgesehen werden, eine andere Regelung getroffen werden." Als problematisch erwies es sich nämlich, dass die zuversetzten Mitarbeiter diejenigen Planstellen in der Abteilung besetzten, für die leistungsfähige Kader benötigt wurden. Allein im Archiv sah Karoos Arbeitsaufgaben für diese „Genossen, die aus verständlichen Gründen nicht einfach entlassen werden können" – „Beschäftigungsmöglichkeit [sei] dort wegen der ständigen Übernahme von Material [...] auf lange Zeit vorhanden"[28].

Die Problematik der Zuversetzung von gesundheitlich beeinträchtigten Mitarbeitern betraf keineswegs nur untergeordnete Kader. Ein Beispiel dafür, dass vielmehr auch die Leitungsebene betroffen war, ist der altgediente Kommunist Rudolf Bartonek, der von 1964 bis 1971 das Archiv leitete und in dieser Zeit auch als stellvertretender Leiter der Abt. XII fungierte. Bartonek, am 12. Juli 1911 in Grünbach/Österreich geboren und ursprünglich Bergarbeiter, gehörte seit 1928 der Kommunistischen Partei Österreichs an und war von 1939 bis 1945 in verschiedenen Konzentrationslagern inhaftiert gewesen. Nach dem Krieg blieb er in der DDR und kam 1952 nach Absolvierung der Parteihochschule in Moskau zum MfS. Nicht zuletzt dieser Sowjetunion-Aufenthalt war die „Weihe" für größere Aufgaben – auch die Entgegennahme seiner „Eidesstattlichen Verpflichtung" durch Markus Wolf[29] bekräftigen diesen Eindruck. Bartonek arbeitete zunächst als Parteisekretär, dann als Abteilungsleiter Opera-

27 Abt. XII/Karoos, Einschätzung der Abteilung XII in bezug der Diensttauglichkeit und der Einsatzfähigkeit der Mitarbeiter, 15.10.1962, BStU, MfS, AS 82/70, S. 51–61, hier S. 51.

28 Abt. XII/Karoos, Schreiben an die HA KuSch/Abt. Kader, 19.6.1957, BStU, MfS, AS 187/58, Bd. 1, S. 30 f.

29 Vgl. die Unterschrift Wolfs unter die „Eidesstattliche Verpflichtung" Bartoneks, 5.8.1959, BStU, MfS, KS 253/72, S. 89–92, hier S. 92.

Abb. 2: Oberstleutnant Rudolf Bartonek, Leiter des Archivs der Abt. XII von 1964 bis 1971, mit Mitarbeiterinnen und Mitarbeitern seiner Abteilung vermutlich bei der Feier aus Anlass seiner Verabschiedung, 1971.

tiv bei der HV A, bis er schließlich seit 1955 die Schule der HV A in Bad Belzig leitete – die zentrale Kaderschmiede für angehende Agenten und andere Mitarbeiter der HV A.[30]

Während seiner Tätigkeit hatte Bartonek aber, folgt man seinen überlieferten medizinischen Unterlagen,[31] mit verschiedenen körperlichen Problemen zu kämpfen, die sogar in Beurteilungen aus Anlass von Ordensverleihungen einflossen. So heißt es 1959 und 1961 gleichlautend in zwei von Markus Wolf unterzeichneten Vorschlägen: „Trotz schwerer gesundheitlicher Schäden ist Genosse Bartonek unablässig bemüht, die Schule weiterzuentwickeln.“[32]

Die Krankheiten führten schließlich zu Bartoneks Ablösung bei der HV A, wobei ganz offensichtlich auch andere Gründe bei dem Vorgang eine Rolle

30 Zur Schule der HV A vgl. Günter Förster, Die Juristische Hochschule des MfS, Berlin 1996 (MfS-Handbuch), S. 21–23.

31 Vgl. BStU, MfS, KS 253/72 GU Bd. 1.

32 Schreiben des Stellv. des Ministers, Markus Wolf, an den Leiter der HA KuSch, Robert Mühlpforte, betr. die Verleihung des Vaterländischen Verdienstordens in Silber an Rudolf Bartonek, 25.6.1959, BStU, MfS, KS 253/72, S. 46f., hier S. 47; Vorschlag zur Verleihung der Verdienstmedaille der NVA in Gold an Rudolf Bartonek, 13.6.1961, BStU, MfS, KS 253/72, S. 52.

spielten.[33] Die Notizen der Ärzte in seiner vom MfS geführten Krankenakte lassen zudem einen zunehmend überforderten Mitarbeiter erkennen, etwa wenn im November 1963 nachlassende Gedächtnisfähigkeit konstatiert wird, weil „er die Dosierung der Medikamente schriftlich fixieren“[34] müsse. Wenige Monate später hieß es: „Auf jeden Fall ist der Gen. jetzt einsichtig in bezug auf seine wesentlich eingeschränkte Leistungsbreite.“[35]

Der Wechsel in die Abt. XII bedeutete somit einen Abstieg für den früheren Widerstandskämpfer. Mit seiner neuen Arbeitssituation scheint er jedenfalls nicht zufrieden gewesen zu sein, wie die Ärzte notierten: „Im übrigen klagt der Genosse darüber, daß er außer seiner täglichen fachlichen Arbeit noch mit gesellschaftlichen Funktionen belastet wird, insbesondere solle er Parteizirkel leiten. Angesichts der eingeschränkten Leistungsbreite und angesichts der Tatsache, daß bei dem Genossen vor Aufnahme dieser Tätigkeit, die dauernde Berentung diskutiert wurde, ist ihm nicht mehr zumutbar, als die tägliche, fachliche Tätigkeit.“[36]

In den folgenden Jahren prägten regelmäßige Arztbesuche, Kur- und Krankenhausaufenthalte den Alltag Bartoneks. Für die Abt. XII dürfte er wegen seiner Ausfälle zu einer Belastung geworden sein – ein Beispiel eines von anderen Abteilungen „abgeschobenen“ Mitarbeiters, der die Leistungsfähigkeit der Abt. XII einschränkte. Als Bartonek im Frühjahr 1969 aus gesundheitlichen Gründen die Teilnahme an einer Kreisdelegiertenkonferenz im MfS abgelehnt hatte, notierte der neue Leiter der Abteilung, Roland Leipold, nach einem Gespräch mit dem 1. Sekretär der SED-KL, Gerhard Heidenreich: „Genosse Heidenreich sagte, ihm sei vorgetragen worden, daß der Genosse Bartonek aus gesundheitlichen Gründen nicht als Gast [der Konferenz] infrage komme, wieso könne er dann überhaupt im MfS arbeiten. Ich antwortete daraufhin, daß der Genosse Bartonek an sich dienstuntauglich sei und unter Berücksichtigung dieses Umstandes sein Einsatz im Archiv erfolgte.“[37] Erst 1971 ging Bartonek schließlich mit Erreichen der Altersgrenze für NS-Verfolgte in Rente.

Der Umgang mit Mitarbeitern wie Bartonek bewegte sich auf heiklem Terrain, denn bei den betroffenen Hauptamtlichen handelte es sich nicht nur in diesem Fall um altgediente Kommunisten, derer man sich nicht einfach wegen ihrer gesundheitlichen Probleme entledigen konnte. Offenkundig fühlte man

33 In einer Beurteilung von 1963 wird Bartonek vorgeworfen, zu wenige Kenntnisse über die an der Schule gelehrten Inhalte und generell über die operative Arbeit zu besitzen, auch wenn „seine persönliche Einsatzbereitschaft“ und „seine absolute Treue zu Partei“ diese Mängel wettmache. Sein Gesundheitszustand setze jedoch „der Forderung zur Vertiefung seines Wissens bestimmte Grenzen“ (BStU, MfS, KS 253/72, S. 54 f.).

34 BStU, MfS, KS 253/72 GU Bd. 1, S. 20.

35 Ebd., S. 19.

36 Ebd., S. 17 f.

37 Leipold, Vermerk, 5.6.1969, BStU, MfS, Abt. XII Nr. 4162, S. 23–25, hier S. 24.

sich gegenüber diesen, in den 1980er-Jahren in der Traditionsarbeit dann glorifizierten Mitarbeitern besonders verpflichtet. Für das Selbstverständnis des MfS spielten die „alten Genossen“ eine große Rolle.

Hinzu kam aus Sicht der kranken Mitarbeiter die Furcht vor einem mittellosen Rentnerdasein. So weigerte sich beispielsweise 1961 der 55-jährige Paul Gaedtke, der seit Gründung im MfS tätig war und 1956 vom Büro der Leitung in die Abt. XII mehr oder weniger „abgeschoben“ worden war,[38] vorzeitig in Rente zu gehen, „da sich nach seiner Meinung sein Gesundheitszustand dann wegen der Sorge um die Existenz seiner Familie noch mehr verschlechtern würde“[39]. Gaedtke, KPD-Mitglied seit 1928, hatte 1960/61 krankheitsbedingt mehrere Monate nicht zur Arbeit erscheinen können. Als „unter normalen Bedingungen [...] nicht einsatz- und arbeitsfähig“ beurteilte ihn Karoos und schilderte schonungslos Gaedtkes Zustand: „Jede Zusammenarbeit mit anderen Mitarbeitern ist ihm hinderlich, er kann weder an Arbeitsbesprechungen, Gruppen- und GO-Versammlungen, noch an anderen Besprechungen und Aussprachen teilnehmen, da sein Nervenzustand eine solche Belastung nicht verträgt. [...] Seine Arbeitsleistung ist minimal.“[40] Trotzdem ging Gaedtke erst 1966 in Rente.

Das Problem des überproportional hohen Anteils älterer und gesundheitlich beeinträchtigter Mitarbeiter prägte die Arbeit der Abt. XII vor allem in den 1950/60er-Jahren. Noch im Jahre 1969 beklagte Roland Leipold, der erst kurz zuvor den ebenfalls durch Krankheiten gezeichneten Reinhold Knoppe als Leiter der Abteilung abgelöst hatte, dass „das Leistungsvermögen der Diensteinheit [...] durch den schlechten Gesundheitszustand vieler Mitarbeiter beeinträchtigt“[41] werde. Erst der Umbruch der Personalstruktur seit Ende der 1960er-Jahre führte zu einem grundlegenden Wandel, der eine erhebliche Verjüngung des Kaderbestandes mit sich brachte.

38 Vgl. im Folgenden BStU, KKK Gaedtke.

39 Abt. XII/Karoos, Schreiben an Gaida betr. Antrag auf Entscheidung über vorzeitigen Rentenbezug, 24.5.1961, BStU, MfS, AS 76/70 Bd. 2, S. 277–280, hier S. 278.

40 Abt. XII/Karoos, Einschätzung der Abteilung XII in bezug der Diensttauglichkeit und der Einsatzfähigkeit der Mitarbeiter, 15.10.1962, BStU, MfS, AS 82/70, S. 51–61, hier S. 55.

41 Abt. XII/Leipold und Sekretär der GO Günzel, Einschätzung der weiteren Realisierung der in den Kaderprogrammen festgelegten Maßnahmen und Einschätzungen einiger Seiten der Entwicklung des politisch-ideologischen und politisch-moralischen Zustandes der Diensteinheit, 12.11.1969, BStU, MfS, Abt. XII Nr. 2648, S. 11–18, hier S. 15.

Der große Sprung – Personalstruktur, Kadergewinnung und Arbeitsbedingungen seit Ende der 1960er-Jahre

Am Ende der 1960er-Jahre brachen für die Abt. XII – blickt man auf die Personalentwicklung – goldene Zeiten an. Das stetige personelle Wachstum der Diensteinheit erreichte Dimensionen, die in diesen Jahren innerhalb des MfS wohl ihresgleichen suchten.[42] Nahm die Personalstärke 1965 um 6,5 % gegenüber dem Vorjahr zu, betrug der Wert 1967 bereits 13,8 % und schnellte 1970 auf 27,7 % hoch – eine weder vorher noch nachher jemals wieder erreichte Zuwachsrate. In den Folgejahren pendelte er zwischen 9,1 und 4,2 %, bis er 1977 deutlich einbrach – in diesem Jahr gab es keine Veränderungen in der Personalstärke. Zwei Jahre später nahm die Zahl schließlich sogar erstmals ab – über 1,5 % weniger Mitarbeiter verfügte die Abteilung nun. Bis zur Eröffnung des neu errichteten Archivzweckbaus im Jahr 1984 stieg die Zahl dann allerdings wieder und pendelte jährlich zwischen 7,7 und 0,9 %. 1985 musste die Diensteinheit jedoch einen erneuten Verlust hinnehmen – er lag mit 2,4 % so hoch wie noch nie. Bis 1989 wechselten sich jetzt Zu- und Abnahme ab – die finale Krise des MfS hatte nun auch die Abt. XII erreicht.

Blickt man auf die personellen Zuwachsraten beim MfS insgesamt, so ähneln sich die Verläufe der beiden Wachstumskurven zwar.[43] Deutlich wird jedoch, dass die Bandbreite, innerhalb derer sich die Zu- und Abnahme der Personalstärke bei der Abt. XII bewegte, sehr viel größer war. Insbesondere die hohen Zuwächse in der zweiten Hälfte der 1960er-Jahre steigen beim MfS nie in derartige Höhen wie bei der Abt. XII. In den 1970er-Jahren nähern sich die Zuwachsraten aneinander an – offensichtlich zeigt sich hier eine stärkere Einbindung der Abt. XII in die Kaderplanung des MfS. Einen leichten Rückgang im Bereich des Personals verzeichnete das MfS allerdings – anders als die Diensteinheit – erst 1987.

Der Vergleich der beiden Kurven legt nahe, dass der überproportional große Sprung, den die Abt. XII in den Jahren zwischen 1967 und 1971 erlebte, Folge der „nachholenden Modernisierung“ der Abteilung war. Andere Diensteinheiten wie beispielsweise die HA I, VIII und IX hatten nämlich bereits in den 1950er-Jahren ein deutliches Personalwachstum verzeichnen können. Doch nun schlug sich der Aufwind, den die Abt. XII Ende der 1960er-Jahre insbesondere durch den Auf- und Ausbau der EDV erfuhr,[44] auch im Personalzuwachs nieder.

42 Vgl. im Folgenden eigene Berechnungen auf der Basis der Angaben zur Personalstärke der Abt. XII bei Jens Gieseke, Die hauptamtlichen Mitarbeiter des Ministeriums für Staatssicherheit, Berlin 1996² (MfS-Handbuch), Anlage.

43 Vgl. im Folgenden die Angaben zu den Wachstumsraten bei Gieseke, Mitarbeiter, S. 551–557.

44 Vgl. den Beitrag „Das Gedächtnis der Staatssicherheit“ von Philipp Springer in diesem Band.

Zwischen 1965 und 1970 verdoppelte sich die Zahl der Mitarbeiter geradezu explosionsartig und stieg von 82 (1965) auf 191 (1971). Für ein derartiges Wachstum benötigte das gesamte MfS dagegen regelmäßig rund zehn Jahre.[45] Eine weitere Verdoppelung verfehlte die Abt. XII allerdings, anders als die Geheimpolizei insgesamt, bis zum Ende der DDR – wenn auch nur sehr knapp. Mit 344 Mitarbeitern verzeichnete die Abteilung im Jahr 1989 die höchste Mitarbeiterzahl in ihrer Geschichte.

Mit dem personellen Ausbau ging in der Abteilung auch eine deutliche Verjüngung einher, die durch das altersbedingte Ausscheiden von Mitarbeitern noch verstärkt wurde. Allein zwischen 1968 und 1970 stieg der Anteil der 18- bis 24-jährigen Mitarbeiter von 9,6 % auf 17,9 %. Im gleichen Zeitraum sank der Anteil der 55 bis 60 Jahre alten Mitarbeiter von 9,6 % auf 4,6 %.[46]

Nur rund ein Drittel der neuen Mitarbeiter, die im Jahr des größten Wachstums 1970 zur Abt. XII stießen, waren zuvor noch nicht im MfS beschäftigt gewesen.[47] Bei 26 der 43 Mitarbeiter handelte es sich dagegen um Versetzungen aus anderen Diensteinheiten. Auch an dieser Personalverschiebung lässt sich der Bedeutungsgewinn der Abt. XII in dieser Zeit ablesen.

Blickt man auf die Einsatzorte der neuen Mitarbeiter, so lagen die Schwerpunkte in der Zentralkartei (13 Mitarbeiter), in der AG Datenaufbereitung (10), in der dem Sekretariat zugeordneten Kuriergruppe (7) und im Archiv (6). Es ging somit, wie der Leiter der Abt. XII, Roland Leipold, zwei Jahre später berichtete, in erster Linie um die „Verstärkung der Auskunfts- und Überprüfungsbereiche"[48].

Darüber hinaus bemühte man sich seit Ende der 1960er-Jahre um eine veränderte soziale Zusammensetzung. So kündigte Leipold an: „Es ist erforderlich, auch in Zukunft der Diensteinheit in verstärktem Maße männliche Kader zuzuführen, die für einen Einsatz im Schichtdienst geeignet sind, da sich im Ergebnis der neuen politisch-operativen Lage die durchgehende Arbeitsbereitschaft als unumgänglich erwies und bewährt hat, von der kadermäßigen Seite jedoch noch nicht genügend abgesichert ist." Die traditionell durch alte Männer und junge Frauen bestimmte Mitarbeiterschaft sollte bald der Vergangenheit angehören.

45 Vgl. Gieseke, Stasi, S. 71 f.

46 Vgl. Abt XII/Leipold, Schreiben an HA KuSch/Leiter betr. Einschätzung einiger Seiten der Festigung des politisch-ideologischen und politisch-moralischen Zustandes der Diensteinheit und der wirksamen Schaffung der kadermäßigen Voraussetzungen zur Lösung der der Diensteinheit gestellten Aufgaben, 13.11.1970, BStU, MfS, Abt. XII Nr. 2648, S. 19–30, hier S. 30.

47 Vgl. im Folgenden ebd., S. 41.

48 Abt. XII/Leipold, Einschätzung einiger Seiten der Entwicklung des politisch-ideologischen und politisch-moralischen Zustandes der Diensteinheit und der Kaderarbeit im Jahre 1973, 28.11.1973, BStU, MfS, Abt. XII Nr. 2648, S. 92–114, hier S. 96. Dort auch das folgende Zitat.

Mit der „neuen politisch-operativen Lage“ war ganz offensichtlich die Situation nach dem Abschluss des Grundlagenvertrags zwischen der DDR und der Bundesrepublik und den im Zuge der Entspannungspolitik vereinbarten Reiseerleichterungen gemeint. Der personelle Ausbau der Abt. XII Ende der 1960er-/Anfang der 1970er-Jahre kann somit auch als Reaktion auf den verstärkten Reiseverkehr und das damit gestiegene Überwachungsbedürfnis des MfS gesehen werden. Auch in der Entwicklung der Abt. XII lässt sich demnach erkennen, dass der immense personelle Ausbau des MfS zum Teil eine Reaktion auf die Verunsicherung der Führungsebene des SED-Herrschaftssystems darstellte: „Das Gesetz der immerwährenden tschekistischen Prosperität, also die sichere Erwartung eines stetig wachsenden und an Einfluß gewinnenden inneren Sicherheitsapparates, hatte seinen Inhalt […] in der Annahme, daß sich die DDR im deutsch-deutschen Systemkonflikt nur behaupten könne, wenn sie mit immer größerem Aufwand die Einflüsse des Westens auf den Osten geheimpolizeilich kontrollierte und bekämpfte.“[49]

Eine vergleichbare umwälzende Veränderung der Personalstruktur der Abt. XII gab es bis zum Ende der DDR nicht noch einmal. Der massive Ausbau wurde abgelöst durch eine eher kontinuierliche Entwicklung. Dieser Prozess setzte sich bis zum Ende der DDR fort. Allerdings war er auch durch eine neue, grundlegende Veränderung gekennzeichnet. Seit Ende der 1970er-Jahre setzte ein Generationenwechsel ein, der die Struktur der Abteilung wandelte. Zunehmend gingen nun die Mitarbeiter der 1920er- und frühen 1930er-Jahrgänge in Rente, die den Aufbau der Diensteinheit ganz wesentlich geprägt hatten. Oft hatten sie die Altersgrenze erreicht, doch nicht selten gab es gesundheitliche Gründe, die sie zu einem früheren Ausscheiden zwangen. Zu den leitenden Mitarbeitern, die in dieser Zeit verrentet wurden, zählten die stellvertretende Leiterin der Abteilung, Käthe Schubert (Jg. 1921, Verrentung 1974), die Leiterin der UA 4, Erika Butter (Jg. 1922, Verrentung 1979), die Leiterin der Abt. XII/7, Eva Zander (Jg. 1926, Verrentung 1983), die Leiterin der Abt. XII/4, Ingeburg Heinritz (Jg. 1927, Verrentung 1987), der ehemalige stellvertretende Leiter der Abt. XII, Manfred Günzel (Jg. 1930, Verrentung 1988), die stellvertretende Leiterin der Abt. XII/Archiv, Ursula Jentsch (Jg. 1931, Verrentung 1988) und die ehemalige Leiterin der Abt. XII/3, Elisabet Kraft (Jg. 1930, Verrentung 1986).[50]

In Folge dieser Verrentungen eröffneten sich Aufstiegsmöglichkeiten für jüngere Mitarbeiter, die die Leitungsposten ihrer Vorgänger übernehmen konnten. Zugleich stießen auf der untersten Personalebene der Diensteinheit neue Kräfte hinzu. In einer Diplomarbeit zur „Durchsetzung der höheren Anforderungen an die Auswahl und Aufklärung der Kader entsprechend den spezifischen Sicherheitsbedürfnissen der Linie XII“ aus dem Jahr 1979 werden die

49 Gieseke, Stasi, S. 92.

50 Vgl. die KKK der betreffenden Mitarbeiter.

Wege der Gewinnung solcher Nachwuchskader geschildert.[51] Die „günstigste“ und „effektivste“ Form der „Zuführung“ erfolgte, so der Autor Oberleutnant Günter Rommer, durch die Versetzung von Mitarbeitern der Abteilungen XII der Bezirksverwaltungen des MfS. „Frühzeitig“ könne bei dieser Art der Zuführung auf die künftigen Mitarbeiter Einfluss genommen werden. Die zweite und „schon kompliziertere Form“ war die Zuversetzung aus anderen Diensteinheiten. Vor allem die „speziellen Anforderungen an Mitarbeiter der Abteilung XII“ konnten sicherheitspolitische Probleme bereiten. Schließlich bestand noch die Möglichkeit der „Eigenwerbung“, die jedoch die Abt. XII vor Schwierigkeiten stellte: „Da der Diensteinheit aufgrund ihrer Struktur und Aufgabenstellung die inoffizielle Basis für Kaderhinweise fehlt, ist die Abteilung XII auf Kaderhinweise der HA Kader und Schulung angewiesen. Dazu kommen noch Vorschläge von Mitarbeitern der eigenen Diensteinheit über Familienangehörige. Aus diesem relativ begrenzten Angebot an Kaderhinweisen muß die Auswahl für die in Arbeit zu nehmenden Kader getroffen werden.“

Dieses System der Rekrutierung von Nachwuchskadern für das MfS war „zweifellos nachgerade perfekt ausgestaltet“[52], doch es bereitete der Geheimpolizei in den 1980er-Jahren wachsende Probleme. Insbesondere die zunehmenden Kontakte von DDR-Bürgern mit dem Westen stellten die Vorgabe in Frage, nach der MfS-Mitarbeiter und MfS-Kandidaten und ihr Umfeld möglichst keinerlei derartige Kontakte haben durften. Eine „steigende Tendenz von durch Angehörige gemeldeten kaderpolitisch relevanten Kontakten und Verbindungen“[53] verzeichnete beispielsweise 1987 der Kaderbericht der Abt. XII und addierte die Vorfälle, zu denen sogar drei „Übersiedlungsersuchen“ zählten, auf 40. Neben einer disziplinierteren Meldetätigkeit der Mitarbeiter machte der Bericht vor allem die „erweiterten Reisemöglichkeiten“ für DDR-Bürger für den Anstieg verantwortlich – der in den späten 1980er-Jahren partiell gelockerte Umgang der SED mit den Westreisewünschen der Bevölkerung betraf somit indirekt auch die Nachwuchsarbeit des MfS.

Anschaulich werden die Probleme der Kaderwerbung in einem Bericht des Leiters der Abt. XII, Roland Leipold, aus dem Jahr 1978.[54] In diesem Jahr hatte seine Abteilung laut Plan eigentlich vier Kader durch Eigenwerbung gewinnen sollen. Tatsächlich gelang es der Diensteinheit jedoch nur drei Kader zuzu-

51 [Günter] Rommer, Durchsetzung der höheren Anforderungen an die Auswahl und Aufklärung der Kader entsprechend den spezifischen Sicherheitsbedürfnissen der Linie XII, Fachschulabschlussarbeit an der JHS des MfS, 2.1.1979, BStU, MfS, Abt. XII Nr. 2052, S. 160–189, hier S. 169 f. Dort auch die folgenden Zitate.

52 Gieseke, Mitarbeiter, S. 401.

53 Abt. XII/Leiter Roth, Bericht über die Erfüllung der Aufgaben der Kaderarbeit im Jahre 1987, 10.11.1987, BStU, MfS, Abt. XII Nr. 4415, S. 219–244, hier S. 229.

54 Vgl. im Folgenden Abt. XII/Leipold, Bericht über die Ergebnisse und Erfahrungen bei der Werbung von Kadern im Jahre 1978, BStU, MfS, Abt. XII Nr. 2648, S. 225–228.

führen, von denen zudem einer zunächst im Wachregiment tätig wurde, weil er sich noch nicht für eine dauerhafte Verpflichtung beim MfS entscheiden konnte.

Leipold beklagte die geringe Anzahl von Kaderhinweisen, die seine Diensteinheit erhielt. Im Jahr 1978 waren es 18, von denen schon bei der Erstüberprüfung drei wegen „ungenügender Persönlichkeitsentwicklung", drei wegen „Westverbindungen durch nähere Verwandte" und zwei wegen fehlender Bereitschaft zur Tätigkeit im MfS ausschieden. Zwei weitere kamen aus gesundheitlichen Gründen nicht in Frage. Von den verbliebenen acht Kadern wurden die erwähnten drei eingestellt – bei den übrigen sollte die Bearbeitung im Folgejahr fortgeführt werden. Letztlich musste auch Leipold als Ursache für die geringe Zahl von Eigenwerbungen die „sehr begrenzte[n]" Möglichkeiten seiner Abteilung zur Gewinnung von Kaderhinweisen hervorheben – andere Diensteinheiten hatten da wegen ihrer Kontakte zu inoffiziellen Mitarbeitern ganz andere Chancen.

Die schwierige Kaderwerbung verschärfte Anfang der 1980er-Jahre das grundsätzliche Problem der Diensteinheit: der Abt. XII fehlten Mitarbeiter. Grund dafür waren vor allem die steigenden Überprüfungsanforderungen der operativen Diensteinheiten – der Leiter der Abt. XII, Heinz Roth, berichtete von einer Verdoppelung zwischen 1979 und 1981.[55] Unter anderem mit verstärkter Schichtarbeit und Umsetzungen von Mitarbeitern innerhalb der Diensteinheit versuchte man, die gewachsenen Aufgaben zu bewältigen. Vor allem aber erhoffte sich Roth vom Ausbau der EDV eine Verbesserung der Situation. Auch der weiterhin hohe Frauen- und Krankenanteil machte ihm zu schaffen – „ständig" würden „ca. 12 %" infolge von Krankheit, Betreuung der Kinder oder anderer sozialpolitischer Maßnahmen" ausfallen. Auch die Strukturveränderungen, die in der Abt. XII in Folge des Umzuges in das neue Gebäude an der Magdalenenstraße[56] durchgeführt wurden, gehörten zu den Resultaten der problematischen Kadersituation.

Von der MfS-Leitung konnte Roth dabei offenbar nur wenig Rückhalt erwarten. Im April 1984 verlangte der Stellvertreter des Ministers, Gerhard Neiber, in dessen Anleitungsbereich sich die Abt. XII zu dieser Zeit befand, „bedeutend größere Anstrengungen", um die für 1984 geplante Zahl neuer Kräfte realisieren zu können. In einem an Roth „persönlich" gerichteten Schreiben machte Neiber massiven Druck: „Es müssen dringend alle Möglichkeiten ausgeschöpft werden, um reale Hinweise auf Kaderkandidaten zu erarbeiten […]. Die geplanten Eigenwerbungen für 1984 sind entschieden zu gering, und der bisherige Realisierungsstand ist völlig unzureichend."[57]

55 Vgl. im Folgenden Abt. XII/Leiter Roth, Bericht über die in Durchsetzung des Befehls Nr. 2/83 des Genossen Minister durchgeführten Untersuchungen und erarbeiteten Schlußfolgerungen, undatiert, BStU, MfS, Abt. XII Nr. 2161, S. 98–100, hier S. 98.

56 Vgl. den Beitrag „Speicher einer Diktatur" von Karsten Jedlitschka in diesem Band.

57 SdM/Neiber, Schreiben an Abt. XII/Leiter Roth, 25.4.1984, BStU, MfS, Abt. XII Nr. 2161, S. 128.

Derartige Kritik durch den Vorgesetzten dürfte bei Roth – und vermutlich auch bei Leitern anderer Diensteinheiten – dazu geführt haben, die Probleme bei der Gewinnung von neuen Kadern auch auf informellen Wegen zu lösen. Ein derartiges Vorgehen lässt sich in der Regel nur schwer nachweisen, da es sich in den Akten selten niederschlägt. Im Fall der Kaderprobleme des Jahres 1984 deutet jedoch ein Schreiben von Roth an den Leiter der HA I, Generalmajor Manfred Dietze, auf einen solchen Lösungsversuch hin. Roth bezieht sich darin auf ein „persönliches Gespräch“ mit Dietze, bittet ihn „um Unterstützung bei der Auswahl und Zuführung von geeigneten Kadern aus Ihrer Hauptabteilung zur Abteilung XII“ und benennt die Tätigkeitsfelder und Voraussetzungen für mögliche Kader.[58]

Dass Roth ausgerechnet Dietze um Hilfe bat, dürfte nicht nur der Größe der HA I geschuldet sein. Angesichts zum Teil parallel verlaufender Lebenswege ist es zudem denkbar, dass sich die beiden Leiter persönlich verbunden waren oder zumindest durch ihre ähnliche Prägung nahe standen. Dietze, Jahrgang 1928, war ebenso wie Roth, Jahrgang 1931, in den späten 1940er- und frühen 1950er-Jahren bei der Volkspolizei gewesen, seit 1951 arbeitete er in der für die VP-Bereitschaften zuständigen Abt. I des MfS – Roth war in dieser Zeit in der Politverwaltung der Kasernierten Volkspolizei und kam 1956 zum MfS. Anfang der 1960er-Jahre absolvierten Dietze und Roth zeitgleich ein Studium an der Juristischen Hochschule des MfS.[59] Derartige Parallelen und möglicherweise auch langjährige Kontakte dürften die Bereitschaft zu mehr oder weniger informellen Hilfeleistungen erhöht haben.

Die Schwierigkeiten bei der Gewinnung neuer Kader waren jedoch nur die eine Seite des Generationswechsels, der sich in den 1980er-Jahren in der Abt. XII vollzog. Denn für die altgedienten MfS-Offiziere, die in dieser Zeit die Abteilung verließen, rückten Nachwuchskader nach, die naturgemäß ganz andere generationelle Erfahrungen und Identitäten mitbrachten. Aufgrund dieser Unterschiede wurden die neuen Mitarbeiter offenbar nicht selten kritisch gesehen. So hieß es 1988 im Kaderbericht des Leiters der Abt. XII/2, Christian Hamich: „Insgesamt ist einzuschätzen, daß ein eigener Drang zur weiteren Entwicklung durch die jungen Angehörigen wenig zu verspüren ist.“ Als Ursachen für diese Einstellung nannte Hamich die „Vielfalt der auf [die jungen Mitarbeiter] einwirkenden politisch-fachlichen Probleme“, den „nach festen Vorschriften ablaufende[n], ständig gleichförmig wiederkehrende[n] Arbeitsprozeß“, „eine noch geringe Lebenserfahrung“ und die „gute materielle Geborgenheit“[60].

58 Abt. XII/Leiter Roth, Schreiben an HA I/Leiter Dietze, 25.10.1984, BStU, MfS, Abt. XII Nr. 2161, S. 137.

59 Zu Dietze vgl. Art. „Dietze, Manfred“, in: Roger Engelmann u. a. (Hg.), Das MfS-Lexikon. Begriffe, Personen und Strukturen der Staatssicherheit der DDR, Berlin 2012², S. 71.

60 Abt. XII/2/Leiter Hamich, Bericht über die Erfüllung der Aufgaben der Kaderarbeit in der Abteilung XII/2 im Jahre 1988, 11.10.1988, BStU, MfS, Abt. XII Nr. 817, S. 2–15, hier S. 9 f.

Vereinzelt dokumentierte Äußerungen lassen zudem auf Konflikte der Angehörigen unterschiedlicher Generationen schließen. „Jetzt sollen die jungen mal ran“[61], zitierte etwa der Leiter des Archivs, Klaus Handke, einen seiner Mitarbeiter, um die Abwehrhaltung mancher Angehöriger seiner Abteilung gegen die „Erschließung von Leistungsreserven“ zu veranschaulichen.

Zugleich scheinen sich in dieser Zeit die Fälle zu häufen, bei denen vor allem junge Mitarbeiter – oft bereits nach kurzer Tätigkeit in der Abt. XII – mit der Arbeit unzufrieden waren und nicht selten bald schon wegen „Nichtidentifizierung mit dem Arbeitsgegenstand der Abt. XII“ die Diensteinheit wieder verließen. So wurden beispielsweise bei Hauptmann Heinz H., nur 14 Tage, nachdem er in die Diensteinheit gekommen war, gesundheitliche Probleme („Bluthochdruck“) als Folge dieser „Nichtidentifizierung“ konstatiert.[62] Offensichtlich resultierte aus der oftmals stupiden Arbeit eine derartig große Belastung, dass die betroffenen Mitarbeiter die mühsame Prozedur der Versetzung oder sogar der Entlassung aus dem MfS in Kauf nahmen. Trotz der problematischen Quellenlage zu dieser Frage[63] lässt sich jedoch konstatieren, dass die Abt. XII in den 1980er-Jahren permanent mit einer ungewollten Fluktuation zu kämpfen hatte, die auf der Unzufriedenheit eines Teils der Angehörigen der Diensteinheit basierte.

Diese Unzufriedenheit dürfte wohl nur in sehr seltenen Fällen eine generelle Unzufriedenheit mit den Aufgaben des MfS gewesen sein. Vielmehr wirkte sich die alltägliche Arbeitssituation, die durch wachsende Belastungen geprägt war, oft auf die gesundheitliche Verfassung der Mitarbeiter aus. So konstatierte die Diensteinheit 1985 in einem Bericht eine „problematische Kadersituation durch Erreichen von Belastbarkeits- und Leistungsgrenzen bei einer Vielzahl von Angehörigen“[64]. Die HA Kader und Schulung (KuSch) kam nicht umhin, der Einschätzung zuzustimmen und sie für „spezifisch“ zu erklären. Der Kaderinstrukteur fürchtete: „Mit der Zunahme des Einsatzes von Wissenschaft und Technik,

61 Abt. XII/Archiv/Handke, Berichterstattung zum Stand der Erschließung von Leistungsreserven, 12.5.1989, BStU, MfS, Abt. XII Nr. 513, S. 71–75, hier S. 72.

62 Vgl. HA KuSch, Abt. Kader 1/2, Lagebericht Monat Oktober 1987 – Abt. XII, 22.10.1987, BStU, MfS, HA KuSch Nr. 2423, S. 532–536, hier S. 534.

63 Eine Bewertung solcher Fälle oder gar ein Vergleich mit anderen Zeitabschnitten lässt sich anhand der überlieferten Unterlagen nur schwer durchführen. Denn vorstellbar ist, dass sich auch hinter anderen genannten Motiven – beispielsweise mangelnde Umzugsbereitschaft der Ehefrau bei nach Berlin versetzten Mitarbeitern – derartige Gründe verbargen. Hinzu kommt, dass es möglicherweise erst in den 1980er-Jahren Mitarbeitern möglich erschien, die Unzufriedenheit mit der Arbeit als Grund für den Versetzungs- oder Entlassungswunsch gegenüber den Vorgesetzten zu nennen.

64 HA KuSch/Abt. Kader 2/Ref. 2/Aurich, Stellungnahme zum Bericht des Leiters der Abteilung XII zur pol.-ideol. und moralischen Entwicklung der Diensteinheit und zur Wirksamkeit der Kaderarbeit 1985, 10.1.1986, BStU, MfS, Abt. XII Nr. 2161, S. 198–200, hier S. 199. Vgl. dort auch im Folgenden.

Abb. 3: Die nüchternen, aus Gründen der Konspiration und der Abstrahlungssicherheit meist fensterlosen Arbeitsräume der Abt. XII schufen für die Mitarbeiter eine wenig ansprechende Arbeitsatmosphäre. In einem der EDV-Räume sollte das Großfoto einer Waldansicht diesem Eindruck entgegenwirken.

des Schichtdienstes und dem Wachsen der Anforderungen insgesamt wird sich dieses Problem in den nächsten Jahren weiter zuspitzen.“

Die „einseitige Belastung der Angehörigen, besonders des Nacken- und Schulterbereiches und der Wirbelsäule, durch ständig gleichmäßig ablaufende Arbeitsprozesse (z. B. Datenumsetzung, manuelle Karteirecherche, Speicherführung u. a.)“ waren der Hauptgrund für die schlechte Verfassung der Mitarbeiter. Den Vorschlag des Zentralen Medizinischen Dienstes des MfS (ZMD), „prophylaktische Maßnahmen zur Vorbeugung einzuleiten und durchzuführen“, hielt die HA KuSch allerdings für „praktisch in diesem Umfang nicht realisierbar“ und schlug stattdessen die Wiedereinführung der Pausengymnastik vor.

Angesichts einer derartigen Arbeitssituation überrascht es nicht, dass sich in Personalunterlagen aus dieser Zeit immer wieder kritische Stimmen aus der Mitarbeiterschaft finden lassen. „Wir sind hier die Schreiber, die alles tragen!“[65] zitiert beispielsweise eine Mitarbeiterin junge Kollegen aus der Abt. XII/2, die offenbar mit ihrer Tätigkeit in der Datenerfassung unzufrieden waren.

65 Abt. XII/2/Leiter Hamich, Vermerk zum Kadergespräch mit Genn. Oberleutnant D[...], Elke, 28.10.1987, BStU, MfS, Abt. XII Nr. 7659, S. 34f., hier S. 35.

Ein häufiger Stein des Anstoßes war die Schichtarbeit. Sie war seit den 1960er-Jahren zunächst als Zwei-Schicht-System in ausgewählten Bereichen eingeführt worden. Grund dafür war einerseits, auf diese Weise umfassendere Auskunftsmöglichkeiten für die operativen Diensteinheiten zu schaffen. Andererseits verlief die Entwicklung der Schichtarbeit auch parallel zur Einführung der EDV – Schichtarbeit ermöglichte eine bessere Auslastung der modernen und teuren Technik. In den 1980er-Jahren wurde schließlich auch im Drei-Schicht-System gearbeitet.[66]

Die zunehmende Bedeutung der Schichtarbeit machte, so der Leiter der Abt. XII, Heinz Roth, im Januar 1987 sowohl „die verstärkte Zuführung schichtdienstfähiger Kader, als auch die weitere Qualifizierung der Angehörigen zur gegenseitigen Ersetzbarkeit, insbesondere bzgl. der Datenerfassung, Karteirecherchen und Archivauswertung“[67] erforderlich. An weibliche Kader dürfte Roth dabei kaum gedacht haben. Da sie noch immer in der Regel die Hauptlast der Familienarbeit trugen, stellte die Schichtarbeit für sie ein großes Problem dar.

Dieses Problem wurde seitens des MfS nicht als solches akzeptiert, sondern als Folge mangelnder ideologischer Standfestigkeit betrachtet. So zum Beispiel im Fall der Mitarbeiterin Renate S., stellv. AGL im Ref. 1 der Abt. XII/5:[68] Als sich ihr ebenfalls beim MfS beschäftigter Ehemann in seiner Diensteinheit darüber beschwerte, „daß seine Frau zu hohen Belastungen ausgesetzt [sei] und nicht genügend Zeit für die Familie“ aufbringen könne, und diese Information über den Sekretär der SED-GO, Geisler, zur Abt. XII gelangte, wurde S. zum Gespräch zitiert. Gegenüber ihren Vorgesetzten machte S. vor allem den Schichtdienst für die Situation verantwortlich und erklärte: „Nach der Arbeit ist sie erschöpft und braucht erst eine Erholungsphase. Es gibt Probleme weil ihr Mann öfters auf Dienstreise ist. Die Kinder (7 u. 9 Jahre) sind nach Meinung des Mannes zu oft allein.“ Die Vorgesetzten, Major Ursula Rudolph und Hauptmann Christian Hamich, sahen die Ursache für das Problem jedoch bei dem Ehepaar: „Es zeigt sich widersprüchliches Verhalten der Genn. S[…]. Den angeklungenen kleinbürgerlichen Auffassungen ihres Ehemannes stimmt sie teilweise zu. Ihr Charakter ist noch nicht genügend gefestigt und schafft es nicht sich mit Konsequenz durchzusetzen […].“ Zugestanden wurde ihr nur, die Dienstplanung „noch langfristiger […] zur Kenntnis zu bekommen […], um bessere Abstimmung mit ihrem Ehemann vornehmen zu können.“ Der Einsatz der Mitarbeiterin im Schichtdienst wurde nicht in Frage gestellt.

66 Vgl. zum Beispiel Abt. XII/AKG, Festlegungen für die Dienstplanung im durchgängigen 3-Schichtrhythmus, 7.6.1985, BStU, MfS, Abt. XII Nr. 2626, S. 6f.

67 Abt. XII/Leiter Roth, Information an ZAIG/Leiter zur Zusammenarbeit von AKG und BVXII, 27.1.1987, BStU, MfS, AS 398/89, S. 317–324, hier S. 323.

68 Vgl. im Folgenden Abt. XII/5/Hamich, Notiz über das Gespräch mit Genn. Oltn. S[…], 17.11.1981, BStU, MfS, Abt. XII Nr. 1490.

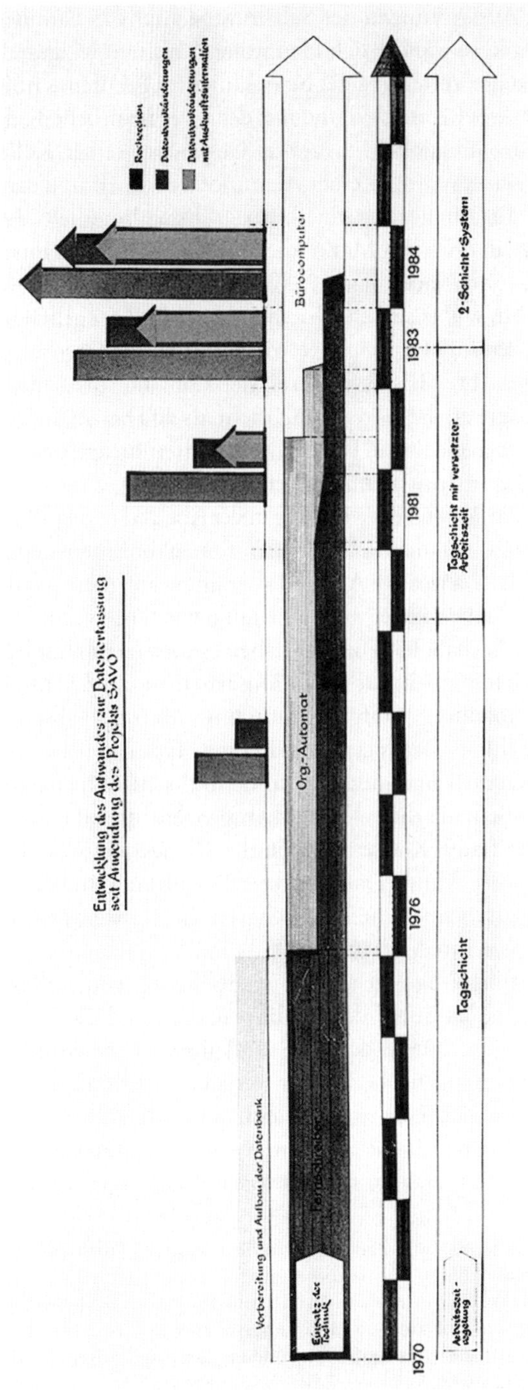

Abb. 4: Die zunehmende Arbeit mit Datenverarbeitungssystemen ging in der Abt. XII mit einer Ausweitung der Schichtarbeit einher, wie das in einer Ausstellung der Abteilung präsentierte Diagramm dokumentiert. Durch längere tägliche Laufzeiten konnten die EDV-Anlagen besser ausgenutzt und den operativen Diensteinheiten schneller Informationen geliefert werden.

Standen hier die Auswirkungen der Schichtarbeit auf das Familienleben im Mittelpunkt der Kritik, so wandte sich Hauptmann Helmut M. gegen die seiner Ansicht nach ungerechte Verteilung der Schichtdienste.[69] Offensichtlich war M. unzufrieden mit der Arbeitssituation und mit der – vermeintlichen oder tatsächlichen – Bevorzugung jüngerer Mitarbeiter. Gegenüber seiner Kollegin Leutnant Ursula K., die seine Worte in einer Aktennotiz festhielt und somit ein anschauliches Beispiel für die gegenseitige Überwachung innerhalb der Abt. XII lieferte, kritisierte er „in erregtem Maße" die seiner Ansicht nach intransparente Verteilung der Spät- und Nachtdienste: „Wenn er merkt, daß die Reihenfolge nicht eingehalten wird, will er sich beschweren oder zum Arzt gehen um sich ein Atest [sic] zu holen. Er äußerte weiter, es würden ständig Gen[ossen] zur Gen. Rudolph [Leiterin der Abt. XII/5] gehen und sich über die Spätdienste beschweren. [...] Weiterhin sagte er, daß er noch mit mehr als 20 Dienstjahren in Schichten arbeiten müsse, aber Gen. mit 10, 12 Dienstjahren bringen fadenscheinige Gründe an um nur keine Schichten zu arbeiten."

Offenkundig war die Personalentwicklung in der Abt. XII in den 1980er-Jahren, wie dieses Beispiel zeigt, von deutlichen Generationenkonflikten geprägt. Friedher K., ehemaliger Mitarbeiter der Abt. XII, berichtet im Interview davon, dass es „mehr Probleme" gegeben habe, weil seine jungen Kollegen „eine ganz andere Einstellung zur Arbeit" gehabt hätten: „Die haben es eben mehr als Job gesehen."[70]

Auch in einer Diplomarbeit zur Traditionsarbeit in der Diensteinheit, die der Mitarbeiter der Abteilung Wolfgang Tausch im Mai 1989 abschloss, wurde ein im Vergleich zu ihren Vorgängern veränderter Typus konstatiert: „Neu ist vor allem, daß im wesentlichen junge, gesunde und schichtdienstfähige Kader zur Diensteinheit stoßen, die diese Klassenkampferfahrungen, den Haß gegenüber dem Feind, den festen Klassenstandpunkt, die ideologische Standhaftigkeit, Prinzipienfestigkeit, Mut, Verantwortungsbewußtsein, militärische Disziplin und viele andere tschekistische Eigenschaften in so ausgeprägtem Umfang noch nicht besitzen, wie ihre Vorkämpfer."[71]

Für seine Arbeit führte Tausch auch eine Befragung von Kollegen mittels Fragebögen durch, um den Stand der Traditionsarbeit und die Kenntnisse der Mitarbeiter über die Geschichte des MfS und ihrer Diensteinheit zu ermitteln. Die Ergebnisse bestätigen das Bild der weniger stark an typische MfS-Verhaltensnormen gebundenen Nachwuchskader. So hatten 24 % der Mitarbeiter aus der Altersgruppe der 21- bis 30-Jährigen keine Tageszeitung abonniert, 14 % erklärten, keine Zeitschriften mit politischem Charakter zu lesen. Bei der

69 Vgl. im Folgenden [Ursula] K[...], Aktennotiz, 8.9.1983, BStU, MfS, Abt. XII Nr. 1486.

70 Interview mit Friedher K. am 12.2.2013.

71 Wolfgang Tausch, Erfordernisse, Möglichkeiten und Wege der Traditionspflege in der Abteilung XII des MfS zur Unterstützung einer wirkungsvollen tschekistischen Erziehung sowie der qualifizierten fachspezifischen Aus- und Weiterbildung der Angehörigen der Diensteinheit, Diplomarbeit an der JHS des MfS, 31.5.1989, BStU, MfS, JHS Nr. 21522, S. 1–125, hier S. 16.

Gruppe der über 41-Jährigen lagen die Anteile dagegen bei jeweils 0 % – alle Angehörigen dieser Altersgruppe gaben demnach an, Zeitungen und politische Zeitschriften zu lesen. Abonnement und Lektüre der zentralen Verlautbarungsorgane des Machtapparates waren aber in der DDR Ausdruck der Verbundenheit, die der jeweilige Mitarbeiter dem System entgegenbrachte. Auch wenn das Verhalten der jungen Mitarbeiter noch kein sicherheitspolitisches Problem darstellte, so wurde es doch intensiv beobachtet. Dass fast ein Viertel der jungen Angehörigen der Diensteinheit sich dem unterschwellig vorgegebenen Muster enthielt, macht deutlich, dass diese Mitarbeiter die erwarteten Verhaltensweisen nicht vollständig übernahmen. Die jungen Mitarbeiter der Abt. XII verhielten sich somit nicht anders als ihre Kollegen im MfS überhaupt, wo sich in unterschiedlichen Bereichen „Signale einer fortschreitenden weltanschaulichen Entfremdung des Nachwuchses“[72] zeigten. Dem Bild von den „ganze[n] Kerle[n]“[73], die sich der Leiter der Abt. XII, Heinz Roth, für seine Diensteinheit wünschte, entsprachen diese Mitarbeiter jedenfalls nur bedingt.

„Haben Sie denn kein Klassenbewusstsein?“ – Die Unzufriedenheit des Nachwuchskaders Thomas S.

In den 1980er-Jahren häuften sich Fälle von jungen Mitarbeitern, die schon bald, nachdem sie in die Abt. XII gekommen waren, mit der Arbeitssituation derartig unzufrieden waren, dass sie um eine erneute Versetzung oder gar um die Entlassung aus dem MfS baten. Dazu gehörte der Feldwebel Thomas S., dessen Weg in der Geheimpolizei sich als Beispiel für derartige Personalprobleme und den Umgang damit betrachten lässt. Zugleich spiegelt sein Fall, dass sich in dieser Zeit im Selbstverständnis der MfS-Angehörigen ein Wandel abzuzeichnen begann.

S., Jahrgang 1966, war 1985 nach Schule und Facharbeiterausbildung als hauptamtlicher Mitarbeiter im MfS eingestellt worden.[74] Seine Vorstellungen von der Tätigkeit des MfS hatten sich vor Beginn seiner Arbeit allenfalls auf Filme wie „Das unsichtbare Visier“ beschränkt, wie er im Interview berichtet: „Das war eine ‚Black Box‘. […] Erst wo Du dann dort warst, hast Du erfahren, wo Du bist und worum es geht.“[75] Zunächst arbeitete S. in der HA PS und wechselte dann im Dezember 1988 zur Abt. XII/6.

72 Gieseke, Mitarbeiter, S. 444.

73 Heinz Roth, Der Platz und die Stellung sowie die Hauptaufgaben der Linie XII im MfS, Vortrag in Gransee, 1981, BStU, MfS, Abt. XII Nr. 2601, S. 1–49, hier S. 48.

74 Vgl. im Folgenden BSTU, KKK S[…].

75 Interview mit Thomas S. am 18.4.2013. Vgl. im Folgenden dort auch, sofern nicht anders gekennzeichnet, die weiteren Zitate.

Bereits nach wenigen Monaten erklärte er gegenüber dem stellvertretenden Leiter der Abt. XII/6, Lothar Lubner, und dem Kaderinstrukteur Aurich, nicht länger im durchgängigen Schichtdienst arbeiten zu wollen. Grund dafür war, so behauptete S., dass auch seine Frau, die beim Wachregiment als Krankenschwester beschäftigt war, im 2-Schichtsystem arbeitete.[76] Tatsächlich lagen die Ursachen für S.' Wechselwunsch aber tiefer, wie seine Vorgesetzten in einem Gespräch, das – folgt man dem anschließend verfassten Aktenvermerk – einem Verhör glich, herausfanden: „Nach seiner Meinung kann er nicht allein in einem so großen Raum arbeiten, ohne mit anderen Mitarbeitern sprechen zu können. Nach weiteren Gründen befragt, äußerte er, daß er sich unter der gesamten Arbeit etwas anderes vorgestellt habe, daß es ihm nicht gefällt und nicht liegt, an einen Arbeitsplatz in einem Raum gebunden zu sein. Er hatte sich eine Arbeit vorgestellt, wo er sich frei bewegen kann."[77] Abschließend urteilten Lubner und Aurich, dass nicht die Arbeitszeit der Ehefrau der „eigentliche Grund" für S.s Verhalten sei „sondern seine Grundeinstellung zu der übertragenen Tätigkeit".

Als S. schließlich einen Wechsel in den zivilen Bereich thematisierte, sahen ihn seine Gesprächspartner endgültig als entlarvt an: „Von uns wurde nach dieser Äußerung ihm ganz klar aufgezeigt und sich mit ihm auseinandergesetzt, was es bedeutet, Mitarbeiter des MfS zu sein. Seine bisherigen Äußerungen beweisen, daß seine Bindung zum MfS sehr schwach ausgeprägt ist und nicht von gefestigten ideologischen Positionen zeugt." Nach einem weiteren Gespräch, bei dem S. schließlich auch einen möglichen Wechsel in eine operative Diensteinheit ansprach, notierte die Kaderabteilung: „Für die Gesprächsführenden entstand der Eindruck, daß es sich bei Gen. S[...] um einen unerfahrenen, teilweise noch ungefestigten, jungen Angehörigen handelt [...]."[78]

Im Interview im Jahr 2013 stellt S. die scheinbare Widersprüchlichkeit seines Vorgehens dagegen eher als Resultat der schwierigen Situation dar, in der er sich damals befand: „Die konnten Dir das Leben schwer machen bis ans Lebensende, wenn Sie das denn gewollt hätten. Musste man halt vorsichtig sein, was man sagte und wie man [das] sagte. Konnte man nicht einfach sagen: ‚Ich kündige und geh!' Das wäre wahrscheinlich gegangen, aber es hätte auch genauso als politisch negativ ausgelegt werden können – mit Parteiverfahren, was es da

76 Vgl. im Folgenden Abt. XII/6/Stellv. Leiter Lubner, Aktenvermerk, 1.8.1989, BStU, MfS, HA KuSch Nr. 30972, S. 13–15.

77 S.s Aussagen im Interview bestätigen den aus den Akten gewonnenen Eindruck. So schildert er seine Empfindungen: „Nachdem ich das kennen gelernt habe und nach den ersten Wochen gemerkt hatte, was der Arbeitsgegenstand sein sollte bis zur Rente irgendwann – [...] da die Karteikarten zu ziehen und wieder reinzustopfen ohne irgendwie einen Bezug zu haben zu dem, was hinter diesen Karten steht [...] – dachte ich eigentlich: ‚So, was nun? Jetzt bist Du hier. Hmm... Willst Du das machen bis an Dein Lebensende? Eigentlich nicht.'" Interview mit Thomas S. am 18.4.2013.

78 HA KuSch/Abt. Kader 1/2, Aussprachevermerk, 27.9.1989, BStU, MfS, HA KuSch Nr. 30972, S. 20f., hier S. 20.

so alles gab, über die ideologische Strecke erst mal, bevor man dann wirklich die Kneifzange angesetzt hätte."[79]

S.s gegenüber seinen Vorgesetzten geäußerter Wunsch, das MfS zu verlassen, war deshalb seiner Empfindung nach mit hohem Risiko verbunden: „Heute klingt das ganz normal: ‚Ich geh' in den zivilen Bereich.' Das war damals so etwas, wie wenn Sie einem langjährigen Freund die Freundschaft kündigen und der nie wieder mit Ihnen spricht und der Ihnen auch noch ein ordentliches Ding mitgibt." Selbst der Wunsch nach Versetzung in einen anderen Arbeitsbereich oder gar in eine andere Diensteinheit sei von den Vorgesetzten als „Majestätsbeleidigung" empfunden worden: „Die Partei stellt Dich an Deinen Platz und da hast Du zu stehen und fertig."

Durch Fragen wie „Haben Sie denn kein Klassenbewusstsein?" sei er nun, so S., unter Druck gesetzt worden, um seine Entscheidung rückgängig zu machen. Doch er empfand die Reaktion seiner Vorgesetzten auch als „gespielte Entrüstung" darüber, „wie man denn überhaupt unglücklich sein konnte". Offensichtlich hielten sie sich an ihre vorgegebenen Rollen, ohne tatsächlich völlig von ihrer Argumentation überzeugt zu sein.

Schließlich wurde S. – trotz des Drucks und der negativen Einschätzung durch seine Vorgesetzten – ein Wechsel zur HA VIII in Aussicht gestellt. Aber S. entschied sich nach einem Gespräch gegen einen solchen Gang zu dieser, für Beobachtungen und Ermittlungen zuständigen Diensteinheit, da ihm die dortige Tätigkeit „zu heiß" erschienen sei: „Das war damals die Zeit, wo die DDR doch schon deutlich auf's Ende zuging [...]. Man hat die Leute dann gesehen im [West-]Fernsehen, die dort die Kirchen [...] überwachten. Und da dachte ich: ‚Da willst Du nicht unbedingt dazugehören.'" Bis Ende Januar 1990 blieb S. deshalb in der Abt. XII.

Das Verhalten des Feldwebels S. entsprach einer veränderten Haltung von Teilen des Kadernachwuchses gegenüber dem MfS. Die jungen Mitarbeiter betrachteten ihre Tätigkeit zunehmend auch unter dem Gesichtspunkt einer „normalen" beruflichen Beschäftigung und unterschieden sich damit von ihrer Vorgängergeneration, für die der ideologische Ansporn stärker gewesen zu sein scheint. Für die nachrückenden Offiziere war es von Bedeutung, dass ihnen ihre Tätigkeit Spaß machte und zudem zumindest in Ansätzen mit ihrem Leben außerhalb des MfS kompatibel war. Die zum Teil massiven Eingriffe in die Privatsphäre, etwa durch das Verbot von Westkontakten oder lange Arbeitszeiten, wurden offenbar von der Mehrheit zwar nicht in Frage gestellt. Doch Nachwuchskader wie Thomas S. dürften die Empfindung gehabt haben, dass ihnen zumindest eine anderweitige Kompensation, etwa in Form einer anregenden beruflichen Tätigkeit, zustünde – und als solche betrachtete S. seine Arbeit in der Abt. XII nicht.

79 Interview mit Thomas S. am 18.4.2013.

S.s Verhalten spiegelt eine diffus wirkende Distanz des Feldwebels gegenüber dem MfS. So waren es offenbar nicht nur die unangenehmen Arbeitsbedingungen, sondern auch eine mangelnde Bindung an die Geheimpolizei, die die Arbeitssituation des 23-Jährigen prägten. Mit seiner Drohung, in den zivilen Bereich wechseln zu wollen, „erpresste" S. seine Vorgesetzten geradezu – angesichts der insbesondere durch Nachwuchsprobleme angespannten Kadersituation konnte die Geheimpolizei nicht auf S. verzichten, weshalb ihm ein weiteres Wechselangebot unterbreitet wurde. Deutlich wird hier die Agonie, in der sich das MfS in dieser Phase bereits befand. Hilflos notierte die HA KuSch nach einem Kadergespräch, dass es S. „nicht einmal" verstehe, „die Hauptaufgabe des MfS darzulegen"[80]. Mit einem solchen Urteil über einen MfS-Mitarbeiter, der bereits seit vier Jahren im Dienst der Geheimpolizei stand, dokumentierte die Kaderabteilung letztlich das Versagen der beteiligten Diensteinheiten.

Schließlich lässt sich S.s Vorgehen auch als ein Beispiel für „eigen-sinniges" Verhalten im MfS verstehen. Seine diffuse Verweigerungshaltung stellt dabei selbstverständlich keinen Widerstand dar. Vielmehr kann mit Blick auf S.s „Eigen-Sinn" die Frage nach der „Aneignung und Deutung von Herrschaftsstrukturen"[81] im zentralen Herrschaftsorgan der DDR gestellt werden. Offensichtlich wies der 23-Jährige seiner Mitwirkung bei der Tätigkeit der Geheimpolizei eine Bedeutung zu, die nur in Teilen dem „von oben" vorgegebenen „Sinn" entsprach.

Damit weist der Fall des Feldwebels S. weit über die konkrete Situation in der Abt. XII hinaus. Das Beispiel zeigt, dass sich auch das MfS als „ganz normale Organisation" betrachten lässt. Das auch beim Blick auf die DDR-Geheimpolizei verbreitete „maschinenhafte Verständnis von Organisationen"[82], also die Vorstellung, beim MfS handele es sich um ein bürokratisches „Monster" und bei seinen Mitarbeitern um „kleine Rädchen" in einem riesigen Unterdrückungsapparat, gerät in Fällen wie S. an seine Grenzen.

80 HA KuSch/Abt. Kader 1/2, Aussprachevermerk, 27.9.1989, BStU, MfS, HA KuSch Nr. 30972, S. 20f., hier S. 20.

81 Thomas Lindenberger, Die Diktatur der Grenzen. Zur Einleitung, in: ders. (Hg.), Herrschaft und Eigen-Sinn in der Diktatur. Studien zur Gesellschaftsgeschichte der DDR, Köln/Weimar/Wien 1999, S. 13–44, hier S. 24.

82 Stefan Kühl, Ganz normale Organisationen. Zur Soziologie des Holocaust, Berlin 2014, S. 26. Vgl. dazu auch den Beitrag „Die ganz normale Abteilung XII" von Philipp Springer in diesem Band.

Abb. 5–12:
Fotografien des Arbeitsalltags in der Abt. XII sind sehr selten, auch weil den Mitarbeitern das private Fotografieren streng verboten war. In den 1980er-Jahren wurde jedoch für das Traditionskabinett der Abteilung eine Fotoserie angefertigt, die die wichtigsten

Arbeitsplätze dokumentierte, darunter die Auskunftsstelle, die Poststelle, die Personenkartei F 16 (Buchstaben A bis K), die Datenumsetzung, der Änderungsdienst und die Vorgangsregistrierung. Auch beim Dienstsport wurden Mitarbeiter in den Räumlichkeiten der Abt. XII fotografiert.

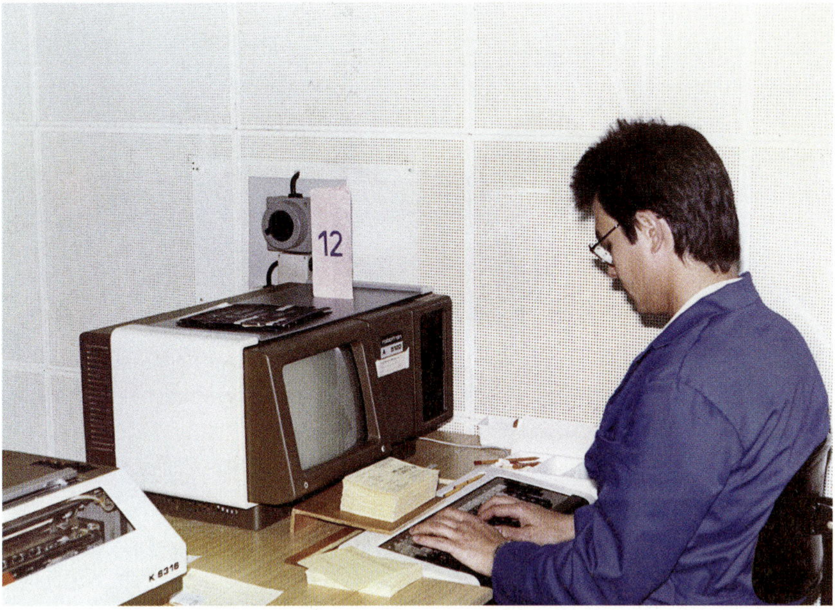
12
K 6316

BEREIT ZUR ARBEIT
UND ZUR VERTEIDIGUNG DER HEIMAT

Frauen in der Abt. XII

Auch im Hinblick auf das Geschlechterverhältnis vollzog sich in der Personalstruktur der Abt. XII im Laufe der Jahre ein grundlegender Wandel. Vor allem in den 1950/60er-Jahren wurde das Verhältnis des Anteils männlicher zu weiblichen Mitarbeitern von den jeweiligen Leitern der Abt. XII ähnlich problematisch empfunden wie der hohe Anteil älterer und gesundheitlich eingeschränkter Mitarbeiter – und auch in dieser Frage unterschied sich die Abt. XII von den meisten anderen Abteilungen des MfS.

In fast allen Diensteinheiten der Geheimpolizei dominierten nämlich die männlichen Mitarbeiter – und dies galt sowohl für die Gesamtzahl der Mitarbeiter als auch in Bezug auf die jeweils leitenden Kader. So lag der Anteil hauptamtlicher Mitarbeiterinnen im MfS im Jahr 1954 bei rund 25 %, bis zum Ende der DDR sank er sogar auf rund 15,7 %.[83] Und der Eindruck, es mit einer „Männerwelt“ zu tun zu haben, verfestigt sich, wenn man die unterschiedlichen Hierarchieebenen in den Blick nimmt: Bei nur 1,8 % lag beispielsweise der Anteil weiblicher Abteilungsleiter im MfS im Jahr 1988.[84]

In der Abt. XII lag dagegen der Frauenanteil von Beginn an deutlich über dem Durchschnitt für das gesamte MfS. So waren 1952 über 31 % der Beschäftigten in der Abteilung Frauen,[85] zehn Jahre später bereits die Hälfte.[86] Im Laufe der 1970/80er Jahre sank ihr Anteil jedoch langsam aber kontinuierlich. Im Jahr 1983 betrug der Frauenanteil rund 42 %,[87] 1987 schließlich nur noch 37 %[88] und damit wieder fast so viel – bzw. wenig – wie in den 1950er Jahren.

Nur wenige Diensteinheiten des MfS hatten einen höheren Frauenanteil als die Abt. XII – beispielsweise der Zentrale Medizinische Dienst, wo er 1962 bei 79 % und 1989 bei 65,5 % lag. Damit bestätigte die Abt. XII das Muster, nach

83 Vgl. Jens Gieseke, Die hauptamtlichen Mitarbeiter des Ministeriums für Staatssicherheit (MfS-Handbuch), Berlin 1995, S. 98 u. 101.

84 Vgl. Gieseke, Mitarbeiter (MfS-Handbuch), S. 55. Zu hauptamtlichen Mitarbeiterinnen des MfS vgl. Renate Ellmenreich, Frauen bei der Stasi. Am Beispiel der MfS-Bezirksverwaltung Gera, Erfurt 1999; Angela Schmole, Frauen im Ministerium für Staatssicherheit (MfS), in: Horch und Guck H. 34 (2/2001), S. 15–19; dies., Frauen und MfS, in: DA 29 (1996) H. 4, S. 512–525; dies., Die Spitzenfrauen des MfS. Bei der Staatssicherheit diente das weibliche Personal nur selten in gehobenen Stellungen, in: Zeitschrift des Forschungsverbundes SED-Staat 18 (2005), S. 107–114; Martin, „Ich“, S. 132–136; Bastian, Repression, S. 25–30.

85 Vgl. Abt. XII/Leiter Karoos, Schreiben an Chefinspekteur Last betr. die Struktur der Abt. XII, 15.4.1952, BStU, MfS, AS 187/58, Bd. 1, S. 255.

86 Vgl. Abt. XII/Karoos, Analyse für das Jahr 1962, 24.1.1963, BStU, MfS, AS 82/70, S. 62–80, hier S. 73.

87 Vgl. Abt. XII/Roth, Bericht über die in Durchsetzung des Befehls Nr. 2/83 des Genossen Minister durchgeführten Untersuchungen und erarbeiteten Schlußfolgerungen, o. D. [um 1983], BStU, MfS, Abt. XII Nr. 2161, S. 98–100, hier S. 98.

88 Vgl. Abt. XII/Roth, Bericht über die Erfüllung der Aufgaben der Kaderarbeit im Jahre 1987, 10.11.1987, BStU, MfS, Abt. XII Nr. 4415, S. 219–244, hier S. 241.

dem vor allem diejenigen Diensteinheiten, die mit Auswertungsaufgaben oder mit der Verwaltung des MfS-Personals beschäftigt waren, über einen hohen Anteil weiblicher Mitarbeiter verfügten. In den operativ tätigen Abteilungen lag der Anteil dagegen deutlich darunter.[89]

In der Frage des Anteils von Frauen an den Leitungspositionen entsprach dagegen die Abteilung der Situation im gesamten MfS. Je höher man auf die Karriereleiter blickt, desto weniger Frauen lassen sich dort finden. Allerdings ist auch hier ein deutlicher Wandel zu beobachten. Im Jahr 1952 befand sich keine einzige Frau auf der Leitungsebene der Abteilung.[90] Erst mit der Übernahme der Leitung des Referates 3 durch Lieselotte Behrendt (verh. Müller) im März 1954[91] begann sich die Situation zu ändern. Im Jahr 1963 lag der Frauenanteil in der Leitung bereits bei erstaunlichen 55,6 %.[92]

Im Jahr zuvor war Käthe Schubert – zunächst kommissarisch – zur stellvertretenden Abteilungsleiterin ernannt worden.[93] Dieses Amt übte die 1921 in Chemnitz geborene, frühere Textilarbeiterin bis zur ihrer gesundheitlich bedingten Verrentung im Jahr 1974 aus. Keine andere Mitarbeiterin konnte in der Geschichte der Abt. XII jemals eine so hohe Hierarchieebene erreichen. Wenige Monate vor ihrer Verrentung wurde Schubert zudem zum Oberstleutnant ernannt – auch mit diesem Rang blieb Schubert bis 1989 fast eine Ausnahmeerscheinung in der Abt. XII.

Als seit Anfang der 1970er-Jahre der Frauenanteil in der Abt. XII zu sinken begann, nahm auch der Anteil weiblicher Führungskräfte ab. So waren im Jahr 1975 nur noch 33,3 % des Leitungspersonals Frauen.[94] Und ihr Anteil sank weiter: 1989 finden sich unter den 14 Führungskadern der Abteilung nur zwei Frauen. Dies entspricht einem Anteil von 14,2 %.

Die Tatsache, dass in den 1980er-Jahren Frauen eine erheblich gesunkene Rolle in der Leitung der Abteilung spielten, wollte man angesichts der öffentlich von der SED propagierten Gleichstellungspolitik intern natürlich nicht allzu offensichtlich werden lassen. So zeigt eine Grafik aus einer Ausstellung, in der MfS-Mitarbeiter über die Leistungen der Abt. XII informiert werden sollten,

89 Vgl. Gieseke, Mitarbeiter (MfS-Handbuch), S. 54.

90 Vgl. Abt. XII/Leiter Karoos, Schreiben an Chefinspekteur Last betr. die Struktur der Abt. XII, 15.4.1952, BStU, MfS, AS 187/58, Bd. 1, S. 255.

91 Vgl. BStU, KKK Müller. Zu Müller vgl. auch den Beitrag „Das Gedächtnis der Staatssicherheit“ von Philipp Springer in diesem Band.

92 Berechnet nach der Aufstellung der leitenden Mitarbeiter der Abt. XII (einschließlich der Leiterinnen der beiden selbstständigen Sachgebiete und des Parteisekretärs) im August 1963, in: [Abt. XII]/Eva Zander u. Manfred Günzel, Zum 25. Jahrestag der Bildung des MfS, 8.2.1975, BStU, MfS, Abt. XII Nr. 7165, S. 1–74, hier S. 62.

93 Vgl. BStU, KKK Schubert.

94 Berechnet nach der Aufstellung der leitenden Mitarbeiter der Abt. XII am 1.2.1975, in: [Abt. XII]/Eva Zander u. Manfred Günzel, Zum 25. Jahrestag der Bildung des MfS, 8.2.1975, BStU, MfS, Abt. XII Nr. 7165, S. 1–74, hier S. 68 f.

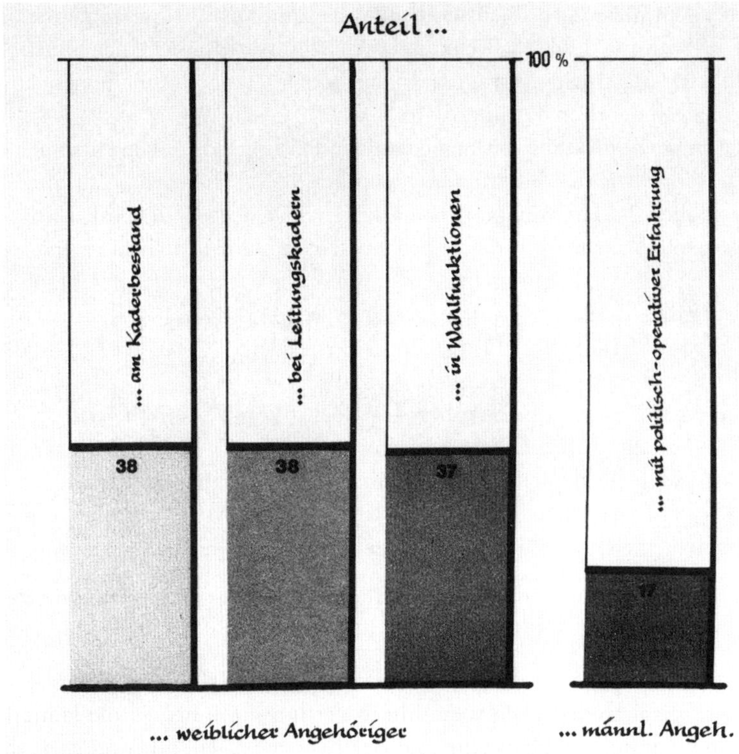

Abb. 13: Mit einem Säulendiagramm sollte in einer Ausstellung der Abt. XII dokumentiert werden, dass der Anteil von Frauen am Leitungspersonal demjenigen entsprach, der für das gesamte Personal der Abteilung gezählt wurde. Tatsächlich aber sank er von Hierarchiebene zu Hierarchiebene – Frauen waren demnach in der Leitung deutlich unterrepräsentiert.

einen Frauenanteil „bei Leitungskadern“ von 38 % – er entsprach exakt dem Frauenanteil „am Kaderbestand“.[95] Allerdings waren darin auch die Referatsleiterinnen enthalten – die Ausweitung des Kreises von Führungskräften auf die unterste Leitungsebene hatte das frauenpolitisch „korrekte“ Ergebnis geliefert.

Die Gründe für die Ungleichbehandlung von Frauen im MfS – und damit auch in der Abt. XII – sind vielfältig und speisten sich nicht zuletzt aus der unzureichenden Gleichberechtigung von Frauen in der DDR-Gesellschaft über-

95 Vgl. die grafische Darstellung „Ausgewählte Aspekte zum Mitarbeiterbestand der Abt. XII“, Dezember 1984, BStU, MfS, Abt XII 4579, S. 164. Die Tafel stammt aus der Ausstellung „Verantwortung und Aufgabenstellungen der Abteilung XII“, die anlässlich des 35. Jahrestages des MfS und „der Arbeitsaufnahme im neuen Dienstobjekt gestaltet wurde“ (S. 1).

Abb. 14: Männliche Angehörige der Abt. XII, vermutlich vor einem Erholungsobjekt der Abt. XII in Wandlitz.

haupt, wo beispielsweise auch weiterhin in der Regel die Frauen die Hauptlast bei der Versorgung des Haushalts und der Kinder trugen.[96] Hinzu kam aber, dass die Staatssicherheit ein militärisches Organ darstellte – und ebenso wie vergleichbare Organe durchdrungen war von männlichem Corpsgeist und einem an die klassische Rollenverteilung angelehnten Frauenbild. Zwar spielte die (angebliche) körperliche Überlegenheit von Männern im Alltag der Geheimpolizei keine entscheidende Rolle, doch scheint dies trotzdem zum Bild von der Frau als dem weniger wertvollen Mitarbeiter beigetragen zu haben.

Schließlich soll es im MfS auch „eine gehörige Portion Zweifel" gegeben haben, „ob Frauen die für die operative Arbeit als notwendig erachteten tschekistischen Persönlichkeitsmerkmale wie Verschwiegenheit und Härte in ausreichendem Maße" hätten aufbringen können: „Für ‚Schwatzhaftigkeit', eine der verpöntesten Charaktereigenschaften, galten Frauen als besonders anfällig."[97]

Während in der Abt. XII für ein derartiges negatives Frauenbild keine Belege zu finden sind, fehlt es nicht an anderen kritischen Urteilen über die Tätigkeit

96 Zu Frauen in der DDR vgl. Gunilla-Friederike Budde, Frauen der Intelligenz. Akademikerinnen in der DDR 1945 bis 1975, Göttingen 2003; Anna Kaminsky, Frauen in der DDR, Erfurt 2014.

97 Gieseke, Mitarbeiter (MfS-Handbuch), S. 56f. Gieseke führt allerdings keine Quellenbelege für diese Darstellung an.

von Frauen in der Abteilung. Dies betraf nicht die konkrete Arbeitsleistung. Als problematisch wurde vielmehr die Doppelbelastung der Frauen angesehen, die ebenso wie „die hohe Konzentration kranker Genossinnen und Genossen [...] die Einsatzfähigkeit der Diensteinheit sowie auch die Arbeitsdurchführung sehr stark“[98] hemmen würde, wie Karoos 1962 notierte.

Manchmal zeigten sich die Folgen des hohen Frauenanteils auch sehr konkret. Als Anfang 1962 die männlichen Mitarbeiter der Abt. XII ihren Kolleginnen die Feier aus Anlass des Frauentages am 8. März, wie im MfS üblich, mit Spenden finanzieren wollten, hatten sie ein Problem: sie waren einfach zu wenige. Doch die Männer hatten Glück: Das Ministerium schoss 350,- Mark zu, die Feier konnte stattfinden.[99]

Auch Karoos' Nachfolger Knoppe betrachtete den Krankenstand und den Frauenanteil als die zentralen und gleichrangigen Probleme der Abt. XII, als er eine „Kräfteanforderung“ der HA KuSch zurückwies: „Bei dem Gesundheitszustand [...], der altersmässigen Zusammensetzung der Abteilung und 40 % Frauen, die auch in vielen häuslichen und familiären Angelegenheiten berücksichtigt werden müssen und Entgegenkommen verlangen, sind den erhöhten Anforderungen bestimmte Grenzen gesetzt.“[100]

Grund für diese Sicht war der hohe Anteil von Frauen mit Klein- und schulpflichtigen Kindern – im gleichen Jahr betraf dies rund 58,7 % aller Mitarbeiterinnen. Da sie in der Regel in ihren Familien die Kinder versorgten und betreuten, konnten sie im MfS nicht so flexibel eingesetzt werden, wie dies die Abteilungsleitung wünschte. Allein 10 % der insgesamt 3.080 Ausfalltage des Jahres 1962 betrafen unbezahlte Urlaubstage von Mitarbeiterinnen, die wegen ihrer kranken Kinder zu Hause bleiben mussten. Hinzu kamen weitere 4,4 %, die durch die Schwangerschaften von Mitarbeiterinnen verursacht wurden. Schließlich belastete die Abteilung auch der Wunsch vieler Frauen, verkürzt zu arbeiten. Ebenfalls 1962 waren dies neun bzw. vier Mitarbeiterinnen, die auf Sechs- bzw. Vier-Stunden-Tage reduziert hatten.[101]

Die kaderpolitischen Probleme der Abt. XII führten 1963 sogar zur Einsetzung einer Kommission, die unter Leitung des stellvertretenden Leiters der HA KuSch, Klug, insbesondere auch die „Arbeit mit den Frauen“ untersuchte.[102]

98 Abt. XII/Karoos, Einschätzung der Abteilung XII in bezug der Diensttauglichkeit und der Einsatzfähigkeit der Mitarbeiter, 15.10.1962, BStU, MfS, AS 82/70, S. 51–61, hier S. 61.

99 Abt. XII/Leiter Karoos, Schreiben an Oberst Gaida betr. den Internationalen Frauentag, 27.2.1962, BStU, MfS, AS 76/70 Bd. 2, S. 76.

100 Abt. XII/Knoppe, Schreiben an HA KuSch/Mühlpforte betr. die Kräfteanforderung für die Aktion „Vorwärts“, 28.3.1967, BStU, MfS AS 76/70, Bd. 5, S. 21 f., hier S. 21.

101 Vgl. Abt. XII/Karoos, Analyse für das Jahr 1962, 24.1.1963, BStU, MfS AS 82/70, S. 62–80, hier S. 74.

102 HA KuSch/Abt. Kader/Ref. 1/Klug, Einschätzung einiger kaderpolitischer Probleme in der Abt. XII, 17.4.1963, BStU, MfS AS 97/70, S. 162–178.

Der Bericht der Kommission wurde anschließend mit den Referatsleitern und selbstständigen Hauptsachbearbeitern der Abt. XII diskutiert – in Anwesenheit des Leiters der HV B, Oberst Wilhelm Gaida, dem die Abteilung zum damaligen Zeitpunkt nachgeordnet war. Dabei wird deutlich, dass die Kritik an den verkürzt arbeitenden Mitarbeiterinnen keineswegs nur ein Ausdruck männlicher Vorbehalte gegenüber Frauen in der Abt. XII war. So meinte Klara Schellheimer, Leiterin des Archiv-Referats: „Mit den Kurzarbeiterinnen ist das so eine Sache, man hat sie meistens dann nicht zur Hand, wenn man sie am nötigsten braucht. Es ist richtig, daß man prüfen wird, inwiefern können die Genossinnen voll arbeiten, und wenn sie nicht voll arbeiten wollen, daß sie dann ausscheiden müssen. Vielleicht wenn sie lange zu Hause waren, können sie dann später mal wieder voll arbeiten."[103]

Eine teilnehmende Mitarbeiterin der HA KuSch, Anni Sacher, meinte zwar, man dürfe „nicht ganz herzlos an die Dinge herangehen", doch stimmte sie Schellheimer darin zu, dass man verkürzt arbeitende Frauen entlassen müsse: „Kein Mitarbeiter ist mit der Staatssicherheit verheiratet. Wenn sie die Aufgabe bei uns nicht erfüllen können, so können sie draußen arbeiten. [...] Wenn ich es einmal kraß sagen darf, wir sind nicht hier um bloß Geld zu verdienen, sondern es geht darum, daß wir sehr wichtige Aufgaben zu lösen haben."[104]

Referatsleiterin Erika Butter verwies allerdings in der Debatte darauf, dass man anfangs „dankbar" für die Sechs- und Vierstundenkräfte gewesen sei: „Heute sieht es anders aus. Die Arbeit ist mehr geworden."[105]

Bevor Karoos schließlich wenig überraschend die Aufgabe erteilte, in Aussprachen die betreffenden verkürzt arbeitenden Frauen von einer Vollzeitbeschäftigung zu überzeugen, wurde kurz auch das generelle Verhältnis von Männern und Frauen thematisiert. So meinte die stellvertretende Abteilungsleiterin Käthe Schubert mit Blick auf einen Mitarbeiter, der „nicht immer das richtige Verständnis für die Frauen aufgebracht" habe: „Die Genossen muß man auch erziehen, daß sie die Gleichberechtigung der Frau begreifen."[106] Schellheimer ergänzte: „Es treten bei den Männern manchmal solche Meinungen auf wie ‚na ja das hat doch bloß eine Frau gesagt' aber ich möchte sagen ‚Frauen sind doch bessere Diplomaten'. Es gibt bestimmte Frauen, die so manchen Mann in jeder Hinsicht übertrumpfen." Und Sacher blickte in die Zukunft: „Lenin sagte auch schon [...], dass es noch eine Zeit geben wird, wo die Frauen eine Mehrbelastung haben werden. Aber nur eine bestimmte Zeit."[107]

103 Abt. XII/Karoos, Protokoll über die am 23.4.1963 durchgeführte Besprechung, 24.4. 1963, BStU, MfS AS 97/70, S. 179–219, hier S. 181.

104 Ebd., S. 183.

105 Ebd., S. 185.

106 Ebd., S. 205.

107 Ebd., S. 206.

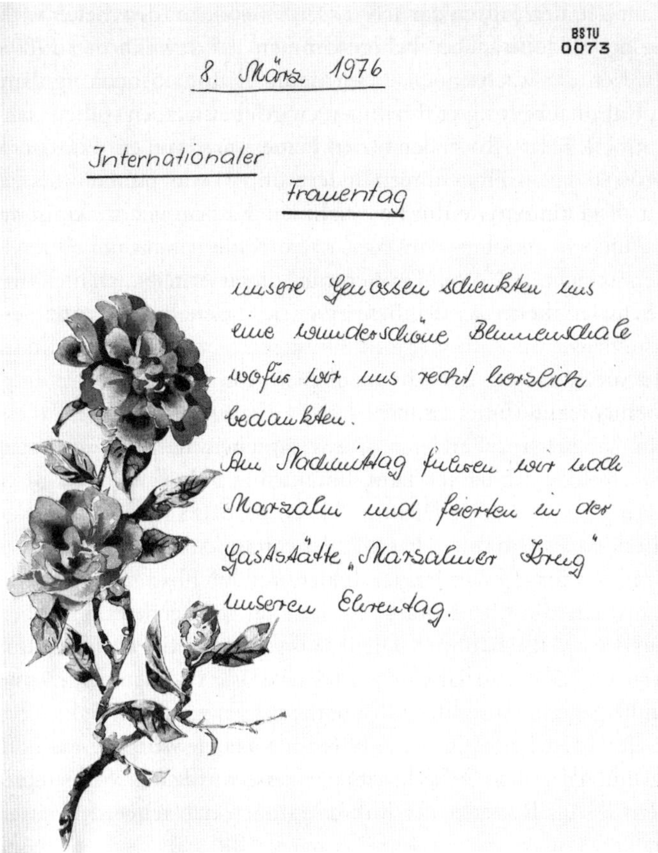
BSTU 0073

8. März 1976

Internationaler Frauentag

unsere Genossen schenkten uns eine wunderschöne Blumenschale wofür wir uns recht herzlich bedankten.

Am Nachmittag fuhren wir nach Marzahn und feierten in der Gaststätte „Marzahner Krug" unseren Ehrentag.

Abb. 15: Eintrag zum „Internationalen Frauentag" im Brigadebuch einer Parteiorganisation der Abt. XII.

Diese prognostizierte Zeitspanne reichte zumindest bis in die 1980er-Jahre. Zwar konnte im November 1973 der Leiter der Abt. XII, Roland Leipold, stolz verkünden, dass der „Anteil der teilbeschäftigten weiblichen Angehörigen […] durch zielstrebige Überzeugungsarbeit und Klärung persönlicher Probleme erheblich gesenkt werden konnte". Auch sei es mit Hilfe der Hauptabteilung Verwaltung und Wirtschaft gelungen, während der Aktion „Banner" – also dem Einsatz während der Weltfestspiele der Jugend in Ost-Berlin – „alle Probleme der Kinderunterbringung während der Einsatzzeiten zu klären"[108].

108 Abt. XII/Leipold, Einschätzung einiger Seiten der Entwicklung des politisch-ideologischen und politisch-moralischen Zustandes der Diensteinheit und der Kaderarbeit im Jahre 1973, 28.11.1973, BStU, MfS, Abt. XII Nr. 2648, S. 92–114, hier S. 95.

Doch auch in den Jahren danach wurden weibliche Mitarbeiter vor allem als Belastung der Kadersituation wahrgenommen. Als etwa in den 1980er-Jahren im MfS wegen der wachsenden Probleme im Personalbereich in allen Diensteinheiten Rationalisierungsmaßnahmen eingeleitet werden sollten, sah der Leiter der Abt. XII, Heinz Roth, den hohen Frauenanteil von ca. 42 % in seiner Abteilung – 30 % davon Frauen mit Kindern unter sechs Jahren – als Faktor an, durch den „Kaderintensivierungsmaßnahmen nur begrenzt wirksam werden“[109] könnten. Und im Oktober 1989 hieß es im Kaderbericht der Abt. XII/4 über den Frauenanteil von 32,4 %: „Größer sollte dieser Anteil auch nicht werden, da es sonst Schwierigkeiten in der Besetzung der Sonnabenddienste, des versetzten Dienstes sowie bei Aktionen und Einsätzen gibt.“[110] Bis zum Ende wurden Frauen demnach auch in der sehr weiblichen Abt. XII als Abweichung von der männlichen Norm wahrgenommen.

Der im Vergleich zu anderen Diensteinheiten hohe Frauenanteil in der Abt. XII resultierte schließlich zum Teil auch aus einer weiteren Besonderheit der Abteilung. Wie in allen Diensteinheiten des MfS in zunehmendem Maße üblich, arbeiteten oftmals auch enge Verwandte der Mitarbeiter bei der Geheimpolizei. Seit den 1960er-Jahren „bildete sich offenbar ein Milieuzusammenhang heraus, der die MfS-Mitarbeiter familiär und generationenübergreifend in wachsendem Maße band“[111]. Diese „ausgeprägte Milieubildung und soziale Vernetzung als Teil der sozialistischen Dienstklasse im allgemeinen und der bewaffneten Organe im besonderen“[112] bildete einen zentralen Faktor bei der Integration der Mitarbeiter in die umfassende Lebenswelt des MfS. Insbesondere aufgrund der hohen Sicherheitsbedürfnisse wurde die „Selbstreproduktion des Milieus“[113] im Rahmen der Rekrutierung von Nachwuchskräften massiv gefördert.

Diese Entwicklung zeigt sich auch in der Personalstruktur der Abt. XII – auch hier waren Mitarbeiterinnen und Mitarbeiter beschäftigt, deren Eltern bereits für das MfS gearbeitet hatten oder deren Kinder in den Dienst eintraten. So war ein familiäres Netz wie bei der Mitarbeiterin Elfriede F., deren Ehemann, Sohn, Tochter und zwei Brüder ebenfalls für das MfS tätig waren,[114] keine Seltenheit.

109 Abt. XII/Roth, Bericht über die in Durchsetzung des Befehls Nr. 2/83 des Genossen Minister durchgeführten Untersuchungen und erarbeiteten Schlußfolgerungen, 24.6.1983, BStU, MfS, HA KuSch Nr. 2418, S. 64–66, hier S. 64.

110 Abt. XII/4/Bormann, Berichterstattung über die Erfüllung von Aufgaben der Kaderarbeit im Jahre 1989, 18.10.1989, BStU, MfS, Abt. XII Nr. 817, S. 68–86, hier S. 85.

111 Gieseke, Mitarbeiter, S. 336.

112 Ebd., S. 360 f.

113 Ebd., S. 406.

114 Vgl. HA KuSch/Abt. Kader 2/Ref. 2, Vorschlag zur Entlassung von Oberleutnant Elfriede F[...], 11.10.1983, BStU, MfS, Abt. XII Nr. 3330, S. 45–47, hier S. 46.

Darüber hinaus diente die Abteilung jedoch auch als Möglichkeit, Ehefrauen leitender Mitarbeiter anderer Diensteinheiten mit einer Beschäftigung zu versorgen. Für die Geheimpolizei stellte dieses Verfahren eine unkomplizierte Art der Kadergewinnung dar, da die betreffenden Ehefrauen – wenn sie nicht selbst schon beim MfS waren – bereits eine Sicherheitsüberprüfung durchlaufen hatten. Diese Art der Versorgung betraf insbesondere Frauen, deren Ehemänner von den Bezirksverwaltungen nach Berlin versetzt wurden, wie das Beispiel der Mitarbeiterin Doris R. zeigt. Ihr Ehemann wurde 1961 im MfS eingestellt und wechselte 1975 in die ZAIG der Zentrale. Doris R. hatte vor dem Umzug im Wehrkreiskommando Senftenberg gearbeitet, bevor sie nun im MfS als Unteroffizier eingestellt und sofort in der Abt. XII eingesetzt wurde.[115] So wie Doris R. arbeiteten in der Diensteinheit eine Reihe weiterer Ehefrauen von zum Teil hochrangigen MfS-Offizieren, darunter Thea Kleine, Ehefrau des Leiters der HA XVIII und Mitglied des Kollegiums Alfred Kleine, und Ingeborg Luthardt, Ehefrau des Leiters der Abt. IV Franz Luthardt.[116] Nicht zuletzt für die Bildung von Netzwerken und für den Aufbau nicht-offizieller Kommunikationswege dürften derartige persönliche Verbindungen zwischen Angehörigen unterschiedlicher Abteilungen von erheblicher Bedeutung gewesen sein.

„Unter Zurückstellung aller persönlichen Interessen“ – der weibliche Karriereweg von Oberstleutnant Ingeburg Heinritz

Trotz der Vorbehalte und Schwierigkeiten, mit denen Frauen auch in der Abt. XII zu kämpfen hatten, leisteten sie – zum Teil an exponierter Stelle – in der „Männerwelt“ des MfS ihren Beitrag zur vielfältigen Repression und Überwachung der Bevölkerung. Es lässt sich vermuten, dass sie den „Makel“ ihres Geschlechts nicht zuletzt durch bedingungsloses Engagement, totale ideologische Überzeugung und – vor allem in den 1950/60er-Jahren – durch Kinder- oder Ehelosigkeit zu verdrängen versuchten. Ein Beispiel für eine solche Karriere ist Oberstleutnant Ingeburg Heinritz, hauptamtliche Mitarbeiterin der Abt. XII – mit zum Teil mehrjährigen Unterbrechungen – von 1953 bis 1987.[117]

Ingeburg Heinritz wurde 1927 als Tochter eines Brettschneiders und einer Hausfrau in Olbernhau im Erzgebirge geboren. Sie besuchte die Volksschule und wurde Mitglied im Bund Deutscher Mädel, dem weiblichen Pendant zur Hitlerjugend. Von 1942 bis 1944 absolvierte sie eine Ausbildung zur Büro-

115 Vgl. Zusammengefaßte Auskunft zu Doris R[…], BStU, MfS, KS II 585/84, S. 4–13.

116 Vgl. Zusammengefaßte Auskunft zu Thea Kleine, BStU, MfS, Abt. XII Nr. 3335, S. 1–10, hier S. 9; Zusammengefaßte Auskunft zu Ingeborg Luthardt, BStU, MfS, Abt. XII Nr. 5131, S. 1–9, hier S. 8.

117 Vgl. im Folgenden BStU, KKK Heinritz; BStU, MfS, KS II 327/87; BStU, MfS, Abt. XII Nr. 5148; BStU, MfS, Abt. XII Nr. 4359.

gehilfin und arbeitete anschließend über das Kriegsende hinaus als Angestellte in einer Firma in Olbernhau, bis sie im Oktober 1945 bei der örtlichen Stadtverwaltung anfing.

Bereits im Mai 1946 wechselte sie zur SED-Kreisleitung ins nahe gelegene Marienberg, wo sie drei Jahre als Sachbearbeiterin tätig war. In die Partei – damals noch die KPD – war sie bereits am 1. September 1945 eingetreten. Ganz offensichtlich zählte Heinritz zu den weiblichen Angehörigen der sogenannten „Flakhelfergeneration", die noch zu jung für den Einsatz an der Front bzw. zur Übernahme tragender Funktionen im NS-Regime gewesen waren, aber alt genug, um das Gemeinschaftsgefühl in den NS-Organisationen erlebt zu haben. Verbunden mit der Euphorie über den gesellschaftlichen und politischen Neuanfang, der ihnen eine glücklicher Zukunft versprach, bildete diese Art der Sozialisation eine zentrale Prägung für diejenige Bevölkerungsgruppe, die die weitere Geschichte der DDR in entscheidender Weise mitbestimmen sollte.

Den Aufbau der ostdeutschen Geheimpolizei erlebte Heinritz von Beginn an. Am 9. Januar 1950 wurde sie in der Abteilung Kriminalpolizei der Volkspolizei Sachsen eingestellt und arbeitete dann nach Gründung des MfS als Schreibkraft in der örtlichen Kreisdienststelle des MfS. Der anschließende Wechsel in die Abteilung PK (Politkultur) bedeutete für Heinritz einen deutlichen Einschnitt, denn damit war auch ein Umzug nach Berlin verbunden. Ihr Aufstieg in der Geheimpolizei begann mit dem Wechsel zur Abt. XII im November 1953. Bis 1961 arbeitete sie hier als Sachbearbeiterin, später als Hauptsachbearbeiterin. Dann wechselte sie in die neugeschaffene Arbeitsgruppe des Ministers, zu deren Anleitungsbereich die Abt. XII gehörte. In dieser Zeit, im Jahr 1965, absolvierte sie einen dreimonatigen Kurs „Einführung in die Datenverarbeitung" bei der Betriebsakademie der Staatlichen Plankommission.[118] Nach acht Jahren kehrte sie zur Abt. XII zurück und wurde 1970 Leiterin des Arbeitsgebietes „Schlüsselung", ein Jahr später des Referates 4 der Abteilung. Damit gestaltete sie maßgeblich die Einführung der Elektronischen Datenverarbeitung in der Abt. XII mit, denn dieses Referat sollte die Einführung vorbereiten und umsetzen.

Offensichtlich war man an höherer Stelle mit Heinritz' Arbeit zufrieden, denn Ende 1974 wurde sie als Offizier für Sonderaufgaben im politisch-operativen Dienst zur ZAIG versetzt. In dieser Funktion fungierte sie als sogenannte „Datenschutzbeauftragte" in der Arbeitsgruppe Datenschutz/Datensicherung[119] und war somit in einem Kernbereich der Konspiration tätig, mit der insbesondere ausländische Geheimdienste am Zugriff auf die Speicher des MfS gehindert werden sollten.

118 Vgl. Zusammengefaßte Auskunft zu Ingeburg Heinritz, BStU, MfS, Abt. XII Nr. 5148, S. 1–9, hier S. 3.

119 Vgl. ZAIG/Ber. 3/Bochmann, Beurteilung von Ingeburg Heinritz, 25.9.1976, BStU, MfS, Abt. XII Nr. 5148, S. 23 f., hier S. 23.

Abb. 16: Ingeburg Heinritz, 1940er-Jahre.

Mit der Planung und Realisierung des EDV-Einsatzes war auch die elektronische Erfassung der in den Karteien gespeicherten Personendaten verbunden. Die dafür notwendigen Tätigkeiten – im MfS als „Datenumsetzung" bezeichnet – wurde vorwiegend von Frauen ausgeübt. So kam es, dass Heinritz ein ausgesprochenes „Frauenreferat" leitete: Im Jahr 1969 waren von den insgesamt 28 Hauptamtlichen 23 weiblich, und zwar vorwiegend junge Frauen, „die", wie es in einer Beurteilung Heinritz' von 1973 heißt, „über keine Erfahrungen in der Arbeit des MfS verfügten"[120]. Heinritz habe, so die Beurteilung weiter, „entscheidenden Anteil daran, daß sich diese Mitarbeiterinnen gute Fachkenntnisse aneigneten, ihr Aufgabengebiet schnell beherrschten und die Arbeitsleistungen rasch anstiegen". Schließlich vermerkte die Beurteilung auch: „Sie fühlt sich für

120 Abt. XII/Leiter Leipold, Beurteilung von Ingeburg Heinritz, 20.8.1973, BStU, MfS, Abt. XII Nr. 5148, S. 11–13, hier S. 11. Dort (S. 12) auch das folgende Zitat.

die Sorgen ihrer Genossen voll verantwortlich und es gelingt ihr […], den jungen Genossen tschekistische Verhaltensweisen anzuerziehen."

Was das heißt, deutet eine Beurteilung an, die Heinritz im September 1972 über eine untergebene, 24-jährige Unteroffizierin verfasste. Neben Formulierungen, die zum Standardrepertoire solcher Beurteilungen gehörten, hieß es dort: „Genn. Uffz. K[…] pflegt gute Sitten und Umgangsformen, hat ein sehr gepflegtes Äußeres und kleidet sich mit viel Geschmack. Sie neigt allerdings zur äußerlichen Auffälligkeit. In ihrem charakterlichen Verhalten zeigt sich manchmal ein überbetontes Wesen und hinterläßt den Eindruck, daß sie sich stark in den Vordergrund schiebt. […] Sie muß darauf bedacht sein, sich natürlicher zu geben und wird damit mehr Anklang bei ihrer Umwelt finden."[121]

Kritisch vermerkte Heinritz in ihrem Text über die Untergebene K., dass diese geplante Qualifizierungsmaßnahmen habe ablehnen müssen, da sie „durch die Abholung ihrer beiden Kinder vom Kindergarten und deren Betreuung den regelmäßigen Besuch der Studienveranstaltungen nicht garantieren" konnte. Außerdem habe die Frau Schwierigkeiten gehabt, sich in das Kollektiv einzuleben, da sie wegen der Kinder verkürzt arbeitete und „durch die häufigen Erkrankungen ihrer Kinder viel" ausgefallen sei.

Eine Form von „Frauensolidarität", die durchaus denkbar gewesen wäre, klingt in diesen Worten nicht mit. Möglicherweise lag dies daran, dass Heinritz keine Familie hatte. Ihre kinderlos gebliebene Ehe war 1959 geschieden worden. Heinritz „lebte" für ihre Arbeit: „Kennzeichnend für sie ist […] ihre hohe Einsatzbereitschaft unter Zurückstellung aller persönlichen Interessen"[122], wie die Beurteilung von 1973 über sie vermerkte. An anderer Stelle wurde gelobt, dass Heinritz „im durchgehenden 4-Schichtrhythmus"[123] arbeite. Und in ihrer Abschiedsrede vor den Delegierten ihrer SED-Parteiorganisation im Jahr 1985 beschrieb Heinritz selbst den Arbeitsalltag der Führungskräfte: „Die Menge der Aufgaben eines Leiters und seine Verantwortung für das Ganze ist sehr groß und verlangt den Einsatz der ganzen Person. Ein Leiter hat mehr Zeit im Dienst aufzubringen, er hat keinen pünktlichen Feierabend. Ich kann oftmals erst nach offiziellem Dienstschluß in Ruhe etwas durcharbeiten."[124] Eine derartige Lebensweise war eine wichtige Voraussetzung für Frauen wie Heinritz, um in den 1950er- und 1960er-Jahren einen Aufstieg in der Abt. XII zu nehmen.

121 Abt. XII/Ref. 4/Heinritz, Beurteilung der Genossin K[…], 27.9.1972, BStU, MfS, Abt. XII Nr. 2680, S. 11–13, hier S. 13. Dort auch die folgenden Zitate.

122 Abt. XII/Leiter Leipold, Beurteilung von Ingeburg Heinritz, 20.8.1973, BStU, MfS, Abt. XII Nr. 5148, S. 11–13, hier S. 12.

123 ZAIG/Ber. 3/Bochmann, Beurteilung von Ingeburg Heinritz, 25.9.1976, BStU, MfS, Abt. XII Nr. 5148, S. 23f., hier S. 24.

124 Ingeburg Heinritz, Rede bei der Delegiertenversammlung der APO 4, 23.11.1985, BStU, MfS, Abt. XII Nr. 4359, S. 42–55, hier S. 50.

Abb. 17: Oberstleutnant Ingeburg Heinritz (stehend) bei einer Feier (vermutlich ihre Verabschiedung 1987) mit dem männlichen Leitungspersonal der Abt. XII.

Doch Ehe- und Kinderlosigkeit verhinderten nicht, dass Heinritz' Karriereweg nach ihrer Rückkehr von der ZAIG zur Abt. XII im Jahr 1979 an sein Ende kam. Sie wurde Leiterin der für die Datenaufbereitung zuständigen Unterabteilung. Diesen Posten behielt sie bis zu ihrer Verrentung am 1. Juni 1987. Seit den 1970er-Jahren begannen jüngere und oftmals besser qualifizierte Kader nachzurücken – möglicherweise ein wichtiger Grund für Heinritz' Verharren in ihrer Funktion.

Die Archivare der Abt. XII

Zu den zentralen Aufgaben der Abt. XII zählte von Beginn an die Archivierung von Unterlagen der Diensteinheiten des MfS und von anderen Materialien, die die Geheimpolizei für ihre Arbeit zu benötigen meinte. Archivwissenschaftliche Kenntnisse sollten angesichts einer derartigen Aufgabe, so könnte man meinen, im Mittelpunkt der Personalentwicklung gestanden haben.

Doch das Archiv des MfS war kein gewöhnliches Archiv – den Kern der Tätigkeit bildete die Unterstützung der operativen Diensteinheiten. „In den Archiven der Abteilung XII wird politisch-operatives Schriftgut archiviert, das für die politisch-operative Arbeit der operativen Diensteinheiten des Ministeriums für Staatssicherheit von großer Bedeutung ist und juristischen bzw. historischen Wert besitzt bzw. erlangen kann,"[125] erläuterte eine Mitarbeiterin der Archivabteilung 1989 ihr Tätigkeitsfeld. Zwanzig Jahre zuvor war der „historische Wert" der Unterlagen noch kein Thema gewesen – die „politische" Funktion des Archivs bildete jedoch schon immer den Kern der Arbeit. In der „Jahresabschlussanalyse" des Zentralarchivs hieß es 1969: „Es ging uns vor allem darum, daß unsere Arbeit [...] nicht als rein technische bzw. verwaltungstechnische Aufgabe angesehen wird, sondern als wichtiger Bestandteil im Sicherungssystem und somit in erster Linie als politische Aufgabe."[126]

Nicht zuletzt die Dominanz der „politischen Aufgabe" führte dazu, dass archivfachliche Fragen innerhalb der Abt. XII in der Regel nur eine untergeordnete Rolle spielten. Dies galt auch für entsprechende Qualifikationen der Mitarbeiter. Während der 1950/60er-Jahre, als die Abteilung noch vor allem als Auffangbecken für ältere, aus den operativen Diensteinheiten abgeschobene hauptamtliche Mitarbeiter diente, war dies ohnehin ohne Belang. So verfügte 1952 kein einziger Mitarbeiter der Abt. XII über eine archivfachliche Ausbildung, auch nicht der für das – zu diesem Zeitpunkt allerdings auch noch überschaubare – Archiv zuständige Leiter des Referats II, Richard Stopfkuchen[127].

Rund zehn Jahre später hatte sich die Situation nicht allzu stark verändert. Von den mittlerweile 94 Mitarbeitern besaßen nur drei eine archivfachliche Ausbildung. Diese drei Mitarbeiter zeigen allerdings auch, dass derartigen Fragen mittlerweile trotzdem durchaus eine höhere Priorität eingeräumt wurde. Alle drei Mitarbeiter waren nämlich bereits für die Abt. XII tätig, als sie das Studium an der Fachschule für Archivwesen aufnahmen – offensichtlich wurden sie vom MfS als Gruppe dorthin delegiert, um die Kompetenzen der Abt. XII auf dem Gebiet des Archivwesens zu stärken. So hatte Eva Tobies, die seit der Gründung bei der Abt. XII arbeitete, von 1956 bis 1959 ein Fernstudium im Archivwesen mit dem Abschluss „Staatlich geprüfter Archivar" absolviert.[128] Gleiches galt für ihren Kollegen Kurt Hesse, seit 1955 bei der Abt. XII.[129] Dessen Kompetenz reichte sogar so weit, dass er 1962 „in seiner Freizeit" einen Plan für einen „Archivzweckbau" erarbeitete, der allerdings nicht realisiert wurde.[130] Schließlich gehörte auch Karl-Heinz Schneider[131] zu der kleinen Gruppe von Mitarbei-

125 Petra Lück, Die Realisierung der Löschung von Personen- und Vorgangserfassungen im Zusammenhang mit der rückwirkenden Kassation des Archivbestandes, Fachschulabschlußarbeit, 9.5.1989, BStU, MfS, Abt. XII Nr. 134, S. 33–62, hier S. 36.

126 Abt. XII/Zentralarchiv, Jahresabschlussanalyse 1969, 10.12.1969, BStU, MfS, Abt. XII Nr. 668, S. 8–16, hier S. 14.

127 Vgl. BStU, KKK Stopfkuchen.

128 Vgl. BStU, KKK Tobies.

129 Vgl. BStU, KKK Hesse.

130 Vgl. Abt. XII/Leiter Karoos, Schreiben an den Leiter der HV B, Gaida, 1.10.1962, BStU, MfS, AS 80/70, S. 9. Vgl. auch den Beitrag „Das Gedächtnis der Staatssicherheit" von Philipp Springer in diesem Band.

131 Vgl. BStU, KKK Schneider.

tern, die in dieser Zeit einen Abschluss als Archivar erlangten. Keiner der drei Mitarbeiter erhielt jedoch anschließend Leitungsfunktionen in der Abteilung – außer Tobies, die 1969 allerdings „nur“ Leiterin des Sekretariats wurde und somit keine spezifisch archivfachliche Tätigkeit ausübte.

Welchen geringen Stellenwert derartige Zusatzqualifikationen hatten, zeigt auch ein Beispiel aus der BV Magdeburg. Die dortige Leiterin des Selbständigen Referats XII, Hanna Schröder, hatte 1963 ein Fernstudium an der Hochschule des MfS in Potsdam-Eiche mit dem Abschluss „Diplom-Jurist“ angestrebt, was ihr von Seiten der BV jedoch verwehrt worden war – ein Studium zum Diplom-Archivar sei „entsprechender“. Doch ein solches Studium lehnte Schröder ab und konnte sich dabei auf die Abt. XII in Berlin stützen, die „dies [sic] Studium nicht beführwortet [sic], da es nicht unserem Charakter entspricht und ein op[erativer] Nutzeffekt ausbleibt“[132].

Überhaupt waren Kenntnisse auf dem Gebiet der Archivarbeit auf der Leitungsebene des Archivs auch in den folgenden Jahren die Ausnahme. Von den fünf Mitarbeitern, die zwischen 1950 und 1989 das entsprechende Referat (bzw. Unterabteilung oder Abteilung) leiteten, verfügte nur einer über eine Ausbildung als Archivar: Joachim Hinz. Seine drei Vorgänger Richard Stopfkuchen, Klara Schellheimer und Rudolf Bartonek gehörten zu der Gruppe verdienter Kommunisten, deren Biografie Mängel in der Qualifikation wettmachten. Hinz' Nachfolger Klaus Handke kam von der Abt. F (Funkabwehr), hatte dort mehrere Jahre bei den Rückwärtigen Diensten gearbeitet und kurz vor seinem Wechsel zur Abt. XII sein Studium als Diplomjurist abgeschlossen – archivfachliche Erfahrungen konnte auch er nicht vorweisen.

Hinz, der 1965 – offenbar wegen Konflikten mit Vorgesetzten[133] – von der HA II zur Abt. XII wechselte, war somit der wichtigste Archivar in der Geschichte der Abteilung. Bereits wenige Monate nach seiner Versetzung wurde in einer Beurteilung Hinz' „großes Interesse für archivtheoretische und praktische Probleme“[134] hervorgehoben. Offenbar hatte der „eifrige Briefmarkensammler“[135] im Archiv seine Bestimmung gefunden. Erfolgreich absolvierte er zunächst 1966/67 an der Archivschule in Caputh eine Ausbildung zum Archivassistenten und anschließend von 1967 bis 1971 ein Studium zum staatlich geprüften Archivar.[136]

132 Schulungsbeauftragter der BV Magdeburg, Aktenvermerk betr. Fernstudium der Genn. Oltn. Schröder, 25.5.1963, BStU, BV Mdbg KS II 100/80, S. 218.

133 Vgl. HA II/Abt. 1/Steudten u. Schneider, Beurteilung des Genossen Leutnant Hinz, 5.5.1965, BStU, MfS, KS 500/90, S. 49 f.

134 Abt. XII/Zentralarchiv/Butter u. Bartonek, Beurteilung des Genossen Leutnant Hinz, 15.3.1966, BStU, MfS, KS 500/90, S. 51 f., hier S. 51.

135 HA II/Abt. 1/Steudten u. Schneider, Beurteilung des Genossen Leutnant Hinz, 5.5.1965, BStU, MfS, KS 500/90, S. 49 f., hier S. 50.

136 Vgl. Zusammengefaßte Auskunft zu Joachim Hinz, BStU, MfS, KS 500/90, S. 7–18, hier S. 10.

Teil der Ausbildung war unter anderem ein vierwöchiges Praktikum im Wirtschaftsarchiv des Magistrats von Groß-Berlin, wo Hinz – gemeinsam mit seinem ebenfalls in Ausbildung befindlichen Kollegen aus dem Zentralarchiv der Abt. XII, Peter E.[137] – an der Erschließung eines Bestandes zur Geschichte der Agfa-Werke mitwirkte.[138] Die enge Bindung an das Archivwesen zeigte sich nicht zuletzt auch in Hinz' Berufung in die Studienplankommission der Fachschule für Archivwesen im Jahr 1969.[139]

In den folgenden Jahren entwickelte sich Hinz zur zentralen Figur in archivfachlichen Fragen der Abt. XII – eine Karriere, die auch nach einem durch persönliche Verfehlungen bedingten Bruch ihre Fortsetzung fand, als Hinz die Planung und Errichtung des Archivzweckbaus an der Magdalenenstraße leitete.[140] „Genosse Hauptmann Hinz hat persönlich hohen Anteil an der Modernisierung der Archivarbeit im Interesse der Unterstützung der politisch-operativen Arbeit des MfS"[141], hieß es dementsprechend 1975 in seiner Beurteilung. Was diese „Modernisierung" neben seiner Mitwirkung am Neubau noch umfasste, hielt 1987 ein Auszeichnungsvorschlag fest: „Unter seiner Leitung wurden maßgebliche Arbeitsprozesse im Zentralarchiv und auf Linie qualifiziert, wobei seine schöpferische Mitarbeit bei der Erarbeitung von Dokumenten zur Archivarbeit herauszustellen ist. Darüber hinaus wurden unter seiner Leitung bestimmte Archivprozesse, wie die Mikroverfilmung und Archivauswertung, neu geschaffen, inhaltlich ausgestaltet und mit erwähnenswerten Arbeitsergebnissen realisiert. [...] Die von ihm geschaffenen bzw. durch seine Tätigkeit wesentlich beeinflußten Arbeitsprinzipien haben sich jahrelang bewährt und sind heute noch Bestandteil der Archivarbeit."[142]

137 Zu Peter E. vgl. Abt. XII/Zentralarchiv/Bartonek, Beurteilung des Genossen Ultn. E[...], Peter, 27.4.1971, BStU, MfS, Abt. XII Nr. 2163, S. 4 f. E. wurde 1977 wegen verschiedener Disziplinarverstöße, darunter auch eine Affäre mit einer Mitarbeiterin des Staatsarchivs Oranienbaum, aus dem MfS entlassen; vgl. BStU, Diszi 2233/92; BStU, KKK E[...].

138 Vgl. Magistrat von Groß-Berlin/Abt. Innere Angelegenheiten/Ref. Archivwesen/Wirtschaftsarchiv/Remmele, Schreiben an die Staatliche Archivverwaltung betr. die Facharbeiter-Qualifikation des Kollegen Hinz, 26.8.1966, BStU, MfS, KS 500/90, S. 54. Hinz absolvierte seine Ausbildung als Mitarbeiter des „Dokumentationszentrums" des Ministeriums des Innern – mit dieser Legende sollte seine eigentliche Tätigkeit für das MfS verschleiert werden; vgl. Staatliche Archivverwaltung/Reinert, Leistungsnachweis über die Facharbeiterprüfung zum Archivassistenten von Joachim Hinz, 28.4.1967, BStU, MfS, KS 500/90, S. 59.

139 Vgl. Fachschule für Archivwesen/Direktor Schupp, Schreiben an Hinz betr. Studienplankommission, 20.5.1969, BStU, MfS, Abt. XII Nr. 4162, S. 22. Ob und wie lange Hinz diese Funktion tatsächlich ausgeübt hat, ist allerdings nicht überliefert.

140 Vgl. den Beitrag „Speicher einer Diktatur" von Karsten Jedlitschka in diesem Band.

141 Abt. XII/Geisler u. Leipold, Beurteilung des Genossen Hauptmann Joachim Hinz, 1.12.1975, BStU, MfS, KS 500/90, S. 72–74, hier S. 72.

142 Abt. XII/Roth, Vorschlag zur Auszeichnung mit dem Vaterländischen Verdienstorden in Bronze, 2.4.1987, BStU, MfS, KS 500/90, S. 108 f.

Fachschule für Archivwesen
DER DIREKTOR

BSTU
0022

Potsdam, den 20. Mai 1969
Wi.

Gen.
Joachim Hinz

Studienplankommission

Werter Genosse Hinz!

Die Gestaltung des entwickelten gesellschaftlichen Systems des Sozialismus und die wissenschaftlich-technische Revolution erfordern als Bestandteil der Hochschulreform die Umgestaltung der Fachschulausbildung. Daraus ergibt sich die grundlegende Veränderung des Inhalts und der Organisation der Ausbildung auch an der Fachschule für Archivwesen.

Zur Beratung der inzwischen erarbeiteten und noch erforderlichen Ausbildungsdokumente wird eine neue Studienplankommission überwiegend aus Vertretern der archivischen Praxis gebildet.

Ich bin gewiß, daß Sie uns auf Grund Ihrer Tätigkeit und praktischen Erfahrungen bei der Erarbeitung und Diskussion des Studienplanes wertvolle Unterstützung geben können und b e r u f e Sie hiermit als

Mitglied der Studienplankommission
der Fachschule für Archivwesen.

Die Studienplankommission ist ein zeitweiliges Beratungsgremium und wird im Zeitraum 1969/70 in unterschiedlichen Abständen (monatlich bis vierteljährlich) zusammentreten.

Die erste Beratung wird in der ersten Hälfte des Monats Juni stattfinden und wird sich mit den neuen Lehrstoffkomplexen, die auf der Grundlage des künftigen Tätigkeits- und Anforderungsbildes für den " Staatlich geprüften Archivar" gestaltet werden, befassen. Die Einladung und die Beratungsmaterialien erhalten Sie in einem späteren Schreiben.

Ich hoffe auf Ihre Mitarbeit in dieser Kommission und bitte Sie, nach Rücksprache mit Ihrer Dienststellenleitung, mir Ihr Einverständnis zu übermitteln.

Mit sozialistischem Gruß

S c h u p p

1/16/7 Fa G 003/64 Z 953 C

Abb. 18: Der Direktor der Fachschule für Archivwesen, Waldemar Schupp, beruft 1969 Joachim Hinz in die Studienplankommission der Fachschule.

Doch auch seine umfangreichen Qualifikationen in archivwissenschaftlichen Fragen führten bei Hinz selbstverständlich nicht dazu, den „politischen" Auftrag des MfS-Archivs fachlichen Fragen unterzuordnen. Besonders anschaulich wurde dies bei einer Auseinandersetzung, die er mit dem Direktor des Militärarchivs der DDR, Oberst Rudolf Studanski, um Archivgut militärischer Einrichtungen aus der NS-Zeit austrug. Studanski stellte die Zuständigkeit des MfS beispielsweise für Akten der SS infrage und trat für „provenienzreine Archive" ein. In einer Information an Leipold kommentierte Hinz: „Zusammenfassend kann gesagt werden, daß er vorrangig als Historiker und Archivar an die Bearbeitung der Archivbestände herangeht und weniger von ihrer Bedeutung für die Lösung der aktuellen politischen Aufgaben."[143]

Nicht nur auf der Leitungsebene, sondern auch am unteren Ende der Hierarchie war man seit den 1960er-Jahren um eine bessere Qualifikation der Mitarbeiter bemüht. Beschränkte sich die Unterweisung in archivfachlichen Fragen zunächst auf Lektionen zum Thema „Archivwesen" innerhalb von Kurzlehrgängen, in denen auch Mitarbeitern der Bezirksverwaltungen die Grundlagen der Arbeit in der Abt. XII nahe gebracht werden sollten,[144] so wurden mit voranschreitender Spezialisierung der Abteilung Mitarbeiter – wie das Beispiel Hinz zeigt – zur Ausbildung als „Archivassistent" delegiert. Diese zweijährige Facharbeiter-Ausbildung war in der DDR 1962 eingeführt worden und auf die Inhalte und Erfordernisse der Arbeit in den jeweiligen Ausbildungsarchiven ausgerichtet.[145]

Dementsprechend eng blieb die Ausbildung der betreffenden MfS-Mitarbeiter an den Vorstellungen orientiert, die man im MfS vom dortigen Archiv besaß. So absolvierte beispielsweise im Jahr 1970 die Mitarbeiterin Annemarie Radeke ihr vorgeschriebenes Praktikum im Archivreferat der Abt. XII, verzeichnete dabei – basierend auf Operativvorgängen, Ermittlungsverfahren und Beständen

143 Abt. XII/Hinz, Information über Gen. Oberst Studanski, 18.7.1947 [gemeint ist 1974], BStU, MfS, Abt. XII Nr. 8, S. 44. Bezeichnenderweise erläuterte Hinz in dem Vermerk den Begriff „provenienzreine Archive (Ablage nach Herkunft)", da er offenbar bei Leipold dieses Wissen nicht voraussetzen konnte. Vgl. zu der Auseinandersetzung auch Henry Leide, NS-Verbrecher und Staatssicherheit. Die geheime Vergangenheitspolitik der DDR, Göttingen 2007[3], S. 179f. Zu Hinz und seinen Vorstellungen vom Archivwesen des MfS vgl. auch Vom Lob der politisch-operativen Archivarbeit. Schulungsvortrag eines Offiziers der Abteilung XII (Zentrale Auskunft/Speicher) des MfS von 1975, hg. u. kommentiert von Dagmar Unverhau, in: Archivalische Zeitschrift 81 (1998), S. 138–173.

144 Vgl. Abt. XII/Karoos, Themen- und Zeitplan für den Kurzlehrgang der Abt. XII vom 16. Bis 25.2.51 in der Schule Potsdam-Eiche, 27.1.1961, BStU, MfS, AS 76/70, Bd. 2, S. 337–342, hier S. 340.

145 Vgl. Sigrid Unger, Nur ein Assistent im Archiv? Zur Archivassistentenausbildung in der DDR, in: Irmgard Christa Becker/Volker Hirsch/Annegret Wenz-Haubfleisch (Hg.), Neue Strukturen – bewährte Methoden? Was bleibt vom Archivwesen der DDR, Beiträge zum 15. Archivwissenschaftlichen Kolloquium der Archivschule Marburg, Marburg 2011, S. 219–263.

ZA

Z 4914 F

Der Archivar

Mitteilungsblatt für deutsches Archivwesen

00203
Ministerium f.
Staatssicherheit F 104
113 Bln.-Lichtenberg
Normannenstr.22 B 1284-60

HERAUSGEGEBEN VOM HAUPTSTAATSARCHIV DÜSSELDORF
SCHRIFTLEITUNG: GISELA VOLLMER IN VERBINDUNG MIT
HELMUT DAHM, LUTZ HATZFELD UND WILHELM JANSSEN

30. JAHRGANG MAI 1977 HEFT 2

Abb. 19: Als einzige westliche Fachzeitschrift hatte die Abt. XII den „Archivar“ abonniert. Auf der Titelseite einer in der BStU-Bibliothek erhaltenen Ausgabe ist die Anschrift des MfS zu erkennen. Das am oberen Rand eingetragene Kürzel „ZA“ verweist auf die interne Weiterleitung des Heftes an das Zentralarchiv. Mai 1977.

der Allgemeinen Sachablage – alle Akten zum „Untersuchungsausschuss freiheitlicher Juristen" und verfasste schließlich ihre Abschlussarbeit zum Thema „Die Bedeutung des Filmkartenarchivs im Zentralarchiv der Abteilung XII sowie der Aufbau und die Organisation der Auskunftserteilung".[146] Gegenüber der Staatlichen Archivverwaltung wurde Radekes Herkunft legendiert,[147] allerdings erinnert sich ihr Kollege Friedher K., der die Ausbildung gemeinsam mit Radeke absolvierte, im Interview daran, dass die Auszubildenden der anderen Archive über ihre Tätigkeit für das MfS informiert gewesen seien.[148]

Derartige Weiterbildungsmaßnahmen, wie sie von Radeke und K., aber auch von Tobies, Hesse, Schneider und Hinz in den 1950/60er-Jahren absolviert worden waren, entsprachen dem Weg der „nachholenden Akademisierung"[149], der die Kaderpolitik des MfS bestimmte. Jedoch galt für das MfS insgesamt, dass Studium und Fachschulbesuch meist an der MfS-Hochschule bzw. an der Juristischen Fachschule des MfS durchgeführt wurden – auch zahlreiche Mitarbeiter der Abt. XII qualifizierten sich dort weiter und bearbeiteten in ihren Abschlussarbeiten spezifische Fragestellungen aus ihrer Abteilung.[150]

Zugleich galt für die Abt. XII wie für das MfS gleichermaßen, dass „externe Bildungsstätten für die Fortbildung eine geringe Rolle [spielten], jedoch funktional durchaus bedeutsam [waren], weil das MfS dort Spezialisten für die verschiedenen Arbeitsfelder ausbilden ließ."[151] Im Fall der archivwissenschaftlich qualifizierten Mitarbeiter der Abt. XII war dies die Fachschule für Archivwesen in Potsdam, der zentralen Ausbildungsstätte für Archivare in der DDR.[152] Hier

146 Vgl. Annemarie Radeke, Bearbeitungsbericht über die praktische Abschlußarbeit für den Erwerb der Facharbeiterqualifikation „Archivassistent", 28.9.1970, BStU, MfS, Abt. XII Nr. 7064, S. 1+20; dies., Die Bedeutung des Filmkartenarchivs im Zentralarchiv der Abteilung XII sowie der Aufbau und die Organisation der Auskunftserteilung, Hausarbeit im Rahmen der Ausbildung als Archivassistent bei der Staatlichen Archivverwaltung Potsdam, 10.10.1970, BStU, MfS, Abt. XII Nr. 7064, S. 2–19+21–23; dies., Bericht über das Einführungspraktikum im Zentralarchiv des MfS während der Facharbeiterausbildung zum Archivassistenten, 11.7.1969, BStU, AS 246/71, S. 13–16.

147 Vgl. die Ausbildungsvereinbarung für Annemarie Radeke für den Fernunterricht Archivassistent, 29.4.1970, BStU, MfS, AS 246/71, S. 1 f.

148 Vgl. Interview mit Friedher K. am 12.2.2013.

149 Vgl. Gieseke, Mitarbeiter, S. 250–261 u. 339–348.

150 Vgl. zum Beispiel elf derartige Abschlussarbeiten in BStU, MfS, Abt. XII Nr. 2052, S. 1–381.

151 Gieseke, Mitarbeiter, S. 343.

152 Zur Fachschule für Archivwesen und zur Ausbildung von Archivaren in der DDR vgl. 25 Jahre Fachschule für Archivwesen, erarb. v. Elsa Studanski, Potsdam 1980; Birgit Metzing, Ausbildungsrichtungen im Archivwesen der DDR, überarb. Vortrag in der Archivschule Marburg am 2.7.1996, http://archivschule.de/DE/publikation/digitale-texte/ausbildungsrichtungen-im-archivwesen-der-ddr.html, Abruf am 8.7.2014; Hermann Schreyer, Das staatliche Archivwesen der DDR. Ein Überblick, Düsseldorf 2008, S. 50 f.; Waldemar Schupp, Die Anfänge und das Ende der Fachschule für Archivwesen in Potsdam (1955/1993), in: Friedrich Beck/Eckart

hatten sechs der 47 Mitarbeiter, die 1989 in der Archivabteilung der Abt. XII beschäftigt waren, einen Abschluss als Archivar abgelegt.[153]

Insgesamt arbeiteten 1989 in der Archivabteilung der Abt. XII zehn Mitarbeiter, die über eine Ausbildung zum Archivar bzw. Archivassistent verfügten – dies entsprach einer Quote von bescheidenen 21 %. In den anderen Abteilungen der Abt. XII dürfte der Anteil noch wesentlich geringer gewesen sein, zumal archivfachliche Kenntnisse dort eine eher unbedeutende Rolle spielten.

Bei den derartig qualifizierten sieben Frauen und drei Männern handelte es sich nicht ausschließlich um Mitarbeiter, die bereits beim MfS beschäftigt waren, als sie ihre Archiv-Kenntnisse erwarben. Vielmehr hatten fünf Mitarbeiterinnen zuvor schon eine Ausbildung oder ein Studium in diesem Fachgebiet absolviert und waren während dieser Lehr- bzw. Studienzeit vom MfS geworben worden. Im Fall der späteren Leiterin des Referates 4 im Zentralarchiv der Abt. XII, Helga Wolschendorf, vermerkt der Einstellungsvorschlag, dass die künftige Archivarin der HA KuSch als Absolventin der Fachschule für Archivwesen „bekannt“[154] geworden sei. Ob das MfS durch die routinemäßige Prüfung künftiger Absolventen auf sie aufmerksam geworden war oder ob es gezielte Hinweise von Mitarbeitern der Fachschule gab, lässt sich in der Kaderakte nicht erkennen. Die 20-jährige Wolschendorf wechselte jedenfalls nach Abschluss ihres Studiums zur Geheimpolizei.

Fachlich im Vergleich zu ihren Kollegen in Archivfragen hoch qualifiziert, blieben die fünf Frauen jedoch bis 1989 „Exoten“ in der Abt. XII. Eine Hinwendung zu einer stärkeren archivwissenschaftlichen Arbeit in der Abteilung ging von ihnen nicht aus – und war wohl auch nicht das Ziel der Einstellung.[155] Wolschendorf, die von 1982 bis 1986 als Referatsleiterin tätig war und 1988 im-

Henning/Joachim-Felix Leonhard/Susanne Paulukat/Olaf B. Rader (Hg.), Archive und Gedächtnis. Festschrift für Botho Brachmann, Potsdam 2005, S. 177–200; Unger, Assistent; Christine Gohsmann, Gut vorbereitet für die (Archiv-)Praxis? Struktur und Inhalte des Studiums zum/zur Diplom-Archivar/in (FH) in Potsdam vor und nach 1990, in: Becker/Hirsch/Wenz-Haubfleisch (Hg.), Strukturen, S. 195–217; Botho Brachmann, Die Ausbildung wissenschaftlicher Archivare in Potsdam und Berlin 1950 bis 1995/96, in: Archiv für Diplomatik Bd. 39 (1993), S. 387–492; Susanne Kaiser, Die Fachschule für Archivwesen „Franz Mehring“ in Potsdam (1955–1993). Geschichte und Organisation, in: Jahrbuch für brandenburgische Landesgeschichte 60 (2009), S. 180–203.

153 Für die folgende Analyse wurden auf der Grundlage des Planstellenbesetzungsnachweises der Abt. XII/Archiv vom 3.10.1989 (BStU, MfS, Abt. XII Nr. 528, S. 30–35) die KKK der 47 Mitarbeiter ausgewertet.

154 HA KuSch/Abt. Kader/Ref. 8, Einstellungsvorschlag Helga Ferchland, 14.4.1971, BStU, MfS, KS 1110/90, S. 16–24, hier S. 23.

155 So lässt beispielsweise der „Entwicklungsplan für Nachwuchskader“, der für die 1981 eingestellte Martina Knorr verfasst wurde, keine derartige Tendenz erkennen; vgl. Abt. XII/Bartl, Entwicklungsplan für Nachwuchskader, betr. Martina Knorr, 28.3.1983, BStU, MfS, Abt. XII Nr. 92, S. 6–8.

merhin an der Erarbeitung der Archivordnung beteiligt war,[156] blieb die einzige unter den fünf Frauen, die einen Leitungsposten innehatte. Archivfachliche Fragen besaßen, wie auch diese Beispiele zeigen, nur eine geringe Bedeutung in der Arbeit der Abt. XII.

„Ansatzpunkte für den Gegner" – Die Furcht des MfS vor seinen Mitarbeitern

„Wenn wir uns also vor Augen halten, welche außerordentlich bedeutsamen, geheimzuhaltenden Informationen über die politisch-operative Arbeit des MfS in der Abteilung XII in äußerst großer Zahl konzentriert gespeichert sind, dann wird die große Verantwortung unserer Diensteinheit für die Wahrung von Konspiration, Geheimhaltung und Sicherheit deutlich"[157], erläuterte Oberst Heinz Roth 1981 in seinem Vortrag vor neuen Mitarbeitern seiner Abteilung, welche große Bedeutung der Schutz der Karteien und Aktenbestände in der Abt. XII habe. Er unterstrich damit auf der einen Seite die große Relevanz, die die Abteilung im Repressionssystem des MfS einnahm – die gespeicherten Informationen bildeten gleichsam die „Schatzkammer" der Geheimpolizei. Auf der anderen Seite leitete Roth aus der besonderen Schutzbedürftigkeit der Bestände auch eine besondere Herausforderung an die dort arbeiteten Mitarbeiter ab. Denn hinter dem Dreiklang „Konspiration, Geheimhaltung und Sicherheit" verbarg sich vor allem die Furcht vor den eigenen Angestellten.

Diese Furcht war selbstverständlich nicht auf die Abt. XII beschränkt. Tatsächlich sahen sich alle MfS-Angehörigen dem permanenten Verdacht ausgesetzt, eine potentielle Gefährdung für die geheimpolizeilichen Geheimnisse darzustellen: „Keine Personengruppe wurde in der DDR so intensiv und so systematisch überwacht wie die hauptamtlichen Mitarbeiter […]".[158] Auch wenn die verschiedenen Diensteinheiten unter diesem Gesichtspunkt bislang noch nicht vergleichend betrachtet worden sind, so lässt sich doch vermuten, dass

156 Im „Bericht über die Erfüllung der Aufgaben der Kaderarbeit im Jahre 1988" der Abt. XII/Archiv vom 12.10.1988 heißt es: „Auch das persönliche Engagement der Genossin Wolschendorf im Zusammenhang mit der termingerechten Erarbeitung der Dokumente zur Archivordnung – trotz mehrwöchiger Erkrankung ihres Kindes nahm sie nicht die Möglichkeit der bezahlten Freistellung in Anspruch – ist ein Beispiel für die gewachsene Kampfkraft und Einsatzbereitschaft unserer Genossinnen und Genossen." (BStU, MfS, Abt. XII Nr. 4415, S. 82–94, hier S. 84).

157 Heinz Roth, Der Platz und die Stellung sowie die Hauptaufgaben der Linie XII im MfS, Vortrag in Gransee, 1981, BStU, MfS, Abt. XII Nr. 2601, S. 1–49, hier S. 11.

158 Vgl. Jens Gieseke, Abweichendes Verhalten in der totalen Institution. Delinquenz und Disziplinierung der hauptamtlichen MfS-Mitarbeiter in der Ära Honecker, in: Roger Engelmann/ Clemens Vollnhals (Hg.), Justiz im Dienste der Parteiherrschaft. Rechtspraxis und Staatssicherheit in der DDR, Berlin 2000[2], S. 531–553, hier S. 531.

die Abt. XII dabei eine besondere Aufmerksamkeit genoss. „Jedes unberechtigte Abfließen [von] der Diensteinheit anvertrauten Informationen sowie die Preisgabe von Angaben über die Arbeitsweise, Mittel und Methoden der Abteilung XII können großen, unersätzlichen Schaden für das gesamte MfS herbeiführen“, hieß es warnend in der Fachschulabschlussarbeit eines Angehörigen der Abt. XII. Bei der Kaderarbeit der Diensteinheit solle deshalb besonders den „erhöhten Sicherheitserfordernissen und den gewachsenen physischen und psychischen Anforderungen“[159] Aufmerksamkeit geschenkt werden. Als Hüterin des „Informationsschatzes“ und als Schaltstelle innerhalb des Informationsnetzes der Geheimpolizei, so lassen sich diese Warnungen deuten, hätte die Abteilung ein begehrtes Ziel für Aktivitäten der „Feinde“ des MfS sein können.

„Die spezifische Aufgabenstellung der Abteilung XII und der damit verbundene tiefe Einblick in die Konspiration des gesamten MfS seitens einer Vielzahl der Angehörigen dieser Diensteinheit rückt dieselben in das unmittelbare Interesse des Gegners und seiner Angriffsrichtung“, beschrieb dementsprechend die Abt. Disziplinar der HA KuSch 1975 in einer Konzeption für eine Untersuchung der Abt. XII dieses Gefährdungspotential. Ziel der Untersuchung war es, festzustellen, „bei welchen Angehörigen der Abteilung XII Ansatzpunkte für den Gegner vorhanden [seien] oder auftreten [könnten]“[160]. Derartige Untersuchungen waren selbstverständlich kein Einzelfall – vielmehr beherrschte der Schutz der Konspiration in all seinen Facetten den Alltag der Mitarbeiter in der Abteilung. Dabei ging es nicht ausschließlich um die Abwehr konkreter Aktivitäten ausländischer Geheimdienste. Vielmehr ging das Sicherheitsbedürfnis des MfS so weit, jedes noch so geringfügige Fehlverhalten von Mitarbeitern, jeden möglichen oder tatsächlichen Kontakt zu auch nur im Ansatz zweifelhaften Personen oder zu ausländischen Bürgern und jede von der Norm abweichende Handlungsweise als „Ansatzpunkte für den Gegner“ zu interpretieren. Solche „Ansatzpunkte“ wurden demnach grundsätzlich auch als Angriffe auf die Konspiration und das Sicherheitsbedürfnis des MfS verstanden. Der Versuch, die „Ansatzpunkte“ zu erkennen und zu verhindern, bestimmte in besonderem Maße die Arbeits- und Lebensrealität der Mitarbeiter und darüber hinaus in vielfältiger Weise auch ihre Familien und ihr weiteres Lebensumfeld.

Aus diesem Grund kommt dem Blick auf die disziplinarischen Vergehen – oder das, was das MfS für solche hielt – bei der Analyse der Personalentwicklung und des Alltags der Mitarbeiter der Abt. XII eine zentrale Bedeutung zu. Solche

159 [Günter] Rommer, Die Durchsetzung der höheren Anforderungen an die Auswahl und Aufklärung der Kader entsprechend den spezifischen Sicherheitsbedürfnissen der Linie XII, Fachschluabschlussarbeit an der JHS des MfS, 2.1.1979, BStU, MfS, Abt. XII Nr. 2052, S. 160–189, hier S. 166.

160 HA KuSch/Abt. Disziplinar, Konzeption zur Überprüfung und Klärung einiger Schwerpunkte laut Arbeitsplan 1975 der Abteilung Disziplinar in der Abteilung [XII] des MfS, 17.2.1975, BStU, MfS, Abt. XII Nr. 2732, S. 1–22, hier S. 1. Dort auch das folgende Zitat.

Gelöbnis

Im Wissen um die Macht der Wahrheit
und um ihren Preis
behüten wir,
beauftragt in den Tagen unseres Beginns,
das Wissen:
wer uns Freund ist
und wer Feind.

Und diesen Posten halten wir seither
mit Treue,
Sachverstand
und heißem Herzen.
Erzogen von Genossen,
die sich bewährten in den Klassenschlachten
unseres Jahrhunderts.
Erfüllend das Vermächtnis
jener Helden, die der Folter und Verlockung
mutig widerstanden
und keine Silbe, keine Zahl
den Häschern und den Henkern zu erkennen gaben.
Wie sie zu handeln -
das ist unser Schwur.

Es haben bei uns kein Zuhaus
der Prahlhans, Leichtfuß, Schwätzer,
damit der Feind auch nicht mit Hinterlist
uns die Geheimnisse
entreißen kann.
Stark sind die Wände, undurchlässig,
die uns fest umschließen.
Präzis und sicher
sind die Regeln, die wir uns gegeben.

So ist sie unbezwingbar,
unsere Festung,
denn auf uns, Genossen,
ist Verlaß.

Arndt Beger
Schreibender Tschekist der Abteilung XII

Abb. 20: Das Gedicht „Gelöbnis“ des Mitarbeiters Arndt Beger spiegelt die außerordentlich hohe Bedeutung der Konspiration für das Selbstverständnis der Abt. XII wider. Im Bild der „Festung“, in der es „das Wissen“ zu „behüten“ gilt, kommt neben dem Selbstbewusstsein auch der permanente Kriegszustand zum Ausdruck, in dem man sich zu befinden glaubte.

Vergehen geben Auskunft darüber, welcher Norm die Mitarbeiter zu folgen hatten, welche Grenzen ihrem Verhalten vorgeschrieben waren und welche Vorstellungen das MfS von seinen Mitarbeitern in Kartei und Archiv hatte.

Um welche Fragen es dabei ging lässt sich aus dem Abschlussbericht der Untersuchung erkennen, die von der HA KuSch 1976 in der Abt. XII durchgeführt wurde. Für diese Untersuchung waren Mitarbeiter unter der Legende einer anstehenden „Personal-Akten-Umstellung“ befragt worden – „weder Unruhe noch Misstrauen [sollten] im Kollektiv der Abteilung XII“ erweckt werden.

Im Zuge der Untersuchung gerieten 18 der zu diesem Zeitpunkt 262 Mitarbeiter intensiver in den Blick der Disziplinar-Abteilung. Meist existierten mehrere Gründe, warum man meinte, die Betroffenen könnten „unter Berücksichtigung der spezifischen Aufgabenstellung der Abteilung XII des MfS Angriffspunkte für den Gegner darstellen“[161]. Die meisten Fälle betrafen Kontakte von – oftmals eher weit entfernten – Verwandten oder Bekannten in den Westen. So schrieb sich zum Beispiel die Mutter des Schwiegersohns der Mitarbeiterin Ursel G. mit ihrem in der Bundesrepublik lebenden Vater Briefe, die Schwiegermutter des Mitarbeiters Manfred B. war 1972 zu „einer weitläufigen Verwandten ihres verstorbenen Ehemannes“ in die Bundesrepublik gereist, der Schwiegervater des Mitarbeiters Klaus M. hatte über GENEX einen Pkw geliefert bekommen und die Tochter der Mitarbeiterin Margarethe M. unterhielt Kontakte zu einem in West-Berlin lebenden Jugoslawen. Drei der 18 Mitarbeiter hatten darüber hinaus Alkoholprobleme, die – folgt man der Darstellung der Disziplinarabteilung – oft mit Schwierigkeiten in der Ehe einhergingen. Bei Hartmut S. standen diese Probleme „in krassem Widerspruch zu seiner guten fachlichen Arbeit und seiner Einstellung zum Kollektiv“ und stellten „eine weitestgehende Gefährdung der inneren Sicherheit des Organs dar“.

Neben Westkontakten und Alkohol förderte die Untersuchung weitere Auffälligkeiten zutage. Der Ehemann der Mitarbeiterin Ursel G., ein Volkspolizist, hatte einen kleinen Ladendiebstahl begangen, ihr Sohn war von zu Hause ausgerissen, der Bruder des Mitarbeiters Arndt C. war homosexuell, der Mitarbeiter Ludwig A. hatte eine „undurchsichtige Haltung [...] zur ehemaligen Zugehörigkeit seines Vaters zur faschistischen Feldgendarmerie und dessen Einsatz zur Partisanenbekämpfung“ und der Mitarbeiter Roland M. hatte sich außerehelich mit einer Geschlechtskrankheit infiziert.

Der Untersuchungsbericht zeigt demnach eine Vielfalt an Verhaltensweisen und Beziehungen, die das Kaderorgan als potentielle Gefährdung der Sicherheit in der Abt. XII betrachtete. Westkontakte hätten ein Einfallstor für westliche Geheimdienste sein können und abweichende Verhaltensweisen ein Mittel der

161 HA KuSch/Abt. Disziplinar/Anke, Abschlussbericht, 12.5.1976, BStU, MfS, Abt. XII Nr. 2732, S. 4–22, hier S. 4.

Erpressbarkeit. Zugleich deuten die Ergebnisse an, dass die Sicherheitsüberprüfungen des MfS keine Grenzen kannten und vor dem Privatleben der Mitarbeiter selbstverständlich nicht Halt machten. Ernsthafte Konsequenzen zogen die genannten Untersuchungsbefunde im Übrigen nur selten nach sich.

Derartige Probleme, die als Gefahr für die Abt. XII bzw. des MfS angesehen wurden, standen auch in den Folgejahren im Mittelpunkt der Kaderarbeit in der Abt. XII. So lassen die monatlichen Lageberichte der HA KuSch zur Situation in der Abteilung aus den Jahren 1987 bis 1989 keine wesentlichen Veränderungen der disziplinarischen Schwerpunkte erkennen. Allerdings zeigen die in den Berichten genannten Gründe, aus denen Mitarbeiter entlassen wurden oder mit denen Mitarbeiter selbst um eine Versetzung baten, Befunde, die in den Jahrzehnten zuvor kaum thematisiert worden waren. So gab es nun regelmäßig Fälle, in denen Mitarbeiter wegen „Nichtidentifizierung mit dem Arbeitsgegenstand der Abt. XII“ die Diensteinheit verließen. Diesen „Erscheinungen des Ausweichens vor den gewachsenen Anforderungen durch Stellen von Versetzungsgesuchen, subjektive Krankheitsbilder u. a.“[162] bemühte sich die Diensteinheit gemeinsam mit der HA KuSch und dem ZMD entgegenzuwirken.

Dabei bildeten die Nachwuchskader einen besonderen Schwerpunkt. So betrachtete es die HA KuSch als „problematisch [...], daß die jungen M[itarbeiter] der Abt. XII, aufgrund ihres Arbeitsgegenstandes keine unmittelbar praktischen Berührungspunkte zur klassischen tschekistischen Arbeit haben und für sich selbst keine Verhaltens-/Handlungsweisen ableiten“[163] könnten. Offensichtlich galt dies für die in die operative Arbeit hineinwachsenden Kader anderer Diensteinheit in geringerem Maße.

Eines der wichtigsten Konfliktfelder zwischen den jungen Mitarbeitern der Abt. XII und dem MfS bildete die Frage der Partnerwahl. Dieser massive, gleichwohl geduldete Eingriff der Geheimpolizei in das Privatleben der Mitarbeiter betraf einerseits die Sicherheitsüberprüfung der betreffenden Personen, zu denen die Mitarbeiter eine Beziehung aufbauen wollten. Zum anderen war das MfS darüber hinaus auch an der grundsätzlichen Bindung der Mitarbeiter an einen Partner bzw. eine Partnerin interessiert.

In den 1980er-Jahren kam es immer wieder zu Entlassungen von Mitarbeitern, die sich nicht, wie vom MfS verlangt, von ihren Freundinnen bzw. Freunden trennen wollten. Wegen „Nichteignung für den Dienst im MfS“ musste beispielsweise Oberfeldwebel Detlef R. im Juli 1987 die Geheimpolizei verlassen, da er seine Beziehung nicht aufgeben wollte. Bei ihm – wie bei vielen anderen Betroffenen – kam erschwerend hinzu, dass er sich, so der zuständige Kaderinstrukteur, „unehrlich“ verhalten und die Kontakte seiner Freundin in den Westen

162 HA KuSch/Abt. Kader 1/Ref. 2/Kaderinstrukteur Aurich, Lagebericht Monat Juni 1987 Abteilung XII, 20.6.1987, BStU, MfS, HA KuSch Nr. 2423, S. 551–562, hier S. 551.
163 Ebd., S. 552.

verschwiegen habe.[164] Im selben Monat wurde auch seine Kollegin Martina W. entlassen. Sie habe sich die Einstellung im MfS „erschlichen", hieß es im Bericht der HA KuSch, weil sie eine „Vielzahl kaderpolitisch relevanter Faktoren zum Freund/Verlobten bewußt verschwiegen"[165] habe. Auch ihre Eltern – beide Mitarbeiter der für die Besucherbüros in West-Berlin zuständigen AG XVII – waren von dem Fall betroffen. Sie hatten ihrer Tochter zwar den Umgang mit dem Freund verboten, die Beziehung jedoch nicht ihren Dienstvorgesetzen gemeldet.

Die Beobachtung des Beziehungslebens der Mitarbeiter durch das MfS umfasste weit mehr als nur die Sicherheitsüberprüfung der Partnerinnen und Partner in den Karteien der Geheimpolizei. Vielfach begriffen sich die zuständigen Vorgesetzten geradezu als weitergehende Instanz – und zwar nicht nur durch das Verbot einer Beziehung. So notierte der stellvertretende Leiter der Abt. XII, Oberst Raimund Bartl, als ihn sein Mitarbeiter Michael K. über eine neuen Freundin informiert hatte: „In der weiteren Erziehungsarbeit mit Gen. K[...] wird darauf hingewirkt, daß er seine Haltung zum weiblichen Geschlecht weiter positiv gestaltet und perspektivisch an einer dauerhaften Bindung interessiert ist."[166] Offensichtlich sah man K. dadurch gefährdet, dass er nach Meinung seines Vorgesetzten zu häufigem Wechsel seiner Partnerinnen neigte.

Eine andere Gefahr schien bei dem ebenfalls noch ledigen Andreas R. zu drohen. Der 27-jährige Leutnant hatte zur Frage der Partnerwahl erklärt: „Keine MfS-Mitarbeiterin, sonst hat man ja keine Vorstellung mehr, was ‚draußen' passiert".[167] Eine derartige Auffassung bemühte sich sein Vorgesetzter, Oberstleutnant Dieter Fischer, umgehend zu „korrigieren". Sie stellte einen Angriff auf die Idee vom „elitären Sicherheitsmilieu" dar, an dessen Aufbau das MfS seit den 1950er-Jahren arbeitete.[168] Angesichts einer gewünschten, immer stärkeren Abschottung der Mitarbeiter von der sie umgebenden Gesellschaft, musste ein einzelner Mitarbeiter, der diese Abschottung als Verlust betrachtete, aus der Rolle fallen und unter Umständen als Sicherheitsrisiko betrachtet werden.

Als potentielles Risiko galten schließlich grundsätzlich fast alle Mitarbeiter, die ohne Freund bzw. Freundin lebten. Offensichtlich vermutete man bei diesen Probleme in der Persönlichkeit, die Angriffsflächen für den Gegner oder zumindest Schwierigkeiten in den Arbeitskollektiven hätten bieten können. So wurde der Mitarbeiter Rolf S. 1988 aus dem Nachwuchskaderbestand der Diensteinheit gestrichen: „Gen. S[...] konnte bisher seine Probleme hinsichtlich des

164 Vgl. HA KuSch/Abt. Kader 1/Ref. 2/Kaderinstrukteur Aurich, Lagebericht Monat Juli 1987 Abteilung XII, 23.7.1987, BStU, MfS, HA KuSch Nr. 2423, S. 547–550, hier S. 549.

165 Ebd., S. 548.

166 Abt. XII/stellv. Leiter Bartl, Schreiben an HA KuSch/Abt. Kader 2/2, 19.11.1986, BStU, MfS, Abt. XII Nr. 394, S. 22.

167 Abt. XII/5/Fischer, Vermerk zum Fehlverhalten des Gen. Leutnant R[...], Andreas vom 13.11.1986, 2.12.1986, BStU, MfS, Abt. XII Nr. 3432, S. 1 f., hier S. 1.

168 Vgl. Gieseke, Mitarbeiter, S. 288–292.

Einzelgängertums sowie seine Verklemmtheit gegenüber dem weiblichen Geschlecht trotz vielfältiger Hinweise und Unterstützung nicht überwinden."[169] S. und sein Kollege B. waren bereits über 30 Jahre alt, so dass ihr Vorgesetzter, der Leiter der Abt. Archiv Klaus Handke, meinte, gegen „gewisse Anzeichen einer ‚Torschlußpanik'"[170] vorgehen zu müssen.

Dass „Verklemmtheit gegenüber dem weiblichen Geschlecht" überhaupt ein Thema für die Kaderabteilung sein konnte, lag vor allem an dem Verdacht der Homosexualität, die sich hinter einem solchen vermuteten Charakterzug hätte verbergen können. Homosexualität aber galt im MfS als Sicherheitsrisiko. Schwule und lesbische Personen kamen dementsprechend für eine Tätigkeit in der Geheimpolizei nicht infrage – Mitarbeiter, bei denen diese Neigung erst nach der Einstellung offenbar wurde, mussten entlassen werden.[171] Zwar zogen diese Entlassungen „keine weiteren dienstlichen oder parteilichen Konsequenzen nach sich"[172], doch dürften die Umstände für die Betroffenen nicht selten belastend gewesen sein.

Ein Beispiel ist die Entlassung des Leutnants Carsten R. Er sah sich intensiven internen Ermittlungen ausgesetzt, bei denen er u.a. einen Facharzt für Neurologie beim ZMD aufsuchen musste.[173] Von der Abt. XII wurde ein mehrseitiger Auskunftsbericht über R. verfasst, in dem es an vagen Beschuldigungen wimmelt.[174] So nutze R. seine Freizeit „nicht für aktive Erholung" sondern besuche gern Restaurants wie „Offenbachs Stuben", ein bekanntes, von Intellektuellen frequentiertes Lokal in Ost-Berlin.[175] Dadurch, dass er in einer 1-Raum-Wohnung im Stadtbezirk Prenzlauer Berg wohne, sei er „auch ungenügend kontrollierbar". Schließlich zeige er Interesse an einer Frau, die „dem Alter nach seine Mutter sein könnte" – möglicherweise gelte das Interesse, so der Bericht weiter, aber eher deren hirngeschädigtem Sohn, „da sich im Verhalten des Gen. Ltn. R[…] Anzeichen für Homosexualität zeigen" würden. Die HA KuSch deckte schließlich weitere Vergehen R.s auf,[176] darunter den Erwerb eines pornographischen Kartenspiels und das Schreiben von „pornographischen Schrift-

169 HA KuSch/Abt. Kader 1/2/Aurich, Lagebericht Monat Mai 1988 Abt. XII, 21.5.1988, BStU, MfS, HA KuSch Nr. 2423, S. 488–493, hier S. 489.

170 Abt. XII/Archiv/Leiter Handke, Bericht über die Erfüllung der Aufgaben der Kaderarbeit im Jahre 1988, 12.10.1988, BStU, MfS, Abt. XII Nr. 4415, S. 82–94, hier S. 87.

171 Vgl. Stephan Wolf, Das MfS und Homosexualität, unveröff. MS, undat., S. 2f.

172 Ebd., S. 3.

173 Vgl. HA KuSch/Abt. Kader 2/Gruschwitz, Vorschlag zur Entlassung, 5.3.1985, BStU, MfS, Diszi 7517/92, S. 176–183, hier S. 181.

174 Vgl. im Folgenden Abt. XII/2, Auskunftsbericht über Gen. Ltn. R[…], Carsten, 26.7.1985, BStU, MfS, Abt. XII Nr. 2690, S. 6–9.

175 Zur besonderen Bedeutung des Restaurants „Offenbachs Stuben" vgl. Jutta Voigt, Der Geschmack des Ostens. Vom Essen, Trinken und Leben in der DDR, Berlin 2005, S. 185–188.

176 Vgl. im Folgenden HA KuSch/Bereich Disziplinar/Abt. 2/Hillert u. Brandt, Abschlußbericht, 9.7.1985, BStU, MfS, Diszi 7517/92, S. 188–194.

stücken mit homosexuellem, masochistischem, lespischen [sic] und zoophilem Charakter“. Zwar stritt R. ab, homosexuell zu sein, doch wurde er im März 1985 wegen Nichteignung aus dem MfS entlassen.

Im selben Jahr traf eine andere Mitarbeiterin der Abt. XII das gleiche Schicksal. Im Dezember 1985 musste Oberleutnant Petra P. wegen „Abartigkeiten im Sexualverhalten“[177] die Geheimpolizei verlassen. Nicht nur die im Vergleich zum Fall Carsten R. heftigere und diskriminierendere Wortwahl lässt vermuten, dass das Vorgehen gegen Mitarbeiterinnen, die in den Verdacht der Homosexualität gerieten, möglicherweise rigider ausfiel als das gegen ihre männlichen Kollegen. Die 32-Jährige war 1974 in der BV Schwerin eingestellt worden, hatte dort seit 1977 in der Abt. XII gearbeitet und war nach einer gescheiterten Ehe 1983 zum MfS nach Berlin gewechselt.[178] Im Juli 1985 leitete das MfS die OPK (Operative Personenkontrolle) „Finger“ gegen die Mitarbeiterin ein. Ein Mitarbeiter der BV Suhl, Leutnant Dieter D., hatte seine Diensteinheit darüber informiert, dass seine langjährige Lebensgefährtin Martina S. eine „Intimbeziehung“ mit P. führe und zu ihr nach Berlin zu ziehen beabsichtige.[179] Der offensichtlich rachsüchtige D. berichtete dem MfS über intimste Details seiner Beziehung und auch über die Korrespondenz zwischen S. und P., die er heimlich gelesen hatte. Offenbar hatte D. zuvor P. gedroht, dass er ihr „von dienstlicher Seite aus Schwierigkeiten machen könnte“[180], wie P. im Oktober 1985 in einer Stellungnahme gegenüber dem MfS erklärte. Für die Geheimpolizei dürfte alarmierend gewesen sein, dass P. im Zuge der Ermittlungen auch von einer weiteren Beziehung zu einer anderen Frau in den Jahren 1982 bis 1984 berichtete,[181] von der das MfS bis zu diesem Zeitpunkt nichts wusste. Auch nach der Entlassung blieb P. – wie in derartigen Fällen üblich – unter Beobachtung des MfS. Als „Schwerpunkt bei der operativen Sicherung der Genossin P[…]“ legte die HA KuSch „die Kontrolle und Wertung ihres Umgangskreises, ihrer Kontakte und Verbindungen“[182] fest.

Dass das MfS auch jenseits solcher Fälle von Homosexualität keine Grenzen bei der Überwachung der Mitarbeiter kannte und die Mitarbeiter dies auch akzeptierten, zeigte sich besonders deutlich auch im Fall von Leutnant Jörg H. Im Januar 1989 erschien die Ehefrau des 41-Jährigen in der Anmeldung des MfS und bat dort, wie die Kaderabteilung später notierte, „aufgrund von Auseinandersetzungen/Problemen in ihrer Ehe um Unterstützung bei der Klärung

177 HA KuSch/Abt. Kader 2/Referat 2/Aurich, Vorschlag zur Entlassung, 21.11.1985, BStU, MfS, KS II 255/86, S. 4–11, hier S. 10.

178 Vgl. BStU, KKK P[…].

179 Vgl. BV Suhl/HA VIII/Dieter D[…], Informationsbericht, 14.7.1985 (Abschrift vom 16.7.1985), BStU, MfS, Diszi 6772/92, S. 15 f.

180 Petra P[…], Stellungnahme, 24.10.1985, BStU, MfS, Diszi 6772/92, S. 63–66, hier S. 65.

181 Ebd., S. 64.

182 HA KuSch/Abt. Kader 2, Maßnahmeplan zur Entlassung, 9.12.1985, BStU, MfS, Diszi 6772/92, S. 144–146, hier S. 146.

dieser"[183]. Im Bericht heißt es weiter: „Dieses Anliegen wurde durch den Bereich Disziplinar entgegengenommen. Gemeinsam wurde am 9.1.89 eine Aussprache mit dem Gen[ossen] H[…] geführt. Gen. H[…] hatte bereits 11/88 über Probleme seiner Ehe berichtet, lehnte zum damaligen Zeitpunkt jedoch ein klärendes Gespräch seitens der D[iensteinheit] mit seiner Ehefrau ab." Nun kam es doch zu einem solchen Gespräch: „In dieser Aussprache konnten wesentliche Meinungsverschiedenheiten und Anlässe zu Streitigkeiten geklärt werden. Gen. H[…] und seine Ehefrau werden sich bemühen, auftretende Probleme sachlich und ordentlich zu klären. Geäußerte Scheidungsabsichten zog die Ehefrau während der Aussprache zurück." Weniger überraschend als das Interesse des MfS an den Eheproblemen, die sich möglicherweise zu einer Gefahr für die Sicherheit hätten entwickeln können, ist die Bereitschaft des Mitarbeiters und seiner Ehefrau, die Geheimpolizei als zentrale Instanz zur Lösung ihrer Probleme zu wählen. Deutlich wird hier die paternalistische Rolle, die das MfS gegenüber seinen Mitarbeitern spielte. Dies war im Rahmen der DDR-Gesellschaft allerdings auch nicht unüblich – in anderen Bereichen der „Fürsorgediktatur" übernahm oft die SED die Funktion einer solchen Instanz.

Das Beispiel des Ehepaars H. war kein Einzelfall. Im September 1987 hatte die Ehefrau des Mitarbeiters der Abt. XII Matthias B. telefonisch um ein Gespräch mit einem Verantwortlichen der Diensteinheit gebeten.[184] Noch am selben Tag suchten sie deshalb der Leiter der Abt. XII/1, Joachim Hinz, und der Leiter des Referats XII/1/2 Bernd-Michael Langguth auf. Die Ehefrau berichtete von zwei zentralen Problemen: Sie bekomme zum einen von „ihrem Mann immer weniger Wirtschaftsgeld und [könne] damit ihren Haushalt nicht bestreiten". Zum anderen habe ihr Mann ein Alkoholproblem: So trinke er auf dem Heimweg von der Arbeit täglich etwa zwei Bier und zwei Schnäpse, am Wochenende gewöhnlich unter anderem 10–15 Flaschen Bier. Interessanter als die finanziellen und alkoholbedingten Nöte der Ehefrau war für die MfS-Mitarbeiter aber offenbar das, was sie „des weiteren […] im Gespräch in Erfahrung" bringen konnten: Verwandte von Matthias B. hatten Kontakte in die Bundesrepublik, von denen B. seinen Vorgesetzten offenbar noch nicht berichtet hatte. Hinz schlug im Anschluss an das Gespräch vor „zu prüfen, ob eine Entlassung des Genossen Unterleutnant B[…] aus dem MfS erfolgen [könne], da Gefahren für die innere Sicherheit" vorlägen. Und tatsächlich wurde B. Ende Oktober 1987, knapp zwei Monate nach dem Gespräch mit seiner Ehefrau, „wegen Nichteignung für den Dienst im MfS"[185] entlassen.

183 HA KuSch/Abt. Kader 1/2/Ostmann, Lagebericht Monat Januar 1989, 23.1.1989, BStU, MfS, HA KuSch Nr. 2423, S. 453–455, hier S. 455.

184 Vgl. im Folgenden Abt. XII/1/Hinz, Bericht über Unterleutnant Matthias B[…], 7.9.1987, BStU, MfS, Abt. XII Nr. 2739, S. 60 f.

185 HA KuSch/Abt. Kader/Ref. 2/Aurich, Lagebericht Monat Oktober 1987 – Abteilung XII, 22.10.1987, BStU, MfS, HA KuSch Nr. 2423, S. 532–536, hier S. 534.

Spielte im Fall von B. der Alkoholkonsum für das MfS offensichtlich nur eine Nebenrolle, so war dies bei einer Reihe weiterer Mitarbeiter der Abt. XII anders. Immer wieder kam es im Laufe der Jahre zu dienstlichen Strafen im Zusammenhang mit Alkoholkonsum bis hin zu alkoholbedingten Entlassungen. Auch im Alltag der Diensteinheit war Alkohol präsent – und zumindest in den 1950/60er-Jahren galt dies nicht nur für abteilungsinterne Feste und Feiern. So berichtet Friedher K. im Interview vom Alkoholkonsum in seiner Abteilung um das Jahr 1970 herum: „Ich [...] werde nie vergessen – das war noch bei Bartonek[186] – da macht Ruth[187] [...] das Fenster auf und sagt zu ihm: ‚Guck mal, was wir hier stehen haben!' Da stand auf dem Fensterbrett so ne ganze Batterie [...], mindestens 25 leere Schnapsflaschen. Also es wurde nicht getrunken in Massen [...], aber wenn Geburtstage waren oder Feiern, dann wurde ne Flasche nieder gemacht."[188]

Nicht zufällig verortet K. den exzessiven Alkoholkonsum in die Frühzeit seiner Tätigkeit im MfS. In den 1980er-Jahren war die Toleranzschwelle deutlich gesunken. Im Juli 1987 gab der Leiter der Abt. XII, Oberst Heinz Roth, Schulungsmaterial mit dem Titel „Zu sozialen, medizinischen und kaderpolitischen Aspekten des Alkoholmissbrauchs und der Alkoholabhängigkeit"[189] in den Umlauf, das von der HA KuSch und dem ZMD erarbeitet worden war. „Das Material soll helfen, die konkrete Lage in den Kollektiven einzuschätzen und den Alkoholmißbrauch und seine Folgen vorbeugend zu verhindern"[190], informierte Roth seine untergebenen Leiter. „Die Dienstdurchführung beeinträchtigenden und die innere Sicherheit des MfS gefährdenden Erscheinungen des Alkoholkonsums" sollte entgegengetreten werden.

Mit der Zahl der alkoholbedingten Vorfälle und Entlassungen war die Abteilung keineswegs untypisch innerhalb des MfS.[191] Alkohol und die durch ihn verursachten Probleme standen auf der Tagesordnung aller Diensteinheiten. Angesichts der großen Bedeutung, die der Alkohol auch in der DDR-Gesellschaft überhaupt spielte,[192] war die Geheimpolizei allerdings auch nur ein Spiegel der sie umgebenden Gesellschaft.

186 Gemeint ist der Leiter des Archivreferats der Abt. XII, Rudolf Bartonek, der 1971 verrentet wurde. K. war 1966 zur Abt. XII gekommen; vgl. BStU, KKK K[...].

187 Gemeint ist vermutlich K.s Kollegin Ruth L., die 1969 zur Abt. XII kam; vgl. Abt. XII/Leiter, Schreiben an HA KuSch/Leiter betr. Vorschlag zur vorzeitigen Zahlung von Invalidenrente für Oberleutnant Ruth L[...], 10.1.1983, BStU, MfS, Abt. XII Nr. 5133, S. 6f., hier S. 6.

188 Interview mit Friedher K. am 12.2.2013.

189 Vgl. HA KuSch/ZMD, Zu sozialen, medizinischen und kaderpolitischen Aspekten des Alkoholmissbrauchs und der Alkoholabhängigkeit, Juni 1987, BStU, MfS, Abt. XII Nr. 2147, S. 4–19.

190 Abt. XII/Leiter Roth, Schreiben an die Leiter des Dienstbereichs, 6.7.1987, BStU, MfS, Abt. XII Nr. 2147, S. 22f. hier S. 22. Dort auch das folgende Zitat.

191 Zum Alkoholkonsum im MfS vgl. Sonja Süß, Politisch mißbraucht? Psychiatrie und Staatssicherheit in der DDR, Berlin 1998, S. 726–731; Krämer/Vallendar, Leben, S. 207–211; Martin, „Ich", S. 393–401.

192 Vgl. Thomas Kochan, Blauer Würger. So trank die DDR. Berlin 2011.

Der Umgang des MfS mit seinen alkoholkranken Mitarbeitern war allerdings, wie Roths Anmerkungen zu dem Schulungsmaterial zeigen, weniger durch Hilfestellungen und anteilnehmende Fürsorge geprägt. Stattdessen stand auch hier die Abwehr von Gefahren für die Sicherheit des MfS im Vordergrund. Alkoholmissbrauch wurde als Folge des Versagens der einzelnen Mitarbeiter verstanden und die Verantwortung für die Abhängigkeit allein bei ihm (oder ihr) gesehen. Dass ein Teil der Ursachen für dieses vielschichtige Problem möglicherweise auch in der beruflichen Tätigkeit zu suchen sein könnte, gehörte nicht zur Vorstellungswelt des MfS.

Dementsprechend gestaltete sich der Umgang mit alkoholkranken Mitarbeitern, wie das Beispiel von Oberfeldwebel Doris R. zeigt. Die 1946 in der Niederlausitz geborene Mitarbeiterin war nach einer abgebrochenen Ausbildung als Kindergärtnerin und nach Beschäftigungen bei der Volkspolizei und bei einem Wehrkreiskommando im Jahr 1976 zur Abt. XII in der Berliner Zentrale des MfS gekommen.[193] Im März 1979 informierte ihr Ehemann, der ebenfalls beim MfS beschäftigt war, das Ministerium über Alkoholprobleme seiner Frau.[194] Diese konnten zunächst durch Ärzte nicht bestätigt werden, doch als R. nach „aggressive[n] Handlungen unter Alkoholeinfluss gegenüber dem Ehemann“ schließlich in eine Neuropsychiatrische Klink eingewiesen wurde, stellten die Ärzte nun eine Alkoholabhängigkeit fest. Noch vor Abschluss der „Entziehungsbehandlung“ bereitete das MfS die Entlassung der Mitarbeiterin vor – angesichts einer „labile[n] Persönlichkeitsstruktur“ gäbe es „nur eine sehr fragliche Prognose“. Damit würde sie, so die HA KuSch, „einen Unsicherheitsfaktor für die Gewährleistung der inneren Sicherheit des MfS“ darstellen. Bereits einige Monate zuvor hatte der zuständige Kaderinstrukteur festgestellt, dass „weitere und schwerere Vorkommnisse“ nicht auszuschließen seien und die Abt. XII „auf Versuche und Kompromisse […] im Interesse der inneren Sicherheit nicht eingehen“[195] könne.

Der Fall der alkoholabhängigen Doris R. hatte allenfalls am Rande einen direkten Bezug zum Dienstalltag der Abt. XII. Dies galt in ähnlicher Weise auch, wie bereits dargestellt, für Fragen der Westverbindungen, der Partnerwahl und der Eheprobleme. Wie weit die Furcht des MfS vor den Mitarbeitern und deren persönlicher Lebensgestaltung ging, zeigt darüber hinaus eine fortlaufend aktualisierte „Übersicht über spezielle Kaderprobleme“ aus den 1980er-Jahren.[196] Stichpunktartig sind dort Probleme einzelner Mitarbeiter aufgelis-

193 Vgl. im Folgenden HA KuSch/Abt. Kader 2/Ref. 2/Gruschwitz, Vorschlag zur Entlassung, 23.4.1984, BStU, MfS, Diszi 6944/92, S. 303–310.

194 Vgl. Abt. XII/Leiter/i. V. Moschner, Schreiben an HA KuSch/Abt. 7/Leiter betr. Genossin Feldwebel R., 4.9.1979, BStU, MfS, KS II 585/84, S. 92.

195 HA KuSch/Abt. Kader 2/2/Aurich, Vermerk zu Doris R., 30.9.1982, BStU, MfS, KS II 585/84, S. 99 f., hier S. 99.

196 Vgl. im Folgenden Übersicht über spezielle Kaderprobleme, o. D., BStU, MfS, Abt. XII Nr. 4827, S. 1–4.

tet. „Freizeitbereich unbekannt. erzählt darüber sehr wenig“ wurde etwa zum Mitarbeiter Joachim W. notiert – als Maßnahme wird in diesem Fall „Unter Kontrolle halten“ angeführt. Über andere Mitarbeiter heißt es: „Verbindung zu ehem. negativen Schulfreund“, „Einstellung zur Versetzung nach Berlin unbefried.“, „Nörgler“, „Sohn in der Vergangenheit Erziehungsschwierigkeiten“, „steht unter Einfluß der Ehefrau“, „Neigung zum Quatschen“, „Tochter mit Jugoslawen zusammen“ oder „Meckerkopf“. Derartige „Probleme“, die Hinweise auf von der Norm abweichendes Verhalten darstellten, betrachteten die verantwortlichen Leiter als potentielle Gefahr für die Geheimpolizei – der Gegner hätte hier „Ansatzpunkte“ finden können.

Mehrfach in der Übersicht genannt sind auch Auffälligkeiten finanzieller Art wie „Geld geborgt“ oder „Kontoüberziehung“, die die betreffenden Mitarbeiter hätten erpressbar machen können. Da die MfS-Mitarbeiter verpflichtet waren, ihre Ersparnisse durch eine MfS-eigene Sparkasse verwalten zu lassen, bestanden in dieser Frage besonders umfassende Kontrollmöglichkeiten. So meldete die Abt. Finanzen festgestellte Kontoüberziehungen den Diensteinheiten, in denen die betreffenden Mitarbeiter arbeiteten. Diese mussten sich dann zu dem Vorfall äußern, wie etwa Feldwebel Stefan J., der 1979 sein Konto um 5,82 Mark überzogen hatte – der Mitarbeiter des Zentralarchivs „gestand“, seine Kontoauszüge nicht ausreichend kontrolliert zu haben.[197] Der Hinweis in der „Übersicht über spezielle Kaderprobleme“ auf „geborgtes Geld“ deutet allerdings darauf hin, dass neben den offiziellen Wegen der Beobachtung des Finanzgebarens der Mitarbeiter auch inoffizielle eine Rolle spielten. Denn die Kenntnisse über ein solches privates Leihgeschäft dürfte die Diensteinheit vermutlich durch Verrat von Kollegen erhalten haben.

Wie nah am Rand eines Disziplinarvergehens sich die hauptamtlichen Mitarbeiter in vielfältigen Alltagssituationen befinden konnten, zeigt zudem das Beispiel des 28-jährigen Unterleutnants Volker B. Er hatte im September 1982 in der Zeitschrift „Die Wochenpost“ eine Kleinanzeige aufgegeben, um für sich und seine Familie einen Urlaubsplatz zu finden. Aus den fast 50 Zuschriften wählten B. und seine Frau eine Privatunterkunft in der Sächsischen Schweiz aus. Doch aus dem Urlaub wurde nichts: „Durch zwei Aussprachen mit dem Genossen Lubner[198] wurde ich darauf aufmerksam gemacht, das [sic] man sich auf diese Art und Weise keinen Urlaubsplatz beschaffen könne. Ich wurde darauf aufmerksam gemacht, daß das ein Verstoß gegenüber Bestimmungen und Weisungen über Geheimhaltung, Ordnung und innerer Sicherheit sei.“[199] Mit

197 Vgl. Stefan J[…], Stellungnahme, 21.3.1979, BStU, MfS, Abt. XII Nr. 2168, S. 2f.

198 Hauptmann Lothar Lubner war zu diesem Zeitpunkt Leiter des Referats, in dem B. arbeitete.

199 Abt. XII/ZA/6/B[…], Stellungnahme, 29.6.1983, BStU, MfS, Abt. XII Nr. 2745, S. 33–35, hier S. 35. Einen Tag später reichte B. eine „Ergänzung und Berichtigung zu meiner Stellungnahme“ ein, die er „nach nochmaliger Durchsprache dieses Problems mit meiner Frau“ verfasst

Verweis auf eine angebliche Erkrankung seiner Tochter musste B. wenige Tage vor Ferienbeginn die Reise bei der Vermieterin stornieren.

Abseits solcher Vorkommnisse und Lebensumstände, die vor allem im privaten Umfeld der Mitarbeiter zu verorten sind und die den unbegrenzten Anspruch des MfS auf ihre Mitarbeiter veranschaulichen, ereigneten sich auch disziplinarische Vorfälle, die als Teil des Arbeitsprozesses der Diensteinheit gesehen werden können. Dabei scheint es jedoch nie zu einem tatsächlichen Abfluss von Informationen an einen westlichen Geheimdienst gekommen zu sein.

Ein häufig wiederkehrendes Vergehen war der Verlust von Dienstausweisen, Schlüsseln und Petschaften. Derartige Vorkommnisse zogen umfangreiche Ermittlungen nach sich, die Verursacher mussten sich schriftlich rechtfertigen und Besserung versprechen, abschließend erhielten sie meist eine Disziplinarstrafe. Zum Schutz der Konspiration war es dabei von Bedeutung, ob die betroffenen dienstlichen Ausweise oder Gegenstände von Außenstehenden hätten gefunden werden können. So kam der spätere stellvertretende Leiter der Abt. XII, Joachim Hinz, mit einer „Belehrung" davon, als er 1966 ein Petschaft in einem Sessel in der Wohnung seiner Mutter verlor und erst nach zwei Tagen wiederfand. Zuvor hatte er in seiner Verlustmeldung minutiös seine Schritte beschrieben, die er unternommen hatte, nachdem er das Petschaft zum letzten Mal in der Hand gehalten hatte – einschließlich eines Gangs von der Wohnung zur Mülltonne.[200] Offenbar schätzten seine Vorgesetzten das Risiko, das von dem im mütterlichen Sessel liegenden Petschaft hätte ausgehen können, als gering ein.

Gravierender als derartige Verluste waren Handlungen, die die Vorgesetzten als schwerere Verstöße gegen die Sicherheitsbestimmungen der Abteilung betrachteten. Am Beispiel eines Vorfalls, der sich im September 1980 ereignete, lässt sich erkennen, dass dabei nicht selten auch Kollegen als Informanten eine zentrale Rolle spielten. Dem stellvertretenden Referatsleiter Oberleutnant Arndt Beger war beim Betreten des Büros seines Kollegen Leutnant Wolfgang F. ein Fotoapparat aufgefallen: „Auf meine scherzhafte Bemerkung, ob er konspirative Aufnahmen mache, reagierte er mit einer abwehrend-verneinenden Bemerkung, wobei ich den Eindruck hatte, daß es ihm etwas peinlich war, mit einem Fotoapparat angetroffen zu werden."[201] Beger meldete seine Beobachtung erst einige Stunden später weiter, als er sich aus einem anderen Grund über F. mit einem weiteren Kollegen unterhalten hatte – beide mussten feststellen, dass sie unabhängig voneinander F. „in der Vergangenheit dann und wann bei anderen Beschäftigungen als fachlicher Arbeit" angetroffen hätten. Daraufhin zitierte

hatte. Sie hatte ihn „auf einige Unzulänglichkeiten in [seinen] Ausführungen aufmerksam" gemacht; BStU, MfS, Abt. XII Nr. 2745, S. 47 f.

200 Vgl. Abt. XII/Zentralarchiv/Hinz, Meldung über den Verlust der Petschaft 5802 (MfS) an Büro der Leitung, 5.9.1966, BStU, MfS, Diszi 4083/92, S. 12.

201 Abt. XII/AKG/Beger, Meldung, 17.9.1980, BStU, MfS, Abt. XII Nr. 6841, S. 89–91, hier S. 89.

der Leiter der AKG, Wilfried Kühnrich, nach Rücksprache mit dem amtierenden Leiter der Diensteinheit F. zu sich, machte ihm „nochmals die Fragen der erhöhten Geheimhaltung in der Abteilung XII“[202] klar und verlangte die Herausgabe der Kamera und des Films, auf dem laut F. zwei Aufnahmen seines Schreibtisches waren. F. rechtfertigte sich mit der Aussage, er habe „in seiner früheren operativen Arbeit öfters den Fotoapparat für dienstliche Zwecke benutzen“ müssen und sich nun „nichts dabei gedacht“[203]. Weitere Konsequenzen hatte der Vorfall für F. nicht.

Das Geschehen zeigt auf der einen Seite, dass der Geheimnisschutz im Alltag der Abt. XII offenbar stärker gewichtet wurde als in operativen Diensteinheiten wie der HA XVIII, in der F. zuvor gearbeitet hatte.[204] Auf der anderen Seite lässt sich erkennen, wie sehr Mitarbeiter in die Überwachung der eigenen Kollegen involviert waren – ein normales, kollegiales Verhältnis dürfte unter solchen Bedingungen nur schwer aufzubauen gewesen sein. Allerdings war F. zu diesem Zeitpunkt erst vier Monate in der Abteilung – engere Bindungen zu Kollegen, die möglicherweise sein „Vergehen“ verschwiegen hätten, waren da vermutlich noch nicht entstanden.

Das MfS bemühte sich, die besondere Rolle, die die Mitarbeiter der Abt. XII durch ihre Tätigkeit in der Schaltstelle für Informationen besaßen, durch Maßnahmen der Konspiration abzuschwächen. Zu den wichtigsten derartigen Maßnahmen zählten die Trennung der Personen- von der Vorgangskartei und die „Neutralisierung“ der Personenkartei.[205] Gänzlich anonymisieren ließen sich die Inhalte jedoch nicht und blieben somit anfällig für eine unberechtigte Nutzung durch die Mitarbeiter. So schildert der frühere Major Siegbert J. im Interview, dass es gemeinhin üblich gewesen sei, Personen aus seinem Lebensumfeld in den Karteien zu überprüfen – selbstverständlich ohne, dass dies erlaubt gewesen sei.[206] Er habe dies beispielsweise bei den Bewohnern seines Hauses getan. Aufgrund der „Neutralisierung“ der Personenkartei konnte er zwar nicht feststellen, aus welchem Grund seine Nachbarn verzeichnet waren. Doch da bis auf einen Bewohner alle eine Karteikarte hatten, vermutete er, dass es sich bei allen um MfS-Mitarbeiter handelte – bei dem einzigen Nachbarn ohne Karteikarte ließ sich dies ausschließen.

202 Abt. XII/AKG/F[…], Stellungnahme zu meinem Verhalten am 16.9.1980, 17.9.1980, BStU, MfS, Abt. XII Nr. 6841, S. 87f., hier S. 87

203 Abt. XII/AKG/Leiter Kühnrich, Vermerk zum Vorkommnis mit dem Gen. F[…] am 16.9.1980, 19.9.1980, BStU, MfS, Abt. XII Nr. 6841, S. 84–86, hier S. 84f.

204 Vgl. BStU, KKK F[…]. Allerdings hatte F. in der BV Cottbus gearbeitet – möglicherweise ist der laxere Umgang mit derartigen Sicherheitsbestimmungen auch auf den Unterschied von Zentrale und BV zurückzuführen.

205 Vgl. den Beitrag „Das Gedächtnis der Staatssicherheit“ von Philipp Springer in diesem Band.

206 Vgl. im Folgenden Interview mit Siegbert J. am 1.7.2014.

Nur sehr selten lassen sich Fälle finden, in denen derartige Vergehen auffielen. So musste sich etwa im April 1979 die langjährige Mitarbeiterin Gerda B. dafür rechtfertigen, dass sie auf Wunsch ihrer Kollegin Ursula G. in der Zentralkartei überprüfen ließ, ob und wie der Freund von G.s Tochter durch das MfS erfasst war.[207]

Als Verstoß gegen die Vorschriften der Konspiration wurde auch gewertet, wenn sich Mitarbeiter über Akteninhalte austauschten, ohne dass dies dienstlich gerechtfertigt gewesen wäre. Eine besondere Art einer solchen „Nutzung" stellte der Umgang mit archivierten Fotografien mit sexueller Konnotation dar. Der Kaderbericht der Archivabteilung vermerkte im Oktober 1986 „das Herumreichen von aus Akten entnommenen pornographischen Bildern im Referat 2 des Archivs" als „besonders drastisches Beispiel" für „oberflächliche[s], nicht weisungsgemäße[s] Verhalten"[208] von Mitarbeitern der Abt. XII. Ein solcher Umgang mit derartigen Fotografien war zeitlos im MfS. Bereits Oberst Reinhold Knoppe hatte 1965 vor einer Entnahme entsprechender Aufnahmen durch Mitarbeiter gewarnt.[209]

Dürften solche Verhaltensweisen im MfS zwar kritisiert, aber vermutlich eher lässlich behandelt worden sein, so sah dies im Fall einer anderen Form nicht-dienstlicher Nutzung anders aus. „Schwatzhaftigkeit" lautete der Vorwurf gegenüber derartigen Mitarbeitern – ein Vorwurf, der ernste Konsequenzen nach sich ziehen konnte, wie das Beispiel von Volker H. und Karl-Heinz Sch. zeigt.[210] Hauptmann H. hatte im März 1988 aus einer Akte erfahren, dass der Sohn des Leiters des Referates ODH/WSD und früheren Leiters des Sekretariats der Abt. XII, Major Hans Teshmer, wegen versuchter Republikflucht verhaftet worden war. H. erzählte davon seinem Kollegen Sch., mit dem ihn ein „Vertrauensverhältnis" und gemeinsame Freizeitaktivitäten verbanden. „Aus falscher Kameradschaft und seinem Geltungsbedürfnis heraus"[211], so sein Vorgesetzter Herbert Ahner, meldete Sch. dies nicht weiter. Er ging vielmehr umgehend zu Teshmer, um zu erfahren, ob dieser von der Verhaftung wisse.

207 Gerda B[…], Information, 12.6.1979, BStU, MfS, Abt. XII Nr. 3323, S. 37.

208 Abt. XII/Archiv/Handke, Bericht über die Erfüllung der Aufgaben der Kaderarbeit 1986, 15.10.1986, BStU, MfS, Abt. XII Nr. 4416, S. 116–130, hier S. 123.

209 Vgl. Abt. XII/Knoppe für Generalmajor Scholz, Analyse über Archivunterlagen und Auskunftserteilung, 3.6.1965, BStU, MfS, Abt. XII Nr. 5818, S. 25–73, hier S. 57.

210 Vgl. im Folgenden Abt. XII/Leiter Roth, Befehl, 11.4.1988, BStU, MfS, Abt. XII Nr. 2711, S. 1 f., Karl-Heinz Sch[…], Bericht über die Information des Gen. H[…] an mich, 12.4.1988, BStU, MfS, Abt. XII Nr. 2711, S. 5 f., Abt. XII/AGL/Leiter Ahner, Stellungnahme zu dem Disziplinverstoß des Gen. Hptm. Sch[…], 14.4.1988, BStU, MfS, Abt. XII Nr. 2711, S. 7–11, HA KuSch/Abt. Kader/Ref. 2/Aurich, Lagebericht Monat April 1988 – Abteilung XII, 22.4.1988, BStU, MfS, HA KuSch Nr. 2423, S. 494–499, hier S. 498.

211 Abt. XII/AGL/Leiter Ahner, Stellungnahme zu dem Disziplinverstoß des Gen. Hptm. Sch[…], 14.4.1988, BStU, MfS, Abt. XII Nr. 2711, S. 7–11, hier S. 8.

Sch. und H. wurden für diese „Verstöße gegen die Prinzipien der Geheimhaltung im MfS“ mit einem Verweis bzw. strengen Verweis bestraft. Aufschlussreich erscheint der Vorwurf der „charakterlichen Schwächen“ gegen Sch.: „Gen. Hptm. Sch[...] schätzt selbst ein, daß er bestrebt ist zu vielen Angehörigen Kontakt zu haben. Dieses Kontaktbestreben ist von Schwatzhaftigkeit und Vertrauensseligkeit geprägt [...].“[212] Offensichtlich erschien es seinem Vorgesetzten verdächtig, dass sich der 34-jährige Sch., der erst seit einem Jahr in der Abt. XII tätig war, bemüht hatte, Beziehungen zu seinen Kollegen aufzubauen.

Kollegialität und Corpsgeist konnten demnach aus Sicht des MfS eine Gefahr für die umfassende Konspiration und den Schutz der Informationen in der Abt. XII darstellen. So wie die Geheimpolizei ihren Mitarbeitern gegenüber sollten auch die Kollegen untereinander permanentes Misstrauen walten lassen. Ein solches Denken durchzusetzen gelang jedoch, wie das Beispiel der MfS-Offiziere H. und Sch zeigt, nur bedingt.

Dies zeigte sich auch und wohl erst recht außerhalb der Dienststelle im Privatleben der Mitarbeiter. Als im Frühjahr 1989 47 Angehörige der Abt. XII zu ihren „tschekistischen und abwehrmäßigen Denk- und Verhaltensweisen“ und in diesem Rahmen auch zu ihren Reaktionen auf mögliche „Schwatzhaftigkeit von Mitarbeitern des MfS im Wohngebiet“ befragt wurden, lieferten die Antworten nicht das erwünschte Ergebnis: „Alle gingen davon aus, den Betreffenden auf sein Verhalten aufmerksam zu machen. Bei Nichtbeachtung des Hinweises gingen nur einzelne Genossinnen und Genossen so weit, daß sie ihren Vorgesetzten informieren. Die Mehrheit tolerierte das Verhalten, sie wollen keine ‚Zuträger‘ sein.“[213]

Trotz derartiger Beteuerungen kam es selbstverständlich immer wieder zur Weitergabe von Informationen über das Privatleben von Kollegen und deren Familien. So notierte der Leiter des Referates 1 der Abt. XII/1, Major Jürgen Schmitt, im Juli 1987 den Bericht seines Mitarbeiters Hauptmann M. über ein Gespräch, das dieser im Dienstbus belauscht hatte. Darin hatte sich eine Kollegin über ihren Ehemann geäußert, der ebenfalls Mitarbeiter der Abt. XII war: „Während des Gespräches erklärte Genn. S[...], daß mit ihrem Ehemann, Gen. Hptm. S[...], nichts mehr los ist. Er ist ständig kaputt und ernährt sich fast nur

212 Ebd., S. 9.

213 Abt. XII/Klabes, Ergebnisbericht zu den Aussprachen über den Erkenntnisstand zur Problematik der tschekistischen und abwehrmäßigen Denk- und Verhaltensweisen im Mitarbeiterbestand der Abteilung XII des MfS, 14.6.1989, BStU, MfS, HA KuSch Nr. 2419, S. 1–5, hier S. 3. Die Aussage wird durch die Umstände der Befragung erhärtet: Die Teilnehmer wurden von ihren Vorgesetzten als geeignete Kandidaten vorgeschlagen und von einer Arbeitsgruppe, die aus fünf Kollegen bestand, befragt. Vgl. Abt. XII, Konzeption zur Erarbeitung einer Übersicht über den Erkenntnisstand zur Problematik der tschekistischen und abwehrmäßigen Denk- und Verhaltensweisen im Mitarbeiterbestand der Abteilung XII des MfS, 16.3.1989, BStU, MfS, HA KuSch Nr. 2419, S. 6–10, hier S. 7.

noch mit Haferschleim. Es müßte bald von ärztlicher Seite aus etwas passieren."[214] Offenbar betrachteten M. und sein Vorgesetzter Schmitt den Gesundheitszustand des Kollegen als Gefahr für die Arbeitsfähigkeit der Abteilung und leiteten deshalb die „informell" erhaltenen Informationen weiter. Das Beispiel zeigt, in welcher Weise die Forderung nach Sicherheit und Konspiration auch das Verhältnis der Kollegen untereinander bestimmte und bis weit in ihr Privatleben hineinreichte.

„Die konspirative Tätigkeit gefährdet" – Der Fall der „Befehlsverweigerin" Gertrud F.

Eine reale Gefahr, dass Informationen aus den in der Abt. XII gespeicherten Karteien und Akten an westliche Geheimdienste hätten abfließen können, scheint im Verlauf der fast 40-jährigen Geschichte der Diensteinheit nie bestanden zu haben. Neben technischen Schutzmaßnahmen und den Schwierigkeiten westlicher Geheimdienste, MfS-Mitarbeiter in der DDR anzuwerben, dürfte potentiellen „Verrätern" das Wagnis auch zu groß erschienen sein. Insbesondere Schauprozesse und drakonische Strafen gegen ehemalige MfS-Mitarbeiter, die sich vermeintlich oder tatsächlich etwas zu schulden hatten kommen lassen, übten vermutlich eine abschreckende Wirkung auf Kollegen aus, die es ihnen gleich zu tun gedachten – viele dürften es ohnehin nicht gewesen sein.

Auch Oberfeldwebel Gertrud F. zählte nicht zu der kleinen Gruppe von Mitarbeitern, die im Laufe der Geschichte des MfS Spionage für westliche Geheimdienste betrieben. Und dennoch ist die 1913 in Berlin geborene F., die am 23. November 1961 zu drei Jahren Haft verurteilt wurde, diejenige Mitarbeiterin der Abt. XII, die wohl als einzige Mitarbeiterin eine derartige Strafe erhielt. Ihr Fall zeigt, mit welcher Vehemenz das MfS den Schutz seiner Geheimnisse umsetzte und welche Konsequenzen dies für die Betroffenen haben konnte.

F. wuchs in Berlin-Pankow in schwierigen sozialen Verhältnissen auf und erlernte, nachdem eine Ausbildung als Säuglingsschwester aufgrund finanzieller Schwierigkeiten scheiterte, den Beruf der Kontoristin. Von 1933 bis 1943 arbeitete sie bis zu ihrer kriegsbedingten Dienstverpflichtung im Kaufhaus Woolworth in Berlin-Friedrichshain. Nach dem Krieg war sie zunächst Zeitungsausträgerin, dann Kontoristin bei der Berliner Zeitung und schließlich bei den Berliner Verkehrsbetrieben. Im Februar 1955 wechselte F. – seit Oktober 1946 in der SED – zum MfS, wo sie im Referat Auslandsreisen eingesetzt wurde.[215] Dieses gehörte bis 1956 zur HA II und wurde dann der Abt. XII zugeordnet.[216]

214 Abt. XII/Ref. 1/Leiter Schmitt, Aktennotiz, 28.7.1987, BStU, MfS, Abt. XII Nr. 3343, S. 31.
215 Vgl. BStU, KKK F[…].
216 Vgl. den Beitrag „Das Gedächtnis der Staatssicherheit" von Philipp Springer in diesem Band.

Zum Verhängnis wurde F. ihre Bekanntschaft zu Sophie N., einer früheren Kollegin aus dem Kaufhaus Woolworth, der sie 1954 zufällig wieder begegnete und mit der sie sich anschließend einige Male traf. N. wurde 1958 wegen angeblicher Spionage für den US-Geheimdienst inhaftiert und zu sechs Jahren Haft verurteilt.[217] In den Vernehmungen berichtete sie auch über F., die „im MfS […] als administrative Kraft in einer der N[…] nicht bekannten Kartei eine langweilige Arbeit zu verrichten habe“[218]. Dies rief naturgemäß die Disziplinarabteilung des MfS auf den Plan, die offenbar zunächst Erkundigungen in der Abt. XII einholte. F. werde von ihren Kollegen „als nicht immer ehrlich und mit verstocktem Charakter bezeichnet“, hieß es in einem Bericht. Die HA KuSch überwachte F. daraufhin, stellte fest, dass sie am 22. Oktober 1959 von einer öffentlichen Fernsprechzelle aus ein Telefonat führte und dass sie mehrere Male eine Gartenkolonie in Berlin-Friedrichsfelde aufsuchte – aus welchem Grund konnte die HA KuSch nicht feststellen, da F. die Überwacher zum Teil bekannt waren, sodass Dekonspiration drohte. Auch der Parteisekretär der Abt. XII, Leutnant Georg Theuer, konnte einen Beitrag zur Bespitzelung der Kollegin liefern – er „stellte […] wiederholt fest, daß die Genossin F[…], obwohl sie in Berlin-Pankow […] wohnhaft ist, frühmorgens in Berlin-Friedrichsfelde die S-Bahn bestieg“[219].

Durch die weitere Überwachung F.s bis zum Juni 1961 ermittelte das MfS eine langjährige Beziehung der Frau zu dem 58-jährigen Richard G. Regelmäßig traf sich F. mit dem verheirateten Mann, der als Grenzgänger zunächst im Bezirksamt Berlin-Spandau, dann im Urban-Krankenhaus in Berlin-Kreuzberg arbeitete, in G.s Kleingartenlaube und machte sich offenbar Hoffnungen, dass sich der Mann von seiner Ehefrau scheiden lassen würde. G. versorgte F. auch mit westlichen Zeitungen, in denen sie sich „über Kennedy informieren“[220] wollte.

Am 12. August 1961 wurde F. arrestiert. G. setzte sich am folgenden Tag, dem Tag des Mauerbaus, in den Westen ab und täuschte zunächst vor, dass ihn eine Erkrankung an der Rückkehr nach Ost-Berlin hindere. Sowohl die Kontakte zu N. als auch die Beziehung zu G. hatte F. gegenüber dem MfS verschwiegen und sich dadurch eines „Verbrechens gegen die militärische Disziplin“ schuldig gemacht. Vor allem aber sah man die Gefahr gegeben, dass G. als West-Berliner Agent F. hätte aushorchen können. Dabei vertraute das MfS besonders den Aussagen von G.s Laubennachbarn, einem Volkspolizisten, der bei der Überwachung F.s als Kontaktperson gedient hatte. „Gen. Hempel war der

217 Vernehmungsprotokoll des Zeugen Sophie N[…], 30.9.1961, BStU, MfS, GH 38/62, Bd. 3, S. 53–57, hier S. 53.

218 HA KuSch/Disziplinarabteilung/Zeuner, Bericht über Gertrud F[…], 31.10.1959, BStU, MfS, GH 38/62, Bd. 1, S. 15f., hier S. 15.

219 Ebd., S. 16.

220 Gertrud F[…], hs. Geständnis zu Beweismittel (Fotografie von sechs Exemplaren der West-Berliner Tageszeitung B. Z.), 6.10.1961, BStU, MfS, GH 38/62, Bd. 3, S. 66.

Abb. 21: Gertrud F. gestand, von ihrem Bekannten West-Berliner Zeitungen erhalten zu haben. Sie habe sich darin „über [den US-Amerikanischen Präsidenten John F.] Kennedy informieren" wollen.

Meinung, daß die Freundin des G[...] im Kopf nicht mehr ganz richtig ist“[221], notierte der MfS-Mitarbeiter Felgenträger und fügte in einem weiteren Bericht hinzu: „Es wurde sogar schon gesagt, dass der G[...] Gründe haben muß, um mit dieser Frau zusammenzuleben.“[222]

Auch Kollegen aus der Abt. XII gerieten nun in den Fokus der Ermittler – nicht zuletzt dadurch, dass sich F. offenbar bemühte, durch Erzählungen über Interna aus der Diensteinheit ihre eigene Situation zu verbessern. So berichtete sie über den Kollegen G., dieser habe im Sommer 1955 gesagt, „daß die Sachsen am 17.6.1953 auf ihre [sic] Koffer gesessen haben und wollten nach Hause fahren“[223]. G.s Ehefrau habe gesagt: „Die Sachsen kommen hierher und nehmen anderen die Stellung weg, es kommt aber mal anders.“ Und über eine Kollegin berichtete sie: „Ich möchte nur bekanntgeben, Genn. B[...], Liesbeth, mit der ich zusammen gearbeitet habe, sagte vor einiger Zeit, daß sie von ihrer Flurnachbarin ein Paar Söckchen abgekauft hat (trotzdem sie genau wußte, daß die Söckchen aus Westberlin sind). Der bunte Rand hat ihr so gut gefallen. Sie hat nur Angst, ihr Mann könnte es erfahren, dann wäre es zwischen ihnen aus.“[224]

Am 23. November 1961 wurde F. schließlich vom Bezirksgericht Neubrandenburg zu drei Jahren Haft wegen „Befehlsverweigerung“ verurteilt. Zwar konnte ihr keine Spionagetätigkeit nachgewiesen werden, doch reichte das Verschweigen der Kontakte zu G. und der Empfang eines Pakets mit Schuhen von Verwandten aus der Bundesrepublik für die lange Haftstrafe. Durch diese „Befehlsverweigerung“ habe F., so das Urteil, „im erheblichen Maße die konspirative Tätigkeit des Ministeriums für Staatssicherheit gefährdet“[225].

Wenige Wochen vor dem Urteil hatte F. eine schwere Operation über sich ergehen lassen müssen. Kurz nach ihrer Verhaftung hatte man einen „riesengroßen“ Tumor bei der Frau entdeckt: „Der Häftling befindet sich in einem dermaßen schlechten AZ und KZ [Allgemeinzustand und körperlicher Zustand], daß eine sofortige Aufnahme im Krankenhaus mit entsprechender fachärztlicher Behandlung unbedingt notwendig ist.“ Die gesundheitliche Beeinträchtigung war so groß, dass der untersuchende Arzt eine Operation anmahnte, „um das Leben des Häftlings zu erhalten“[226].

Trotz Krankheit und Operation wurde F. erst am 5. Juli 1963 entlassen. Wegen guter Führung wurde der Rest der Strafe zur Bewährung ausgesetzt. Zwei

221 Abt. XXI/C/Felgenträger, Bericht, 26.6.1961, BStU, MfS, GH 38/62, Bd. 1, S. 107.

222 Abt. XXI/Müller, Sachstandsbericht, 23.8.1961, BStU, MfS, GH 38/62, Bd. 1, S. 134–137, hier S. 135.

223 Abschrift von Aussagen von Gertrud F., BStU, MfS, GH 38/62, Bd. 1, S. 165.

224 Abschrift von Aussagen von Gertrud F., BStU, MfS, GH 38/62, Bd. 1, S. 164.

225 Urteil des Bezirksgerichts Neubrandenburg gegen Gertrud F., 23.11.1961, BStU, MfS, GH 38/62, Bd. 3, S. 96–101, hier S. 100.

226 MfS/Haftkrankenhaus/Uhlig, Gesundheitsbericht, 15.11.1961, BStU, MfS, GH 38/62, Bd. 2, S. 102 f.

Monate zuvor war ihre Mutter, mit der sie vor ihrer Haft zusammengelebt hatte, verstorben.[227] Die 51-Jährige arbeitete nun auf dem Gerätehof der Berliner Müllabfuhr. „Im Hause grüßt sie zwar die anderen Mieter, will aber mit niemanden in näheren Kontakt kommen“[228], meldete die Volkspolizei an den Militär-Oberstaatsanwalt.

„Existenzfrage“ – die Mitarbeiter und das Ende der Abt. XII

Als sich im Jahr 1985 Hauptmann Arndt Beger nach 15-jähriger Tätigkeit in der Abt. XII bemüßigt sah, ein lyrisches Bild eines Mitarbeiters seiner Abteilung zu verfassen, schien die Welt im MfS noch in Ordnung zu sein. Gemeinsam mit anderen Mitgliedern der Kreisarbeitsgemeinschaft „Schreibende Tschekisten“ veröffentlichte er in der Anthologie „Wir über uns“, die selbstverständlich „nur für den Gebrauch im MfS bestimmt“ war, unter dem Titel „Nachtschicht“ folgende Verse:

> „Zwischen Nacht und Morgen
> Ein Funkspruch.
> Sofort!
> Eile.
> Telefonklingeln, Fernschreiberrattern.
> Müdes Gähnen, aber
> Gespannte Aufmerksamkeit.
> Präzise Recherche in
> Akkurat Geordnetem.
> Auskunft
> An die Genossen.
> Leiser Stolz –
> Auftrag erfüllt
> Im Kampf für den
> Frieden.“[229]

Neben aller Skurrilität, die derartige Laienlyrik auslösen mag, liefert das Gedicht auch eine eindrückliche Vorstellung davon, dass die Mitarbeiter der Abt. XII nicht einfach nur Mitarbeiter eines Archivs waren. Zwar kam dem „akkuraten

227 Vgl. Militäroberstaatsanwalt/Abt. I/Wagenknecht, Schreiben an den Rat des Bezirks Berlin-Pankow/Abt. Wohnraumlenkung betr. Wohnungsangelegenheit der Strafgefangenen Gertrud F[...], 25.5.1963, BStU, MfS, GH 38/62, Bd. 5, S. 25.

228 Volkspolizei-Inspektion Berlin-Pankow/Volkspolizeirevier 281/Dee, Schreiben an den Militär-Oberstaatsanwalt/Abt. Ia betr. Leumundsbericht über Gertrud F[...], 24.8.1964, BStU, MfS, GH 38/62, Bd. 5, S. 53.

229 Arndt Beger, Nachtschicht, in: Wir über uns. Anthologie der Kreisarbeitsgemeinschaft „Schreibende Tschekisten“, Berlin [1985], S. 45.

Ordnen“, also den Grundgedanken jeglicher Archivarbeit, eine wichtige Bedeutung zu. Doch die Hauptaufgabe sollten die Mitarbeiter der Abt. XII anderswo sehen, nämlich im „Recherchieren für die Genossen im Kampf für den Frieden“. Keine rein verwaltende, unpolitische Tätigkeit also, sondern Teil der Bekämpfung der Klassenfeinde im In- und Ausland, wie sie vom MfS auf unterschiedlichste Weise betrieben wurde. Ohne ihre Mitwirkung hätte jedenfalls der Apparat des MfS nicht funktionieren können.

Begers heroisch anmutendes Selbstbild hatte allerdings nur wenig mit der realen Lebenswelt seiner Kollegen zu tun. Eine meist gleichförmige, anstrengende Arbeit ohne Tageslicht, beengt durch die Vorschriften der Konspiration, beobachtet im Privatleben und seit Gorbatschows Reformen immer weniger bestärkt durch das stützende ideologische Korsett dürfte auch in der Abt. XII in den späten 1980er-Jahren der „leise Stolz“ auf die eigene Leistung „im Kampf für den Frieden“ immer weniger zu finden gewesen sein – die Tschekisten waren „entkräftet“[230].

Am Ende herrschten hier wie im gesamten MfS Unverständnis über das Verhalten der Bevölkerung und hektische Absetzbewegungen. Mitglieder einer Parteigruppe der Abt. XII richteten am 4. Dezember 1989 ein Schreiben an die SED-Kreisleitung, in dem sie die unzureichende Informationspolitik des Amtes für Nationale Sicherheit, wie das Ministerium inzwischen hieß, beklagten. Sie fürchteten, dass „das Ansehen unseres Organs in der Öffentlichkeit immer weiter […] diffamier[t]“ werde. Noch immer waren die Mitarbeiter allerdings von ihrer Aufgabe überzeugt. Sie fragten zum Teil selbstbewusst und sich der zukünftigen Verwendbarkeit ihrer Erfahrungen sicher, zum Teil aber wohl auch, um sich für einen zukünftigen Einsatz anzudienen: „Müßte nicht unser Organ mehr unter Nutzung seiner spezifischen Kenntnisse wesentlich zur Aufdeckung um Korruption und Amtsmißbrauch beitragen?“[231]

Drei Tage später stellte Hauptmann Walter G., seit 1964 im MfS und seit vier Monaten Referatsleiter in Abt. XII/5, seinen Entlassungsantrag. Tiefe Verunsicherung lässt sich in dem – wohl nicht zufällig auch sprachlich holprigen – Entwurf für seinen Antrag erkennen: „Nach fast 26jähriger Tätigkeit im damaligen MfS stehe ich heute in meiner beruflichen Entwicklung wieder am Anfang. Der gegenwärtige Zustand unserer Gesellschaft und insbesondere der im Amt für Nationale Sicherheit erfüllt mich Sorge und Schrecken. Das hat sich auf meine Familienangehörigen übertragen. Der Haß unter der Bevölkerung auf Angehörige unseres Amtes vergrößert sich täglich. Der psychischen Druck, der auf

230 Vgl. Jens Gieseke, Der entkräftete Tschekismus. Das MfS und seine ausgebliebene Niederschlagung der Konterrevolution 1989/90, in: Martin Sabrow (Hg.), 1989 und die Rolle der Gewalt, Göttingen 2012, S. 56–81.

231 SED-GO XII/APO 1/PG 2, Schreiben an die SED-KL, 4.12.1989, BStU, MfS, Abt. XII Nr. 4628, S. 33.

meiner Familie lastet, hat seinen Höhepunkt erreicht ich bin nicht in der Lage beruhigend zu wirken. Meine Frau ist in ihren Ministerium[232] ähnlichen Belastungen ausgesetzt. Damit steht für uns auch die Existenzfrage, die ich mit dieser Entscheidung, ich sehe keine andere Alternative, zu lösen gedenke."[233]

Existentielle Zukunftsängste eines MfS-Offiziers, der seine Familie nicht mehr schützen zu können wähnt, sprechen aus diesen Worten – von „gespannte[r] Aufmerksamkeit", „präzise[r] Recherche" oder „akkurat Geordnetem" kann keine Rede mehr sein. Zugleich wird die enge Bindung, die G. noch immer dem MfS gegenüber verspürte, offenkundig – der Hinweis auf die „Existenzfrage" und die fehlende „Alternative" lässt sprachlich eher an einen Abschiedsbrief vor einem Suizid als an einen Antrag auf Entlassung denken. Mit dem Fall der Mauer und dem Untergang des Herrschaftssystems brach auch das Selbstbild der Kartei- und Archivarbeiter des MfS zusammen – die „ganzen Kerle" waren am Ende.

232 Die Ehefrau arbeitete im Ministerium für Land-, Forst- und Nahrungsgüterwirtschaft; vgl. BStU, KKK G[…].

233 ANS/Abt. XII/5/Walter G[…], Antrag auf Entlassung aus dem Amt für Nationale Sicherheit, 7.12.1989, BStU, MfS, Abt. XII Nr. 7829, S. 126f., hier S. 127. Sprachliche Fehler im Original. Zur psychischen Belastung der MfS-Mitarbeiter in dieser Zeit vgl. auch Gieseke, Tschekismus, S. 64.

Philipp Springer

Letzte Station Abteilung XII

Der Leiter Oberst Reinhold Knoppe und das Verschwinden der „Gründerväter" des MfS

„[E]s war erschütternd für mich, zu sehen, wie rechtlos ich war gegen diesen lauten, groben, brüllenden Landsknecht. Mißtrauen als Prinzip... [...] Es war ein Alptraum. [...] Und ich durfte ihm nicht in die Fresse schlagen, ich war verzweifelt und heulte und schrie ihn an, seine Unterstellung sei schändlich und unwahr – aber was half das gegen dieses Nilpferd? Ein Mann ohne Gemüt und Gefühl, fleischgewordenes ‚Vernunftsein' [...]"[1] Deutliche Worte vertraute die Schriftstellerin Brigitte Reimann am 20. Dezember 1958 ihrem Tagebuch über den Leiter der MfS-Bezirksverwaltung Magdeburg Reinhold Knoppe an. Der Oberst hatte der damals schon bekannten Autorin, die sich kurzzeitig auch als IM hatte verpflichten lassen, das Leben schwer gemacht.

Zu diesem Zeitpunkt – die Begegnung mit Reimann deutet es an – war Knoppe noch mittendrin im operativen Geschäft der Staatssicherheit. Als Leiter der Bezirksverwaltung gehörte er zu den wichtigsten Kadern des MfS, zumal der Bezirk Magdeburg mit seiner langen Grenze zur Bundesrepublik aus geheimpolizeilicher Sicht eine ganz besondere Bedeutung hatte. Doch schon sechs Jahre später sah sich Knoppe dort, wo der frühere Spanienkämpfer und KZ-Häftling vermutlich nie hatte sein wollen: Leiter der Abt. XII, zuständig für Karteien, archivierte Akten und Formulare.

Knoppes Amtszeit in der Abt. XII fiel dabei in eine wichtige Phase, mussten doch in der zweiten Hälfte der 1960er-Jahre die Weichen für die Transformation der Abteilung von einer kleinen, verwaltenden Diensteinheit in ein schlagkräftiges, auch durch neue Technik beherrschtes Instrument der Geheimpolizei ge-

1 Brigitte Reimann, Ich bedaure nichts. Tagebücher 1955–1963, hg. v. Angela Drescher, Berlin 2001², S. 110f. Zu den Vorgängen um Reimann in Magdeburg in den Jahren 1957/58 und die Rolle Knoppes vgl. Wolfgang Schreyer, Brigitte Reimann in Magdeburg, in: europäische ideen H. 92, 1995, S. 20–27; ders., Der zweite Mann. Rückblick auf Leben und Schreiben, Berlin 2000, S. 149–158; Dorothea von Törne, Brigitte Reimann. Einfach wirklich leben, Eine Biographie, Berlin 2001, S. 64–80; Matthias Braun, Bücher waren ihr Alltag, Schreiben war ihr Leben. Brigitte Reimann im Spiegel der Stasi-Akten, in: DA 38 (2005), H. 4, S. 625–634.

stellt werden. Die Biografie des dritten Leiters der Abteilung nimmt somit eine Schlüsselrolle in der Geschichte der Abteilung ein.

Der Blick auf den Lebensweg Knoppes, der zwar nur vier Jahre in der Abteilung blieb, aber trotzdem ihre Entwicklung prägte, lässt darüber hinaus erkennen, welche Rolle die altgedienten Kommunisten beim Aufbau des MfS und speziell der Abt. XII spielten, welche Erfahrungen sie mitbrachten und wie sie auf die zunehmende Modernisierung und Bürokratisierung des Sicherheitsapparats reagierten. Den durch Herkunft, Emigration und KZ-Haft ähnlich geprägten Begründern des MfS kam eine nicht zu überschätzende Funktion bei der Installierung und Ausformung des Herrschaftssystems zu. Oftmals waren sich die zentralen Protagonisten, deren Zahl überschaubar war, bereits persönlich bekannt oder durch gemeinsame Erlebnisse aus der Zeit vor 1945 eng verbunden. Dieses soziale Geflecht, das sich auch als „kollektives Porträt" beschreiben lässt[2] und dessen Teil Reinhold Knoppe war, bestimmte über fast zwei Jahrzehnte in besonderer Weise die Arbeit der Geheimpolizei – und war bekanntlich in der Person des Ministers Erich Mielke bis 1989 präsent.

Kindheit, Emigration und KZ-Haft

Knoppe wurde am 6. April 1908 in Bernstein (Kreis Soldin), einer Kleinstadt in der heute weitgehend polnischen Neumark, als achtes Kind seiner Eltern Franz und Anna Knoppe geboren.[3] Er wuchs in Neugaul bei Wriezen am Rande des Oderbruchs auf. Seine Eltern betrieben dort die Dorfschmiede und einen Gasthof mit Fremdenzimmern. Die Schulzeit war, wie Knoppe später der Personalabteilung des MfS schilderte, von häufigen, kriegsbedingten Lehrerwechseln und Zusammenlegungen der Klassen geprägt. 1922 schloss er die Schule ab und

2 Vgl. Jens Gieseke, Die hauptamtlichen Mitarbeiter der Staatssicherheit. Personalstruktur und Lebenswelt 1950–1989/90, Berlin 2000, S. 94–105. Vgl. auch Ilko-Sascha Kowalczuk, Stasi konkret. Überwachung und Repression in der DDR, München 2013, S. 64–84.

3 Vgl. im Folgenden Reinhold Knoppe, Lebenslauf, 5.6.1950, BStU, MfS, KS I 1/84, Bd.3, S. 39–45. Angesichts des im MfS herrschenden umfassenden Verlangens nach Konspiration erstaunt die geringe Thematisierung von Knoppes großer Familie in den Kaderunterlagen. Möglicherweise wurden in den 1960er Jahren und vor allem bei altgedienten Kommunisten weniger stark nachgeforscht als etwa in den 1980er Jahren. Knoppes Vater starb 1945, „nachdem er seit 10 Jahren blind war, an Körperschwäche" (S. 45), seine Mutter lebte bis zu ihrem Tod 1956 bei Knoppe (vgl. S. 45). Von seinen sieben Geschwistern behauptete Knoppe in einer undatierten „Verwandtenaufstellung", alle seien verstorben, „wann, wo, unter welchen Umständen ist mir nicht bekannt" (BStU, MfS, KS I 1/84, Bd. 1, S. 65–69, hier S. 66f.). In seinem Lebenslauf von 1950 erklärt Knoppe jedoch, eine Schwester lebe noch, sie und ihr Mann seien jedoch „in ihrer Ideologie ausgesprochene Spießbürger" (ebd. S. 45). In Knoppes „Gesundheitsbuch" heißt es dagegen wieder, alle Geschwister seien verstorben, darunter zwei Brüder im Alter von 21 bzw. 25 Jahren und eine Schwester im Alter von 60 Jahren (vgl. BStU, MfS, KS I 1/84, Bd.4, S. 2–19, hier S. 7).

begann mit einer Ausbildung als Glaser, die er jedoch nicht beendete, da seine Eltern nach Berlin verzogen.

Grund für den Umzug der Familie war wirtschaftlicher Misserfolg, der aber – folgt man Knoppes Darstellung in seinem für das MfS bestimmten Lebenslauf – politisch bedingt gewesen sein soll. So habe seine Unterstützung der kommunistischen Landagitatoren, die in jener Zeit in das Dorf kamen, dazu geführt, dass „die Bauern" seine Eltern unter Druck gesetzt hätten. Doch diese hielten zu ihrem Sohn und seinen Ansichten: „[A]ls meine Eltern den Bauern gegenüber die Erklärung abgaben, dass in unserem Lokal nicht nur Bauern, sondern auch die Arbeiter verkehren und uns jeder Kunde recht sei, gleich welche politische Einstellung er hätte, beschlossen die Bauern, uns zu boykottieren. Dieser Boykott wurde so gründlich durchgeführt, dass weder in der Schmiede, noch in der Gastwirtschaft Verkehr herrschte. Auch die Arbeiter wurden von den Bauern unter Druck gesetzt, nicht mehr bei uns zu verkehren, was zur Folge hatte, [...] dass meine Eltern ihr Grundstück verkaufen mussten [...]."[4] Mit dieser ausführlichen Darstellung des Geschehens konnte sich Knoppe in seinem Lebenslauf als Abkömmling eines „fortschrittlichen" Elternhauses und zudem als jugendlicher Kommunist inszenieren – ein wichtiges biographisches Detail für jemanden wie Knoppe, der aus einem ländlich geprägten Kontext stammte und sich deshalb vermutlich Zeit seines Lebens gegenüber denjenigen Genossen, die aus der Industriearbeiterschaft stammten, in einer Position der Rückständigkeit empfunden haben dürfte.

Mit dem Umzug nach Berlin begann für Knoppe die Zeit einer prekären Existenz. Perioden der Arbeitslosigkeit und der Gelegenheitsarbeiten wechselten einander ab. So trug Knoppe als „Bolle-Junge" Milch aus und arbeitete als Hausdiener in einem Fruchtsaftbetrieb. Im Jahr 1927 kam er als Depeschenbote zur Berliner Börsenzeitung und blieb auch in der Folge in diesem hoch politisierten Wirtschaftszweig. Wenig überraschend führte dies schließlich zum Eintritt in die KPD. Doch mindestens ebenso wichtig dürfte das soziokulturelle Milieu gewesen sein, in dem sich Knoppe mittlerweile bewegte: „In Berlin wurde ich Mitglied der Arbeitssportbewegung Fichte, Abteilung Wasserfahrer-Charlottenburg. Durch die politischen Vorträge auf unseren Heimabenden wurde ich vertraut mit der Geschichte der deutschen Arbeiterbewegung, mit den Lehren des Marxismus-Leninismus und begann mich aktiv an den Demonstrationen und Kämpfen der damaligen Zeit zu beteiligen. Die hierbei gesammelten Erfahrungen und Erlebnisse veranlassten mich dann, Mitglied der Partei zu werden."[5] Knoppe arbeitete nun als Funktionär in einer Straßenzelle der KPD und in der Roten Gewerkschaftsopposition (RGO) Graphik. In dieser Zeit organi-

4 Reinhold Knoppe, Lebenslauf, 5.6.1950, BStU, MfS, KS I 1/84, Bd. 3, S. 39–45, hier S. 39f.

5 Ebd., S. 40.

sierte Knoppe Streiks und stritt sich vor Gericht mit seinem Arbeitsgeber über sein politisches Engagement.

Nach der Machtübernahme durch die Nationalsozialisten setzte Knoppe seine Aktivitäten in der Illegalität fort. So gab er die Zeitschrift „Graphischer Block" heraus, in der „zum Generalstreik gegen Hitler aufgerufen wurde"[6]. Auf Beschluss der Reichsleitung der RGO und des ZK, wie Knoppe in seinem Lebenslauf betont, ging er schließlich im Mai 1933 nach Prag. Hier arbeitete er zunächst vier Monate im „Überprüfungsausschuss", der offenbar für die Kontrolle der ebenfalls in die Emigration gegangenen Deutschen verantwortlich war. Anschließend führte er für die Partei im tschechisch-deutschen Grenzgebiet den Schmuggel von Kurieren, Literatur und anderen Materialien durch. Zeitweise kam er deshalb und wegen Spionageverdachts für die Sowjetunion in Haft, wurde nach Österreich abgeschoben, ging nach Oberschlesien, betätigte sich weiter in der „Grenzarbeit" und organisierte den Transport von Freiwilligen für den Spanischen Bürgerkrieg.

Im Jahr 1937 ging Knoppe selbst nach Spanien und wurde in der 11. Brigade als „Polit-Delegierter und Parteiverantwortlicher" eingesetzt. Aufgrund der militärischen Lage und wegen einer Gelbsuchterkrankung, die er zeitweise in Paris auskurierte, griff Knoppe jedoch nicht aktiv in die Kämpfe ein – obwohl er, wie Knoppe in seinem Lebenslauf betont, seine Bereitschaft zum Einsatz als Partisan bereits bekundet hatte.

Der Rückzug der internationalen Brigaden führte ihn in die Auffanglager St. Cyprienne und Gurs, den Einmarsch der Wehrmacht erlebte er schließlich an der belgischen Grenze. Flucht und weitere Lageraufenthalte im noch unbesetzten Frankreich folgten, bis er sich schließlich zusammen mit anderen Genossen und auf „Beschluss der Partei" bei der „Waffenstillstands-Kommission" zur freiwilligen Rückkehr nach Deutschland meldete.

Der Transport nach Berlin erfolgte offenbar im Mai 1941.[7] Knoppe kam in Gestapo-Haft und wurde schließlich in das Konzentrationslager Sachsenhausen eingeliefert. Hier gehörte er verschiedenen Arbeitskommandos an und war zeitweilig auch im Außenlager Lichterfelde inhaftiert. In Sachsenhausen erlebte Knoppe die Vergasung sowjetischer Kriegsgefangener in Gaswagen. Während des Todesmarschs Anfang 1945 gelang Knoppe zusammen mit zwei Leidensgenossen die Flucht, die mit der Befreiung durch die Rote Armee endete.

Umgehend begann sich Knoppe nun für den Aufbau des Sozialismus zu engagieren: „Nach meiner Befreiung liess ich mir von dem Ortsgruppenleiter der NSDAP ein Fahrrad geben und fuhr damit bis nach Berlin, wo ich am 7.5.1945

6 Ebd.

7 Zu Knoppes KZ-Haft vgl. Vernehmungsprotokoll des Zeugen Reinhold Knoppe, 10.11.1964, BStU, MfS, HA IX/11 SV 68/88, S. 31–33; Reinhold Knoppe, Lebenslauf, 5.6.1950, BStU, MfS, KS I 1/84, Bd. 3, S. 39–45, hier S. 42f.

Abb. 1: Reinhold Knoppe als Angehöriger der Internationalen Brigaden im Spanischen Bürgerkrieg, 1938.

eintraf, fand hier Unterkunft in der Rittergutstr. in Lichtenberg und wurde sofort von dem provisorischen Leiter des Bezirksamtes Lichtenberg zum Verglasen des Bezirksamtes eingesetzt."[8]

Der Weg zur Staatssicherheit

Knoppes Mitwirkung bei der Installation des neuen Systems blieb jedoch nur kurz auf seine handwerklichen Erfahrungen beschränkt. Bereits am 24. Juli 1945 wurde er bei der Polizei angestellt – zunächst als Sachbearbeiter für „vertrauliche Ermittlungen" beim Personal-Außendienst, ab dem 20. April 1946

8 Ebd., S. 43.

dann als Leiter der Kriminal-Inspektion F 5.[9] Diese „zentrale Dienststelle im Polizeipräsidium“[10] war verantwortlich für Ermittlungen zu „Verbrechen gegen die Menschlichkeit“. Das Feld von Aufgaben, für die Knoppe dabei zuständig war, dürfte allerdings – wie in der gesamten politischen Polizei dieser Zeit – weitaus mehr Bereiche als die eigentliche Entnazifizierung umfasst haben. So waren etwa die von den sowjetischen „Organen“ gebildeten „Sonderkommissionen“ nicht nur für die Säuberung der Verwaltungen von NS-belasteten Personen, sondern auch für „erhebliche Eigentumstransformationen“[11] zuständig.

Offensichtlich erfüllte Knoppe seine Aufgaben zu großer Zufriedenheit seiner Vorgesetzten (und vermutlich auch der sowjetischen Organe). So hieß es im Oktober 1947 in einer Beurteilung: „Dieser Tätigkeit ist K[riminal-]K[ommissar] Knoppe bisher durch Einsatz seiner ganzen Person nachgekommen. Über seine Veranlagung ist zu sagen, daß [...] Knoppe körperlich, geistig und charakterlich als über dem Durchschnitt stehend zu bezeichnen ist.“[12]

Wenige Wochen später endete allerdings sein Einsatz für die F 5, doch Grund dafür war keineswegs die Unzufriedenheit in der Polizeibehörde. Folgt man den überlieferten Kaderakten, so war Knoppes Absetzung Folge der immer heftiger werdenden Auseinandersetzungen zwischen den Alliierten. Der Kriminalkommissar hatte die Befreiung seines Stellvertreters Erich Glaner, der offenbar von der amerikanischen Besatzungsmacht der Verschleppung von Menschen aus West- nach Ost-Berlin im Auftrag der Sowjets verdächtigt wurde, aus dem amerikanischen Militärgefängnis in Lichterfelde organisiert.[13] Knoppes Einsatz hatte wohl auch eine persönliche Komponente: Gemeinsam mit Glaner war er während des Todesmarsches 1945 geflohen, im September 1946 fungierte er als Trauzeuge bei Glaners Hochzeit.[14]

9 Vgl. Polizeipräsident/Personaldezernat, Beurteilung über Reinhold Knoppe, 1945, BStU, MfS, KS I 1/84, Bd. 2, S. 12f.; Personalbogen Reinhold Knoppe, 1945–1950, BStU, MfS, KS I 1/84, Bd. 2, S. 7–10.

10 Monika Tantzscher, Die Vorläufer des Staatssicherheitsdienstes in der Polizei der Sowjetischen Besatzungszone. Ursprung und Entwicklung der K 5, in: Jahrbuch für historische Kommunismusforschung 1998, S. 125–156, hier S. 135. Zu K 5 vgl. auch Gieseke, Mitarbeiter, S. 75–81.

11 Michael Kubina, Unbekannte „Aktivisten der ersten Stunde“. Dokumente zur Frühgeschichte der politischen Polizei in Berlin 1945/46, in: Zeitschrift des Forschungsverbundes SED-Staat 8 (2000), S. 126–133, hier S. 128.

12 Kriminalinspektion Fahndung, Beurteilung des Kriminalkommissars Reinhold Knoppe, 3.10.1947, BStU, MfS, KS I 1/84, Bd. 2, S. 15f., hier S. 15.

13 Vgl. Erich Glaner, Schreiben vom 10.3.1952, BStU, MfS, Diszi 9811/92, Bd. 1, S. 84–88. Im Vermerk der Personalabteilung des Polizeipräsidenten zur vorläufigen Beurlaubung Knoppes vom 21. November 1947 heißt es allerdings, Knoppe sei „bei Durchführung einer Aktion zur Festnahme des Besitzers der berüchtigten blauen Limousine, der seit Monaten Berliner Einwohner des Nachts aus einem Auto anfiel und ausplünderte“, von der US-amerikanischen Militärbehörde mit Haftbefehl belegt worden; BStU, MfS, KS I 1/84, Bd. 2, S. 67.

14 Vgl. Erich Glaner, Schreiben vom 10.3.1952, BStU, MfS, Diszi 9811/92, Bd.1, S. 84–88, hier S. 84f.

Abb. 2: Reinhold Knoppe, um 1947.

Die sowjetische Militärkommandantur lehnte die von den Amerikanern verlangte Auslieferung Knoppes ab,[15] allerdings wurde er „bis auf weiteres beurlaubt“[16] – man wollte einerseits die Amerikaner nicht weiter verärgern, andererseits wäre Knoppes Einsatz in den westlichen Sektoren nicht mehr möglich gewesen. Monatelang musste Knoppe auf eine neue Beschäftigung warten, bis er am 26. April 1948 zur Sektorleitung des sowjetischen Sektors versetzt wurde.[17]

Doch bereits wenige Monate später benötigte man Knoppe an anderer Stelle. Der Polizeipräsident übertrug ihm zum 5. August 1948 die Aufgabe einer „besonderen Dienststellung“[18] beim Leiter der Abt. K in der Kriminaldirektion. Die „Spaltung der Berliner Polizei“ und die „offenen Terrordrohungen von

15 Vgl. Sowjetische Militärkommandantur/Major Kartmasoff, Schreiben an den Polizeipräsidenten Markgraf, 19.11.1947, BStU, MfS, KS I 1/84, Bd. 2, S. 66.

16 Polizeipräsident in Berlin/Präsidialabteilung, Notiz, 21.11.1947, BStU, MfS, KS I 1/84, Bd. 2, S. 68.

17 Vgl. Abt. K/Leiter, Mitteilung, 24.4.1948, BStU, MfS, KS I 1/84, Bd. 2, S. 73.

18 Abschrift des Schreibens des Polizeipräsidenten Markgraf an den Leiter der Abt. K, 6.8.1948, BStU, MfS, KS I 1/84, Bd. 2, S. 86; dort auch die folgenden Zitate.

Untergrundorganisationen" machten, so Polizeipräsident Paul Markgraf, eine „Leistungssteigerung der Kriminalpolizei" erforderlich – und dazu gehörte auch der Einsatz Knoppes, dem auch das „Sonderkommando der Kriminalpolizei unterstellt" wurde.

Schließlich übernahm Knoppe am 9. Juni 1949 die Leitung des Dezernats AK, um daraus eine „operativ arbeitende Dienststelle"[19] zu entwickeln. Offenbar war man mit seinem Vorgänger Bernhard Ringel unzufrieden und wollte ihn durch einen „befähigteren und energischeren Kollegen"[20] ersetzen. Aus dieser Zeit datiert auch Knoppes „Eidesstattliche Verpflichtung zum Dienste in der Volkspolizei". Er brachte das – so wie üblich – handschriftliche Dokument am 18. Oktober 1949 zu Papier, das auch von dem „Verpflichtenden" unterzeichnet wurde: Erich Mielke.[21]

Der verschlungene Werdegang, den Knoppe in der Berliner Polizei der unmittelbaren Nachkriegszeit durchlief, zeigt, dass es sich bei ihm um einen der führenden Mitarbeiter beim Aufbau des polizeilichen Machtapparats im sowjetischen Einflussbereich handelte. Seine verschiedenen Leitungsfunktionen in zentralen Bereichen der Machtsicherung prädestinierten ihn für eine führende Aufgabe im MfS. Als langjähriger Kommunist, Spanien-Kämpfer und KZ-Häftling hatte er ideologische Standhaftigkeit bewiesen, sodass seiner Karriere in der neuen Geheimpolizei nichts im Wege stand.

Auf dem Höhepunkt der Macht: Leiter der HA III und der BV Magdeburg

„Mit dem Datum des 21. Januar 1950 wurde ich dann vom Ministerium für Staatssicherheit übernommen"[22], notierte Knoppe im Juni 1950 in seinem Lebenslauf. Mit diesem Datum, das vor dem offiziellen Gründungsdatum des MfS lag, konnte er – vermutlich nicht ohne Stolz – demonstrieren, dass er zu den allerersten Mitarbeitern der Geheimpolizei zählte.

Unmittelbar mit Beginn seiner Tätigkeit für das MfS wurde Knoppe als Leiter der Abt. III[23] eingesetzt. Zuständig war die Abteilung für die Sicherung der

19 Abt. Personal/Leiter, Schreiben an den Polizei-Vizepräsidenten Schönherr, 9.6.1949, BStU, MfS, KS I 1/84, Bd. 2, S. 98.

20 Polizeipräsident K/Schönherr, Schreiben an den Polizeipräsidenten, 3.6.1949, BStU, MfS, KS I 1/84, Bd. 2, S. 99.

21 Vgl. Reinhold Knoppe, Eidesstattliche Verpflichtung, 18.10.1949, BStU, MfS, KS I 1/84, Bd. 3, S. 46f.

22 Reinhold Knoppe, Lebenslauf, 5.6.1950, BStU, MfS, KS I 1/84, Bd. 3, S. 39–45, hier S. 44.

23 Die Abt. III wurde 1952 in Hauptabteilung III umbenannt; vgl. Roland Wiedmann, Die Diensteinheiten des MfS 1950–1989. Eine organisatorische Übersicht, Berlin 2012 (MfS-Handbuch), S. 268.

Wirtschaft, der Landwirtschaft, der Handelsinstitutionen und der Forschungseinrichtungen. Damit übernahm der 41-Jährige eine für den Machterhalt der SED entscheidende Aufgabe. Offenbar traute man ihm angesichts seiner Biografie und seinem Organisationstalent, das er beim Aufbau der Berliner Polizei bewiesen hatte, eine derartige Funktion zu. Von zentraler Bedeutung waren darüber hinaus sicher auch seine seit 1945 erworbenen Kontakte zur sowjetischen Besatzungsmacht, ohne deren Zustimmung derartige Posten nicht besetzt wurden.

Schon wenige Tage nach Antritt seiner neuen Stelle sah sich Knoppe jedoch Vorwürfen der Bestechlichkeit und der Kontakte zu „feindlichen" Personen ausgesetzt.[24] In der Nacht vom 27. auf den 28. Januar 1950 war der Bauer O. aus Berlin-Buchholz mit seiner Frau, den sieben Kindern, Möbeln und Ackerwagen republikflüchtig geworden. Auch fünf Pferde, zwei Kühe, eine Ziege und „zirka 15 Hühner" hatte er mitgenommen. Das zuständige Kriminalkommissariat begann mit intensiven Ermittlungen – nicht zuletzt die Fluchthelfer wollte man zur Rechenschaft ziehen.

Einer der Befragten, der zudem eine Reihe von Vorwürfen gegen den geflohenen Bauern erhob – darunter den der Misshandlung sowjetischer Zwangsarbeiter währen der NS-Zeit –, brachte den Namen Knoppe ins Spiel: „Dieser Knoppe kam des öfteren nach Buchholz zu O[…] und holte sich von denselben Kartoffeln, Gemüse u. kleinere Mengen Sämereien. Knoppe hat diese Produkte von O[…] erhalten, ich habe aber nie gesehen, dass K. diese Sachen bezahlte."[25]

Bereits eine Woche nach der Vernehmung musste sich Knoppe in einem umfangreichen Bericht zu den Vorwürfen äußern.[26] In der Tat habe er während seiner Arbeit für das Polizeipräsidium Sämereien und Gemüsepflanzen von dem republikflüchtigen Bauern erworben, und zwar für sein Gartengrundstück in Lehnitz, das vor allem seine „alte Mutter von 83 Jahren" genutzt habe, der er „auf ihre alten Tage […] noch etwas Sonne ermöglichen wollte". Über einen seiner Begleiter bei der Flucht vom Todesmarsch, Erich Glaner, habe er sich zudem ein Ziegenlamm beschafft, dass im Winter bei dem Bauern O. untergestellt worden sei – die Bezahlung sei mit Zigaretten und den Nachkommen der Ziege erfolgt. Schließlich habe er als Mitarbeiter der Sektorleitung auch Gemüse von dem Bauern bezogen – allerdings für die gesamte Belegschaft seiner Dienststelle: „Persönlich habe ich wenig und fast gar kein Gemüse davon genommen, da meine Angehörigen […] im Sommer auf dem Grundstück waren, dort selbst genügend hatten und in Berlin gar nicht gekocht wurde."

24 Vgl. im Folgenden Volkspolizeiinspektion Pankow/Kriminal-Kommissariat, Bericht, 30.1.1950, BStU, MfS, KS I 1/84, Bd. 1, S. 74f.

25 Volkspolizeiinspektion Pankow/Kriminal-Kommissariat, Bericht, 30.1.1950, BStU, MfS, KS I 1/84, Bd. 1, S. 89f., hier S. 90.

26 Vgl. im Folgenden Reinhold Knoppe, Bericht, 7.2.1950, BStU, MfS, KS I 1/84, Bd. 1, S. 95–98.

Von der geplanten Republikflucht, bei der „auch die [...] in Pflege genommene Ziege mitgenommen worden" sei, habe er, Knoppe, nichts gewusst. Seiner Ansicht nach liege der Grund für die Flucht in finanziellen Schwierigkeiten des Bauern, für die nicht zuletzt der frühere Mitarbeiter – eben jener Mann, der Knoppe der Bestechlichkeit beschuldigt hatte – verantwortlich sei.

Konsequenzen hatten die Ereignisse um den geflohenen Bauern für Knoppe selbst dann nicht, als das im Westen – unter der Leitung des Chefredakteurs Willy Brandt – erscheinende „Berliner Stadtblatt" am 1. Mai 1950 unter der Überschrift „Knoppes Zicke wird gesucht" von dem Fall berichtete und behauptete, zur Fahndung nach der Ziege sei „Piecks Leibgarde", das MfS, eingesetzt worden. „R[ücksprache] mit K[noppe] ergab, dass Angaben nicht zutreffen"[27], notierte Erich Mielke neben dem Zeitungsausschnitt, der in Knoppes Kaderakte abgelegt wurde.

Wenige Monate später musste sich Knoppe erneut gegenüber der MfS-Leitung rechtfertigen. Diesmal ging es um seinen familiären Hintergrund: „Auf die Frage, seit wann und wie meine Frau nach Berlin gekommen ist, habe ich folgendes zu berichten"[28], leitete Knoppe die Darstellung des Lebensweges seiner zweiten Ehefrau ein. Offenbar war aufgefallen, dass deren Eltern in der Bundesrepublik lebten – angesichts einer möglichen Gefahr für die Konspiration ein nicht unerhebliches Problem, vor allem für einen leitenden Mitarbeiter. Knoppe schildert in seinem Bericht seinen Schwiegervater, einen Kunstmaler, der nur sieben Jahre älter war als Knoppe selbst, als „religiösen Phantasten". Er habe ihn erst bei seiner Hochzeit am 31. Juli 1947 kennen gelernt, erklärt Knoppe – deutlich bemüht, möglichst große Distanz zu dem Schwiegervater zu demonstrieren. „Die Mutter ist in ihrem Denken fortschrittlicher und bleibt lediglich aus Ehedisziplin bei ihrem Mann, obgleich sie sich dort nach ihren eigenen Erzählungen nicht wohl fühlt", scheute Knoppe auch vor persönlichsten Informationen aus seiner Familie nicht zurück. Was für MfS-Mitarbeiter späterer Jahre kaum vorstellbar gewesen wäre, hatte für Knoppe ganz offensichtlich keine weiteren Konsequenzen – bei verdienten Genossen wie ihm wurden derartige Kontakte zu westlichen Verwandten noch hingenommen.

Gravierendere Schwierigkeiten bereiteten Knoppe dagegen in den ersten Jahren seiner Tätigkeit für das MfS seine Kontakte zu einem Mann, den er in KZ-Haft kennengelernt hatte: Erich Glaner. Die beiden waren gemeinsam während des Todesmarsches geflohen, später hatten sie zusammen bei der Polizei gearbeitet – Knoppe als unmittelbarer Vorgesetzter Glaners. Die beiden hatten „Nazi-Material" in Berlin beschlagnahmt und waren dabei offensichtlich mitunter

27 BStU, MfS, KS I 1/84, Bd. 1, S. 93.

28 Reinhold Knoppe, Bericht, 2.7.1950, BStU, MfS, KS I 1/84, Bd. 1, S. 70 f.; vgl. dort auch die folgenden Zitate.

Knoppes Zicke wird gesucht

Fahndungsdienst der Vopo und Staatssicherheitsdienst ver[illegible]

Berlin (BS). Der „Ortsbauernführer" eines kleinen ländlichen Ortsteils im sowjetischen Sektor hatte die Nase endgültig voll von der „Volksdemokratie". Er ließ Haus und Hof im Stich, verfrachtete sein gesamtes lebendes Inventar auf und an einen Wagen und verließ den Sektor der Einheitsliste. Dabei nahm er auch eine Milchziege mit, die bei ihm in „Pension" war. Sie gehörte Herrn Knoppe von der SED, einem einflußreichen Mann, der im sowjetischen Sektor stellvertretender Leiter des SSD (Staatssicherheitsdienst) ist.

Herr Knoppe geriet aus dem Häuschen; schließlich war die Zicke sein Milchproduzent. Er ließ sie polizeilich suchen — erfolglos. Knoppe gab sich nicht zufrieden, denn ihm standen ja viele Wege offen. Er setzte [illegible]iecks Leibgarde in Bewegung. Die Zicke blieb verschwunden. Er unterrichtete die Abteilung F (Fahndung) der „Volkspolizei", und als auch das nichts half, leitete er gegen den „Entführer" ein Verfahren wegen Wirtschaftsverbrechens ein, alles wegen einer SED-Zicke!

Gehörte dieses harmlose, meckernde Tierchen nicht einem so einflußreichen Mann wie dem stellvertretenden Leiter des SSD im sowjetischen Sektor, man hätte kaum soviel Aufhebens davon gemacht. Dennoch, die Zicke ist noch nicht wieder herbeigeschafft worden, trotz — oder wegen? — des SSD!

Abb. 3: Artikel aus der in West-Berlin erscheinenden Zeitung „Berliner Stadtblatt" mit handschriftlicher Notiz von Erich Mielke in Knoppes Kaderakte, 1950.

überfallartig vorgegangen.[29] Knoppe hatte darüber hinaus 1947 Glaner bei der Flucht aus amerikanischer Haft geholfen. Die privaten Kontakte zwischen den beiden waren wohl auch danach, als sich ihre beruflichen Wege trennten, nicht abgerissen. So gab Knoppe am 6. November 1950 eine schriftliche Erklärung über den mittlerweile in Schwerin lebenden Glaner ab, in der es hieß: „Aus seiner KZ-Zeit […] ist mir Nachteiliges über sein Verhalten im Lager nicht bekannt."[30]

Diese engen Kontakte zu Glaner wurden seit Mai 1951 für Knoppe zum Problem, als sich die SED im Zuge ihrer Parteisäuberungen mit Glaner zu beschäftigen begann. Gustav Szinda, von 1949 bis 1951 Leiter der Abt. für Sicherheitsfragen beim ZK der SED und anschließend Abteilungsleiter im Außenpolitischen Nachrichtendienst, hatte um Überprüfung Glaners gebeten.[31] Anton Joos, zentraler Funktionär in der Kaderabteilung der Partei, sammelte nun In-

29 Vgl. Polizeirevier 104/Reviervorsteher Finkenflügel, Bericht an das Polizeipräsidium Berlin, 22.8.1945, BStU, MfS, Diszi 9811/92, Bd. 1, S. 73f.

30 Reinhold Knoppe, Erklärung zu Erich Glaner, 6.11.1950, BStU, MfS, Diszi 9811/92, Bd. 1, S. 24.

31 Vgl. Anton Joos, Aktennotiz, 5.5.1952, BStU, MfS, Diszi 9811/92, Bd. 1, S. 103–113, hier S. 103.

formationen über den Mann, der mittlerweile in der Personalabteilung des Staatssekretariats für Bauwirtschaft[32] arbeitete. Im Mittelpunkt stand der Verdacht, Glaner habe für das „2. Büro“[33] spioniert, in der KZ-Haft Mitgefangene bestohlen und misshandelt und sei in der Nachkriegszeit vom US-Geheimdienst verpflichtet worden.[34] Auch wurde ihm vorgeworfen, bei seiner Hochzeit im September 1946 seien zwei französische Offiziere anwesend gewesen.[35]

In Joos' elfseitiger Aktennotiz zu dem Fall, die er am 7. Mai 1952 mit der Bitte „einer gründlichen Überprüfung“[36] Glaners an das MfS übergab, hatte er zahlreiche Verdachtsmomente gegen Glaner zusammengetragen und Lücken in seiner Biografie aufgelistet. „[D]urch und durch verlogen, ein übler Mensch“, urteilte er dementsprechend und dürfte damit die Ergebnisse einer weiteren Überprüfung vorgegeben haben.

Und auch Knoppe widmete Joos einige Absätze: „Glaner ist befreundet mit dem bei der Staatssicherheit beschäftigten Knoppe und mit Erich Miltenberger. Genosse Miltenberger bestätigte uns schriftlich, daß Glaner ihm erzählt hat, daß er für das französische 2. Büro als Agent tätig war. Eigenartig ist nur, daß sowohl der Genosse Reinhold Knoppe als auch der Genosse Erich Miltenberger – obwohl sie wußten, daß Glaner ein Agent ist – bis heute mit ihm freundschaftlichen Verkehr pflegen und sich auch gegenseitig Besuche in der Wohnung abstatten.“

Aufgrund der gesammelten Erkenntnisse verlangte Joos die Überprüfung Knoppes und Miltenbergers durch das MfS – „aber in der Form, daß Genosse Knoppe keine Kenntnis davon erhält“. Joos vermutete offensichtlich eine Verschwörung, die möglicherweise noch größere Kreise bis hin zu Erich Mielke einschloss. So habe Miltenberger, „als ihm ein Vorwurf dieser freundschaftlichen Beziehungen wegen gemacht wurde, [gesagt], daß Glaner ja auch beim ‚Erich‘ verkehre.“[37]

32 Vgl. Anton Joos, Schreiben an das MfS betr. Erich Glaner, 7.5.1952, BStU, MfS, Diszi 9811/92, Bd. 1, S. 102.

33 Damit ist der französische Geheimdienst gemeint; vgl. Erich Glaner, Lebenslauf, 15.3.1952, BStU, MfS, Diszi 9811/92, Bd. 1, S. 89–101, hier S. 96; Anton Joos, Aktennotiz, 5.5.1952, BStU, MfS, Diszi 9811/92, Bd. 1, S. 103–113, hier S. 104.

34 Vgl. Anton Joos, Schreiben an das MfS betr. Erich Glaner, 7.5.1952, BStU, MfS, Diszi 9811/92, Bd. 1, S. 102.

35 Vgl. Erich Glaner, Stellungnahme, 10.3.1952, BStU, MfS, Diszi 9811/92, Bd. 1, S. 84–88, hier S. 84.

36 Anton Joos, Schreiben an das MfS betr. Erich Glaner, 7.5.1952, BStU, MfS, Diszi 9811/92, Bd. 1, S. 102.

37 Anton Joos, Aktennotiz, 5.5.1952, BStU, MfS, Diszi 9811/92, Bd. 1, S. 103–113, hier S. 113. Glaner selbst habe allerdings betont, so Joos, „daß Genosse Erich Mielke etwas gegen ihn habe“. (ebd.) An anderer Stelle berichtet Glaner von einer durch einen anderen Genossen kolportierten angeblichen Äußerung Mielkes, Glaner sei ein „russischer Agent“ (Erich Glaner, Stellungnahme, 10.3.1952, BStU, MfS, Diszi 9811/92, Bd. 1, S. 84–88, hier S. 87) – und dies war keineswegs positiv gemeint.

Knoppes Verstrickung in den Fall zeigt sich auch darin, dass Glaner ihm am 4. April 1952 nach mehreren Vernehmungen bei der Kaderabteilung des ZK ein dreiseitiges Schreiben sandte, in dem er die Art der Vernehmungen beschrieb, sein Handeln erläuterte und um Unterstützung in der bevorstehenden Vernehmung Knoppes bat. Dieses Schreiben bildete auch eine Grundlage für die weitere Behandlung des Falls durch das MfS – in Berichten der Abteilung Personal des MfS vom 13. März und vom 6. Juni 1953 finden sich ausführliche Zitate daraus.[38]

Welche Konsequenzen seine Kontakte zu Glaner letztlich für Knoppe hatten, lässt sich aus den Kaderunterlagen nicht erschließen. Die laufenden Untersuchungen verhinderten jedenfalls nicht, dass Knoppe am 11. Februar 1953 zum Oberst ernannt wurde.[39] Auch ein ursprünglich geplanter Besuch eines Lehrgangs an der Zentralschule des ZK für Wirtschaftsfunktionäre in Ballenstedt, für den die SED-Bezirksleitung Knoppe am 29. Januar 1953 vorgeschlagen hatte,[40] wurde nicht etwa wegen der Überprüfung abgesagt. Vielmehr hätten, folgt man jedenfalls der entsprechenden Vorlage für das Sekretariat des ZK vom 15. Mai 1953, „unmittelbar vor Beginn des Lehrganges [...] die Freunde [d. h. der sowjetische Berater] dem Genossen Wilhelm Zaisser" mitgeteilt, „dass es zweckmäßig sei, in Folge des starken Arbeitsanfalles in der Abteilung des Genossen Knoppe, den Besuch der Schule vorerst zurückzustellen"[41].

Somit dürfte wohl auch die Ernennung Knoppes zum Leiter der BV Magdeburg am 25. November 1953 kaum als eine Folge des Falles Glaner betrachtet werden. Tatsächlich war die Versetzung wohl eher eine Folge der Ereignisse in der zum „Staatssekretariat" degradierten Geheimpolizei nach dem Volksaufstand vom 17. Juni 1953. Knoppe selbst wehrte sich allerdings ein Jahr später gegen das in der BV offenbar kursierende Gerücht, er sei „wegen zaisserischer Tendenzen"[42] versetzt worden.

Auch wenn die Bezirksverwaltung angesichts der Lage des Bezirks eine große Bedeutung besaß und ihr weiterer Aufbau für das MfS hohe Priorität besaß, so

38 Vgl. Abt. Personal/P4, Bericht betr. Erich Glaner, 6.6.1953, BStU, MfS, Diszi 9811/92, Bd. 1, S. 114–121; Abt. Personal/P4/Tschetschok, Bericht betr. Erich Glaner, 13.3.1953, BStU, MfS, Diszi 9811/92, Bd. 1, S. 122–128.

39 Vgl. Attestationsblatt für die Beförderung Knoppes zum Oberst, 11.2.1953, BStU, MfS, KS I 1/84, Bd. 3, S. 70 f.

40 Vgl. SED-BL VIIc/Sekretariat/Strauch, Schreiben an das ZK der SED/Röbelen, 29.1.1953, BStU, MfS, KS I 1/84, Bd. 3, S. 83.

41 Vgl. Vorlage der Abt. Leitende Organe Partei und Massenorganisationen und der M-Abt. an das Sekretariat des ZK, 15.5.1953, BStU, MfS, KS I 1/84, Bd. 3, S. 78.

42 BV Magdeburg/Leiter Knoppe, Schreiben an die ZPL der BV Magdeburg betr. Ersuchen um Überprüfung der gegen ihn erhobenen Vorwürfe, 30.7.1954, BStU, MfS, Diszi 9811/92, Bd. 2, S. 55–59, hier S. 59. Wolfgang Schreyer, Schriftsteller und Zeitzeuge der Ereignisse um Brigitte Reimann in den Jahren 1957/58, beschreibt dagegen Zaissers Nachfolger Ernst Wollweber als „Knoppes Gönner"; vgl. Schreyer, Mann, S. 154.

dürfte Knoppe den Wechsel nach Magdeburg vor allem als Abstieg wahrgenommen haben. Dies galt umso mehr, als sich seine Situation in der BV alles andere als einfach gestaltete.

Mehrfach musste sich Knoppe in den folgenden acht Jahren gegen Beschuldigungen durch Untergebene zur Wehr setzen und intensive Kontrollen durch die Kaderabteilung des MfS oder durch die Abt. Sicherheitsfragen des ZK über sich ergehen lassen. Die Vorwürfe reichten von moralischen Verfehlungen über unzureichenden Führungsstil bis zu gravierenden Fehlern in der Arbeit.

So wurde Knoppe 1954 bei einer Dienstversammlung, in der ein neuer Kaderleiter eingeführt wurde, von einer Sekretärin beschuldigt, er habe ein Verhältnis mit seiner eigenen Sekretärin. Auch frühere Vorwürfe dieser Art brachte die Frau, die sich auch selbst von Knoppe belästigt fühlte, zur Sprache. Der Vorgang, den Knoppe noch am selben Tag – verbunden mit einer überzeugend wirkenden Entgegnung – der Zentralen Parteileitung der BV zur Überprüfung vorlegte, liefert anschauliche Einblicke in die Atmosphäre unter den hauptamtlichen Mitarbeitern, aber auch in die Streuung von Gerüchten und vermutlich auch das Spinnen von Intrigen weit über die einzelne BV hinaus.

Knoppe erschütterte offenbar vor allem das erneute Auftauchen eines ähnlichen Vorwurfs, den er bereits 1951 meinte gegenüber einer Überprüfungskommission entkräftet zu haben: „Umso erstaunlicher ist es, daß eine Anschuldigung, die vier Jahre zurückliegt, sowie örtlich weit getrennt, plötzlich hier Gegenstand eines Vorwurfes in der Dienstversammlung ist. Meiner Meinung nach kann es nur ein Feind sein, der solche Dinge registriert, festhält und nach 4 Jahren noch versucht damit zu operieren. Genossen müssen meines Erachtens schon durch die politischen Ereignisse und durch ihre politische Tätigkeit solche Dinge längst vergessen haben.“[43] Knoppe vermutete hinter diesen Anwürfen also eher den „Feind“ – möglicherweise sogar westliche Geheimdienste – als dass er sie als Resultat MfS-internen Tratsches interpretierte. Als „Kräfte [...], die versuchen, Zersetzungstätigkeit in der Staatssicherheit zu betreiben“[44], beschrieb er seine Gegner in der BV, von denen es offensichtlich mehr gab als nur die Sekretärin und die sich auf diese Weise als Republikfeinde verunglimpfen ließen. Ansonsten tat Knoppe die Vorwürfe als Einbildung einer „stark hysterische[n] Frau“ ab, vor der ihn sowohl Mielke bei einem Besuch als auch der 1. Sekretär der SED-Bezirksleitung, Alois Pisnick, gewarnt hätten: „[S]chmeiß die Frau raus, mit der erlebst Du einen fürchterlichen Skandal. Überall wo sie war, gab es Skandalszenen.“[45]

43 BV Magdeburg/Leiter Knoppe, Schreiben an die ZPL der BV Magdeburg betr. Ersuchen um Überprüfung der gegen ihn erhobenen Vorwürfe, 30.7.1954, BStU, MfS, Diszi 9811/92, Bd. 2, S. 55–59, hier S. 56.

44 Ebd., S. 55.

45 Ebd., S. 56. Wenige Tage nach der Dienstversammlung reichte Knoppe auch einen Vorschlag zur Entlassung der Sekretärin ein, die er als „schwatzhaft“ und „große Gefahr für die Ver-

Mielke hatte sich, ohne dass Knoppe dies gewusst haben dürfte, auf einen Vermerk der Kaderabteilung stützen können, der bereits am 20. Mai 1954, also zwei Monate vor der Dienstversammlung, verfasst worden war. Darin schildert ein Mitarbeiter, dass ihm beim Besuch der BV Neubrandenburg (!) der Leiter der dortigen BV, Franz Schkopik, von derartigen Vergehen Knoppes berichtet habe. Mielke hatte damals auf dem Vermerk notiert: „Gen. Knoppe ermahnen, seinen Lebenswandel zu ändern."[46]

Darüber hinaus machte Knoppe in seiner Darstellung eine Gruppe von Mitarbeitern aus, die sich durch seine Einsetzung in Magdeburg „in ihren Leistungen zu gering eingeschätzt fühlen" und nun versuchen würden, ihm „persönlich durch Intrigen zu begegnen"[47]. In dieser Gruppe sah Knoppe auch die Urheber von zwei anonymen Briefen an Wollweber, in denen die Zustände in der BV kritisiert wurden.

Abschließend urteilte Knoppe in seinem Schreiben an die Zentrale Parteileitung: „Ich denke, das ist ein sehr ernster Zustand. Da es eine ganze Reihe von Mitarbeitern gibt, die seitdem ich die Verwaltung übernahm, wegen disziplinlosen Verhaltens oder moralischer Vergehen zur Verantwortung gezogen wurden, besteht die Gefahr, daß sich sehr schnell aus diesem Kreis eine ernstzunehmende Fraktion bildet."[48]

Durch die Überprüfung der BV Magdeburg, die wenig später unter Leitung eines Mitarbeiters der Abt. für Sicherheitsfragen des ZK durchgeführt wurde, konnte sich Knoppe zwar in wichtigen Punkten entlastet sehen. Auch vermerkte der Bericht, dass seit dem Einsatz Knoppes die Arbeit der BV besser geworden sei. Doch insgesamt zeige der „politisch-moralische Zustand bei einem Teil der Mitarbeiter [...] einen äußerst tiefen Stand". So habe ein Befragter erklärt: „[I]ch muß von den anderen etwas wissen, um meine eigenen Schwächen vor der Aufdeckung zu bewahren." Andere Mitarbeiter kritisierten die ihrer Ansicht nach unzureichende und im Vergleich zu leitenden Funktionären ungerechte Bezahlung. Schließlich werde die Arbeit dadurch gehemmt, dass „mehrere Familienmitglieder gemeinsam in der Verwaltung arbeiten" und die „versöhnlerische Haltung vieler Mitarbeiter" dadurch verstärkt würde.

Auch wenn in dem Bericht vor allem die Parteileitung der BV im Mittelpunkt der Kritik stand, so blieb jedoch auch Knoppe nicht unbehelligt: „Aufgrund unserer Aussprache gewannen wir den Eindruck, daß Genosse Knoppe im Verkehr mit den Mitarbeitern nicht immer den richtigen Ton und Kontakt findet. Das

waltung" charakterisiert; vgl BV Magdeburg/Leiter Knoppe, Vorschlag zur Entlassung der Genossin Obfdw. F[...], 2.8.1954, BStU, MfS, Diszi 9811/92, Bd. 2, S. 55–59, hier S. 56.

46 MfS/Abt. Kader/Ref. 3, Vermerk, 20.5.1954, BStU, MfS, Diszi 9811/92, Bd. 2, S. 51.

47 BV Magdeburg/Leiter Knoppe, Schreiben an die ZPL der BV Magdeburg betr. Ersuchen um Überprüfung der gegen ihn erhobenen Vorwürfe, 30.7.1954, BStU, MfS, Diszi 9811/92, Bd. 2, S. 55–59, hier S. 57.

48 Ebd., S. 59.

wird dadurch charakterisiert, daß die Genossen zum Ausdruck bringen, der Genosse Knoppe ist unnahbar, unpersönlich und neigt zur Ironie."[49]

Auch wenn die Realität solcher Beurteilungen schwer überprüft werden kann, so fällt doch auf, dass es im Laufe von Knoppes Amtszeit in Magdeburg nicht bei dieser einzelnen kritischen Stimme blieb. So verfasste im Juni 1955 der Leiter der Abt. Kader und Schulung der BV Magdeburg „mit Hilfe des Genossen Chefberaters" eine Einschätzung für die HA KuSch. Darin wurden seine Erfahrungen in der operativen Arbeit und seine Einsatzbereitschaft hervorgehoben, zugleich aber kritisiert, „daß er ein höheres Niveau verlangt, was aber nicht bei jedem Mitarbeiter vorhanden ist. Dadurch wird seine Kritik ungerecht"[50].

Den ebenfalls genannten Vorwurf, „mitunter zu impulsiv" zu handeln, veranschaulichte Knoppe ein knappes Jahr später, als er in Magdeburg einen Volkspolizisten entwaffnete und festnahm, der sich seiner Ansicht nach „mit einer Meldung über unvorschriftsmässiges Fahren [hatte] brüsten"[51] wollen. In einem Bericht an Mielke über die Angelegenheit – die Volkspolizei hatte sich offenbar umgehend an das ZK gewandt[52] – sah er das Verhalten der Wachtmeisters allerdings in einem viel größeren Kontext. Die Aussprache mit leitenden Funktionären der Magdeburger Volkspolizei habe gezeigt, „daß von bestimmten Personen in der Volkspolizei versucht wird, eine Stimmung gegen das Ministerium für Staatssicherheit zu entfachen"[53]. Von Mielke daraufhin zu einer Konkretisierung aufgefordert,[54] konnte Knoppe im Wesentlichen nur auf eine VP-Telefonistin verweisen, die die Nutzung der VP-Telefonleitung durch MfS-Mitarbeiter verweigert habe.[55]

Ein Jahr darauf folgte die nächste große Untersuchung. Der erst im August 1957 von Berlin nach Magdeburg versetzte Leiter der Abt. II, Horst Asbach, stellte bereits Anfang September 1957 ein Gesuch zur Rückversetzung und, als diesem nicht stattgegeben wurde, ein Entpflichtungsgesuch. Die Gründe lagen

49 Bericht des Mitarbeiters der ZK-Abt. für Sicherheitsfragen, Appelfeller, und des Mitarbeiters der Abt. für Sicherheitsfragen der SED-BL Magdeburg, Kloß, über die Überprüfung der SfS-BV Magdeburg, 21.8.1954, BStU, MfS, Diszi 9811/92, Bd. 2, S. 66–73, hier S. 70.

50 SfS-BV Magdeburg/Abt. KuSch/Leiter Fritzsch, Einschätzung des Leiters der BV, Reinhold Knoppe, für die HA KuSch des SfS, 28.6.1955, BStU, MfS, KS I 1/84, Bd. 1, S. 15.

51 BV Magdeburg/Leiter Knoppe, Schreiben an MfS/Mielke betr. Aussprache mit der VP über die Festnahme eines Straßenpostens, 31.3.1956, BStU, MfS, KS I 1/84, Bd. 1, S. 103–107, hier S. 105.

52 Vgl. ebd., S. 106.

53 BV Magdeburg/Leiter Knoppe, Schreiben an MfS/Mielke betr. Aussprache mit der VP über die Festnahme eines Straßenpostens, 14.3.1956, BStU, MfS, KS I 1/84, Bd. 1, S. 109.

54 Vgl. MfS/1. Stellv. d. Ministers Mielke, Schreiben an den Leiter der BV Magdeburg, Knoppe, betr. Aussprache mit der VP über die Festnahme eines Straßenpostens, 19.3.1956, BStU, MfS, KS I 1/84, Bd. 1, S. 108.

55 Vgl. BV Magdeburg/Leiter Knoppe, Schreiben an MfS/Mielke betr. Aussprache mit der VP über die Festnahme eines Straßenpostens, 31.3.1956, BStU, MfS, KS I 1/84, Bd. 1, S. 103–107, hier S. 106.

offenbar zum Teil in der Trennung von seiner erkrankten Frau und in einer fehlenden Wohnung. Doch der Hauptmann führte auch weitere Ursachen an: „Mitarbeiter aus der Abteilung II bringen zum Ausdruck, daß viele Gen[ossen] Angst hätten vor dem Gen[ossen] Oberst Knoppe. Niemand würde sich getrauen dem Gen[ossen] Knoppe die Wahrheit zu sagen."[56] Außerdem führte als angeblichen Beweis für Knoppes Fehlverhalten den Fall der Sekretärin aus dem Jahr 1954 an. Der Mitarbeiter, der sich am 21. Oktober 1957 persönlich bei Hermann Matern – zum damaligen Zeitpunkt u. a. Vorsitzender der Zentralen Parteikontrollkommission – über Knoppe beschwert hatte, fand in seinem Bericht deutliche Worte: „Ich bitte das ZK dringend die Verhältnisse in Magdeburg zu untersuchen, da [...] seit Jahren Gen[osse] Oberst Knoppe als alleiniger Herrscher regiert und ungerechte Handlungen durchführt. Wer den Gen[ossen] Oberst Knoppe kritisiert, bekam seine Gewalt zu spüren."[57]

Auch diese Angelegenheit blieb für Knoppe ohne wesentliche Konsequenzen. Der zehnseitige Abschlussbericht der HA KuSch kam zu dem Ergebnis, dass sich die „angeführten Beschwerdepunkte zu einem gewissen Teil bestätigt" hätten, doch seien die Mängel nicht nur auf Knoppe zurückzuführen, sondern auf die gesamte BV-Leitung. Die Überprüfungskommission empfahl Knoppe, „solche Veränderungen zu tätigen, die einen besseren Arbeitsablauf gewährleisten"[58].

Folgt man Knoppes Kaderakte, so befassten sich die höchsten SED-Gremien erst drei Jahre später wieder einmal mit ihm. Diesmal handelte es sich allerdings um einen in den Augen der Partei gravierenden politischen Fehler Knoppes. Hintergrund war das Bemühen des „Oebisfelder Burgturmvereins", den ehemalige, zum Teil aus der DDR geflohene, Oebisfelder in der Bundesrepublik betrieben, an Pfingsten 1960 ein Treffen in Oebisfelde durchzuführen. Knoppe hatte den Verein gegenüber der Abt. Sicherheitsfragen der SED-BL Magdeburg als „harmlose[n] Heimatverband"[59] dargestellt. Nachdem zwei vorbereitende Gespräche mit der SED-Kreisleitung stattgefunden hatten, berichteten westliche Zeitungen über die geplante Veranstaltung, zu der inzwischen fast 200 Westdeutsche eine Aufenthaltsgenehmigung beantragt hatten. Offenbar auf Druck des Politbüros[60] wurde das Treffen schließlich abgesagt und jegliche Kontakte

56 Hauptmann Horst Asbach, Schreiben an die MfS-HA KuSch betr. Verhältnisse in der BV Magdeburg, 21.10.1957, BStU, MfS, Diszi 9811/92, Bd. 2, S. 12–19, hier S. 17.

57 Hauptmann Horst Asbach, Bericht über die Verhältnisse in der BV Magdeburg, 23.10.1957, BStU, MfS, Diszi 9811/92, Bd. 2, S. 20–28, hier S. 28.

58 HA KuSch/Winkler, Bericht, 30.11.1957, BStU, MfS, Diszi 9811/92, Bd. 2, S. 41–50, hier S. 50.

59 ZK der SED/Abt. für Sicherheitsfragen/Gebauer und Michael, Bericht, 3.6.1960, BStU, MfS, KS I 1/84, Bd. 1, S. 126–129, hier S. 127.

60 Vgl. ebd., S. 128. Den Bericht sandte der Leiter der Abt. für Sicherheitsfragen des ZK, Erich Honecker, am 3. Juni 1960 an Erich Mielke „zur Auswertung"; vgl. die hs. Notiz ebd., S. 126.

zu dem Heimatverein abgebrochen. Knoppe hatte sich zwischenzeitlich für das Treffen eingesetzt, da „der Verein seit ca. 70 Jahren bestehe“[61]. Zudem sah er das geplante Treffen in Oebisfelde auf der Linie ähnlicher, von höchsten Staatsorganen veranstalteter Gespräche und Konferenzen. Dass Knoppe schließlich nur eine Missbilligung des Sekretariats des ZK „wegen falscher Informationen an das Büro der Bezirksleitung Magdeburg“[62] erhielt, lag möglichweise auch daran, dass er wohl das Treffen mit den Westdeutschen nutzen wollte, um „operative Aufgaben lösen zu können“[63].

Trotz dieser Missbilligung scheint Knoppe bis 1962 in seiner Position als Leiter der BV unangefochten gewesen zu sein. In einer Beurteilung vom 22. Juli 1961 wird er als „klassenbewußter und kampferprobter Genosse“[64] beschrieben, der „Achtung und Autorität des Kollektivs“ besitze. Allerdings fehle ihm das „notwendige Einfühlungsvermögen, so daß seine Anleitung in pädagogischer Hinsicht nicht immer die erforderliche Überzeugungskraft“ besitze. Auch sei er „oft nachtragend“ und „nicht immer in der Lage [...] die richtigen politisch-operativen Schlußfolgerungen zu ziehen“, zeige „Mängel in der politisch-theoretischen Bildung“ und verfüge über „Tendenzen der Eigenmächtigkeit“.

Diese Kritikpunkte lassen erkennen, dass sich das Bild eines Leiters im MfS in dieser Zeit zu wandeln begann. Nicht mehr der hart gegen sich selbst und seine Mitarbeiter agierende und durch seine aus der NS-Zeit geprägte Biografie autorisierte Genosse war jetzt gefragt. Vielmehr beherrschte die Vorstellung eines „pädagogisch“ versierten, ideologisch gebildeten und von Untergebenen wie Vorgesetzten anerkannten Funktionärs die Beschreibung eines idealen Leiters – eine Vorstellung, die natürlich mit der Realität nicht unbedingt etwas zu tun haben musste.

Knoppes Auftreten und sein Führungsstil passten nicht zu diesem veränderten Bild eines MfS-Leiters. Dies trat offen zutage, als er sich Ende 1961 gegen Kritik einerseits aus dem Berliner Ministerium, andererseits von Mitarbeitern der BV zur Wehr setzen musste. Auslöser waren, wie es ein 24-seitiger Bericht einer Überprüfungskommission später formulierte, „Auseinandersetzungen über den Geschäftsverteilungsplan bzw. Umbesetzungen in der Leitung der Bezirksverwaltung“[65]. Generalleutnant Otto Walter, 1. Stellvertreter des Ministers, hatte sich bei Knoppe über die Kadersituation in der Abt. XIII der BV Magde-

61 Ebd., S. 128.

62 Abschrift des Beschlusses des ZK zum Bericht über die Untersuchung der Angelegenheit Oebisfelde v. 13.6.1960, BStU, MfS, KS I 1/84, Bd. 3, S. 28.

63 ZK der SED/Abt. für Sicherheitsfragen/Gebauer und Michael, Bericht, 3.6.1960, BStU, MfS, KS I 1/84, Bd. 1, S. 126–129, hier S. 129.

64 Beurteilung über den Leiter der BV Magdeburg, Reinhold Knoppe, 22.7.1961, BStU, MfS, KS I 1/84, Bd. 3, S. 25 f., hier S. 25. Dort auch die folgenden Zitate.

65 Bericht der Überprüfungskommission über die Überprüfung in der BV Magdeburg, undat., BStU, MfS, KS I 1/84, Bd. 1, S. 157–180, hier S. 157.

burg beschwert und mehr Personal für diese, für das Verkehrswesen zuständige, Abteilung verlangt. Als Knoppe die Umsetzungen insbesondere auf Kosten der Abt. XV realisierte, stieß er naturgemäß auf die Ablehnung der dortigen Leiter, was Knoppe zu der Reaktion veranlasste: „[D]arüber gibt es keine Diskussion, [...] aber sie können sich ja auch bei ihrem General beschweren, wie die anderen es getan haben, dann bekommen sie vielleicht auch das Recht und können ihren Kader behalten".[66] Damit war Knoppe wohl zu weit gegangen, denn der zuständige Mitarbeiter wandte sich tatsächlich an seinen zuständigen Leiter in Berlin, Generalmajor Markus Wolf, der daraufhin tatsächlich bei Walter Protest gegen den Abzug von Personal aus „seiner" Magdeburger Abteilung einlegte.

Knoppes Aufforderung an seine Mitarbeiter, sie könnten sich ja auch in Berlin beschweren, deutet auf eine tiefe Frustration über seine schwierige Situation als BV-Leiter hin. Einerseits für den Erfolg der operativen Arbeit vor Ort verantwortlich und andererseits von den Interessen seiner Vorgesetzten in der Zentrale abhängig, scheint er zu diesem Zeitpunkt die Arbeit vor allem als Belastung wahrgenommen zu haben. „[I]ch will nicht länger das Ventil zwischen den leitenden Genossen in Berlin sein", zitierte ihn der Stellvertreter Operativ der BV, Major Fritz Kühne, und brachte damit Knoppes tiefe Unzufriedenheit zum Ausdruck. Diese Unzufriedenheit war selbstverständlich nicht ideologisch bedingt oder mangelnder politischer Überzeugung geschuldet. Doch wenn ihm im Juni 1962 in einer Beurteilung vorgeworfen wurde, dass er „ungenügend das sich neu Entwickelnde" anerkannt habe und „zeitweilig unbewußt einen gewissen Pessimismus"[67] habe aufkommen lassen, so überrascht die zeitliche Nähe dieser Aussagen und Urteile zum Bau der Mauer nicht – als gesamtdeutsch denkender Funktionär und durch die Familie seiner Ehefrau auch persönlich mit dem Westen verbunden, dürfte ihn die Entwicklung hin zur endgültigen Teilung des Landes zumindest nicht erfreut haben.

Im Rahmen der Konflikte um die Kaderpolitik und um eine neue Geschäftsverteilung innerhalb der BV beschwerte sich Kühne über den Umgang Knoppes mit ihm – dies bildete den zweiten Strang der Auseinandersetzungen, die schließlich zur Absetzung Knoppes führten. Kühne sah sich, da er zukünftig als Stellvertreter Allgemein nur noch für operativ-technische Abteilungen und selbstständige Referate wie die Abt. XII zuständig sein sollte, von Knoppe „gemüllert"[68] – Grund dafür waren kritische Worte Kühnes über Knoppe in Berlin, als er mit Walter die von Knoppe geplante neue Geschäftsverteilung bespro-

66 Ebd., S. 156.

67 MfS/BV Magdeburg/ZPL, Beurteilung, 14.6.1962, BStU, MfS, KS I 1/84, Bd. 1, S. 24 f., hier S. 25.

68 Vgl. BV Magdeburg/Leiter Knoppe, Schreiben an Minister Mielke betr. die telefonischen Vorwürfe des Generalleutnant Walter vom 10. und 11.10.1961 über die Kadersituation in der Abt. XIII, 12.10.1961, BStU, MfS, KS I 1/84, Bd. 1, S. 130–138, hier S. 134.

chen hatte.[69] Knoppe hatte offenbar gegenüber seinen Mitarbeitern behauptet, diesem Plan sei in Berlin bereits zugestimmt worden, was jedoch nicht der Fall gewesen war.

Die Stellungnahme Kühnes, die später durch Berichte der beiden Stellvertreter Operativ, Oberstleutnant Heinz Eggebrecht und Oberstleutnant Heinz Kühne, zum Teil bestätigt wurden,[70] liefert über die Details des Vorgangs hinaus ein eindringliches Bild von Knoppes Auftreten und Verhalten gegenüber seinen Mitarbeitern – ein Bild, das Parallelen zu den eingangs zitierten Eindrücken der Schriftstellerin Brigitte Reimann aufweist. Der zentrale Vorwurf galt der mangelnden Mitsprachemöglichkeit: „In der BV Magdeburg gibt es grundsätzlich nur eine Meinung und das ist die des Leiters der BV – ob sie richtig ist oder falsch. [...] Bei ernsten Kritiken von seiten der leitenden Genossen des MfS verfällt der Leiter der BV in das Gegenextrem und stimmt allem bedingungslos zu."[71] Fehlverhalten einzelner Mitarbeiter werde von Knoppe pauschal auf alle Mitarbeiter übertragen, was zur Schwächung der Motivation führe. Weil Knoppe „seine Beziehungen zu den Mitarbeitern nur auf Anweisungen, auf seine Befugnisse als Vorgesetzter aufbaut, entfernt er sich vom Kollektiv und greift zu Methoden des reinen administrierens [sic]."[72] Kühne vermisst insbesondere den „lebendig[n] Kontakt bei der täglichen Arbeit mit den Mitarbeitern" und beklagt, dass die Arbeit „verbürokratisiert"[73] sei. Erstaunlich offen gewährt Kühne Einblick in seine Gefühlslage, wenn er schreibt: „Zu dem oft groben Verhalten des Leiters der BV habe ich den Eindruck, daß ihm das Gefühl, bezw. Verständnis dafür fehlt, daß andere Genossen auch ein Ehrgefühl haben, auch arbeiten und sich Gedanken machen und wie weh es tut, welche Risse es in der Zusammenarbeit gibt, bei der von ihm entgegengebrachten Nichtachtung, rohe beleidigende Worte, unnötige Schroffheiten usw. Bei dem Gen. Oberst Knoppe gibt es grundsätzlich keine Anerkennung durch persönliche Worte."

Ähnlich hatte sich auch der Leiter der Abt. KuSch der BV Magdeburg, Major Haufe, gegenüber seinem Berliner Vorgesetzten geäußert: „Genosse Haufe schätzt den Genossen Oberst Knoppe als einen selbstherrlichen, herzlosen Genossen ein, [...]. Genosse Oberst Knoppe hat eine Art, Mitarbeitern gegenüber oft zynische Bemerkungen zu machen, sie grob und verletzend zu behandeln. Nach der Einschätzung des Genossen Haufe besteht eine Wand zwischen Genossen Oberst Knoppe und den Mitarbeitern. Die Leiter gehen nicht gern zu ihm. Z. B. hat Ge-

69 Vgl. ebd., S. 131.

70 Vgl. BStU, MfS, KS I 1/84, Bd. 1, S. 146–149, 150–156. Kühne und Eggebrecht waren die Nachfolger Knoppes in der Funktion als Leiter der BV Magdeburg.

71 BV Magdeburg/Stellv. Operativ/Major Kühne, Persönliche Stellungnahme zu den Auseinandersetzungen über den Geschäftsverteilungsplan der Leitung der BV Magdeburg und einigen Problemen der Leitungstätigkeit, BStU, MfS, KS I 1/84, Bd. 1, S. 139–145, hier S. 141.

72 Ebd., S. 142. Dort auch das folgende Zitat.

73 Ebd., S. 143. Dort auch das folgende Zitat.

nosse Haufe noch niemals gesehen, daß sich Genosse Knoppe mit einem Mitarbeiter in Dienstbesprechungen oder Parteiversammlungen unterhalten hat."[74]

Kühne thematisierte in seiner umfangreichen Kritik auch die Besetzung von Knoppes Vorzimmer. Die Sekretärin werde intern als „1. Stellvertreter" betitelt, alle Vorgänge und Kadervorschläge würden von ihr bearbeitet und zudem sei sie sehr „redselig". Außerdem weckte Kühne auch Zweifel an der moralischen Führung Knoppes – so gebe es „Diskussionen" darüber, dass sich die beiden „des öfteren des abends im Dienstzimmer einschließen [würden] um ruhiger arbeiten zu können"[75]. In ähnliche Richtung zielten Kühnes Vorwürfe über „das komfortable Einrichten und Vergrößern des Dienstzimmers des Leiters der BV" und über „den ständigen Wechsel des zweiten Dienstwagens, den angeblich die Ehefrau des Leiters nur zum Einkaufen benutzt".

Schließlich dürfte in der Berliner Zentrale auch eine von Kühne kolportierte Aussage der Sekretärin zum Verhältnis Knoppes zur MfS-Leitung Verärgerung hervorgerufen haben. So soll die Frau gesagt haben: „[M]it Mielke versteht er sich gar nicht, na, und Walter, der tut auch blos [sic] so. Der Chef kennt ihn genau und hat mir mal gesagt, der ist im KZ als Kapo schon klar gekommen und kommt in seiner jetzigen Funktion auch immer klar und denkt nicht an andere."

Die Kritik Kühnes und die Auseinandersetzungen um die Geschäftsverteilung führten Ende November zu einer Überprüfung durch eine Kommission unter Leitung von Generalmajor Bruno Beater. Auch die Abt. für Sicherheitsfragen des ZK war durch Fritz Renckwitz in der Kommission vertreten. Der 24-seitige Abschlussbericht bedeutete das Ende für Knoppes Einsatz in Magdeburg. Nach Gesprächen mit leitenden Mitarbeitern der BV und der SED-BL und auch mit zwei Sekretärinnen der BV bestätigte die Kommission die grundsätzlichen Aussagen des Berichts von Kühne über die Zustände in der BV und empfahl Knoppes sofortige Ablösung. Die Mitarbeiter seines Leitungskollektivs hätten sich, so der Bericht, in der Vergangenheit „wesentlich qualifiziert, so daß sie dem Genossen Knoppe sowohl in politisch-ideologischer als auch in politisch-operativer Hinsicht etwas überlegen waren. Dadurch entwickelte sich eine gesunde Kritik gegenüber dem Genossen Knoppe und seine oft nicht mehr exakten Weisungen, die er dann aber als unberechtigt bzw. als ungenügende Erfahrungen der ihn Kritisierenden darzustellen versuchte"[76]. Außerdem wende

74 HA KuSch/Oberstleutnant Wöhl, Vermerk nach einem Gespräch mit Haufe am 23.10.1961 zur Zusammenarbeit von Haufe und Knoppe, 2.12.1961, BStU, MfS, KS I 1/84, Bd. 1, S. 191–193, hier S. 193. Wöhl verfasste den Vermerk erst im Zuge der Arbeit der Überprüfungskommission, d.h. sechs Wochen nach dem Gespräch.

75 BV Magdeburg/Stellv. Operativ/Major Kühne, Persönliche Stellungnahme zu den Auseinandersetzungen über den Geschäftsverteilungsplan der Leitung der BV Magdeburg und einigen Problemen der Leitungstätigkeit, BStU, MfS, KS I 1/84, Bd. 1, S. 139–145, hier S. 145. Dort auch die beiden folgenden Zitate.

76 Bericht der Überprüfungskommission über die Überprüfung in der BV Magdeburg, undat., BStU, MfS, KS I 1/84, Bd. 1, S. 157–180, hier S. 163.

er „nicht die psychologisch richtigen Methoden an", könne nicht mit den Menschen umgehen und verletze sie „durch einen gewissen Zynismus". Charakter und Krankheiten, die Knoppe in den vergangenen Jahren belasteten, macht Beater als Ursache für Knoppes Fehler aus. Abschließend urteilt er vernichtend: „Sein Dienst- und Vorzimmer ist die Insel, auf die er sich verschanzt hat, da er nur mit einer einzigen Person in der ganzen Bezirksverwaltung bestens auskam – mit seiner Sekretärin."[77]

Auch wenn die Kritik derartig massiv ausfiel, wollte man Knoppe nicht gänzlich aus dem MfS entfernen. Seine Verdienste aus der NS- und aus der Nachkriegszeit, aber auch beim Aufbau der BV Magdeburg dürften schwerer gewogen haben als die ihm unterstellte Unfähigkeit, einen operativ bedeutsamen Apparat wie eine BV zu leiten. „[H]öchstens die Leitung einer selbständigen Abteilung" dürfe ihm in Zukunft übertragen werden, schlussfolgerte Beater und dachte dabei an die Leitung der Abt. M in der Berliner Zentrale oder an die Grenzkontrollämter West-Ost.

Der im Abschlussgespräch gegenüber Beater geäußerten Bitte, wegen des Asthmaleidens, unter dem er, seine Ehefrau und seine Tochter litten, nicht nach Berlin zurückkehren zu müssen,[78] kam das MfS nicht nach. Allerdings dauerte es noch ein halbes Jahr, bis der Nationale Verteidigungsrat Knoppes Entbindung bestätigte[79] – zwei Monate zuvor war er bereits „zur Durchführung besonderer Aufgaben zum MfS Berlin kommandiert" worden.[80] Zur Begründung der Versetzung hieß es in der Beschlussvorlage des NVR: „Genosse Knoppe ist auf Grund seines außerordentlich labilen Gesundheitszustandes den erhöhten politisch-operativen Anforderungen und der Aufgabenstellung, wie sie sich aus der gegenwärtigen Lage der Entwicklung des Bezirkes Magdeburg ergeben, nicht mehr in der Lage seine Tätigkeit als Leiter der Bezirksverwaltung Magdeburg auszuüben."[81] Darüber hinaus wurden auch seine Mängel im Umgang mit den Mitarbeitern in der Vorlage genannt.

77 Bericht der Überprüfungskommission über die Überprüfung in der BV Magdeburg, undat., BStU, MfS, KS I 1/84, Bd. 1, S. 157–180, hier S. 176.

78 Vgl. ebd., S. 176.

79 Vgl. Sekretariat Minister, Schreiben an den Leiter der HA KuSch Mühlpforte, 12.6.1962, BStU, MfS, KS I 1/84, Bd. 1, S. 117.

80 Vgl. BStU, KKK Knoppe. In der Zwischenzeit widmete sich Knoppe offenbar vor allem seiner Gesundung. Dies legen Schreiben von Knoppe an Mielke aus dieser Zeit nahe, in denen er den Minister über seinen Gesundheitszustand und über einen Kuraufenthalt informierte; vgl. die Schreiben von Knoppe an Mielke v. 16.1.1962 und 12.2.1962, BStU, MfS, KS I 1/84, Bd. 1, S. 115 f.; vgl. auch Bericht der Überprüfungskommission über die Überprüfung in der BV Magdeburg, undat., BStU, MfS, KS I 1/84, Bd. 1, S. 157–180, hier S. 177.

81 MfS, Beschlußvorlage für den NVR der DDR betr. Entbindung Knoppes als Leiter der BV Magdeburg, 18.5.1962, BStU, MfS, KS I 1/84, Bd. 1, S. 118–123, hier S. 119.

Endstation Abt. XII

Knoppe kam nun zunächst im Rang eines Abteilungsleiters zur Arbeitsgruppe des Ministers. Dort scheint er zwei Jahre lang von wichtigen Aufgaben weitgehend fern gehalten worden zu sein. Die SED-KL im MfS benannte in einer Beurteilung Knoppes vom 2. April 1964 den Vorsitz der Kulturkommission der SED-KL, die Organisation des 1. Kulturfestivals des MfS, die Mitwirkung an der Ideologischen Kommission und die Tätigkeit als Militärschöffe beim Obersten Militärgericht als Arbeitsschwerpunkte der Zeit seit 1962.[82] Gesundheitliche Gründe scheinen nicht die wesentliche Ursache für die Dauer des Einsatzes in der AGM gewesen zu sein. Zwar war Knoppe krankheitsbedingt immer wieder einmal beeinträchtigt, doch war es wohl nicht zuletzt die Schwierigkeit, eine angemessene Stelle für ihn im MfS-Apparat zu finden, die für seine „Auszeit" sorgte.

Erst im April 1964 durfte Knoppe wieder die Leitung einer Abteilung übernehmen. Dass es sich dabei um die Abt. XII handelte, entsprach den Vorgaben Beaters aus dem Jahr 1961, nach denen Knoppe in Zukunft „höchstens die Leitung einer selbständigen Abteilung" übertragen werden dürfe. Außerdem dürfte die Verantwortung für diese nicht-operativ tätige Abteilung den Vorstellungen der MfS-Leitung entsprochen haben, Knoppe nicht mehr an die entscheidenden Stellen im Apparat zu setzen.

Die neue Funktion erhielt Knoppe zudem gleichsam unter Vorbehalt. In der Beurteilung der SED-KL von 1964 hieß es: „Bei einer klaren Zielstellung durch seine Dienstvorgesetzten ist Genosse Knoppe in der Lage, eine verantwortliche Funktion im MfS zu bekleiden." Und handschriftlich ergänzte der 1. Sekretär Gerhard Heidenreich: „Die Schwierigkeiten[,] die bei Gen. Knoppe in seiner Tätigkeit als Chef der BV Magdeburg auftraten[,] sind der Abtlg. S bekannt. Ohne Zweifel hat Gen. Knoppe an sich gearbeitet und ich halte ihn für fähig[,] die Abtlg. XII unter der bereits erwähnten Anleitung zu leiten."[83]

In der Leitung der Abteilung löste Knoppe Paul Karoos ab, der die Funktion seit 1951 ausgeübt hatte. Karoos verließ die Abteilung jedoch nicht, sondern wurde Knoppes Stellvertreter. Zur Begründung für den Umbau in der Abteilungsspitze hieß es in der Vorlage des MfS für die Abt. für Sicherheitsfragen des ZK: „Bestimmte qualitative Veränderungen in der Arbeitsweise der Abteilung XII, die stärkere Koordinierung und Zusammenfassung der Probleme sowie die operative Auswertung erfordern eine Verstärkung in der Leitung der Abteilung XII. Die neuen Aufgaben erfordern aber größere operative Kenntnisse und Erfahrungen, deshalb wird Genosse Oberst Knoppe zum Leiter der Abteilung XII

82 Vgl. KL VII c/1/1. Sekretär Heidenreich und GO X/4/1. Sekretär Zukunft, Beurteilung über Reinhold Knoppe, 2.4.1964, BStU, MfS, KS I 1/84, Bd. 3, S. 17 f., hier S. 17.

83 Ebd., S. 18.

ernannt, da er die erforderlichen politischen und fachlichen Voraussetzungen besitzt, um die höheren Aufgaben mit Erfolg zu lösen.“[84]

Besonders überzeugend wirken diese Gründe nicht, zumal Knoppe und Karoos annähernd gleich alt waren und somit der Generationswechsel verschoben wurde. Vor allem aber erscheint der Umbau durch den Verbleib Karoos' als eine Maßnahme, mit der der verdiente Knoppe „versorgt“ werden sollte. Auch verfügte der neue Leiter über keine Erfahrungen in der Kartei- und Archivarbeit – allenfalls das Sammeln von NS-Unterlagen in der Nachkriegszeit ließe sich in diesem Kontext nennen. Ob der bevorstehende altersbedingte Abgang von Kurt Grünler und Klara Schellheimer aus der Abt. XII, die im Archivbereich wichtige Funktionen ausgeübt hatten,[85] bei der Entscheidung eine Rolle gespielt haben mag, darüber lässt sich angesichts der spärlichen Quellenlage nur spekulieren – denkbar wäre es allerdings, denn mit den beiden Mitarbeitern verlor die Abt. XII ihre wichtigsten verdienten Kommunisten, die man möglicherweise durch die Personalrochade ersetzt sehen wollte.

Angesichts seiner Vorgeschichte und vor dem Hintergrund seiner fehlenden Erfahrungen auf dem Arbeitsgebiet der Abt. XII dürfte Knoppe der Einstieg in sein neues Aufgabengebiet nicht unbedingt leicht gefallen sein. Wenig euphorisch beurteilte ihn Anfang 1965 der Leiter des für die Abt. XII zuständigen Anleitungsbereiches, Generalmajor Alfred Scholz: „Die mit dem Wechsel seines Dienstbereiches verbundenen anfänglichen Schwierigkeiten hat er verhältnismäßig rasch überwunden. Unmittelbar nach der Aufnahme seiner neuen Tätigkeit hat er sich aktiv in die pol[itisch]-op[erativen] Probleme der Abteilung eingeschaltet und war bemüht, sich die Spezifik seines neuen Verantwortungsbereiches rasch anzueignen.“[86]

Zur Einarbeitung sollten auch zwei Qualifizierungsmaßnahmen dienen, die Knoppe 1964/65 an der Betriebsakademie des Volkswirtschaftsrates und der Staatlichen Plankommission absolvierte. Dabei erhielt er Einführungen in die Kybernetik und in die Datenverarbeitung[87] und sollte so mit Fragestellungen bekannt gemacht werden, die zum damaligen Zeitpunkt zu den wichtigsten Feldern sozialistischer Wirtschaft und Wissenschaft zählten. Nachhaltigkeit und

84 MfS/HA KuSch/Leiter Mühlpforte, Vorlage für die Abt. für Sicherheitsfragen des ZK der SED betr. Einsatz von Reinhold Knoppe als Leiter der Abt. XII und Ablösung von Paul Karoos, 24.3.1964, BStU, MfS, KS I 1/84, Bd. 3, S. 19f., hier S. 20.

85 Vgl. den Beitrag „Das Gedächtnis der Staatssicherheit“ von Philipp Springer in diesem Band.

86 MfS/AGM/Scholz, Beurteilung über Reinhold Knoppe, 8.1.1965, BStU, MfS, KS I 1/84, Bd. 1, S. 28.

87 Betriebsakademie des Volkswirtschaftsrates der DDR und der Staatlichen Plankommission, Qualifizierungsnachweise für Reinhold Knoppe v. 2.3.1965 und 16.6.1965, BStU, MfS, KS I 1/84, Bd. 3, S. 67f.

Abb. 4: Reinhold Knoppe, 1960er-Jahre.

Praxisbezug einer derartigen Einführung, die im Fall der Datenverarbeitung nur acht Lehrveranstaltungen umfasste, dürften überschaubar gewesen sein.

Trotzdem scheint Knoppe zumindest in der ersten Hälfte seiner Zeit als Leiter die neue Aufgabe als Herausforderung betrachtet und sich um die Modernisierung der Abteilung bemüht zu haben. So erarbeitete er 1965 zwei umfangreiche Analysen zur Auskunftserteilung und zu den Archivunterlagen in der Abt. XII. Sie stellten eine schonungslose Bestandsaufnahme der Probleme in der Abteilung und damit auch eine Abrechnung mit seinem Vorgänger und Stellvertreter Karoos dar.

Ausgehend von der Untersuchung der Auskunftserteilung, die Knoppes Ansicht nach einer „qualifiziertere[n] Form"[88] bedurfte, entwickelte er seine Vorstellungen einer besseren Organisation der Arbeit in der Abt. XII. Als zentrales

88 Abt. XII/Knoppe, Schreiben an Generalmajor Scholz betr. Problem der Auskunftserteilung, 19.3.1965, BStU, MfS, Abt. XII Nr. 5818, S. 1–24, hier S. 18.

Problem schildert er das Fehlen einer „bestätigten festgelegten Ordnung“, was zu Behelfskonstruktionen in Form von „Lektionen“ und „mündlichen Vereinbarungen zwischen den Sachbearbeitern der Abt. XII und den Leitern sowie Sachbearbeitern der D[iensteinheit]en“[89] geführt habe.

Resultat von Knoppes Vorarbeiten waren schließlich Mielkes Anweisung Nr. 8/65 zur „Auskunftserteilung und Anforderung von Archivunterlagen aus der Abteilung bzw. den Referaten XII“ vom 10. September 1965[90] und die beiden Entwürfe für die „Ordnung über die Arbeit mit Archivdokumenten im Ministerium für Staatssicherheit“[91] und die „Ordnung über die Bearbeitung von Überprüfungsersuchen und die Auskunftserteilung der Abteilung/selbständigen Referate XII“[92]. Obwohl diese beiden Entwürfe schon unterschriftsreif vorlagen, kam es nie zu einer Bestätigung durch Minister Mielke.[93]

Dies war auch Ausdruck der schwachen Position, in der sich Knoppe innerhalb des MfS-Apparats befand. Sein geringer Rückhalt zeigte sich auch in einer Auseinandersetzung, die er von September 1965 bis März 1966 mit dem 1. Stellvertreter des Ministers, Bruno Beater, führte. Dabei ging es um die Einführung neuer IM-Akten, wie vom damaligen Leiter der BV Frankfurt/Oder, Oberstleutnant Gerhard Neiber, vorgeschlagen worden waren.[94]

Die Spannungen zwischen den Kontrahenten gingen offenbar weit über das eigentliche Sachthema hinaus, wie die Reaktion Beaters auf eine Stellungnahme Knoppes zeigt. Diese Stellungnahme hatte sich auf ein Papier bezogen, in dem Beater auf seiner Position beharrt hatte. Da das Papier weder Unterschrift noch Briefkopf getragen hatte, benutzte Knoppe die Formulierung „Hinweise des Autors“ – offenbar deshalb, weil er Neiber als eigentlichen Autor vermutete. Insbesondere diesen – von Beater so empfundenen – Vorwurf, nicht selbst Autor des Vorschlags gewesen zu sein, stieß bei Beater auf Empörung: „Im Rückblick auf die in dieser Sache mit Ihnen […] getätigten Verhandlungen, kann ich mich des Eindruckes nicht verwehren, daß Sie von Anfang an gegen die Verbesserung und die diesbezüglich unterbreiteten Vorschläge überhaupt waren. […] Ich habe sehr viel eigene Gedanken darin investiert und bin in dieser Sache der Initiator. […] Es gibt deshalb keinen Einzelautor, der mir irgendwelche unrichtigen Dinge Ihnen zum Ärger unterschiebt, auf den ich hereinfallen könnte, son-

89 Abt. XII/Knoppe für Generalmajor Scholz, Analyse über Archivunterlagen und Auskunftserteilung, 3.6.1965, BStU, MfS Abt. XII Nr. 5818, S. 25–73, hier S. 25 f.

90 Vgl. BStU, MfS BdL-Dok. Nr. 3531. Vgl. auch Art. „Anweisung Nr. 8/65“, in: Roland Lucht (Hg.), Das Archiv der Stasi. Begriffe, Göttingen 2015, S. 38 f.

91 Entwurf der Ordnung über die Arbeit mit Archivdokumenten im Ministerium für Staatssicherheit – Archivordnung –, o. D. (1966), BStU, MfS, Abt. XII Nr. 5817, S. 3–14.

92 Entwurf der Ordnung über die Bearbeitung von Überprüfungsersuchen und die Auskunftserteilung der Abteilung/selbständigen Referate XII, o. D., BStU, MfS, Abt. XII Nr. 5818, S. 109–116.

93 Vgl. den Beitrag „Das Gedächtnis der Staatssicherheit“ von Philipp Springer in diesem Band.

94 Zu der Auseinandersetzung vgl. ebd.

Abb. 5: Reinhold Knoppe (l.) und sein Nachfolger im Amt des Leiters der Abt. XII, Oberst Roland Leipold (r.), während einer Feierstunde zu Ehren Knoppes, 1970er-Jahre.

dern wenn etwas ausgearbeitet wird […] habe ich die meisten Annoncen selbst drin und opfere dabei auch viele Nachtstunden. Wenn ich es aber für richtig halte, einen Autor für die Ausarbeitung einer Sache einzusetzen, dann nenne ich diesen Genossen beim Namen und halte ihn auch nicht vor Ihnen, Genosse Knoppe, anonym."[95]

Angesichts derartiger Konflikte, zunehmender gesundheitlicher Probleme[96] und vermutlich auch der Erkenntnis, der nachrückenden Generation von MfS-Mitarbeitern nicht mehr gewachsen zu sein, überrascht es nicht, dass Knoppe Anfang Oktober 1967 gegenüber Generalmajor Scholz erklärte, anlässlich seines 60. Geburtstages am 6. April 1968 „aus dem aktiven Dienst ausscheiden zu wollen"[97].

95 Schreiben des 1. Stellv. d. Ministers Beater an Knoppe, 10.2.1966, BStU, MfS, Abt. XII Nr. 5818, S. 96–98, hier S. 97 f. Als zwei Jahre später die Vereinfachung der Formulare erneut Thema wurde, ließ sich Knoppe die Unterlagen wieder vorlegen – möglicherweise wollte er belegen, dass er schon 1965/66 mit seiner Forderung nach Vereinfachung Recht gehabt hatte; vgl. Abt. XII/Tobies, Vermerk, o. D. [Anfang 1968], BStU, MfS AS 428/82, Bd. 19A, S. 34; Einführung neuer IM-Aktendeckel, o. D., BStU, MfS AS 428/82, Bd. 19A, S. 35.

96 Vgl. zu Knoppes Krankengeschichte BStU, MfS, KS I 1/84, Bd. 4, S. 51 f.

97 HA KuSch, Vermerk, 5.10.1967, BStU, MfS, KS I 1/84, Bd. 1, S. 207.

Es lässt sich vermuten, dass auch die komplizierte Konstellation in der Leitung der Abteilung die Bereitschaft Knoppes zum Ausscheiden erhöht haben dürfte. Insbesondere die Degradierung des vorherigen Leiters Karoos zum Stellvertreter entwickelte sich offenbar zum Problem. Im Januar 1966 notierte Knoppe in einer Analyse seiner Abteilung für die HA KuSch: „Es hat den Anschein, als ob dem Genossen Karoos der Wille fehlt, die jetzige Zusammensetzung der Leitung anzuerkennen und sich mit dem bisherigen Stand und der Lage der Abteilung selbstkritisch auseinanderzusetzen. In jedem Aufdecken von Hemmnissen und Schwächen in der Arbeit sieht er einen persönlichen Angriff auf seine frühere Leitungstätigkeit.“[98]

Hinzukam, dass sich ganz offensichtlich auch der Leitungsstil der beiden Männer deutlich voneinander unterschied. So zeichnete eine Beurteilung der SED-KL über Karoos ein Bild des damaligen Leiters der Abt. XII, das konträr zu dem seines Nachfolgers Knoppe in dessen Magdeburger Zeit stand: „Er versteht es in seiner anleitenden Tätigkeit gut, den Mitarbeitern die zu lösenden Aufgaben zu erläutern und hat immer ein offenes Ohr für die persönlichen Belange der Mitarbeiter der Abteilung. Er besitzt das Vertrauen aller Mitarbeiter. Doch zeigt sich zuweilen eine gewisse Gutmütigkeit bei ihm, die von einzelnen Genossen ausgenutzt werden könnte.“[99]

Auch habituell dürften sich Knoppe und Karoos unterschieden haben. Während Knoppe in seiner Freizeit als Jäger aktiv war und über entsprechende Gewehre verfügte,[100] engagierte sich Karoos bei der MfS-Sportvereinigung Dynamo als Sektionsleiter Judo[101] und war auch bei Sportveranstaltungen der Abt. XII präsent.

Dabei waren sich Knoppe und Karoos alles andere als fremd – und zwar nicht nur deshalb, weil beide zur Gründergeneration des MfS zählten. Vielmehr war Knoppe bereits bei der K 5 Karoos’ Vorgesetzter gewesen. In einer Beurteilung hatte er seinen Untergebenen Anfang 1950 als „Einzelgänger“ beschrieben, der „einen schleppenden, müden Eindruck“ mache und „schwer gesellschaftlichen Kontakt“ finde – Einschätzungen, die angesichts des Todes von Karoos’ Ehefrau wenige Monate zuvor eigentlich wenig überraschend waren, von Knoppe aber negativ bewertet wurden und zu seinem Urteil führten: „Ich würde vorschlagen

98 Abt. XII/Leiter Knoppe, Analysierung des politisch-ideologischen und politisch-moralischen Zustandes der Diensteinheiten des MfS entsprechend der DA 5/62 des Genossen Minister, 10.1.1966, BStU, MfS, Abt. XII Nr. 2648, S. 1–6, hier S. 2.

99 KL VII c/1/1. Sekretär Heidenreich und GO XII/1/1. Sekretär Trzesinski und HV B/Leiter Gaida, Beurteilung über Paul Karoos, 5.4.1961, BStU, MfS, KS 266/68, S. 38 f., hier S. 38.

100 Vgl. Knoppes Jagdberechtigungsschein und Jagdwaffenscheine BStU, MfS, BCD 66, S. 11–18.

101 Vgl. KL VII c/1/1. Sekretär Heidenreich und GO XII/1/1. Sekretär Trzesinski und HV B/Leiter Gaida, Beurteilung über Paul Karoos, 26.11.1962, BStU, MfS, KS 266/68, S. 42 f., hier S. 43.

Abb. 6: Verleihung des Vaterländischen Verdienstordens in Gold an Reinhold Knoppe (r.) durch den Präsidenten der Volkskammer der DDR, Horst Sindermann (l.), am 8. Februar 1978, dem jährlich begangenen „Tag des MfS".

K[aroos] [im MfS] einzustellen und halte ihn besonders befähigt für das Aufgabengebiet eines Archivars, Kartei oder Sachverwalters."[102]

Knoppe dürfte den fast gleichaltrigen Karoos auch wegen dessen Verhalten im Nationalsozialismus kritisch gesehen haben: Der Kommunist Karoos hatte sich nur zu Beginn der NS-Herrschaft illegal betätigt, dann aber den Kontakt zu Widerstandsgruppen verloren, war aufgrund seiner beruflichen Tätigkeit nicht Soldat geworden und hatte schließlich das Kriegsende wegen einer Verletzung, die er sich beim Sprung über einen Zaun während eines Bombenangriffs zugezogen hatte, vom Krankenbett aus erlebt.[103]

102 Knoppe, Bericht über Paul Karoos, 2.2.1950, BStU, MfS, KS 266/68, S. 91–95, hier S. 95.
103 Vgl. Paul Karoos, Lebenslauf, 6.2.1950, BStU, MfS, KS 266/68, S. 78–82, hier S. 78.

Im April 1968 ging Knoppe schließlich in Rente. Zum Abschied erhielt er einen „Ehrendolch mit Gravur" und wurde in den folgenden Jahren mit Orden und Ehrungen gewürdigt.[104] Seine letzte Geburtstagsfeier am 6. April 1983 organisierte das MfS und lud dazu Knoppe und seine Gäste auf ein Wohnschiff auf dem Flakensee bei Erkner ein.[105] Auch mit einer jährlichen Lieferung von Braunkohlebriketts wurde Knoppe bis zu seinem Tod versorgt – allerdings gegen Bezahlung.[106] Und einmal jährlich durfte er zur Fahrt in den Urlaub oder zur Kur ein Fahrzeug des MfS nutzen.[107]

Knoppe starb am 30. Mai 1983. Er hinterließ seine 18 Jahre jüngere Ehefrau – die Stenotypistin hatte er während ihrer gemeinsamen Arbeit im Polizeipräsidium kennengelernt und 1947 geheiratet.[108] Mit ihr hatte Knoppe zwei Kinder. Seine erste Ehe, die er 1929 geschlossen hatte, war kinderlos geblieben – die Ehefrau hatte sich 1934 wegen der emigrationsbedingten Trennung von Knoppe scheiden lassen.[109]

Auch bei der Trauerfeier für Knoppe war die Abt. XII präsent. Die meisten der rund 40 Mitarbeiter[110], die laut „Anzugsordnung" mit dunklem Anzug, weißem Hemd, schwarzem Binder und Parteiabzeichen[111] in einem MfS-Bus zum Zentralfriedhof Berlin-Friedrichsfelde transportiert wurden, dürften den 75-Jährigen aber wohl nicht mehr persönlich erlebt haben – der Wandel in der Personalstruktur der Abteilung hatte vermutlich die Erinnerung an den früheren Leiter verblassen lassen.

Fazit

Die Konflikte und Schwierigkeiten, die Knoppes Weg im MfS begleiteten, blieben beim letzten „Dienst", den der Oberst der Geheimpolizei erwies, wenig überraschend allerdings vollständig ausgeblendet. Seine Biografie bildete neben

104 Vgl. BStU, MfS, DOS 10941/92, S. 1 f.

105 Vgl. HA VI/Bereich RD/Abt. Wirtschaft, Vereinbarung zur Durchführung einer Veranstaltung, 4.3.1983, BStU, MfS, DOS 10941/92, S. 37.

106 Abt. XII/7/Zander, Schreiben an VRD/Abt. Bauwesen V/Leiter Dressler betr. Braunkohlebriketts für Knoppe, 13.4.1983, BStU, MfS, DOS 10941/92, S. 38.

107 Vgl. HA KuSch, Vermerk zum Ausscheiden Knoppes, 15.4.1968, BStU, MfS, KS I 1/84, Bd. 1, S. 219 f., hier S. 219. Der Vermerk, der u. a. auch die Höhe der Rentenzahlung beinhaltet, ist von Mielke persönlich abgezeichnet.

108 Vgl. Reinhold Knoppe, Bericht, 2.7.1950, BStU, MfS, KS I 1/84, Bd. 1, S. 70 f.

109 Vgl. Reinhold Knoppe, Lebenslauf, 5.6.1950, BStU, MfS, KS I 1/84, Bd. 3, S. 39–45, hier S. 44.

110 Vgl. Abt. XII/Günzel, Schreiben an VRD/Abt. Kfz-Dienste betr. Trauerfeier für Knoppe, 7.6.1983, BStU, MfS, DOS 10941/92, S. 39.

111 Vgl. Abt. XII/Leiter i. V. Moschner, Schreiben, 9.6.1983, BStU, MfS, DOS 10941/92, S. 40.

denjenigen anderer „Aktivisten der 1. Stunde“[112] „den Stoff, aus dem die Propagandisten des Ministeriums den Heroenmythos unerschrockener Klassenkämpfer formten“[113] und die scheinbare, ideologisch so zentrale Verbindungslinie vom Widerstand gegen das NS-Regime zur Arbeit des MfS herstellten. In der „Traditionsarbeit“ der Abt. XII nahm Knoppe dementsprechend einen wichtigen Platz ein. So zählte er neben Klara Schellheimer und Paul Karoos zu den drei ehemaligen leitenden Mitarbeitern der Abteilung, über die „in einem längerfristigen Untersuchungs- und Forschungsprozeß umfassend erarbeitete und detailliert gestaltete Lebensberichte angefertigt“[114] und deren Biografien in internen Ausstellungen präsentiert wurden.

Als „Beitrag zur Wahrung und Pflege unserer tschekistischen Kampftradition“ wollte der Autor der zum Teil auf rotem Samtpapier geklebten und über 50 Seiten umfassenden Schrift, die unter anderem auch auf „Berichten“ von Knoppes „Ehefrau und Kampfgefährtin“ basierte, die Arbeit verstanden wissen. Sie sollte „uns heute kämpfenden Tschekisten etwas von der Zuversicht und Tatkraft, vom Kampfesmut und von der unbedingten Treue zur Partei eines Mannes vermitteln, der sein Leben in den Dienst unserer gemeinsamen Sache gestellt hat“[115]. So endete Knoppes Weg als einer „der auf den Schild gehobenen Gründerväter“[116] der DDR-Staatssicherheit.

Dieser Weg im MfS lässt sich als Karriere eines altgedienten Kommunisten in einer sich wandelnden Geheimpolizei betrachten. Seiner Herkunft nach entsprach Knoppe der Gruppe der späteren Leitungskader des MfS, die fast alle „aus unterprivilegierten sozialen Verhältnissen des Industrieproletariats und der

112 Ministerium für Staatssicherheit der DDR, Aktivisten der 1. Stunde, Miniaturausgabe anläßlich des 40. Jahrestages der Bildung des MfS, 3 Bde., Leipzig 1989. Knoppe ist in den drei Bänden nicht porträtiert.

113 Gieseke, Mitarbeiter, S. 94.

114 Wolfgang Tausch, Erfordernisse, Möglichkeiten und Wege der Traditionspflege in der Abteilung XII des MfS zur Unterstützung einer wirkungsvollen tschekistischen Erziehung sowie der qualifizierten fachspezifischen Aus- und Weiterbildung der Angehörigen der Diensteinheit, Diplomarbeit an der Hochschule des MfS, 31.5.1989, BStU, MfS, JHS Nr. 21522, S. 1–125, hier S. 18. Tausch nennt die Namen von Knoppe, Karoos und Schellheimer zwar nicht, doch legen entsprechend gestaltete Materialien zu den drei Biografien nahe, dass es sich um diese Personen handelte; vgl. BStU, MfS, Abt. XII Nr. 4114 (Schellheimer), 4115 (Karoos), 4116 (Knoppe). In einem Konvolut von Materialien und Notizen für eine Ausstellung befinden sich dagegen Täfelchen mit den Kurzbiografien von Knoppe, Kurt Grünler und Rudolf Bartonek – letztere ebenfalls ehemalige kommunistische KZ-Häftlinge und frühere Mitarbeiter der Abt. XII; vgl. BStU, MfS, Abt. XII Nr. 4091, S. 84–86. Zu Bartonek und Grünler vgl. auch die Beiträge „Das Gedächtnis der Staatssicherheit“ und „‚Müde Einzelgänger‘ und ‚ganze Kerle‘“ von Philipp Springer in diesem Band.

115 O.A., Gen. Reinhold Knoppe – Sein Leben und Kampf als deutscher Kommunist für die Sache der Arbeiterklasse“, undat. (nach 1983), BStU, MfS, Abt. XII Nr. 4116, S. 1–56, hier S. 2.

116 Gieseke, Mitarbeiter, S. 94.

einfachen Handwerkerschaft"[117] stammten. Geprägt durch das kommunistische Milieu der Weimarer Republik, durch illegalen Kampf, Spanischen Bürgerkrieg und KZ-Haft gehörte Knoppe zu den zentralen Personen des Aufbaus der Berliner Polizei unter den Bedingungen der Besatzungsherrschaft in der Nachkriegszeit. Diese „Kampfzeit", die von den Konflikten der ehemaligen Alliierten beherrscht wurde, dürfte Knoppes Arbeitsweisen und sein Selbstverständnis nachhaltig bestimmt haben – wie überhaupt er und die anderen Vertreter der Gründergeneration „den Aufbau ihres neuen Staates als eine Fortsetzung des permanenten Bürgerkrieges, wie sie die Zeit seit 1918 interpretierten, mit anderen Mitteln missverstanden"[118]. Noch Anfang der 1960er Jahre erteilte er seinem Stellvertreter Operativ in der BV Magdeburg, Heinz Kühne, den Auftrag, „den Pfarrer aus Lindstedt durch eine Spezialtruppe, die in der Abt. VIII gebildet werden sollte, verhauen zu lassen"[119] – Kühne führte den Auftrag nicht durch und listete ihn stattdessen in seiner kritischen Stellungnahme zu Knoppe vom November 1961 auf. Die Methoden des MfS hatten sich gewandelt – die nachrückende Generation von Leitern setzte nun in der Regel eher auf andere Formen von Gewalt, als solche, durch die Straßenkämpfe der 1920/30er-Jahre und der Nachkriegszeit inspirierten.

Knoppes – in der Phase der letzten Eskalationsstufe erstaunlich offen ausgetragene – Konflikte mit jüngeren Mitarbeitern und die daraus folgende Entbindung von seiner Position in Magdeburg sind ein Beispiel für den Wandel, dem das MfS nach Abschluss der Aufbauphase in den späten 1950er Jahren unterworfen war. Die einsetzende Professionalisierung des Apparats sorgte dafür, dass „alte Genossen" wie Knoppe mit ihren herkömmlichen Methoden an Zahl und Einfluss zu verlieren begannen.

Knoppes Leitungsstil und seine „Einigelung" auf der „Insel"[120], wie Beater in seinem Bericht von 1961 Knoppes Dienst- und Vorzimmer in der BV beschrieb, lässt vermuten, dass sich hier nicht nur das Verhalten eines überforderten Vorgesetzten, sondern möglicherweise auch die besondere Prägung der MfS-Gründergeneration widerspiegelt: „Jahrzehntelang umzingelt von echten oder ‚getarnten' Feinden, wähnten sie sich auch als MfSler permanent in Gefahr. Ganz oft hieß es, intern weitaus häufiger als öffentlich: ‚die oder wir!'"[121]

Die Abt. XII, in die Knoppe schließlich 1964 kam, war für den durch illegale Arbeit und operative Tätigkeit geformten Oberst wenig mehr als ein „Austragshaus", in dem er seine letzten Dienstjahre verbringen sollte. Wie viele seiner

117 Ebd., S. 96.

118 Kowalczuk, Stasi, S. 84.

119 Heinz Kühne, Bericht über den Ablauf der Leitungssitzung vom 10.11.1961, 30.11.1961, BStU, MfS, KS I 1/84, Bd. 1, S. 146–149, hier S. 149.

120 Bericht der Überprüfungskommission über die Überprüfung in der BV Magdeburg, undat., BStU, MfS, KS I 1/84, Bd. 1, S. 157–180, hier S. 176.

121 Kowalczuk, Stasi, S. 80.

dortigen Mitarbeiter wurde er von der MfS-Spitze aus alters- und gesundheitsmäßigen Gründen dorthin abgeschoben, ohne dass er zuvor über eine besondere Qualifikation für diesen Bereich geheimpolizeilicher Arbeit verfügt hätte – aber darauf kam es bekanntlich auch nicht an. Hinzukam, dass seine offenbar recht schwierige Persönlichkeit Knoppe im sich wandelnden MfS mehr und mehr verzichtbar erscheinen ließ.

Als altgedienter Kommunist scheint sich der Oberst trotzdem in seiner neuen Aufgabe stark engagiert zu haben. Seine Versuche, der Arbeit der Abt. XII eine feste Ordnung und damit einen Modernisierungsschub zu geben, blieben jedoch relativ erfolglos. Offensichtlich verfügte er über eine zu schwache Position, um wesentliche Neuerungen umzusetzen. Trotzdem lieferten seine Ausarbeitungen eine wichtige Grundlage für den späteren Umbau der Abteilung zu einem zentralen Instrument im Repressionsapparat des MfS.

Ralf Blum / Philipp Springer

Aufstieg und Fall eines „Unfehlbaren“

Der Leiter Oberst Roland Leipold und die Nachkriegsgeneration im MfS

Als Oberstleutnant Roland Leipold im Jahr 1968 die Leitung der Abt. XII des MfS von Oberst Reinhold Knoppe übernahm, wurde nicht nur ein MfS-Offizier gegen einen anderen ausgetauscht. Es vollzog sich vielmehr damit auch ein Generationswechsel, wie er typisch war für das MfS in dieser Zeit. Der altgediente Parteisoldat, dessen Biografie durch Exil, Widerstand, Spanischen Bürgerkrieg und KZ-Haft beglaubigt war, musste – bedingt durch das Alter, aber auch durch die Erkenntnis, den steigenden Anforderungen nicht mehr gewachsen zu sein – den Platz räumen.[1] Ihm nach folgte ein Leiter, der über einen ganz anderen Erfahrungshorizont verfügte und ganz andere Prägungen mitbrachte.

Der im Jahr 1930 geborene Leipold gehörte dabei zu einer – leicht erweiterten – Jahrgangsgruppe, deren Rolle für die gesamtdeutsche Nachkriegsgesellschaft kaum überschätzt werden kann: die „29er“[2]. Hans Magnus Enzensberger, Peter Rühmkorf, Ralf Dahrendorf, Jürgen Habermas, Walter Kempowski, Günter Gaus, Dorothee Sölle, aber auch Liselotte Pulver, Harald Juhnke und Klausjürgen Wussow gehörten ebenso zum Jahrgang 1929 wie Heiner Müller, Christa Wolf, Günter Kunert und Günter Schabowski. Diese – bislang vor allem mit Blick auf die prägenden Intellektuellen der Bundesrepublik wahrgenommenen – „29er“ „verband der pragmatische Wille zum politischen und moralischen Wiederaufbau des Landes“[3]. Sie waren „am Ende des Zweiten Weltkriegs *gerade noch* hinreichend jung, um absolut unbelangbar zu sein in den Debatten um die Verantwortung für das Dritte Reich und seine Folgen“. Zugleich waren sie aber auch „*gerade schon* alt genug, um bald etwa mit eilig abgeschlossener Schulbildung unter den ersten zu sein, welche in Uniformjacken noch und mit abgewetzten Flanellhemden entweder Vorlesungen an den wiedereröffneten

1 Zu Knoppe vgl. den Beitrag „Letzte Station Abteilung XII“ von Philipp Springer in diesem Band.

2 Vgl. Stephan Schlak, Die 29er. Der deutsche Nachkriegsgeist wird 80 Jahre, in: Das Magazin der Kulturstiftung des Bundes, Nr. 11 (Frühjahr 2008), S. 7.

3 Ebd.

deutschen Universitäten belegten oder in das Berufsleben eintraten, noch bevor das *Wirtschaftswunder* zu einer begrifflich gefassten Erfahrung geworden war“[4].

Der Jahrgang 1929 brachte nicht nur prägende intellektuelle, oft kritische Geistesgrößen hervor. Blickt man auf das leitende Personal des MfS, so wird die Bedeutung der „29er“ auch für die Geheimpolizei offenkundig: kaum eine Diensteinheit, in der nicht zeitweise ein Angehöriger dieses Jahrgangs als Leiter fungierte, darunter Joachim Büchner (HA VII), Karli Coburger (HA VIII), Harry Dahl (HA XXII), Horst Felber (1. Sekretär der SED-KL), Heinz Fiedler (HA VI), Rolf Fister (HA IX), Werner Großmann (HV A), Günther Müller (VRD), Gerhard Neiber (Stellv. d. Min.) und Werner Ullrich (HA XIX). Gleiches gilt für Leipolds Jahrgang 1930, zu dem unter anderem Helmut Bauer (Abt. XXI), Willi Damm (Abt. X), Otto Geisler (AGM), Gunar Hartling (Abt. XIII), Werner Irmler (ZAIG), Alfred Kleine (HA XVIII), Günther Kratsch (HA II) und Wolfgang Schwanitz (Stellv. d. Min.) zählten.

Sie einte in der Regel die Erfahrung, als Heranwachsende in den NS-Jugendorganisationen noch das – Regimegegner selbstverständlich ausschließende – Gemeinschaftserlebnis unter autoritärer Führung kennengelernt zu haben. Auch der tiefe Fall von Autoritätspersonen in der Folge des Zusammenbruchs des NS-Regimes, das Denken in Freund-Feind-Kategorien und das Erlebnis des „Alles-ist-möglich“ nach Kriegsende dürften Spuren in der Mentalität des künftigen MfS-Führungspersonals hinterlassen haben.

Die Abt. XII wurde ebenfalls in erheblichem Maße durch die „29er“ und die beiden angrenzenden Jahrgänge geprägt. Von den 114 leitenden Mitarbeitern der Abteilung in der Zentrale und den Bezirksverwaltungen[5] waren sieben im Jahr 1929 und ebenfalls jeweils sieben in den Jahren 1930 und 1931 geboren. Bis auf den Jahrgang 1922, dem ebenfalls sieben Mitarbeiter angehörten, hatte kein weiterer Jahrgang – und erst recht keine derartige Jahrgangsgruppe – eine vergleichbare Bedeutung.

Der Lebens- und Karriereweg Roland Leipolds, der ein knappes halbes Jahr nach Ende des Jahres 1929 geboren wurde, kann somit den Blick über die Abt. XII hinaus auf diese Gruppe von MfS-Offizieren lenken, die seit Mitte der 1960er-Jahre in breitem Maße das Ruder im MfS übernahmen und den massiven Ausbau der Geheimpolizei in den 1970er-Jahren gestalteten. Viele Angehörige dieser „Generation *gerade noch* und *gerade schon*“ gehörten bis zum Ende der DDR zum Führungspersonal des MfS und prägten die Arbeit der Geheimpolizei vermutlich noch stärker als die kommunistischen „Gründerväter“.

4 Hans Ulrich Gumbrecht, Nachhaltige Generation. Die Deutschen von 1929, in: Das Magazin der Kulturstiftung des Bundes, Nr. 11 (Frühjahr 2008), S. 10.

5 Vgl. die Kurzbiografien der betreffenden Mitarbeiter im Anhang dieses Bandes.

„In praktischen Dingen unselbständig“ – Der Weg ins MfS

Roland Leipold kam am 25. Mai 1930 als einziges Kind von Hermann Leipold und seiner Ehefrau Erna in Edle Krone im Erzgebirge zur Welt.[6] Die nur wenige Gebäude umfassende Siedlung gehörte zu der rund 20 Kilometer südwestlich von Dresden gelegenen Gemeinde Höckendorf.

Nach Kindheitsprägungen zu suchen, die Leipolds Weg schließlich zum MfS führte, fällt nicht schwer. Sein Vater, der 1904 in Blumberg bei Landsberg/Warthe geborene Hermann Leipold, hatte zunächst als Landarbeiter gearbeitet. Als er im Jahr 1921 Arbeit in einem Betrieb der optischen Industrie in Rathenow fand, kam er in Kontakt mit dem Milieu der Industriearbeiter und engagierte sich nun im kommunistischen Jugendverband.[7] Sechs Jahre später ging Hermann Leipold als Bauarbeiter ins sächsische Freital, wo er 1928 auch Mitglied der KPD wurde. Auch seine Ehefrau, die 1906 im sächsischen Dorfhain geborene Arbeiterin Erna O., lernte er offenbar hier kennen. Sie war vor 1933 ebenfalls KPD-Mitglied. In Höckendorf, Leipolds neuem Wohnort, fungierte er als Parteifunktionär und Gemeindevertreter, bis er im März 1933 nach der Machtübernahme durch die Nationalsozialisten verhaftet wurde. Hermann Leipold gelang die Flucht, arbeitete vier Monate in Dresden illegal für die Partei und flüchtete anschließend in die ČSSR. Seit Ende 1937 nahm er als Soldat der „Thälmann-Brigade“ am Spanischen Bürgerkrieg teil, bis er 1939 nach Frankreich kam. Hier war er zunächst kurzzeitig interniert, arbeitete in einer optischen Fabrik, flüchtete vor den heranrückenden deutschen Truppen nach Marseille, wurde von französischen Bauern versteckt und vor der Auslieferung an die Deutschen bewahrt und schloss sich schließlich 1943 einer Gruppe von Partisanen an. Nach Kriegsende leistete er kurze Zeit „politische Arbeit unter den deutschen Kriegsgefangenen“[8] und kehrte im Juli 1945 nach Höckendorf zurück.

Fast zwölf Jahre war Roland Leipold demnach ohne seinen Vater aufgewachsen, als er ihn als 15-Jähriger wiedersah. Während sein Vater sich am Kampf gegen das nationalsozialistische Deutschland beteiligt hatte, war der Sohn von 1936 bis 1944 zur Volksschule in Höckendorf gegangen und 1944 Mitglied der HJ geworden.[9] Nach der Schulentlassung ging er zwei Jahre zur Handels-

6 Vgl. Roland Leipold, Mein Lebenslauf, 25.9.1946, BStU, MfS, KS 27218/90, S. 258. Angaben zu Leipolds Lebens- und Berufsweg sind im Folgenden, wenn nicht anders nachgewiesen, Leipolds Kaderakte (BStU, MfS, KS 27218/90) entnommen.

7 Zu Hermann Leipold vgl. im Folgenden seine Kaderakte BStU, MfS, BV Potsdam KS 132/60.

8 Hermann Leipold, Mein Lebenslauf! [sic], BStU, MfS, BV Potsdam KS 132/60, S. 147–150, hier S. 149.

9 Vgl. im Folgenden BStU, MfS, KS 27218/90.

Abb. 1: Der Vater Hermann Leipold, vor 1953.

schule im nahegelegenen Freital und später in die Kreisstadt Dippoldiswalde. Am 1. November 1946 trat er eine Stelle beim dortigen Kreisrat als Verwaltungslehrling an, wo er am 29. Oktober 1948 nach zweijähriger Lehrzeit vorfristig die Lehrabschlussprüfung ablegte. In den Abschlussdokumenten wird er als fleißiger, bescheidener, auch ambitionierter und bildungshungriger Lehrling beschrieben.[10]

Welche Bedeutung die Biografie des Vaters für Leipold hatte, deutet sich im frühesten erhaltenen Lebenslauf an, den er offenbar im Rahmen seiner Bewerbung als Verwaltungslehrling verfasste. In fast einem Drittel des Textes thematisierte der 16-jährige Leipold darin den heldenhaft anmutenden Lebensweg seines Vaters: „Im März 1933 wurde mein Vater wegen seiner politischen Arbeit in der KPD von den Faschisten verhaftet. Es gelang ihm jedoch in letzter Minute

10 Vgl. Kreisrat Dippoldiswalde/Personalamt, Zeugnis, 31.12.1948, BStU, MfS BStU, MfS, KS 27218/90, S. 267.

Abb. 2: Roland Leipold, 1948.

zu flüchten. Er hielt sich noch einige Zeit in Dresden verborgen und ging später in [die] Emigration, wo er den Kampf gegen den Faschismus fortsetzte."[11]

Angesichts seiner Herkunft überrascht es nicht, dass sich Leipold schon bald ebenfalls politisch betätigte. Am 1. Februar 1946 trat er der KPD bei, gut zwei Monate später auch der FDJ. Ein Jahr später besuchte er einen zweiwöchigen Lehrgang der Parteischule der SED in Dippoldiswalde, bei dem er seine erste politische Ausbildung erhielt. Damit folgte Leipold dem Weg seines Vaters, der sich nach seiner Rückkehr aus Frankreich umgehend wieder in der Partei engagiert hatte und bis August 1948 als Sekretär des Kreisvorstandes der SED in Dippoldiswalde tätig war.

Auch den nächsten Schritt unternahm der mittlerweile 18-jährige Leipold im Windschatten seines Vaters. Hermann Leipold ging gemeinsam mit seiner Familie zur Deutschen Verwaltung des Innern nach Berlin, denn zum Aufbau der

11 Roland Leipold, Mein Lebenslauf, 25.9.1946, BStU, MfS, KS 27218/90, S. 258.

13 / 13 21

Mein Lebenslauf

Ich, Rudolf Roland Leipold, wurde am 25. Mai 1930 als Sohn des optischen Schleifers Hermann Leipold und seiner Ehefrau Erna Leipold, geb. Oberländer, in Edle Krone geboren.

Im März 1933 wurde mein Vater wegen seiner politischen Arbeit in der KPD. von den Faschisten verhaftet. Es gelang ihm jedoch in letzter Minute zu flüchten. Er hielt sich noch einige Zeit in Dresden verborgen und ging später in Emigration, wo er den Kampf gegen den Faschismus fortsetzte.

Von meinem sechsten Lebensjahre ab besuchte ich die Volksschule in Höckendorf. In meinem 14. Lebensjahre wurde ich aus der 8. Klasse der Volksschule in Höckendorf entlassen. Von da ab besuchte ich die Handelsvollklasse der Wirtschaftsoberschule in Freital.

Am 15. Juli 1945 kehrte mein Vater aus der Emigration zurück und nahm seine politische Arbeit in der Heimat wieder auf. Im Januar 1946 wurde mein Vater zur Kreisleitung der KPD. berufen und wir zogen nach Dippoldiswalde um.

In der Handels- und Gewerbeschule zu Dippoldiswalde setzte ich meinen Unterricht bis zur Abschlußprüfung fort. Um meine Schulkenntnisse praktisch anwenden zu können möchte ich gern als Lehrling in die Verwaltung eintreten.

Dippoldiswalde, am 25. September 1946

Roland Leipold

Abb. 3: In dem Lebenslauf, mit dem sich Roland Leipold beim Rat des Kreises Dippoldiswalde um eine Lehrstelle in der Verwaltung bewirbt, schildert er ausführlich die Rolle seines Vaters als Widerstandskämpfer.

Sicherheitsbehörden suchte die SED dafür zuverlässige und geeignete Mitarbeiter aus dem ganzen Land und als solcher galt er nicht zuletzt aufgrund seiner Biografie. Hermann Leipold arbeitete zunächst in der Personalabteilung der Abt. PK, bevor er später bei der Volkspolizei als Referatsleiter für die Registrierung ehemaliger Wehrmachtsoffiziere zuständig war.[12]

Mit der Versetzung des Vaters und dem Umzug der Familie – einschließlich seiner zukünftigen Ehefrau – nach Birkenwerder bei Berlin kündigte Roland Leipold am 5. Januar 1949 sein Arbeitsverhältnis beim Kreisrat Dippoldiswalde und wechselte ebenfalls zur Kaderabteilung der Deutschen Verwaltung des Innern. Von dort aus versetzte man ihn im Juni 1949 zur neugegründeten Volkspolizei-Schule nach Torgau, wo er den ersten Lehrgang bis zum 30. Oktober 1950 besuchte. In einer Beurteilung aus dieser Zeit wird neben seiner „Höflichkeit“ und „kameradschaftliche[n] Haltung“ hervorgehoben, „daß es dem Schüler Leipold leichter fällt[,] schriftliche Arbeiten, welche er zweifelsohne mit völliger Sicherheit zu verrichten vermag, als operative Arbeit zu leisten“[13]. Nach Abschluss der Ausbildung in Torgau wurde er zum Volkspolizei-Kommissar ernannt und als Sachbearbeiter in der VP-Schule in Berlin-Treptow eingesetzt.

Doch dies war nur eine zweimonatige Zwischenstation, die offenbar als Vorbereitung für den Einsatz im kurz zuvor geschaffenen MfS diente. Am 1. Januar 1951 wurde Leipold in der Geheimpolizei eingestellt. Damit folgte er erneut seinem Vater, der bereits zwei Monate zuvor als Leiter der Abt. Personal der Verwaltung Groß-Berlin eingesetzt worden war – Mielke persönlich hatte Hermann Leipold am 6. November 1950 für das MfS verpflichtet.[14]

1952 ging der Vater als Kaderleiter zur BV Leipzig,[15] zwei Jahre später zur BV Magdeburg, wo er ein Jahr lang unter dem späteren Vorgänger seines Sohnes in der Abt. XII, Reinhold Knoppe, arbeitete, bevor er 1955 schließlich – gesundheitlich angeschlagen – zum Major ernannt und als Kaderleiter in der BV Potsdam eingesetzt wurde. Im August 1960 verließ er als Rentner das MfS und wurde in den folgenden Jahren regelmäßig mit Orden geehrt, bis er am 9. August 1985 im Alter von 81 Jahren verstarb.

Roland Leipold begann als Sachbearbeiter in der Abt. VIII. Die Abteilung war für operative Beobachtungen und Ermittlungen zuständig und wurde von Rudolf Gutsche geleitet. Dessen erste Beurteilung fiel wenig schmeichelhaft aus. Leipold erweise sich für seine Tätigkeit im Ref. Ia, die „Schnelligkeit im Handeln und selbständiges, blitzschnelles Denken“ verlange, „als nicht geeignet, da

12 Vgl. Hermann Leipold, Lebenslauf, um 1951, BStU, MfS, BV Potsdam KS 132/60, S. 147–150, hier S. 149.

13 VP-Kompanieführer Behrens, Beurteilung, 12.1.1950, BStU, MfS BStU, MfS, KS 27218/90, S. 29.

14 Vgl. die von Erich Mielke unterzeichnete „Eidesstattliche Verpflichtung“ von Hermann Leipold, 6.11.1950, BStU, MfS, BV Potsdam KS 132/60, S. 66f.

15 Vgl. im Folgenden BStU, KKK Hermann Leipold; BStU, MfS, BV Potsdam KS 132/60.

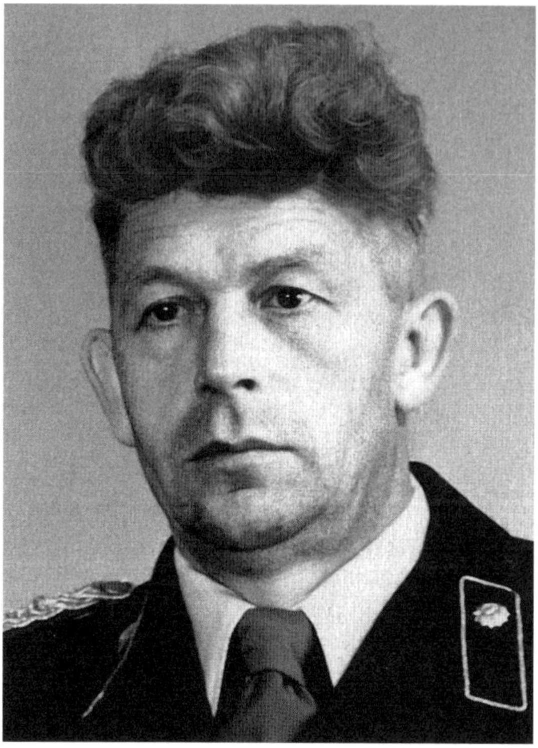

Abb. 4: Der Vater Major Hermann Leipold, 1950er-Jahre.

sein Benehmen und Auftreten zu steif" seien. „In den praktischen Dingen des täglichen Lebens" sei „er unselbständig", er wirke „arrogant", ohne jedoch „überheblich" zu sein, und finde „deshalb auch nicht den notwendigen persönlichen Kontakt"[16]. Möglicherweise standen jedoch hinter der negativen Beurteilung nur die Startschwierigkeiten eines jungen Mannes aus einem erzgebirgischen Dorf, denn schon bald und nach einer Versetzung in das Ref. 2 wurde er zum Hauptsachbearbeiter befördert und galt nun als „einer der entwicklungsfähigsten Mitarbeiter der Abteilung"[17].

16 Rudolf Gutsche, Beurteilung, 11.3.1952, BStU, MfS, KS 27218/90, S. 31.
17 Beurteilung, 21.11.1952, BStU, MfS, KS 27218/90, S. 32.

„Erforderliche Härte“ – über Afrika in die Abt. XII

Es begann nun ein fast drei Jahrzehnte währender Aufstieg auf der Karriereleiter. Als Leipold Anfang Mai 1953 zur HA IX, der für strafrechtliche Ermittlungen zuständigen Diensteinheit des MfS, wechselte, war er bereits zum Oberleutnant befördert worden. Zuvor hatte er auch den Vernehmerlehrgang auf der Schule des MfS in Potsdam-Eiche mit „gut“ bestanden. Einige Jahre später wurde ihm attestiert, dass er „in den von ihm geführten Vernehmungen [...] die erforderliche Härte, Entschlossenheit und Zielstrebigkeit“[18] zeige.

Die Großaktionen, mit denen das MfS nach dem 17. Juni 1953 verschärft westliche Geheimdienste bekämpfte, boten Leipold Gelegenheit zur weiteren Profilierung. So wurde er „für gute Arbeit in der Aktion ‚Feuerwerk‘ gegen die Spionage-Organisation Gehlen prämiert“[19]. Im November desselben Jahres erfolgte die Ernennung zum stellvertretenden Referatsleiter, im März 1954 zum Leiter des Ref. 1 der HA IX.

Einen ersten Misserfolg musste Leipold jedoch hinnehmen, als er das im November 1954 begonnene Fernstudium an der Verwaltungsakademie für Richter und Staatsanwälte bereits nach kurzer Zeit „aufgrund seiner erhöhten fachlichen Aufgaben“[20] abbrechen musste. In dieser wohlwollenden Einschätzung der Dienststellungs-Attestierung sei Leipold jedoch „zu gut weggekommen“[21], lautete ein halbes Jahr später das Urteil in einem Kadergespräch mit dem Leiter der HA IX, Oberst Alfred Scholz. Leipold sei „in seinem Wesen [...] etwas träumerisch“ und „seine geringe kämpferische Einstellung“ komme „darin zum Ausdruck, dass er das Fernstudium aufgegeben“ habe.

Trotz dieser negativen Beurteilung ging der Aufstieg Leipolds weiter. Am 1. Mai 1956 wurde er zum Hauptmann befördert, ein Jahr später zum stellvertretenden Abteilungsleiter und am 1. Oktober 1959 schließlich – nach dem Besuch der Bezirksparteischule in Kleinmachnow – zum Leiter der Abt. 4 der HA IX ernannt. Im Jahre 1960 folgte die Beförderung zum Major.

In seiner Tätigkeit war er unter anderem „verantwortlich für die Anleitung und Auswertung der Arbeit der Abteilungen IX in den Bezirksverwaltungen, besonders auch für die Ausbildung von Instrukteuren in den Bezirksverwaltun-

18 Dienststellungs-Attestierungsblatt für 1955, 14.6.1955, BStU, MfS, KS 27218/90, S. 37–41, hier S. 39.

19 Oberstleutnant Heinitz, Beurteilung, 29.12.1953, BStU, MfS, KS 27218/90, S. 36. Zur Aktion „Feuerwerk“ vgl. Karl Wilhelm Fricke/Roger Engelmann, „Konzentrierte Schläge“. Staatssicherheitsaktionen und politische Prozesse in der DDR 1953–1956, Berlin 1998, S. 42–47; vgl. auch Ronny Heidenreich, Die Organisation Gehlen und der Volksaufstand am 17. Juni 1953, Marburg 2013 (Studien 3).

20 Dienststellungs-Attestierungsblatt für 1955, 14.6.1955, BStU, MfS, KS 27218/90, S. 37–41, hier S. 39.

21 HA KuSch/Kader 2, Auersberg, Vermerk, 21.12.1955, BStU, MfS, KS 27218/90, S. 42.

gen“[22]. Mit seiner Arbeit hatte er „aktiven Anteil an der Entlarvung zahlreicher feindlicher Agenturen und trug damit wesentlich zur erfolgreichen Führung einer Reihe von politisch bedeutsamen Prozessen bei“[23], heißt es lobend in einer Beurteilung aus dem Jahr 1963.

Im Jahr 1962 nahm er erneut ein Fernstudium auf, diesmal in der Fachrichtung Kriminalistik an der Humboldt-Universität zu Berlin. Doch auch mit diesem Studium gab es Schwierigkeiten. Als Leiter der zentralen Einsatzgruppe der HA IX beim Deutschlandtreffen der Jugend, bei dem 1964 Hunderttausende von Jugendlichen aus West- und Ostdeutschland, von der FDJ organisiert, in Berlin zusammenkamen, war er derartig gefordert, dass er das Studium unterbrechen musste und erst 1971 abschließen konnte. Sein Einsatz beim Deutschlandtreffen zahlte sich jedoch trotzdem aus. In der Begründung der Auszeichnung mit der „Arthur-Becker-Medaille“ in Silber, die ihm anschließend verliehen wurde, hieß es, unter seiner Leitung hätten „die Mitarbeiter der Linie Untersuchung durch differenziertes, umsichtiges und politisch-operativ richtiges Herangehen eine gründliche Überprüfung aller während der Aktion [...] erfolgten Zuführungen und Festnahmen von Personen gewährleistet“ und damit „einen wesentlichen Beitrag zum erfolgreichen Verlauf des Deutschlandtreffens geleistet“[24]. Zudem wurde Leipold im Oktober 1964 zum Oberstleutnant befördert. Auch sein weiterer Karriereweg war Mitte der 1960er-Jahre bereits vorgezeichnet, als man ihn für „befähigt“ hielt, die Funktion eines stellvertretenden Leiters der HA IX zu übernehmen.[25]

Doch die weltpolitische Lage und außerdem wohl auch die Notwendigkeit, sich jenseits des bisherigen Karriereverlaufs bewähren zu müssen, führten dazu, dass Leipold nach zwölfjähriger Tätigkeit in der HA IX im Januar 1965 vorübergehend zu einem Sondereinsatz zur Hauptverwaltung A (HV A) wechselte. Erkenntnisse über seine dortige Tätigkeit lassen sich nur schwer ermitteln. Die aus konspirativen Gründen in dieser Hinsicht meist sehr „schweigsamen“ Kaderakten geben jedoch immerhin preis, dass Leipold von 1966 bis 1968 als Offizier im besonderen Einsatz (OibE) ein „Kollektiv [...] im operativen Einsatz“[26] auf Sansibar[27] leitete.

22 Vorschlag zur Auszeichnung, 6.1.1961, BStU, MfS, KS 27218/90, S. 70.

23 Oberstleutnant Oertel, Beurteilung, 22.8.1963, BStU, MfS, KS 27218/90, S. 76–78, hier S. 76.

24 HA IX, Vorschlag zur Auszeichnung, 5.6.1964, BStU, MfS, KS 27218/90, S. 79.

25 Vgl. HA IX, Vorschlag zur Aufnahme in die Kaderreserve, 7.7.1964, BStU, MfS, KS 27218/90, S. 80–82.

26 AGM, Beurteilung, 2.12.1971, BStU, MfS, KS 27218/90, S. 106–109, hier S. 106. Über die genaue Tätigkeit Leipolds auf Sansibar gibt es keine Hinweise. In einem Schreiben der HA KuSch heißt es, Leipold sei „z.Zt. NVA-Offizier im besonderen Einsatz“, also möglicherweise getarnt als NVA-Berater auf der Insel, jedoch ist die entsprechende Passage handschriftlich durchgestrichen; vgl. HA KuSch/Oberst Mühlpforte, Vorschlag, 4.10.1967, BStU, MfS, KS 27218/90, S. 90.

27 Vgl. Zusammengefaßte Auskunft zu Roland Leipold, BStU, MfS, KS 27218/90, S. 4–15, hier S. 13.

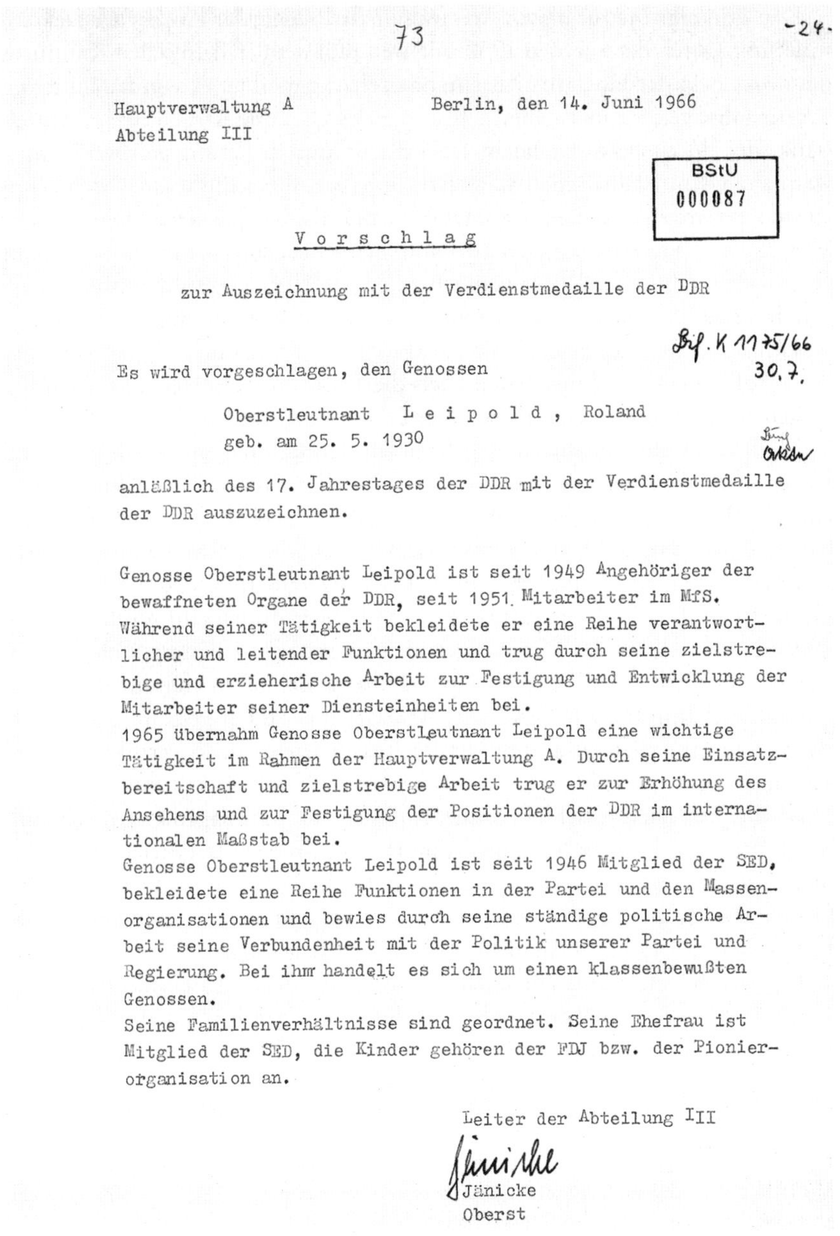

73 -24-

Hauptverwaltung A
Abteilung III

Berlin, den 14. Juni 1966

BStU
000087

Vorschlag

zur Auszeichnung mit der Verdienstmedaille der DDR

Es wird vorgeschlagen, den Genossen

Oberstleutnant Leipold, Roland
geb. am 25. 5. 1930

anläßlich des 17. Jahrestages der DDR mit der Verdienstmedaille der DDR auszuzeichnen.

Genosse Oberstleutnant Leipold ist seit 1949 Angehöriger der bewaffneten Organe der DDR, seit 1951 Mitarbeiter im MfS. Während seiner Tätigkeit bekleidete er eine Reihe verantwortlicher und leitender Funktionen und trug durch seine zielstrebige und erzieherische Arbeit zur Festigung und Entwicklung der Mitarbeiter seiner Diensteinheiten bei.
1965 übernahm Genosse Oberstleutnant Leipold eine wichtige Tätigkeit im Rahmen der Hauptverwaltung A. Durch seine Einsatzbereitschaft und zielstrebige Arbeit trug er zur Erhöhung des Ansehens und zur Festigung der Positionen der DDR im internationalen Maßstab bei.
Genosse Oberstleutnant Leipold ist seit 1946 Mitglied der SED, bekleidete eine Reihe Funktionen in der Partei und den Massenorganisationen und bewies durch seine ständige politische Arbeit seine Verbundenheit mit der Politik unserer Partei und Regierung. Bei ihm handelt es sich um einen klassenbewußten Genossen.
Seine Familienverhältnisse sind geordnet. Seine Ehefrau ist Mitglied der SED, die Kinder gehören der FDJ bzw. der Pionierorganisation an.

Leiter der Abteilung III

Jänicke
Oberst

Abb. 5: Während seines Einsatzes für die HV A auf Sansibar wurde Roland Leipold mit der „Verdienstmedaille der DDR" ausgezeichnet.

Den Hintergrund für diesen Auslandseinsatz bildete der Prozess der Dekolonisierung, durch den seit den 1950er-Jahren „auf dem afrikanischen Kontinent ein neues Feld der bipolaren Auseinandersetzung eröffnet“[28] wurde. Mitte der 1960er-Jahre geriet dabei auch die Insel vor der Ostküste Afrikas in den Mittelpunkt der Weltpolitik. Nachdem 1964 die dortige Regierung gestürzt worden war, sahen die sozialistischen Staaten die Chance, ihren Einfluss auf dem Kontinent zu erweitern. So konnte die DDR noch im selben Jahr eine diplomatische Vertretung – ihre erste auf dem afrikanischen Kontinent – eröffnen und damit einen außenpolitischen Erfolg verbuchen, da der Alleinvertretungsanspruch der Bundesrepublik derartige Schritte bis zu diesem Zeitpunkt erfolgreich verhindert hatte. In den folgenden Jahren schlossen die DDR und Sansibar verschiedene Abkommen, in deren Folge auch die DDR auf verschiedenen Gebieten Hilfen zur Entwicklung der Insel leistete.

Doch nicht nur ostdeutsche Experten für den kulturellen, technischen und wirtschaftlichen Aufbau kamen ins Land – auch das MfS streckte seine Fühler aus. Welche Bedeutung die Geheimpolizei dieser Frage beimaß zeigt sich nicht zuletzt darin, dass der Leiter der HV A, Markus Wolf, selbst die erste Gruppe von Beratern anleitete, die 1964 für mehrere Monate nach Sansibar reiste, um die Bedingungen für den Aufbau eines Sicherheitsdienstes zu sondieren. Die Unterstützung durch das MfS war offenbar so umfangreich, dass Wolf rückblickend einschätzt: „Der Sicherheitsapparat Sansibars nahm eine für das kleine Land unverhältnismäßige Größe an. Wir hatten es zu gut gemeint und unsere Partner zu gründlich so ausgebildet, wie es unseren eigenen Strukturen entsprach.“[29]

Als Leipold nach Abschluss seiner Tätigkeit auf Sansibar mit dem „Kampforden für Verdienste um Volk und Vaterland in Bronze“ ausgezeichnet wurde, hieß es in der Begründung, er habe „zielstrebig [...] gegen die imperialistischen Geheimdienste und Agentenzentralen“ gearbeitet und „zur Festigung und Erhöhung des internationalen Ansehens der DDR“[30] beigetragen.

Hervorgehoben wurde auch „eine Reihe persönlicher Erschwernisse“[31], die Leipold auf sich genommen habe. Gemeint war damit, dass der Auslandseinsatz für seine Familie eine erhebliche Belastung darstellte. So begleitete ihn

28 Ludger Wimmelbücker, Zur Entwicklung der Beziehungen zwischen der DDR und Sansibar in den 1960er Jahren, in: Ulrich van der Heyden/Franziska Benger (Hg.), Kalter Krieg in Ostafrika. Die Beziehungen der DDR zu Sansibar und Tansania, Münster 2009, S. 185–212, hier S. 185. Vgl. dort auch im Folgenden. Vgl. außerdem Franziska Benger, Die Entwicklungszusammenarbeit der DDR in Sansibar/Tansania, in: ebd., S. 341–389.

29 Markus Wolf, Spionagechef im geheimen Krieg. Erinnerungen, München 1997, S. 367. Vgl. auch Wimmelbücker, Entwicklung, S. 203 f.

30 HV A/Oberst Horst Jänicke, Vorschlag zur Auszeichnung, 8.2.1968, BStU, MfS, KS 27218/90, S. 88 f., hier S. 88.

31 HV A/Abt. III/C, Beurteilung, 22.4.1968, BStU, MfS, KS 27218/90, S. 98 f., hier S. 98. Dort auch die folgenden Angaben und Zitate.

seine Ehefrau als Mitarbeiterin des MfS nach Sansibar – die beiden zu Beginn des mehr als zweijährigen Einsatzes 11 und 14 Jahre alten Söhne lebten während dieser Zeit bei den Großeltern.[32]

Seit Mai 1951 war Leipold mit der drei Jahre älteren Inge H., die ebenfalls aus Dippoldiswalde in Sachsen stammte, verheiratet. Wie bei vielen MfS-Angehörigen wurde auch hier der Ehepartner in den Dienst aufgenommen. So arbeitete Inge Leipold, die während des Krieges eine Lehre als Rechtsanwaltsgehilfin absolviert hatte und später u. a. im Ministerium des Innern tätig gewesen war, seit 1964 beim MfS.[33]

Trotz der lobenden Worte war man im MfS offenbar nicht völlig von Leipolds Wirken auf Sansibar überzeugt. In einer rückblickenden Beurteilung hieß es, die „Anleitung der ihm unterstellten Mitarbeiter [sei] nicht immer in genügendem Maße auf die Erhöhung der persönlichen Verantwortung gerichtet" gewesen. Auch hätten sich „gewisse Schwächen [...] in der Bewältigung neu aufgetretener komplizierter politischer Probleme im Operationsgebiet" gezeigt. Vermutlich verbarg sich hinter diesen „politischen Problemen" die generelle Entwicklung der Beziehungen zwischen der DDR und Sansibar, die seit 1967 von „Schwierigkeiten und Spannungen" insbesondere in der ökonomischen Zusammenarbeit geprägt waren, 1969 schließlich zu einem vorläufigen Stillstand und Anfang der 1970er-Jahre zum Ende der Kooperation der beiden Staaten führten.[34]

„Exakte Disziplin" – Der Modernisierer der Kartei- und Archivabteilung

Ende 1967 kehrte Leipold von seinem Auslandseinsatz nach Berlin zurück. Angesichts der wenig erfreulichen politischen Entwicklung auf Sansibar, aber vor allem wegen der recht kritischen Beurteilung, die Leipold seitens der HV A erfuhr, kam er keineswegs als bedeutender Führungskader zurück, dem durch

32 Die beiden Söhne des Ehepaars folgten später dem Weg der Eltern und des Großvaters zur Staatssicherheit; vgl. Zusammengefaßte Auskunft zu Roland Leipold, BStU, MfS, KS 27218/90, S. 4–15, hier S. 15.

33 Lt. ihrer KKK arbeitete Inge Leipold 1964/65 vor dem Einsatz in Sansibar für acht Monate als Hilfssachbearbeiterin in der Abt. XII. Der damalige Leiter der Abteilung, Reinhold Knoppe, hatte der Einstellung zugestimmt, war dabei allerdings auf den Widerspruch der HA KuSch gestoßen, die einen Einsatz von Inge Leipold in der Abt. XII ablehnte (Abt. XII/Knoppe, Aktenvermerk zur Einstellung von Inge Leipold, 20.7.1964, mit Notiz über eine Mitteilung der HA Kusch vom 27.8.1964, BStU, MfS AS 76/70, Bd. 4, S. 89). Sie hatte Verwandte ersten Grades in der Bundesrepublik und wurde deshalb als Gefahr für die Konspiration angesehen, auch wenn sie seit 1950 keinen Kontakt mehr zu diesen Verwandten hatte. Die Einwände der HA KuSch scheinen jedoch übergangen worden zu sein. Nach der Rückkehr aus Sansibar war Inge Leipold in der Abt. E beschäftigt, bis sie 1987 im Rang eines Hauptmanns verrentet wurde.

34 Vgl. Benger, Entwicklungszusammenarbeit, S. 349 f.

einen erfolgreichen Auslandeinsatz für seinen weiteren Karriereweg – beispielsweise bei der HV A – nun etwa alle Türen offen gestanden hätten. Stattdessen schlug der Leiter der HA KuSch, Oberst Robert Mühlpforte, im Oktober 1967 vor, Leipold in die Arbeitsgruppe des Ministers aufzunehmen „mit dem Ziel, ihn auf die Übernahme der Funktion des Leiters der Abteilung XII vorzubereiten“[35]. Auch wenn die Rolle der Abt. XII in der Arbeit des MfS in dieser Zeit – insbesondere durch die Einführung der EDV – deutlich an Bedeutung gewann,[36] dürfte die Übernahme der Leitungsfunktion in dieser Abteilung für Leipold nicht unbedingt das Ziel seiner Träume gewesen sein.

Hintergrund für den Einsatz war das Dienstende des bisherigen Leiters der Abt. XII, Reinhold Knoppe, der im April des folgenden Jahres seinen 60. Geburtstag begehen und dann als anerkannter Kämpfer gegen den Faschismus aus dem aktiven Dienst ausscheiden sollte. Am 15. April 1968 wurde Leipold deshalb zum Leiter der Abt. XII ernannt,[37] nachdem vorschriftsgemäß die Abt. für Sicherheitsfragen des ZK der SED der Personalie zugestimmt hatte[38]. Das Jahresgehalt des 37-Jährigen betrug nun 1.800 Mark.

Für die Abt. XII bedeutete der Dienstantritt Leipolds einen deutlichen Generationswechsel, wie er sich auch auf unteren Ebenen der Abteilung in den folgenden Jahren vollzog.[39] Erstmals stand an der Spitze der Abteilung nun ein Leiter, der nicht zu den altgedienten, durch ihre Biografie gleichsam unantastbaren Kommunisten zählte. Zwar konnte Leipold die Herkunft aus einem entsprechenden Elternhaus vorweisen, doch dürfte dies Ende der 1960er-Jahre, als sein Vater bereits seit fast einem Jahrzehnt nicht mehr für das MfS tätig war, kaum noch ins Gewicht gefallen sein. Angesichts der zunehmend komplexer werdenden Aufgaben des MfS spielten nun die fachlichen Kenntnisse der Mitarbeiter eine größere Rolle – wenn auch nicht unbedingt auf der Leitungsebene, wie das Beispiel Leipold zeigt. Kompetenzen in Fragen von Archiven oder Informationsverwaltung brachte er kaum mit – seine Lehrzeit beim Kreisrat Dippoldiswalde lag zu diesem Zeitpunkt zwei Jahrzehnte zurück.

Der Generationswechsel ging einher mit der Modernisierung der Abteilung – ein Prozess, der schon unter Leipolds Vorgänger Knoppe in Gang gesetzt worden war. In zunehmendem Maße begann man sich im MfS mit Fragen der Informa-

35 HA KuSch/Oberst Mühlpforte, Vorschlag, 4.10.1967, BStU, MfS, KS 27218/90, S. 90.

36 Vgl. den Beitrag „Das Gedächtnis der Staatssicherheit“ von Philipp Springer in diesem Band.

37 Vgl. Zusammengefaßte Auskunft zu Roland Leipold, BStU, MfS, KS 27218/90, S. 4–15, hier S. 6.

38 Vgl. ZK der SED/Abt. für Sicherheitsfragen/Borning, Schreiben an MfS/HA KuSch/Mühlpforte, 2.5.1968, BStU, MfS, KS 27218/90, S. 97.

39 Vgl. die Beiträge „Das Gedächtnis der Staatssicherheit“ und „‚Müde Einzelgänger‘ und ‚ganze Kerle‘“ von Philipp Springer in diesem Band.

1218/68 EL 567/68

3. 5. 68 28/4

SOZIALISTISCHE EINHEITSPARTEI DEUTSCHLANDS

Zentralkomitee

HAUS DES ZENTRALKOMITEES AM MARX-ENGELS-PLATZ · 102 BERLIN · RUF 2028-0

ZENTRALKOMITEE

Abteilung für Sicherheitsfragen

Berlin, den 2. Mai 1968
App/Stg
Az.: 20-50-10-11

BStU
000097

Ministerium für Staatssicherheit
Leiter der Hauptabteilung Kader und Schulung
Genossen Oberst M ü h l p f o r t e

113 B e r l i n
Normannenstraße

Ablage PAKK
Ablösung u. Einsatz ist durch Befehl veranlasst worden
Mühlpforte

Werter Genosse Mühlpforte!

Folgende Veränderungen von Nomenklaturkadern unserer Abteilung werden bestätigt:

1. Entbindung des Genossen Oberst K n o p p e , Reinhold, geb. am 6. 4. 1908, von der Funktion als Leiter der Abteilung XII im Ministerium für Staatssicherheit;

2. Einsatz des Genossen Oberstleutnant L e i p o l d , Roland, geb. am 25. 5. 1930, als Leiter der Abteilung XII im Ministerium für Staatssicherheit.

Mit sozialistischem Gruß

Borning

Ag 220 300-67

Abb. 6: Die Abt. für Sicherheitsfragen des ZK der SED bestätigt den Wechsel an der Spitze der Abt. XII des MfS.

Abb. 7: Roland Leipold, um 1970.

tionsverarbeitung zu beschäftigen. Die Karteien und das Archiv der Geheimpolizei gewannen in der Arbeit des MfS an Gewicht.

Vor diesem Hintergrund stellte Leipolds Versetzung in die Abt. XII durchaus eine Herausforderung dar. Nicht allein die positiven Beurteilungen, die Leipold in den folgenden Jahren erhielt, belegen, dass er diese Herausforderung im Sinne seiner Vorgesetzten meisterte. Als „qualifizierter und befähigter leitender Kader unseres Ministeriums“[40] wurde er 1971 anlässlich seiner Beförderung zum Oberst bezeichnet, drei Jahre später hob der Sekretär der SED-GO XII, Helmut Geisler, hervor: „Genosse Leipold erfüllte bisher alle ihm übertragenen Aufgaben gewissenhaft und vorbildlich und zeichnete sich dabei insbesondere durch großen Leistungswillen, hohe Einsatzbereitschaft, Entscheidungsfreudigkeit und exakte Disziplin aus.“[41] Gelobt wurde auch Leipolds Rolle bei der „ziel-

40 Vorschlag zur Beförderung, 8.9.1971, BStU, MfS, KS 27218/90, S. 102 f., hier S. 102.
41 GO XII/Geisler, Beurteilung, 9.4.1974, BStU, MfS, KS 27218/90, S. 114 f., hier S. 114.

strebigen Einführung der modernen Technik“[42] – gemeint war die EDV – in der Abt. XII.

Zu den zentralen Problemen, mit denen sich Leipold während seiner Zeit als Leiter der Abteilung beschäftigte, zählt die Frage der Unterbringung des MfS-Archivs. Zwar stand dieses Thema schon in den 1950er- und 1960er-Jahren auf der Agenda,[43] doch erst unter Leipold rückte die Errichtung eines Archivzweckbaus an der Magdalenenstraße in greifbare Nähe. Kontinuierlich wies er auf die baulichen Mängel des Archivgebäudes in Hohenschönhausen hin und bemühte sich um einen Neubau. Als diese Forderung Anfang der 1980er-Jahre realisiert wurde und der Archivzweckbau an der Magdalenenstraße schließlich 1984 bezogen werden konnte,[44] war Leipold allerdings nicht mehr in der Abt. XII tätig.

„Derartig lächerlich“ – Der tiefe Fall

Die nächste Auszeichnung Leipolds – der „Vaterländische Verdienstorden“ in Silber – war schon vorbereitet, als die Verleihung am 12. Dezember 1979 überraschend zurückgezogen wurde.[45] Ein Bruch im bislang stetig nach oben verlaufenden Karriereweg Leipolds im MfS deutete sich an.

Den Hintergrund bildeten zu intensive Kontakte, die Leipold zu einer ihm untergebenen leitenden Mitarbeiterin pflegte. Der Vorfall löste innerhalb der Abt. XII ein Beben aus, das schließlich zur Ablösung Leipolds führte. Die HA KuSch beschrieb die Problematik: „Auf Grund der Tatsache, daß Genosse Leipold die Abteilung XII zu einer Diensteinheit entwickelt hat, die auch unter den kompliziertesten Bedingungen allen Anforderungen weitestgehend gerecht wurde, genoß er bei allen Angehörigen Achtung und Autorität. Diese Achtung, besonders aber die Autorität wurden jedoch in den letzten 2 Jahren immer mehr geschmählert [sic], indem er eine engere Beziehung zur Leiterin des Sekretariats und Kaderoffizier, Gen[ossi]n Hauptmann P[…], einging, die insbesondere darin zum Ausdruck kommt, daß er ihrem Verantwortungsbereich mehr Aufmerksamkeit widmete, als ihm direkt unterstellte Bereiche, wie z. B. das [sic] Zentralarchiv, u. a..“[46] Leipold erhielt Mitte Dezember 1979 wegen der außerehelichen Beziehungen als Parteistrafe eine strenge Rüge, Ruth P. dagegen nur eine Rüge.[47]

42 Vorschlag zur Auszeichnung, 8.2.1970, BStU, MfS, KS 27218/90, S. 100 f., hier S. 101.

43 Vgl. den Beitrag „Das Gedächtnis der Staatssicherheit“ von Philipp Springer in diesem Band.

44 Vgl. den Beitrag „Speicher einer Diktatur“ von Karsten Jedlitschka in diesem Band.

45 Vgl. Vorschlag zur Auszeichnung, 12.12.1979, BStU, MfS, KS 27218/90, S. 123.

46 HA KuSch/Abt. Kader 7, Zusammengefaßte Auskunft, 1.12.1979, BStU, MfS, KS 27218/90, S. 219–222, hier S. 222.

47 Ruth P. wurde anschließend von ihrem Leitungsposten entbunden und innerhalb der Abt. XII als Offizier für Sonderaufgaben versetzt; vgl. Abt. XII/Leiter Roth, Vorschlag zur Ent-

Derartige Verfehlungen waren im MfS alles andere als selten. Auch in der Abt. XII hatte es zuvor und danach ähnliche Vorfälle gegeben. Doch schon allein aufgrund der Leitungsposition Leipolds erhielt das Geschehen ein weitaus stärkeres Gewicht, als es die Verfehlung eines untergeordneten Mitarbeiters gehabt hätte. Vor allem aber durch den Umgang des Personals der Abteilung mit der Affäre des Leiters ermöglicht das Geschehen, soweit es sich in den Akten niedergeschlagen hat, Einblicke in den Arbeitsalltag, die sozialen Beziehungen und die informellen Kontakte und Verhaltensweisen innerhalb der „geschlossenen" Welt einer MfS-Diensteinheit.

Friedher K., der als Mitarbeiter der Abt. XII Leipolds Ablösung erlebte, urteilt im Interview: „Wenn's dem Esel zu gut geht, geht er auf's Eis tanzen – so war der Abgang."[48] Diese Einschätzung eines „einfachen" Mitarbeiters spiegelt sich auch in dem Bericht, den Horst Felber, 1. Sekretär der SED-Kreisleitung, über den Vorfall verfasste. Leipold habe, so Felber, „keine kommunistischen Eigenschaften und auch keine guten Leitereigenschaften gezeigt" – er habe sich „lächerlich"[49] gemacht. Eigens hebt Felber hervor, dass die Mitarbeiter der Abt. XII und auch anderer Diensteinheiten des MfS in der Zentrale und in den Bezirksverwaltungen „offen darüber" gesprochen hätten, welche Beziehungen zwischen Leipold und seiner Untergebenen zu bestehen schienen. Diese Diskussionen dürften erheblich dazu beigetragen haben, dass die MfS-Führung die Ablösung des langjährigen Leiters der Abt. XII sehr zügig umsetzte. Bereits am 1. Februar 1980 wurde Leipold als OibE der HA VII geführt und sein Nachfolger Heinz Roth in der Abt. XII eingesetzt.

Neben diesem „Gerede", das offensichtlich der Auslöser für die „Aufdeckung" des Verhältnisses gegenüber Leipolds Vorgesetzten war, dürfte aber vor allem die Rolle Leipolds als Dienstvorgesetzter eine zentrale Rolle gespielt haben. So findet sich in P.s Kaderakte eine Reihe von Vorschlägen zur Auszeichnung, zur Beförderung, zur Aufnahme in die Kaderreserve und andere Beurteilungen, in denen sich Leipold sehr lobend über die betreffende Mitarbeiterin äußerte.[50] Darüber hinaus verfasste er als Betreuer auch das Gutachten über die Fachschulabschlussarbeit P.s, in der er ihre „Fähigkeit zur selbstständigen schöpferischen Arbeit", die „übersichtlich[e] und streng logisch[e] Gliederung" und die

bindung, 28.2.1980, BStU, MfS, KS 26206/90, S. 59. Ihrem fortdauernden Wunsch, in ihre alte Funktion zurückkehren zu können, wurde jedoch nicht entsprochen; vgl. HA KuSch/1. Stellv. d. Leiters Siegert, Ablagevermerk, 26.2.1980, BStU, MfS, KS 27218/90, S. 234f. Im März 1981 wurde P. schließlich in eine andere Diensteinheit versetzt, wo sie später auch eine mit ihrer ursprünglichen Leitungsposition vergleichbare Stelle übernahm; vgl. Vorschlag zur Ernennung, 1.10.1982, BStU, MfS, KS 26206/90, S. 64f.

48 Interview mit Friedher K. am 12.2.2013.

49 SED-KL/1. Sekretär Felber, Schreiben an Minister Mielke, 30.11.1979, BStU, MfS, SED-KL Nr. 8138, S. 43f., hier S. 44.

50 Vgl. zum Beispiel Abt. XII/Leiter Leipold, Vorschlag zur Beförderung zum Hauptmann, 25.10.1978, BStU, MfS, KS 26206/90, S. 56–58.

„unkomplizierte Darstellung der Probleme“[51] betonte und die Fachschularbeit deshalb mit „sehr gut“ bewertete.

Neben solchen „harten“ Formen der Protektion, die von den Mitarbeitern der Abt. XII laut einem weiteren Bericht tatsächlich als Bevorzugung wahrgenommen wurden,[52] beobachteten die Kollegen aber auch „weiche“, im Arbeitsalltag zu beobachtende Formen. So beschreibt der erwähnte Bericht, dass Leipold mit P. „in die Kantine des Hauses gemeinsam Kaffee trinken“ gehe, mit ihr „gemeinsam Besorgungen in der Stadt“ erledige, ihr Medikamente aus der Apotheke besorge und sich um „die Auswahl der Gardinen“ in P.s Dienstzimmer und um die Funktionstüchtigkeit ihres Dienstwagens kümmere.[53] Offenbar fühlten sich zahlreiche Mitarbeiter auf diese Weise benachteiligt und klagten auch darüber, Leipold nur noch schwer erreichen zu können. Darüber hinaus sahen viele Mitarbeiter P.s Einfluss auf die „Politik in der Diensteinheit“[54] kritisch. Die leitenden Mitarbeiter der Abteilung sprachen gegenüber ihrem Vorgesetzten Leipold die Probleme nicht an, wohl auch, weil sie persönliche Nachteile durch Leipold fürchteten. Dies alles wog wohl besonders schwer, da Leipold bis zu der Affäre „in der gesamten Abteilung ein sehr gutes Ansehen“ hatte und „z. T. von den Genossen als unfehlbar eingeschätzt“[55] worden sei.

Ganz offenkundig wäre aber die außereheliche Beziehung durch das MfS noch tolerabel gewesen, wenn nicht Leipold die Entscheidung zwischen P. und seiner Ehefrau über viele Monate hinausgezögert hätte. In seinem persönlichen Bericht macht er dafür unter anderem den plötzlichen Tod seines Vorgesetzten Generalleutnant Scholz verantwortlich – dieser habe ihm in einem Gespräch erklärt, mit der Offenlegung der Beziehung zunächst noch abzuwarten. Insbesondere dieses „pietätlos[e]“[56] Verhalten – gemeint war das Abschieben der Verantwortung auf einen Toten – wurde ihm in der außerordentlichen Sitzung der Kreisparteikontrollkommission, in der sich Leipold massiven Vorwürfen und vernichtender Kritik ausgesetzt sah, zum Vorwurf gemacht.

Schließlich dürfte wohl auch eine Rolle gespielt haben, dass P.s Ehemann ebenfalls MfS-Angehöriger war und der Skandal somit weite Kreise zu ziehen drohte. Oberstleutnant P. lieferte Ende November 1979 einen fünfseitigen

51 Roland Leipold (Betreuer)/Joachim Moschner (Zweitgutachter), Gutachten, 16.12.1976, BStU, MfS, KS 26206/90, S. 219 f., hier S. 220.

52 Vgl. Bericht über Verhaltensweisen des Leiters der Abteilung, ohne Dat., BStU, MfS, SED-KL Nr. 8138, S. 27–31, hier S. 28.

53 Bericht über Verhaltensweisen des Leiters der Abteilung, ohne Dat., BStU, MfS, SED-KL Nr. 8138, S. 27–31, hier S. 28 f.

54 GO XII/Sekretär Geisler, Stellungnahme, 30.10.1979, BStU, MfS, SED-KL Nr. 8138, S. 23–26, hier S. 24.

55 Bericht über Verhaltensweisen des Leiters der Abteilung, ohne Dat., BStU, MfS, SED-KL Nr. 8138, S. 27–31, hier S. 31.

56 SED-KL/KPKK, Protokoll der außerordentlichen Sitzung der KPKK am 17.12.1979, 2.1.1980, BStU, MfS, SED-KL Nr. 8138, S. 10–16, hier S. 12.

Bericht, in dem er das Geständnis seiner Ehefrau ebenso schilderte wie seine Bemühungen, Leipold zu einer Entscheidung zu drängen. P. selbst wollte, so sein Bericht, eigentlich bei seiner Frau bleiben: „Da meine Frau ihm die sich entwickelnde Zuneigung in meinem Beisein bestätigte, erklärte ich, daß ich wenn sie sich wirklich lieben nicht im Weg stehen will. Ich empfand, daß das meine Ehre als Kommunist, als Tschekist und auch als Mann nicht zuließe. Ich sagte beiden noch, daß ich die Partei, das MfS, mein Arbeitskollektiv habe, was dann noch mehr zum wesentlichen Inhalt meines Lebens werden wird. [...] Ordnung und Disziplin die mir anerzogen wurden waren der einzige Grund warum ich Genossen Leipold nicht über den Schädel geschlagen habe.“[57]

Es überrascht nicht, dass Leipolds tiefer Fall vom „Unfehlbaren“ zum „Autoritätslosen“ mit seiner Ablösung als Leiter der Abt. XII endete. Insbesondere das „Gerede“ in der eigenen und in anderen Diensteinheiten über Leipolds Verhalten, aber auch sein Zaudern bei der Entscheidung zwischen Ehefrau und Geliebter dürften bei seinen Vorgesetzten grundsätzliche Zweifel an Leipolds weiterem Einsatz in der Abt. XII genährt haben. Die Hinweise auf die angeblich fehlende Kritikfähigkeit und Selbstüberschätzung Leipolds – die zentralen „Anklagepunkte“ in der außerordentlichen KPKK-Sitzung – und auf die frühere Bewertung Leipolds durch Mitarbeiter als „unfehlbar“ könnten allerdings auf ein weiteres Motiv hindeuten. Möglicherweise war er der MfS-Führung im Zuge des Aufstiegs der Abt. XII in den 1970er-Jahren auch zu selbstherrlich geworden, sodass man die Affäre als willkommenen Anlass für eine Ablösung sah. Auch die recht zügige Lösung des Problems deutet darauf hin – bereits am 29. Dezember 1979 wird in dem Befehl Mielkes zur Ablösung Leipolds seine Freistellung „als OibE [...] für eine Tätigkeit in der Staatlichen Archiv-Verwaltung des MdI“[58] genannt. Im Februar 1980 begann jedenfalls für Leipold ein ganz neuer, unerwarteter Karriereweg.

„Roland sitzt dann da wie ein kleiner Junge“ – im „besonderen Einsatz“ bei der Staatlichen Archivverwaltung

Zum zweiten Mal nach seinem Einsatz auf Sansibar wurde Leipold vom MfS als OibE eingesetzt – nun allerdings unter gänzlich anderen Bedingungen. Diesmal kam er nicht als junger, aufstrebender MfS-Kader an einen Brennpunkt der Weltpolitik, sondern er wechselte – gesundheitlich angeschlagen[59] – zur aus

57 Oberstleutnant P., Bericht, 30.11.1979, BStU, MfS, SED-KL Nr. 8138, S. 38–42, hier S. 39 f.

58 Minister Mielke, Befehl Nr. K/5700/79, 29.12.1979, BStU, MfS, KS 26206/90, S. 312.

59 Darauf deuten Einträge in Leipolds Krankenakte; vgl. BStU, MfS, ZMD 20 GU 21648/92, S. 53–56.

Sicht des MfS verhältnismäßig unbedeutenden Staatlichen Archivverwaltung der DDR (StAV). Diese Einrichtung, die als nachgeordnetes Organ zum Bereich des Ministeriums des Innern (MdI) gehörte, bildete die zentrale Kontroll- und Anleitungsinstitution für die staatlichen Archive in der DDR. Auch gegenüber ausländischen Archivinstitutionen war sie der wichtigste Ansprechpartner und verfügte beispielsweise durch die Teilnahme an internationalen Archivtagungen und Besuche von Archivfachleuten über regelmäßige Westkontakte.[60]

Leipold füllte somit im Auftrag des MfS auf den ersten Blick eine wichtige Schaltstelle in der Archivlandschaft der DDR aus. Tatsächlich aber war der ehemalige Leiter der Abt. XII wohl vor allem ein weiterer Angehöriger des DDR-Sicherheitsapparats, der auf dem „‚Heldenfriedhof' des MdI"[61] „beerdigt" werden sollte. Schon Leipolds Vorgänger bei der StAV, der Generalmajor und promovierte Jurist Gerhard Exner, war nach einer steilen Karriere im MdI hierhin abgeschoben worden.[62] Exner hatte in den 1960er-Jahren unter anderem die Kontrollgruppe des Nationalen Verteidigungsrates und anschließend die Kaderabteilung des MdI geleitet, bevor er am 1. August 1968 zum Direktor der StAV berufen worden war.

Dass im Übrigen die „Entsorgung" problematischer Mitarbeiter in das Archivwesen kein Einzelfall darstellte, zeigt das Beispiel der langjährigen Leiterin des Selbständigen Referates XII (seit 1975 Abt. XII) der BV Magdeburg, Hanna Schröder. Die 45-Jährige war 1978 von ihrer Funktion entbunden worden, nachdem ihr wegen unwürdigem Verhalten im Dienst, Beziehungen zu einer „zweifelhafte[n] Person" und zu zwei verheirateten Mitarbeitern der BV Magdeburg ein „Strenger Verweis" erteilt worden war. Darüber hinaus aber warf man ihr die Entstehung einer „ungesunden Atmosphäre" und „Autoritätsverlust"[63] vor. Sie wechselte daraufhin zunächst als OibE ins Staatsarchiv Magdeburg, doch blieben die Probleme offenbar bestehen, sodass sie 1979 schließlich aus dem MfS entlassen wurde.[64]

„[E]twa 2 Jahre bleibt Gen. Exner noch"[65], notierte der zuständige MfS-Mitarbeiter während der Planungen für den künftigen Einsatz Leipolds – und tat-

60 Zur StAV vgl. Hermann Schreyer, Das staatliche Archivwesen der DDR. Ein Überblick, Düsseldorf 2008; Art. „Staatliche Archivverwaltung der DDR", in: Andreas Herbst/Winfried Ranke/Jürgen Winkler, So funktionierte die DDR, Bd. 2, Reinbek b. Hamburg 1994, S. 941–946.

61 Schreyer, Archivwesen, S. 149.

62 Zu Exner vgl. Schreyer, Archivwesen, S. 149; Eberhard Schetelich, In memoriam Dr. Gerhard Exner, in: Archivmitteilungen 3/1989, S. 65 f.

63 BV Magdeburg/Leiter, Vorschlag zur Ablösung, 10.11.1978, BStU, MfS, BV Magdeburg KS II 100/80, S. 122 f., hier S. 123.

64 Zu Schröder vgl. ihre Kaderakte BStU, MfS, BV Magdeburg KS II 100/80. Dass Schröder in den 1940er-Jahren zwei Jahre in Dippoldiswalde, dem Heimatort Leipolds, eine Hauswirtschaftsschule besucht hat, dürfte wohl als Zufall gelten.

65 BStU, MfS, KS 27218/90, S. 324.

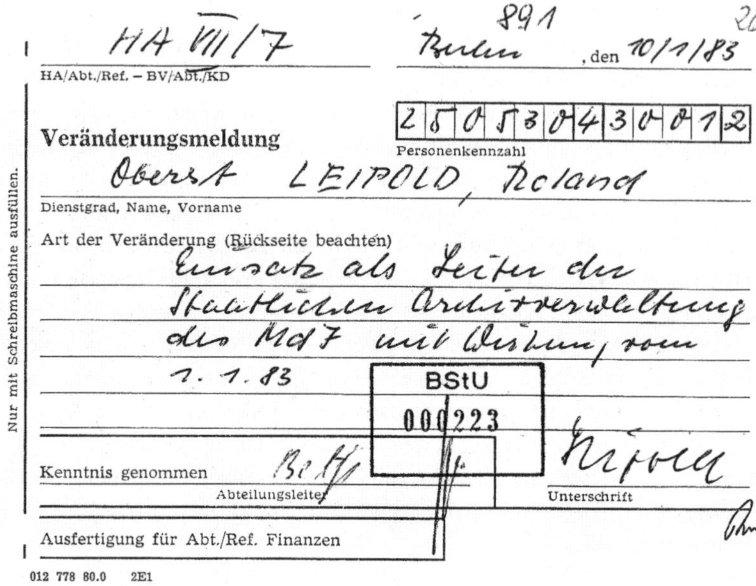
HA VII/7 — Berlin, den 10/1/83 — 891 — 26

HA/Abt./Ref. – BV/Abt./KD

Veränderungsmeldung

2 5 0 5 3 0 4 3 0 0 1 2

Personenkennzahl

Oberst LEIPOLD, Roland

Dienstgrad, Name, Vorname

Art der Veränderung (Rückseite beachten)

Einsatz als Leiter der Staatlichen Archivverwaltung des MdI mit Wirkung vom 1.1.83

BStU 000223

Kenntnis genommen

Abteilungsleiter

Unterschrift

Ausfertigung für Abt./Ref. Finanzen

012 778 80.0 2E1

Nur mit Schreibmaschine ausfüllen.

Abb. 8: In einer „Veränderungsmeldung“ teilt der Offizier im besonderen Einsatz Roland Leipold dem MfS seinen Einsatz als Leiter der Staatlichen Archivverwaltung ab 1. Januar 1983 mit.

sächlich wurde Exner am 1. Januar 1983 abgelöst.[66] Für die Übergangszeit schuf das MfS eigens eine Planstelle bei der StAV, auf der Leipold als Exners Stellvertreter in die Arbeit der Archivverwaltung eingeführt werden sollte. Außerdem besuchte Leipold einen rund fünfmonatigen Englisch-Intensivlehrgang im Institut des Außenministeriums mit „sehr gutem“ Erfolg.[67] Darüber hinaus wurde Leipold vorgeschlagen, die Zeit für eine Promotion zu nutzen. In der Kaderakte notierte der zuständige MfS-Mitarbeiter: „ob er sich das zutraut[;] MdI macht es nicht zur Vorbedingung“[68]. Offensichtlich traute es sich Leipold nicht zu und blieb ohne Doktortitel.

Folgt man den Berichten über Leipolds viereinhalbjährige Leitungstätigkeit bei der StAV, so scheint der Ertrag seiner Arbeit für das MfS eher dürftig gewesen zu sein. Offenbar stand für das MfS vor allem der Zugriff auf NS-Unterla-

66 Der Leitungswechsel wurde auch öffentlich gemacht; vgl. Berufung, in: Archivmitteilungen 1/1983, S. 40. Auch in der Bundesrepublik erschien dazu eine Meldung; vgl. Wechsel in der Leitung der Staatlichen Archivverwaltung, in: Der Archivar 36 (1983) H. 4, Sp. 455.

67 Vgl. Institut für Sprachintensivausbildung „Paul Markowski“, Zeugnis, 9.7.1982, BStU, MfS, KS 27218/90, S. 125; Institut für Sprachintensivausbildung, Bescheinigung, 9.7.1982, BStU, MfS, KS 27218/90, S. 329.

68 BStU, MfS, KS 27218/90, S. 323.

gen und die Überwachung von westlichen Nutzern im Vordergrund des Interesses[69] – all dies hätte das MfS sicher auch ohne einen „eigenen“ Mann an der Spitze der StAV durchsetzen können. Welche Rolle Leipold in diesen Fragen tatsächlich spielte, ließe sich aber wohl nur auf der Basis einer umfassenden Untersuchung der Arbeit der StAV – einschließlich der Recherche nach IMs unter den Mitarbeitern und deren Berichten – klären.[70] Vermutlich ging es dem MfS beim Einsatz Leipolds in erster Linie darum, die StAV unter Kontrolle zu halten.

Der Wechsel in die Archivverwaltung zahlte sich für Leipold trotz des Karriereknicks finanziell aus. Betrug sein letztes Gehalt als Oberst im MfS 2.150,– Mark, so kam er nun als Leiter der StAV auf 3.050,- Mark.[71] Bereits im Mai 1980 zeichnete ihn die HA VII, die ihn als für das Archivwesen zuständige Diensteinheit nun führte, anlässlich seines 50. Geburtstags mit einem Sachgeschenk im Wert von 600,– Mark aus. In der Begründung wurden „sein Leistungswillen, seine hohe Einsatzbereitschaft und Entscheidungsfreudigkeit“[72] hervorgehoben. Auch seine Parteistrafe wurde im August 1982 gelöscht.[73]

Noch vor seiner Installierung als Leiter der StAV unternahm Leipold 1981 seine erste Dienstreise ins westliche Ausland und vertrat die DDR bei einer Tagung des Internationalen Archivrats in Oslo.[74] Im September 1984 nahm er dann als Leiter der DDR-Delegation am X. Internationalen Archivkongress in Bonn teil. Da der Archivrat plante, Leipold in das Exekutivkomitee der Organisation wählen zu lassen, musste dies vorab – natürlich ohne Wissen des Archivrats – im MfS genehmigt werden. In Abstimmung zwischen der HA VII, der HA KuSch und Hans Carlsohn, dem Leiter des Sekretariats des Ministers, wurde die Reise und die zu erwartende Personalentscheidung abgesegnet.[75] Weitere Reisen führten Leipold zu zahlreichen internationalen Fachtagungen, beispielsweise in Moskau, Ottawa, Ho-Chi-Minh-Stadt, Havanna und Bern.

Große Furcht hegte man im MfS, dass Leipold während dieser Reisen als MfS-Mitarbeiter enttarnt werden könnte. So wurde beispielsweise aufmerksam regis-

69 Vgl. Schreyer, Archivwesen, S. 225 f.

70 Vgl. erste Ergebnisse dazu bei Ralf Blum, Wie die Stasi ins Archiv kam – der Einfluss des MfS auf das Deutsche Zentralarchiv zu Beginn der 1960er Jahre, in: Heiner Timmermann (Hg.), Historische Erinnerung im Wandel. Neuere Forschungen zur deutschen Zeitgeschichte unter besonderer Berücksichtigung der DDR-Forschung, Berlin 2007, S. 281–302.

71 Vgl. Zusammengefaßte Auskunft zu Roland Leipold, BStU, MfS, KS 27218/90, S. 4–15, hier S. 6; MdI, Änderungsvertrag, 1.1.1983, BStU, MfS, KS 27218/90, S. 226 f., hier S. 227.

72 HA VII/Generalmajor Büchner, Vorschlag zur Auszeichnung, 14.4.1980, BStU, MfS, KS 27218/90, S. 124.

73 Vgl. Beschluß über die Löschung der Parteistrafe, 12.8.1982, BStU, MfS, SED-KL Nr. 8138, S. 2.

74 Vgl. im Folgenden BStU, MfS, KS 27218/90, S. 225, 237–244.

75 Vgl. HA VII/Leiter Büchner, Schreiben an HA KuSch/Möller betr. Bestätigung einer Auslandsreise, 29.3.1984, BStU, MfS, KS 27218/90, S. 228; HA KuSch/Wellschmied, Schreiben an Generalmajor Carlsohn, 29.6.1984, BStU, MfS, KS 27218/90, S. 232.

triert, wenn sich westliche Archivfachleute nach dem beruflichen Vorleben Leipolds erkundigten.[76] Ein Bericht der HA VII aus dem Jahr 1986 schildert eine Reihe von Vorfällen, bei denen leitende Mitarbeiter westdeutscher Archive und deren Ehefrauen anlässlich von Tagungen in der Bundesrepublik nach Leipolds beruflicher Herkunft gefragt hätten. Auch ein IM des MfS, also vermutlich ein Archivmitarbeiter aus der DDR-Delegation, war mit derartigen Fragen konfrontiert worden. Das MfS zeigte sich angesichts solcher vermutlich harmlosen „Small-Talk“-Gespräche alarmiert: „Auszuschließen ist nicht“, so der Bericht, „daß die Aktivitäten gegenüber Gen. Leipold geheimdienstlich gesteuert werden.“[77]

Trotz seines Status als OibE sammelte das MfS auch Informationen über Leipolds Auftreten und Arbeitsstil in der StAV. So finden sich in den Akten der HA VII Berichte von hauptamtlichen wie von inoffiziellen Mitarbeitern. Dies spiegelt keineswegs einen besonderen Verdacht, den das MfS etwa gegen Leipold gehegt hätte. Es war vielmehr gängige Praxis, um die umfassende Kontrolle sicherstellen zu können.

Die Berichte liefern – trotz eines quellenkritischen Vorbehalts – ein anschauliches Bild von Leipolds letzter beruflicher Station. Offenbar hatte er erhebliche Probleme, die Rolle eines Leiters außerhalb des MfS-Apparats auszufüllen. So berichtete IM „Wolfgang“ im Jahr 1985, immerhin zwei Jahre nach Leipolds Amtsantritt in der StAV, von einer Sitzung mit Günter Giel, dem Stellvertreter des Innenministers und im MdI unter anderem zuständig für das Archivwesen (und zudem ebenfalls ein „29er“): „Roland [Leipold] ist auf dem Weg der Entwicklung, aber mühselig. […] Da hat er z. B. in der Tasche Vorgänge, die er dann auf den Tisch legt, jedoch weder richtig gelesen noch richtig durchgeguckt hat. Da ist es nicht verwunderlich, daß Gen. Giel fragte, was ist denn das und das. Roland sitzt dann da wie ein kleiner Junge und sagt, das wüßte er nicht.“[78]

Das Zitat aus dem Bericht des IM „Wolfgang“ weist nicht nur auf bürokratische Schwächen Leipolds hin. Es deutet vielmehr auch die Probleme an, vor denen Leipold angesichts seiner fehlenden archivfachlichen Kenntnisse stand. In zwei Berichten eines „Günther“ von Juli und August 1984, der offensichtlich bestens über die Beziehungen von MdI und StAV informiert war, bildeten diese Probleme ein zentrales Thema.[79] Die Schwierigkeiten Leipolds „in der An-

76 Vgl. Schreyer, Archivwesen, S. 220 f.

77 HA VII/Abt. VII, Information über Aktivitäten von Kräften aus dem Operationsgebiet, Angaben zum Leiter der Staatlichen Archivverwaltung des MdI, Oberst Leipold, zu erlangen, 15.12.1986, BStU, MfS, HA VII Nr. 1169, S. 20–22, hier S. 22.

78 HA VII/Bereich des Leiters, Auszüge aus einer Tonbandabschrift – Treffergebnis IM „Wolfgang“ vom 12.2.85, 21.2.1985, BStU, MfS, HA VII Nr. 1169, S. 38.

79 Vgl. im Folgenden „Günther“, Information über die Führungs- und Leitungstätigkeit des Genossen Leipold, Leiter der Staatlichen Archivverwaltung, 21.7.1984, BStU, MfS, HA VII Nr. 17, S. 149–154; „Günther“, Information über die Führungs- und Leitungstätigkeit des Gen. Leipold, 1.8.1984, BStU, MfS, HA VII Nr. 17, S. 155–157.

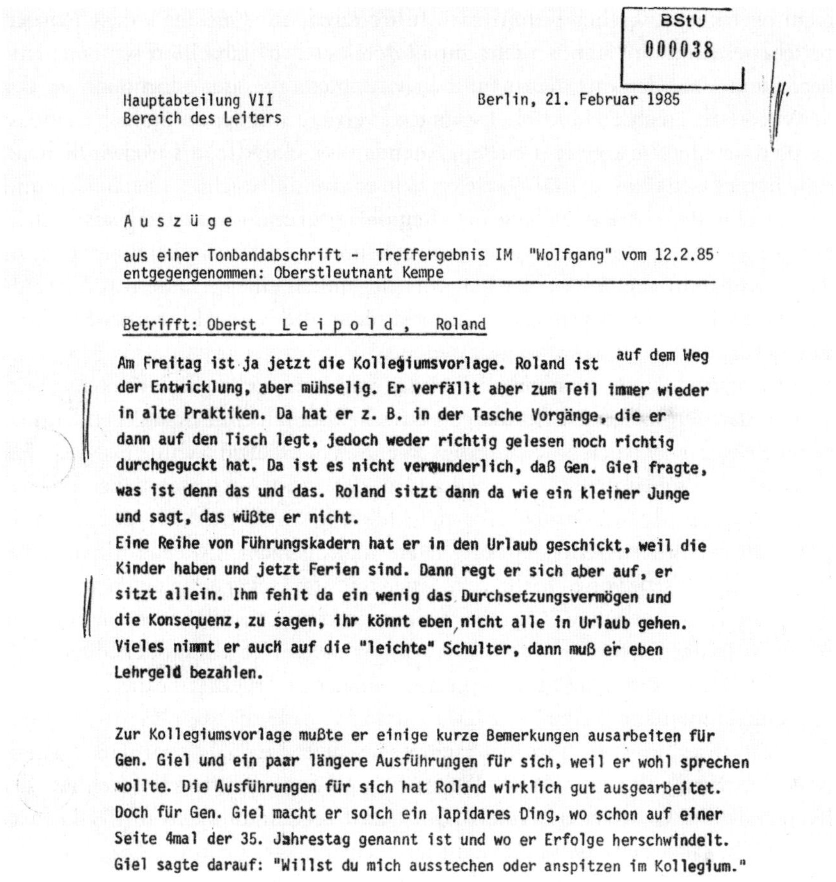

BStU
000038

Hauptabteilung VII
Bereich des Leiters

Berlin, 21. Februar 1985

A u s z ü g e

aus einer Tonbandabschrift - Treffergebnis IM "Wolfgang" vom 12.2.85
entgegengenommen: Oberstleutnant Kempe

Betrifft: Oberst L e i p o l d , Roland

Am Freitag ist ja jetzt die Kollegiumsvorlage. Roland ist auf dem Weg der Entwicklung, aber mühselig. Er verfällt aber zum Teil immer wieder in alte Praktiken. Da hat er z. B. in der Tasche Vorgänge, die er dann auf den Tisch legt, jedoch weder richtig gelesen noch richtig durchgeguckt hat. Da ist es nicht verwunderlich, daß Gen. Giel fragte, was ist denn das und das. Roland sitzt dann da wie ein kleiner Junge und sagt, das wüßte er nicht.
Eine Reihe von Führungskadern hat er in den Urlaub geschickt, weil die Kinder haben und jetzt Ferien sind. Dann regt er sich aber auf, er sitzt allein. Ihm fehlt da ein wenig das Durchsetzungsvermögen und die Konsequenz, zu sagen, ihr könnt eben nicht alle in Urlaub gehen. Vieles nimmt er auch auf die "leichte" Schulter, dann muß er eben Lehrgeld bezahlen.

Zur Kollegiumsvorlage mußte er einige kurze Bemerkungen ausarbeiten für Gen. Giel und ein paar längere Ausführungen für sich, weil er wohl sprechen wollte. Die Ausführungen für sich hat Roland wirklich gut ausgearbeitet. Doch für Gen. Giel macht er solch ein lapidares Ding, wo schon auf einer Seite 4mal der 35. Jahrestag genannt ist und wo er Erfolge herschwindelt. Giel sagte darauf: "Willst du mich ausstechen oder anspitzen im Kollegium."

Abb. 9: Auszug aus dem Bericht eines Inoffiziellen Mitarbeiters mit kritischen Äußerungen über Roland Leipold.

eignung fachspezifischer Kenntnisse" führe dazu, so „Günther", dass Leipold zu sehr seinen archivfachlich sehr gut ausgebildeten Mitarbeitern vertraue. Insbesondere einer der leitenden Mitarbeiter fungiere als „graue Eminenz" in der StAV und als „rechte Hand" Leipolds und verfüge so über zu großen Einfluss. Leipold bereite „die konzeptionelle, planende und analytische Tätigkeit Schwierigkeiten", „mit viel Geschäftigkeit" erziele er „wenig Ergebnis". Mehrfach und aus verschiedenen Anlässen habe Giel Leipold aufgrund von Leitungsschwächen gerügt. So sei Leipold nicht in der Lage gewesen, ein archivalisches Gutachten zu einem Konvolut von „Lutherbriefen" vorzulegen, das eine Privatperson der StAV angeboten habe. Auch verstehe es Leipold nicht, die Entwicklung der Struktur und der Kader in der StAV voranzutreiben.

Informationen aus dem Innenleben der StAV lieferte im Mai 1987 auch ein „Karl", der sich in seinem vierseitigen Bericht ebenfalls mit Leipolds Leitungstätigkeit befasst.[80] Auch er schätzt die fehlenden fachlichen Kenntnisse Leipolds als zentrales Problem ein. Sie seien der Grund, warum ein wesentlicher Teil der Leiter untergeordneter Dienststellen der Meinung sei, die StAV werde ihrer Aufgabe, das staatliche Archivwesen zu leiten, nicht gerecht. Darüber hinaus lasse sich Leipold zu sehr von aktuellen Fragen leiten, statt seine Arbeit zu planen, wie „Karl" den Aussagen eines Mitarbeiters entnimmt: „Er wüßte früh, nach seiner Ankunft in der Dienststelle, oft nicht wie der weitere Tag in groben Zügen abläuft."[81] Das Personal der StAV zeige angesichts der Arbeitsatmosphäre „Unzufriedenheit mit dem Leiter" und „wachsende Gleichgültigkeit"[82]. Ausführlich schildert „Karl" die von ihm beobachtete „Scheu [Leipolds], vor dem Kollektiv aufzutreten": „Es entsteht der Eindruck, daß er immer froh ist, wenn er aus irgendwelchen Gründen an Veranstaltungen (Versammlungen) in der Dienststelle nicht teilzunehmen braucht. Er ist auch nur schwer in der Lage, ein unverbindliches Gespräch mit einzelnen Mitarbeitern zu führen. Dies wird von der Masse gespürt und dient nicht einer vertrauensvollen Zusammenarbeit."[83] „Karl" vermutet, dass Leipold bei Entscheidungen häufig von der Furcht geleitet werde, eine vorgesetzte Stelle könne ihm „irgendein[en] Vorwurf"[84] machen.

Angesichts der fachlichen Überforderung Leipolds,[85] seiner Distanz zu den Mitarbeitern, seiner Furcht vor Fehlern, der offenbar unfreundlichen Behand-

80 Vgl. im Folgenden „Karl", [Bericht], 15.3.1987, BStU, MfS, HA VII Nr. 1169, S. 25–28.

81 Ebd., S. 26.

82 Ebd., S. 27.

83 Ebd.

84 Ebd., S. 28.

85 Dieser Eindruck verstärkt sich beim Blick auf Leipolds Beiträge in den „Archivmitteilungen", dem zentralen Fachorgan für das Archivwesen der DDR. Seine Beiträge beschränken sich auf Texte, die in der üblichen Form die ideologische Linie der SED wiedergeben; vgl. Das staatliche Archivwesen der Deutschen Demokratischen Republik im 35. Jahr ihres Bestehens, Interview mit dem Leiter der Staatlichen Archivverwaltung, Roland Leipold, in: Archivmittei-

lung durch seinen Vorgesetzten beim MdI[86] und möglicherweise auch angesichts einer grundsätzlichen Frustration darüber, am Karriereende angekommen zu sein, überrascht es nicht, dass er im Januar 1988 – offenbar aus eigenem Antrieb – um seinen Abschied bat. In einem Vermerk zu einem Gespräch, das Leipold am 20. Januar 1988 mit dem Leiter der Kontrollinspektion des MdI, Generalmajor Simon, führte, heißt es: „Unter vier Augen teilte er dem Generalmajor Simon sinngemäß mit, wenn es einen noch Besseren gibt, den könnt ihr als Leiter der StAV einsetzen. Er ist persönlich gern bereit, in Rente zu gehen, die Probleme werden immer komplizierter und er weiß selbst nicht, ob er alles überhaupt noch packt. Er fügte hinzu, das kannst Du ruhig dem Minister sagen. Er ist bereit, zu gehen und das ist seine ehrliche Meinung.“[87]

Offensichtlich war Leipold von der Arbeit in der StAV derartig zermürbt, dass ihm das Ausscheiden aus dem Berufsleben als hoffnungsfroh stimmende Option erschien. Sein Abschiedsgesuch stand wohl auch im Zusammenhang mit einer Kontrolle der StAV, die durch das MdI in dieser Zeit durchgeführt worden war. Insbesondere aufgrund der fehlenden „konstruktive[n] Mitarbeit“[88] an der anschließenden Erarbeitung einer Kollegiumsvorlage war Leipold nach Angaben eines IM massiv in die Kritik geraten.

Tatsächlich dauerte es jedoch noch fast zwei Jahre, bis Leipolds Wunsch in Erfüllung ging. Im Juli 1989 informierte er das MfS, dass ihn Günter Herzog, Stellvertreter für Ausbildung an der VP-Schule Aschersleben, ablösen werde. Im September/Oktober werde Herzog, so Leipold, bei der StAV mit der Einarbeitung beginnen und am 1. Januar 1990 als Leiter das Amt von Leipold übernehmen.[89] Leipolds Zeit bei der StAV war kurz vor dem Untergang der Geheimpolizei, der er seinen steilen Karriereweg zu verdanken hatte, zu Ende.

lungen 1 (1984), S. 2–5; Roland Leipold, Archivarbeit in der Deutschen Demokratischen Republik in Vorbereitung auf den XI. Parteitag der SED, in: Archivmitteilungen 1 (1986), S. 1 f.; ders., Die Aufgaben der Archive nach dem XI. Parteitag der SED, in: Archivmitteilungen 3/1987, S. 82–87; ders., 70 Jahre Große Sozialistische Oktoberrevolution, in: Archivmitteilungen 5/1987, S. 145–148; ders., 40 Jahre DDR – 40 Jahre Archivwesen im Dienste des Volkes, in: Archivmitteilungen 4 (1989), S. 97–101.

86 Vgl. „Stein“, [Bericht], 15.1.1986, BStU, MfS, HA VII Nr. 17, S. 169–171.

87 HA VII/1. Stellv. des Leiters/Oberst Spange, Vermerk über eine Rücksprache mit dem Stellvertreter des Ministers des Innern Oberst Winderlich am 21.1.1988, 26.1.1988, BStU, MfS, HA VII Nr. 1169, S. 12.

88 IM „Rabe“, Information zu Genossen Leipold (Abschrift), 9.2.1988, BStU, MfS, HA VII Nr. 1169, S. 10.

89 HA VII/Abt. 7, Vermerk, 25.7.1989, BStU, MfS, HA VII Nr. 1169, S. 2. Vgl. auch die Meldung zum Wechsel bei der StAV in Archivmitteilungen 1 (1990), S. 40.

Fazit

Roland Leipold, der im Jahr 2000 verstarb,[90] gehörte zu einer Generation, die in besonderer Weise den Ausbau des Sicherheitsapparats der DDR prägte. Als – vor allem im Vergleich mit seinen Vorgängern – junger Mann kam er in einer Zeit in die Abt. XII, in der wichtige Weichenstellungen für das Informationssystem des MfS getroffen und umgesetzt wurden. Es galt, den Apparat zu modernisieren und zu erweitern und der Geheimpolizei durch eine effiziente Verwaltung der Karteien und des Archivs ein schlagkräftiges Instrument für Repression und Überwachung an die Hand zu geben. Der Bau des Archivzweckbaus an der Magdalenenstraße, dessen Abschluss Leipold nicht mehr in der Abt. XII erlebte, bildete das Symbol des Aufstiegs der Abteilung zum wichtigen Informationsspeicher des MfS.

Der Oberstleutnant mit Verwaltungserfahrung, „idealer" Herkunft und umfangreichen operativen Kenntnissen war für einen solchen Modernisierungsprozess, der allerdings bereits unter seinem Vorgänger eingeleitet worden war, offensichtlich der passende Leiter. Blickt man auf den personellen und technischen Ausbau, den die Abt. XII unter ihrem vierten Leiter erlebte, so dürfte Leipold Ende der 1970er-Jahre zufrieden mit sich gewesen sein. Und so hätte er wohl das Ende der Abteilung im Jahr 1989 noch an der Magdalenenstraße erlebt, wenn nicht seine persönliche Verfehlung dies verhindert hätte.

Der archivgeschichtlich spektakuläre Wechsel in die StAV diente dem MfS zur Absicherung einer mäßig wichtigen Institution. Leipold dürfte den Wechsel vor allem als Niederlage wahrgenommen haben, auch wenn ihn die zahlreichen Auslandsreisen vermutlich ein wenig entschädigt haben dürften. Insbesondere seine fehlenden fachlichen Kenntnisse, die auch ein Licht auf die äußerst geringe archivfachliche Kompetenz in der Abt. XII werfen, belasteten seine Tätigkeit in der Archivverwaltung. Zum Schluss war er ebenso am Ende wie die Geheimpolizei, der er seine steile Karriere zu verdanken hatte.

Während das MfS Ende November 1989 diesem Ende bereits entgegen eilte, war es jedoch noch in der Lage, einen Wunsch Leipolds für seine Zeit als Rentner zu erfüllen: Es verlängerte seine „Schußwaffenerlaubnis", da er beabsichtigte, „nach der Berentung einer Jagdgesellschaft beizutreten"[91].

90 Vgl. ISOR aktuell, Sept. 2000, S. 4.

91 HA VII/Abt. 7/Leiter Schierz, Schreiben an den 1. Stellv. des Leiters der Abt. BCD, Oberst Dreßler, betr. Verlängerung einer Schußwaffenerlaubnis, 23.11.1989, BStU, MfS, HA VII Nr. 1169, S. 4.

Karsten Jedlitschka

Speicher einer Diktatur

Zu Bau und Geschichte des Zentralarchivs der Staatssicherheit in Berlin-Lichtenberg

Mielkes Revier

Nur ein unscheinbares ausgegrautes Areal.[1] Mehr gab es auf DDR-Stadtplänen von Ost-Berlin nicht zwischen Frankfurter Allee und Normannenstraße, der Rusche- und der Magdalenenstraße. Die Zentrale des Ministeriums für Staatssicherheit in Berlin-Lichtenberg bildete bis 1989 eine hermetisch abgeriegelte Sperrzone. Strenger bewacht war wohl nur noch die deutsch-deutsche Grenze bzw. die Berliner Mauer. Der am Ende knapp zwei Quadratkilometer große Gebäudekomplex zerschnitt ein historisch gewachsenes Wohngebiet. Wie ein Krake breitete sich dieses Gebiet, ausgehend vom Anfang der 1930er-Jahre errichteten Lichtenberger Finanzamt, seit der Gründung des MfS 1950 immer weiter aus. Ihm fielen mehrere Straßen und zahlreiche Gebäude zum Opfer, darunter eine bedeutende Wohnsiedlung von Bruno Taut aus dem Jahr 1928 und sogar die ebenfalls im Stil der Neuen Sachlichkeit erbaute Neuapostolische Kirche. Bestehende Häuser wurden entweder umgebaut oder abgerissen und durch Neubauten ersetzt. 1989 bestand das Gebiet aus 29 Objekten mit 41 Einzelgebäuden von bis zu 13 Stockwerken. In dieser verbotenen Stadt arbeiteten Mitte der 1980er Jahre bis zu 7.000 Mitarbeiter dieser Geheimpolizei, viele von ihnen wohnten in der unmittelbaren Nachbarschaft. Auf diesem Areal befand sich neben dem Sitz des Ministers, Erich Mielke, auch ein eigenes Gefängnis.

Bald nach Kriegsende hatte 1947 in Lichtenberg eine der vielen Dienststellen des sowjetischen Geheimdienstes NKWD seine Arbeit aufgenommen, im Gerichtsgebäude am Rodeliusplatz waren drakonische Urteile der Sowjetischen Militärtribunale gesprochen worden, das angrenzende Gefängnis war bald weit über die Bezirksgrenzen hinaus bekannt. Mit der Ansiedlung der neu gegrün-

1 Der vorliegende Beitrag ist eine ergänzte und aktualisierte Fassung von Karsten Jedlitschka, Allmacht und Ohnmacht. Das Zentralarchiv der Staatssicherheit, in: Archive unter Dach und Fach. Bau, Logistik, Wirtschaftlichkeit. 80. Deutscher Archivtag in Dresden, Red. Heiner Schmitt, Fulda 2011, S. 175–192.

Abb. 1: Die Zentrale des MfS in Berlin-Lichtenberg, rechts unten das massive Archivgebäude an der Magdalenenstraße.

deten Geheimpolizei der jungen DDR konnte man an diese Traditionen anknüpfen. Zudem hatte auch der spätere Minister für Staatssicherheit Mielke hier 1945 als Leiter der Lichtenberger Polizeiinspektion in den Räumen des ehemaligen Finanzamtes seine Nachkriegskarriere begonnen. Die Staatssicherheit, nach dem Muster und Vorbild der Mutter aller kommunistischen Geheimpolizeien, der Tscheka, geformt, hatte so die in den Anfangsjahren sehr einflussreichen sowjetischen Berater praktischerweise gleich in der unmittelbaren Nachbarschaft. Das Sperrgebiet war das Machtzentrum des riesigen Stasi-Apparates, auf dem die Herrschaft der Staatspartei SED ruhte. Eine ganze Stadt innerhalb der Stadt, hermetisch abgeriegelt. Und hier stand auch das Zentralarchiv der Staatssicherheit, dessen Planung, Bau und Geschichte im vorliegenden Beitrag beleuchtet werden soll.[2]

2 Zur Entstehung und Entwicklung des Geländes vgl. Christian Halbrock, Mielkes Revier. Stadtraum und Alltag rund um die MfS-Zentrale in Berlin-Lichtenberg, Berlin 2010; ders., Stasi-Stadt. Die MfS-Zentrale in Berlin-Lichtenberg. Ein historischer Rundgang, Berlin 2009.

Von der Knopffabrik zum modernen Archivzweckbau

Nach Gründung des MfS hatte sich das Archiv zuerst im anderen großen Sperrgebiet der Staatssicherheit in Berlin, in Hohenschönhausen, befunden. In der dortigen Freienwalder Straße war das Objekt „Heike“, die Ruine einer im Krieg schwer beschädigten Knopffabrik, für Archivzwecke umgebaut worden. Keine Augenweide und aus städtebaulichen Gesichtspunkten eigentlich schon zum Abriss bestimmt, gab der drängende Raumbedarf den Ausschlag zum Um- und Ausbau. Zwischen 1957 und 1969 wurden in mehreren Etappen verschiedene Gebäudeabschnitte, entsprechend der ständig wachsenden Bestände, saniert. Man tat aber nur das Nötigste, Dächer und Keller wurden instand gesetzt, Risse in Mauern nur notdürftig geschlossen, Stockwerke wurden aufstockt, gekappte Treppenhäuser provisorisch abgeschlossen.[3] Die Situation blieb unbefriedigend, in den Kellerräumen stand teilweise das Wasser 20–30 cm hoch, eine Abdichtung wäre zu aufwändig geworden.

Angesichts dieser Situation und der stetig wachsenden Bestände verstärkte sich Ende der 1960er Jahre die Notwendigkeit zur Schaffung einer dauerhaften und modernen Lösung.[4] Neben der Schaffung ausreichender Lagerungskapazitäten, moderner Arbeitsbedingungen und klimatisierter Magazinräume wurde die angemessene Lagerung von Film- und Fotounterlagen immer drängender, da diese in zunehmender Zahl ins Archiv zur Ablage kamen und das MfS auch in größerem Umfange begann, Akten zur Sicherung zu verfilmen. Im Sinne einer sachgerechten Lagerung und vor dem Hintergrund ständig gesteigerter Sicherungs- und Sicherheitserfordernisse sollten die Archivbestände in einem Archivzweckbau zusammengezogen und durch die Trennung bestimmter Karteibereiche sowie durch Optimierung der Arbeitsabläufe die interne Konspiration erhöht und damit die Gefahr von Informationsabflüssen weiter minimiert werden. Bereits 1962 war von einem Archivmitarbeiter ein Vorschlag für einen neuen Archivbau eingereicht worden, den dieser sogar in seiner Freizeit entwickelt hatte. Allerdings zeitigte diese Initiative keine weiteren Folgen, trotz befürwortender Weiterleitung durch seinen Vorgesetzten blieb das Papier bei der

3 HA Verwaltung und Wirtschaft, Abt. II an Abt. III betr. Objekt Heike, Freienwalderstraße, 3.5.1957 mit Anlagen, BStU, MfS, VRD Nr. 9450, S. 1–11; Planungsunterlagen Objekt Ausbau „Heike“, 10.2.1966, BStU, MfS, VRD Nr. 6188, S. 2–31; HA Verwaltung und Wirtschaft an Abt. XVI, Ausbau Ruine Heike, 4.3.1966, und weiterer Schriftverkehr, BStU, MfS, VRD Nr. 9127, S. 12–16, 119f.

4 Abt. XII an HV B Antrag auf Genehmigung für bauliche Veränderungen im Archiv – Berlin-Hohenschönhausen, Freienwalderstrasse, 21.12.1966, BStU, MfS, VRD Nr. 1039, S. 18–21; Medizinischer Dienst, Hygieneinspektion, an HA Verwaltung und Wirtschaft, Abt. II, Ortsbesichtigung im Zentralarchiv, 30.7.1969, BStU, MfS, VRD Nr. 1039, S. 5; HA Verwaltung und Wirtschaft, Abt. II an Abt. XII, Stellungnahme zur Nutzung der Kellerräume im Zentralarchiv, 10.3.1969, BStU, MfS, VRD Nr. 1039, S. 6.

Abb. 2: Das Archivgebäude an der Freienwalder Straße in Berlin-Hohenschönhausen, Aufnahme 2006.

Bauabteilung unbeachtet.[5] In den folgenden Jahren bemühte sich die Abteilung XII weiter um den Beginn entsprechender Planungen, auch unter Hinweis auf deutlich anwachsende Unterlagenmengen in Folge der Reiseerleichterungen mit Polen und der ČSSR sowie insbesondere mit der Bundesrepublik, doch ihre Geduld wurde erst einmal weiter strapaziert.[6] Es sollte noch knapp zwei Jahrzehnte dauern, bis schließlich Ende 1984 ein moderner Neubau bezogen werden

5 Der Entwurf war von Leutnant Kurt Hesse, Mitarbeiter des Archivs, erarbeitet worden. Vgl. Schreiben Leiter Abt. XII, Oberstleutnant Karoos, an Oberst Gaida, 1.10.1962, BStU, MfS, AS 80/70, S. 9. Vgl. dazu auch den Beitrag „Das Gedächtnis der Staatssicherheit" von Philipp Springer in diesem Band.

6 Bericht über die Untersuchung der Organisation in der Zentral- und Vorgangskartei der Abt. XII im Ministerium für Staatssicherheit, 1967, BStU, MfS, VRD Nr. 9863; Leiter Abt. XII an Leiter HV B Oberst Rosulek betr. Lagerung von Filmen im Zentralarchiv, 7.1.1970, BStU, MfS, Abt. XII Nr. 7082, S. 7; Leiter Abt. XII, Oberst Leipold, Vorschlag für die Einrichtung eines Archivneubaus, 18.5.1972, BStU, MfS, AS 162/83, S. 67–69; Abt. XII, Vermerk zum materiell-technischen Bedarf zur Sicherstellung der Aufgaben aus dem visafreien Verkehr zwischen der DDR und der VR Polen und der ČSSR sowie aus den Vereinbarungen und Verträgen zwischen der Regierung der DDR und der Regierung der BRD und dem Senat von Berlin/West für die Jahre 1973 bis 1975, 14.8.1972, BStU, MfS, Abt. XII Nr. 2049, S. 40f.

konnte. Bis dahin suchte man, mit notdürftigen Reparaturen, Umbauten bestehender Gebäude bzw. Auslagerungen die Lage zu meistern. 1975 ertüchtigte man ein altes Reifenlager auf dem Gelände für Büro- und Magazinräume.[7] Zudem lagerte man bestimmte Aktengruppen (Gesundheitsakten, Akten der Gerichte und Staatsanwaltschaften über Strafsachen allg. Kriminalität) im Objekt „Elbe", einigen Räumen in einem Archivdepot der Staatlichen Archivverwaltung der DDR im Schloß Dornburg (Kreis Zerbst) südöstlich von Magdeburg. Mehrere hauptamtliche Innoffizielle Mitarbeiter kümmerten sich, getarnt als gewöhnliche Archivare, um die dortigen Bestände. U. a. wurden dort die in der NS-Zeit beschlagnahmten Archivbestände deutscher Freimaurerlogen, knapp 1.000 lfm, deponiert.[8] Die umfangreichen Karteien wurden nach und nach in verschiedenen Gebäuden der Zentrale in der Normannenstrasse untergebracht.

Parallel liefen die Planungen für einen modernen Neubau, die ab Mitte der 1970er Jahr richtig in Schwung kamen. 1977 lag dann ein erstes umfangreiches Forderungsprogramm der Abteilung XII vor und im März 1978 gab auch die Leitung des MfS grünes Licht.[9] Das neue Gebäudeensemble sollte nicht nur der Abteilung XII dienen, sondern auch die Arbeitsbedingungen der für die Datenverarbeitung zuständigen Abteilung XIII und deren Rechenzentrum deutlich verbessern. Später kam noch die „Zentrale Auswertungs- und Informationsgruppe" (ZAIG) mit einigen Räumen hinzu. Kern war jedoch der neue Archivzweckbau mit – den aktuellen Standards entsprechenden – modernen, klimatisierten Kartei- und Magazinräumen, der unter der Deckbezeichnung „Turm" errichtet werden sollte.

Das neue Gebäudeensemble war für den östlichen Teil des MfS-Sperrgebietes vorgesehen. Die dort bestehende Altbebauung musste diesen Planungen weichen. Den Mietern wurde aus dem Wohnungsfonds des MfS Ersatz zur Verfügung gestellt. Die letzten, sich sträubenden Mieter, wurden im Frühjahr 1980 mit mehr oder weniger sanftem Druck zum Umzug in die angebotenen Neubauwohnungen gebracht.[10] Weniger rücksichtsvoll ging man mit den Besitzern um. Wortschöpfungen wie „Rechtsträgerwechsel" bzw. „Inanspruchnahme" suchten

7 BStU, MfS, VRD Nr. 1042, S. 2–5; Prüfbescheid mit entsprechenden Hinweisen zur Einhaltung von Brandschutzvorschriften und Beachtung der Deckentraglast, 17.12.1975, BStU, MfS, Abt. XII Nr. 129, S. 23–25.

8 Sicherungsvorgang XV 1792/73 „Archivdepot", vgl. BStU, MfS, Abt. XII Nr. 8, 9, 192, 199, 6535, 6536. Weiter Hermann Schreyer, Das staatliche Archivwesen der DDR. Ein Überblick, Düsseldorf 2008, S. 203.

9 Forderungsprogramm für die Errichtung eines Archiv- und Karteigebäudes für die Abteilung XII, 6.5.1977, BStU, MfS, Abt. XII Nr. 2051, S. 14–43; Vermerke, Vorlagen für Leitungsentscheidung und Schriftwechsel in BStU, MfS, Abt. XII Nr. 7290, S. 56–155.

10 BStU, MfS, VRD Nr. 7290, S. 49 f.; Schriftwechsel in BStU, MfS, VRD Nr. 4854. Weiter Nora Kuhlicke/Beate Rost, Zur Entstehung und Entwicklung des Zentralen Dienstkomplexes des Ministeriums für Staatssicherheit in Berlin-Lichtenberg, Normannenstraße 22, zwischen 1950 und 1989/90, Diplomarbeit, Fachhochschule Potsdam, Potsdam 2005, S. 32 f. (http://forge.

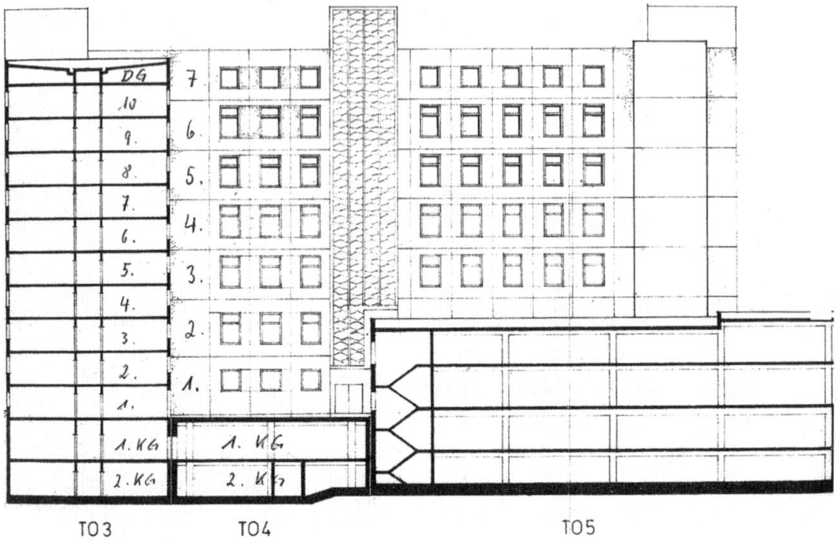

Abb. 3: Bauzeichnung des Archivgebäudes an der Magdalenenstraße.

nur matt den eigentlichen Vorgang zu beschönigen – es ging schlicht um Enteignung bzw. Zwangsverkauf. Gemäß „Entschädigungsgesetz" der DDR wurde den (meistenteils) in der Bundesrepublik oder dem westlichen Ausland lebenden Eigentümern der geschätzte Zeitwert auf ein Sperrkonto bei einer DDR-Bank überwiesen. Benachrichtigt über den Zwangsverkauf wurden allerdings nur diejenigen Personen, von denen den DDR-Behörden die aktuelle Adresse bekannt war. In ähnlicher Weise wurden die in der DDR wohnenden Besitzer entschädigt.[11] Bald nach dem Auszug erfolgte der Abriss bzw. die Sprengung der Gebäude – allerdings erst nach der Verlegung der in diesem Bereich verlaufenden Gas-, Fernwärme- und Wasserleitungen. Das für die zur Stromversorgung der Baustelle eingesetzten Dieselaggregate benötige Kühlwasser wurde aus eigens hierfür gebohrten Tiefbrunnen herangeschafft.[12]

fh-potsdam.de/~ABD/wa/Diplomarbeiten/Diplomarbeiten_Dokumente/dip_kulicke.pdf, Abruf am 22.6.2015).

11 Information über die Inanspruchnahme von „West-Grundstücken" für Zwecke des Ministeriums für Staatssicherheit, 5.10.1979, BStU, MfS, VRD Nr. 2019, S. 4–7.

12 Leiter VRD, Abt. Bauwesen, Vorlage zur Leitungsentscheidung der Investitionsvorhaben DK-NO VI, 1.3.1978, BStU, MfS, VRD Nr. 7290, S. 93; Information zur Bebauung Magdalenenstrasse DK NO VI – Abrissarbeiten, 24.4.1980, BStU, MfS, VRD Nr. 5556, S. 30.

Das Bauvorhaben wurde in kleinere (insgesamt neun) Teilobjekte untergliedert, die sich alle mehr oder weniger um das neu zu schaffende Zentralarchiv gruppierten bzw. den Anschluss zu bereits bestehenden älteren Gebäuden schufen. Wegen unterschiedlicher Geschosshöhen ergaben sich auch verschiedene Etagenzahlen. Während das Archivgebäude 7 Geschosse erhielt, hatte der Büroanbau an der Magdalenenstraße 11 Etagen. Generalauftragnehmer für das Bauvorhaben war der VEB Spezialhochbau mit Sitz in Berlin-Hohenschönhausen, ein MfS-eigener Betrieb, somit war auch die notwendige Geheimhaltung gewährleistet. Grundrisse, Pläne und technische Ausrüstung der Gebäude konnten so neugierigen Blicken vorenthalten werden.[13] Alle Teilobjekte wurden in der aus dem DDR-Wohnungsbau bekannten Bauweise mit einer Tragkonstruktion aus monolithischem Stahlbeton ausgeführt, an die dann die einzelnen Fassaden- und Brüstungselemente sowie Fensterbänder angehängt wurden. Für den Archivbau zog man zuerst Gleitkerne auf, in denen dann Treppenhäuser und Zugänge realisiert werden konnten. So mussten in den danach gebauten Geschoßdecken keine Durchbrüche mehr vorgenommen werden.

Bei der Realisierung suchte man nach dem Modell der „gleitenden Projektierung“ möglichen Aktualisierungen in den Anforderungen an Gebäude und Ausstattung gerecht zu werden, aber auch andere Wünsche, wie die Aufstockung um eine Etage für das Bürogebäude an der Magdalenenstraße oder die Aufteilung der Diensträume konnten so erfüllt werden.[14] Insbesondere mit der Abteilung XII stand die Bauleitung in ständigem Kontakt, um Modifikationen und Ergänzungen während des Bauvorhabens abzustimmen. Das hatte im Detail manchmal auch skurrile Dimensionen. So setzte sich der betraute Offizier, der zeitweilige Leiter des Zentralarchivs Oberstleutnant Joachim Hinz, mit warmen Worten für Einbauschränke in den Toiletten ein.[15]

Insgesamt ergab sich eine deutliche Verzögerung bei der Baufertigstellung. Zwei Gründe sind hier vor allem ausschlaggebend gewesen. Zum einen wurden immer wieder neue, aktualisierte Forderungen zur elektromagnetischen Abschirmung von EDV-Arbeitsräumen erhoben. Denn gegen die elektromagnetische Abstrahlung der aufkommenden Computertechnik half auch die hermetische Abriegelung des Stasi-Bezirks nur teilweise. Gefürchtet wurden gezielte Abhörversuche von westlichen Nachrichtendiensten, immerhin konnten sich bspw. Vertreter westlicher Militärverbindungsmissionen, durch ihre diploma-

13 BStU, MfS, Abt. XIII Nr. 2378, S. 8.

14 Schreiben Abt. XIII/Leiter an ZAIG/Bereich 3 betr. DK NO VI, TO 1, Teil B, 30.3.1980, BStU, MfS, Abt. XIII Nr. 3668, S. 25. Siehe weiter BStU, MfS, Abt. XIII Nr. 2373. Vgl. auch den Beitrag „Ein spezielles Vorhaben der Landesverteidigung“ von Stephan Wolf in diesem Band.

15 Siehe Schriftwechsel 1980–84 in BStU, MfS, Abt. XII Nr. 7333; Gutachten zu Projektunterlagen Neubau der Abt. XII durch HA VI, Abt. EDV, 22.10.1981, BStU, MfS, Abt. XII Nr. 3791, S. 12–17; Maßnahmenplan der Abt. XII zu Projektunterlagen, 6.11.1981, BStU, MfS, Abt. XII Nr. 7136, S. 7–10.

tische Immunität geschützt, relativ frei in Ost-Berlin bewegen, wenngleich sie ständig Gegenstand genauer Observation und auch gezielter Maßnahmen waren.[16] Daher sollte in den Rechnerzonen durch den Einbau eines „Faradayschen Käfigs", also mit einer vollständigen Kupferumkleidung sowie des Einbaus entsprechender Filter für Mauerdurchbrüche und Stromleitungen, durch Spezialtüren und Wabenkerne für Fenster geschützt werden. In den Räumen wurden gut 40 t Kupferfolie verbaut, Fußböden mit Stelzen zur Durchleitung von Strom- und Datenleitungen versehen.[17]

Zum zweiten führten Schwierigkeiten mit einem Nebenauftragnehmer, dem VEB Bau- und Montagekombinat Ingenieurhochbau aus Magdeburg, zur Verlängerung der Bauzeit. Dieser war der einzige DDR-Betrieb, der die oben erwähnte Bautechnologie der monolithischen Stahlbetonkonstruktion für den besonders massiv zu errichtenden Archivbau beherrschte. Trotz des prominenten Auftraggebers lief der Bau schleppend, mit den wenigen eingesetzten Bauarbeitern ließen sich die gesetzten Fertigstellungstermine nicht halten. Der Magdeburger Betrieb verwies lapidar auf wichtigere Aufträge, darunter den Bau des neuen Friedrichstadtpalasts, und erlaubte sich so Zeitverzug sowie Baumängel. Der VEB Spezialhochbau musste zähneknirschend seine Projektierung umstellen und nachjustieren, suchte – so gut es ging – durch Überlappungen bei den Arbeiten der verschiedenen Gewerke Zeit zu gewinnen, mit mäßigem Erfolg. Zusammen mit den sicherlich schwerer wiegenden zusätzlichen Abschirmungsmaßnahmen kam es zu einer Verschiebung des Fertigstellungstermins um ein gutes Jahr. Zudem explodierten die Kosten. Waren ursprünglich für das Gebäudeensemble insgesamt 65,3 Mio. Mark und zusätzlich Valutamittel von 3 Mio. DM avisiert worden, summierten sich Nachprojektierungen und vor allem die Material- und Arbeitskosten der Abschirmungsmaßnahmen schließlich auf eine Gesamtsumme von ca. 101 Mio. DDR-Mark sowie Devisenmitteln in Höhe von mindestens 3 Mio. DM. Allein die benötigten 40,1 t Kupferfolie erhöhten die Kosten um 1,1 Mio. Mark.[18]

Unter dem Archivzweckbau schlummert eine weitere Besonderheit – eine eigene Bunkeranlage, deren massive Betonwände zwei Stockwerke tief in die Erde vorgetrieben wurden, 5,2 m unterhalb der Fundamentplatte. Der Bunker verfügte über einen Rauminhalt von knapp 3.000 m^3 bei einer Nettogrundriss-

16 Vgl. Halbrock, Mielkes Revier, S. 211–216; Söhnke Streckel, Lizensierte Spionage. Die alliierten Militärverbindungsmissionen und das MfS, Halle 2008.

17 BStU, MfS, Abt. XII Nr. 7272, S. 55; BStU, MfS, VRD Nr. 883, S. 34.

18 Sachstand zur Realisierung der grundsätzlichen Bauaufgaben im Dienstkomplex Normannenstraße entsprechend Befehl 20/76, 4.3.1977, BStU, MfS, VRD Nr. 7029, S. 1–10; Entscheidung zur Aufgabenstellung, 6.6.1979, BStU, MfS, VRD Nr. 2151, S. 1–4; Leiter VRD an Abt. XIII, 11.11.1981, BStU, MfS, VRD Nr. 875, S. 3–4; Dokumentation präzisierte Grundfinanzierung Investitionsvorhaben DK NO VI, 16.2.1983, BStU, MfS, Abt. Finanzen Nr. 999, S. 15 f.

fläche von 539 m^2. Von den sonst üblichen Schutzräumen unterschied er sich nicht nur durch seine enorme Größe, sondern auch durch die monolithische Bauweise mit eigenem Montageschacht. Der Bunker hätte so hermetisch abgeriegelt werden können, nur über Schleusen zugänglich wäre über mehrere Tage eine völlig autonome Versorgung möglich gewesen. Der Bau war wohl für den Minister und den engsten Führungszirkel persönlich projektiert. Allerdings war er bei Bezug des Archivgebäudes nur im Rohbau fertig gestellt, die Innenausbauarbeiten verzögerten sich – trotz massiver Kritik des Ministers – ständig und waren selbst im Herbst 1989 noch nicht abgeschlossen.[19]

Dagegen waren der Archivbau und die ihn umrahmenden Bürotrakte im Sommer 1984 größtenteils fertig gestellt, abgesehen von noch notwendigen Nachbesserungen, Farb- und Lackierarbeiten und ähnlichem. Insgesamt wurden ca. 7.900 m^2, davon ca. 5.500 m^2 Nutzfläche geschaffen, im Keller nochmals 2.250 m^2.[20]

Sicherheit oberstes Gebot

Die Fragen von Sicherheit und Geheimhaltung, innerer und äußerer Konspiration, wie es im MfS-Jargon hieß, hatten höchste Priorität und fanden dementsprechend prominenten Niederschlag in den Quellen. Sicherlich spielte auch die Flucht zweier hochrangiger Agenten der Auslandsaufklärung (Hauptverwaltung Aufklärung – HV A) eine Rolle. 1979 hatte sich der Offizier Werner Stiller in die Bundesrepublik abgesetzt. Zwei Jahre später war Günther Asbeck gefolgt, ebenfalls ein HV A-Überläufer. Asbeck hatte die Ostberliner Handelsfirma Asimex geleitet und so den engsten Führungszirkel des SED-Staats mit Devisen und westlichen Luxusgütern versorgt. Während Stiller dem BND brisante Dokumente übergeben hatte, konnte Asbeck intime Kenntnisse aus dem innersten Führungszirkel der ostdeutschen Diktatur bieten.[21] Verständlicherweise wurde in der Folge dieser Vorfälle das Sicherheitsregime innerhalb des MfS nochmals deutlich verschärft. Die Konzeption und Planungen zum Archivbau fallen genau in jenen Zeitraum. In besonderer Weise galt dies natürlich für die Vorbereitung und Durchführung des Umzuges. Ein Mitarbeiter notierte sich hierzu aus

19 Vgl. den Beitrag „Ein spezielles Vorhaben der Landesverteidigung“ von Stephan Wolf in diesem Band.

20 BStU, MfS, VRD Nr. 876; BStU, MfS, Abt. XII Nr. 7175, S. 34.

21 Der Fall Stiller fand in den Medien ein großes Echo und v. a. ein für den BND psychologisch wichtiger Erfolg war („DDR-Geheimdienstchef enttarnt“, in: Der Spiegel 33 (1979) Nr. 10; Werner Stiller, Im Zentrum der Spionage, Mainz 1986[5]; ders., Der Agent. Mein Leben in drei Geheimdiensten, Berlin 2010). Zu Aspecks Flucht siehe Andreas Förster, Null null Günther, in: Berliner Zeitung vom 18.9.2010.

Abb. 4–10: Sprengung von Altbauten und Errichtung des Archivgebäudes an der Magdalenenstraße.

einer Referatsberatung: „Es geht keinen etwas an, wann, wie, wo wir umziehen. Sicherheit oberstes Gebot!"[22]

Bereits die Baustelle war mit erhöhten Anforderungen abgeschirmt worden mit einem eigenen Sicherheitskonzept, Baupläne VVS-eingestuft und legendiert, gleiches galt für einzelne Etagen und Zimmerzuweisungen.[23] Auch bei den Gebäuden galten Sicherheit und Geheimhaltung als höchstes Gebot. Entsprechend war der Archivzweckbau als solcher nicht zu erkennen, wirkte wie ein übliches Bürogebäude, mit der bekannten nichtssagend-unauffälligen Front der millionenfach errichteten DDR-Plattenbauten. Zum Abriss der alten Mietshäuser sowie zum Bau des Archivgebäudes sind, neben den detaillierten Bauplänen, auch einige Fotografien überliefert (vgl. Abb. 4–10).

Am Bürogebäude waren Keller- und Parterre-Fenster mit Stahlblechklappen oder engmaschige Gittern verschlossen, Fensterbänke oder sonstige Ablagemöglichkeiten bereits bauseitig ausgeschlossen. Die Einfahrt und Anlieferungszone für die Anlieferung von Unterlagen war durch entsprechende Gestaltung der Gebäudeteile schwer einsehbar. Abgeschottete Treppenhäuser, getrennte Sanitärbereiche für die verschiedenen Diensteinheiten, vergitterte Durchgänge, durch Symbole gekennzeichnete Räume, separate Eingänge für bestimmte Kartei- und Magazinräume, Schleusenbereiche, Codeschlösser und Türwechselsprechanlagen garantierten die interne Konspiration. Der Einbau aller Sicherungsanlagen erfolgte erst nach Abschluss aller Arbeiten von Fremdfirmen – und zwar ausschließlich durch Mitarbeiter des MfS.

Auch im Dienstbetrieb hatten Geheimhaltung und Sicherheit höchsten Stellenwert. Milchglasscheiben hielten neugierige Blicke fern, die Fenster waren ständig geschlossen zu halten, mit feinmaschigen Gittern gesicherte Belüftungsklappen sollten für genügend Frischluft sorgen. Musste doch einmal gelüftet werden, waren zuvor sämtliche Dienstunterlagen wegzuschließen. Gespräche und Telefonate waren in Zimmerlautstärke zu führen, beim Betreten eines Raumes vor dem Einschalten der Beleuchtung die Vorhänge zu schließen. Bei Arbeitsunterbrechungen über 30 Minuten waren dienstliche Unterlagen in speziellen Schränken wegzuschließen.[24] Die Gebäude wurden ausschließlich von MfS-Personal, Unteroffizieren auf Zeit unter Führung eines Berufssoldaten, im Schichtbetrieb tags und nachts gereinigt. Die Wartung und Reparatur von

22 Eintrag eines Mitarbeiters der Abt. XII/4 zur Referatsberatung am 19.7.1984, BStU, MfS, Abt. XII Nr. 6145, S. 48.

23 Vorlage Leitungsentscheidung, 1.3.1978, BStU, MfS, VRD Nr. 7290, S. 77–155.

24 Abt. III, Bereich 1/3, Grundsätze zur Gewährleistung der Ordnung/Sicherheit und Geheimhaltung in den Diensträumen Bereich 1/3 im DK NO VI, 1.11.1984, BStU, MfS, Abt. XIII Nr. 4125, S. 1; Festlegungen zur Gewährleistung von Sicherheit, Ordnung und Geheimnisschutz im Bereich der Mikroverfilmung, 9.2.1988, BStU, MfS, Abt. XII Nr. 7309, S. 32–34; Abt. XII, Vermerk über Einsatz von Sicherungstechnik im Dienstgebäude der Abteilung XII, Haus 8 und 9, 12.7.1989, BStU, MfS, Abt. XII Nr. 7334, S. 91–94.

Gebäuden und Haustechnik (Klimaanlagen, Heizung, Elektrik, Aufzüge, Abfälle etc.) durfte nur von einer begrenzten, namentlich festgelegten Zahl von Mitarbeitern der Verwaltung Rückwärtige Dienste (VRD) des MfS durchgeführt werden.[25]

Paranoid mutet die beständige Furcht vor Aktionen „feindlich-imperialistischer Dienste“ im Bereich der EDV an. Die Schutzmaßnahmen, nach dem Prinzip des „Faradayschen Käfigs“ mit einem enormen Aufwand an Kosten und Bauzeitverzögerung betrieben, befriedigten dennoch nicht die hohen Anforderungen.[26] Für den Umzug der EDV-Bereiche wurde im Vorfeld gar eine Fachschularbeit in der Abt. XII erarbeitet.[27] Stetig wurde nachgebessert, richtig in den Griff bekam die Staatssicherheit aber aus ihrer Sicht den Schutz dieser Bereiche nie. Noch 1989 werden Mängel aufgezählt, ein großer Rechnerraum befand sich gerade im Umbau, als das Gelände im Januar 1990 im Zuge der „Friedlichen Revolution“ besetzt wurde.[28] Selbst für die Aufstellung elektronischer Schreibmaschinen stellte man strenge Regeln auf. Sie waren nicht in der Nähe von Stromleitungen oder Heizungsrohren aufzustellen, beim Verlassen der Räume waren die Netzstecker zu ziehen und die Türen zu petischieren, bei Reparaturen war zuvor der gesamte Speicher zu löschen.[29]

In den Unterlagen findet sich schließlich auch eine Aufstellung zu möglichen Verteidigungsstellungen der Gebäude gegen „irreguläre Einheiten“. Vorgeschlagen werden 10 Posten á 2 Mann, 10 Mann in Reserve, Stacheldraht-Rollen oder spanische Reiter sollten die Außenfront sichern, neben Sandsäcken sollten auch

25 Vereinbarung VRD, Abt. Bauwesen, mit Abt. XII, 30.8.1984, BStU, MfS, Abt. XII Nr. 7481, S. 45–50; Leiter Abt. XII an Leiter VRD betr.: Gewährleistung der Sicherheit des Dienstobjektes der Abteilung XII, 21.1.1985, BStU, MfS, Abt. XII Nr. 7308, S. 73 f.; Abt. XII und XIII, Vorläufige Vereinbarung zur Absicherung der Instandhaltung der luft- und klimatechnischen Anlagen im Haus 8/9 des Dienstobjektes Normannenstrasse, 1.6.1985, BStU, MfS, Abt. XII Nr. 6553, S. 64–67. Siehe weiter entsprechende Vorlagen und Festlegungen in BStU, MfS, Abt. XII Nr. 2051, 4125, 7175.

26 Vermerk Abt. N betr. Variantenvergleich zur elektromagnetischen Schirmung der Datenendtechnik im DK NO VI, 16.6.1981; Schriftwechsel Leiter VRD und Leiter Abt. XIII vom 22.9. und 11.11.1981, BStU, MfS, VRD Nr. 875, S. 3–6, 17–20; Realisierung elektromagnetischer Begrenzungsmaßnahmen, Sachstandsbericht, 19.10.1982; Untersuchungsbericht Abt. 26 vom 27.4.1984, BStU, MfS, Abt. XII Nr. 7308, S. 14 f., 34.

27 Ilona Gießner, Organisatorische Probleme der Realisierung der Datenaufbereitung, Umsetzung und Kontrolle im Rahmen des EDV-Projektes der Abteilung XII unter der Berücksichtigung der Bedingungen des neuen Dienstgebäudes und der zum Zeitpunkt seines Bezuges verfügbaren technischen Basis der Datenumsetzung, Oktober 1983 (Geheime Verschlusssache, persönlich, MfS, GVS-P, Nr. 14/83, enthalten in: BStU, MfS, Abt. XII Nr. 2952, Bd. 1).

28 Siehe bspw. die regelmäßigen Rapportberichte aus dem Jahr 1983 -1985, BStU, MfS, VRD Nr. 876 und 1078; Abnahmeprotokolle und Schriftverkehr Oktober-Dezember 1984, BStU, MfS, Abt. XII Nr. 7311.

29 MfS, VRD, Kriterien für das Aufstellen und Betreiben elektronischer Schreibmaschinen, Dezember 1987, BStU, MfS, Abt. XII Nr. 7272, S. 129–131.

andere Materialien für den „pioniermäßigen Ausbau“ vorgesehen werden. Man war also auch für den Ernstfall gewappnet.[30]

Aktion „Register“

Ein eigens gebildeter Umzugsstab unter Führung des Leiters des Zentralarchivs, Oberstleutnant Joachim Hinz, organisierte generalstabsplanmäßig den Umzug in die neue Liegenschaft – eine logistische und organisatorische Herausforderung. Wie wichtig das Unternehmen der MfS-Leitung war zeigt der Umstand, dass die Verantwortung direkt bei dem Stellvertreter des Ministers, General Neiber, angebunden war. Zur Wahrung der Geheimschutzbelange, insbesondere wegen des notwendigen Transports über öffentliche Straßen, lief dieses Vorhaben unter dem Decknamen Aktion „Register“. Betroffene Bereiche, Höfe und Straßenabschnitte wurden während des Umzugs gesperrt, die eingesetzten Mitarbeiter mussten ihre Dienstwaffe bei sich führen.[31] Die Realisierung sollte möglichst reibungslos bei laufendem Betrieb vonstatten gehen – die Auskunftsfähigkeit insbesondere der Karteibereiche musste unbedingt aufrecht erhalten werden. Die verschiedenen Etappen wurden daher v. a. in die Abend- und Nachtzeiten sowie auf die Wochenenden gelegt, zusätzliches Personal war aus den Linien XII der Bezirksverwaltungen abkommandiert. Im ersten Schritt zogen im Juni 1984 der Leitungsbereich der Abt. XII mit Sekretariat und Mitarbeitern und der Sekretär der SED-Grundorganisation in die entsprechenden Diensträume, das erfolgte rasch innerhalb weniger Tage.

Komplexer war die zweite Etappe des Umzuges der Karteien und Archivunterlagen. Zuerst zogen die Karteibestände um, u. a. mit Personen-, Vorgangs- und Objektkartei sowie das Filmlabor. Da sich die Karteien ja bereits auf dem Gelände befanden, wurden hierfür lediglich drei Tage, einschließlich eines Wochenendes, benötigt. Für den Transport der 7.500 Karteikästen in 950 Transportkisten – die Karteien befanden sich bereits in einem Nachbargebäude auf dem Areal – waren zusätzlich zwanzig Hilfskräfte angefordert worden. Am 23. November 1984 um Mitternacht konnte der erfolgreiche Abschluss gemeldet werden, der Umzug verlief „diszipliniert und zügig“[32]. Die Arbeitsfähigkeit der so wichtigen Karteien musste auch während des Umzugs sichergestellt bleiben.

Deutlich aufwendiger war der Umzug der Archivbestände aus Hohenschönhausen. Für Verpackung, Transport und Logistik wurden insgesamt 20 Tage

30 Plan zur Verteidigung der Gebäude der Abt. XII, handschriftliche Notizen, o. D., BStU, MfS, Abt. XII Nr. 7333, S. 20.

31 Siehe entsprechende Festlegungen in BStU, MfS, Abt. XII Nr. 7136, S. 18.

32 Abt. XII/4, Abschlussbericht über den Verlauf der 3. Umzugsetappe der Abteilung 4, 5.12.1984, BStU, MfS, Abt. XII Nr. 6553, S. 69 f.

mit jeweils drei Schichten benötigt. Für das Ein- und Auspacken sowie Einordnen wurden 90 Mitarbeiter eingesetzt, einschließlich der aus den Linien XII der Bezirksverwaltungen abkommandierten. Insgesamt wurden über 12,5 km Archivgut in 16.500 speziell verschließbaren LKW-Transportkoffern und Filmmaterial in 1.500 Spezialbehältnissen überführt. Ein Teil des Filmmaterials konnte in 30 Großraumkühlschränken eingelagert werden.[33] Da auch Hilfskräfte aus anderen Diensteinheiten beteiligt waren, mussten die Koffer legendiert beschriftet werden. Der Transport erfolgte ausschließlich in den Abend- und Nachtstunden.[34] Für die Sicherung der Transportstrecke waren die Kreisverwaltungen in Weißensee und Lichtenberg verantwortlich.[35] Ein halbes Jahr später im Frühjahr 1985 erfolgte dann die Verlagerung weiterer ca. 5 km Archivunterlagen aus dem Objekt „Elbe", dem oben erwähnten Depot im Schloss Dornburg.[36] Dagegen verblieb das sog. NS-Archiv des MfS, also das Mitte der 1960er Jahre ausgegliederte Spezialarchiv der HA IX/11, mit knapp 9 km Archivgut in 12 Magazinräumen in der Freienwalder Straße in Hohenschönhausen.[37]

Nach abgeschlossenem Umzug verwaltete das Zentralarchiv der Staatssicherheit – ohne die Archive der zwölf Bezirksverwaltungen und ohne das kurrente Schriftgut der Diensteinheiten – mehr als 17 km reine Archivunterlagen. Das sind gewaltige Dimensionen. Zum Vergleich: Das Zentrale Staatsarchiv der DDR verwahrte im Stichjahr 1989 archiviertes Schriftgut der SBZ und der obersten staatlichen Institutionen von ca. 15 km Umfang.[38] Dennoch war der neue Archivzweckbau mit diesen Archivgutmengen noch keineswegs ausgelastet. Insgesamt fanden hier auf gut 5.500m^2 reiner Nutzfläche 140 Karteigeräte „856", 99 Stück Hebelschubanlagen unterschiedlicher Länge des VEB Gotha Metallwarenfabrik sowie 57 aus Ungarn importierte Karteigeräte „Zippel 870" Platz. Allein hierfür beliefen sich die Kosten auf knapp 2,4 Mio. DDR-Mark und mehr

33 Vermerk, 10.9.1984, und Rapportbericht 8/84, BStU, MfS, VRD Nr. 7203, S. 132–134, 138.

34 Vermerk zur Vorbereitung des Umzuges der Abt. XII, 21.11.1983, BStU, MfS, Abt. XII Nr. 7136, S. 16–18.

35 Leiter BV Berlin, Politisch-operative Sicherung der Vorbereitung und Durchführung der Verlegung der Abteilung XII des MfS, 23.7.1984, BStU, BV Berlin, BdL/Dok Nr. 773, S. 2f.

36 Abt. XII, Plan der Maßnahmen zur Vorbereitung und Durchführung der Auflösung des Objektes „Elbe" des Zentralarchivs der Abteilung XII, 28.2.1985, BStU, MfS, Abt. XII Nr. 6716.

37 Dagmar Unverhau, Das „NS-Archiv" des Ministeriums für Staatssicherheit. Stationen einer Entwicklung, Münster 2004^2, S. 124.

38 Ernst Ritter, Archivierung einer Diktatur. Unterlagen aus der DDR im Bundesarchiv, in: Angelika Menne-Haritz/Rainer Hofmann (Hg.), Archive im Kontext. Öffnen, Erhalten und Sichern von Archivgut in Zeiten des Umbruchs. Festschrift für Prof. Dr. Hartmut Weber zum 65. Geburtstag, Düsseldorf 2010, S. 59–66, hier S. 62. Von März 1990 bis Jahresende 1991 kamen in hastigen Notübernahmen weitere 25 km Archivgut aus aufgelösten Dienststellen hinzu, gegenwärtig umfasst die Abteilung DDR des BArch etwa 42 km Archivgut – ohne die Überlieferungen der Stiftung Archiv der Parteien und Massenorganisationen der DDR im Bundesarchiv (SAPMO).

Abteilung XII
Leiter

Berlin, 20. 11. 1984
Dok.St.: 148/84
Ex.Nr.: 47

Diensteinheiten
Leiter

Zeitpunkt der Nutzung der neuen Schaltereinrichtungen der Abteilung XII des MfS im Haus 9, Dienstobjekt Normannenstraße

Entsprechend meinem Schreiben vom 26. 10. 1984 (Dok.-stelle XII/139/84) teile ich Ihnen nachfolgend den Termin für den Beginn der Nutzung der neuen Schaltereinrichtungen der Abteilung XII des MfS im Haus 9, Dienstobjekt Normannenstraße, durch die Angehörigen Ihrer Diensteinheit mit:

Ab 26. 11. 1984, 07.00 Uhr

- Erfassungen, Registrierungen und Archivierungen (Schalter 1)
- Überprüfungen (Schalter 2, 3)
- Anforderung, Ausliehe und Rückgabe von Archivmaterialien (Schalter 4)
- persönliche Einsichtnahme in Akten und Mikrofilme (Lesesaal)

Damit werden mit Wirkung vom 26. 11. 1984 die bisherigen Schalter bzw. Abfertigungsstellen der Abteilung XII innerhalb der Dienstobjekte Normannenstraße, Haus 1 und Haus 7, und Freienwalder Straße geschlossen.

Ihr Verbindungsoffizier bzw. Beauftragter wurde über die Einzelheiten in der Veränderung der Zusammenarbeit mit der Abteilung XII im neuen Dienstobjekt in der Beratung am 2. 11. 1984 in der Abteilung XII eingewiesen.

Ich bitte um Kenntnisnahme und weitere Veranlassung.

Roth
Oberst

Abb. 11: Schreiben des Leiters der Abt. XII zur Inbetriebnahme des neuen Archivgebäudes.

als 190.000 Rubel Valutamittel.[39] Von den acht Etagen mit je zwei Flügeln, die insgesamt – einschließlich Kellergeschoss des B-Flügels, im A-Flügel befand sich die erwähnte Bunkeranlage – 15 Großräume boten, wurden lediglich vier Räume als Magazine benutzt, ein Magazin diente als Lager für die nicht unbeträchtlichen Mengen an vorzuhaltenden Formularen und Vordrucken, zwei große Räume wurden als Karteisäle eingerichtet. Die Archivunterlagen wurden in den Etagen 5–7, die Karteigeräte in den Sälen der 2.–3. Etage untergebracht. Im Übrigen wurden einige EDV-Spezialräume eingerichtet, in der 7. Etage fand eine eigene Turnhalle für die Abt. XII ihren Platz, im Keller war die Abt. XII durch drei Waffenkammern für den Ernstfall gewappnet.[40] Die neue Liegenschaft der Archivabteilung bot hinsichtlich der Lagerungs- wie auch der Arbeitssituation – nach DDR-Standard – modernste Bedingungen. Für den Zuwachs an Karteien und Archivmaterialien war für die nächsten Jahrzehnte verlässliche Sorge getragen. Havarie- und Brandschutz hatten hohe Priorität schon seit Beginn der Planungen, so waren Steigleitungen außerhalb von Magazinräumen verlegt worden, Wasserleitungen mussten zusätzlich mit Schutzrohren ummantelt werden, neben Hydranten in den Treppenhäusern und Handfeuerlöschern wurde für die Magazine eine CO_2-Löschanlage eingebaut. Für den Aktentransport gab es zwei kleine Lifte, eine ursprünglich geplante Rohrpostanlage wurde mangels einschlägiger Erfahrungen beim MfS allerdings nicht realisiert.[41]

Auch in der Innensicht wurden die neuen, modernen Räumlichkeiten und die hierfür notwendigen Investitionen durchaus als Ausdruck der Wertschätzung und der Bedeutung der Archivabteilung interpretiert. Ein Arbeitsbuch eines Mitarbeiters der Abt. XII/4 mit Mitschriften von Referatsberatungen in Vorbereitung und Umsetzung des Umzuges legt hier beredt Zeugnis ab. Zugleich leitete sich aus diesem der Archivabteilung entgegengebrachten Vertrauen die Forderung zu weiteren Leistungssteigerungen ab. So notierte der unbekannte Mitarbeiter u. a.: „Wie hoch unsere Arbeit eingeschätzt wird, zeigt dieser moderne Bau, wir müssen dem auch Rechnung tragen, Qualität an die erste Stelle setzen." Die „ideologische Vorbereitung" des Umzugs war daher die Aufgabe nicht nur der Vorgesetzten, sondern „aller Genossinen und Genossen"[42].

39 Vorlage zur Leitungsentscheidung des Archivzweckbaus, 1.3.1978, BStU, MfS, Abt. XII Nr. 7290, S. 99, 103; MfS an VEB Metallwarenfabrik Gotha, Anlage, 24.11.1980, BStU, MfS, Abt. XII Nr. 7175, S. 16–19.

40 BStU, MfS, VRD Nr. 876; BStU, MfS, Abt. XII Nr. 7175, S. 34; BStU, MfS, Abt. XII Nr. 7481, S. 35.

41 Leiter VRD, Abt. Bauwesen, Vorlage zur Leitungsentscheidung der Investitionsvorhaben DK-NO VI, 1.3.1978, BStU, MfS, VRD Nr. 7290, S. 77–155; Abt. XII an VRD, Abteilung Bauwesen, Auftragsleitung DK-NO, 3.11.1981, BStU, MfS, Abt. XII Nr. 7175, S. 58; Abnahmeprotokolle und Schriftverkehr, Oktober-Dezember 1984, BStU, MfS, Abt. XII Nr. 7311.

42 Arbeitsbuch 19.7.–29.10.1984 mit Mitschriften von Referatsberatungen eines unbekannten Mitarbeiters der Abt. XII/4 zur Vorbereitung und Planung des Umzuges, BStU, MfS, Abt. XII Nr. 6145, S. 51.

Abb. 12: Das Archivgebäude an der Magdalenenstraße in Berlin-Lichtenberg, 1986.

Die gelungene Planung, Organisation und Durchführung der Aktion „Register" fand schließlich auch ihren Niederschlag in Prämienzahlungen an insgesamt 14 Mitarbeiter der Abt. XII zwischen 250 und 400 Mark, allein im Umzugsstab gab es fünf Prämierungen.[43] Nach gelungenem Umzug trafen sich die Mitarbeiter der Abteilung XII am 11. Dezember zu einem „Kampfmeeting", in dem u. a. ein Dankeschreiben an den Minister verabschiedet wurde, in dem die „ausgezeichneten Arbeitsbedingen" im neuen Gebäude gelobt und diese als „Auftrag und Verpflichtung" interpretiert wurden, die „Kampf- und Leistungsbereitschaft weiter zu erhöhen".[44] Ende Dezember 1984 wurde der Gebäudekomplex schließlich im kleinen Kreis der leitenden Mitarbeiter des MfS mit Imbiss, Rundgang und Ausstellung feierlich eröffnet.[45]

43 Prämienvorschläge Aktion „Register", 4.12.1984, BStU, MfS, Abt. XII Nr. 7470, S. 8.

44 Stellv. d. Ministers, Generalleutnant Neiber, an Minister Mielke sowie Leiter Abt. XII, Oberst Roth, an Minister Mielke, 11.12.1984, BStU, MfS, SdM Nr. 2718, S. 1–3.

45 Für Imbiss und feierliche Umrahmung wurden knapp 1.500 Mark aus dem Prämienfonds des MfS eingesetzt. Vgl. Leiter Abt. XII Oberst Roth an Abt. Finanzen betr. Aktion „Register", 27.12.1984, BStU, MfS, Abt. Finanzen Nr. 999, S. 15f.

Im neuen Haus. Professionell in die finale Krise 1984–1989

Nach dem Umzug ging man wieder zur Alltagsroutine über. Interne Abläufe wurden ständig auf Optimierungsmöglichkeiten hin überprüft, detaillierte Wartungspläne sorgten für das meist reibungslose Funktionieren von Stahlschränken, Karteipaternostern und Hebelschubanlagen. Nur die Klimaanlagen machten bis zuletzt Ärger.[46] Vierteljährliche Schulungen der Mitarbeiter für Havarie- und Brandfälle, insbesondere im Umgang mit der CO_2-Löschanlage garantierten die Sicherheit im neuen Gebäude.[47] Detaillierte Kontrollpläne regelten den Alltag vom korrekten Tragen des Dienstausweises über die Versiegelung von Diensträumen bis zur Waffenkammer-Ordnung und dem Nachweis von Vervielfältigungsaufträgen.[48] Auch die Entsorgung von ausgesonderten Materialien wurde weiter professionalisiert. Anfang 1985 ging eine brandneue Verkollerungsmaschine (Vernichtung durch Zermahlen zu Papierbrei) in Betrieb, im Laufe dieses Jahres kam zudem eine moderne Verbrennungsanlage hinzu. Hierbei handelte es sich um eine moderne Abfallverbrennungsanlage, wie sie normalerweise auf Schiffen Verwendung fand. Der Einsatz an Land war insofern eine Novität. Sie wurde direkt vom Hersteller, der VEB Elbewerft Roßlau, geliefert und montiert. Hier konnten nicht verkollerungsfähige Materialien wie Foto-, Zinkoxid-, Kohle- und weitere Spezialpapiere, Foto- und Mikrofilme, Farb- oder Magnetbänder entsorgt werden.[49]

Wie es sich für die überlegene sozialistische Gesellschaft gehörte, wurde auf effizienten und ressourcensparenden Energieeinsatz geachtet. Der Energiebeauftragte der Abt. XII stellte regelmäßig seine Jahrespläne auf, mahnte einen verantwortlichen Gebrauch von Heizung, Licht und Wasser an, regte abhängig von der Nutzungsfrequenz sogar zeitweilige Stilllegungen eines Personenaufzuges an.[50] In Mitarbeitergesprächen wurden regelmäßig mögliche ungenutzte Leistungsreserven ausgelotet, nachlässige Mitarbeiter zur „Ordnung und Sauberkeit am Arbeitsplatz“ ermahnt.[51] Auch für ein angenehmes Raumklima war gesorgt, im

46 Abt. XII/1, Referat 2, Wartungsplan 1989, 9.1.1989, BStU, MfS, Abt. XII Nr. 7482, S. 170–173.

47 Siehe dazu Vermerke und Schriftwechsel in BStU, MfS, Abt. XII Nr. 2578, 7175, 7308, 7333.

48 Abt. XII/1, Kontrollplan für das Jahr 1989, 5.1.1989, BStU, MfS, Abt. XII Nr. 7482, S. 167–169.

49 VRD an BdL, Generalmajor Ludwig, 17.1.1985; VRD, Abtl. Bauwesen an VRD, Stv. Leiter, 11.1.1985, BStU, MfS, VRD Nr. 879, S. 2–4, 6; Abt. XII an Dienstbereich Leiter, 23.9.1985, BStU, MfS, Abt. XII Nr. 7299, S. 82.

50 Jahresplan des Energiebeauftragten der Abteilung XII/1 für 1987, bestätigt durch Leiter, Oberst Hinz, 9.1.1987, BStU, MfS, Abt. XII Nr. 7482, S. 1 f.

51 Vermerk zur Verbesserung der Leitungstätigkeit, Abt. XII/1, Hptm. Langguth, 19.4.1988, BStU, MfS, Abt. XII Nr. 7482, S. 114; Thesen zur Erschließung von Leistungsreserven von Joachim Hinz, 20.6.1988, BStU, MfS, Abt. XII Nr. 7470, S. 74–76.

August 1989 wurden Aufenthaltsräume und der „Öffentlichkeitsbereich“ (was sich in einem Geheimpolizeiarchiv dahinter auch immer verbergen mochte) mit fünf Blumenkübeln ausgestattet.[52] Im Traditions- und Fachkabinett der Abt. XII konnten sich angemeldete Besucher anderer Diensteinheiten – maximal 15 Personen, mindestens 14 Tage im Voraus – anhand von Schautafeln und Vitrinen sachkundig in die Arbeit der Abteilung XII einführen lassen. Die Ausstellung wurde durch Vorschläge der Mitarbeiter ständig aktuell gehalten und von Zeit zu Zeit durch neue Exponate ergänzt.[53] Kurzum – alles ging seinen geordneten bürokratischen, bizarr-banalen Gang. Die Entwicklungen draußen, wo sich seit den Kommunalwahl-Fälschungen im Frühjahr 1989 und nach dem Tiananmen-Massaker immer stärker Protest artikulierte, wo seit dem Sommer die Massenflucht über Ungarn einsetzte, spielten im Alltag des Archivs, im Gehirn und Gedächtnis der Staatssicherheit, keine Rolle. Jedenfalls fanden sie keinerlei Niederschlag in der sonst doch so emsig betriebenen täglichen Buchhaltung.

Auch der Herbst 1989 setzte ruhig ein. Die Feier des 40. Jahrestags der Gründung der DDR wurde angemessen begangen, die Mitarbeiter durften sich über je drei halbe belegte Brötchen freuen.[54] Doch dann ging alles ganz schnell. Die Demonstrationen und Protestzüge der Friedlichen Revolution setzten 40 Jahre geheimpolizeilicher Unterdrückung ein, auch aus heutiger Sicht immer noch erstaunliches, unblutiges Ende. Die Realität überholte die Fantasie.[55] Am 3. November musste der über Jahrzehnte mächtigste Mann der Staatssicherheit und wohl auch der DDR, Minister Mielke persönlich, seinen Hut nehmen. Seine Geheimpolizei suchte mit einem Namenswechsel davon zu kommen. Aber das Misstrauen war zu groß, ab Anfang Dezember erfolgten Besetzungen der Bezirksverwaltungen des neuen „Amts für Nationale Sicherheit“ in Erfurt, Leipzig und andernorts. Die Abteilung XII hatte in jenen ereignisreichen Monaten des Herbstes 1989 alle Hände voll zu tun. Tausende Formulare mussten auf die neue Bezeichnung umgestempelt, große Mengen an Vorgängen archiviert oder

52 Abt. XII/1 an VRD, Bereich Bauwesen/III, 18.8.1989, BStU, MfS, Abt. XII Nr. 7482, S. 204.

53 BStU, MfS, Abt. XII Nr. 7309, S. 30 f. Der zuständige Betreuer, Hauptmann Tausch, hatte hierüber auch an der Hochschule des MfS in Potsdam eine Arbeit verfasst: Wolfgang Tausch, Erfordernisse, Möglichkeiten und Wege der Traditionspflege in der Abteilung XII des MfS zur Unterstützung einer wirkungsvollen tschekistischen Erziehung sowie der qualifizierten fachspezifischen Aus- und Weiterbildung der Angehörigen der Diensteinheit, 1989, BStU, MfS, JHS Nr. 21522. Vgl. dazu auch den Beitrag „Das Gedächtnis der Staatssicherheit“ von Philipp Springer in diesem Band.

54 Abt. XII/1 an VRD, betr. Imbissbestellung, 21.9.1989, für eine Veranstaltung am 11.10.1989 um 15 Uhr, BStU, MfS, Abt. XII Nr. 7482, S. 205.

55 Klaus-Dietmar Henke (Hg.), Revolution und Vereinigung 1989/90. Als in Deutschland die Realität die Phantasie überholte, München 2009. Vgl. weiter Ilko-Sascha Kowalczuk, Endspiel. Die Revolution von 1989 in der DDR, München 2009[2]; Konrad H. Jarausch, Die unverhoffte Einheit. 1989–1990, Frankfurt a. M. 1995.

verfilmt, andere ausgeliehen werden. Spezialkisten waren zum Transport des rasant steigenden Kassationsguts zu ertüchtigen.[56] Zudem waren, auch in diesen Wirren, vorschriftsgemäß alle Nachweis zu führen – u. a. über die zahlreichen, mehr oder weniger explizit angeordneten Vernichtungsaktionen. Offiziell wurden die Kassationen erst durch einen zentralen Befehl am 4. Dezember 1989 gestoppt. Vorvernichtetes, also bereits zerrissenes Material, wurde in Säcke gefüllt und in separaten Räumen verschlossen.[57] Zur verstärkten Objektsicherung auch außerhalb der regulären Arbeitszeit wurden Bereitschaftsdienste bzw. „nichtstrukturelle Wach- und Sicherungsgruppen im durchgehenden Schichtdienst" eingeteilt und Alarm- und Benachrichtigungspläne aktualisiert.[58] Doch auch diese hektisch eingeleiteten Maßnahmen vermochten den Niedergang nicht mehr aufzuhalten.

Die List der Geschichte. Vom Ort des Staatsterrors zum Hort der Aufarbeitung

Am 15. Januar 1990 endete – wie bereits seit Dezember in den Bezirksverwaltungen geschehen – mit der Besetzung der Berliner Zentrale und des dortigen Zentralarchivs die Geschichte der Staatssicherheit.[59] Aus Allmacht wurde Ohnmacht. Die Archive der Staatssicherheit in Berlin und den Bezirksverwaltungen, die zentrale Basis, Gehirn und Gedächtnis, der geheimpolizeilichen Überwachungs-, Zersetzungs- und Unterdrückungsarbeit, waren den Verfolgern entwunden. Das über Jahrzehnte durch systematische Verletzung von Grund- und Menschenrechten zusammengetragene, mit äußerst komplexen Karteisystemen verwaltete und mit größter Sorgfalt gehütete Herrschaftswissen war nun enteignet, der Öffentlichkeit zugänglich. Damit erfuhren nicht nur der Ort, sondern auch die Unterlagen eine diametrale Umprägung. Das ehemalige Zentralarchiv der Staatssicherheit, als moderner Zweckbau der Informationsverarbeitung und -speicherung geschaffen, sollte eine zuverlässige Basis für die nächsten Jahrzehnte geheimpolizeilicher Arbeit garantieren. Doch bereits

56 Abt. XII/Archiv an Leiter Abt. XII/1, 7.9.1989, BStU, MfS, Abt. XII Nr. 7175, S. 96.

57 Wochenrapport Abt. XII/1, 27.12.1989, und handschriftlicher Vermerk o. D. und o. V., Dezember 1989, BStU, MfS, Abt. XII Nr. 7470, S. 118 und 133.

58 Maßnahmen zur schnellen Herstellung der vollen Arbeitsbereitschaft und der verstärkten Objektsicherung außerhalb der regulären Dienstzeit, Abt. XII, Leiter, 4.12.1989; Präzisierung der Maßnahmen zur schnellen Herstellung der vollen Arbeitsbereitschaft und der verstärkten Objektsicherung außerhalb der regulären Dienstzeit, Abt. XII, Leiter, 12.12.1989, BStU, MfS, Abt. XII Nr. 6666, S. 9–12.

59 Zur Auflösung des MfS siehe Walter Süß, Staatssicherheit am Ende. Warum es den Mächtigen nicht gelang, 1989 eine Revolution zu verhindern, Berlin 1999[2]; Jens Schöne, Erosion der Macht. Die Auflösung des Ministeriums für Staatssicherheit in Berlin, Berlin 2004. Weiter zuletzt die Beiträge in Henke, Revolution.

gut fünf Jahre später diente es den Zwecken der individuellen, rechtlichen wie historisch-politischen Aufarbeitung – von der Inkarnation geheimpolizeilicher Allmacht zum Symbol bürgerschaftlichen Triumphes bzw. „Ermächtigung“, wie Bundespräsident Gauck formulieren würde.[60]

Das Zentralarchiv der Staatssicherheit ist darüber hinaus in archivgeschichtlicher Perspektive sehr aufschlussreich. Dieses Archiv war einer der wenigen, der modernste und mit knapp 101 Mio. Mark und Devisen von mind. 3 Mio. DM mit Abstand der teuerste Archivzweckbau der DDR.[61] Unter den Bedingungen der Mangelwirtschaft waren gewaltige Ressourcen mobilisiert worden. Wo der sozialistische Wirtschaftsraum versagte, griff man ohne Zögern auf die Technologien des Klassenfeindes zurück. Wie in der operativen Arbeit Funk- und Abhörtechnik aus dem Westen zum Einsatz kamen, bediente man sich auch für die Informationsverwaltung und Archivierung der neuesten Entwicklungen, insbesondere im Bereich der EDV (Siemens-Großrechner), aber auch bei der Sicherung von Räumen durch Funkfilter, Wabenkerne oder bereits beim Bau durch Spezialkräne der westdeutschen Firma „Liebherr“.[62] Gleichzeitig herrschten in den staatlichen und kommunalen Archiven defizitäre bis katastrophale Bedingungen.[63] Diese Zustände waren keineswegs unbekannt, ganz im Gegenteil war die Staatssicherheit auch hier minutiös über Probleme und Missstände informiert.[64] Aber das Regime ordnete dem Funktionieren seines Geheimpolizeiapparates alle anderen Anliegen konsequent unter. Selbst die Archive, deren Überlieferungen der

60 Joachim Gauck, Winter im Sommer. Frühling im Herbst, Erinnerungen, München 2009, S. 197–232.

61 Vgl. Hans Gringmuth-Dallmer, Die Bauten der staatlichen Archive in der Deutschen Demokratischen Republik, in: Archivmitteilungen 7 (1957), S. 77–79; Wolfgang Leesch, Archivbau in Vergangenheit und Gegenwart, in: Archivalische Zeitschrift 62 (1966), S. 11–65; Herbert Volkmann, Der Neubau des Staatlichen Filmarchivs der Deutschen Demokratischen Republik. Ein Beitrag zur materiellen Erhaltung von Filmaufnahmen, in: Archivmitteilungen 18 (1968), S. 27–35.

62 Stephan Konopatzky, Dokumentation [zu] BStU, MfS HV A/MD/1–6, SIRA. Diplomarbeit Fachhochschule Potsdam, Potsdam 2007, S. 6–10 u. ö.; Angela Schmole, Abteilung 26. Telefonkontrolle, Abhörmaßnahmen und Videoüberwachung, Berlin 2006 (MfS-Handbuch); Vorbereitung Aussprache zum DK NO VI vom 18.2.1981 (BStU, MfS, VRD Nr. 5556, S. 2).

63 Einen guten Überblick über die diversen Archivgebäude bietet die – inhaltlich freilich nicht kritisch reflektierende – Dissertation von Wolfgang Knobloch, Entwicklungstendenzen im Archivbau nach 1945 unter Berücksichtigung der Auswirkungen des Massencharakters der Informationsüberlieferung auf die Archive und der Möglichkeiten zur Lösung der archivischen Raumfrage, Diss. Humboldt-Universität Berlin, 2 Bde., Berlin 1978. Zur problematischen Situation siehe Hans-Joachim Scheckenbach, Das Archivwesen der DDR zur Zeit der „Wende“. Eine Situationsbeschreibung, in: Die Archive am Beginn des 3. Jahrtausends. Archivarbeit zwischen Rationalisierungsdruck und Serviceerwartungen. Referate des 71. Deutschen Archivtags 2000 in Nürnberg, Siegburg 2002, S. 261–292, hier S. 268; Schreyer, Archivwesen, S. 274; Karsten Jedlitschka, Das Archiv der Deutschen Akademie der Naturforscher Leopoldina, Stuttgart 2008², S. 22.

64 Einige Probleme der staatlichen Verwaltung der Archive in der DDR. Interne Ausarbeitung des MfS, 9.12.1963, BStU, MfS, ZAIG Nr. 826, S. 1–7; Ministerium des Innern/StAV, Entwicklungsprobleme der Staatsarchive und anderer Dienststellen der Staatlichen Archivverwal-

Staatssicherheit aus geheimpolizeilichen Motiven heraus sehr am Herzen lagen, wie neuere Studien gezeigt haben.[65] Ob man sich bei der Konzeption an den in der gleichen Zeit entstehenden Neubauten des Bundesarchivs in Koblenz orientierte bzw. deren Planung und Realisierung verfolgte, ließ sich in den Quellen nicht belegen, ist aber anzunehmen. Die Koinzidenz ist zumindest auffällig.[66]

Geschichte ist bisweilen nicht frei von Ironie und dialektischer List. Manches gewinnt in der Rückschau geradezu verblüffende Konturen.[67] Hierfür bietet das Zentralarchiv der Stasi ein besonders eindringliches Exempel.

Da ist beispielsweise das Jahr 1984. Im Herbst fand in der DDR auch die „Woche des sozialistischen Archivwesens" statt.[68] Vom 20.–27. Oktober suchten im Osten Deutschlands gelegene Archive, die Rolle und Bedeutung von Archiven für die sozialistische Gesellschaft und insbesondere die Arbeiterklasse durch Ausstellungen, Vorträge, Führungen und Veröffentlichungen zu illustrieren. Gestärkt werden sollten das internationale Ansehen der DDR und die politisch-ideologische Bildung, insbesondere auch in Abgrenzung zu imperialistischen Staaten. Das Pendant waren die von der UNESCO angeregten „Internationalen Archivwochen" in der Bundesrepublik. Es entbehrt nun nicht einer gewissen Ironie, dass just in der gleichen Woche ein anderes Archiv, nämlich der Staatssicherheit, sein neues Magazin beziehen konnte – den wohl überhaupt

tung. Studie, Potsdam, November 1986, BStU, MfS, HA VII Nr. 81; Ministerium des Innern/StAV: Information zu Problemen und dringenden Aufgaben der Staatsarchive und der Ausbildung archivarischer Fachkader, Potsdam, Oktober 1987, BStU, MfS, HA VII Nr. 82.

65 Vgl. Ralf Blum, Wie die Stasi ins Archiv kam – der Einfluss des MfS auf das Deutsche Zentralarchiv zu Beginn der 1960er Jahre, in: Heiner Timmermann (Hg.), Historische Erinnerung im Wandel. Neuere Forschungen zur deutschen Zeitgeschichte unter besonderer Berücksichtigung der DDR-Forschung, Berlin 2007, S. 281–302; Schreyer, Archivwesen; ders., Der politisch-gesellschaftliche Rahmen der Archiventwicklung: Das Beispiel DDR, in: Archivische Facharbeit in historischer Perspektive. Festakt des Sächsischen Staatsarchivs aus Anlass des 175-jährigen Bestehens des Hauptstaatsarchivs Dresden, 22.–24. April 2009, hg. vom Sächsischen Staatsarchiv. Redaktion: Peter Wiegand/Jürgen Rainer Wolf in Verbindung mit Maria Rita Sagstetter, Dresden 2010, S. 67–71.

66 Brigitte Booms, Der Neubau für das Bundesarchiv. Ein Archivzweckbau im Entstehen, in: Der Archivar 37 (1984), Sp. 195–202; dies., Der Neubau für das Bundesarchiv. Ein Bericht über Anlage und Fertigstellung, in: Der Archivar 40 (1987), Sp. 199–224; Wilfried Schöntag, Archivzweckbauten. Grundsätze zur Planung von Neu- und Umbauten und deren Einrichtung, in: Der Archivar 33 (1980), Sp. 187–204.

67 Anregend hierzu die Reflexionen bei Johannes Fried, Wissenschaft und Phantasie. Das Beispiel der Geschichte, in: Jahrbuch des Historischen Kollegs 2 (1996), S. 23–47. Siehe weiter zudem Klaus-Dietmar Henke, Menschliche Spontaneität und die Sicherheit des Staates. Zur Rolle der weltanschaulichen Exekutivorgane in beiden deutschen Diktaturen und in den Reflexionen Hannah Arendts, in: Siegfried Suckut/Walter Süß (Hg.), Staatspartei und Staatssicherheit. Zum Verhältnis von SED und MfS, Berlin 1997, S. 293–305, hier S. 303–305.

68 Vgl. hier und im Folgenden Andreas Röpcke, Die „Woche des sozialistischen Archivwesens" in der DDR 1979 und 1984, in: Angelika Menne-Haritz/Rainer Hofmann (Hg.), Archive im Kontext. Öffnen, Erhalten und Sichern von Archivgut in Zeiten des Umbruchs. Festschrift für Prof. Dr. Hartmut Weber zum 65. Geburtstag, Düsseldorf 2010, S. 27–45.

einzigen, in jedem Fall teuersten Archivzweckbau der DDR. Freilich war dieses Archiv auch im besonderen Maße von Bedeutung für die Stärkung der sozialistischen Gesellschaft.

Noch erstaunlicher ist die Korrespondenz zu George Orwells Werk „1984“. Orwell hatte in diesem dystopischen Roman, 1949 erschienen, die – im Nachhinein so hellsichtige wie bedrückende – Vision eines totalitären Überwachungs- und Präventionsstaates des Jahres 1984 gezeichnet. Und nicht genug des Bezuges, der Protagonist des Geschehens, Winston Smith, ist zudem noch Archivar.[69] Bei so viel Parallelen könnte man fast den Eindruck gewinnen, eine unsichtbare Hand hätte hier Regie geführt.

Auch mit der ersten Diktatur auf deutschem Boden ergibt sich eine vielsagende Verknüpfung. So lief das Archivbauvorhaben bei der Stasi, wie beschrieben, zur Wahrung der Konspiration unter der Legende „Turm“. Ein halbes Jahrhundert zuvor hatte ein Freiburger Rechtsanwalt das Konzept einer „Deutschen Kartei“ entworfen, die die gesamte Bevölkerung des damaligen Deutschen Reiches erfassen sollte. Dieses fein verästelte Kartei- und Ablagesystem sollte seinen Platz in einem eigens hierfür errichteten, 25geschossigen *Turm* finden. Der Vorschlag, im Jahr 1934 direkt an Adolf Hitler gerichtet, war im zuständigen Reichs- und Preußischen Ministerium des Innern durchaus diskutiert, dann aber als nicht realisierbar verworfen worden. Ein bewusstes Referenzieren der Staatssicherheit als antifaschistischer Avantgarde auf dieses Vorbild scheidet aus – das macht die Bezüge umso bedenkenswerter.[70]

Hagen Schulze und Etienne Francois haben, aufbauend auf den Arbeiten von Maurice Halbwachs und Pierre Nora, das Konzept des historischen „Erinnerungsortes“ geprägt, von Martin Sabrow ist dieser Ansatz dann auch für die DDR-Geschichte fruchtbar gemacht worden.[71] Im Lichte der hier skizzierten historischen Bezugs- und Vergleichspunkte von verblüffend dialektischer Kraft lässt sich das Zentralarchiv der Stasi absolut zutreffend als ein solcher Erinnerungs- oder Gedächtnisort interpretieren, und dies auf drei Ebenen:[72]

69 George Orwell, 1984, München 2009[43].

70 Dazu Götz Aly/Karl Heinz Roth, Die restlose Erfassung. Volkszählen, Identifizieren, Aussondern im Nationalsozialismus, Frankfurt a. M. 2000, S. 44–48.

71 Etienne François/Hagen Schulze (Hg.), Deutsche Erinnerungsorte, 3 Bde., München 2001; Constanze Carcenac-Lecomte u. a. (Hg.), Steinbruch Deutsche Erinnerungsorte. Annäherungen an eine deutsche Gedächtnisgeschichte, Frankfurt a. M. 2000; Martin Sabrow (Hg.), Erinnerungsorte der DDR, München 2009. Siehe nun auch Christoph Markschies/Hubert Wolf (Hg.), Erinnerungsorte des Christentums, München 2010; Pim den Boer/Heinz Duchhardt/Georg Kreis/Wolfgang Schmale (Hg.), Europäische Erinnerungsorte, Bände I–III, München 2012.

72 Zu den folgenden Gedanken siehe Jedlitschka, Allmacht, S. 189–192 und zudem ders./Stephan Wolf, Die Stasi-Unterlagen-Behörde – Archivische Bildungsarbeit als „Schule der Demokratie“, in: Jens Aspelmeier (Hg.), Transparenz für die Bürger? Perspektiven historischer Öffentlichkeits- und Bildungsarbeit in Archiven. Beiträge zum 17. Archivwissenschaftlichen Kolloquium der Archivschule Marburg, Marburg 2014, S. 205–238, hier S. 213–219.

Erstens als Inbegriff des Staatsterrors, der massenhaften Überwachung und Bespitzelung als Voraussetzung von Bespitzelung, Zersetzung und Unterdrückung. Als Sinnbild für die Allmacht der Staatssicherheit und die Ohnmacht der Verfolgten. Das Archiv, das eigentliche Herz der Informationsverarbeitung, war von zentraler Bedeutung im Sicherheitsapparat der SED-Diktatur. Diese Informationsbürokratie war nicht operativ tätig und so nur mittelbar Täter. Doch erst ihre Akribie und Effizienz verlieh dem Terrorapparat der Stasi seine Schlagkraft. So führt gerade diese Bürokratie die „Banalität des Bösen" plastisch vor Augen.[73]

Zweitens aber auch als Symbol für bürgerschaftlichen Mut und Zivilcourage, schließlich war das Sperrgebiet am 15. Januar 1990 besetzt worden. Die ehemals allmächtigen Stasi-Mitarbeiter mussten ohnmächtig zusehen, wie ihre Akten zum Mittel von Strafverfolgung und Aufarbeitung wurden.

Drittens – beide Aspekte verknüpfend – als Symbol für die innere Ambivalenz und Dialektik dieser Diktatur. Dies lässt sich wiederum sowohl am Archivgebäude als auch an der Überlieferung festmachen. Wie beschrieben, war das Archiv einer der wenigen Archivzweckbauten der DDR – mit knapp 101 Mio. DDR-Mark und Devisen von mind. 3 Mio. DM zudem sicherlich der teuerste. Unter den Bedingungen der Mangelwirtschaft waren gewaltige Ressourcen mobilisiert worden. Planung und Bau dieses Zentralarchivs liegen in den siebziger Jahren, die im Zeichen von steter Expansion und Ressourcenwachstum des MfS standen. Fertigstellung und der Bezug des Gebäudes fallen jedoch erst in die Jahre kurz vor der Erosion und dem Ende der SED-Diktatur. Ironie und dialektische List der Geschichte – als endlich optimale Bedingungen geschaffen waren, hatte sich der Auftrag erledigt.[74] Auch in den Überlieferungen zeigt sich dieses dialektische Verhältnis: Sie dokumentieren die 40-jährige Arbeit einer perfekt organisierten Geheimpolizei. Aber sie geben gerade auch Zeugnis über Diversität, Unangepasstheit, Dissidenz und Widerstand.

Das ehemalige Zentralarchiv der Stasi ist kein lauter und spektakulärer Erinnerungsort. In seiner gesichtslosen Unauffälligkeit und unnahbaren Düsternis stimmt er eher nachdenklich. Er ist subtiler, nicht so massiv und unmittelbar wie die Gefängniszellen in Hohenschönhausen, nicht vergleichbar mit der „ikonographischen Wucht" der Berliner Mauer.[75] Das Stasi-Archiv wirkt vielmehr durch die Asymmetrie von unspektakulärem äußerem Erscheinungsbild und der labyrinthischen Dimensionen der im Innern archivierten Diktatur, zwischen gepflegt-teilnahmsloser Ordnung und erschütterndem Zeugnis der Repression; auf der Ebene der Archivalien durch den Kontrast von Betreff und

73 Siehe dazu die luziden Beobachtungen bei Michelle Caswell, Hannah Arendt's World: Bureaucracy, Documentation, and Banal Evil, in: Archivaria 70 (2010), S. 1–25.

74 Anregend hierzu mit ähnlichen Überlegungen Henke, Spontaneität, v. a. S. 303–305.

75 So Klaus Dietmar Henke, Die Berliner Mauer, in: ders. (Hg.), Die Mauer. Errichtung, Überwindung, Erinnerung, München 2011, S. 11–32, hier S. 12.

Betroffenem, Sache und Subjekt, Täter und Opfer, Erinnern und Vergessen. Es evoziert ein Schaudern angesichts der Überwachungsdichte bis in die intimsten Bereiche hinein – und Staunen angesichts der Kilometer von Überlieferungen und Millionen an Karteikarten, die den damit verbundenen unglaublichen Ressourceneinsatz eindringlich visualisieren. So wird die Totalität dieser vergangenen Diktatur in besonderer Weise erlebbar.[76] Als pars pro toto vermag dieses Archiv die Rechtsstaatswidrigkeit der kommunistischen Diktatur in besonderer Weise anschaulich zu machen und die Gedächtnistopographie der DDR-Diktatur aus ehemaligen Haftanstalten, Grenzanlagen und der Berliner Mauer um einen wichtigen Akzent zu ergänzen. Dieses Archiv stellt damit in idealtypischer Form einen Erinnerungs-, Lern- und Gedächtnisort dar, wie er in der aktuellen Debatte über die Rolle und Funktion von Archiven in demokratischen Gesellschaften gefordert wird.[77] Am historischen Ort, im authentischen Gebäude mit seinem originalen Aktenmaterial sind Zeitgeist und Zeitgeschichte, dramaturgisch verdichtet, besonders eindringlich erlebbar.[78]

76 Siehe dazu auch die Gedanken bei Karsten Jedlitschka, Sichtungen. Die DDR in den Archiven, in: Anja Bohnhof, Zu den Akten, Potsdam/Dresden 2011, S. 3–6.

77 Vgl. das dezidierte Statement von Randall C. Jimerson, Archives Power. Memory, Accountability, and Social Justice. Society of American Archivists, Chicago 2009. Der Bundesbeauftragte für die Stasi-Unterlagen, Roland Jahn, möchte daher aus diesem Gelände einen „Campus der Demokratie" entwickeln, um die Kraft des authentischen Ortes für die Aufarbeitung und historisch-politische Bildungsarbeit zu nutzen. Dieses Konzept findet auch zunehmend Unterstützung. Vgl. dazu ausführlich Jedlitschka/Wolf, Bildungsarbeit; Karolina Wrobel, Bezirk greift Jahns Idee auf. MfS-Häuser sollen in die Denkmalliste aufgenommen werden, in: Berliner Woche vom 28.5.2014, S. 4; Andreas Abel, Neuer Blick auf die Stasi-Stadt. Aus dem Ort der Unterdrückung soll der Campus der Demokratie werden. Mit Open-Air-Schau, Museum und Archiv, in: Berliner Morgenpost v. 10.6.2014, S. 11.

78 Zur Diskussion siehe Aleida Assmann, Archive im Wandel der Mediengeschichte, in: Knut Ebeling/Stephan Günzel (Hg.), Archivologie. Theorien des Archivs in Philosophie, Medien und Künsten, Berlin 2009, S. 165–175; Hartmut Weber, Die Rolle der Archive bei der Aufarbeitung der totalitären Diktaturen, in: Klaus Hildebrand/Udo Wengst/Andreas Wirsching (Hg.), Geschichtswissenschaft und Zeiterkenntnis. Festschrift zum 65. Geburtstag von Horst Möller, München 2008, S. 542–553; Horst Möller, Historisches Erinnern und nationale Identität, in: Archivalische Zeitschrift 88 (2006), S. 615–627; ders., Die zeithistorische Erinnerung und die Archive, in: Angelika Menne-Haritz/Rainer Hofmann (Hg.), Öffnen, Erhalten und Sichern von Archivgut in Zeiten des Umbruchs. Festschrift für Prof. Dr. Hartmut Weber zum 65. Geburtstag, Düsseldorf 2010, S. 5–11. Die Aktualität dieses Ansatzes zeigt der im Herbst 2012 eingerichtete Leibniz-Forschungsverbund „Historische Authentizität", in dem eine Vielzahl universitärer und außeruniversitärer Forschungsinstitute der boomenden „Sehnsucht nach dem Authentischen" und deren Implikationen nachgehen werden; vgl. Die Sehnsucht nach dem Authentischen, in: Medieninfo der Leibniz-Gemeinschaft 39/2012 v. 24.9.2012.

Stephan Wolf

„Ein spezielles Vorhaben der Landesverteidigung“

Der Bunker unter dem Stasi-Zentralarchiv

Der Staatssicherheitsdienst sollte während einer militärischen Auseinandersetzung wichtige Aufgaben übernehmen. 1967 begann das Ministerium für Staatssicherheit (MfS) daher mit dem Bau von „geschützten Führungsstellen“. Eine solche Bunkeranlage war auch unter dem massigen Magazingebäude des Stasi-Zentralarchivs vorgesehen. Zwar liegt es in der Natur von Archivgebäuden, dass sie der gewünschten Robustheit wegen oftmals einen wehrhaften Eindruck hinterlassen. Vorgebeugt werden soll so Einbrüchen, aber auch dem Übergreifen von Bränden. Zudem verlangt die geforderte Deckentragfähigkeit von Magazinen und Werkstätten eine gewisse Massivität.[1] Andererseits brachten es in den Zeiten des Kalten Krieges die Planungen in ganz Mitteleuropa mit sich, in öffentlichen Neubauten von vornherein Schutzräume vorzusehen.[2] Bei kriegerischen Einwirkungen hätten darin Personen Zuflucht gefunden. Letzteres galt umso mehr, wenn es sich um Gebäude von Sicherheitsbehörden handelte.

Schon deshalb kann ein Bunker unter dem Magazingebäude des Stasi-Zentralarchivs eigentlich nicht überraschen. Außerdem schmiedete eine hochangebundene Arbeitsgruppe schon wenige Wochen, nachdem die DDR im Januar 1974 der Haager Konvention zum Schutz von Kulturgut bei bewaffneten Konflikten beigetreten war, Pläne, wie ein solcher Kulturgutschutz überhaupt zu realisieren sei.[3]

1 Vgl. Jürgen Rainer Wolf, Archivbau als Fachaufgabe, in Sächsisches Staatsarchiv (Hg.), Archivische Facharbeit in historischer Perspektive, Dresden 2010, S. 135–145.

2 Vgl. für die alte Bundesrepublik Christoph Lubbe, Bunker aus dem Kalten Krieg. Wie Westdeutschland den 3. Weltkrieg überleben wollte, Stuttgart 2013. Im Koblenzer Neubau des Bundesarchivs waren im Untergeschoss knapp 550 qm als „Luftschutzbereich“ vorgesehen, vgl. Staatsbauamt Koblenz Nord (Hg.), Bundesarchiv. Dokumentation des Staatsbauamtes Koblenz-Nord zum Neubau Bundesarchiv in Koblenz, Koblenz [1987], S. 28, 34.

3 Bekanntmachung über den Beitritt der DDR zur Konvention vom 14.5.1954 zum Schutz von Kulturgut bei bewaffneten Konflikten sowie zu dem dazu vereinbarten Protokoll vom 18.9.1974, GBl. 1974 Teil II, S. 514. Vermerk vom 6.5.1974 über die Teilnahme an einer Beratung bei der Abt. I des Ministerrates, BStU, MfS, Abt. XII Nr. 634, S. 99–101. Danach waren 200 qm höchster Schutzklasse für MfS-Archivgut vorgesehen. Das entspricht bei herkömmlicher Belegung ca. 1.600 lfm. Das DDR-Gesetz zur Landesverteidigung von 1978 sah zwar „den Schutz

Dass alle diese Planungen verborgen vor der Öffentlichkeit ablaufen sollten, verstand sich in der DDR von selbst.[4]

Von ihrem Zentralarchiv und der Zentralkartei wollte der Staatssicherheitsdienst in einem Ernstfall zwar die auf Mikrofilm gesicherten Unterlagen retten. Doch bei dem Bunker unterhalb des Stasi-Archivs handelte es sich keineswegs um einen der üblichen befestigten Kellerräume in der Stasi-Zentrale, die in einem Ernstfall als Schutzraum dienen sollten. Weder wäre von dort die Arbeit der Abteilung XII weitergeführt worden, noch war er zum Schutz von Archivmitarbeitern, sensibler Rechentechnik oder besonders brisanter Akten vorgesehen. Schon der Aufbau der zweistöckigen Anlage sprach dagegen. Nie fertiggestellt, sollte aus diesem Bunker vielmehr die Stasi-Zentrale geführt werden.

1. Bunkerbau und Staatssicherheit

Auch für die Führung der DDR mußte im Falle einer bedrohlichen Situation eine Lösung gefunden werden. Beim Volksaufstand am 17. Juni 1953 konnte sich die ostdeutsche Führung noch in das sowjetische Sperrgebiet Berlin-Karlshorst retten.[5] Seit Ende der 1950er-Jahre jedoch setzte die sowjetische Militärstrategie darauf, mittels gezielter Kernwaffen-Schläge die Infrastruktur des Gegners lahmzulegen.[6] Von den westlichen Strategen erwartete man ähnliches und versuchte folglich, der eigenen staatlichen Organisation und der der Verbündeten eine möglichst hohe Widerstandsfähigkeit zu verpassen.

An der Suche nach einem geeigneten Standort für einen Bunker zum Schutz von Partei- und Staatsführung waren Mitarbeiter des MfS spätestens seit 1958 beteiligt.[7] Schließlich waren sie für den Schutz der Spitzenfunktionäre zuständig. Eine Entscheidung schien damals aber nicht gefallen zu sein, denn 1962

der … kulturellen Werte“ vor (§ 5 Abs. 1). Praktische Auswirkungen für das MfS-Archivgut hatte diese Rechtsvorschrift aber nicht.

4 Vgl. Heike Wolter, Kulturgutschutz in der DDR – Die Auslagerungsplanung von Kulturgütern mit einmaliger Bedeutung für die Weltkultur, Masterarbeit, Europa-Universität Viadrina, Frankfurt (Oder) 2010.

5 Nadja Stulz-Herrnstadt (Hg.), Das Herrnstadt-Dokument. Das Politbüro der SED und die Geschichte des 17. Juni 1953, Reinbek 1990, S. 82.

6 Vgl. Michail G. Ljoschin, Die Streitkräfte der UdSSR zwischen Berlin- und Kubakrise. Wandlungen strategischer Prinzipien und Einsatzmuster?, in: Dimitrij N. Filippovych/Matthias Uhl (Hg.), Vor dem Abgrund. Die Streitkräfte der USA und der UdSSR sowie ihrer deutschen Bündnispartner in der Kubakrise, München 2005, S. 27–38.

7 O. Verf., Einschätzung der operativen Lage der Räume für den Ausbau von Führungsstellen (Varianten) o. D., BStU, MfS, AGM Nr. 584, S. 18–23. Zum Gesamtkomplex vgl. Paul Bergner, Befehl „Filigran“. Die Bunker der DDR-Führung für den Ernstfall, Basdorf 2000; ders., Atombunker, Kalter Krieg, Programm Delphin. Auf den Spuren der Bunkerbauten für den Kalten Krieg, Zella-Mehlis 2007; Stefan Best, Geheime Bunkeranlagen der DDR, Stuttgart 2003; Jürgen Freitag/Hannes Hensel, Honeckers geheimer Bunker 5001, Stuttgart 2010.

mußte sich der Nationale Verteidigungsrat (NVR) damit beschäftigen. Dieses inzwischen gebildete Spitzengremium traf Grundsatzentscheidungen militär- und sicherheitspolitischer Art. Stasi-Chef Erich Mielke gehörte ihm seit der Gründung an.[8] Der NVR entschied, die Spitzen von Partei und Staat in einer bestehenden unterirdischen Anlage aus der NS-Zeit unterzubringen und diese dafür auszubauen.[9]

Auch für die Führungsspitze der Staatssicherheit mußte eine Lösung gefunden werden. Einerseits war die Lage der MfS-Zentrale im Westen bekannt, andererseits die Arbeit des Sicherheitsorgans im Ernstfall unverzichtbar. „Im Kriegsfalle“ sollte daher ein Gebäudekomplex in Neuenhagen (Kreis Strausberg), einem östlichen Vorort Ostberlins, als Ausweichareal genutzt werden.[10] Von Berlin-Lichtenberg aus betrug die Entfernung lediglich 17 km.

Bunker gab es in Neuenhagen aber nicht. Dahingehende MfS-interne Überlegungen scheint es auch keine gegeben zu haben. Nur General Franz Gold[11], der schon 1958 dabei war, hatte weiterhin mit dem Thema zu tun: Sein Stellvertreterbereich I war nämlich inzwischen für den Betrieb des DDR-Regierungsbunkers zuständig.[12]

Stetig informierte die Sowjetunion ihre Verbündeten über die neuesten Erkenntnisse in Sachen Bunkerbau, insbesondere darüber, mit welchen konstruktiven Mitteln den Wirkungen moderner Waffen begegnet werden konnte. 1966 war in dieser Hinsicht ein entscheidendes Jahr. Im Januar gab es in Moskau eine Konsultation zu den Schutzbauten auf militärischer Ebene.[13] Im Juli trafen sich die Partei- und Staatschefs aus dem Ostblock zu ihrer Tagung des

8 Zum NVR vgl. Armin Wagner, Walter Ulbricht und die geheime Sicherheitspolitik der SED. Der Nationale Verteidigungsrat der DDR und seine Vorgeschichte (1953 bis 1971), Berlin 2002. Zum NVR unter Honecker vgl. Heiner Bröckermann, Landesverteidigung und Militarisierung. Militär- und Sicherheitspolitik der DDR in der Ära Honecker 1971–1989, Berlin 2011. Dort zum Bunkerbau S. 305–307.

9 Protokoll der 10. Sitzung des Nationalen Verteidigungsrates der DDR am 6.4.1962, TOP 6 „Bericht über die Schaffung von Führungsstellen“, Bundesarchiv/Militärarchiv (BA/MA) DVW 1/39467.

10 Vereinbarung zwischen dem MfS und dem MfNV über die Zentrale Ausweichführungsstelle des MfS im Kriegsfall, o. D., BStU, MfS, AGM Nr. 117, S. 1–3.

11 Leiter der Hauptabteilung (HA) Personenschutz. Zur Biografie Golds vgl. Jens Gieseke (Hg.), Wer war wer im Ministerium für Staatssicherheit. Kurzbiographien des MfS-Leitungspersonals 1950–1989, Berlin 2012 (MfS-Handbuch), S. 27.

12 Vgl. Minister, Befehl Nr. 3/85 vom 7.3.1985 über die Eingliederung des Stellvertreterbereiches I der HA PS in die Arbeitsgruppe des Ministers/Bereich B (AGM/B), BStU, MfS Dst 103146; Roland Wiedmann, Die Diensteinheiten des MfS 1950–1989. Eine organisatorische Übersicht, Berlin 2012 (MfS-Handbuch), S. 447 f.

13 Vgl. Wolfgang Schubert, Wissenschaftlich-technische Anforderungen an Schutzbauten der Nationalen Volksarmee, in: Hans-Werner Deim u. a., Die militärische Sicherheit der DDR im Kalten Krieg. Inhalte, Strukturen, verbunkerte Führungsstellen, Anlagen, Hoppegarten bei Berlin 2008, S. 120–162, hier S. 133.

Politischen beratenden Ausschusses in Bukarest. Die Konsequenzen aus dem Treffen in der rumänischen Hauptstadt zog die DDR-Führung im Januar 1967.[14] Der Vorsitzende des Ministerrates erhielt u.a. den Auftrag, in Zusammenarbeit mit Mielke nun die erforderlichen Direktiven zu erarbeiten. Dieser legte seine Direktive „zur Vorbereitung des Ministeriums für Staatssicherheit auf den Verteidigungszustand" bereits im Juli vor, erwähnte darin allerdings nur Bukarest.[15]

Gesamtstaatlich aber plante man nunmehr ein ganzes Netz an Bunkern, wobei der Begriff selbst jedoch vermieden wurde. Eine weitreichende Konzeption sollte alle Gesichtspunkte – von der Organisation bis hin zur Bauausführung – abdecken. Folglich stand das Thema 1968 erneut auf der Agenda des NVR. Heinz Keßler[16], damals Chef des Hauptstabes im Ministerium für Nationale Verteidigung, brachte diese Konzeption ein „zur Errichtung von geschützten Führungsstellen im Zeitraum 1971–1980 zur Gewährleistung der politischen, militärischen und staatlichen Führung in Spannungsperioden und im Verteidigungszustand"[17]. Diesmal war das MfS mit einer Führungsstelle höchster Schutzklasse berücksichtigt worden. Nur der konkrete Standort stand noch nicht fest.[18] Schon in der Anfangsphase ihrer Umsetzung sind diese Pläne jedoch revidiert worden. Jürgen Freitag, damals Spezialist im DDR-Regierungsbunker und heute Zeitzeuge, sieht die Ursachen darin, dass hier geplant wurde, bevor überhaupt konkrete Führungsstrukturen feststanden. Auch hätte die wirtschaftliche Leistungsfähigkeit der DDR für die Umsetzung der Pläne nicht ausgereicht. Möglicherweise spielte auch der Übergang von Ulbricht zu Honecker eine Rolle. Für den neuen Mann an der Spitze der SED hätten andere volkswirtschaftliche Projekte Priorität gehabt.[19]

14 28. Sitzung des Nationalen Verteidigungsrates am 26.1.1967, TOP 2 „Grundsätze des Führungssystems im Verteidigungszustand", Bundesarchiv DVW 1/39485.

15 Minister, Direktive Nr. 1/67 vom Juli 1967 zu Inhalt und Ziel der Mobilmachungsarbeit im MfS, die Planung und Organisation der Mobilmachungsaufgaben und besondere Maßnahmen der Vorbereitung des MfS auf den Verteidigungszustand, BStU, MfS, AGM Nr. 1838, S. 3.

16 Zur Biografie Keßlers vgl. Klaus Froh/Rüdiger Wenzke, Die Admirale und Generale der NVA. Ein biographisches Handbuch, Berlin 2000, S. 122.

17 Protokoll der 35. Sitzung des Nationalen Verteidigungsrates der DDR am 12.11.1968, TOP 4 „Konzeption über die Vorbereitung geschützter zentraler Führungsstellen der DDR im Verteidigungzustand", BA/MA DVW 1/39492; Carlsohn, Schreiben an den Leiter der AGM über die Maßnahmen, die aus dem Beschluß des NVR vom 21.11.1968 folgen, BStU, MfS, AGM Nr. 117, S. 237f. Bei Hans Carlsohn handelte es sich um den persönlichen Referenten von Erich Mielke, zur Biografie vgl. Gieseke, Wer war wer, S. 15.

18 Protokoll der 35. Sitzung des Nationalen Verteidigungsrates der DDR am 21.11.1968, TOP 4, BA/MA DVW 1/39492.

19 Freitag/Hensel, Bunker, S. 45f. Jürgen Freitag, lt. MfS-Kaderkarteikarte (KKK) geb. 1947, Elektromonteur, MfS seit 1967, zuletzt stellvertretender Abteilungsleiter in der AGM, letzter Dienstgrad Major.

Im November 1973 und im Mai 1974 befaßte sich der NVR daher erneut mit diesem Thema und beschloss diesmal eine Konzeption, die nunmehr den Zeitraum bis 1990 abdeckte.[20] Wieder hatten die Autoren im Ministerium für Nationale Verteidigung (MfNV) gesessen, auch lag die Verantwortung dort. Ebenso verfügte die Armee über die Expertise für diese „speziellen Vorhaben der Landesverteidigung“[21], doch an Kapazitäten für solche umfangreichen und komplexen Bauvorhaben mangelte es ihr. Bei Mielke war es nicht anders – nicht einmal seinen Bunker konnte er mit eigenen Leuten errichten lassen, obwohl ihm sogar ein eigenes Bauunternehmen unterstand, zunächst der VEB Montagebau Berlin, seit 1974 der VEB Spezialhochbau Berlin.[22] Zwangsläufig mußte also beim Bunkerbau auf Ressourcen aus dem Verantwortungsbereich des Ministers für Bauwesen zurückgegriffen werden – und sei es nur, dass junge Baumaschinisten als Wehrpflichtige einberufen wurden, um nun der Armee beim Bunkerbau zu helfen. Doch rasch konkurrierten die NVR-Pläne mit dem neuen SED-Wohnungsbauprogramm[23] um die Kapazitäten – beim Fachpersonal sowohl in den Projektierungsbüros als auch auf den Baustellen, bei den Baumaschinen und beim Material. Dabei hatten das ehrgeizige Wohnungsbauprogramm und seine Ausführenden den Vorteil, dass es sich dabei um das Prestigeprojekt des neuen SED-Chefs handelte und entsprechend propagandistischen Raum in den Massenmedien fand, während der Bunkerbau möglichst im Geheimen ablaufen mußte. In der öffentlichen Wahrnehmung konkurrierte zudem die konkrete friedliche Koexistenz mit einer doch eher abstrakten Bedrohungslage.

Während aus der Sowjetunion unaufhörlich neue Erkenntnisse eintrafen, die in die DDR-Projekte eingearbeitet werden mussten, hoffte die DDR-Führung nämlich auf einen anhaltenden Abrüstungsprozess und schob die erforderlichen Entscheidungen für eine gezielte Umsetzung des Bunker-Bauprogramms

20 Protokoll der 44. Sitzung des Nationalen Verteidigungsrates der DDR am 30.11.1973, TOP 1 „Veränderung der Grundsätze der Führung der DDR im Verteidigungszustand“, BA/MA DVW 1/39502; Protokoll der 45. Sitzung des Nationalen Verteidigungsrates der DDR am 3.5.1974, TOP 1 „Konzeption für die Errichtung geschützter Führungsstellen im Zeitraum 1976–1990 zur Gewährleistung der politischen, militärischen, staatlichen und wirtschaftlichen Führung der DDR im Verteidigungszustand“, BA/MA DVW 1/39503.

21 Schubert, Anforderungen, S. 155.

22 Zum Montagebau vgl. Minister, Befehl Nr. 37/67 vom 14.12.1967, BStU, MfS, Dst 100532. Zum Spezialhochbau vgl. Wiedmann, Diensteinheiten, S. 457; Peter Erler/Hubertus Knabe, Der verbotene Stadtteil. Stasi-Sperrbezirk Berlin-Hohenschönhausen, Berlin 2005, S. 40 f.

23 Beschluß des Zentralkomitees der SED auf seiner 10. Tagung am 2.10.1973. Zum Wohnungsbauprogramm vgl. Joachim Palutzki, Architektur in der DDR, Berlin 2000, S. 293–342. Aus apologetischer Sicht, aber mit zahlreichen Statistiken, was für das hier verhandelte Thema interessant ist: Joachim Tesch, Der Wohnungsbau in der DDR 1971–1990. Ergebnisse und Defizite eines Programms in kontroversen Sichten, Berlin 2001.

vor sich her.[24] Bald waren alle Pläne Makulatur. Häufig war es Honecker als Vorsitzender des NVR allein, der in den Folgejahren Entscheidungen zum weiteren Vorgehen in Sachen Bunkerbau traf. Hierzu gehörte die „forcierte Realisierung" einzelner Bauten, während andere Projekte geschoben oder abgespeckt und manche komplett gestrichen wurden.[25]

Die Staatssicherheit allerdings hatte in einem Punkt umgehend reagiert: Seit Frühjahr 1973 trugen alle Maßnahmen zur Geheimhaltung der geplanten Bunker die Bezeichnung „Filigran".[26] Quellen, wie es zur Vergabe dieses Decknamens kam, existieren nicht. Es liegt aber nicht fern, die mit dem Begriff verbundenen Assoziationen – etwas handwerklich Hochwertiges und zugleich Kompaktes vor sich zu haben – auf Bunker zu übertragen. Bald diente „Filigran" auch zur MfS-internen Bezeichnung der Bunker selbst.

2. Eine „geschützte Führungsstelle" für den Minister für Staatssicherheit

Während Ende der 1960er-Jahre über gesamtstaatliche Konsequenzen also noch beraten wurde, begann das MfS schon – wie oben beschrieben – mit der Umsetzung konkreter Maßnahmen. Mielke unterzeichnete dazu im Juli 1967 die bereits erwähnte Direktive mit der Nummer 1/67, wohl seine einzige dienstliche Bestimmung mit dem höchsten Geheimhaltungsgrad „Geheime Kommandosache". Präzisiert in mehreren Durchführungsbestimmungen mit Dutzenden Anlagen ergingen Festlegungen für den Fall der Mobilmachung. Das reichte vom Erfassen missliebiger Personen, um sie gegebenenfalls in Lagern festsetzen zu können, bis zu Plänen, Stasi-Diensteinheiten dezentral unterzubringen, aber dennoch einheitlich zu führen.[27] „Operative Ausweichführungsstellen" waren in Schutzbauten – also verbunkert – unterzubringen und sollten bereits in Friedenszeiten vorbereitet und ausgestattet werden. Zusätzlich waren Bunker als

24 Freitag/Hensel, Bunker, S. 46, mit Bezug auf Schubert, Anforderungen.

25 Ohne Verf., Bericht über den Stand der Realisierung des Beschlusses des NVR vom 3.5.1974 zur Durchführung eines Programms zentraler Spezialbauten o. D., BStU, MfS, AGM Nr. 266, S. 188–197; Ohne Verf., Hinweise zu Problemen in der Beschlußvorlage „Stand der Realisierung des NVR zur Durchführung eines Programms zentraler Spezialbauten" vom 26.09.1977, BStU, MfS, AGM Nr. 266, S. 211–213.

26 Minister, Befehl Nr. 10/73 vom 05.02.1973 Durchführung militärischer Investitionen zur Erhöhung der Verteidigungsfähigkeit, BStU, MfS-BdL/Dok 8680.

27 Bei der sog. Mob[ilmachungs]-Arbeit des MfS, also den Plänen für den Übergang in einen Verteidigungszustand und für einen Krieg, handelt es sich um ein Desiderat. Zu einzelnen Details Thomas Auerbach, Vorbereitung auf den Tag X. Die geplanten Isolierungslager des MfS, Berlin 1994 (BStU, Analysen und Berichte Nr. 1/95). Aus apologetischer Sicht: Wolfgang Schwanitz, MfS und Verteidigungszustand, in: Reinhard Grimmer u. a., Die Sicherheit. Zur Abwehrarbeit des MfS, Bd. 2, Berlin 2003³, S. 401–424.

Reserve-Ausweichführungsstellen vorzusehen. Zuständig für die militärische Planung war Mielkes Stellvertreter Alfred Scholz und dessen Arbeitsgruppe des Ministers (AGM).[28]

Gemäß dem NVR-Beschluss von 1974 war für den Minister für Staatssicherheit ebenfalls eine „geschützte Führungsstelle" (vulgo Bunker) vorgesehen – Deckname „17/5005" – und durch das MfNV zu bauen. Doch schon nach einer unerfreulichen Bestandsaufnahme war 1977 absehbar, dass Mielkes Bauwerk in Biesenthal (Kreis Bernau) keinesfalls vor 1984 fertig werden würde.

Im MfS suchte man also nach Übergangslösungen, die sich ohne fremde Hilfe realisieren ließen. Man entschied sich für den Bau eines verstärkten Bunkers aus standardisierten Fertigteilen in Dammsmühle (Kreis Oranienburg). Der Staatssicherheitsdienst verfügte dort am Rande des Örtchens Schönwalde über ein weitläufiges Gelände. Neben dem als Gästehaus genutzten Schloss war bereits das MfS-Fremdspracheninstitut untergebracht worden. Der Bunker mit dem Decknamen „D 78" konnte zudem kostengünstig mit MfS-eigenen Kräften errichtet werden.[29] Bei einer Grundfläche von 36 x 38,5 qm sollte der Bunker 133 Mitarbeitern Schutz bieten.[30] Mehr als die Hälfte des Personals wäre für den Betrieb des Bunkers benötigt worden, etwa für die wichtigen Nachrichtenverbindungen. Untergekommen wären neben Mielke seine vier Stellvertreter, der 1. Sekretär der SED-Kreisleitung und der Vertreter des KGB jeweils mit einem kleinen Trupp. Bis wiederum Dammsmühle einsatzbereit war, wäre die Unterbringung in einem Bunker bei Treplin (Kreis Seelow) erfolgt.[31]

Tatsächlich wurden die Übergangslösungen länger benötigt. 1981 betrug der Zeitverzug in Biesenthal nämlich bereits vier Jahre.[32] Vom bauausführenden MfNV übergeben wurde Mielkes Bunker schließlich im April 1988 – nach vierjähriger Bauzeit.[33]

28 Minister, Direktive Nr. 1/67, S. 14. Zu Scholz vgl. Gieseke, Wer war wer, S. 67, zur AGM vgl. Wiedmann, Diensteinheiten, S. 198–200.

29 Zu Dammsmühle vgl. Bergner, Atombunker, S. 487–492.

30 Plan der räumlichen Belegung der Ausweichführungsstelle des Ministers für Staatssicherheit o. D. [1978], BStU, MfS, AGM Nr. 117, S. 221.

31 Scholz, Vorlage über Maßnahmen zur Gewährleistung der Führung des MfS im Verteidigungszustand o. D., BStU, MfS, AGM Nr. 117, S. 211 f. Zu Treplin vgl. Bergner, Atombunker, S. 488.

32 O.Verf., Anlage 1 zur Information über den Stand der Realisierung des Programms zentraler Spezialbauten o. D., BStU, MfS, AGM Nr. 372, S. 637.

33 MfNV/Chef Militärbauwesen und Unterbringung, Protokoll der Übergabe/Übernahme des Objektes 17/5005 zur Nutzung vom 10.8.1988, BStU, MfS, AGM Nr. 117, S. 13–16.

3. Ein Bunker in der Stasi-Zentrale

3.1 Suche nach einem Standort

Zwar hatte eine Durchführungsbestimmung der Direktive Nr. 1/67 auch „Maßnahmen des Objektluftschutzes [und] des Schutzes vor Massenvernichtungsmitteln“ festgelegt, darunter den „Einbau von Schutzbauwerken in Neubauobjekten“[34]. Doch die Bürobauten, die in den 1970er-Jahren in der MfS-Zentrale entstanden, hatten lediglich ein verstärktes Kellergeschoß (z. B. das an der Gotlindestraße gelegene Haus 41[35]) für sog. „Trümmer- und Strahlenschutzräume“. In Friedenszeiten waren dort gewöhnliche Funktionsräume untergebracht – allerdings mit verstärkten Wänden, Trockentoiletten, gasdichten Türen und einer autonomen Wasserversorgung. Außerdem war gegenüber von Haus 1, dem Sitz des Ministers, ein unterirdischer Munitionsbunker gebaut worden. Von den in Lichtenberg ansässigen Stasi-Diensteinheiten hatte sich lediglich die Hauptverwaltung A (Auslandsspionage) in den 1980er Jahren auf dem Gelände ihrer Schule in Gosen (Kreis Fürstenwalde) einen Bunker errichten lassen. Die vagen Aussichten für die Fertigstellung von Mielkes Bunker, um von dort das gesamte Ministerium zu führen, wie auch die Forderung in der Direktive Nr. 1/67, für die Ministeriumszentrale eine Ausweichstelle zu schaffen, legten es also nahe, eine solide Lösung innerhalb der MfS-Zentrale zu finden.[36] Nur aus einem solchen „Schutzbauwerk höherer Schutzklasse“ konnte der Minister seine Aufgaben „unter komplizierten Lagebedingungen“ wahrnehmen.

1978 erwog man die möglichen Standorte. Die MfS-eigene Verwaltung Rückwärtige Dienste (VRD)[37], die den Bau zu realisieren hätte, wies prophylaktisch auf die schwierigen Baubedingungen im dichtbesiedelten Bezirk Lichtenberg hin. Wegen der angrenzenden Gebäude und Verkehrsflächen sei nämlich das Baugelände beengt, zudem der Grundwasserstand sehr hoch. Die Überbauung des Bunkers sei außerdem heikel und im hohen Maße von dessen Fertigstellung abhängig. Die Umstände seien also ingenieur-technisch kompliziert und die Arbeiten folglich sehr aufwendig. Es muss offenbleiben, ob die VRD dies vor allem zum eigenen Schutz anführte, um allzu verwegenen Tiefbau-Planungen einen Riegel vorzuschieben. Aber Scholz schienen die Argumente überzeugt zu haben. Denn auf der Suche nach einem geeigneten Platz fiel

34 Arbeitsgruppe des Ministers, Durchführungsbestimmung Nr. 5 o. D. [1967] über Maßnahmen des Objektluftschutzes, des Schutzes vor Massenvernichtungsmitteln und der Vorbereitung von Ausweichräumen, BStU, MfS, AGM Nr. 1842, hier S. 5.

35 Vgl. Christian Halbrock, Mielkes Revier. Stadtraum und Alltag rund um die MfS-Zentrale in Berlin-Lichtenberg, Berlin 2011², S. 117.

36 Siehe dazu Halbrock, Revier; ders., Stasi-Stadt. Die MfS-Zentrale in Berlin-Lichtenberg, Berlin 2009; Wiebke Hollersen, Mielkes verlassene Stadt, in: Der Spiegel vom 31.5.2010, S. 40 f.

37 Zur VRD vgl. Wiedmann, Diensteinheiten, S. 456–464.

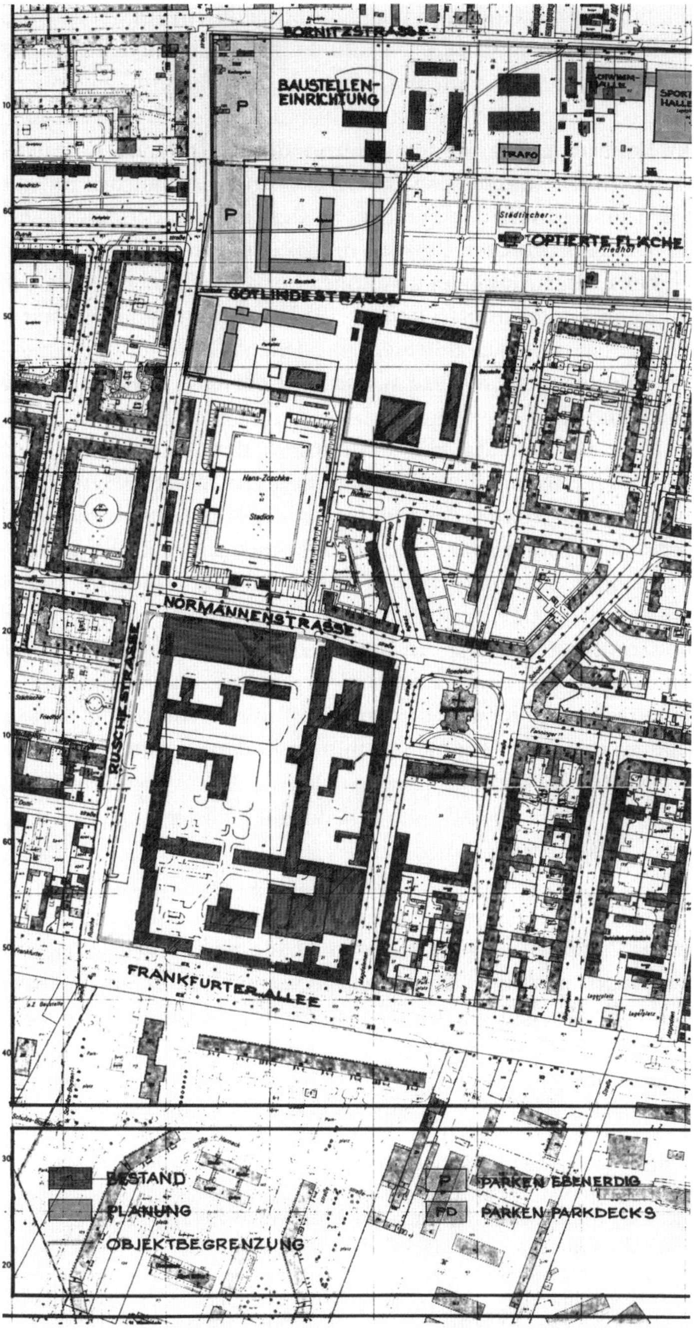

Abb. 1: Nicht realisierter Plan von 1978 mit dem Bunker nördlich der Gotlindestraße.

sein Blick nun auf ein Gelände an der nördlichen Grenze des Stasi-Areals: Eine frühere Kleingartenkolonie an der Gotlindestraße, die vom MfS als Parkfläche genutzt wurde. Die AGM hätte dort einen Bunker bis zur Oberkante errichtet. Mit einer Hochgarage wäre er dann überbaut und damit zugleich das drängende Parkplatz-Problem gelöst worden.[38] Denn die fortlaufende Erweiterung der Stasi-Zentrale mit dem ständigen Zuwachs an Büros erhöhte den ruhenden Verkehr in den umliegenden Straßen, was zu Beschwerden der Anwohner führte. Nachteil: Die erforderlichen Projektierungs- und Betonierkapazitäten standen erst nach der Fertigstellung des gewaltigen Sozialbaus und eines Vorhabens an der Magdalenenstraße, also frühestens 1982/83, bereit. Wie erwähnt konkurrierten solche Bauvorhaben außerdem mit dem SED-Wohnungsbauprogramm, daher verschlossen sich „höchste Ebene[n]" allzu hoch fliegenden Plänen der Stasi-Projektanten.[39]

Zehn Tage, nachdem also eine Lösung gefunden schien, starb Scholz überraschend am 11. August 1978. Zeitgleich änderten sich die Pläne für die Ostseite des Stasi-Sperrgebietes. Anfangs war an der Magdalenenstraße ein Umbau der bestehenden Wohnhäuser in Büros vorgesehen. Doch im Frühjahr 1979 fiel die Entscheidung zugunsten eines Neubaus.[40] Dieser erhielt die Bezeichnung „Investitionsvorhaben D[ienst]K[omplex] NO[rmannenstraße] VI", bestehend aus neun Teilobjekten (TO).[41] In diesem Zusammenhang kam es wohl auch zu einem Sinneswandel, was den Standort des Bunkers betraf, denn nach der alten Planung (Nordseite) wäre dieser schließlich erst Mitte der 1980er Jahre fertig geworden. Doch nun konnte der Bunker in den geplanten Neubau für die Abt. XII integriert werden.

3.2 Planungsphase

Schon in der Planungsphase 1979 verwies die für die Bauabwicklung zuständige VRD bei Fragen nach dem Forderungsprogramm für die vorgesehenen Luftschutzräume an die AGM.[42] Diese vergab die üblichen Schutzräume im Keller-

38 VRD/Abt. Bauwesen, Vermerk zum Dienstkomplex Normannenstraße – Schutzbauwerke – vom 1.8.1978, BStU, MfS, VRD Nr. 5553. Vgl. Mittig, Schreiben vom 17.11.1989 zum unvernünftigen und rechtswidrigen Parken in der Nähe von Dienstobjekten, BStU, MfS Dst 101986.

39 Halbrock, Revier, S. 102, mit Bezug auf BStU, MfS, VRD Nr. 1586, S. 55.

40 VRD/Abt. Bauwesen/1, Stellungnahme zur Dokumentation der Aufgabenstellung vom 25.5.1979, BStU, MfS, VRD Nr. 2151, S. 1.

41 VRD, Aufstellung über die Erweiterung der Dienstraumbestände o. D., BStU, MfS, VRD Nr. 217, S. 71. O.Verf., Lageplan DK NO, o. D., BStU, MfS, VRD Nr. 217, S. 274.

42 VRD/Abt. Bauwesen/1, Stellungnahme zur Dokumentation der Aufgabenstellung vom 25.5.1979, BStU, MfS, VRD Nr. 2151, S. 3.

geschoß des Neubaus an einen der künftigen Hausherren – die Abt. XII.[43] Doch der nördliche Teil des Kellers (Teil A) erhielt eine zusätzliche Tiefetage.

In den Planungen für die Kelleretagen ist der abgesonderte zweigeschossige Bunker bereits ausschließlich der AGM zugeordnet.[44] Damit war klar, dass dieser Bunker nicht für die Mitarbeiter der Abt. XII oder Archivgut vorgesehen war, denn dann wäre die Arbeitsgruppe des Leiters (AGL) der Abt. XII einbezogen gewesen. Schließlich erfolgte MfS-weit in den AGL die fachbezogene Planung für den Ernstfall.

Als Höchstaufwand für diesen Bauabschnitt der Stasi-Zentrale waren insgesamt 65,3 Millionen Mark, darunter 33 Millionen Mark für Bauanteile eingeplant. Fünf Teilobjekte hatte man identifizierte. Teilobjekt 1 umfasste den Magazinbau, der als Stahlbeton-Monolith ausgeführt wurde, und in dessen Untergeschossen sich der Bunker befindet.[45] Im November 1983 sollte das Objekt fertiggestellt sein.[46]

3.3 Bauausführung

Seit 1979 regelte im MfS eine einheitliche Bauordnung alle Bauvorhaben.[47] Die jeweilige Abteilung, beim Archivbau also die Abt. XII, fungierte als Bedarfsträger, die VRD als Invest-Auftraggeber, der bereits erwähnte VEB Spezialhochbau (SHB) als General-Auftragnehmer. Bauausführender im vorliegenden Falle war ebenfalls der SHB. Dessen Direktor unterstand direkt dem Leiter Bauwesen der VRD, daher war größte Vertraulichkeit zu erwarten. Innerhalb des MfS

43 Vgl. Abb. 2, dort Räume C 010 – C 019 (Numerierung mehrfach geändert). Außer der Abt. XII bekamen einzelne Bereiche der Abt. XIII und der Zentralen Auswertungs- und Informationsgruppe (ZAIG) Räume in dem Gebäudeverbund zugeteilt. VRD/A[rbeits]G[ruppe des] L[eiters], Schreiben an den Leiter der Abt. Bauwesen der VRD über die Schutzräume im Investitionsvorhaben DK-NO VI vom 17.12.1984, BStU, MfS, VRD Nr. 217, S. 144. Bei einer Begehung 1987 stellte die VRD fest, dass diese Schutzräume noch immer nicht funktionssicher waren: VRD/Abt. Bauwesen/I/3, Zusammenstellung aller Leistungen zur Herstellung der Funktionssicherheit der Schutzräume im Dienstkomplex Normannenstraße vom 30.7.1987, BStU, MfS, VRD Nr. 5630, S. 315.

44 O.Verf., DK-NO VI Unteres Kellergeschoß TO 1 o. D.; o.Verf., DK-NO VI Kellergeschosse o. D., BStU, MfS, VRD Nr. 2151.

45 Vgl. Karsten Jedlitschka, Allmacht und Ohnmacht. Das Zentralarchiv der Staatssicherheit, in: Archive unter Dach und Fach. Bau, Logistik, Wirtschaftlichkeit. 80. Deutscher Archivtag in Dresden, red. Heiner Schmitt, Fulda 2011, S. 175–192; Aufsatz Jedlitschka Archivbau; VRD, Aufstellung über Teilobjekte o. D., BStU, MfS, VRD Nr. 217, S. 234.

46 Leiter VRD, Anlage 1 zur Entscheidung zur Aufgabenstellung vom 6.6.1979, BStU, MfS, VRD Nr. 2151, S. 1.

47 Minister, Ordnung über die Vorbereitung und Durchführung von Bauinvestitionen und Baureparaturen im Ministerium für Staatssicherheit – Bauordnung des MfS – vom 18.12.1979, BStU, MfS, Dst 102624.

sorgte die sog. interne Konspiration dafür, dass der geheime Unterbau des neuen Gebäudes nicht bekannt wurde.

Die üblichen Probleme des DDR-Bauwesens zeigten sich gleichwohl auch hier: So vielfältig die Herausforderungen für den gewaltigen Bau an der Magdalenenstraße nämlich waren, ein Gesamtkonzept lag bei Baubeginn dennoch nicht vor. Vielmehr wurde die „Methode der gleitenden Projektierung“ angewendet.[48] Doch handelte es sich hier keineswegs um einen „Probe-“ bzw. „Versuchsbau“. Natürlich konnte so ein Verfahren flexibel auf sich ändernde Wünsche der vielen Beteiligten und auf übliche Verzögerungen im Bauablauf eingehen. Immerhin sollte in diesem Gebäude ein großer IT-Bereich untergebracht werden, bei dem neue Rechnergenerationen sich auf Platzbedarf, Klimatisierung und Stromversorgung auswirkten. Doch das Verfahren brachte nicht nur viele Unsicherheitsfaktoren für die Beteiligten mit sich. Es erleichterte auch Ausflüchten: Jederzeit konnte auf vorangegangene Versäumnisse verwiesen werden.

So verlangten die Gleitkerne und die spezielle Tragekonstruktion für die enorme Deckentragfähigkeit eine Bautechnologie, die in der DDR nur ein Spezialbetrieb aus Magdeburg beherrschte. Dieser berief sich jedoch auf andere, noch wichtigere Aufträge (darunter den neuen prestigeträchtigen Friedrichstadtpalast), weshalb er sich beim MfS bedenkenlos Zeitverzug erlaubte und durch Baumängel die nachfolgenden Arbeiten zusätzlich erschwerte. Auch der „monolithische Keller Teil A (Schutzbauwerk)“ hatte zum Leistungsumfang des Kombinates gehört.[49]

Obwohl bereits im Juni 1980 die frühere Bebauung an der Magdalenenstraße abgerissen und der Schutt beseitigt[50] waren, zog sich der Baubeginn hin. Das tiefste Geschoß lag 5,2 m unter der Fundamentplatte. Für die riesige Baugrube von 5,5 m Tiefe wurden deshalb zunächst auf 320 Metern Spundwände verankert.[51] Im November 1981 hatte man zwar schon mit Betonierarbeiten am Keller A begonnen, doch erst im Dezember 1981 fiel die letzte Grundsatzentscheidung für das Vorhaben.[52] Im April 1984 war der Rohbau dann

48 Abt. XIII/Leiter, Schreiben an die ZAIG/Bereich 3 zum DK NO VI, TO 1, Teil B vom 30.3.1980, BStU, MfS, Abt. XIII Nr. 3668.

49 O.Verf., Vorbereitung der am 13.2.1981 stattfindenden Beratung beim H[aupt]D[irektor] B[au- und] M[ontage]K[ombinat] I[ndustrie]H[och]B[au] zum Ablauf NO VI vom 12.2.1981, BStU, MfS, VRD Nr. 5556, S. 27.

50 O.Verf., Vermerk über den Stand der Vorbereitung und Durchführung zum Vorhaben DK-NO-VI vom 19.06.1980, BStU, MfS, Abt. XIII Nr. 3667.

51 Ohne Verf., Konzept zum Ablauf vom 1.12.1979, BStU, MfS, VRD Nr. 2151.

52 VRD/Abt.Bauwesen/Auftragsleitung NO, Jahresanalyse zum Jahresarbeitsplan 1981 vom 07.01.1982, Pkt. DK NO VI, BStU, MfS, VRD Nr. 1074; Abt. XIII, Entwurf für die Koordinierungsvereinbarung zur Vorbereitung und Realisierung des Investitionsvorhabens DK-NO-VI vom 06.03.1981, BStU, Abt. XIII Nr. 2378, S. 7; VRD/Abt. Bauwesen und Abt. XIII, Koordinierungsvereinbarung zur Vorbereitung und Durchführung des Investitionsvorhabens DK-NO-VI vom 20.12.1981, BStU, MfS, Abt. XIII Nr. 3667, S. 1.

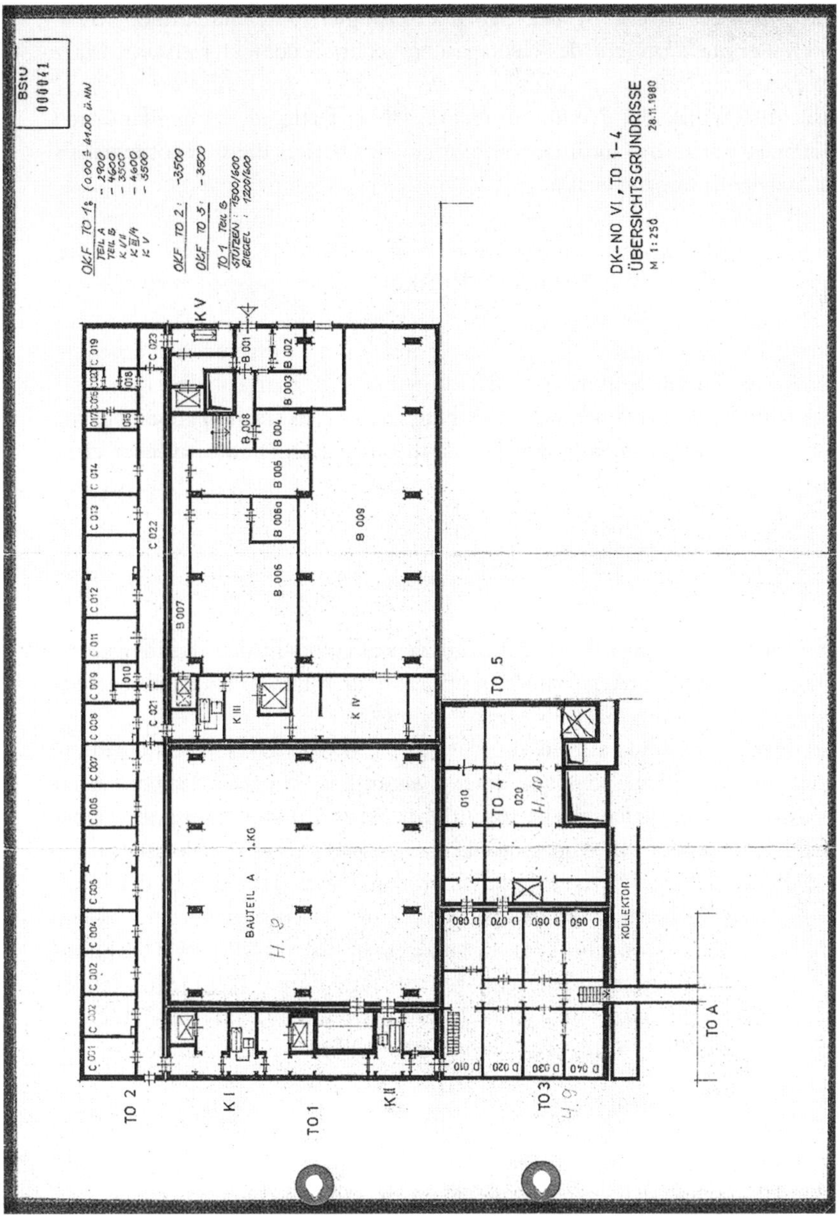

Abb. 2: Geosteter Bauplan des Kellergeschosses in Haus 8 mit dem Eingang zum Obergeschoß des Bunkers (bezeichnet als „Bauteil A“). Es ist deutlich zu erkennen dass die Außenwände des Bunkers nicht mit den Grundmauern des Magazingebäudes verbunden sind. Die Räume C 010 – C 019 (rechts oben) waren als Schutzräume für die Mitarbeiter der Abt. XII vorgesehen.

beendet.[53] Die Fertigstellung des Gebäudes erfolgte schließlich Ende 1984.[54] Dennoch war die Übergabe des Kellergeschosses im Teilobjekt 1 erst für März 1985 vorgesehen.[55]

Tatsächlich wurde der Bunker also kaum früher fertig, als es die Planungen der 1970er-Jahre für die Gotlindestraße vorgesehen hatten, die aber seinerzeit als zu spät abgelehnt worden waren.

4. Der Bunker

Die Bezeichnung „DK NO" für den Bunker blieb umgangssprachlich erhalten, auch wenn er sich seit September 1987 hinter dem Tarnnamen „6b" verbarg.[56] Bei vielen Bunkern der Staatssicherheit handelte es sich um Typenbauten, die aus vorgefertigten Bauteilen bestanden, doch dieser Bunker war in jeder Hinsicht ein Solitär.

4.1. Fertigstellung

Während Rechenzentrum, Karteisäle und Zentralarchiv in den darüberliegenden Etagen längst arbeiteten, wurde der Bunker noch immer eingerichtet. Nirgends schien der Bunker noch Priorität zu genießen.

Dies dürfte zum einen auf die nachlassende volkswirtschaftliche Leistungsfähigkeit zurückzuführen sein, von der das gesamte Land in den 1980er-Jahren erfasst wurde. Mielke jedenfalls hatte sein Ministerium auf Sparmaßnahmen bei Personal und Investitionen eingestimmt.[57]

Es dürfte zum anderen darauf zurückzuführen sein, dass sich in der Hierarchie des Staatssicherheitsdienstes die Gewichte verschoben hatten: Scholz' Nachfolger, Otto Geisler[58], bekam zwar noch einen Platz in Mielkes Kollegium. Zu seinem Stellvertreter machte ihn der Minister allerdings nicht mehr. Von der bis dahin einheitlich geführten AGM, zuständig für alle Fragen der Mob[ilisierungs]-Arbeit und der Führung während eines Verteidigungszustandes, spalte-

53 VRD/Abt. Bauwesen/Auftragsleitung NO, Jahresanalyse für Bauinvestitionen Planjahr 1983 vom 28.12.1983, BStU, MfS, VRD Nr. 1074, S. 3.

54 O. Verf., Meldung an den Minister o. D., BStU, MfS, VRD Nr. 5331, S. 123.

55 Abt. XIII/SAGÖF, Schreiben an den Leiter des Bereiches 4 zu den Übernahmen des DK NO VI vom 25.1.1985, BStU, MfS, Abt. XIII Nr. 2380.

56 Leiter der AGM/B, Verwendung von Objektbezeichnungen vom 30.9.1987, BStU, MfS, AGM Nr. 2328.

57 Vgl. Mielke, Referat auf der Dienstbesprechung in der HA Kader und Schulung am 31.01.1983, BStU, MfS, HA KuSch Nr. 219, S. 45.

58 Zur Biografie vgl. Gieseke, Wer war wer, S. 26.

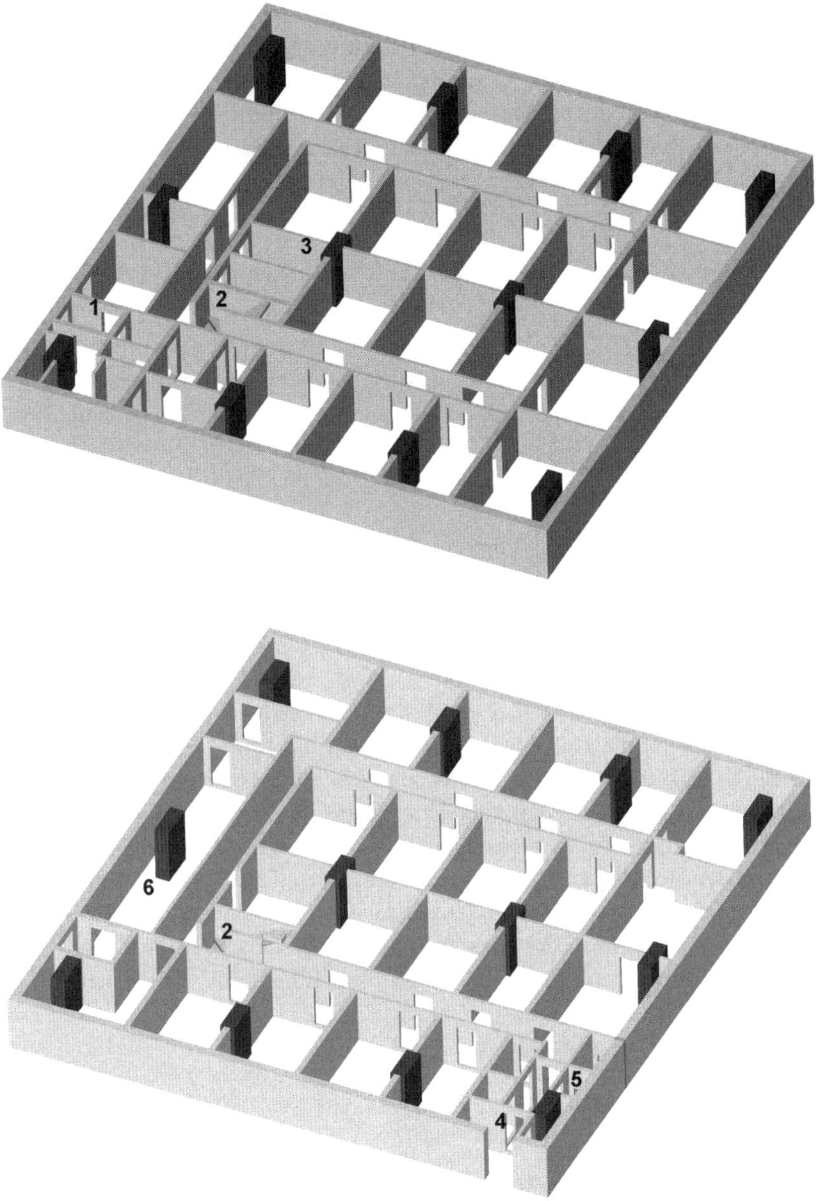

Abb. 3: Isometrischer Aufriss der beiden Bunkergeschosse; Legende: 1 Schleuse zum Haupteingang, 2 Treppenhaus, 3 Bunkerwarte, 4 Schleuse zum Notausgang, 5 Luftfilter, 6 Netzersatzanlage.

ten sich außerdem ganze Bereiche ab. So bekam der für das Spezialbauwesen, also Bunkerbau und später Bunkerbetrieb, zuständige Bereich AGM/B bald den Status einer eigenständigen Abteilung.[59] Dort nahm der prestigeträchtige und anspruchsvolle Bau des Honecker-Bunkers und vermutlich auch der Bunker des Ministers in Biesenthal alle Aufmerksamkeit in Anspruch. Die Führung der AGM/B selbst zog an den Rand Ostberlins (Biesenhorster Weg in Berlin-Karlshorst) und baute sich dort – also bereits dezentral – ein eigenes Bürogebäude. Eingesetzt dafür wurden die eigenen Kapazitäten. So wurde für 1987 gemeldet, dass hierfür die Malerbrigade komplett im Einsatz sei. Lediglich Vorarbeiten für die Elektroinstallation würden im Bunker weitergeführt.[60]

Fortschritte bei Innenausbau und Ausrüstung lassen sich aber anhand der Unterlagen nur bruchstückhaft nachvollziehen. Der Bericht von 1987 erwähnt ebenfalls und eher beiläufig, dass „das Betankungsprojekt DK-NO […] abgeschlossen (wurde)". Die Dieseltanks für das Notstromaggregat waren also einsatzbereit.

Wenige Wochen nach dieser dürftigen Zwischenbilanz wurde die AGM/B Gegenstand einer MfS-internen Revision. Mielke hatte die Kontrolle veranlasst und wertete sie persönlich während einer Dienstbesprechung aus.[61] Die Bilanz bezüglich Material- und Personaleinsatz war nämlich verheerend ausgefallen.[62] Doch dass die Arbeiten am Bunker in der Zentrale nach sechs Jahren noch immer andauerten, benannte der Kontrollbericht nicht und fand so auch keinen Eingang in Mielkes Redemanuskript.

Nach Mielkes Rundumschlag wurde die AGM komplett umstrukturiert. Geisler mußte gehen, die Leitung übernahm Erich Rümmler[63]. Die Zuständigkeit für den Bunker unter Haus 8 ging jedoch nicht an den Stellvertreter SBW (Spezialbauwesen), obwohl es dort eine Anleitungslinie „Sicherstellung und kleinere Objekte" gab.[64] Zuständig war vielmehr die neugebildete Abteilung 1. Diese unterstand dem 1. Stellvertreter des Leiters der AGM, Jürgen Buse[65], der die Federführung für die „Sicherstellung der stabsmäßigen Führung" des MfS während „einer Spannungsperiode und des Verteidigungszustandes" sowie das „Beziehen der stationären und Ausweichführungsstellen" inne hatte.[66] Buse hatte bereits

59 Zur AGM/B vgl. Wiedmann, Diensteinheiten, S. 202–204.

60 Leiter der AGM/B, Bericht über die Aufgabenerfüllung der AGM/B sowie die Entwicklung der Situation am Komplex „Filigran" vom 20.10.1987, BStU, MfS, AGM Nr. 773, S. 14.

61 Mielke, Referat auf der Dienstbesprechung zur Mobilmachungsarbeit im MfS [26.2.1988], BStU, MfS, Dst 103458.

62 ZAIG/Bereich 2, Zusammenstellung von Problemen, Einschätzungen und Prüfungsfeststellungen zu ausgewählten Seiten der Arbeit der AGM/B o. D., BStU, MfS, AGM Nr. 114.

63 Zur Biografie vgl. Gieseke, Wer war wer, S. 64.

64 Freitag/Hensel, Bunker, S. 222.

65 Jürgen Buse, lt. KKK Jg. 1941, Lehrer, NVA-Offizier, MfS seit 1968, letzter Dienstgrad Oberst.

66 Leiter der AGM, Hauptaufgaben des Bereiches des 1. Stellvertreters des Leiters o. D., BStU, MfS, AGM Nr. 966, S. 22 f.

Abb. 4: Blick vom unteren Geschoß in das bunkerinterne Treppenhaus. Der unfertige Zustand ist deutlich zu erkennen, Aufnahme 2010.

kurz nach seinem Dienstantritt klar gemacht, dass „der weitere Ausbau […] der geschützten stationären Führungsstelle […] unter Beachtung strenger ökonomischer Gesichtspunkte weiterzuführen“ ist, also spartanisch zu erfolgen habe.[67] In der Halbjahresanalyse 1989 des Leiters der Abteilung 1 findet sich erstmals (!) eine konkrete Beschreibung der Aufgaben *und* des beabsichtigten Fertigstellungstermins des Bunkers: „Für die geschützte stationäre Führungsstelle des Ministers im DK-NO wird gegenwärtig in Zusammenarbeit mit der Abteilung 2 das Forderungsprogramm präzisiert. Die Fertigstellung und Übergabe des Objekts zur Nutzung ist zum 40. Jahrestag des MfS [8. Februar 1990] vorgesehen.“[68]

Dazu kam es nicht mehr. Die friedliche Revolution in der DDR hatte der SED das Herrschaftsmonopol entzogen. Drei Wochen vor dem geplanten Termin schließlich hatten Demonstranten das Areal der Stasi-Zentrale besetzt. Das „Schild und Schwert der Partei“ musste seine Arbeit endgültig einstellen, ohne seine geschützten Führungsstellen jemals genutzt zu haben.

67 AGM/Stellvertreter, Bericht über den Stand der Einsatz und Mobilmachungsbereitschaft in den Organen des MfS von Juni 1988, BStU, MfS, AGM Nr. 1832, S. 38. Freitag weist darauf hin, dass selbst im „Honecker-Bunker“ in dieser Zeit bereits Stellen gestrichen und wichtige Ausrüstungsteile auf Verschleiß gefahren wurden; vgl. Freitag/Hensel, Bunker, S. 222 f.

68 AGM/Abt. 1, 1. Halbjahresanalyse 1989 vom 13.6.1989, BStU, MfS, AGM Nr. 776, S. 2.

Abb. 5: Schleusenbereich des Bunkers von innen nach außen geblickt, Aufnahme 2010.

4.2 Funktion

Weder bei der Aufzählung von Luftschutzräumen[69] noch auf einer Übersicht, die die Staatssicherheit unmittelbar nach Mielkes Ablösung Ende 1989[70] fertigte, erscheint der Bunker im Haus 8. Ein solcher Klotz unterhalb eines in den 1980er-Jahren errichteten DDR-Bürokomplexes ist zudem singulär. Von den serienmäßigen Schutzräumen unterschied er sich durch sein Volumen, seine monolithische Bauweise, durch Schleusen, die für eine hermetische Abriegelung sorgten und die autonome Versorgung über mehrere Tage ermöglichten. Anders als die gewöhnlichen Luftschutzräume konnte er in Friedenszeiten – konstruk-

69 Vgl. Verwaltung Rückwärtige Dienste (VRD)/Abt. Bauwesen III, Übersicht über L[uft] S[chutz]-Bereiche vom 09.01.1984, BStU, MfS, VRD Nr. 217, S. 185.

70 Arbeitsgruppe beim Leiter des A[mtes] f[ür] N[ationale] S[icherheit], Übersicht über die Schutzbauwerke der Ausweichführungsstellen sowie abgesetzte Sendestellen des AfNS, Stand: 20.11.1989, BStU, MfS, AGM Nr. 584, S. 1–6.

Abb. 6: Auf einem benachbarten Bürogebäude (Haus 10) endete in dem „Häuschen“ mit dem pyramidenförmigen Dach der Notausstieg des Bunkers, Aufnahme 2008.

tiv bedingt – kaum für andere Zwecke genutzt werden (z. B. als Lager für militärische Ausrüstungsgegenstände).

Mielke hatte auf seiner Dienstbesprechung – wegen der volkswirtschaftlichen Engpässe, aber auch aufgrund der neuen Verteidigungsdoktrin vom Frühjahr 1987[71] – einer allgemeinen Ausweichplanung eine Absage erteilt und sich damit von einzelnen Forderungen aus seiner Direktive Nr. 1/67 verabschiedet. Statt dessen verlangte er, dass „die Diensteinheiten … aus ihren eigentlichen Dienstobjekten handeln müssen“.[72] Vor allem aus Buses Zuständigkeit ist daher die vorgesehene Funktion des Bunkers abzulesen: Die stabsmäßige Führung der Stasi-Zentrale im Ernstfall.

Dass der Minister selbst dort seinen Platz eingenommen hätte, ist dagegen unwahrscheinlich. Hätten sich die Vorzeichen einer militärischen Auseinander-

71 Zur neuen Verteidigungsdoktrin vgl. Frank Umbach, Das rote Bündnis. Entwicklung und Zerfall des Warschauer Paktes 1955–1991, Berlin 2005, S. 347–385.

72 Mielke, Referat auf der Dienstbesprechung zur Mobilmachungsarbeit im MfS, [26.2.1988], BStU, MfS, Dst 103458, S. 45.

Abb. 7: Sprossenleiter zur Netzersatzanlage. Die Dieselgeneratoren hätten kontaminierte Außenluft angesaugt und damit die eingesetzten Techniker verseuchen können. Für die eigene Dekontamination bedurfte es daher eines kurzen Weges zur Schleuse, Aufnahme 2010.

setzung verdichtet, wäre Mielke als Mitglied des NVR umgehend in eine der außerhalb Berlins liegenden Ausweichführungsstellen gebracht worden.[73]

Unterlagen mit Angaben zu den konkreten Aufgaben der Bunkerbesatzung, woraus sich wiederum die Zusammensetzung, Belegungsstärke und technische Ausstattung ergeben würden, finden sich in den Unterlagen aber nicht.

73 Auf die Frage des Vfs., was mit Mielke geschehen wäre, wenn er beim Ausbruch des Ernstfalls außerhalb Berlins, etwa auf einer Dienstreise, gewesen wäre, antwortete Buse: „Das war nicht vorgesehen!", Gespräch des Verf. mit Buse im April 1990.

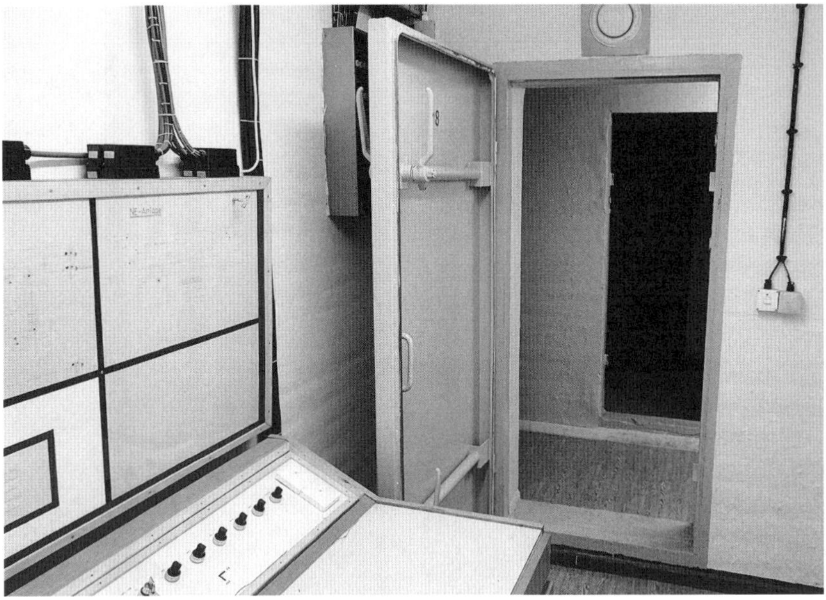

Abb. 8: Bunkerwarte mit Steuerungsanlage für den Bunker, Aufnahme 2010.

4.3. Ausstattung

Der Bunker verfügt über einen Rauminhalt von 2.912 m^3 bei einer Nettogrundrissfläche von 539 m^2.[74] Er war damit knapp halb so groß wie der Bunker in Dammsmühle und hätte folglich höchstens Arbeitsplätze für knapp 100 Personen geboten.

Neben dem normalen Eingang im Kellergeschoß des Archivgebäudes und einem bis zum Erdgeschoß reichenden seitlichen Montageschacht erhielt der Bunker zwei Notausgänge, die in beträchtlicher Höhe endeten. So war gewährleistet, dass Personen den Bunker noch verlassen konnten, wenn von dem darüberliegenden Archivgebäude nur ein Trümmerkegel übrig geblieben wäre. Dass die mächtigen Stützen, die alle darüber liegenden Magazinebenen tragen, bereits im Bunker ihren Ursprung haben, schien keine Gefahr für den Bunker zu bedeuten. Selbst wenn heftige Schwingungen Zwischenwände zerstört hätten, wäre das interne Treppenhaus stabil geblieben. Immerhin begann einer der Gänge zum Notausstieg im Untergeschoss.

Der Zugang erfolgte über das obere Geschoss des Bunkers. In unmittelbarer Nähe war die Bunkerwarte installiert. Von dort wären die Zugänge über-

74 Best, Bunkeranlagen, S. 87.

Abb. 9: Luftfilteranlage mit kyrillischer Beschriftung, Aufnahme 2010.

wacht worden, Anzeigen hätten über die Arbeit bzw. den Ausfall einzelner Ausrüstungselemente informiert und Sensoren auf die Vergiftung der Außenluft hingewiesen. Die Reaktionen darauf wären von der Warte aus erfolgt. Hierfür waren unterschiedliche Betriebszustände des Bunkers möglich. Sie reichten von der Luftversorgung von außen bis zur vollständigen Hermetisierung.

Die äußere Situation sollte die Arbeit im Bunker nicht beeinträchtigen. Wäre also die Außenluft verunreinigt gewesen, etwa durch Rußpartikel, hätten Filter die Reinigung der Zuluft übernommen. Nach einem Angriff mit Massenvernichtungsmitteln hätte der Bunker luftdicht verschlossen („hermetisiert") werden können. Dann wäre die vorhandene Luft umgewälzt, immer wieder gereinigt und über die Klimaanlage verteilt worden. Ein leichter Überdruck hätte das Eindringen verunreinigter Luft verhindern sollen.

Abb. 10: Einbetonierte Dieseltanks, Aufnahme 2010.

Die Ausstattung des Bunkers war folglich dafür ausgelegt, mehrere Tage unabhängig von der Außenwelt arbeitsfähig zu bleiben. Ein im Bunker befindliches Notstromaggregat etwa hätte bei Ausfall der Energiezufuhr die autonome Stromversorgung übernommen. Dieses Aggregat wurde mit Diesel betrieben, der in einbetonierten Tanks vorgehalten wurde.

Der Bunker verfügte über eine Großküche.[75] Zur autonomen Versorgung waren überdies Wassertanks und eine Wasseraufbereitungsanlage installiert worden.

Leistungsfähige Kommunikationsmittel sollten – drahtlos oder über Kabel – die Verbindung zur Außenwelt, insbesondere zu weiteren Stasi-Bunkern, zu Führungsstellen der anderen bewaffneten Organe sowie denen von Partei und Staat, sicherstellen. Um das zu gewährleisten, hätte ein erheblicher Teil der Bunkerbesatzung aus Fernmeldetechnikern bestanden.

75 Vgl. das Foto in Dietmar Arnold/Ingmar Arnold/Frieder Salm, Dunkle Welten. Bunker, Tunnel und Gewölbe unter Berlin, Berlin 1997, S. 161.

5. Zustand nach 1990

Nach der Auflösung des Staatssicherheitsdienstes diente dessen ehemaliges Zentralarchiv als Zwischenarchiv. Gebündelte Unterlagen aus unzähligen Dienstzimmern wurden dort zusammengeführt. Jeder Winkel wurde zur Lagerung genutzt – bald auch das weitgehend fertig ausgebaute obere Bunkergeschoss. In einigen Räumen des unteren Geschosses dagegen lag noch Werkzeug, als hätten die Monteure ihre Arbeit nur für eine kurze Pause unterbrochen. Zeitweise nahm der Bunker ca. 1.000 laufende Meter dieser Bündel und ca. 650 Säcke mit vorvernichteten Unterlagen, später auch durch unbekannte Chemikalien kontaminierte Akten, auf.[76] Sukzessive wurde dieses Archivgut seit Ende der 1990er-Jahre in die inzwischen ertüchtigten Magazine überführt und die Säcke in der Außenstelle Magdeburg konzentriert.

Die Kücheneinrichtung, die auf einigen Bildern noch zu sehen ist, wurde demontiert. Der zweite Notausstieg wurde im Zuge der Modernisierungsarbeiten im Magazingebäude abgetragen. Ein Wolkenbruch setzte den Gang zum verbliebenen Notausstieg zeitweise unter Wasser.

Interessierte wurden gelegentlich durch die unterirdischen Räume geführt. 2012 hat der BStU den Bunker vom Eigentümer, der Bundesimmobilienverwaltung, abgemietet.

6. Resümee

Der Staatssicherheitsdienst war nach seinem Selbstverständnis „Schild und Schwert der Partei“. Doch das wichtigste Schutzbauwerk in seiner Zentrale war selbst nach acht Jahren Bauzeit längst noch nicht fertiggestellt. In den 1970er-Jahren angebahnt, hätte es wohl in einem militärischen Konflikt der 1990er-Jahre nicht bestehen können. Schon Mitte der 1980er-Jahre mussten die Militärs in Ost und West gleichermaßen einsehen, dass sich ihre bisherigen Annahmen, die Einfluss auf die Gestalt ihrer Bunker hatten, nicht aufrechthalten ließen. Neue Waffensysteme wirkten mit einer solchen Präzision, dass Bunker knapp unter der Erdoberfläche (sog. Grabenschutzbauwerke) keine Sicherheit mehr boten. Im Ostblock sollten Bunker daher künftig in sogenannter Silobauweise errichtet werden, wo sie mindestens 50 m unter der Erdoberfläche lagen.[77]

76 Aufstellung vom 18.9.1992 zur Belegung Bunker, BStU, Dienstregistratur AR 3; Fünfter Tätigkeitsbericht der Bundesbeauftragten für die Stasi-Unterlagen der ehemaligen DDR 2001 (Bundestags-Drucksache 14/7210), S. 98–101.

77 Vgl. Freitag/Hensel, Bunker, S. 198.

Der Bunker unter dem Archiv war den schwindenden Kräften der DDR-Volkswirtschaft zum Opfer gefallen, kein MfS-Stab tauchte darin ab, als im Herbst 1989 Stasi-Dienststellen das Ziel von Demonstrationen wurden. Technologisch war er überholt, bevor er jemals den Betrieb aufgenommen hatte.

Philipp Springer

„Nicht hinterm Mond"

Die Abteilung XII und die internationalen Aktivitäten des MfS

Im Februar 1981 begann für zwei Mitarbeiter der Abt. XII, die bislang fernab von der Berliner Zentrale im Einsatz gewesen waren, eine ungewöhnliche Dienstreise. Der 48-jährige Oberstleutnant Kurt Pabst, Leiter der Abt. XII der BV Dresden, und der 35-jährige Oberleutnant Siegbert J., Referatsleiter in der Abt. XII der BV Halle, flogen via Kuba ins ferne Nicaragua. Auf Bitten des dortigen Innenministeriums unterstützten die beiden MfS-Offiziere 16 bzw. 21 Monate lang den Aufbau eines geheimpolizeilichen Archivs in dem mittelamerikanischen Staat.

Der Einsatz der beiden Mitarbeiter war eine außergewöhnliche Episode in der Geschichte der Abt. XII. Der Aufenthalt der beiden Offiziere in Nicaragua stellte den einzigen längeren Auslandseinsatz des MfS dar, an dem die Abteilung beteiligt war. Darüber hinaus lassen sich in dieser Zeit aber auch andere Kontakte zu ausländischen Geheimpolizeien nachweisen. Die Einbindung der Abt. XII in internationale Aktivitäten unterstreicht einerseits die Bedeutung der Abteilung innerhalb des MfS. Zugleich aber belegt er anschaulich, welche Relevanz Sicherheitsapparate weltweit einer funktionierenden und effizienten Kartei- und Archivverwaltung beimessen.

Die Arbeit des MfS in kommunistisch orientierten Ländern in Übersee hatte schon in den 1950er-Jahren begonnen. „In diesen Ländern ging es weniger um geheimdienstliche Kooperation als vielmehr um den Aufbau bzw. die Modernisierung von Schutz- und Sicherheitsorganen zur Festigung der prokommunistischen Herrschaft."[1] Als „Juniorpartner des KGB"[2] war die Staatssicherheit seit den 1960er-Jahren weltweit aktiv und übernahm dabei eine zentrale Rolle: „Während die Sowjetunion Militärhilfe in großem Umfang leistete, wurde die DDR zu einer festen Größe für die Ausbildung und Aufbauhilfe auf

1 Monika Tantzscher, Die Stasi und ihre geheimen Brüder. Die internationale geheimdienstliche Kooperation des MfS, in: Horch und Guck H. 33, 2001, S. 56–64, hier S. 60.

2 Jens Gieseke, Die Stasi. 1945–1990, München 2012, S. 243.

dem Gebiet der inneren Sicherheit und des Guerillakampfs."[3] Das Engagement des MfS war sehr vielfältig. So reichte etwa die „‚tschekistische Entwicklungshilfe'" der Abt. AGM/S von „Beratertätigkeit und Schulungsmaßnahmen im Ausland" über die „Lieferung von Ausrüstung und Waffen" bis hin zur „Ausbildung von ausländischen Kadern sogenannter Befreiungsorganisationen"[4] in der DDR.

Seit Mitte der 1970er Jahre war auch die Abt. XII in die Zusammenarbeit mit ausländischen Geheimdiensten sozialistischer Entwicklungsländer involviert.[5] Zwar stand die Arbeit der Abteilung nie im Mittelpunkt des Interesses der vom MfS unterstützten Staaten, da deren Bedürfnisse in der Regel im Bereich militärischer Unterstützung lagen. Doch zeigen die beiden Fälle, in denen nachweisbare Aktivitäten der Abt. XII stattfanden, dass insbesondere in Ländern mit Kartei- und Aktenüberlieferungen vorangegangener Regime und somit auch einer größeren bürokratischen Tradition von Seiten der betreffenden Länder Hilfen auch in diesem Bereich erhofft wurden. Und als derartige Staaten, die über solche bürokratische Traditionen verfügten, lassen sich Kuba und Nicaragua beschreiben – beide mittelamerikanischen Länder nahmen in den 1970er/80er-Jahren Hilfen der Abt. XII in Anspruch.

Erste Kontakte zum kubanischen Innenministerium

Die vermutlich ersten Kontakte der Abteilung nach Kuba gingen auf eine Anfrage des kubanischen Ministers des Inneren, Sergio del Valle Jiménez, an Erich Mielke vom Februar 1976 zurück. In seinem Schreiben hatte der kubanische Minister um einen „Erfahrungsaustausch" mit Experten des MfS gebeten.[6] Neben einer Delegation aus dem Bereich Abwehr, die im Vorfeld des für 1978 in Havanna geplanten Festivals der Jugend und Studenten Kenntnisse in der DDR sammeln sollte, wollte del Valle auch eine Expertengruppe der Direktion Identifizierung in die DDR reisen lassen. Diese Gruppe sollte sich, so der Wunsch des Kubaners, im VEB Carl Zeiss, im VEB Filmfabrik Wolfen und im Institut für Marxismus-Leninismus über Technik und Einsatz von Mikrofilmanlagen und Mikrofilmkarteien informieren. Offenbar traf der kubanische Wunsch das MfS unvorbereitet, denn erst zwei Monate nach Eintreffen des Schreibens erhielt die zuständige Abt. X ein – vermutlich vom örtlichen MfS-Vertreter verfasstes –

3 Ebd., S. 243.

4 Thomas Auerbach, Einsatzkommandos an der unsichtbaren Front. Terror- und Sabotagevorbereitungen des MfS gegen die Bundesrepublik Deutschland, Berlin 1999, S. 80.

5 Für erste Hinweise darauf vgl. Roland Wiedmann, Die Diensteinheiten des MfS 1950–1989. Eine organisatorische Übersicht, Berlin 2012 (MfS-Handbuch), S. 80 f.

6 Minister des Inneren/Sergio del Valle Jiménez, Schreiben an Mielke, 10.2.1976, BStU, MfS AS 54/87, S. 34–36 (Übersetzung durch das MfS vgl. S. 30–32).

Telegramm aus Havanna, in dem über die Hintergründe informiert wurde.[7] Danach handelte es sich bei der „Nationalleitung für Identifizierung“ um ein „zentrales Archiv [...], in dem alle bisher angefallenen Personen registriert und ihre Akten abgelegt sind“. Dieses Archiv war für den gesamten, also auch für den zivilen Staatsapparat zuständig, allerdings wurde das „Teilgebiet Sicherheit“, so die Nachricht aus Havanna, „durch bestimmte Regeln der Konspiration und der Anwendung eines Codes“ von den zivilen Teilen des Archivs getrennt verwahrt.

Der Leiter dieses Archivs, Major Eduardo Reyes, sollte zu diesem Zeitpunkt die Delegation in die DDR anführen.[8] „Den Hintergrund für den Delegationsbesuch“, so das Telegramm weiter, „bildet die Entscheidung von Minister del Valle, in diesem Bereich durch die Anwendung von Technik eine weitere kader- und gebäudemässige Ausdehnung zu vermeiden. Die kubanische Seite erwartet Unterstützung bei der Einführung moderner Technik (moderne Registratur, Fototechnik für Mikro u.s.w.).“

Wenige Tage später notierte der Leiter der für internationale Verbindungen zuständigen Abt. X, Willi Damm, die Entscheidung Mielkes, nach der der Besuch der Kubaner geprüft und vorbereitet werden sollte. Allerdings widersprach der Minister der Forderung, die beiden Betriebe und das IML aufsuchen zu dürfen. Vielmehr sollte sich der Besuch der Kubaner allein auf den „Bereich MfS / General Scholz + HA IX“[9] beschränken. Ob bei dieser Entscheidung Sicherheits- bzw. Konspirationsgründe eine Rolle spielten oder eher der Wunsch des Ministers, die Modernität seiner eigenen Geheimpolizei zu demonstrieren, muss offen bleiben. Auch wenn die Abt. XII von Mielke offenbar nicht ausdrücklich genannt worden war, so „verbarg“ sie sich hinter der Nennung von General Alfred Scholz, der zu diesem Zeitpunkt die Abteilung in seinem Anleitungsbereich verwaltete.[10]

Tatsächlich aber sandte Damm zunächst nur der HA IX ein entsprechendes Schreiben, in dem auch das „Studium des kompletten Systems der Linie Dokumator für Mikrofilme“ und für „Mikrokarteikarten“ als Interessensschwerpunkte der kubanischen Delegation genannt wurden.[11] Zwei Wochen später hieß es in einem weiteren Schreiben Damms an den Leiter des Operativ-Technischen Sektors, dass die Fragen auf dem Gebiet der Mikrofilmtechnik von der

7 Vgl. Abschrift des Telegramms aus Havanna an den Leiter der Abt. X, Oberst Damm, 11.5.1976, BStU, MfS AS 54/87, S. 33. Dort auch die folgenden Zitate.

8 Im Juli wird Major Orlando Ibanez Alfaro als Delegationsleiter genannt; vgl. Abt. X/Leiter Damm, Schreiben an OTS/Leiter betr. Zusammenarbeit mit den kubanischen Sicherheitsorganen, 7.7.1976, BStU, MfS AS 54/87, S. 13.

9 Damm, hs. Notiz, 14.5.1976, notiert auf der Übersetzung des Schreibens des Ministers des Inneren/Sergio del Valle Jiménez an Mielke, 10.2.1976, BStU, MfS AS 54/87, S. 30–32, hier S. 30 (Originalschreiben vgl. S. 34–36).

10 Vgl. Wiedmann, Diensteinheiten, S. 82.

11 Vgl. Abt. X/Leiter Damm, Schreiben an HA IX/Leiter betr. Zusammenarbeit mit den Sicherheitsorganen der Republik Kuba, 17.5.1976, BStU, MfS AS 54/87, S. 28 f., hier S. 28.

Abt. XII übernommen werden sollten.[12] Aufgrund ihrer langjährigen Erfahrung mit dem Einsatz solcher Technik war die Abteilung prädestiniert für einen derartigen Informationsbesuch.

Auch wenn Details über den tatsächlichen Verlauf des Besuchs der kubanischen Delegation nicht zu ermitteln sind, so waren zumindest die Vorbereitungen dafür vermutlich die ersten Aktivitäten der Abt. XII auf dem Gebiet der Zusammenarbeit mit Geheimpolizeien außereuropäischer Staaten.

Die Vorbereitung der Einsätze in Kuba und Nicaragua

Um eine andere Dimension des Informationsaustauschs ging es, als im Jahr 1980 erneut archivfachliche Bitten aus Mittelamerika das MfS erreichten. So hatten sich in der ersten Hälfte des Jahres die Sicherheitsorgane Nicaraguas an das MfS gewandt, um „Unterstützung beim Aufbau des zentralen Archivs der Sicherheitsorgane“[13] zu erhalten. Im Fall von Kuba ist es ein Schreiben mit ähnlicher Bitte, das der Leiter OTS des MfS von einem Leitertreffen in Havanna vom 14. bis 24. November 1980 mitgebracht hatte.[14] Angesichts der kubanischen Aktivitäten in Nicaragua dürfte die Initiative zur nicaraguanischen Anfrage vermutlich auch von dieser Seite unterstützt worden sein. Im Übrigen ist davon auszugehen, dass derartige Bitten kaum ohne Wissen bzw. Einflussnahme des sowjetischen Geheimdienstes auf den Weg gebracht wurden. In einem Bericht vom April 1981 heißt es zum Wunsch der kubanischen Geheimpolizei-Archivare nach einem verbesserten System der EDV-Auskunft: „Durch sowjetische Genossen ist ihnen bekannt, daß wir auf diesem Gebiet bereits umfangreiche Erfahrungen besitzen und bereits fortgeschritten sind.“[15]

12 Vgl. Abt. X/Leiter Damm, Schreiben an OTS/Leiter betr. Zusammenarbeit mit den Sicherheitsorganen der Republik Kuba, 2.6.1976, BStU, MfS AS 54/87, S. 28 f., hier S. 28.

13 Abt. X/Leiter Damm, Schreiben an den Stellv. d. Min. Neiber betr. Zusammenarbeit mit den Sicherheitsorganen der Republik Nikaragua, 4.9.1980, BStU, MfS, Abt. X Nr. 790, S. 398. In dem Schreiben erwähnt Damm die Bitte der Sicherheitsorgane mit Verweis auf ein Schreiben vom 8.8.1980. Die „Gewährung von Unterstützung beim Aufbau des zentralen Archivs der Sicherheitsorgane Nikaraguas“ und die dazu notwendige Entsendung von zwei MfS-Spezialisten wird bereits in der von Mielke bestätigten Liste von Hilfsmaßnahmen vom 3.9.1980 erwähnt; vgl. Abt. X/Damm, Vorschlag zur Weiterführung der solidarischen Hilfe und Unterstützung für die Sicherheitsorgane der Republik Nikaragua, 3.9.1980, BStU Abt. X 327, S. 229–232, hier S. 229.

14 Vgl. OTS/Leiter Schmidt, Schreiben an den Leiter der Abt. X betr. Zusammenarbeit mit dem MININT der Republik Kuba, 22.12.1980, BStU, MfS, Abt. X Nr. 1657, S. 3.

15 Ergänzungen des Gen. OSL Pabst zu seinem Bericht über den Arbeitsaufenthalt in Kuba (Archivwesen – Linie XII), undat., BStU, MfS, Abt. X Nr. 1657, S. 58–60, hier S. 59. In dem Bericht heißt es weiter, dass „moderne Anlagen durch die Sowjetunion geliefert würden“, was der Berichterstatter Kurt Pabst kommentiert: „Zu diesem Problem haben wir uns grundsätzlich nicht geäußert.“

Sowohl in Kuba als auch in Nicaragua waren der Auf- bzw. Ausbau der Archive des jeweiligen Ministeriums des Innern der Anlass für die Bitten um Unterstützung. Beide Archive basierten auf den Beständen derjenigen Regime, die sie vor der jeweiligen Revolution (1959 bzw. 1979) angelegt hatten. Diese Archive waren – vor allem im Fall von Kuba – nach der Machtübernahme der sozialistischen Regime durch die Geheimpolizeien der beiden Länder ausgebaut worden.

Auch wenn die an das MfS gerichteten Bitten durchaus Ähnlichkeiten aufwiesen und somit auf ähnliche Probleme der beiden Geheimpolizeien hindeuten, so dürfte das kubanische Archiv zum Zeitpunkt der Anfrage professioneller organisiert gewesen zu sein. Mit insgesamt 8.145.418 „Auskunftsmaterialien“[16] dürfte es auch wesentlich größer gewesen sein als das nicaraguanische, das über rund 250.000 personenbezogene Karteikarten, 500.000 Fotos und zehntausende von Akten, die das gestürzte Somoza-Regime hinterlassen hatte, verfügte.[17] Der Grad der Professionalisierung lässt sich aus dem Katalog der Wünsche erahnen, der durch den Leiter OTS übermittelt wurde.[18] Danach baten die Kubaner um Beratung „durch Spezialisten der DDR“ auf unterschiedlichen Feldern des Archivwesens. Ihnen ging es um die Organisationsstruktur, um „allgemeine Arbeitsverfahren“, um Fragen der Dezentralisierung, um die Zusammenarbeit mit den „Nutzerorganen“ (damit waren andere Behörden als die kubanische Geheimpolizei gemeint), um Methoden der Aufbereitung, um Mikroverfilmung, um Konservierung und Restaurierung, um die Lagerung der Archivalien, um Fragen der Evakuierung „in Kriegszeiten“, um die „konstruktiven Charakteristiken eines neuen Gebäudes, das man projektiert“ und um einen günstigen Kredit zum Erwerb der notwendigen Geräte.

Am 9. Februar 1981 sagte Oberst Roth dem Leiter der Abt. X, Generalmajor Damm, die Unterstützung der Abt. XII zu. Nicht ohne Stolz teilte er mit: „Zu den durch die Kubanischen Sicherheitsorgane formulierten Fragen liegen auf der Linie XII umfangreiche Erfahrungen vor, die in der Praxis erprobt sind und sich bewährt haben.“[19] Zugleich reagierte er zurückhaltend auf den Vorschlag, „die Dienstreise von zwei Spezialisten der Linie XII zum MdI der Republik

16 Der Begriff „Auskunftsmaterialien“ stammt aus der vom MfS angefertigten Übersetzung des Wortes „expedientes“, das im spanischsprachigen Original der kubanischen Wunschliste verwendet wird; vgl. OTS/Leiter Schmidt, Schreiben an den Leiter der Abt. X betr. Zusammenarbeit mit dem MININT der Republik Kuba, 22.12.1980, BStU, MfS, Abt. X Nr. 1657, S. 3–7, hier S. 5 u. 7.

17 Vgl. Zusammenfassender Bericht des Gen. OSL Pabst über den Aufbau des Archivs des MdI Nikaraguas, 19.10.1982, BStU, MfS, Abt. X Nr. 790, S. 126–145, hier S. 131 u. 142.

18 Vgl. im Folgenden OTS/Leiter Schmidt, Schreiben an den Leiter der Abt. X betr. Zusammenarbeit mit dem MININT der Republik Kuba, 22.12.1980, BStU, MfS, Abt. X Nr. 1657, S. 3–7.

19 Abt. XII/Leiter Roth, Schreiben an Abt. X/Leiter Damm betr. Zusammenarbeit mit den Sicherheitsorganen der Republik Kuba, 9.2.1981, BStU, MfS, Abt. X Nr. 1657, S. 38 f., hier S. 38.

Nicaragua für diese Aufgabe mit einzusetzen". Da diese beiden Spezialisten bislang nur in Bezirksverwaltungen des MfS eingesetzt gewesen sein, reichten ihre Kenntnisse, so Roth, nur für „Vorkonsultationen" aus. Anschließend sollten dann zwei „sachkundige leitende Mitarbeiter der Abteilung XII des MfS" nach Kuba entsandt werden und dort auf der Basis von „Erfahrungen in der Zentrale und archivwissenschaftlichen Kenntnissen" den Aufbau des kubanischen Zentralarchivs begleiten.

Mit den zwei Mitarbeitern der XII, die laut Roth nur für die offenbar weniger wichtig erachtete Beratungstätigkeit in Nicaragua qualifiziert schienen, waren Oberstleutnant Kurt Pabst, Leiter der Abt. XII der BV Dresden, und Oberleutnant Siegbert J., Leiter des Referats Archivwesen der Abt. XII der BV Halle, gemeint. Die beiden waren nämlich bereits im Sommer 1980 für das andere Mittelamerika-Projekt der Abt. XII, den Einsatz in Nicaragua, ausgewählt worden.

Blickt man auf den zeitlichen Ablauf dieses Projektes, so überrascht die Geschwindigkeit, mit der die Abt. XII hier zum Einsatz kam. Die DDR hatte unmittelbar nach dem Sieg der Sandinisten über das Somoza-Regime im Juli 1979 die neue Führung anerkannt und diplomatische Beziehungen aufgenommen.[20] In den folgenden Jahren unterstützte die DDR das Land aus politischen und ökonomischen Gründen. Gleichzeitig engagierte sich auch das MfS in unterschiedlichen Bereichen – nicht zuletzt bei der Überwachung der Nicaraguaner in der DDR und der westdeutschen Solidaritätsbewegung[21]. Auf 60 bis 80 Offiziere schätzt John Koehler, dessen Darstellung vor allem auf Interviews ehemaliger Mitarbeiter basiert, die durchschnittliche Größe des im Land präsen-

20 Vgl. im Folgenden – allerdings ohne Hinweise auf das Engagement der Abt. XII – Merlin Berge/Nikolaus Werz, „Auf Tschekisten der DDR ist Verlaß". Das Ministerium für Staatssicherheit und Nicaragua, in: Zeitschrift des Forschungsverbundes SED-Staat 27 (2010), S. 168–176; John O. Koehler, Stasi. The untold story of East German secret police, Boulder/Oxford 1999, S. 297–310; J. Michael Waller, Nicaragua: Tropical Chekists, in: Ilan Berman/J. Michael Waller (Hg.), Dismantling Tyranny. Transitioning Beyond Totalitarian Regimes, Lanham/Boulder/New York/Toronto/Oxford, 2006, S. 107–135; J. Michael Waller, Tropical Chekists: The Secret Police Legacy in Nicaragua, in: Demokratizatsiya. The Journal of Post-Soviet Democratization 12 (2004), H. 3, S. 427–449 (Waller war in den 1980er-Jahren auf Seiten der Contras in die Kämpfe gegen die Sandinisten in Nicaragua involviert; vgl. http://studynationalsecurity.org/about-nse/who-we-are/our-people/j-michael-waller-provost/; http://www.publiceye.org/huntred/Hunt_For_Red_Menace-11.html, abgerufen am 26.3.2014). Zu den Aktivitäten der DDR in Nicaragua vgl. auch Klaus Storkmann, „Die Verteidigung der Revolution in Nicaragua unterstützen". Militärbeziehungen und Militärhilfen der DDR, in: Erika Harzer/Willi Volks (Hg.), Aufbruch nach Nicaragua. Deutsch-deutsche Solidarität im Systemwettstreit, Berlin 2008, S. 170–179; Gerhard Ehlert/Jochen Staadt/Tobias Voigt, Die Zusammenarbeit Zwischen [sic] dem Ministerium für Staatssicherheit der DDR (MfS) und dem Ministerium des Innern Kubas (MININT), Berlin 2002, S. 55–59.

21 Vgl. Erika Harzer, Von operativen Maßnahmen und geheimen Bewegungsmeldern. Die Überwachung der bundesdeutschen Solidaritätsbewegung durch die Staatssicherheit, in: Erika Harzer/Willi Volks (Hg.), Aufbruch nach Nicaragua. Deutsch-deutsche Solidarität im Systemwettstreit, Berlin 2008, S. 162–169.

Abb. 1: Kurt Pabst, um 1970.

ten MfS-Postens: „The primary task of this group was to systematically construct a Nicaraguan General Directorate of State Security […] that was identical in structure and operational doctrine to the Stasi.“[22]

Zu den ersten MfS-Abteilungen, die aktiv wurden, zählte die Abt. XII, die bereits ein Jahr nach der Revolution den Einsatz ihrer beiden Mitarbeiter vorbereitete. Den Hintergrund für das intensive Engagement bildete offensichtlich eine Beratung von Vertretern der Sicherheitsorgane der Sowjetunion, der ČSSR, Bulgariens, Kubas und der DDR über die Situation in Nicaragua am 12./13. Mai 1980 in Berlin.[23] Die Beratung hatte das MfS angeregt, um die Arbeit der

22 Koehler, Stasi, S. 298.

23 Vgl. die Niederschrift über die multilaterale Beratung von Vertretern der Sicherheitsorgane der UdSSR, der ČSSR, der VR Bulgarien, Kubas und der DDR über Nikaragua am 12./13.5.1980 in Berlin, BStU, MfS, Abt. X Nr. 78, S. 72–112. Vgl. auch Ehlert/Staadt/Voigt, Zusammenarbeit, S. 56f.

verschiedenen Geheimpolizeien zu koordinieren. Die Frage der Unterstützung beim Aufbau von Archiven wurde, folgt man dem Protokoll der Sitzung, allerdings nicht ausdrücklich thematisiert.

Beim Verfahren, in dem Pabst und J. schließlich ausgewählt wurden, hatte die Abt. XII offenbar relativ freie Hand. Roth unterbreitete am 13. August 1980 eine kommentierte Liste mit sechs Namen – vier davon waren die (männlichen) Angehörigen der Abt. XII, die über eine „abgeschlossene Ausbildung auf dem Gebiet des Archivwesens“[24] verfügten. Die anderen beiden waren der genannte Kurt Pabst und der Leiter der Abt. XII der BV Neubrandenburg, Gerhard Zimmermann. Eine Aufstellung vom 22. August 1980 umfasste ebenfalls sechs Namen – allesamt Mitarbeiter der Zentrale. Weitere Beurteilungen in den Akten lassen den Schluss zu, dass darüber hinaus noch zwei, drei andere Personen im Blick waren. Siegbert J. vermutet im Interview sogar, dass die Zahl derjenigen, die in die engere Auswahl gerieten, vermutlich noch größer war. So seien die Kaderoffiziere der Abt. XII „durch die Republik gereist“ und hätten in den BVs nach geeigneten Kandidaten gesucht. Allein in Halle seien neben ihm selbst noch zwei weitere Mitarbeiter kontaktiert worden. Dies habe er jedoch erst nach seinem Einsatz erfahren, denn: „Wir sollten alle den Mund halten.“[25]

Die Kriterien für die endgültige Auswahl von Pabst und J. sind in den Dokumenten nicht zu finden, doch werden bei den ausgeschiedenen Kandidaten Probleme wie Übergewicht, Stottern, ledig, kleine Kinder, „schwerfällig, unbeweglich“, Alkoholprobleme und ein Schwager mit brieflichen Westverbindungen genannt, also die üblichen Fakten, die einen Mitarbeiter aus Sicht des MfS in irgendeiner Form als problematisch erscheinen ließen. Da nur einer der Mitarbeiter über Kenntnisse der englischen und niemand der spanischen Sprache verfügte, fiel die Sprache als Auswahlgrund aus.

Letztlich war es also wohl eine Kombination aus einer kaderpolitisch untadeligen Biografie, einer überzeugenden Persönlichkeit, gesundheitlichen Voraussetzungen, Erfahrungen außerhalb der Abt. XII und des MfS und schließlich spezifischen Kenntnissen, die die beiden MfS-Offiziere zu geeigneten Kandidaten für einen derartigen Auslandseinsatz werden ließ. Gleichwohl überrascht es, dass beide Mitarbeiter über keine Erfahrungen in der Arbeit der Abt. XII in der Berliner Zentrale verfügten. Möglicherweise war dies aber auch – anderthalb Jahre nach der Flucht von Oberleutnant Werner Stiller – Teil der Strategie, denn auf diese Weise stellten die beiden Offiziere eine geringere Gefahr für das MfS dar, sollte es, aus welchen Gründen auch immer, zum Verrat von Geheimnissen im Ausland kommen.

24 Abt. XII/Leiter Roth, Vorschläge zur Auswahl von Kadern zur Unterstützung eines befreundeten Landes beim Aufbau und der Entwicklung des Archivwesens, 13.8.1980, BStU, MfS, Abt. XII Nr. 2161, S. 13–16. Vgl. dort auch im Folgenden.

25 Interview des Verf. mit Siegbert J. am 1.7.2014.

An der unbedingten Loyalität der beiden Kandidaten konnte allerdings kein Zweifel bestehen. Kurt Pabst, 1932 im thüringischen Mühlhausen als Sohn eines Arbeiters und einer Stickerin geboren, hatte nach einer Lehre zum Maschinenschlosser 1951 als Wachtmeister beim Betriebsschutz der Volkspolizei angefangen und war bereits ein Jahr später vom MfS eingestellt worden.[26] Nach dem Besuch der Schule in Potsdam-Eiche war er sieben Jahre bei der HA III/1 in Berlin. Während dieser Zeit absolvierte er ein Fernstudium zum Finanzwirtschaftler, bevor er zur BV Dresden als stellvertretender Referatsleiter der Abt. III ging. Qualifikationen für seinen Auslandseinsatz holte er sich offensichtlich vor allem als Leiter des Arbeitsgebietes Analytik in der Auswertungs- und Informationsgruppe der BV Dresden und von 1969 bis 1973 als Offizier im besonderen Einsatz (OibE) bei der Kriminalpolizei Dresden, wo er als Leiter eines „neugebildeten und im Aufbau befindlichen spezifischen Karteimittels“ eingesetzt wurde. Anschließend wurde Pabst dann Leiter des selbstständigen Referates XII der BV Dresden und 1978 zum Oberstleutnant befördert.

Auch der 1945 in Wolmirsleben bei Magdeburg geborene Siegbert J. verfügte weder über eine archivfachliche Ausbildung noch über Auslandserfahrung.[27] Nach einer Lehre als Bergbaumaschinist war er zehn Jahre Berufssoldat. Insbesondere seine dortige Tätigkeit als Leiter der Chiffrierzentrale einer Motorisierten Schützendivision dürfte für den späteren Auslandseinsatz nicht unwesentlich gewesen sein, zumal die Chiffriertechnik der NVA mit der des MfS „gleichzusetzen“[28] war. Außerdem hieß es in der Beurteilung J.s am Ende seiner NVA-Zeit: „In schwierigen Situationen neigte er dazu, mit dem Einsatz seiner ganzen Person Höchstleistungen zu vollbringen, ohne sich dabei auf die Kraft seines Kollektivs zu stützen.“[29] Schließlich dürften auch seine Erfahrungen in der operativen Arbeit eine Rolle gespielt haben: J. war von 1965 bis 1974 IM gewesen und hatte sich dabei „durch gewissenhafte Auftragserfüllung“ und durch die Erarbeitung „operativ wertvolle[r] Informationen“[30] ausgezeichnet.

Nach Ablauf seiner NVA-Zeit verpflichtete ihn das MfS und setzte ihn im SR XII der BV Halle ein. Hier arbeitete er zunächst als Datenumsetzer, dann als Fahndungsoffizier im Referat Personenkartei,[31] seit Oktober 1976 schließlich

26 Vgl. im Folgenden Abt. XII/Leiter Roth, Vorschlag für den Einsatz eines Kaders in einem befreundeten Land, 4.9.1980, BStU, MfS, Abt. X Nr. 790, S. 531–535; BStU, MfS KKK Pabst.

27 Vgl. im Folgenden Abt. XII/Leiter Roth, Vorschlag für den Einsatz eines Kaders in einem befreundeten Land, 1.10.1980, BStU, MfS, Abt. X Nr. 790, S. 539–543; BStU, MfS KKK J[…].

28 BV Halle/Abt. KuSch, Vorschlag zur Einstellung von Siegbert J[…], 10.10.1974, BStU, MfS, KS 5875/90, S. 18–25, hier S. 24.

29 NVA/Dienststelle Halle/Major Mey, Beurteilung Stabsfeldwebel Sigbert J[…], 16.11.1974, BStU, MfS, KS 5875/90, S. 122f., hier S. 123.

30 BV Halle/Abt. KuSch, Vorschlag zur Einstellung von Siegbert J[…], 10.10.1974, BStU, MfS, KS 5875/90, S. 18–25, hier S. 24.

31 Vgl. BV Halle/Abt. XII, Vorschlag zur Beförderung von Siegbert J[…], 18.6.1976, BStU, MfS, KS 5875/90, S. 48.

im Referat 3 (Archiv). Dieses Referat leitete er seit 1977 kommissarisch – zum 1. Oktober 1980 sollte er eigentlich in dieser Funktion dauerhaft bestätigt werden. J. hatte somit vier Jahre Erfahrungen in der Archivarbeit sammeln können, bevor er die nicaraguanischen Ex-Revolutionäre darin anleiten sollte.

Der Einsatz in Kuba

Der Einsatz von Pabst und J. begann im Frühjahr 1981, nachdem die beiden zuvor einen dreimonatigen Sprachintensivkurs am „Sprachinstitut Dammsmühle", dem Institut für Fremdsprachen des MfS, absolviert hatten.[32] Über den Einsatzort waren die beiden Mitarbeiter – aus Gründen der Konspiration – lange im Unklaren gelassen worden, wie sich J. im Interview erinnert. Erst in Dammsmühle hätten sie erfahren, dass sie Spanisch lernen sollten, weshalb ihnen Kuba als Ziel wahrscheinlich schien. Von ihrem tatsächlichen Einsatzort Nicaragua erfuhren Pabst und J. wohl erst auf Kuba.[33]

Als Leiter der Delegation verfasste Pabst im Anschluss an den etwa vier- bis sechswöchigen Aufenthalt auf Kuba einen umfangreichen Bericht für das MfS, in dem er das Zentralarchiv in Havanna vorstellte und die wichtigsten Probleme benannte.[34] Beschrieben werden in seinem Bericht u. a. die Struktur des Archivs, die technische Ausstattung, der Aufbau der Karteien, der Ablauf der Überprüfungen und die Qualität der Konspiration. Die beiden wichtigsten Bereiche des Zentralarchivs waren die „Geheimablage", in der „Informationen des Abwehrorgans" gesammelt wurden und das somit dem Staatssicherheitsorgan entsprach, und der Bereich der „öffentlichen Beziehungen", in dem Material der Volkspolizei gesammelt wurde. Beide Bereiche verfügten über Karteien und Archivablagen. In der zum Teil EDV-mäßig erfassten Personenkartei der

32 Vgl. Abt. X/Leiter Damm, Schreiben an HA KuSch/Leiter betr. Zusammenarbeit mit befreundeten Sicherheitsorganen, 16.9.1980, BStU, MfS, Abt. X Nr. 790, S. 529; Abschrift HA KuSch/AG „S", Auszug aus dem Befehl Nr. K 5206/80, 14.10.1980, BStU, MfS, HA KuSch Dos 7067/92, S. 50. Der Monat April 1981 als Beginn wird genannt in Abt. X/Leiter Damm, Vorschlag zur Unterstützung der Sicherheitsorgane der Republik Kuba beim Aufbau und der Entwicklung eines Zentralarchivs des MdI, 12.5.1981, BStU, MfS, Abt. X Nr. 1657, S. 68f., hier S. 68. Allerdings datiert der Vermerk der HVA/III/6 (BStU, MfS, Abt. X Nr. 1657, S. 45f.) zum „Zusammenfassenden Bericht" der beiden entsandten Mitarbeiter (BStU, MfS, Abt. X Nr. 1657, S. 48–57) bereits vom 10.4.1981 – möglicherweise waren demnach Pabst und J. bereits im März 1981 in Kuba.

33 Vgl. Interview des Verf. mit Siegbert J. am 1.7.2014. Ob Pabst als Vorgesetzter allerdings möglicherweise besser über den Einsatzort informiert war, muss offen bleiben.

34 Vgl. im Folgenden o.A., Zusammenfassender Bericht über die Beratungen mit den kubanischen Genossen des Zentralarchivs des Ministeriums des Innern der Republik Kuba, undat., BStU, MfS, Abt. X Nr. 1657, S. 48–57; Ergänzungen des Gen. OSL Pabst zu seinem Bericht über den Arbeitsaufenthalt in Kuba (Archivwesen – Linie XII), undat., BStU, MfS, Abt. X Nr. 1657, S. 58–60.

Abteilung XII

Berlin, 8. Februar 1982
hi-tei

BStU
000073

Besichtigung in der Mikrofilmstelle des Zentralarchives durch Mitarbeiter der kubanischen militärischen Abwehr

Entsprechend dem bestätigten Vorschlag vom 5. 2. 1982 erfolgte eine Besichtigung und Erläuterung des PENTACTA-Mikrofilmsystems in der Mikrofilmstelle des Zentralarchives der Abteilung XII durch 3 Mitarbeiter der kubanischen militärischen Abwehr.

Die Genossen wurden durch den Mitarbeiter der Abteilung X, Genossen Krull, begleitet, der gleichzeitig als Dolmetscher fungierte.
Die Führung und Erläuterung erfolgte durch Unterzeichneten.

Folgende Geräte wurden vorgeführt und erläutert:

- Aufnahmekamera A 100
- Entwicklerautomat E 100 und E 120
- Kopiergerät K 100
- Dupliziergerät System DD 1
- Rückvergrößerungsgerät R 100 und R 110
- verschiedene Lesegeräte

Die Fragen der kubanischen Genossen, die sich auf das Mikrofilmsystem bezogen bzw. auf allgemeine Probleme der Mikroverfilmung, wurden vollständig beantwortet und geklärt.
Weitere Fragen zur Restaurierung und Konservierung von Dokumenten, Vernichtung von Mikrofilmen in größeren Mengen und Lagerung von Filmen wurden in allgemeiner Form beantwortet, wie es auch in offiziell zugänglicher Literatur nachgelesen werden kann.

Spezielle Auskünfte, die den inhaltlichen Charakter unserer Arbeit, dienstliche Bestimmungen usw. betreffen, wurden nicht erteilt.

Durch die kubanischen Genossen und dem Genossen Krull wurde eingeschätzt, daß das Ziel der Besichtigung erreicht werden konnte.

Es wurde ein Abschlußgespräch im Dienstzimmer des Leiters des Zentralarchivs geführt, wobei die kubanischen Genossen ihren Dank für die gewährte Unterstützung zum Ausdruck brachten.

Stellvertreter des Leiters

Hinz
Oberstleutnant

Abb. 2: Bericht des Leiters des Zentralarchivs, Joachim Hinz, über den Besuch einer kubanischen Delegation in der Abt. XII, 8.2.1982.

„Geheimablage“ waren laut Pabst „ca. 4 Millionen Personen gespeichert“, in der entsprechenden Archivablage rund acht Millionen Akten. Der Umfang des Bereichs der „öffentlichen Beziehungen“ umfasste dagegen weniger als die Hälfte der in der „Geheimablage“ gespeicherten Informationen. Überrascht war Pabst offenbar von dem im Vergleich zum MfS äußerst hohen Frauenanteil unter den Mitarbeitern. Sowohl in der „Geheimablage“ als auch in dem ebenfalls besuchten Bezirksarchiv in Matanzas arbeiteten „überwiegend“ bzw. „fast ausschließlich“ Frauen.[35] Sein Urteil über verschiedene Aspekte des kubanischen Archivs fällte Pabst, wie dieses Beispiel zeigt, ganz offensichtlich vor dem Hintergrund seiner Erfahrungen in der Abt. XII. Kritisch sah Pabst u. a. die unzureichende Auslastung der Verfilmungsgeräte: „Diese Anlagen werden nur im Einschichtsystem ausgelastet. Durch Ausfall von Mitarbeitern werden ständig einige Anlagen nicht genutzt.“[36] Auch würden die Überprüfungsprozesse zu langsam ablaufen.[37] Trotz derartiger Schwachstellen überwog zumindest bei Siegbert J. allerdings der Eindruck, wie er im Interview feststellt, dass die kubanischen Geheimpolizeiarchive sehr gut ausgestattet gewesen seien. „Die waren nicht hinterm Mond“[38], beschreibt er seine Wahrnehmung.

Die Wünsche der kubanischen Geheimpolizei, die Pabst notierte, reichten von Mitteln gegen Schädlingsbefall und „zur schnellen Vernichtung von Aktenbeständen im Kriegszustand“ über „Prospekte“ zu Hebelschubanlagen bis hin zu „Erfahrungen beim Bau eines Archivgebäudes“.[39] Letzteres bezog sich auch auf die Fragen, „welche Anforderungen […] an ein solches Gebäude zu stellen [seien] hinsichtlich der Sicherung im Kriegsfall“ und „wie […] eine schnelle Vernichtung des Archivmaterials bezw. Auslagerung erfolgen“[40] könne. Schließlich äußerten die Kubaner großes Interesse an einem längerfristigen Einsatz von archiverfahrenen MfS-Mitarbeitern in Kuba und an Ausbildungsmöglichkeiten in der DDR.

Auch wenn Pabst laut seinem Bericht umgehend darauf hinwies, dass solche Ausbildungen von Kubanern in der DDR „nicht vorteilhaft“ seien, so lässt sich ein Besuch von drei Mitarbeitern der kubanischen Abwehr im Zentralarchiv des MfS am 8. Februar 1982 als Folge des Aufenthaltes von Pabst und J. in Kuba vermuten. Die Kubaner hatten eine mehrwöchige Ausbildung im VEB Kom-

35 Vgl. o.A., Zusammenfassender Bericht über die Beratungen mit den kubanischen Genossen des Zentralarchivs des Ministeriums des Innern der Republik Kuba, undat., BStU, MfS, Abt. X Nr. 1657, S. 48–57, hier S. 49 u. 57.

36 Ebd., S. 54.

37 Vgl. ebd., S. 50 f.

38 Interview des Verf. mit Siegbert J. am 1.7.2014.

39 Vgl. o.A., Zusammenfassender Bericht über die Beratungen mit den kubanischen Genossen des Zentralarchivs des Ministeriums des Innern der Republik Kuba, undat., BStU, MfS, Abt. X Nr. 1657, S. 48–57, hier S. 55.

40 Ergänzungen des Gen. OSL Pabst zu seinem Bericht über den Arbeitsaufenthalt in Kuba (Archivwesen – Linie XII), undat., BStU, MfS, Abt. X Nr. 1657, S. 58–60, hier S. 58.

binat Pentacon in Dresden hinter sich, bei der sie in das Mikroplanfilmsystem „Pentacta“ eingeführt wurden und nun im MfS Kenntnisse über den praktischen Umgang mit dem System sammeln sollten. In der Vorbereitung des Besuchs legte der Leiter der Archivabteilung, Joachim Hinz, großen Wert darauf, dass die Konspiration gewahrt blieb: „Zur Vorführung der Verfilmung sollen offizielle Dokumente, wie Telefonbuch von Berlin, Prospekte von Mikrofilmsystemen usw. Verwendung finden. [...] Auskünfte zum Charakter unseres Dienstbereiches werden nicht erteilt. Den kubanischen Genossen wird gesagt, daß es sich um eine Mikrofilmstelle handelt, die für die Verfilmung von Dokumenten verschiedenen Charakters geeignet ist.“[41] Auch die Übergabe eines „Ehrengeschenkes“ der Abt. XII – eine Damenuhr – an eine Kubanerin im April 1986 deutet auf einen weiteren Aufenthalt hin.[42]

Der Einsatz in Nicaragua

Der Aufenthalt in Kuba blieb für die beiden MfS-Offiziere Pabst und J. nur eine Zwischenstation, denn ihr eigentlicher Einsatzort war Nicaragua. Zunächst blieben sie hier gemeinsam von März/April 1981 bis Mai 1982 – offenbar mit mindestens einer kurzen Unterbrechung im Januar 1982[43] – und kehrten anschließend in die DDR zurück.[44] J., der inzwischen bereits zur Abt. XII des MfS in Berlin gehörte, absolvierte noch im selben Jahr einen zweiten Aufenthalt, der im Oktober 1982 endete[45] – bereits im Juni 1981 hatte das kubanische Innenministerium bei Mielke erstmals um eine Verlängerung des Einsatzes gebeten.[46]

Neben den beiden Deutschen gehörte auch eine kubanische Beraterin zum Beraterstab des Archivs. Laut Informationen, die Pabst und J. der HV A übermittelten, arbeitete sie eigentlich in einem Bezirksarchiv in Kuba und war seit

41 Abt. XII/Hinz, Vermerk betr. Besichtigung der Mikrofilmstelle des Zentralarchivs durch Mitarbeiter der kubanischen militärischen Abwehr, 5.2.1981, BStU, MfS, Abt. XII Nr. 634, S. 74f., hier S. 74.

42 Vgl. Abt. XII/Leiter Roth, Auszeichnung von Angehörigen der Abt. XII für langjährige verdienstvolle Pflichterfüllung mit Armbanduhren, 18.4.1986, BStU, MfS, Abt. XII Nr. 2161, S. 223.

43 Vgl. Vermerk, 9.12.1981, BStU, MfS, Abt. X Nr. 790, S. 488.

44 Vgl. HV A/III/610, Zum Einsatz des Gen. Oberstleutnant Pabst, Kurt in Nikaragua, 27.5.1982, BStU, MfS, Abt. X Nr. 790, S. 524. Im Interview kann sich Siegbert J. nicht an die genauen zeitlichen Abläufe erinnern; vgl. Interview des Verf. mit Siegbert J. am 1.7.2014.

45 Vgl. HV A/III/610, Zum Einsatz des Gen. Hptm. J[...], Siegbert, in Nikaragua, 20.10.1982, BStU, MfS, Abt. X Nr. 790, S. 151.

46 Vgl. Vermerk über ein Gespräch des VO des MfS mit dem Leiter der Generaldirektion Abwehr des MdI Nikaraguas, Comandante dela Revolución Lenin Cerna, 2.7.1981, BStU, MfS, Abt. X Nr. 790, S. 466–468, hier S. 467f.; Minister des Inneren Tomas Borge, Schreiben an Mielke, 14.12.1981, BStU, MfS, Abt. X Nr. 790, S. 515 (dt. Übersetzung durch das MfS S. 513f.).

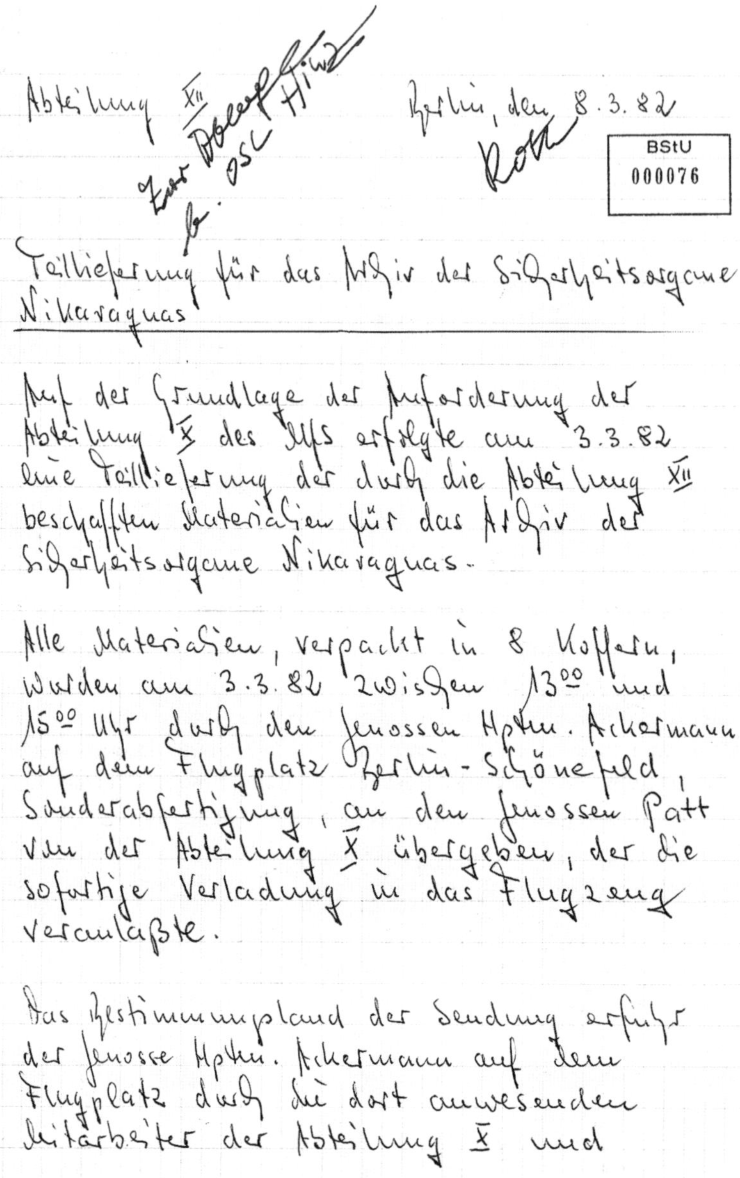

Abteilung XII Berlin, den 8.3.82

BStU 000076

Teillieferung für das Archiv der Sicherheitsorgane Nikaraguas

Auf der Grundlage der Anforderung der Abteilung X des MfS erfolgte am 3.3.82 eine Teillieferung der durch die Abteilung XII beschafften Materialien für das Archiv der Sicherheitsorgane Nikaraguas.

Alle Materialien, verpackt in 8 Koffern, wurden am 3.3.82 zwischen 13^{00} und 15^{00} Uhr durch den Genossen Hptm. Ackermann auf dem Flugplatz Berlin-Schönefeld, Sonderabfertigung, an den Genossen Patt von der Abteilung X übergeben, der die sofortige Verladung in das Flugzeug veranlaßte.

Das Bestimmungsland der Sendung erfuhr der Genosse Hptm. Ackermann auf dem Flugplatz durch die dort anwesenden Mitarbeiter der Abteilung X und

Abb. 3–4: Die Abt. XII unterstützte das Archiv der nicaraguanischen Geheimpolizei auch durch die Lieferung von Archivmaterialien. Diese Unterstützung sollte innerhalb der Abteilung geheim bleiben. Im März 1982 erfuhr jedoch ein Mitarbeiter bei der Übergabe an die Abt. X versehentlich das Ziel der Sendung. Der Leiter des Zentralarchivs, Joachim Hinz, berichtete anschließend über die Verletzung der Konspiration.

anderer Diensteinheiten.
Bis dahin hatte er lediglich den persönlichen Auftrag, Materialien für die internationale Solidarität an den Genossen Patt von der Abteilung X zu übergeben.

Davon, daß der Genosse Hptm. Ackermann Materialien für die internationale Solidarität zum Flugplatz gebracht hat, wußten seine Dienstvorgesetzten, Genossin Major Zander und Genosse Major Handke
Zum Bestimmungsland hat er nach eigenen Angaben keine Auskünfte gegeben.

Genosse Hptm. Ackermann wurde nochmal darüber belehrt, daß er alle Aufgaben in diesem Zusammenhang persönlich zu erledigen hat und ohne einen besonderen Auftrag mit niemandem darüber sprechen darf.

<u>Anlage:</u>
Versandliste

Oberstleutnant

BStU 000078

Versand' te Nr. .... Dienstein it XII Datum 3.3.82

Internationale Solidarität

Lfd. Nr.	Verpackungs-art	Ab-messung	Volumen	Gewicht kg	Anzahl der Artikel	Bezeichnung der Artikel	Wert M
01	Koffer			12,5	2	1 Rolle Plombenschnur 2000 Kerblochkarten K 5, ohne Schlüssel	
02	Koffer			31,2	9	5 Ahlen 3 Kerblochzangen 4 Rollen Sattlerzwirn 2 Rollen Industriezwirn 1 Nähbrett 5 Nähnadeln 4 Pakete Kerblochkarten, unbedr. A 4 1 Paket Kartenretter a 10 Rollen 1 Paket Sichtlochkarten A 4	
03	Koffer			27,0	6	1 Paket Kartenretter a 10 Rollen 2 Nähbretter 3 Rollen Sattlerzwirn 3 Rollen Industriezwirn 2 Pakete Kerblochkarten A 5 2 Pakete Kerblochkarten A 4	
04	Koffer			23,0	2	113 Schnellhefter 39 Postbeutel	
05	Koffer			22,0	4	2 Nähbretter 4 Rollen Sattlerzwirn 3 Rollen Industriezwirn 3 Pakete Kerblochkarten A 4	
06	Koffer			31,5	2	10.000 Rückenschilder 12.000 Klammern	
07	Koffer			24,0	1	28.000 Klammern	
				172,2			
08	Koffer			15,0		Archivbücher 2o Stck 5 Stempe	

Abb. 5: Aufstellung über Archivmaterialien, die im März 1982 von der Abt. XII nach Nicaragua geliefert wurden

rund 20 Jahren im Archivwesen tätig.[47] Im Widerspruch zu dieser Aktenüberlieferung stehen allerdings Siegbert J.s Erinnerungen: Seiner Ansicht nach verfügte die Kubanerin über eine sehr geringe Fachkompetenz. Ihre Rolle sei es gewesen, als „Aufpasserin" zu registrieren, welche Informationen und Kenntnisse die beiden Deutschen den nicaraguanischen Kollegen vermittelten.[48]

Schon allein die Listen der Materialien, die das MfS in den Jahren 1981/82 zur Unterstützung des Archivs nach Nicaragua lieferte, belegen, dass die Ausstattung der Einrichtung zu wünschen übrig ließ. Die verlangten und meist auch gelieferten Materialien reichten von Archivbüchern und Postbeuteln über Kerblochkarten und Nähnadeln bis hin zu Sattlerzwirn und Stempeln.[49] Neben Tausenden von Archivkartons sandte die Abt. XII auch sechs Wattejacken nach Managua.[50]

Diese Hilfslieferungen resultierten nicht zuletzt aus den Erkenntnissen, die Pabst und J. vor Ort sammelten. Im Mittelpunkt ihrer Arbeit standen aber der

47 Vgl. HVA/III/6, Vermerk über das Archiv der Generaldirektion Abwehr im MdI Nikaraguas, 18.5.1981, BStU, MfS, Abt. X Nr. 790, S. 455–460, hier S. 457.

48 Vgl. Interview des Verf. mit Siegbert J. am 1.7.2014.

49 Vgl. zum Beispiel die Liste mit Materialien, die am 3. März 1982 in acht Koffern verschickt wurden in BStU, MfS, Abt. XII Nr. 634, S. 78.

50 Vgl. Tätigkeitsbericht des Gen. Hptm. J[...] über seinen Einsatz im Archiv des MdI Nikaraguas in der Zeit vom 11.9.–28.9.1982, 18.10.1982, BStU, MfS, Abt. X Nr. 790, S. 146–150, hier S. 146.

Aufbau des Zentralarchivs und die Entwicklung eines Modells für den Aufbau von insgesamt sieben Regionalarchiven. Die beiden Deutschen schufen eine neue Organisationsstruktur, veränderten die Führungs- und Leitungstätigkeit der Archivleiterin, beschäftigten sich mit Fragen der Konspiration, der Karteien und der Aktenverwaltung. „Es wurden die Voraussetzungen dafür geschaffen“, so Pabst in seinem abschließenden Bericht, „daß dieses Archiv ein Hilfsinstrument für die Leitung des MdI Nikaraguas sowie für die operativen Diensteinheiten darstellt“[51]. Dies sei insbesondere durch die „Einführung einheitlicher Richtlinien über die Zusammenarbeit der operativen Diensteinheiten mit dem Archiv“ erreicht worden. Darüber hinaus sorgten Pabst und J. dafür, dass „Archivakten und allgemeines Archivgut aus der Somoza-Zeit, das in verschiedenen Zweigen“ des MdI gelagert habe, im Archiv konzentriert und dort erfasst worden seien. Schließlich vereinfachten die beiden Offiziere auch das Formularwesen und ließen einen einheitlichen Suchzettel für die operativen Diensteinheiten einführen. Auch eine Geheime Ablage schufen Pabst und J. – eine Reaktion auf den Abzug von 25 Akten über führende Partei- und Regierungsfunktionäre, die der stellvertretende Minister veranlasst hatte.[52] Nicht zuletzt die Bildung einer solchen Geheimen Ablage dokumentiert anschaulich, in welcher Weise die MfS-Offiziere bemüht waren, die Strukturen und Arbeitsweisen ihrer eigenen Geheimpolizei auf die in Nicaragua zu übertragen.[53]

Ein wichtiges Thema der Beratungstätigkeit waren auch die ehemaligen „Agenten“ der Geheimpolizei des Somoza-Regimes. Auf Pabsts Empfehlung hin wurde eine Durchsicht aller Archivmaterialien aus der Somoza-Zeit mit Blick auf solche Personen vorgenommen und auf diese Weise ein Bestand von „ca. 6.000 Akten über ehemalige Agenten“[54] gebildet. Enthalten waren darin Berichte über Treffen mit den „Agenten“ und Auskunftsberichte über die „Agenten“. Zwischen 25.000 und 30.000 seien zwischen 1950 und 1978 angeworben worden, schlussfolgerte Pabst aus den Registriernummern der „Agenten“.[55]

Während der Tätigkeit von Pabst und J. wurden auch Akten ausgewertet, die möglicherweise für das MfS von operativem Interesse hätten sein können.[56]

51 Zusammenfassender Bericht des Gen. OSL Pabst über den Aufbau des Archivs des MdI Nikaraguas, 19.10.1982, BStU, MfS, Abt. X Nr. 790, S. 126–145, hier S. 127. Dort auch die folgenden Zitate.

52 Vgl. ebd., S. 145.

53 Zur Geheimen Ablage im MfS vgl. den Beitrag „Staatsgeheimnisse von zentraler Bedeutung“ von Karsten Jedlitschka in diesem Band.

54 Zusammenfassender Bericht des Gen. OSL Pabst über den Aufbau des Archivs des MdI Nikaraguas, 19.10.1982, BStU, MfS, Abt. X Nr. 790, S. 126–145, hier S. 138.

55 Vgl. ebd., S. 140.

56 Vgl. HVA/III/„Faust“, Zwischenbericht zum Stand der Arbeit auf der Linie XII, November 1981, BStU, MfS, Abt. X Nr. 790, S. 490–494, hier S. 492f. Dort auch die folgenden Zitate. Ob die Auswertung durch die beiden Angehörigen der Abt. XII oder Mitarbeiter der HV A erfolgte, geht aus dem Bericht nicht hervor.

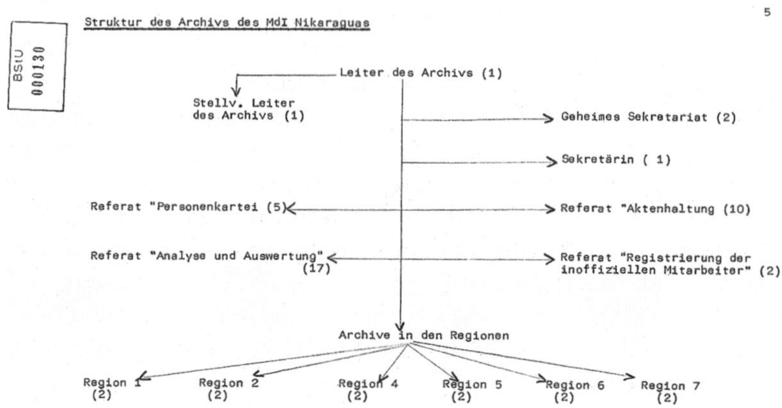

Abb. 6: In einem Bericht über seine Tätigkeit in Nicaragua stellt Oberstleutnant Kurt Pabst die Struktur des Archivs der nicaraguanischen Geheimpolizei dar, 19.10.1982.

In einem Bericht werden eine Akte „Deutsche in Nikaragua", eine Akte „Aktivitäten der Deutschen Demokratischen Republik in Kuba", eine Akte „Korrespondenz mit der Rundfunkstation Rias (?)" genannt, über deren Inhalt zum Zeitpunkt des Berichts noch nichts bekannt war. Außerdem fanden die MfS-Offiziere vier Akten über nicaraguanische Konsulate in der Bundesrepublik vor. Darin standen offenbar Namen und Daten von den 3.500 Westdeutschen, die von Anfang der 1970er Jahre bis 1979 nach Nicaragua gereist waren. Im HV A-Bericht heißt es dazu, dass die Personen weiter überprüft und in einer Kartei erfasst werden sollten. Insgesamt scheint allerdings der operative Ertrag der Arbeit in Nicaragua für das MfS eher gering gewesen zu sein.

In ihren Abschlussberichten beurteilten Pabst und J. ihre Tätigkeit – wenig überraschend – als erfolgreich: „Das Archiv des MdI Nikaraguas ist zum jetzigen Zeitpunkt funktionstüchtig. Es wurden die Voraussetzungen dafür geschaffen, dass dieses Archiv ein Hilfsinstrument für die Leitung des MdI Nikaraguas sowie für die operativen Diensteinheiten darstellt."[57] Neben Verbesserungen in

57 Zusammenfassender Bericht des Gen. OSL Pabst über den Aufbau des Archivs des MdI Nikaraguas, 19.10.1982, BStU, MfS, Abt. X Nr. 790, S. 126–145, hier S. 127.

den Bereichen der Organisation und der materiell-technischen Voraussetzungen verwiesen die beiden MfSler insbesondere auf das veränderte Arbeitsverhalten der nicaraguanischen Kollegen. Diese würden nun „gründlicher und gewissenhafter“ und „zielstrebiger und intensiver“[58] arbeiten. Genannt wurden auch personelle Veränderungen, die offensichtlich auf die Intervention der Deutschen zurückgingen: „Den Problemen der Ordnung und Sicherheit wurde von seiten der Leitung des MdI Nikaraguas mehr Bedeutung beigemessen. In diesem Zusammenhang wurden etliche Mitarbeiter aus dem Archiv entfernt.“[59]

Insbesondere Pabst übte massive Kritik an der Leiterin des Archivs: „Wir schätzen ein, dass die Leiterin des Archivs nicht in der Lage ist, selbstständig das Archiv zu leiten. Dazu fehlen ihr Grundkenntnisse und Arbeitsabläufe im Archivwesen, obwohl unsererseits alles getan wurde, ihr ein Maximum an Grundwissen zu vermitteln. Es fehlte bei ihr an dem nötigen Interesse für die Archivarbeit. Dadurch gestaltet sich für uns die Durchsetzung der einzelnen Maßnahmen kompliziert.“[60] Pabst kritisierte auch ihren „Angstkomplex gegenüber ihren Vorgesetzten“, sie sei „sehr egoistisch“, außerdem unterstütze ihr kubanischer Freund ihre schlechten Charaktereigenschaften.

Angesichts einer solchen Einschätzung überrascht es nicht, dass Pabst offenbar mit der eigenen Arbeitssituation in Managua unzufrieden war. So beklagte er, dass sich die beiden Deutschen und die kubanische Beraterin täglich selbständig einen Arbeitsgegenstand suchen müssten: „Überwiegend besteht die Arbeit unsererseits in der Kontrolle der Aufgabenerfüllung, Hinweise im täglichen Arbeitsprozeß sowie der unmittelbaren Mitarbeit innerhalb des Archivs.“ Seine private Lage war offensichtlich auch nicht unproblematisch, denn kurz vor der zwischenzeitlichen Rückkehr nach Berlin erklärte Papst gegenüber dem MfS-Verbindungsoffizier, „daß seine Ehefrau bei einer Verlängerung seines Einsatzes mit großer Wahrscheinlichkeit nicht mitreisen würde“[61]. Pabsts Unzufriedenheit dürfte dazu beigetragen haben, dass sein Aufenthalt in Nicaragua kürzer datierte als der J.s.[62]

Ob der Einsatz der beiden Mitarbeiter der Abt. XII tatsächlich ein Erfolg war, wie ihre Berichte vermuten lassen, lässt sich auf der Basis der MfS-Akten kaum beurteilen. Insbesondere die Frage der Nachhaltigkeit der Veränderungsvorschläge der beiden Deutschen muss offen bleiben. Folgt man den Aussagen

58 Ebd., S. 128.

59 Ebd., S. 128f.

60 O.A., Bericht über die Arbeit im Archiv, undat. [Anfang 1982], BStU, MfS, Abt. X Nr. 790, S. 498–505, hier S. 503f. [Bericht von „Kurt“ S. 503–505]. Dort auch die folgenden Zitate.

61 O.A., Vermerk, 9.12.1981, BStU, MfS, Abt. X Nr. 790, S. 488.

62 Dies bestätigt auch Siegbert J. im Interview. Dass er seinen zweiten Nicaragua-Aufenthalt würde allein absolvieren, erfuhr J. im Übrigen erst zu dem Zeitpunkt, als er bereits wieder dorthin gereist war. Vgl. Interview des Verf. mit Siegbert J. am 1.7.2014.

J.s, so waren die Einflussmöglichkeiten ohnehin verhältnismäßig gering. Seiner Ansicht nach waren das Archiv und die Kartei durch die noch vom Somoza-Regime geprägte Organisation in einem recht guten Zustand. Insbesondere während seines zweiten Aufenthalts habe er sich kaum „einbringen“ müssen, zumal die nicaraguanischen Kollegen recht „stolz“ gewesen seien und alles hätten selbst machen wollen.[63] Derartige Einschätzungen und auch die Berichte Pabsts weisen im Übrigen darauf hin, dass die Zusammenarbeit mit den Geheimpolizisten in Mittelamerika offensichtlich keineswegs frei war von kulturellen Differenzen und Konflikten.

Darüber hinaus waren auch die Lebensumstände der beiden Deutschen, die zuvor noch nie im westlichen Ausland gewesen waren, in besonderer Weise von den sozialen und kulturellen Gegensätzen geprägt.[64] In ein „kapitalistisches Land“ seien sie gekommen, berichtet J. über seine Eindrücke von einem Land im Umbruch. Die beiden Deutschen waren allein in einer Villa mit Swimmingpool und acht Meter hoher Mauer untergebracht, versorgt von mindestens zwei permanent anwesenden Hausmädchen, die auch sämtliche Einkäufe erledigten.

Bis auf zwei MfS-Verbindungsoffiziere, die in der DDR-Botschaft residierten, hatten Pabst und J. keine Kontakte. Als sie einmal auf der Straße zufällig und völlig überraschend ihren Spanisch-Lehrer aus Dammsmühle trafen, sei dieser „sehr erschrocken“ gewesen – die Macht der Konspiration sorgte dafür, dass dieser zufälligen Begegnung keine weiteren Treffen folgten.

Ihre Kontakte zu Einheimischen jenseits der Arbeit beschränkten sich, folgt man J.s Bericht, auf zwei private Einladungen bei der Archivleiterin. Außerdem stießen sie bei einem Ausflug, den die beiden Deutschen mit dem gestellten Auto in die Gegend außerhalb von Managua unternahmen, auf ein Dorf, in dem deutschstämmige Einwohner lebten – ob dies Nachkommen von Auswanderern im 19. Jahrhundert oder von nach 1945 geflohenen Nationalsozialisten waren, konnte J. nicht in Erfahrung bringen: „Wir haben gar nicht großes Palaver angefangen.“ Als sie später den Verbindungsoffizieren davon berichteten, waren diese offenbar wenig erfreut über derartige Eigenmächtigkeiten – und auch die Nicaraguaner wünschten wohl derartige Ausflüge nicht.

Für Pabst und J. folgten aus ihrem Auslandseinsatz keine allzu bedeutenden Veränderungen. Im August 1981 teilte Heinz Roth, Leiter der Abt. XII, der HA KuSch mit, dass er eine Versetzung der beiden „bewährte[n] Kader“[65] nach

63 Vgl. ebd.

64 Vgl. im Folgenden ebd.

65 Abt. XII/Leiter Roth, Schreiben an HA KuSch/Leiter Otto zur Versetzung von Kadern der Abt. XII der BV Dresden und Halle zur Abt. XII des MfS Berlin, 27.8.1981, BStU, MfS, KS 5875/90, S. 266f., hier S. 266. Dass J. in der Zentrale kaum bekannt gewesen sein dürfte, zeigt sich darin, dass sein Name in dem Schreiben durchgehend in falscher Schreibweise wiedergegeben wird.

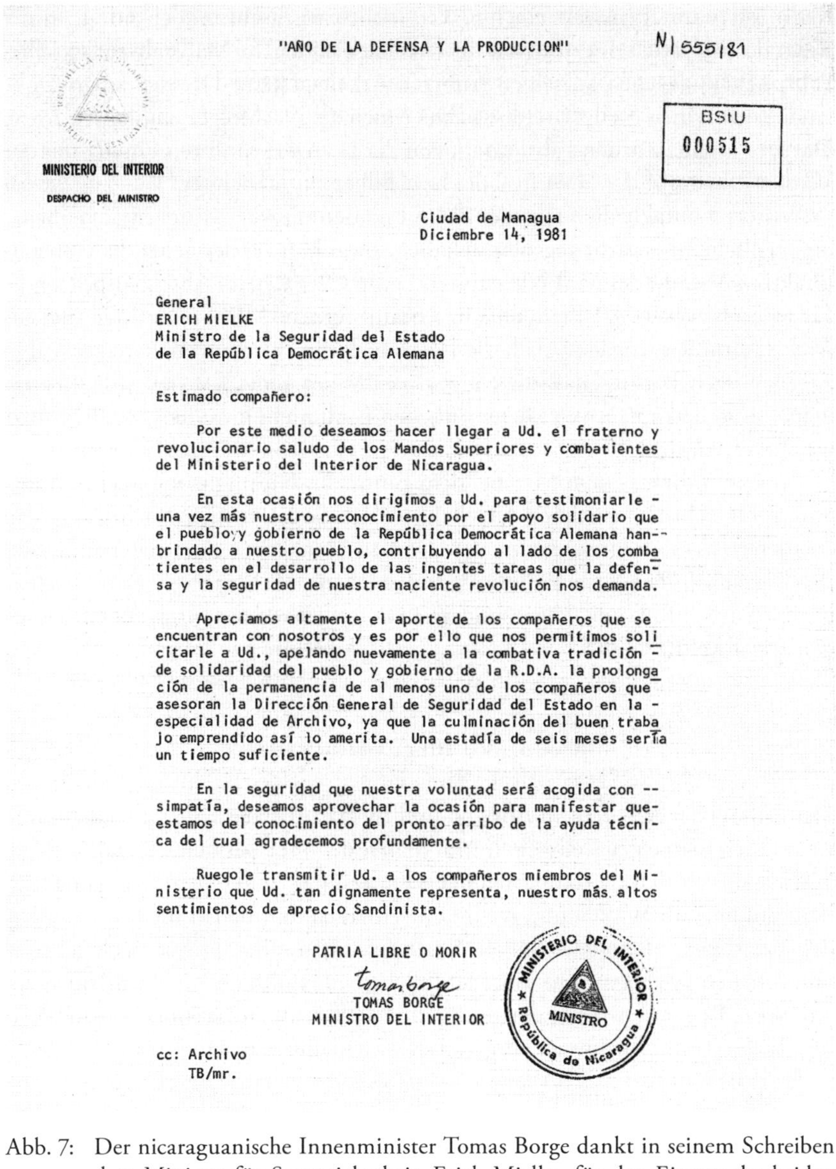

"AÑO DE LA DEFENSA Y LA PRODUCCION" N| 555|81

BStU
000515

MINISTERIO DEL INTERIOR
DESPACHO DEL MINISTRO

Ciudad de Managua
Diciembre 14, 1981

General
ERICH MIELKE
Ministro de la Seguridad del Estado
de la República Democrática Alemana

Estimado compañero:

Por este medio deseamos hacer llegar a Ud. el fraterno y revolucionario saludo de los Mandos Superiores y combatientes del Ministerio del Interior de Nicaragua.

En esta ocasión nos dirigimos a Ud. para testimoniarle - una vez más nuestro reconocimiento por el apoyo solidario que el pueblo y gobierno de la República Democrática Alemana han-- brindado a nuestro pueblo, contribuyendo al lado de los comba tientes en el desarrollo de las ingentes tareas que la defen- sa y la seguridad de nuestra naciente revolución nos demanda.

Apreciamos altamente el aporte de los compañeros que se encuentran con nosotros y es por ello que nos permitimos soli citarle a Ud., apelando nuevamente a la combativa tradición - de solidaridad del pueblo y gobierno de la R.D.A. la prolonga ción de la permanencia de al menos uno de los compañeros que asesoran la Dirección General de Seguridad del Estado en la - especialidad de Archivo, ya que la culminación del buen traba jo emprendido así lo amerita. Una estadía de seis meses sería un tiempo suficiente.

En la seguridad que nuestra voluntad será acogida con -- simpatía, deseamos aprovechar la ocasión para manifestar que- estamos del conocimiento del pronto arribo de la ayuda técni- ca del cual agradecemos profundamente.

Ruegole transmitir Ud. a los compañeros miembros del Mi- nisterio que Ud. tan dignamente representa, nuestro más altos sentimientos de aprecio Sandinista.

PATRIA LIBRE O MORIR

Tomas Borge
TOMAS BORGE
MINISTRO DEL INTERIOR

MINISTERIO DEL INTERIOR MINISTRO República de Nicaragua

cc: Archivo
TB/mr.

Abb. 7: Der nicaraguanische Innenminister Tomas Borge dankt in seinem Schreiben dem Minister für Staatssicherheit, Erich Mielke, für den Einsatz der beiden Mitarbeiter der Abt. XII des MfS und bittet um die Verlängerung des Aufenthaltes, 14.12.1981.

Berlin für wünschenswert erachte. Tatsächlich wechselte jedoch nur J. in die Zentrale, wo sich seine Karriere in eher bescheidenem Maßstab entwickelte. Pabst kehrte dagegen an seinen früheren Arbeitsplatz in Dresden zurück, obwohl Roth seinen Stellvertreter Rochus Moch als Nachfolger empfohlen hatte. Darüber hinaus wurden Pabst und J. von der HVA/III für ihren Einsatz mit der Verdienstmedaille der NVA in Gold bzw. Silber ausgezeichnet.[66]

Weitere Kontakte zwischen dem MfS und den nicaraguanischen Sicherheitsorganen scheint es nicht gegeben zu haben. Zwar hatte es der Leiter der Generaldirektion Abwehr des MdI Nicaraguas, Lenin Cerna, beim Abschiedsbesuch J.s für wünschenswert gehalten, dass in Zukunft erneut MfS-Spezialisten ins sein Archiv kommen würden. Auch die HV A hielt das für sinnvoll, berichtete aber zugleich nach Berlin, „daß die Möglichkeiten der Linie XII des MdI Nikaraguas von seinen operativen Diensteinheiten noch nicht in vollem Maße genutzt werden“[67] würden.

Insgesamt ging es dem MfS bei dem Einsatz in Nicaragua vor allem um die außenpolitische Reputation der Geheimpolizei. So ist in einer Nachricht – vermutlich des Verbindungsoffiziers der HV A in Managua – zum weiteren Einsatz der Deutschen davon die Rede, dass der „nutzen“ des Einsatzes „nicht in einer direkten arbeit fuer uns“ liege, sondern in der „weiteren festigung der beziehungen zur abwehr“[68].

Die Abt. XII im Auslandseinsatz

Der Einsatz der Abt. XII im Ausland und für das Ausland lässt sich als Episode in der Geschichte der weltweiten Aktivitäten des MfS betrachten. In der Regel konzentrierten sich die Interessen der von der DDR unterstützten Staaten und Bewegungen auf Waffen und technische Anlagen, mit denen ihr Kampf gegen den „westlichen Imperialismus“ an Kraft gewinnen sollte. Fragen nach geheimpolizeilichen Archiven und Karteien blieben im Rahmen von Bürgerkriegen, zumal bei Regierungsapparaten oder militärischen Organisationen, die in bürokratischer Hinsicht schwach ausgestattet waren, meist im Hintergrund.

Im Fall von Kuba und Nicaragua zeigte sich jedoch eine andere Situation. Die langjährige Praxis geheimpolizeilicher Arbeit weckte auf Kuba das Interesse an einem Erfahrungsaustausch mit Fachleuten vom MfS, um die eigene Arbeit effizienter zu gestalten. In Nicaragua waren es dagegen die umfangreichen Hinter-

66 Vgl. HV A/III/610, Zum Einsatz des Gen. Oberstleutnant Pabst, Kurt in Nikaragua, 27.5.1982, BStU, MfS, Abt. X Nr. 790, S. 524; HV A/III/610, Zum Einsatz des Gen. Hptm. J[…], Siegbert, in Nikaragua, 20.10.1982, BStU, MfS, Abt. X Nr. 790, S. 151.

67 HVA/III/6, Vermerk, 4.10.1982, BStU, MfS, Abt. X Nr. 327, S. 525f., hier S. 526.

68 Bericht, 19.12.1981, BStU, MfS, Abt. X Nr. 790, S. 496.

lassenschaften der zuvor gestürzten Geheimpolizei, die das dortige Innenministerium unmittelbar nach der Revolution um Hilfe bitten ließ.

Die Abt. XII – sonst immer als dienendes Organ im Hintergrund – trafen die Anfragen offensichtlich überraschend. Insbesondere in der Kaderpolitik hatten jedenfalls solche Fragen zuvor keine Rolle gespielt – das recht hilflos erscheinende Verfahren, in dem schließlich zwei Offiziere aus der Provinz ohne Archiv- und Fremdsprachenausbildung ausgewählt wurden, ist ein beredtes Beispiel dafür.

Zugleich dürfte die Konspiration, die in der Abt. XII eine äußerst dominante Rolle spielte, von erheblicher Bedeutung für die Zurückhaltung beim Einsatz im Ausland gewesen sein. Hinzu kam, dass die weiblichen und die jüngeren Mitarbeiter der Abt. XII meist keine Erfahrungen in der operativen Arbeit gesammelt hatten und somit für derartige Einsätze nicht unbedingt prädestiniert waren. All dies dürfte dazu beigetragen haben, dass die Zahl der Auslandseinsätze der Abt. XII in der Folge nicht zunahm.

Trotzdem lassen sich die Aktivitäten in Kuba und Nicaragua in ihrer Bedeutung für die Abt. XII kaum überschätzen. So war die Reise von Pabst und J. ein Beleg für die Wertschätzung, die man in den sozialistischen Bruderländern geheimpolizeilicher Archiv- und Karteiarbeit entgegenbrachte. Damit dürfte auch die Position der Abteilung und ihrer Aufgaben innerhalb des MfS gestärkt worden sein.

Die Unterstützung der Archive in Nicaragua und Kuba unterstreichen darüber hinaus, welche Bedeutung Fragen der Informationsverwaltung, der Vernetzung von Wissen, der schnellen Zugriffsmöglichkeiten auf gesammelte Erkenntnisse in der geheimpolizeilichen Praxis zukommt. Der effiziente Einsatz von Karteien und Archiven kann zum Erhalt des Regimes, für das der jeweilige Sicherheitsdienst arbeitet, und für den gesamten Repressionsapparat einen ganz erheblichen Beitrag leisten – dies erkannten auch die nicaraguanischen und kubanischen Genossen, als sie, angeleitet von der Sowjetunion, das MfS um Hilfe baten.

Anhang

Philipp Springer

Die leitenden Mitarbeiter der Abteilung XII

Kurzbiografien

Das Verzeichnis umfasst die Kurzbiografien von 43 Leitern und weiteren leitenden Mitarbeitern der Abt. XII in der Zentrale des MfS, von 65 Leitern der Abt. XII (zeitweise als Selbständige Referate XII bezeichnet) in den Bezirksverwaltungen des MfS und von sechs Leitern der Abt. XII der HA I und des Ref. R der HV A. Da die Geheimpolizei keine zentrale, chronologisch geordnete Aufstellung der Mitarbeiter in der Abt. XII führte, wurden die Namen der betreffenden Mitarbeiter für das Verzeichnis aus unterschiedlichen Akten zusammengetragen. Unter „leitenden Mitarbeitern" der Abt. XII werden hier – neben dem jeweiligen Leiter und seinen Stellvertretern – diejenigen verstanden, die auf der Hierarchieebene unterhalb der Leiter bzw. Stellvertreter tätig waren. Aus diesem Grund sind bis in die 1970er-Jahre hinein auch die Referatsleiter genannt, für die Zeit danach die Leiter der Unterabteilungen (später als Abteilungen bezeichnet).

Die biografischen Angaben basieren auf den Kaderunterlagen der Mitarbeiter. Bei diesen Unterlagen handelt es sich in der Regel um die Kaderakten[1] und die Kaderkarteikarten (KKK), die von der HA Kader und Schulung verwaltet wurden. Zwischen diesen unterschiedlichen Quellen, aber auch innerhalb der Akten sind oft Widersprüche festzustellen, die vermutlich z. T. von einer fehlerhaften Übertragung der – nicht selten handschriftlichen – Angaben aus der Kaderakte auf die KKK herrühren, manchmal aber wohl auch der internen Kon-

1 Die Kaderakten sind verhältnismäßig gleichförmig strukturiert, allerdings gibt es eine deutliche Bandbreite in der Frage der enthaltenen Informationen und Dokumente. Zu den wichtigsten Gattungen zählen von den Mitarbeitern verfasste Lebensläufe, Zeugnisse, Beurteilungen durch Vorgesetzte, Auszeichnungsvorschläge, Berichte über disziplinarische Maßnahmen, „zusammengefaßte Auskünfte" und Passfotos. Einen großen Umfang nehmen zudem Materialien über Verwandte des betreffenden Mitarbeiters ein. Teil der Kaderakten, die im Übrigen einen unterschiedlichen Grad der Überlieferung haben, sind auch Gesundheitsunterlagen. In diesen lassen sich manchmal auch Hinweise auf physische und psychische Belastungen finden, die – folgt man den Eintragungen – nicht selten Resultat von Stress oder Konflikten der Mitarbeiter am Arbeitsplatz waren. Mitunter können beispielsweise Notizen der behandelnden Ärzte Eindrücke vom Arbeitsalltag im MfS liefern.

spiration geschuldet sein mögen. In Zweifelsfällen wurde für das Verzeichnis in der Regel die jeweilige Information aus der Kaderakte herangezogen.

Die Darstellung der Kurzbiografien lehnt sich formal an das Verzeichnis „Wer war wer im Ministerium für Staatssicherheit" von Jens Gieseke an,[2] allerdings wird im vorliegenden Verzeichnis auf die Nennung von Auszeichnungen, Schulbesuchen und Lehrgängen verzichtet. Aufgeführt sind die Ernennungen zu Dienstrangen von Major an aufwärts. Nur in den Fällen, wo der betreffende Mitarbeiter diesen Dienstrang nicht erreichte, sind auch Ränge darunter aufgeführt. In der Regel wurde bei Angaben zur Diensteinheit, zu der der betreffende Mitarbeiter gehörte, die jeweilige zeitgenössische Bezeichnung gewählt.[3] Auch beim Beruf der Eltern ist – zwecks Darstellung der sozialen Herkunft des Mitarbeiters – derjenige zum Zeitpunkt der Geburt des späteren Mitarbeiters genannt. In vielen Fällen arbeiteten aber die Eltern oder sogar Großeltern entgegen ihrer ursprünglichen Tätigkeit später ebenfalls im MfS. Bei Mitarbeitern, die nach 1945 aus den ehemals deutschen Gebieten in Polen und der Tschechoslowakei vertrieben wurden, verwendeten die Kaderakten den im offiziellen Sprachgebrauch der DDR üblichen, Begriff „Umsiedlung" – die propagandistische Bezeichnung wird im Folgenden ebenfalls (wenn auch in Anführungszeichen) verwendet, da über die näheren Umstände der Zwangsmigration in der Regel nichts bekannt ist. Bei der Nennung der Vornamen ist der jeweilige Rufname kursiv gesetzt. Die Sterbedaten der leitenden Mitarbeiter konnten meist nur für die Zeit vor 1989 ermittelt werden. In der Zeile unter der Namensangabe sind die wichtigsten Positionen verzeichnet, die der jeweilige Mitarbeiter innerhalb der Abt. XII einnahm.

2 Vgl. Jens Gieseke (Hg.), Wer war wer im Ministerium für Staatssicherheit. Kurzbiographien des MfS-Leitungspersonals 1950 bis 1989, Berlin 1998 (MfS-Handbuch).

3 Für die KKK, die oftmals Jahre später erstellt wurden, „übersetzte" der zuständige Mitarbeiter der HA KuSch Bezeichnungen, die aufgrund von Umbenennungen oder Zusammenlegungen nicht mehr aktuell waren, oft in die dann gültige Bezeichnung. Für einen Überblick vgl. Roland Wiedmann, Die Diensteinheiten des MfS 1950–1989. Eine organisatorische Übersicht, Berlin 2012 (MfS-Handbuch).

Zentrale

Ahner, *Herbert* Gerhard (*31.1.1947)
Leiter der AGL 1979–1989
Geboren in Haselbach (Krs. Altenburg), Vater Betriebswachmann, Mutter Hausfrau, 1953–1961 Grundschule, 1961–1965 EOS, 1965–1970 Studium der Mathematik an der Karl-Marx-Universität Leipzig, 1966 SED
1970 Einstellung beim MfS als operativ-technischer Mitarbeiter in der Abt. XII, 1977 stellv. Leiter des Ref. 1 der Abt. XII/UA 1, 1979 Leiter der AGL, 1982 Major, 1986 Oberstleutnant
BStU, KKK Ahner; BStU, MfS, KS 5692/90

Bartl, Raimund (*21.11.1930)
Leiter der Abt. XII der HA I 1980–1983, stellv. Leiter der Abt. XII des MfS 1983–1989, Leiter des Zentralarchivs 1983–1987
Geboren in Weipert (Tschechoslowakei), Vater Maschinenschlosser, Mutter Hausfrau, 1937 Volksschule, 1941 Mittelschule, 1945 Lehre als Konditor, 1946 „Umsiedlung" aus der ČSSR nach Eisenach, Lehre als Elektriker, 1947 Abbruch der Lehre und Fortsetzung der Konditorlehre, 1949 Konditor-Geselle in der Konditorei Gröschel, Eisenach, 1949 Volkspolizei Grenzbereitschaft, 1952 SED
1952 Einstellung beim MfS als Sachbearbeiter in der HA I/Abwehrarbeit in der Grenzpolizei, 1956 Hauptsachbearbeiter HA I/7, 1961 stellv. Referatsleiter HA I/ Abwehrarbeit in der Grenzpolizei, 1961 Referatsleiter in der HA I/UA Aufklärung 9. Grenzbrigade Erfurt, 1962 Leiter der HA I/UA Aufklärung 7. Grenzbrigade Magdeburg, 1964 Major, 1968 stellv. Leiter der HA I/Abt. Aufklärung Grenzkommando Süd, 1969 Oberstleutnant, 1973 Leiter der HA I/Abt. Aufklärung Grenzkommando Nord, 1975 Oberst, 1980 Leiter HA I/Abt. XII, 1983 stellv. Leiter der Abt. XII des MfS und Leiter des Zentralarchivs, 1987 entbunden als Leiter des Zentralarchivs
BStU, KKK Bartl; BStU, MfS, KS 24176/90

Bartonek, Rudolf (12.7.1911–13.1.1981)
Stellv. Leiter der Abt. XII und Leiter des Archivs 1964–1971
Geboren in Grünbach (Österreich), Vater Bergarbeiter, Mutter Textilarbeiterin, 1917 Volksschule, 1925 Bergarbeiter in Zillingdorf (Österreich), 1928 KPÖ, 1933 Leiter der KPÖ-Ortsgruppe Zillingdorf, 1933 sechs Wochen Arrest, 1936 zwölf Wochen Arrest, 1936 Kreisleiter und Landesinstrukteur der KPÖ Burgenland, 1939–1945 Haft wegen „Vorbereitung zum Hochverrat" im Zuchthaus Garsten (Österreich), im KZ Börgermoor und im Zuchthaus Zwickau, 1945 Kreisvorsitzender der FDJ Zwickau, 1947 Lehrer an der Landesjugendschule Hartenstein (Sachsen), 1947 Leiter des Jugendamts Zwickau, 1949 Stadtrat für Innere Verwaltung in Zwickau, 1950 Leiter des Landessportausschusses

Sachsen, Mitglied der SED-Landesleitung Sachsen, 1951 KPdSU-Parteihochschule in der Sowjetunion, 1952 Instrukteur beim ZK der SED, 1952 Sekretär für Wirtschaft in der SED-KL Zwickau
1952 Einstellung beim MfS als Parteisekretär im Außenpolitischen Nachrichtendienst (Vorläufer der HV A), 1953 Leiter einer operativen Abteilung, 1954 Oberstleutnant, 1955 Leiter der Schule der HV A, 1964 stellv. Leiter der Abt. XII und Leiter des Archivs, 1971 Entlassung, Rentner
BStU, KKK Bartonek; BStU, MfS, KS 253/72

Berndt (geb. Bahms), Else (*18.4.1907)
Leiterin des Ref. 4 1956–1964
Geboren in Sorau (Niederlausitz), Vater Arbeiter, Mutter Hausfrau, 1914–1921 Volksschule Guben, 1921–1926 Arbeiterin Hutfabrik Bresht u. Fugmann, Guben, 1926–1929 Arbeiterin Mix u. Genest, Brandenburg, 1929 KPD, 1929–1940 Garniererin Hutfabrik Bresht u. Fugmann, Guben, 1940–1944 Landarbeiterin bei versch. Bauern in Reichenbach (Krs. Guben), 1945–1950 Bürgermeisterin von Reichenbach, 1950 Leiterin der Abt. Volksbildung beim Rat der Stadt Guben, 1950–1952 Personalleiterin VVB Spinnweber I, Cottbus, 1952–1953 Kaderreferentin beim Ministerium für Leichtindustrie
1953 Einstellung beim MfS als Sachbearbeiterin in der HA II/5, 1955 stellv. Referatsleiterin, 1956 Abt. XII: stellv. Leiterin Ref. 4, 1956 Leiterin Ref. 4, 1964 ASR: Referatsleiterin, 1966 Major, 1967 Entlassung, Rentnerin, 1967–1970 Leiterin einer Zivilbeschäftigten-Gruppe in der HA VI/SRT/Abt. 4, 1970 Entlassung, Rentnerin
BStU, KKK Berndt; BStU, MfS, KS 68/71

Bettzieche, Walter (*19.6.1922)
Leiter des Ref. 8 1975–1976
Geboren in Bernburg/Saale, Vater Bergarbeiter, Mutter Hausfrau, 1929–1937 Volksschule, 1937–1939 Lehre als Schneider in Bernburg, 1939 Bügler bei Konfektion Parias, Bernburg, 1940–1941 Postfacharbeiter im Postamt Bernburg, 1941–1945 Soldat, 1945–1946 amerikanische Internierung, 1946 SPD/SED, 1946–1949 Angestellter beim Postamt Bernburg, 1949 Instrukteur beim Bezirksvorstand der IG Post- und Fernmeldewesen, Halle/Saale, 1950–1952 Angestellter beim Postamt Bernburg, 1952–1955 Wachregiment Berlin, 1955–1957 Angestellter der SED-BL Berlin/Abt. S, 1957–1962 Offizier für Waffen- und Schießausbildung bei der NVA, Strausberg
1962 Einstellung beim MfS als Referent in der Abt. IV/2, 1966 BdL: stellv. Referatsleiter, 1967 Leiter des neugeschaffenen Ref. III (Kurierdienst), 1972 Abt. XII: stellv. Leiter des Ref. 5, 1975 Leiter des Ref. 8, 1976 Major, 1976 Leiter des Ref. 4 (Kurier- und Verbindungsdienste) im Abt. XII/Zentralarchiv, 1977 Entlassung, Invalidenrentner
BStU, KKK Bettzieche; BStU, MfS, KS II 341/77; BStU, MfS, Abt. XII Nr. 3321

Bormann, Peter (*2.5.1939)
Leiter der Abt. XII/4 1987–1989
Geboren in Berlin, Vater Kraftfahrer, Mutter Hausfrau. 1945–1953 Grundschule, 1953–1956 Lehre als Dreher beim VEB Schleifmaschinenwerk Berlin, 1956–1957 Dreher, 1957–1959 NVA, 1959–1960 Kraftfahrer beim Konsum und bei einer GHG Molkereierzeugnisse, Eier und Fleisch, 1960 SED
1960 Einstellung beim MfS als Kraftfahrer in der HA VuW, 1967 HA VII: operativer Mitarbeiter, 1975 stellv. Referatsleiter HA VII/2/3, 1977 Referatsleiter HA VII/2/3, 1981 Major, 1983 stellv. Leiter HA VII/13, 1985 Abt. XII: Offizier für Sonderaufgaben, 1985 stellv. Leiter der Abt. XII/4, 1987 Oberstleutnant, 1987 Leiter der Abt. XII/4
BStU, KKK Bormann; BStU, MfS, KS 5868/90

Bresemann, Klaus (*5.6.1949)
Leiter der Abt. XII/5 1989
Geboren in Gützkow (Krs. Greifswald), Vater Kellner, Mutter Hausfrau, 1956–1966 POS, 1966–1968 Lehre als Werkzeugmacher beim VEB Schiffselektronik
1969 Einstellung beim MfS als Wachposten bei der BV Rostock, 1970 SED, 1971 Abt. XII des MfS: operativ-technischer Mitarbeiter, 1974 ZAIG: Datenschutzbeauftragter, 1975 Abt. XII: operativ-technischer Mitarbeiter, 1978 stellv. Referatsleiter, 1984 Referatsleiter, 1985 komm. stellv. Leiter der Abt. XII/5, 1985 stellv. Leiter der Abt. XII/5, 1988 Major, 1989 Leiter der Abt. XII/5
*Bresemanns Bruder Volker Bresemann (*28.1.1955) war von 1977 bis 1989/90 Angehöriger der Abt. XII des MfS, zuletzt Mitarbeiter in der Abt. XII/Archiv, Oberleutnant*
BStU, KKK Bresemann; BStU, MfS, KS 5753/90

Butter (geb. Sieber), Erika (*24.10.1922)
Leiterin der Abt. XII der BV Dresden 1954–1955, Leiterin des Ref. 1 der Abt. XII des MfS 1967–1976, Leiterin der UA 4 des Abt. XII des MfS 1976–1979
Geboren in Burgstädt, Vater Schlosser, Mutter Hausfrau, 1929–1937 Volksschule, 1937–1939 Berufsschule Lunzenau/Burgstädt und Weberin in der Weberei Wilhelm Vogel, Lunzenau, 1939–1943 Strickerin in der Strickerei K. Weigand, Burgstädt, 1943–1945 Arbeiterin Fa. ELMUG Elektromechanik und Gerätebau, Hartmannsdorf, 1945 KPD, 1945–1948 Hausfrau, 1948 Angestellte SED-Kreisvorstand Rochlitz, 1949 1. Vors. DFD-Kreisvorstand Rochlitz
Januar 1950 Einstellung beim MfS als Sekretärin in der LV Dresden/Abt. VI, Juli 1950 BV Dresden/Abt. III: Sekretärin, Oktober 1950 BV Dresden/Abt. XII: Sachbearbeiterin, 1953 stellv. Leiterin der Abt. XII der BV Dresden, 1954 Leiterin der Abt. XII der BV Dresden, 1955 Hauptsachbearbeiterin in der Abt. XII des MfS, 1959 stellv. Referatsleiterin Abt. XII/3, 1967 Leiterin Ref. 1 der

Abt. XII, 1974 Major, 1976 Leiterin Abt. XII/UA 4, 1978 Oberstleutnant, 1979 Entlassung, Invalidenrentnerin
BStU, KKK Butter; BStU, MfS, KS II 233/79

Domsch, Dieter (25.3.1942–30.1.1989)
Leiter der Abt. XII/6 1981–1983, Leiter der Abt. XII/3 1983–1989
Geboren in Dresden, Vater Lokschlosser, Mutter Klavierlehrerin, 1948–1956 Grundschule, 1956–1958 Lehre als Elektromonteur beim VEB Technische Werkstätten Dresden (nicht abgeschlossen), 1958–1960 Hilfsmonteur, 1960–1964 NVA: 37. Grenzregiment, 1962 SED
1964 Einstellung beim MfS als Wachmann in der HV A/Abt. IV, 1967 Abt. XII: Hilfssachbearbeiter, 1970 Sachbearbeiter, 1974 stellv. Referatsleiter Abt. XII/3, 1976 Leiter Ref. 1 der Abt. XII/UA 5, 1980 Leiter Ref. 1 der Abt. XII/UA 3, 1980 stellv. Leiter der Abt. XII/3, 1981 Leiter der Abt. XII/6, 1982 Major, 1983 komm. Leiter der Abt. XII/3, 1985 Leiter der Abt. XII/3, 1986 Oberstleutnant
BStU, KKK Domsch; BStU, MfS, KS II 294/89

Fischer, Ernst *Dieter* (*25.4.1945)
Leiter der Abt. XII/Ref. 4 1974–1976, Leiter der Abt. XII/UA 2 1976–1980, Leiter der Abt. XII/UA 1 bzw. Abt. XII/1 1980–1986, Leiter der Abt. XII/5 1986–1989, Stellv. Leiter der Abt. XII 1989
Geboren in Paris (Frankreich), Vater Arzt, Mutter Sekretärin, 1951–1959 Grundschule, 1959–1963 EOS, 1963–1968 Studium zum Diplom-Mathematiker an der Humboldt-Universität zu Berlin, 1964 SED, 1968–1970 zivilbeschäftigter Programmierer im Rechenzentrum des MfNV, Strausberg
1970 Einstellung beim MfS als Problem-Analytiker in der Abt. XII, 1974 stellv. Leiter Ref. 4, 1974 Leiter Ref. 4, 1976 Leiter Abt. XII/UA 2, 1979 Major, 1980 Leiter Abt. XII/UA 1, 1980 Leiter Abt. XII/1, 1984 Oberstleutnant, 1986 Leiter Abt. XII/5, 1989 stellv. Leiter der Abt. XII
BStU, KKK Fischer; BStU, MfS, KS 27495/90

Fomferra, *Heinrich* Karl (19.11.1895–31.5.1979)
Leiter der Abt. Erfassung und Statistik 1950/51
Geboren in Essen, Vater Bergarbeiter, 1902–1910 Volksschule, 1910 Ziegeleiarbeiter bzw. Bergarbeiter auf Zeche „Ernestine“, Essen, 1912 SPD, 1915–1918 Soldat, 1919 Bergarbeiter auf Zeche „Ernestine“, Essen, 1919 USPD, 1920 Mitglied der Roten Ruhr Armee zur Niederschlagung des Kapp-Putsches, 1920–1922 Zuchthaus wegen versuchten Diebstahls, 1920–1923 KAPD, 1922–1923 Bauarbeiter bzw. Zimmermann in Essen und Jena, 1923 arbeitslos, 1923 KPD, 1924–1925 Gefängnis wegen Waffenbesitzes, 1925–1930 Bau-, Straßen- und Kanalisationsarbeiter, Leiter des Roten Frontkämpfer Bundes in Essen-Stoppenberg, 1927–1929 Politischer Leiter der KPD-Ortsgruppe Essen-Stoppenberg

und Mitglied der Org.-Abteilung der KPD-Bezirksleitung Ruhrgebiet, 1930 Besuch der Militärpolitischen Schule in Moskau, anschließend Angehöriger des illegalen KPD-Militärapparates, Werkspionage in Rüstungsbetrieben, 1932–1935 Lektor für Waffen, Spreng- und Brandstoffkunde an der Militärpolitischen Schule in Moskau, 1935–1936 Kurierabteilung der Komintern, 1936–1937 Teilnahme am Spanischen Bürgerkrieg, u. a. Instrukteur für Waffen, Kommandant der techn. Abt. der Internationalen Brigaden, Leiter einer Partisanenschule, 1937–1939 Lehrgang an der Radioschule in Moskau, 1938 illegaler Aufenthalt in Deutschland, 1939–1940 Agententätigkeit in Ungarn, 1940 Agententätigkeit in der Slowakei, 1942 Verhaftung wegen Sabotage- und Terrortätigkeit, 1944 Verurteilung zu zwölf Jahren Zuchthaus, 1944 Befreiung durch slowakische Partisanen, dann Politkommissar einer Partisaneneinheit und kurzfristig im provisorischen slowakischen Innenministerium tätig, 1945 Personalreferent im Landesforstamt Potsdam, 1947 Hauptreferent bei der DVdI, 1947 Ref. K5, 1949 Hauptabteilung Politkultur, HV zum Schutz der Volkswirtschaft
1950 Einstellung beim MfS als Leiter der Abt. Erfassung und Statistik, 1951 Leiter des Sekretariats des Ministers, 1952 Vorsitzender der SED-Parteikontrollkommission im MfS, 1953 Oberstleutnant, 1954 Deutsche Grenzpolizei: Vorsitzender der SED-PKK, 1957 stellv. Leiter der „Dienststelle Röbelen"/„Verwaltung für patriotische Erziehung" der NVA (Vorbereitung von Sabotageakten in der Bundesrepublik), 1959 Entlassung, Rentner, 1962 nachträglich zum Oberst a. D. befördert
Publ.: In besonderer Mission, in: Horst Köpstein (Hg.), Beiderseits der Grenze. Über den gemeinsamen Widerstandskampf von Deutschen, Tschechen und Slowaken 1939 bis 1945, Berlin 1965, S. 215–234; Wie ich Politkommissar einer slowakischen Partisaneneinheit wurde, in: Heinz Voßke (Hg.), Im Kampf bewährt. Erinnerungen deutscher Genossen an den antifaschistischen Widerstand von 1933 bis 1945, Berlin 1969, S. 675–690
BStU, KKK Fomferra; BStU, MfS, KS 519/59; Jens Gieseke (Hg.), Wer war wer im Ministerium für Staatssicherheit. Kurzbiographien des MfS-Leitungspersonals 1950 bis 1989, Berlin 1998 (MfS-Handbuch), S. 19

Grünler, Kurt (15.8.1906–28.7.1985)
Leiter des Zentralarchivs 1961–1964
Geboren in Leipzig, Vater Eisendreher, Mutter Schneiderin, acht Jahre höhere Bürgerschule, 1920–1923 Lehre als Elektro-Motorenschlosser und Installateur im Elektromotorenwerk Wichler & Co., Markranstädt, 1923–1924 auf Wanderschaft, arbeitslos, 1924–1925 Elektriker in der Fa. Dietrichs, Leipzig, 1925 Elektriker im Elektrizitätswerk Jena, 1925–1926 Hilfsarbeiter bei einem Dachdeckerbetrieb, Jena, 1926–1927 arbeitslos, 1927–1928 Elektroschlosser in der Maschinenfabrik Trommer, Markranstädt, 1928 Handlanger in der Fa. Arens, Falkenberg, 1928 KPD, 1928–1929 Elektro-Schlosser in der Fa. Gebr. Stoll,

Torgau, 1929 arbeitslos, 1929–1930 Hilfsarbeiter in der Zuckerfabrik Markranstädt, 1933–1934 Emigration in Kopenhagen (Dänemark), 1934–1936 Emigration in Stockholm (Schweden), 1936–1937 Emigration in Moskau, 1936–1939 Teilnahme am Spanischen Bürgerkrieg, 1939–1940 Internierung in Frankreich, 1940 Flucht und Festnahme an der Schweizer Grenze, 1940–1945 Haft im KZ Buchenwald, 1945 1. Sekretär Antifablock Altranstädt, 3. Sekretär KPD Altranstädt, 1945–1947 Amtsvorsteher Amtsbezirk Altranstädt, 1947–1949 Leiter der K5, Polizeipräsidium Magdeburg

1949 Leiter der Landesverwaltung zum Schutz der Volkswirtschaft Mecklenburg, Schwerin, 1950 Stellvertreter Operativ in der Landesverwaltung zum Schutz der Volkswirtschaft Sachsen-Anhalt, Halle, 1952 Leiter der BV Frankfurt/O., 1953 Oberstleutnant, 1955 Leiter der BV Suhl, 1960 aus gesundheitlichen Gründen beurlaubt, 1961 Abt. XII des MfS: Leiter des Zentralarchivs, 1964 Entlassung, Invalidenrentner, 1967–ca. 1971 ehrenamtliche Unterstützung der HA IX/11.

BStU, KKK Grünler; BStU, MfS, KS I 11/85

Günzel, Manfred (*1.1.1930)

Stellv. Leiter der Abt. XII 1974–1987

Geboren in Stenz (Krs. Kamenz), Vater Steinarbeiter, Mutter Hausfrau, 1936–1944 Volksschule, 1944–1948 Reichsbahnjunghelfer im Bahnhof Königsbrück, Kamenz, 1948–1949 Reichsbahnbetriebsaspirant, 1949–1950 Angestellter im Bahnhof Königsbrück, 1950–1951 Personalsachbearbeiter im Bahnhof Königsbrück, 1951 Personalsachbearbeiter im Bahnhof Elsterwerda, 1951–1952 Personalsachbearbeiter im Reichsbahnamt Senftenberg, 1952 SED

1952 Einstellung beim MfS als Sachbearbeiter in der Abt. XIII der BV Cottbus, 1952 HA XIII des MfS: Sachbearbeiter, 1955 Abt. XII: Hilfssachbearbeiter, 1959 Hauptsachbearbeiter, 1963 stellv. Leiter Abt. XII/Ref. 2, 1967 Leiter Abt. XII/Ref. 2, 1972 Major, 1974 stellv. Leiter der Abt. XII, 1976 Oberstleutnant, 1983 Oberst, 1987 Offizier für Sonderaufgaben, 1988 Entlassung, Invalidenrentner, Zivilbeschäftigter in der HA IX/11

BStU, KKK Günzel; BStU, MfS, KS 13183/90

Hamich, Christian (*27.3.1945)

Leiter der Abt. XII/5 1985, Leiter der Abt. XII/2 1986–1989

Geboren in Neudeck (Krs. Glatz/Schlesien), Vater Bauer, 1951–1959 Grundschule, Reichenbach, 1959–1961 POS, Reichenbach, 1961–1963 Lehre als Trafomonteur beim VEB Trafowerk I Reichenbach (Bez. Karl-Marx-Stadt), 1963–1964 Trafomonteur, 1963 SED

1964 Einstellung beim MfS als Posten im Wachregiment, 1967 HA PS: Sicherungskraft, 1968 Hilfssachbearbeiter, 1969 Abt. XII: operativ-technischer Mitarbeiter, 1972 Sachbearbeiter, 1976 Leiter des Ref. 2 der Abt. XII/UA 5, 1980

Leiter des Ref. 1 der Abt. XII/UA 5, 1980 stellv. Leiter der Abt. XII/5, 1983 Major, 1985 Leiter der Abt. XII/5, 1986 Leiter der Abt. XII/2, 1987 Oberstleutnant
*Hamichs Ehefrau Renate Hamich (*1.8.1945) war von 1976 bis 1989/90 Angehörige der Abt. XII des MfS (1984–1986 Abt. XII der BV Berlin), zuletzt Mitarbeiterin in der Abt. XII/Archiv, Hauptmann*
BStU, KKK Hamich; BStU, MfS, KS 5819/90

Handke, Klaus (*10.2.1940)
Leiter der Abt. XII/7 1983/84, Leiter der Abt. XII/Archiv 1986–1989
Geboren in Neukodram (Krs. Wollin), Vater Dachdecker, Mutter Hausfrau, 1947–1956 Grundschule, 1956–1958 Lehre als Stahlschiffbauer beim VEB Peene-Werft Wolgast, 1958 SED, 1959 Instrukteur der FDJ-KL Wolgast
1959 Einstellung beim MfS als Wachposten beim BdL der BV Rostock, 1960 Abt. XIV: Wachposten, 1962 Abt. F: Kursant, 1963 Funker, 1965 Hilfssachbearbeiter, 1970 Kontrolloffizier, 1971 stellv. Referatsleiter, 1972 Offizier für Sonderaufgaben, 1976 stellv. Leiter der Abt. F/RD, 1978 AG beim 1. Stellv. Minister: Offizier für Sonderaufgaben, 1980 Major, 1982 Abt. XII: stellv. Leiter der Abt. XII/7, 1983 komm. Leiter der Abt. XII/7, 1984 Leiter der Abt. XII/7, 1985 Offizier für Sonderaufgaben im Abt. XII/Archiv, 1986 Leiter der Abt. XII/Archiv, 1986 Oberstleutnant
BStU KKK Handke; BStU, MfS, KS 5750/90

Heinritz (geb. Ehnert), Ingeburg (*2.6.1927)
Leiterin der Abt. XII/Ref. 4 1971–1974, Leiterin der UA 4 1979–1980, Leiterin der Abt. XII/4 1980–1987
Geboren in Olbernhau (Krs. Marienberg), 1933–1941 Volksschule, 1937–1941 JM und BdM, 1942–1944 Lehre als Bürogehilfin in der Firma Max Speck, Olbernhau, 1944–1945 Angestellte der Firma Max Speck, Olbernhau, 1945 Angestellte der Stadtverwaltung Olbernhau, 1945 KPD, 1946 Sachbearbeiterin SED-KL Marienberg
1950 Einstellung beim MfS als Schreibkraft in der KD Marienberg, 1950 Abt. PK des MfS: Sachbearbeiterin, 1953 Abt. XII: Sachbearbeiterin im Ref. II, 1954 Hauptsachbearbeiterin, 1961 AG des Ministers, 1968 Abt. XII: Hauptsachbearbeiterin, 1970 Leiterin der AG Datenaufbereitung, 1971 Leiterin des Ref. 4, 1974 Major, 1974 ZAIG: Datenschutzbeauftragte in der AG Datenschutz/Datensicherung, 1979 Abt. XII: Leiterin der Abt. XII/UA 4, 1980 Leiterin der Abt. XII/4, 1981 Oberstleutnant, 1987 Entlassung, Rentnerin
BStU, KKK Heinritz; BStU, MfS, KS II 327/87

Hinz, *Joachim* Gerhard (*4.9.1937)
Leiter des Ref. 3 1971–1980, Stellv. Leiter der Abt. XII und Leiter des Zentralarchivs 1980–1982, Leiter der Abt. XII/1 1984–1989

Geboren in Neuruppin, Vater Beschlosser, Mutter Hausfrau, 1943–1952 Volksschule, 1952–1955 Lehre als Metallhüttenwerker, Kupfer-/Silberhütte, Hettstedt (Bez. Halle), 1955 Metallhüttenwerker, Kupfer-/Silber-Hütte, Hettstedt
1955 Einstellung beim MfS als operativer Mitarbeiter in der Abt. III der BV Halle, 1956 SED, 1956 HA II des MfS: Hilfssachbearbeiter, 1958 Sachbearbeiter, 1963 Hauptsachbearbeiter, 1965 Abt. XII: Sachbearbeiter, 1966–1967 Ausbildung zum Archivassistenten an der Archivschule Caputh, 1967 Hauptsachbearbeiter, 1967–1971 Ausbildung zum staatlich geprüften Archivar an der Fachschule für Archivwesen, 1969 stellv. Leiter Abt. XII/Ref. 3, 1971 Leiter Abt. XII/Ref. 3, 1976 Major, 1980 stellv. Leiter der Abt. XII und Leiter des Zentralarchivs, 1981 Oberstleutnant, 1982 Entbindung von den Leitungsaufgaben wegen Fehlverhaltens, Einsatz als Offizier für Sonderaufgaben, 1984 vertretungsweise Leiter der Abt. XII/Abt. Sicherstellung, 1985 Leiter der Abt. XII/1
BStU, KKK Hinz; BStU, MfS, KS 500/90

Jentsch (geb. Krusch), Ursula (*31.7.1931)
Leiterin des Ref. 1 1976–1980, stellv. Leiterin der Abt. XII/Zentralarchiv 1980–1982 u. 1983–1988, Leiterin der Abt. XII/Zentralarchiv 1982–1983
Geboren in Dresden, Vater Dreher, Mutter Hausfrau, 1938–1946 Volksschule, 1946–1947 Hausgehilfin in versch. Haushalten, Mädchenberufsschule Dresden-West, 1947–1949 Hilfsarbeiterin Lederfabrik Einsiedel, 1947 SED, 1949 Hilfsarbeiterin Konsumgenossenschaft Dresden, 1949–1950 Bürohilfe Konsumgenossenschaft Dresden, 1950–1951 Angestellte der Landesbehörde für Volkspolizei Sachsen
1951 Einstellung beim MfS als operativ-technische Mitarbeiterin in der Abt. XII der BV Dresden, 1953 Hausfrau, 1954–1956 Abt. XII des MfS: Hilfssachbearbeiterin, 1956–1959 Hausfrau, 1959 Abt. XII/Ref. 5 des MfS: Hilfssachbearbeiterin, 1966 Sachbearbeiterin, 1969 Hauptsachbearbeiterin, 1973 stellv. Referatsleiterin, 1976 Leiterin Ref. 1 der Abt. XII, 1977 Major, 1980 stellv. Leiterin der Abt. XII/Zentralarchiv und Leiterin Ref. 1 der Abt. XII/Zentralarchiv, 1982 vertretungsweise Leiterin der Abt. XII/Zentralarchiv, 1983 stellv. Leiterin der Abt. XII/Zentralarchiv und Leiterin Ref. 1 der Abt. XII/Zentralarchiv, 1983 Oberstleutnant, 1988 Entlassung Invalidenrentnerin
BStU, KKK Jentsch; BStU, MfS, KS II 482/88

Karoos, Paul (*7.12.1907)
Leiter der Abt. XII 1951–1964, stellv. Leiter der Abt. XII 1964–1968
Geboren in Berlin, Vater Schmied, Mutter Hausfrau, 1914–1922 Volksschule, 1924–1937 Arbeit als Arbeitsbursche, Hausdiener, Bürodiener, Packer, Fahrer, Erdarbeiter, Postbetriebsarbeiter, 1928 KPD, 1937–1944 Packer bei der Fa. Jaroslaw Glimmerwaren, Berlin, 1945–1948 Revier-Sachbearbeiter, VP/Abt. K,

1948–1949 PK-Leiter im Dezernat S, Abt. Org. und Verwaltung, VP/Abt. K, 1949–1950 Leiter der Gruppe AK 4, VP/Abt. K
1950 Einstellung beim MfS als Sachbearbeiter in der Abt. Erfassung und Statistik, 1951 Leiter der Abt. XII, 1953 Oberstleutnant, 1964 stellv. Leiter der Abt. XII, 1968 Entlassung, Rentner
BStU, KKK Karoos; BStU, MfS, KS 266/68; BStU, MfS, Abt. XII Nr. Nr. 4115

Kleine (geb. Aurich), *Thea* Johanna (*26.3.1931)
Leiterin der Abt. XII/2 1980–1986
Geboren in Plauen, Vater Angestellter, Mutter Näherin, 1937–1945 Volksschule, 1945–1947 Kochscholarin an der Leipziger Heilstätte Adorf, 1947–1948 Abzieherin bei der Bauwollspinnerei Adorf, 1948–1950 Ausbildung zur Säuglingsschwester am Kinderkrankenhaus Leipzig, 1951–1952 Krankenschwester am Kinderkrankenhaus Leipzig, 1952 Krankenschwester am Städtischen Krankenhaus Berlin-Buch bzw. Berlin-Friedrichshain, 1953–1959 Hausfrau, 1959 SED, 1959–1963 Krippenleiterin in Berlin-Weißensee, 1963–1970 Hausfrau
1970 Einstellung beim MfS als operativ-technische Kraft in der Abt. XII/Ref. 4, 1974 stellv. Leiterin Abt. XII/Ref. 4, 1976 Leiterin des Ref. 1 der Abt. XII/UA 2 und stellv. Leiterin der Abt. XII/UA 2, 1980 stellv. Leiter in der Abt. XII/UA 2 und Referatsleiterin, 1980 Leiterin der Abt. XII/2, 1984 Major, 1986 Entlassung, Rentnerin
BStU, KKK Kleine; BStU, MfS, KS II 314/86

Knoppe, Reinhold (6.4.1908–30.5.1983)
Leiter der Abt. XII 1964–1968
Geboren in Bernstein (Krs. Soldin), Vater Schmied, Mutter Hausfrau, 1914 Volksschule, 1922–1924 Lehre als Glaser in Wriezen/Oder, 1924–1927 Gelegenheitsarbeiter, 1927–1931 Redaktionsbote bei der Berliner Börsenzeitung, 1929 KPD, 1931–1932 Zeitungsfahrer, 1932–1933 arbeitslos, 1933–1937 Emigration in die ČSR, 1937 Teilnahme am Spanischen Bürgerkrieg, 1939–1941 Internierung in Frankreich, 1941–1945 Haft im KZ Sachsenhausen, 1945 Leiter des OdF-Heims Lehnitz, 1945 Angehöriger der VP/Personal-Außendienst, 1946–1948 Leiter der Abt. F5 im Polizeipräsidium Berlin, 1948–1949 PK-Leiter in der Abt. K, 1949–1950 Leiter der Dienststelle AK
1950 Einstellung beim MfS als Leiter der HA III, 1953 Leiter der BV Magdeburg, 1953 Oberst, 1962 BdL: Mitarbeiter der AG Anleitung und Kontrolle, 1962 AGM: Abteilungsleiter, 1964 Leiter der Abt. XII, 1968 Entlassung, Rentner
BStU, KKK Knoppe; BStU, MfS, KS I 1/84; BStU, MfS, Abt. XII Nr. Nr. 4116; BStU, MfS, HA IX/11 SV 68/88

Kraft (geb. Fröhlich), Elisabet (*9.6.1930)
Leiterin des Ref. 2 1973–1976, Leiterin der Abt. XII/UA 3 bzw. Abt. XII/3 1976–1985
Geboren in Hohenmölsen (Krs. Weißenfels), Vater Bergarbeiter, Mutter Arbeiterin, 1936–1944 Volksschule, 1944–1946 Haushälterin in verschiedenen Haushalten, 1946–1949 Lehre als Verkäuferin in der Lebensmittelhandlung Joh. Pöpken, Hohenmölsen, 1949–1954 Hausfrau
1954 Einstellung beim MfS ohne Dienststellung in der Abt. XII/Ref. 2, 1955 SED, 1955 Hilfssachbearbeiterin, 1960 Sachbearbeiterin, 1964 Hauptsachbearbeiterin, 1969 stellv. Leiterin des Ref. 1, 1971 stellv. Leiterin des Ref. 2, 1973 Leiterin des Ref. 2, 1976 Leiterin der UA 3, 1977 Major, 1980 Leiterin der Abt. XII/3, 1983 Oberstleutnant, 1985 Offizier für Auswertung und Analyse in der Abt. XII/AKG, 1986 Entlassung, Invalidenrentnerin
BStU, KKK Kraft; BStU, MfS, KS II 335/86; BStU, MfS, Abt. XII Nr. 5136

Kraft, Friedrich (21.12.1906–18.9.1972)
Leiter des Ref. 4 1954–1958
Geboren in Bützow, bis 1921 Grundschule, 1921–1923 Hausdiener, 1923–1925 Arbeiter in der Sägerei Ernst Schottler Nachf., Bützow, 1926–1928 Arbeiter beim Rat der Stadt Bützow, 1926 KPD, 1928–1933 Kollermüller bei der Papierfabrik Bützow, 1933–1934 Schutzhaft und Gefängnis Strafanstalt Dreibergen, 1934–1935 arbeitslos, 1935–1936 Notstandsarbeiter beim Rat der Stadt Bützow, 1937–1941 Dachdecker in Bützow, 1941–1945 Soldat, 1945–1947 sowjetische Kriegsgefangenschaft, 1948–1949 Wachtmeister in der Strafanstalt Dreibergen
1949 Einstellung beim MfS als stellv. Leiter der KD Güstrow, 1950 Abt. X des MfS: Sachbearbeiter, 1952 Referatsleiter, 1953 stellv. Leiter der Abt. X, 1954 Abt. XII: Leiter Ref. 4, 1958 KD Berlin-Friedrichshain: stellv. Leiter, 1959 Verw. Groß-Berlin/Abt. III: operativer Mitarbeiter, 1959 Med. Dienst: Hauptsachbearbeiter, 1962 Entlassung, Invalidenrentner
BStU, KKK Kraft; BStU, MfS, KS 30/63

Kreische, Walter (*5.1.1917)
Leiter der AGL 1972–1976
Geboren in Königsbrück (Krs. Kamenz), Vater Bauarbeiter, 1922–1930 Volksschule, 1931–1933 KJVD, 1931–1934 Lehre als Friseur in Weixdorf bei Dresden, 1935–1938 Friseurgehilfe in Radebeul und Königsbrück, 1938 Arbeitsmann beim RAD, 1938–1945 Soldat (1941–1945 nach schwerer Verwundung im Lazarett), 1945 Hilfspolizist in Weixdorf, 1945 KPD, 1945–1948 stellv. Revierleiter, 1948–1949 Zugführer bei der VP-Bereitschaft in Großenhain
1949 Einstellung beim MfS als operativer Mitarbeiter in der Hauptverwaltung Ausbildung, 1950 Abt. VIIa: Hauptsachbearbeiter in der KVP-Dienststelle Lö-

bau, 1953 Major, 1953 HA I des MfS: Instrukteur, 1953 HA I/3, Dresden: Hauptsachbearbeiter, 1956 HA I des MfS/Ref. KuSch: stellv. Referatsleiter, 1958 Abt. SVS des MfS: stellv. Referatsleiter, 1961 Rückstufung zum Hauptsachbearbeiter, 1962 BdL: Hauptsachbearbeiter und ständiger OvD, 1966 stellv. Referatsleiter und ständiger OvD, 1972 Abt. XII: Leiter der AGL, 1976 Oberstleutnant, 1976 Entlassung, Invalidenrentner
BStU, KKK Kreische; BStU, MfS, BV Frankfurt/O., KS II 36/83

Kühnrich, *Wilfried* Kurt (*4.9.1941)
Leiter der Abt. XII/UA 6 1976–1980, Leiter der AKG 1980–1989
Geboren in Freital, Vater kaufmännischer Angestellter, Mutter Modistin, Hausfrau, 1948–1956 Grundschule, 1956–1959 EOS, 1959–1960 ABF II Halle, 1960–1961 Anlagenfahrer im VEB Chemische Werke Buna, 1961–1966 Mathematik-Studium an der Universität Leningrad, 1963 SED, 1966 Programmentwerfer beim VEB Elektronische Rechenmaschinen Karl-Marx-Stadt
1969 Einstellung beim MfS als Sachbearbeiter in der Abt. XII/Ref. 4, 1970 stellv. Leiter der AG Systemorganisation, 1971 stellv. Leiter der Abt. XII/Ref. 6, 1974 Referatsleiter, 1976 Leiter der Abt. XII/UA 1, 1978 Major, 1980 Leiter der AKG, 1982 Oberstleutnant, 1989 Oberst
BStU, KKK Kühnrich; BStU, MfS, KS 502/90

Leipold, Rudolf *Roland* (25.5.1930–8.5.2000)
Leiter der Abt. XII 1968–1980
Geboren in Höckendorf (Krs. Dippoldiswalde), Vater Arbeiter, Mutter Hausfrau, 1936–1944 Volksschule, 1944–1946 Handelsschule, 1946 KPD, 1946–1948 Lehre als Verwaltungsangestellter beim Kreisrat Dippoldiswalde, 1949 Hilfssachbearbeiter bei der DVdI/Abt. Kader, DVP, 1949 Kursant der VP-Schule Torgau, 1950 Sachbearbeiter bei der HV für Ausbildung, Schule Berlin-Treptow
1951 Einstellung beim MfS als Sachbearbeiter in der Abt. VIII, 1952 Hauptsachbearbeiter im Ref. 2, 1953 HA IX: Hauptsachbearbeiter, 1953 stellv. Referatsleiter, 1955 Leiter Ref. 1 der HA IX/Abt. 1, 1957 stellv. Leiter der HA IX/ Abt. 1, 1957 stellv. Leiter und komm. Leiter der HA IX/Abt. 2, 1959 Leiter der HA IX/Abt. 4, 1960 Major, 1964 Oberstleutnant, 1965–1968 Sondereinsatz als OibE in Sansibar für die HV A, 1968 AGM: Abteilungsleiter, 1968 Abt. XII: Leiter der Abt. XII, 1971 Oberst, 1979 Parteistrafe ‚Strenge Rüge' nach mehrjährigem außerehelichem Verhältnis mit einer ihm unterstellten Mitarbeiterin, 1980 als OibE der HA VII zunächst stellv. Leiter, seit 1983 Leiter der Staatlichen Archivverwaltung der DDR, 1989 Entlassung, Rentner
BStU, KKK Leipold; BStU, MfS, KS 27218/90

Lohmann, *Hellmuth* Wilhelm (29.3.1902–24.9.1978)
Leiter des Ref. 1 1954–1967
Geboren in Dresden, Vater Eisenbahnarbeiter, bis 1916 Volksschule, 1916–1919 Lehre als Schlosser in den Schladitz-Werken, Dresden, 1919 arbeitslos, 1920 Schlosser bei der Universell-Zigaretten-Fabrik, Dresden, 1921–1923 USPD, 1923 arbeitslos, 1923–1948 Schlosser bei der Motorenfabrik Bark Dresden, 1925 KPD, 1948 Schlosser beim VEB Universelle Werke Dresden
1950 Einstellung beim MfS als operativer Mitarbeiter in der Abt. III der Verwaltung Sachsen, 1951 Abt. Erfassung und Statistik der Verwaltung Sachsen: Sachbearbeiter, 1952 Abt. XII des MfS: Sachbearbeiter, 1953 Hauptsachbearbeiter, 1954 Leiter des Ref. 1, 1967 Major, 1967 Entlassung, Rentner
BStU, KKK Lohmann; BStU, MfS, KS 175/67

Lorenz (geb. Gerstenberg), Helga (*23.10.1942)
Leiterin der Abt. Sekretariat 1986–1989
Geboren in Salza (Krs. Nordhausen), Vater Drucker, Fensterputzer, 1949–1957 Grundschule, 1957–1959 Mittelschule, 1959–1960 Lehrerbildungsinstitut Erfurt, 1960–1962 Hausfrau, 1962–1967 Erzieherin im Kindergarten Hirnzigenweg, Erfurt, 1964–1967 Ausbildung zur Kindergärtnerin an der Pädagogischen Schule Gotha, 1967 Hausfrau, 1967 SED, 1967–1968 Kindergärtnerin im Kindergarten „Jenny Matern“, Berlin, 1968–1969 Hausfrau
1969 Einstellung beim MfS als operativ-technische Mitarbeiterin in der Abt. XII/AG D bzw. Ref. 4, 1977 stellv. Leiterin des Ref. 2 der Abt. XII/UA 2, 1980 stellv. Leiterin Sekretariat und Leiterin des Ref. Kader, 1984 Vors. der Frauenkommission im MfS, 1986 Leiterin Abt. XII/Sekretariat, 1987 Major
BStU, KKK Lorenz; BStU, MfS, KS 27037/90

Moschner, Joachim (*19.9.1940)
Stellv. Leiter der Abt. XII 1974–1989
Geboren in Großhain (Krs. Waldenburg/Schlesien), Vater Bergmann, Schlosser, Mutter Putzmacherin, 1947–1955 Grundschule, 1955–1959 Oberschule, 1959 Hilfsarbeiter im VEB Fernmeldewerk Bautzen, 1960 SED
1960 Einstellung beim MfS als operativer Mitarbeiter in der Abt XI, 1962 Hilfssachbearbeiter, 1966 Sachbearbeiter, 1968 Abt. XII: Hauptsachbearbeiter, 1969 stellv. Referatsleiter, 1971 Leiter des Ref. 6, 1974 stellv. Leiter der Abt. XII, 1974 Major, 1978 Oberstleutnant, 1984 Oberst, 1987 1. Stellv. des Leiters der Abt. XII
BStU, KKK Moschner; BStU, MfS, KS 24510/90

Müller (geb. Behrendt), Lieselotte (*1.3.1928)
Leiterin des Ref. 3 1954–1958
Geboren in Calbe/Saale, Vater Arbeiter, Mutter Arbeiterin, 1934–1938 Volksschule, 1938–1942 Mittelschule, 1942–1943 Pflichtjahr Kreiskrankenhaus Calbe,

1943–1946 Lehre als Anwalts- und Notargehilfin bei Rechtsanwalt Pfantsch, Calbe, 1946–1949 Stenotypistin/Sachbearbeiterin Rat des Kreises Calbe, 1947 SED
1949 Einstellung beim MfS als Sekretärin in der KD Calbe, 1950 Abt. III der Verwaltung Sachsen-Anhalt: Sekretärin, 1950 Abt. V des MfS: Sekretärin, 1952 Sachbearbeiterin, 1953 Abt. Archiv: stellv. Leiterin, 1954 Abt. XII: Sachbearbeiterin, 1954 Leiterin des Ref. 3, 1958 Hausfrau, 1958 HA VIII: Sachbearbeiterin, 1959 HA V: Sachbearbeiterin, 1962 Hauptsachbearbeiterin, 1967 HA XX/AG 1 bzw. AG Reiseverkehr: stellv. Leiterin des Ref. 2, 1978 Major, 1984 Entlassung, Invalidenrentnerin
BStU, KKK Müller; BStU, MfS, KS II 397/84

Petzold (geb. Beyer), Ruth (*12.12.1930)
Leiterin der Abt. XII/Sekretariat 1974–1980
Geboren in Dresden, Vater Dreher, Mutter Näherin, 1937–1945 Grundschule, 1946 SED, 1946–1949 Lehre als Verwaltungsangestellte beim Rat der Stadt Dresden, 1949–1950 Hausfrau, 1950–1953 Stenotypistin bei der Landeskommission für Staatliche Kontrolle, Dresden, 1953–1954 Zentrale Kommission für Staatliche Kontrolle, Berlin, 1954–1959 Hausfrau, 1959–1969 stellv. Kaderleiterin Konsumgenossenschaft Berlin-Weißensee
1969 Einstellung beim MfS als operativ-technische Mitarbeiterin in der Abt. XII/Ref. 4, 1969 Sachbearbeiterin in der AG Kader, 1972 Leiterin der AG Kader, 1974 Leiterin des Sekretariats, 1979 Parteistrafe ‚Rüge' nach mehrjährigem außerehelichem Verhältnis mit einem Vorgesetzten, 1980 Offizier für Sonderaufgaben in der Abt. XII/UA 4, 1981 ZKG: Offizier für Sonderaufgaben, 1982 Leiterin des Sekretariats, 1983 Major
BStU, KKK Petzold; BStU, MfS, KS 26206/90

Redmann (geb. Thoms), Rosemarie (*4.12.1945)
Leiterin der Abt. XII/6 1985–1989
Geboren in Dörnthal (Krs. Marienberg), Vater Schlosser, Mutter polit. Mitarbeiterin der SED-Stadtleitung Leipzig, 1952–1960 Grundschule, 1960–1963 EOS, 1963–1964 ABF Halle, 1964–1965 Lehre als Chemiefacharbeiterin im VEB EKB Bitterfeld, 1965 SED, 1965–1970 Studium zur Diplom-Ingenieurin im Fach Elektrische Energieanlagen an der TU Dresden
1970 Einstellung beim MfS als Systemorganisator in der Abt. XII/Ref. 6, 1974 stellv. Leiterin des Ref. 6, 1976 stellv. Leiterin der UA 1 und Leiterin des Ref. 1, 1980 stellv. Leiterin der AKG, 1981 Major, 1985 Leiterin der Abt. XII/6, 1986 Oberstleutnant
BStU, KKK Redmann; BStU, MfS, KS 250/90

Riedel, Marie (4.6.1920–25.10.1970)
Leiterin des SG Statistik und Analysen 1955–1970
Geboren in Altstadt (Krs. Tetschen/Tschechoslowakei), Vater Zimmermann, Mutter Hausfrau, bis 1934 Volks- und Bürgerschule, 1935–1937 Arbeiterin in der Emailgeschirrfabrik in Ueschwitz/Tetschen, 1937–1938 Verkäuferin beim Arbeiter-Konsumverein in Bodenbach/Tetschen, 1938 Flucht aus polit. Gründen nach der Besetzung des Sudetenlandes, 1938–1939 Flüchtlingslager bei Prag, 1939–1945 Emigration in der Sowjetunion, Angestellte und Arbeiterin in einer Lokomotiven- und in einer Handschuhfabrik in Kolomna, Krow und Busuluk, 1945 Arbeiterin in einer Schokoladenfabrik in Rosaritz/Bodenbach (Tschechoslowakei), 1946 „Umsiedlung" aus der Tschechoslowakei, 1946 Arbeiterin Kunstgew. Gravieranst. Bernburg/Halle, 1947 Sprachlehrerin an der Grundschule in Bernburg/Halle, 1947–1949 Verkäuferin im russischen Kaufhaus „Gastronom" in Weimar
1949 Einstellung beim MfS als Telefonistin und technische Kraft in der Telefonzentrale, im Sekretariat und in der Abt. Erfassung und Statistik der Verwaltung Sachsen-Anhalt, 1951 Abt. XII des MfS/Ref. 1: Sachbearbeiterin, 1952 Hauptsachbearbeiterin, 1955 Leiterin des SG Statistik und Analysen
BStU, KKK Riedel; BStU, MfS, KS 16/71

Rohner, Walter (*21.11.1905)
Stellv. Leiter der Abt. XII 1953–1962
Geboren in Schweidnitz (Schlesien), Vater Ziegelbrenner, Mutter Schneiderin, 1912 Volksschule, 1920 Bäckerlehre, 1924 Bäcker in Schlenzig (Pommern) und Gera, 1926 KPD, 1928 Packer, 1933 Schutzhaft in versch. Gefängnissen, 1933–1938 arbeitslos, 1938–1943 Universalfräser bei der Fa. Seifert, Gera, 1943 Soldat in Bad Hersfeld, 1943–1945 Universalfräser bei der Fa. Seifert, Gera, 1945–1949 Schulhausmeister, 1950 Kadersekretär des SED-Kreisvorstandes Gera
1950 Einstellung beim MfS als operativer Mitarbeiter in der KD Gera, 1950 Abt. XII des MfS: Sachbearbeiter, 1952 Leiter des Ref. 1, 1953 stellv. Leiter der Abt. XII, 1953 Major, 1962 Versetzung wegen unmoralischen Verhaltens mit einer unterstellten Mitarbeiterin, stellv. Leiter des Ref. 2 der HA Verwaltung und Wirtschaft/Abt. V, 1965 Entlassung, Rentner
BStU, KKK Rohner; BStU, MfS, KS 171/66; BStU, MfS, Diszi 6664/92

Roth, *Heinz* Karl (*13.7.1931)
Leiter der Abt. XII 1980–1989
Geboren in Mittelschmalkalden (Thüringen), Vater Kernmacher, Mutter Hausfrau, 1937–1945 Volksschule, 1945–1948 Lehre als Maschinenschlosser bei der Fa. Zobel Neubert, Schmalkalden, 1949 Grenzpolizist bei der Grenzbereitschaft Köppelsdorf, 1950 VP-Wachtmeister, 1951 VP-Hauptwachtmeister, 1951–1952 Zugführer bei der VP-Bereitschaft Meiningen, 1953 SED, 1953 Adjutant bei

der Politverwaltung der KVP, Berlin, 1955 Politstellvertreter der II. Kompanie der II. Abt. Strausberg II, 1955 Politstellvertreter in der Wachabteilung in Strausberg II
1956 Einstellung beim MfS als Sachbearbeiter in der HA I/Abt. 10, 1958 Hauptsachbearbeiter, 1958 komm. stellv. Referatsleiter, 1964 stellv. Referatsleiter, dann Referatsleiter HA VII/7, 1966 Major, 1969 stellv. Leiter der HA VII/7, 1970 Leiter der HA VII/1, 1971 Oberstleutnant, 1973 stellv. Leiter der HA VII, 1975 Promotion zum Dr. jur. an der JHS Potsdam-Eiche, 1976 Oberst, 1980 Leiter der Abt. XII
BStU, KKK Roth; BStU, MfS, KS 22572/90

Rudolph (geb. Tschätsch), Ursula (*13.8.1932)
Leiterin des Ref. 3 1973–1976, Leiterin der Abt. XII/UA 5 (bzw. Abt. XII/5) 1976–1984
Geboren in Frankfurt/O., Vater Maurer, Mutter Verkäuferin, 1939–1943 Volksschule, 1944–1945 Mittelschule, 1945–1947 Volksschule, 1947–1950 Lehre und Verkäuferin bei der Konsumgenossenschaft Frankfurt/O., 1950–1951 1. Sekretärin der FDJ in der Konsumgenossenschaft Frankfurt/O., 1951–1952 Betriebsassistentin und Referentin für Mitgliederorganisationen bei der Konsumgenossenschaft Frankfurt/O., 1952–1953 Verkäuferin Konsumgenossenschaft Fürstenberg, 1953–1954 VP-Angestellte Frankfurt/O.
1954 Einstellung beim MfS ohne Dienststellung in der Abt. F, 1956 SED, 1956 Hilfssachbearbeiterin, 1957 HV A/Abt. Finanzen: Hilfsachbearbeiterin, 1958–1960 Hausfrau, 1960 Abt. XII/Ref. 2: Hilfssachbearbeiterin, 1964 Sachbearbeiterin, 1967 Hauptsachbearbeiterin, 1968 stellv. Leiterin des Ref. 2, 1973 Leiterin des Ref. 3, 1976 Leiterin der Abt. XII/UA 5, 1977 Major, 1980 Leiterin der Abt. XII/5, 1984 Oberstleutnant, 1985 Offizier für Auswertung und Statistik in der AKG, 1987 Entlassung, Invalidenrentnerin
BStU, KKK Rudolph; BStU, MfS, KS II 317/88

Schellheimer (geb. Ruseck), Klara (18.10.1907–24.3.1986)
Leiterin des Ref. 3 1958–1964
Geboren in Magdeburg, Vater Dreher, Mutter ohne Beruf, 1914–1922 Volksschule, 1922–1925 Lehre als Stenotypistin bei einem Rechtsanwalt, 1925–1927 Stenotypistin bei versch. Rechtsanwälten in Magdeburg, 1927–1934 Hausfrau, 1931 Heirat mit Johann Schellheimer (1944 wegen Vorbereitung zum Hochverrat hingerichtet), 1931 KPD, 1934–1936 Arbeiterin in der Maschinenfabrik Polte, Magdeburg, 1936–1938 Haft in den Zuchthäusern Jauer und Waldheim, 1938–1939 Hausfrau, 1939–1944 Kontoristin bei der Fa. Lindner, Magdeburg, 1944–1945 Haft in Magdeburg, 1945–1946 Stenotypistin beim FDGB Magdeburg, 1946–1949 Arbeitsschutzinspektorin beim Amt für Arbeit und Sozialfürsorge Magdeburg, 1949–1951 Kaderleiterin bei der Transportpolizei Magdeburg

1951 Einstellung beim MfS als Sekretärin in der HA KuSch, 1951–1953 HA XIII: Sekretärin, 1953 BPKK: Sachbearbeiterin, 1953 Abt. XII: Sachbearbeiterin, 1955 Hauptsachbearbeiterin, 1958 Leiterin des Ref. 3, 1959 Hauptmann, 1964 Entlassung, Rentnerin, 1969–1971 Zivilbeschäftigte in Abt. XII/Ref. 2
BStU, KKK Schellheimer; BStU, MfS, KS 160/64; BStU, MfS, Abt. XII Nr. 4114

Schubert (geb. Oehme), Käthe (*22.5.1921)
Stellv. Leiterin der Abt. XII 1963–1974
Geboren in Chemnitz, Vater Eisenformer, Mutter Hausfrau, 1927–1935 Volksschule, 1935–1938 Fortbildungsschule, 1935–1941 Mitarbeiterin der Kammgarnspinnerei, Harthau, 1941–1943 Hausfrau, 1943–1944 Platzanweiserin im Kino Filmeck, Chemnitz, 1944–1950 Hausfrau, 1945 KPD, 1950–1952 Org-Instrukteurin in der SED-KL Chemnitz, 1952 Org-Instrukteurin in der SED-KL Berlin-Mitte, 1952 Sachbearbeiterin beim VVN-Bezirksvorstand, Chemnitz
1952 Einstellung beim MfS als Sachbearbeiterin in der Abt. XII/Ref. 1, 1954 Ref. 2: Hauptsachbearbeiterin, 1956 stellv. Leiterin Ref. 2, 1962 komm. stellv. Leiterin der Abt. XII, 1963 stellv. Leiterin der Abt. XII, 1965 Major, 1974 Oberstleutnant, Entlassung, Rentnerin
BStU, KKK Schubert; BStU, MfS, KS I 1/81

Stopfkuchen, Richard (9.2.1904–19.2.1968)
Leiter des Ref. 2 1954–1965
Geboren in Wurzen (Krs. Grimma), Vater Geschirrführer, Mutter Hausfrau, bis 1918 Bürger- und Fortbildungsschule, 1918–1922 Lehre als Dreher in der Firma Max Schiemann u. Co, Wurzen, 1922 Arbeiter in der Tongrube Lehmann, Nerchau, 1922 KPD, 1923 arbeitslos, 1924 Arbeiter, 1925 Wanderschaft, 1925 Dreher in Maschinenfabriken in Tübingen, 1926–1933 arbeitslos und kurzzeitig Aushilfsarbeiter, 1933–1934 inhaftiert in den KZ Golditz, Sachsenburg und Hohenstein, 1934 Bauarbeiter, 1936–1945 Dreher im Rüstungsbetrieb Mansfeld, Leipzig, 1944 inhaftiert im KZ Sachsenhausen, 1944–1945 Dreher im Rüstungsbetrieb Mansfeld, Leipzig, 1945–1946 Sekretär der KPD Wurzen, 1946–1948 Verwalter im Kinderheim Heyda, Wurzen, 1948 Angestellter SED-KV Grimma, 1949 Wirtschaftsleiter im Kinderheim Heyda, 1949 Angestellter Kreispolizeiamt Grimma/Abt. K5, Außenstelle Wurzen
1949 Einstellung beim MfS als Sachbearbeiter in der KD Grimma, 1950 Abt. VIII des MfS: operativer Mitarbeiter, 1951 Abt. Erfassung und Statistik: Sachbearbeiter, 1953 Major, 1954 Leiter des Ref. 2, 1965 Entlassung, Rentner
BStU, KKK Stopfkuchen; BStU, MfS, KS II 350/65

Teshmer, *Hans* Joachim (*21.5.1940)
Leiter des Ref. 2 1976–1980, Leiter des Sekretariats 1980–1984, Leiter des Ref. ODH/WSD 1985–1988

Geboren in Aitzendorf (Krs. Rochlitz), Vater Schweitzer, Mutter Hausfrau, 1946–1955 Grundschule, 1955–1958 Lehre als Sitzmöbeltischler beim VEB Sitzmöbelindustrie Geringswalde
1958 Soldat im WR, 1959 Einstellung beim MfS als Sicherungsposten in der HA PS/Abt. V, 1963 Hilfssachbearbeiter, 1963 SED, 1967 Abt. XII/Ref. 2: Hilfssachbearbeiter, 1969 Sachbearbeiter, 1970 Leiter einer Arbeitsgruppe, 1974 stellv. Leiter des Ref. 2, 1976 Leiter des Ref. 1 der UA 3, 1980 Leiter der Abt. XII/Sekretariat, 1982 Major, 1984 Ablösung als Leiter des Sekretariats, 1985 Leiter des Ref. ODH/WSD der Abt. XII/AKG, 1988 Entlassung auf eigenen Antrag, Übergangsrente
BStU, KKK Teshmer; BStU, MfS, KS II 413/88; BStU, MfS, Abt. XII Nr. 2688

Tiepold, James *Walter* (*11.8.1911)
Leiter des Ref. 3 1950–1954
Geboren in Berlin, Vater Kellner, Mutter Näherin, 1917–1925 Volksschule, 1926–1940 Lehre als Fotolaborant, Laborwerker bei Agfa in Berlin, 1940–1943 Soldat, 1943 Arbeiter bei Agfa, 1944 Schüler an der Deutschen Schule für Optik und Fototechnik, Berlin, 1943–1945 Fototechniker beim Pressebilderdienst Atlantik und Transocean, 1945 Hilfspolizist in Bernau, 1945 KPD, 1945 Arbeiter in einem Ofenbaugeschäft in Berlin-Spandau, 1946–1947 Fotograf in der Bildstelle des Dezernats Erkennungsdienst der Abt. K des VPP Berlin, 1947–1948 Leiter der Bildstelle des Dezernats Erkennungsdienst der Abt. K des VPP Berlin, 1948–1950 Leiter des Dezernats Erkennungsdienst der Abt. K des VPP Berlin
1950 Einstellung beim MfS als Leiter des Ref. 3 der Abt. XII, 1953 Oberstleutnant, 1954 stellv. Leiter der Abt. 3 der HA S, 1954 stellv. Leiter der Abt. K, 1960 komm. Leiter der Abt. 32, 1961 Leiter der Abt. 32, 1969 komm. stellv. Leiter der Abt. OTS, 1970 stellv. Leiter der Abt. OTS, 1972 Oberst, 1972 Entlassung, Invalidenrentner
BStU, KKK Tiepold; BStU, MfS, KS 16207/90

Tosch, Rudolf (20.9.1920–20.3.1988)
Leiter der Instrukteurgruppe 1974–1981
Geboren in Berlin, Vater Steinmetz, 1927–1935 Volksschule, 1935–1938 Lehre als Kaufmännischer Angestellter bei der Reichsbank, 1938–1940 Maschinenbuchhalter bei der Brawag AG, Berlin, 1940 Reichsarbeitsdienst, 1940–1945 Soldat, 1945–1949 sowjetische Kriegsgefangenschaft (u. a. 1948–1949 Sekretär einer antifaschistischen Propagandistentruppe), 1949 Angestellter der Stadtverwaltung Senftenberg, 1949–1950 stellv. Hauptbuchhalter bei der Braunkohlenverwaltung Senftenberg
1950 Einstellung beim MfS als Sachbearbeiter in der KD Senftenberg, 1950 Sachbearbeiter in der Abt. VI der Länderverwaltung Brandenburg, 1950 Sachbearbeiter KD Senftenberg, 1951 MfS-Schule Potsdam-Eiche: Innendienstleiter,

1951 SED, 1953 MfS-Schule Potsdam-Eiche: Lehrer, 1959 MfS-Schule Gransee: Lehrer, 1962 kommandiert zur HA V des MfS, 1962 MfS-Schule Gransee: Lehrer, 1962 operativer Mitarbeiter der Abt. V der BV Frankfurt/O., 1962 Hauptsachbearbeiter, 1963 Pers. Referent des Leiters der BV Frankfurt/O. (seit 1964 auch verantwortl. für die IM-Kerblochkartei der BV und für die Entwicklung neuer Koordinierungssysteme), 1967 Leiter des BdL der BV Frankfurt/O., 1971 Abt. XII des MfS: Offizier für Sonderaufgaben (u. a. verantwortl. für ein neues System der Erfassung), 1972 Major, 1974 Leiter der Instrukteurgruppe der Abt. XII, 1978 Oberstleutnant, 1981 Entlassung, Invalidenrentner
BStU, KKK Tosch; BStU, MfS, KS II 557/81

Zander (geb. Tobies), *Eva* Lieselotte (*21.12.1926)
Leiterin des Sekretariats 1969–1971, Leiterin der Abt. XII/7 1980–1983
Geboren in Königsberg (Ostpreußen), Vater Straßenbahnführer, 1933–1941 Volksschule, 1941–1942 Pflichtjahr, 1942–1944 kfm. Lehre bei der Fa. Medra, Königsberg, 1945 Arbeiterin in der Fahrradfabrik Todtenhöfer, Königsberg, 1945–1947 ohne festes Arbeitsverhältnis, Aufräum- und Feldarbeiten in Königsberg, 1947 „Umsiedlung“, Quarantänelager Treuenbrietzen, 1947–1948 ohne Arbeit in Schwerin, 1948–1949 Verkehrspolizistin bei der VP Schwerin, 1948 SED 1949 Einstellung beim MfS als Sachbearbeiterin in der Abt. EuS der LV Schwerin, 1952 Abt. XII des MfS: Sachbearbeiterin, 1954 Leiterin des Sekretariats, 1956–1958 Fernstudium zum staatlich geprüften Archivar an der Fachschule für Archivwesen, 1958 Hauptsachbearbeiterin, 1971 Leiterin des Ref. 5, 1974 Major, 1976 Leiterin des Ref. RD, 1980 Leiterin der Abt. XII/7, 1983 Oberstleutnant, 1983 Entlassung, Invalidenrentnerin
BStU, KKK Zander; BStU, MfS, KS II 390/83

Die Abteilungen XII der Bezirksverwaltungen des MfS und der HA I und die Abt. R der HV A

Berlin

Steinbock (geb. Mauruschat), *Ingeborg* Gertrud (*24.6.1925)
Leiterin der Abt. XII der Verwaltung Groß-Berlin 1953–1956
Geboren in Berlin, Vater Rohrleger, Mutter Hausfrau, 1931–1939 Volksschule, 1939–1940 Haushaltspflichtjahr bei einer Familie in Berlin, 1940–1945 kaufmännische Lehre und Angestellte beim Ambi-Budd-Preßwerk, Berlin, 1945 arbeitslos, unbezahlte Arbeitseinsätze, 1945–1947 Stenotypistin bei der Ortspolizei Eichwalde, 1946 SED, 1948 Stenotypistin im Vorzimmer des Polizeipräsidenten, Berlin, 1949 Sachbearbeiterin in der Abt. Schulung des PVP, 1949–1950 Lehrerin an der VP-Schule Berlin

1950 Eintritt in das MfS als Sachbearbeiterin der Abt. KuSch der Verw. Groß-Berlin, 1951 Abt. IX der Verw. Groß-Berlin, 1952 Abt. Allgemein der Verw. Groß-Berlin: Leiterin des Sekretariats, 1953 Leiterin der Abt. XII der Verw. Groß-Berlin, 1956 HV A des MfS/Abt. Wirtschaft und Verwaltung: Hauptsachbearbeiterin, 1957 Referatsleiterin, 1961 stellv. Referatsleiterin im BdL der HV A, 1971 Leiterin des BdL der HV A, 1972 Major, 1978 Oberstleutnant, 1980 HV A/RD: Offizier für Sonderaufgaben, 1980 Entlassung, Invalidenrentnerin
BStU, KKK Steinbock; BStU, MfS, KS II 472/80

Mingram, Heinz-Otto (*20.8.1938)
Leiter der Abt. XII der BV Berlin 1984–1989
Geboren in Berlin, Vater Klempner, Mutter Hausfrau, 1945–1953 Volksschule, 1953–1957 Oberschule
1957 Einstellung beim MfS als operativer Mitarbeiter/Ermittler in der Verw. Groß-Berlin/Abt. VIII, 1959 SED, 1959 Hilfssachbearbeiter, 1962 Sachbearbeiter, 1966 Hauptsachbearbeiter, 1968 Leiter des Ref. 4 der Abt. VIII, 1970 Leiter des Ref. 6 der Abt. VIII, 1973 stellv. Leiter der Abt. VIII, 1977 Major, 1982 kommandiert zur Abt. XII des MfS zwecks Aufbau der Abt. XII in der BV Berlin, 1984 Leiter der neugebildeten Abt. XII der BV Berlin, 1986 Oberstleutnant
BStU, KKK Mingram; BStU, MfS, BV Berlin, KS II 407/91

Cottbus

Böhme, *Paul* Hermann (*24.1.1907)
Leiter der Abt. XII (bzw. SR XII) der BV Cottbus 1953–1963
Geboren in Rothstein (Krs. Liebenwerda), Mutter Hausfrau, Volksschule, 1921–1924 Lehre als Metalldreher, Elsterwerda, 1924–1935 (Metall-)Dreher in Elsterwerda und Scharfenstein, ztw. arbeitslos, 1928 KPD, 1933 Schutzhaft in Annaberg (14 Tage), 1935–1945 Zuchthaus Zwickau und KZ Buchenwald, 1945 Angestellter der Stadtverwaltung Elsterwerda, 1949 Kreissekretär der Volkssolidarität Bad Liebenwerda
1949 Einstellung beim MfS als Sachbearbeiter in der KD Liebenwerda, 1952 BV Cottbus/Abt. XII: Sachbearbeiter, 1953 Leiter der Abt. XII (bzw. SR XII) der BV Cottbus, 1960 Hauptmann, 1963 Entlassung, Invalidenrentner
BStU, KKK Böhme ; BStU, MfS, BV Cottbus, KS 40/63

Kaps, *Georg* Franz Josef (21.7.1910–13.12.1975)
Leiter des SR XII (bzw. der Abt. XII) der BV Cottbus 1963–1975
Geboren in Breslau, Vater Metallarbeiter, Mutter Hausfrau, 1916–1924 Volksschule, 1925–1928 Lehre als Kartonagenarbeiter bei der Fa. Richard Schreiter,

Annaberg, 1928–1929 Stanzer und Schleifer bei der Fa. Rasmussen, Scharfenstein, 1929–1936 arbeitslos, 1936–1939 Bauarbeiter in Mittel- und Norddeutschland, 1939–1945 Soldat, 1945 Wachmann, Stadtwacht Annaberg (u. a. im Juni 1945 Leiter eines „Schutzhaftlagers"), 1945 KPD, 1945–1947 Preisprüfer bei der Ordnungspolizei, 1947–1949 stellv. Wachhabender bei der VP, 1949 PK-Leiter beim KPA Annaberg/Revier I
1949 Einstellung beim MfS als stellv. Leiter der KD Annaberg, 1952 komm. Leiter der KD Annaberg, 1953 Leiter der Abt. VI der BV Cottbus, 1953–1954 Leiter der Abt. II der BV Cottbus, 1954 Leiter der KD Spremberg, 1959 Leiter der Abt. VII der BV Cottbus, 1962 Referatsleiter in der Abt. VII der BV Cottbus, 1963 Disziplinarsachbearbeiter in der Abt. KuSch der BV Cottbus, 1963 komm. Leiter des SR XII der BV Cottbus, 1964 Leiter des SR XII der BV Cottbus, 1973 Major, 1975 Leiter der Abt. XII der BV Cottbus, 1975 Entlassung, Rentner, 1975 Oberstleutnant a.D.
BStU, KKK Kaps; BStU, MfS, BV Cottbus, KS 40/75

Tischler, *Rudolf* Heribert (*22.7.1922)
Leiter der Abt. XII der BV Cottbus 1975–1985
Geboren in Pihl (Krs. Ceská Lípa/Tschechoslowakei), Vater Schuhmacher, Mutter Arbeiterin, 1928–1936 Volksschule, 1936–1939 Lehre als Friseur, 1939–1941 Friseur, Haida, 1941 RAD, 1941–1945 Soldat, 1945–1949 sowjetische Kriegsgefangenschaft, 1949–1953 Angestellter bei der Konsumgenossenschaft, Liebenwerda, 1952 SED
1953 Einstellung beim MfS als Sachbearbeiter in der KD Senftenberg, 1955 Leiter der AG Großkokerei Lauchhammer in der KD Senftenberg, 1957 Leiter der Operativgruppe Lauchhammer, 1958 stellv. Leiter der Abt. III (später Abt. XVIII) der BV Cottbus, 1966 Leiter der OD Schwarze Pumpe, 1966–1968 Ausbildung zum Ingenieurökonom an der Ingenieurschule für Bergbau und Energie, Senftenberg, Juni 1971 BV Cottbus/SR XII: Hauptsachbearbeiter (Entbindung als Leiter der OD aus gesundheitlichen Gründen), 1972 stellv. Leiter der Abt. XII der BV Cottbus, 1975 Leiter der Abt. XII der BV Cottbus, 1975 Major, 1980 Oberstleutnant, 1985 Entlassung, Invalidenrentner
*Tischlers Sohn Ulrich Tischler (*13.12.1953) war von 1978 bis 1989/90 Angehöriger der Abt. XII des MfS, zuletzt stellv. Leiter der Abt. XII/Archiv und Leiter des Ref. 1, Major*
BStU, KKK Tischler; BStU, MfS, BV Cottbus, KS II 123/85

Richter, Paul *Georg* (*25.5.1929)
Leiter der Abt. XII der BV Cottbus 1985–1989
Geboren in Arnsdorf (Krs. Hoyerswerda), Vater Anreißer, Mutter Arbeiterin, 1935–1943 Volksschule, 1943–1946 Lehre als nichttechnischer Eisenbahner, 1946 SPD/SED, 1947–1959 Angestellter der Deutschen Reichsbahn, Cottbus

(u.a. Sachbearbeiter für Sonderfahrpläne für Staatssonderfahrten und Militärtransporte)
1959 Einstellung beim MfS als operativer Mitarbeiter der Abt. IX der BV Cottbus, 1960 MfS Berlin/AG AuK: Sachbearbeiter, 1961 Hauptsachbearbeiter, 1962 BV Cottbus/AG AuK: Hauptsachbearbeiter, 1962 Leiter der AG AuK der BV Cottbus, 1966 stellv. Leiter der KD Cottbus, 1966 stellv. Leiter der Abt. XIX der BV Cottbus, 1967 stellv. Leiter der Abt. KuSch der BV Cottbus, 1974 Major, 1974 Leiter der Abt. KuSch der BV Cottbus, 1974 Major, 1977 Leiter der Abt. M der BV Cottbus, 1979 Oberstleutnant, 1984 BV Cottbus/Abt. XII: Offizier für Sonderaufgaben, 1985 Leiter der Abt. XII der BV Cottbus
BStU, KKK Richter; BStU, MfS, BV Cottbus, KS 1260/92

Dresden

Glaser, *Erich* Hermann (3.2.1901–9.2.1984)
Leiter der Abt. XII der BV Dresden 1952–1954
Geboren in Dresden, Vater Maurer, Mutter Hausfrau (1942 im KZ ermordet), 1907–1915 Volksschule, 1915–1919 Lehre als Schriftsetzer bei der Buchdruckerei Grellmann, 1919–1930 Arbeitslosigkeit und Tätigkeit als Schriftsetzer bei verschiedenen Betrieben in Dresden, 1926 Anarcho-Syndikalist in Dresden, 1928 KPD, 1931–1932 Untersuchungshaft in der Strafanstalt Dresden wegen „Vorbereitung zum Hochverrat" und „Zersetzungsarbeit bei der Reichswehr" (aus Mangel an Beweisen freigesprochen), 1933 zweitägige Haft wegen illegaler Tätigkeit, 1933–1938 Emigration in die ČSR, illegale Arbeit im Grenzgebiet, 1938–1939 Teilnahme am Spanischen Bürgerkrieg, 1939–1942 Internierung in verschiedenen Lagern in Frankreich, 1943–1945 Haft wegen Vorbereitung zum Hochverrat in Dresden und Waldheim, 1945 KPD/SED, 1945–1949 Angestellter bei der Bezirksleitung der KPD Sachsen und beim Landesvorstand der SED, 1949 Volkspolizei-Kommandeur bei der Landesbehörde der Volkspolizei Sachsen, Abt. K/D
1949 Einstellung bei der LV Sachsen als VP-Inspekteur, 1952 Leiter der Abt. XII der BV Dresden, 1953 Major, 1954 1. Sekretär bei der ZPL der BV Dresden, 1957 Entlassung aus dem MfS für den Wechsel zur NVA, 1957 Leiter einer Schule der „Dienststelle Röbelen" („Verwaltung für patriotische Erziehung", Vorbereitung von Sabotageakten in der Bundesrepublik) der NVA bzw. Beauftragter der „Dienststelle Röbelen" für den Bezirk Dresden, 1959 Mitarbeiter des Ministeriums für Auswärtige Angelegenheiten, 1960 III. Sekretär und Leiter der Konsularabteilung der DDR-Botschaft in Budapest (Ungarn), 1962 Rentner
BStU, KKK Glaser; BStU, MfS, BV Dresden, KS 87/59

Butter (geb. Sieber), Erika (*24.10.1922)
Leiterin der Abt. XII der BV Dresden 1954–1955, Leiterin des Ref. 1 der Abt. XII des MfS 1967–1976, Leiterin der UA 4 des Abt. XII des MfS 1976–1979
siehe Abt. XII des MfS, S. 417f.

Förster (geb. Schneider), Ruth (*14.09.1925)
Leiterin des SR XII der BV Dresden 1955–1973
Geboren in Dresden, Vater Autosattler, Mutter Hausfrau, 1932–1940 Volksschule, 1940/41 Handelsschule, 1941–1945 Lehre und Tätigkeit als Kontoristin in der Curt Zieger Glasfabrik Dresden, 1945 Stenotypistin in der Möbelfabrik Hengst, Pirna, 1945 ehrenamtliche Tätigkeit als Schreibkraft im Einwohnermeldeamt Dresden, 1945–1948 Stenotypistin im Sachsenverlag Dresden, 1948–1949 Schreibkraft bei der Landesbehörde der DVP/Abt. K, 1948 SED, 1949–1951 Sekretärin in der VP-Schule Arnsdorf
1951 Einstellung beim MfS als Schreibkraft in der BV Dresden/Abt. KuSch, 1952 Abt. IV: Stenotypistin, 1953 Abt. KuSch: Sekretärin, 1954 Sachbearbeiterin, 1954 Leiterin des Ref. IV der Abt. KuSch, 1954 SR XII: Sachbearbeiterin, 1955 stellv. Leiterin des SR XII und Referatsleiterin, 1955 komm. Leiterin des SR XII, 1956 Leiterin des SR XII, 1961 Hauptmann, 1973 aus gesundheitlichen Gründen stellv. Leiterin des SR XII, 1974 aus gesundheitlichen Gründen zur Abt. II: Erfasserin, 1975 Entlassung, Invalidenrentnerin
BStU, KKK Förster; BStU, MfS, BV Dresden, KS 131/75

Pabst, Kurt (* 20.8.1932)
Leiter des SR XII (bzw. der Abt. XII) der BV Dresden 1973–1989
Geboren in Mühlhausen (Thüringen), Vater Arbeiter, Mutter Strickerin, 1939–1947 Volksschule, 1947–1948 Oberschule, 1949 Lehre als Maschinenschlosser im Möve-Werk, Mühlhausen, 1951 Wachtmeister im Betriebsschutz beim Kreispolizeiamt Mühlhausen
1952 Einstellung beim MfS als operativer Mitarbeiter in der LV Thüringen, 1952 Kursant an der Fachschule des MfS Potsdam-Eiche, 1953 HA III/Ref. Finanzen: Sachbearbeiter, 1956 SED, 1958–1962 Fernstudium zum Finanzwirtschaftler an der Fachschule für Finanzwirtschaft in Gotha, 1958 Parteistrafe in Form einer „Verwarnung" wegen „grober Verletzung der Partei- und Staatsdisziplin", 1959 Hauptsachbearbeiter, 1960 BV Dresden/Abt. III: stellv. Referatsleiter, 1963 Degradierung zum Sachbearbeiter wegen Trunkenheit und Dienstverstoß, 1964 Abt. XVIII: Sachbearbeiter, 1965 Hauptsachbearbeiter, 1965 AIG: Analytiker, 1966 Leiter des Arbeitsgebietes Analytik der AIG, 1969 OibE in der BdVP Dresden zum Aufbau des Dezernats VI, 1973 Leiter des SR XII (ab 1975 Abt. XII), 1974 Major, 1978 Oberstleutnant, 1981–1982 Einsatz als Berater der Geheimpolizei Nicaraguas für die HV A
BStU, KKK Pabst; BStU, MfS, DOS 7641/92

Erfurt

Rosulek, Josef (22.12.1900–17.7.1982)
Leiter der Abt. XII (bzw. des SR XII) der BV Erfurt 1952–1962
Geboren in Kratzau/Reichenberg (Böhmen, seit 1918 Tschechoslowakei), Vater Schuhmacher, Mutter Weberin, 1907–1914 Volksschule, 1914–1919 landwirtschaftlicher Arbeiter in Oberwittig/Reichenberg, 1919–1920 Arbeiter Papierfabrik Soyka, Weißkirchen/Reichenberg, 1920 Glasschleifer bei der Fa. Knirsch u. Witsch, Oberkratzau/Reichenberg, 1920–1921 Baumwollspinner, Reichenau/Sachsen, 1921 KPČ, 1921–1924 Arbeiter, 1924–1925 Hilfsarbeiter bei Siemens u. Co, 1925–1946 Elektro-Monteur bei der Elektro-Lieferungs-Gesellschaft, Grottau/Kratzau, 1946 „Umsiedlung" im Rahmen der „Antifa-Aktion", 1946 Elektro-Monteur E.-Werk Heiligenstadt, 1946 KPD/SED, 1946–1948 Elektro-Monteur Obermühle, Uder, 1948–1950 Angestellter beim VPKA/Pass- und Meldewesen, Heiligenstadt
1950 Einstellung beim MfS als operativer Mitarbeiter der KD Heiligenstadt, 1951 BV Weimar/Abt. Personal: Mitarbeiter, 1951 BV Weimar/Abt. Personal: Leiter des Ref. II, 1953 komm. Leiter der Abt. XII der BV Erfurt, 1953 Leiter der Abt. XII der BV Erfurt, 1953 Hauptmann, 1962 Entlassung, Invalidenrentner
*Rosuleks Enkel Rolf-Dieter Rosulek (*30.9.1950) war von 1974 bis 1989/90 Angehöriger der Abt. XII des MfS, zuletzt Referatsleiter in der der Abt. XII/AKG, Major*
BStU, KKK Rosulek; BStU, MfS, KS I 19/84

Gärtner, *Erhard* Johann (19.6.1916–28.10.1983)
Leiter des SR XII (bzw. der Abt. XII) der BV Erfurt 1964–1976
Geboren in Grottau (Österreich-Ungarn), Vater Kraftfahrer, Mutter Arbeiterin, 1922–1930 Volksschule, 1930–1933 Lehre als Former bei der Firma Grund u. Co., Zittau, 1933 vierwöchige Untersuchungshaft wegen des Verkaufs illegaler Zeitungen, 1933–1938 Emigration in seinem tschechischen Geburtsort, Tätigkeit als Former, Beifahrer und Straßenbauarbeiter, 1938 freiwilliger Militärdienst bei der tschechischen Finanzwache, Okt. 1938 Flüchtlingslager Jablgenize, 1939 viermonatige Haft in Dresden und Reichenberg, anschließend Emigration in Holland, Nov. 1939 Verhaftung durch die holländische Polizei auf einem englischen Dampfer, Übergabe an deutsche Behörden, 1939–1940 Haft im KZ Sachsenhausen, 1940–1944 Haft im KZ Hamburg-Neuengamme, 1944 Soldat im Strafbataillon, 1944–1949 sowjetische Gefangenschaft und Zentralschule Moskau, 1949–1950 Former in Olbersdorf, Kreissekretär der DSF in Zittau
1950 Einstellung beim MfS als operativer Mitarbeiter der KD Zittau, 1950 Abt. VI (bzw. HA V) des MfS: operativer Mitarbeiter, 1951 SED, 1954 Leiter des Ref. 2 der HA V, 1957 komm. Leiter der KD Heiligenstadt, 1958 Leiter der

KD Heiligenstadt, 1964 Leiter des SR XII (seit 1975 Abt. XII) der BV Erfurt, 1972 Major, 1976 Oberstleutnant a.D., Entlassung, Rentner
BStU, KKK Gärtner; BStU, MfS, BV Erfurt, KS II 44/76

Merten, Joachim (* 27.1.1930)
Leiter der Abt. XII der BV Erfurt 1976–1989
Geboren in Erfurt, Vater Arbeiter, 1936–1944 Volksschule, 1944–1947 Lehre als Dreher bei Berlin-Erfurter Maschinenfabrik, 1945–1946 Jugendleiter bei der Antifa-Jugend, 1947 Arbeiter bei der SMA, Erfurt, 1947–1948 Dreher beim VEB Optima, Erfurt, 1948–1949 Dreher beim VEB Topf & Söhne, Erfurt, 1949–1950 Dreher beim VEB Abus, Erfurt, 1951–1952 Dreher beim VEB Kraftverkehr Erfurt, 1952–1953 Instrukteur beim FDGB-Bezirksvorstand Erfurt (IG Transport), 1953–1955 FDGB-Gebietssekretär in Eisenach, 1954 SED 1955 Einstellung beim MfS als operativer Mitarbeiter der Abt. XIII der BV Erfurt, 1959 Sachbearbeiter, 1960 komm. Leiter des Ref. Saalfeld der Abt. XIII, 1961 Referatsleiter, 1965 Leiter der Abt. XIX der BV Erfurt, 1971 Major, 1975 Oberstleutnant, 1976 aus gesundheitlichen Gründen Leiter der Abt. XII, Nov. 1989 Offizier für Sonderaufgaben beim Leiter der BV
BStU, KKK Merten; BStU, MfS, BV Erfurt, KS I 695

Baumgarten, Jürgen (* 31.1.1945)
Leiter der Abt. XII der BV Erfurt 1989
Geboren in Bleicherode (Krs. Nordhausen), Vater Maurer, 1951–1961 Grundschule Friedrichsthal, 1955–1959 Zentralschule Schiedungen, 1959–1961 Max-Planck-Oberschule Bleicherode, 1961–1964 Lehre als Elektromonteur beim VEB (K) Elektro- und Rohrleitungsbau Nordhausen, 1964 Elektromonteur beim VEB Bau (B) Nordhausen
1964–1967 Unteroffizier beim Wachregiment des MfS, Berlin, 1967–1968 Elektromonteur beim VE Hochbaukombinat, 1968–1969 Sachbearbeiter (zuständig für Haftentlassene, Rückkehrer/Zuziehende) in der Abt. Inneres beim Rat des Kreises Nordhausen, 1968 SED, 1970–1971 hauptamtlicher IME der Abt. VII der BV Erfurt, 1971 Einstellung beim MfS als operativer Mitarbeiter in der Abt. VII der BV Erfurt, 1976 stellv. Referatsleiter, 1976–1983 OibE in der Abt. Innere Angelegenheiten des Rates des Bezirkes Erfurt als Sektorenleiter für Ordnungs- und Genehmigungsangelegenheiten mit dem Ziel der „Zurückdrängung rechtswidriger Antragsteller", 1983 BV Erfurt/Abt. VII: Referatsleiter, 1983 stellv. Leiter der Abt. VII der BV Erfurt, 1985 mit der Leitung der KD Worbis beauftragt, 1985 Major, 1987 stellv. Leiter der Abt. VIII der BV Erfurt, 1988 Offizier für Sonderaufgaben beim Leiter der BV Erfurt zur Vorbereitung des Einsatzes als Leiter der Abt. XII, 1989 Oberstleutnant, Nov. 1989 Leiter der Abt. XII der BV Erfurt
BStU, KKK Baumgarten; BStU, MfS, BV Erfurt, KS I 297

Frankfurt/Oder

Richter, *Heinz* Ottokarl (13.4.1921–6.4.1984)
Leiter der Abt. XII der BV Frankfurt/Oder 1952–1953
Geboren in Forst, 1927–1935 Volksschule, 1935–1938 Lehre als Färber bei der Fa. Preuss und Sohn, Forst, 1938–1939 Färber, 1939 RAD, Soldat, 1939–1940 Färber bei der Fa. Preuss und Sohn, Forst, 1940–1945 Soldat, 1945–1949 sowjetische Kriegsgefangenschaft, 1949 Arbeit beim Tiefbauamt Forst, 1949 VP-Angehöriger, Cottbus und Jüterbog
1949 Einstellung beim MfS als Sachbearbeiter in der KD Forst, 1950 SED, 1950 BV Potsdam/Abt. IV: Sachbearbeiter, 1952–1953 komm. Leiter der Abt. XII der BV Frankfurt/O., 1953 Leiter der Abt. XII der BV Frankfurt/O., 1954 Leiter der Abt. VII der BV Frankfurt/O., 1955 Leiter der KD Freienwalde, 1959 Leiter der Abt. VII der BV Frankfurt/O., 1962 Major, 1963 BV Halle/Abt. II: Referatsleiter (Zurückstufung und Versetzung wegen eines Disziplinarvergehens), 1965 Leiter der Abt. VIII der BV Halle, 1967 Entlassung, Invalidenrentner
BStU, KKK Richter; BStU, MfS, BV Halle, KS 1/68

Binder (geb. Dünow), *Elli* Elsbeth (*23.1.1914)
Leiter des SR XII der BV Frankfurt/Oder 1955–1974
Geboren in Steinfurth (Krs. Oberbarnim), Vater Arbeiter, 1920–1928 Volksschule, 1929–1931 Lehre als Kontoristin, Fa. Hirsch, Kupfer u. Messingwerke Finow, 1931–1940 Kontoristin bei Fa. Hirsch, Kupfer u. Messingwerke Finow, 1940–1945 Hausfrau, 1945–1946 Aufräumarbeiten und Reinigungskraft bei der Gemeinde Finowfurt, 1946–1947 Näherin beim Frauenausschuss Finowfurt, 1946 SED, 1947–1949 VP-Angehörige, Finowfurt, 1949 VPKA Bad Freienwalde/Abt. K5
1949 Einstellung im MfS als Sekretärin in der KD Freienwalde, März–Juli 1951 P-Abt. der LV Potsdam, Juli–September 1951 KD Freienwalde, September–Dezember 1951 KD Bernau, Dezember 1951 KD Freienwalde, Januar–August 1953 BV Frankfurt/O./Abt. VuW, Abt. IX und Abt. IV, August 1953 komm. Leiterin des SR XII der BV Frankfurt/O., 1954 stellv. Leiterin des SR XII der BV Frankfurt/O., 1955 Leiterin des SR XII der Frankfurt/O., 1973 Major, 1974 Entlassung, Invalidenrentnerin
BStU, KKK Binder; BStU, MfS, BV Frankfurt/O., KS 16/75

Dahm, *Edmund* Erhard (*29.1.1929)
Leiter der Abt. XII der BV Frankfurt/Oder 1975–1986
Geboren in Kersdorf (Krs. Lebus), aufgewachsen in Derschau (Krs. Landsberg/Warthe), Vater Arbeiter, 1935–1943 Volksschule, 1943–1945 landwirtschaftl. Berufsschule, 1945 Internierungslager in der Sowjetunion (acht Monate), „Umsiedlung", 1945–1947 Mitarbeit auf dem elterlichen Neubauernhof, 1947

Tätigkeit für die MAS Petersdorf, 1947–1952 Mitarbeit auf dem elterlichen Neubauernhof, 1952 Traktorist bei der MAS Frankfurt/O., 1952–1958 Kraftfahrer bei der Kreisregistrierabteilung bzw. beim Wehrbezirkskommando der NVA, Frankfurt/O., 1955 SED
1958 Einstellung als Hilfssachbearbeiter in der KD Beeskow, 1961 Instrukteurgruppe der BV Frankfurt/O., 1961 Abt. Information der BV Frankfurt/O., 1962 KD Frankfurt/O., 1963 Sachbearbeiter, 1964 Hauptsachbearbeiter, 1966 Abt. VII der BV Frankfurt/O., 1967 Arbeitsgruppenleiter, 1969 stellv. Referatsleiter, 1971 Referent für das operative Koordinierungssystem bei der Leitung der BV Frankfurt/O., 1975 Leiter der Abt. XII der BV Frankfurt/O., 1977 Major, 1981 Oberstleutnant, 1986 Entlassung, Invalidenrentner
BStU, KKK Dahm; BStU, MfS, BV Frankfurt/O., KS II 230/86

Mindach, Willi (*19.4.1935)
Leiter der Abt. XII der BV Frankfurt/Oder 1986–1989
Geboren in Rügenwalde (Krs. Schlawe, Hinterpommern), Vater Arbeiter, Mutter Schneiderin, 1943–1950 Volksschule, 1950–1952 Lehre als Tischler beim KWU der Stadt Strausberg und bei Fa. Fritz König, Strausberg, 1952–1956 Angehöriger der Deutschen Grenzpolizei, Potsdam, 1956–1958 Sachbearbeiter beim VEAB Strausberg, 1957 SED, 1958–1960 Kreissekretär der IG Handel, Nahrung, Genuss, Strausberg
1960 Einstellung beim MfS als operativer Mitarbeiter in der KD Strausberg, 1961 BV Frankfurt/O./Abt. XV: Hilfssachbearbeiter, 1961 Sachbearbeiter, 1966 Hauptsachbearbeiter, 1969 stellv. Referatsleiter, 1971–1973 Referatsleiter, 1974 AG „S“: Offizier für Sonderaufgaben, 1974 Offizier für Sonderaufgaben beim Leiter der BV Frankfurt/O., 1975 AIG: Offizier für Sonderaufgaben, 1978 Major, 1981 Offizier für Sonderaufgaben beim Leiter der BV Frankfurt/O., 1982 Oberstleutnant, 1986 Leiter der Abt. XII der BV Frankfurt/O.
BStU, KKK Mindach; BStU, MfS, DO 9298/92

Gera

Hoffmann, *Alfred* Paul (28.7.1903–ca. 1961)
Leiter des SR XII der BV Gera 1952–1957
Geboren in Jena, Vater Arbeiter, Volksschule, 1918–1921 Lehre als Buchbinder, Jena, 1920 KPD, 1921–1922 Buchbinder bei C. Martini, Jena, 1922–1926 Etuismacher bei H. Thormeyer, Eisenberg, 1926–1930 Etuismacher bei Fr. Müller, Jena, 1930–1934 arbeitslos, 1934–1945 Chemiegrafischer Hilfsarbeiter bei der Fa. Ernst Seidel, Jena, 1945–1949 Angestellter der Polizeidirektion Jena: u. a. Karteisachbearbeiter bei der Abt. K5 und Leiter des Einwohnermeldeamtes
1949 Einstellung beim MfS als Oberkommissar bei der KD Jena, 1950–1952 LV

Thüringen/Abt. EuS: Referatsleiter, 1952 Leiter der Abt. XII der BV Gera, 1953 Hauptmann, 1957 Entlassung, Invalidenrentner
BStU, KKK Hoffmann; BStU, MfS, BV Gera, KS 322/61

Unger, *Kurt* Fritz Max (*18.6.1902)
Leiter des SR XII der BV Gera 1959–1963
Geboren in Saalfeld, Vater Former, Volksschule, 1917–1920 Lehre als Dreher bei der Franz Irmischer Maschinenfabrik Saalfeld, 1920 SPD, 1920–1921 Dreher bei der Franz Irmischer Maschinenfabrik Saalfeld, 1921–1923 arbeitslos, 1923–1926 Dreher bei der Franz Irmischer Maschinenfabrik Saalfeld, 1926–1928 Dreher beim Sachsenwerk Niedersedlitz, Dresden, 1928–1945 Dreher bei der Fa. Carl Zeiss, Jena, 1945 VP-Anwärter Schutzpolizei Jena, 1946–1948 Angestellter der SVK Jena, 1948–1950 VP-Mitarbeiter beim KPA Jena/Abt. K (ztw. K 5)
1950 Einstellung beim MfS als operativer Mitarbeiter der Abt. III der LV Thüringen, 1952 stellv. Leiter der Abt. III der BV Gera, 1954 Instrukteur bei der Instrukteurgruppe der BV Gera, 1959 Leiter des SR XII der BV Gera, 1960 Hauptmann, 1963 Entlassung, Rentner
BStU KKK Unger; BStU, MfS, BV Gera, KS 4/64

Siegl, *Walter* Franz (*30.3.1913)
Leiter des SR XII (bzw. der Abt. XII) der BV Gera 1964–1977
Geboren in Crimmitschau (Sachsen), Vater Kutscher, Mutter Fabrikarbeiterin, 1919–1927 Volksschule, 1927–1930 Lehre als Tischler bei der Fa. Karl Keil, Crimmitschau, 1931–1933 arbeitslos, 1933–1934 Reichsarbeitsdienst, 1934–1940 Packer in der Tuchfabrik F. Waldenmüller, Crimmitschau, 1940–1944 Soldat, 1944–1949 sowjetische Kriegsgefangenschaft, 1949–1950 Packer im VEB Tuchfabrik, Crimmitschau, 1950 SED
1950 Einstellung beim MfS als operativer Mitarbeiter der KD Zwickau, 1951 Abt. III (bzw. HA III) des MfS: operativer Mitarbeiter, 1953 Hauptsachbearbeiter, 1954 stellv. Referatsleiter, 1955 Referatsleiter, 1958 Leiter der Abt. III der BV Gera, 1960 Major, 1964 Leiter des SR XII der BV Gera (Versetzung aus gesundheitlichen Gründen und aufgrund von Kritik an seiner Leitungstätigkeit), 1975 Leiter der Abt. XII der BV Gera, 1977 Entlassung, Invalidenrentner
BStU, KKK Siegl; BStU, MfS, BV Gera, KS II 345/77

Fleischer, Horst (*28.12.1926)
Leiter der Abt. XII der BV Gera 1977–1987
Geboren in Greiz, Vater Appreturarbeiter, Mutter Fabrikarbeiterin, 1933–1941 Volksschule, 1941 Lehre als Industriekaufmann bei Fa. H. Winterer Nachf. und Fa. Eduard Brösel, Greiz, 1943 Reichsarbeitsdienst, 1943 RAD, Soldat 1943–1945 Soldat, 1945–1946 britische Kriegsgefangenschaft, 1946 KPD, 1946–1950 Sachbearbeiter bei der SVK Greiz, 1950 Sachbearbeiter bei der Lan-

deskommission für Staatliche Kontrolle, Greiz, 1950–1951 Wirtschaftsbuchhalter bzw. Wirtschaftsleiter bei der DS-Sportschule, Greiz, 1951–1952 Anzeigenleiter beim Verlag „Das Volk“ Greiz
1952 Einstellung beim MfS als operativer Mitarbeiter in der KD Greiz, 1954 BV Gera/Abt. V: Hauptsachbearbeiter, 1956 Referatsleiter, 1956 Zurückstufung zum Hauptsachbearbeiter und 10 Tage Arrest wegen Trunkenheit bei erhöhter Einsatzbereitschaft (Ungarn-Aufstand), 1959 Referatsleiter, 1961 KD Rudolstadt: Arbeitsgruppenleiter, 1961 stellv. Leiter der KD Rudolstadt, 1964 Leiter der KD Rudolstadt, 1969 Major, 1975 Oberstleutnant, 1977 Ablösung als Leiter der KD Rudolstadt wegen „Erreichens der physischen und psychischen Belastungsgrenze“, Leiter der Abt. XII der BV Gera, 1988 Entlassung, Invalidenrentner
BStU, KKK Fleischer; BStU, MfS, BV Gera, KS II 66/88

Albert, *Bernd* Wilhelm Rudolf Helmut (*21.11.1949)
Leiter der Abt. XII der BV Gera 1987–1989
Geboren in Pößneck, Vater Buchhalter, Mutter Verkäuferin, 1956–1966 POS, 1966–1968 Lehre als Schleifer beim VEB Rotasym, Pößneck, 1968 Schleifer beim VEB Rotasym, Pößneck, 1968–1971 Soldat auf Zeit bei der Unteroffiziersschule II der NVA-Landstreitkräfte Eilenburg, 1969 SED
1971 Einstellung beim MfS als Sachbearbeiter in der KD Pößneck, 1974–1978 Arbeitsgruppenleiter, 1978 Hauptsachbearbeiter, 1981 Kontrolloffizier in der AKG der BV Gera, 1986 Abt. XII der BV Gera: Offizier für Sonderaufgaben, 1986 stellv. Leiter der Abt. XII der BV Gera, 1987 Leiter der Abt. XII der BV Gera, 1988 Major
BStU, KKK Albert; BStU, MfS, BV Gera, Kaderakte Albert

Halle

Lindert, Kurt (*19.9.1902)
Leiter der Abt. XII (bzw. des SR XII) der BV Halle 1952–1961
Geboren in Oelsnitz (Vogtland), Eltern Teppichweber, 1909–1917 Volksschule, 1917–1921 Landarbeiter, 1921–1923 arbeitslos, 1920–1923 KPD, 1923 Umschulung zum Schlosser, 1925–1929 Kraftfahrer, 1928 KPD, 1929–1933 arbeitslos, Mai–Juni 1933 Schutzhaft, KZ Reichenbach, 1933–1935 Kraftfahrer, 1935–1936 Haft wegen „Vorbereitung zum Hochverrat“, Torgau und Gräfentonna, 1936–1944 Kraftfahrer, 1944–1945 Volkssturm, 1945–1949 Angehöriger der Volkspolizei, Wittenberg und Aschersleben
1949 Einstellung bei der Hauptverwaltung zum Schutz der Volkswirtschaft in Wittenberg, 1951–1952 MfS Berlin, 1952 Leiter der Abt. XII bzw. des SR XII der BV Halle, 1956 Hauptmann, 1962 Entlassung, Invalidenrentner
BStU, KKK Lindert; BStU, MfS, BV Halle, KS II 5/62

Klüttermann, *Robert* Herbert (14.8.1915–16.4.1988)
Leiter des SR XII (bzw. der Abt. XII) der BV Halle 1962–1976
Geboren in Sandersdorf (Krs. Bitterfeld), Vater Fräser, Mutter Verkäuferin, 1921–1929 Volksschule, 1929–1933 Lehre zum Maschinenschlosser in den Firmen F. Herbst u. Co. u. G.L. Eberhardt, 1934 arbeitslos, 1934–1935 Schlosser bei Fa. Kirchgeorg, Halle, 1935–1936 Hallesche Maschinenfabrik, 1936 Arbeitsdienst, 1936–1937 Hallesche Maschinenfabrik, 1937–1940 Soldat, 1940–1945 Hallesche Maschinenfabrik, 1945 KPD/SED, 1945–1950 Angestellter im VP-Präsidium Halle
1950 Einstellung beim MfS als Sachbearbeiter in der Abt. VI der BV Halle, 1950 Afas der BV Halle: Referatsleiter, 1950 komm. Leiter der KD Osterburg, 1951 Versetzung wegen Verstoßes gegen die Disziplin zur Abt. XIII der BV Halle: Sachbearbeiter, 1952 Abt. P der BV Halle: Sachbearbeiter, 1954 Abt. XII der BV Halle: Hilfssachbearbeiter, 1954 Sachbearbeiter, 1954 Hauptsachbearbeiter, 1955 stellv. Leiter des SR XII der BV Halle, 1957 Stellv. Leiter der KD Köthen, 1960 Leiter der KD Köthen, 1962 Leiter des SR XII (seit 1975 Abt. XII) der BV Halle, 1972 Major, 1976 Entlassung, Rentner, 1976–1981 Zivilangestellter der Abt. XII des MfS im Archivdepot Dornburg
BStU, KKK Klüttermann; BStU, MfS, KS II 191/82; BStU, MfS, Abt. XII Nr. 8, S. 23f.

Gompert, Dieter (*26.11.1933)
Leiter der Abt. XII der BV Halle 1976–1983
Geboren in Wilhelmsau (Krs. Wreschen/Polen), Eltern Bauern, 1940–1947 Volksschule, 1947–1949 Landarbeiter in Nauendorf (Sachsen-Anhalt), 1949–1951 Lehre als Großhandelskaufmann in der Konsumgenossenschaft Halle, 1951–1952 Sachbearbeiter im Finanzministerium Sachsen-Anhalt, 1952 Sachbearbeiter beim Rat des Bezirks Magdeburg, 1952 SED, 1953 wissenschaftlicher Assistent an der Verwaltungsschule Halberstadt
1953 Einstellung beim MfS als Sachbearbeiter in der BV Halle/Abt. V, 1954 SED, 1955 Referatsleiter, 1959 stellv. Leiter der Abt. V der BV Halle, 1962 komm. Leiter der Abt. V der BV Halle, 1964 Leiter der Abt. XV der BV Halle, 1968 Major, 1969–1975 Fernstudium an der Martin-Luther-Universität Halle, Fachrichtung Philosophie, 1971 Leiter des BdL der BV Halle, 1975 BV Halle/Abt. XII: operativer Mitarbeiter, 1976 Leiter der Abt. XII der BV Halle, 1977 Oberstleutnant, 1983 BV Frankfurt/O., 1984 OibE der KD Strausberg beim Rat des Kreises/Abt. Inneres/Ref. Kirchenfragen
BStU, KKK Gompert; BStU, MfS, BV Frankfurt/O., KD Strausberg, MA Dossier 11

Rauch, Josef (*29.4.1931)
Leiter der Abt. XII der BV Halle 1984–1989
Geboren in Pfraumberg (Krs. Tachau/Tschechoslowakei), Vater Maurer, Mutter Hausfrau, 1937–1945 Volksschule, 1945–1946 Lehre als Tischler bei der Fa. Karl Reiss, Pfraumberg, 1946 „Umsiedlung" aus der ČSSR nach Eisleben (Sachsen-Anhalt), 1946–1952 Zimmermann im Fortschrittschacht I des Mansfeld-Kombinates Eisleben, 1952–1953 FDJ-Sekretär im Fortschrittschacht I des Mansfeld-Kombinates Eisleben, 1953–1954 Zimmermann im Fortschrittschacht II des Mansfeld-Kombinates Eisleben, 1954 SED
1954 Einstellung beim MfS als Sachbearbeiter in der KD Eisleben, 1955 BV Halle/Abt. V, 1956 KD Halle-Saalkreis: Referatsleiter, 1961 stellv. Leiter der KD Quedlinburg, 1965 Leiter der KD Sangerhausen, 1972 Major, 1978 Oberstleutnant, 1984 Ablösung als Leiter der KD Sangerhausen wegen Mängeln in der Leitungstätigkeit, Leiter der Abt. XII der BV Halle
BStU, KKK Rauch; BStU, MfS, BV Halle, PA 646

Karl-Marx-Stadt

Götze, Hermann *Harry* (22.1.1907–09.01.1976)
Leiter der Abt. XII (bzw. des SR XII) der BV Karl-Marx-Stadt 1952–1967
Geboren in Volkersdorf (Sachsen), Vater Schneidermeister, 1913–1921 Volksschule, 1921–1925 Lehre als Schlosser bei der Maschinenfabrik Richard Hartmann, Dresden, 1925–1926 arbeitslos, 1923–1928 SPD, 1930–1933 KPD, 1926 Streckenarbeiter bei der Reichsbahn, Radebeul, 1926–1927 Werkzeugschlosser bei der Fa. Waldemar Henker, Dresden, 1927–1929 Schlosser bei der Maschinenfabrik Richard Hartmann, Dresden und Chemnitz, 1929–1933 Kraftfahrer, Volkersdorf, 1933–1934 Haft wegen Verbereitung illegaler Zeitungen, KZ Hohnstein, 1934–1935 arbeitslos, 1935–1938 Arbeiter in der Grundmühle, Radebeul, 1938–1939 Schlosser in der Nähmaschinenfabrik Radebeul, 1939–1945 Schlosser bei der Fa. Göhring und Hebestreit, Radebeul, April/Mai 1945 Soldat (15 Tage), 1945 KPD/SED, 1945–1948 Neulehrer, Boxdorf, 1948–1950 Techniker im VEB Special, Radebeul
1950 Einstellung beim MfS als Sachbearbeiter in der Verwaltung Sachsen/Abt. Personal, 1952 Leiter der Abt. XII der BV Karl-Marx-Stadt, 1953 Hauptmann, 1967 Entlassung, Rentner, 1970–1971 Zivilangestellter im Sachgebiet Wohnraumlenkung der Abt. Verwaltung und Wirtschaft und ehrenamtlicher BGL-Vorsitzender
BStU, KKK Götze; BStU, MfS, BV Karl-Marx-Stadt, AKS 125/71

Bergt, Erich *Wilfrid* (*27.10.1924)
Leiter des SR XII der BV Karl-Marx-Stadt 1967–1970
Geboren in Chemnitz, 1931–1939 Volksschule, 1939–1942 Lehre als Maschinenschlosser bei der Fa. Haubold, Chemnitz, 1942–1944 Verurteilung zu 18 Monaten Zuchthaus wegen „Wehrpflichtentziehung" und Haft in verschiedenen Zuchthäusern, 1944–1945 Soldat im Strafbataillon 999, 1945 amerikanische Kriegsgefangenschaft, 1945 Schlosser beim RAW Hilbersdorf, 1945 KPD, 1946–1948 Schlosser bei der Maschinenfabrik Tennler, Marbach, 1948–1949 Hauptwachtmeister beim VPKA Flöha/Annaberg, 1949–1950 Gruppenführer bzw. Leiter eines Grenzkommandos der Grenzpolizei, Annaberg, 1950–1952 Betriebsschutzmann bzw. Betriebsschutzleiter bei der Papierfabrik Grünhainichen
1952 Einstellung beim MfS als operativer Mitarbeiter der KD Flöha, 1954 Sachbearbeiter, 1956 Hauptsachbearbeiter, 1957 komm. stellv. Leiter, 1958 stellv. Leiter, 1961 stellv. Leiter der KD Rochlitz, 1966 Persp.-Leiter des SR XII der BV Karl-Marx-Stadt, 1967 Leiter des SR XII der BV Karl-Marx-Stadt, 1970 Abt. XII des MfS: Offizier für Sonderaufgaben in der Instrukteurgruppe für die Anleitung und Kontrolle der SR XII in den BV, 1973 Major, 1976 Leiter des Ref. 3 der Abt. XII/UA 4, 1978 aus „kaderpolitischen Gründen" und „Unehrlichkeit" („versäumte Meldung über die geplante Eheschließung seines Sohnes" mit einer Frau mit familiären Westkontakten) weiterer Einsatz in der Abt. XII nicht mehr möglich, Entlassung, Invalidenrentner
BStU, KKK Bergt; BStU, MfS, KS II 69/79; BStU, MfS, Abt. XII Nr. 3320

Weinhold, *Walter* Heinz (*15.2.1930)
Leiter des SR XII der BV Karl-Marx-Stadt 1970–1974
Geboren in Chemnitz, Vater Hartpapierarbeiter, Mutter Hausfrau, 1936–1944 Volksschule, 1944–1947 Lehre als Weber bei der Fa. Albert Seeland, Lengefeld, 1947–1951 Weberhilfsmeister im VEB Möbelstoffweberei Lengefeld, 1951 Instrukteur der FDJ-KL Marienberg
1951 Einstellung beim MfS als operativer Mitarbeiter in der KD Marienberg, 1952 SED, 1953 stellv. Leiter der KD Marienberg, 1954 stellv. Leiter der KD Annaberg, 1954 Leiter der KD Annaberg, 1963 BV Karl-Marx-Stadt/Abt. M: Stützpunktleiter (Absetzung als Leiter der KD Annaberg wegen mangelhafter Erfolge der KD), 1970 Leiter des SR XII der BV Karl-Marx-Stadt, 1973 Major, 1974 Sekretär für Agitation und Propaganda der SED-GO der BV Karl-Marx-Stadt, 1978 Oberstleutnant
BStU, KKK Weinhold; BStU, MfS, BV Karl-Marx-Stadt, KS 426

Pille, *Günter* Walter (*22.2.1929)
Leiter der Abt. XII der BV Karl-Marx-Stadt 1974–1989
Geboren in Erfurt, Mutter Verkäuferin, 1935–1943 Volksschule, 1943–1947 Lehre und Tätigkeit als Kaufmann bei der Lebensmittelgroßhandlung Sasse,

Erfurt, 1947–1948 Lagerist bei der Konsumgenossenschaft Erfurt, 1948 Waldarbeiter, 1948–1950 Bergmann bei der Wismut AG, Oberschlema, 1950–1952 kaufm. Angestellter bei der Konsumgenossenschaft Erfurt
1952 Einstellung beim MfS als operativer Mitarbeiter in der Abt. V der BV Erfurt, 1952 Abt. IX der BV Erfurt, 1954 HA IX des MfS: Sachbearbeiter, 1955 Hauptsachbearbeiter, 1956 SED, 1958 Instrukteur, 1959 Leiter der Abt. IX zur BV Karl-Marx-Stadt, 1963 Major, 1968 1. Sekretär der SED-Grundorganisation der BV Karl-Marx-Stadt, 1972 Oberstleutnant, 1973 Leiter des Referats Öffentlichkeitsarbeit der BV Karl-Marx-Stadt, 1974 Leiter des SR XII (seit 1975 Abt. XII) der BV Karl-Marx-Stadt
BStU, KKK Pille; BStU, MfS, BV Karl-Marx-Stadt, KS 934

Leipzig

Schmalz, Erich (17.5.1903–6.6.1979)
Leiter der Abt. XII (bzw. des SR XII) der BV Leipzig 1952–1963
Geboren in Dresden, Vater Schneider, 1909–1917 Volksschule, 1917–1920 Lehre als Tischler bei Göhlers Söhne, Dresden, 1920–1933 Tischler bei verschiedenen Dresdner Betrieben, zeitweise arbeitslos, 1931 KPD, 1933–1934 Gefängnis wegen illegaler Arbeit, 1934 arbeitslos mit kurzen Unterbrechungen als Notstandsarbeiter, 1937 Lehre als Zimmermann bei Fa. Hermann Richter, Dresden, 1939–1944 Zimmermann bei Fa. Hermann Richter, Dresden, 1944 Soldat, nach sechs Tagen Fronteinsatz übergelaufen, 1944–1948 sowjetische Gefangenschaft, 1948–1949 Krankheit und Aufenthalt in Erholungsheim, 1949–1950 Lehrer an der Betriebsfunktionärsschule des FDGB-Kreisvorstandes Dresden
1950 Einstellung beim MfS als Sachbearbeiter in der Abt. IX der LV Sachsen, 1950 Abt. XII der LV Sachsen: Sachbearbeiter, 1952 komm. Leiter des SR XII der BV Leipzig, 1953 Leiter des SR XII der BV Leipzig, 1958 Hauptmann, 1963 Entlassung, Rentner
BStU, KKK Schmalz; BStU, MfS, BV Leipzig, KS 63/63

Eckert, *Gerhard* Werner (*24.10.1924)
Leiter des SR XII (bzw. der Abt. XII) der BV Leipzig 1963–1984
Geboren in Pegau (Krs. Borna), Vater Arbeiter, Mutter Arbeiterin, 1931–1939 Volksschule, 1939–1942 Banklehrling bei der Sparkasse und Stadtbank Pegau, 1942 RAD, 1942–1945 Soldat, 1945 amerikanische Gefangenschaft (10 Tage), 1945 Mitglied KPD/SED, 1945–1947 Angestellter bei der Sparkasse Pegau, 1947–1948 Sekretär beim SED-Kreisvorstand Borna, 1948–1951 Zweigstellenleiter der Sparkasse Pegau, 1951–1952 Abteilungsleiter bei der FDJ-Landesleitung Potsdam, 1952 Abteilungsleiter bei der SED-BL Potsdam, 1952 Institut für wirtschaftswissenschaftliche Forschung

1952 Einstellung beim MfS als Referent der HA XV des MfS, Berlin, 1955 Abt. XV der BV Leipzig: Hauptsachbearbeiter, 1957 SR Finanzen der BV Leipzig: Sachbearbeiter, 1961 Abt. III der BV Leipzig, 1963 Leiter des SR XII, 1973 Major, 1975 Leiter der Abt. XII, 1978 Oberstleutnant, 1984 Entlassung, Invalidenrentner
BStU, KKK Eckert; BStU, MfS, BV Leipzig, KS II 60/84

Hölbe, *Bernd* Heinz (*26.12.1940)
Leiter der Abt. XII der BV Leipzig 1984–1989
Geboren in Leipzig, Vater Bauschlosser, Mutter Kontoristin, 1947–1955 Grundschule, 1955–1957 Mittelschule, 1957–1959 Lehre als Elektroschweißer beim VEB Leipziger Stahlbau und Verzinkerei, 1959–1962 Wehrdienst bei der NVA-Marine, 1960 SED, 1962 Schweißer beim VEB Leipziger Stahlbau und Verzinkerei, 1962–1965 Studium zum Ingenieur an der Ingenieurschule für Maschinenbau Leipzig
1965 Einstellung beim MfS als operativer Mitarbeiter in der Abt. XV der BV Leipzig, 1971 Hauptsachbearbeiter, 1973 Analytiker, 1973–1975 postgraduales Studium der Informations- und Dokumentationswissenschaft am Institut für Bibliothekswissenschaft und wissenschaftliche Information der Humboldt-Universität, Berlin, 1974 SR XII (seit 1975 Abt. XII): Offizier für operative Auswertung/Leiter der AG Führung und Auswertung der IM-Arbeitskartei, 1975 Verantwortlicher Offizier für Sonderaufgaben, 1980 Major, 1984 Leiter der Abt. XII, 1985 Oberstleutnant
BStU, KKK Hölbe; BStU, MfS, BV Leipzig, KS II 1862/91

Magdeburg

Weil, *Gustav* Otto Karl (28.5.1898–25.10.1956)
Leiter der Abt. XII der BV Magdeburg 1953–1956
Geboren in Magdeburg, Vater Arbeiter, Volksschule, Lehre als Schriftsetzer, KPD, 1933–1945 Aushilfsarbeiter, 1945 VP-Angestellter
1950 Einstellung beim MfS, 1953 Leiter Abt. XII der BV Magdeburg, Hauptmann
BStU, KKK Weil

Westermann, Jacob (25.6.1897–5.8.1965)
Leiter der Abt. XII der BV Magdeburg 1956–1957
Geboren in Trier, Vater Metallformer, Volksschule (8. Klasse), 1911–1914 Lehre als Schlosser, Metz, 1914–1917 Soldat, 1917 Schlosser in den Krupp-Werken, Magdeburg, 1918 Soldat, 1918–1927 Schlosser, zeitweise arbeitslos, 1928–1936 freischaffender Musiker in Gaststätten, Magdeburg, 1930 KPD, 1936–1945

Verurteilung wegen Hochverrats und Häftling in den Zuchthäusern Coswig und Halle, 1945–1947 Angestellter bei der Kriminalpolizei im Polizeipräsidium Magdeburg, 1947–1949 Leiter des Kreispolizeiamtes Wanzleben
1949 Einstellung beim MfS als Leiter der KD Haldensleben, 1952 Leiter der KD Havelberg, 1953 Hauptmann, 1953 BV Magdeburg/Abt. III: Hauptsachbearbeiter und AG-Leiter, 1954 Leiter der Abt. Allgemeines der BV Magdeburg, 1956 komm. Leiter der Abt. XII der BV Magdeburg, 1957 Leiter der Abt. XII der BV Magdeburg, 1957 Entlassung, Rentner
BStU, KKK Westermann; BStU, MfS, BV Magdeburg, KS 472/60

Janckow, *Otto* Albert Hans (24.6.1915–29.1.1974)
Leiter des SR XII der BV Magdeburg 1957–1960
Geboren in Magdeburg, Vater Angestellter, Mutter Hausfrau, Volksschule, Lehre als Schneider, 1935 Schneider, 1936–1945 Verurteilung wegen Vorbereitung zum Hochverrat und Haft im Zuchthaus Coswig und verschiedenen Konzentrationslagern, 1945 KPD, 1945 Angestellter im Wohnungsamt der Stadt Magdeburg, 1947 Angestellter bei der Kriminalpolizei, Magdeburg und Gardelegen (dort K5), 1948–1949 VPKA Stendal, komm. Leiter der Abt. K 5
1949 Einstellung beim MfS als Leiter der KD Stendal, 1950 stellv. Leiter der KD Gardelegen, 1952 Referatsleiter in der Abt. KuSch der LV in Halle, 1952 stellv. Leiter der Abt. KuSch der BV Magdeburg, 1957 Leiter der Abt. XII der BV Magdeburg, 1959 Hauptmann, 1960 Entlassung, Invalidenrentner
BStU, KKK Janckow; BStU, MfS, BV Magdeburg, KS 654/60

Schröder (geb. Kliemig, gesch. Marbach), Hanna (*1.6.1933)
Leiterin des SR XII (bzw. der Abt. XII) der BV Magdeburg 1961–1978
Geboren in Elsterwerda (Krs. Liebenwerda), Mutter Hausfrau, 1939–1943 Volksschule, 1943–1946 Oberschule, 1947–1948 Hausgehilfin, Besuch der Hauswirtschaftsschule, Dippoldiswalde, 1948–1951 Lehre als Großhandelskaufmann bei der Konsumgenossenschaft Elsterwerda, 1951 Buchhalterin in der Konsumgenossenschaft Elsterwerda
1951 Einstellung beim MfS als Schreibkraft in der Intendantur der LV Sachsen-Anhalt, Halle/Saale, 1952 Abt. Finanzen der LV Sachsen-Anhalt: Sachbearbeiterin, 1952 Abt. Finanzen des MfS: Stenotypistin, 1953 SR XII der BV Magdeburg: Hilfssachbearbeiterin, 1954 Sachbearbeiterin, 1955 SED, 1956 Hauptsachbearbeiterin, 1957 stellv. Leiterin des SR XII, 1961 Leiterin des SR XII, 1973 Major, 1975 Leiterin der Abt. XII der BV Magdeburg, 1977 Oberstleutnant, 1978 Parteistrafe „Strenger Verweis“ wegen unwürdigem Verhalten im Dienst, Beziehungen zu „zweifelhafter Person“ und zu zwei verheirateten Mitarbeitern der BV Magdeburg, Entbindung von Funktion als Leiterin der Abt. XII, 1978 als OibE der Abt. VII Verwaltungsangestellte im Staatsarchiv

Magdeburg, 1979 unter Aberkennung des Dienstgrades wegen fortgesetzter Befehlsmissachtung aus MfS entlassen
BStU, KKK Schröder; BStU, MfS, BV Magdeburg, KS II 100/80

Krakau, Hans-Dieter (*30.9.1929)
Leiter der Abt. XII der BV Magdeburg 1978–1989
Geboren in Magdeburg, Vater Dreher, Mutter Hausfrau, 1936–1944 Volksschule, 1944–1945 Lehre als Werkstoffprüfer bei der Fa. Krupp-Gruson, Magdeburg, 1945–1948 Lehre als Kaufmann bei der Konsumgenossenschaft Magdeburg, 1948–1950 Verkaufsstellenleiter, 1950–1954 Angehöriger der KVP, Glöwen und Torgau, aus gesundheitlichen Gründen entpflichtet, 1954–1955 Betriebsleiter im VEAB Silobetrieb Magdeburg, 1954 SED
1955 Einstellung beim MfS als operativer Mitarbeiter der BV Magdeburg/Abt. V, 1956 BV Magdeburg/Abt. III: Sachbearbeiter, 1959 Hauptsachbearbeiter, 1964 BV Magdeburg/Abt. XVIII: stellv. Referatsleiter, 1965 Referatsleiter, 1967 BV Magdeburg/Abt. IX: Leiter der Spezialkommission (verantwortlich für die Aufklärung politisch-operativ bedeutsamer Untersuchungsvorgänge der Gebiete Terror/Mord/Diversion), 1969 Major, 1975 stellv. Leiter der Abt. IX der BV Magdeburg, 1978 Leiter der Abt. XII der BV Magdeburg, 1979 Oberstleutnant
BStU, KKK Krakau; BStU, MfS, BV Magdeburg, Abt. KuSch 4105

Neubrandenburg

Schewe, *Walter* Ferdinand Josef (1.1.1894–22.5.1960)
Leiter der Abt. XII der BV Neubrandenburg 1952–1957
Geboren in Köslin (Pommern), Vater Schneider, 1900–1908 Volksschule, 1908–1909 Hütejunge und Knecht, Köslin, 1909–1910 Arbeiter in einer Papierfabrik, 1910 SPD, 1910–1912 Bootsmann in der Binnenschifffahrt, 1912–1914 Arbeiter bei Fa. Krupp, Essen, 1914–1915 Steinsetzer, Köslin, 1915–1918 Soldat, 1918–1933 Bauarbeiter, Köslin, 1923 KPD, 1933 illegale Arbeit für die KPD, Berlin, 1933 Emigration in der Tschechoslowakei und in der Sowjetunion, 1937–1939 Teilnahme am Spanischen Bürgerkrieg, 1939–1943 Internierung in Frankreich, 1943–1945 Haft im Gefängnis Köslin und im KZ Sachsenhausen, 1945–1946 FDGB, Abt. Handel und Transport, 1946 KPD/SED, 1946 Leiter des OdF-Heims am Döllnsee/Schorfheide, 1947 Bahnpolizei, Berlin, 1947–1949 Inspektor, später Revierleiter bei der Wasserschutzpolizei, Wismar, 1949 Landespolizeibehörde Mecklenburg, Abt. WS, später Abt. D
1949 Einstellung bei der Hauptverwaltung zum Schutz der Volkswirtschaft in der DDR als Leiter der Abt. VII der LV Schwerin, 1952 komm. Leiter der Abt. X

der BV Neubrandenburg, 1952 Leiter der Abt. XII der BV Neubrandenburg, 1953 Major, 1957 Entlassung, Rentner
BStU, KKK Schewe; BStU, MfS, BV Neubrandenburg, KS 229/59

Bog, Anton (24.11.1901–12.11.1960)
Leiter des SR XII der BV Neubrandenburg 1958–1959
Geboren in Schmiedeberg (Krs. Karlsbad/Österreich-Ungarn), Vater Färbermeister, 1907–1915 Volksschule, 1915–1916 Arbeiter bei der Fa. Helius, Schmiedeberg, 1916–1917 Arbeiter bei der Munitionsfabrik Wien, 1918–1921 Landarbeiter in Kaaden (ČSR), 1921–1922 Militärdienst, 1923 KPČ, 1922–1926 Arbeiter bei der Fa. Fichtel und Sachs, Bärstein, 1926–1933 Färber bei der Fa. Anton Müller & Söhne, Weipert (ČSR), 1933–1936 arbeitslos, Notstandsarbeiten Gemeinde Weipert, 1936 Teilnahme als Sanitäter am Spanischen Bürgerkrieg, 1938 Emigration in Prag und Blatna, 1939 KZ Dachau und Flossenbürg, Nov. 1944 Strafkompanie, 1944–1945 sowjetische Kriegsgefangenschaft, 1945–1946 Angehöriger des tschechischen Polizei-Sicherheitsdienstes, 1946 „Umsiedlung" im Rahmen der Antifa-Transporte, 1946 KPD, 1946 Holzarbeiter in Parchim (Mecklenburg), 1946 Lagerverwalter bei der Volkssolidarität Parchim, 1949 VP-Angehöriger, Parchim
1949 Einstellung bei der Hauptverwaltung zum Schutz der Volkswirtschaft der DDR/LV Mecklenburg als operativer Mitarbeiter in der KD Parchim, 1950 KD Rostock, 1951 BV Schwerin/Abt. EuS: Sachbearbeiter (Versetzung zur Abt. EuS aus gesundheitl. Gründen), 1952 BV Neubrandenburg/Abt. XII: Sachbearbeiter, 1956 stellv. Leiter des SR XII der BV Neubrandenburg, 1958 Leiter des SR XII der BV Neubrandenburg, 1958 Oberleutnant, 1959 Entlassung, Rentner
BStU, KKK Bog; BStU, MfS, BV Neubrandenburg, KS 1/60

Hennig, Werner (*19.12.1913)
Leiter des SR XII der BV Neubrandenburg 1960–1967
Geboren in Harthau (Krs. Chemnitz), Vater Weber, Mutter Weberin, 1920–28 Volksschule, 1928–1931 Lehre als Nadelmacher in der Nadelfabrik Bruno Bodenschatz, Lichtenstein, 1930–1933 SPD, 1931–1932 Färbereiarbeiter, Lichtenstein, 1932–1933 arbeitslos, 1933–1934 RAD, 1935–1937 Haft wegen Vorbereitung zum Hochverrat, Zuchthäuser Waldheim und Zwickau, 1937–1938 Hartrichter bei Fa. Haase, Hohenstein-Ernstthal, 1938 Ziegeleiarbeiter bei der Fa. Richter, Oberlungwitz, 1939–1942 Dreher bei der Maschinenfabrik Gebr. Fugmann, St. Egedien, 1942–1945 Soldat, 1945–1947 Leiter der Hauptverwaltung des Rates der Stadt Lichtenstein, 1945 KPD/SED, 1947 Kreissekretär VVN, Glauchau, 1948–1949 Parteisekretär im Spinnstoffwerk Glauchau, 1949–1950 Parteisekretär SED-Ortsleitung Hohenstein-Ernstthal, 1950–1953 Personal- und Abteilungsleiter bei der HO Industriewaren, Hohenstein, 1953 stellv. Kaderleiter und Kreisschulungsbeauftragter beim Rat des Kreises Hohenstein-Ernstthal,

1953–1957 Politleiter der MTS Wesenberg im Rahmen der Aktion „Industriearbeiter aufs Land“, 1956–1957 Student an der Parteihochschule „Karl Marx“
1957 Einstellung beim MfS als operativer Mitarbeiter in der Abt. III der BV Neubrandenburg, 1959 Abt. V der BV Neubrandenburg: Hauptsachbearbeiter, 1959 BdL der BV Neubrandenburg, 1960–1967 Leiter des SR XII der BV Neubrandenburg, 1966 Hauptmann, 1968 Versetzung aus gesundheitl. Gründen zur Abt. KuSch der BV Neubrandenburg: Mitarbeiter, 1968 Entlassung, Invalidenrentner
BStU, KKK Hennig; BStU, MfS, BV Neubrandenburg, KS 49/68

Görendt, Alfred (*24.9.1929)
Leiter des SR XII der BV Neubrandenburg 1967–1970
Geboren in Barkow (Krs. Demmin), Vater Landarbeiter, 1936–1944 Volksschule, 1944–1945 Landarbeiter auf dem Gut Barkow, 1946 SPD/SED, 1945–1949 Lehre und Tätigkeit als Stellmacher, Barkow, 1949 Bootsbauer bei der Boddenwerft, Damgarten, 1949–1952 Landarbeiter auf der elterlichen Siedlung, 1952 Bürgermeister Gemeinde Pripsleben
1952 Einstellung beim MfS als operativer Mitarbeiter in der KD Demmin, 1953 BV Neubrandenburg/Abt. XII: Sachbearbeiter, 1956 BV Neubrandenburg/ZPL: Sachbearbeiter, 1958 BV Neubrandenburg/Abt. XII, 1960 KD Templin: Hauptsachbearbeiter, 1965 BV Neubrandenburg/ZPL: Instrukteur für Org.-Kader, 1967 komm. Leiter des SR XII der BV Neubrandenburg, 1968 Leiter des SR XII der BV Neubrandenburg, 1970 Leiter des BdL der BV Neubrandenburg, 1975 BV Neubrandenburg/Abt. KuSch: Offizier für Lehrgänge (bzw. Studienangelegenheiten), 1988 Major
BStU, KKK Görendt; BStU, MfS, BV Neubrandenburg, Abt. KuSch 523

Zimmermann, *Gerhard* Manfred Bruno (*16.12.1940)
Leiter des SR XII (bzw. der Abt. XII) der BV Neubrandenburg 1970–1982
Geboren in Nadrensee (Krs. Pasewalk), Vater Landarbeiter, Mutter Hausfrau, 1947–1956 Grundschule, 1956–1958 Lehre als Maurer beim VEB Bau-Union Frankfurt/O., 1958–1962 WR des MfS, Berlin, 1959 SED
1962 Einstellung beim MfS als Wachposten bzw. Schließer in der Abt. XIV der BV Neubrandenburg, 1965 Transportführer, 1966 BV Neubrandenburg/Abt. XII: Hilfssachbearbeiter und Leiter des Sachgebiets Archiv, 1967 Sachbearbeiter, 1970 komm. Leiter des SR XII der BV Neubrandenburg, 1971 Leiter des SR XII (seit 1975 Abt. XII) der BV Neubrandenburg, 1980 Major, 1982 Ablösung als Leiter der Abt. XII wegen fehlender „theoretischer und praktischer Kenntnisse“, mangelhafter „Menschenführung“ und Westkontakten der Schwiegereltern, Einsatz als Auswerter in der AKG der BV Neubrandenburg
BStU, KKK Zimmermann; BStU, MfS, KS II 10/79; BStU, MfS, BV Neubrandenburg, Abt. KuSch 711

Kühn (geb. Mandel), *Sonja* Elli Liesbeth (*24.6.1935)
Leiterin der Abt. XII der BV Neubrandenburg 1982–1989
Geboren in Stettin (Pommern), Mutter Näherin, 1941–1949 Grundschule, 1949 Berufsvollschule für Wirtschaft und Verwaltung, Greifswald, 1951 Stenotypistin bei der Landesregierung Mecklenburg, 1952 Hauptsachbearbeiterin beim Rat des Bezirkes Neubrandenburg, Ref. Jugendfragen
1954 Einstellung beim MfS als Schreibkraft in der BV Neubrandenburg/Abt. KuSch, 1955 SED, 1958 BV Neubrandenburg/Abt. V: Hilfssachbearbeiterin, 1960 BV Neubrandenburg/Referat SVS, 1962 Abt. XII: Sachbearbeiterin, 1975 Offizier für Sonderaufgaben (AG Führung und Auswertung der IM-Arbeitskartei), 1978 stellv. Leiterin der Abt. XII der BV Neubrandenburg, 1980 Major, 1982 Leiterin der Abt. XII der BV Neubrandenburg, 1984 Oberstleutnant
BStU, KKK Kühn; BStU, MfS, BV Neubrandenburg, Abt. KuSch 293

Potsdam

Michel, Gerda (*18.5.1931)
Leiterin der Abt. XII der BV Potsdam 1954–1957
Geboren in Schmellwitz (Krs. Cottbus), Vater Tischler, Mutter Hausfrau, 1937–1945 Volksschule, 1946–1949 Lehre als Verwaltungsangestellte beim Oberlandratsamt bzw. Rat des Kreises Cottbus, 1949–1950 Angestellte beim Rat des Kreises Cottbus/Jugendamt, 1949 SED
1950 Einstellung beim MfS als Sekretärin in der KD Cottbus, 1951 Abt. EuS der BV Potsdam: Sachbearbeiterin, 1952 Abt. XII der BV Potsdam: komm. Leiterin, 1954 Leiterin, 1956–1959 Fernstudium zum Staatl. gepr. Archivar an der Fachschule für Archivwesen, 1958 Leiterin der Abt. VuW der BV Potsdam, 1972 Major, 1975 Versetzung auf eigenen Wunsch zur Abt. RD der BV Potsdam: stellv. Leiterin, 1980 auf eigenen Wunsch keine Ernennung zur Leiterin der Abt. RD der BV Potsdam, 1980 Oberstleutnant, 1985 Entlassung, Invalidenrentnerin
BStU, KKK Michel; BStU, MfS, BV Potsdam, KS II 20/86

Jacobs, *Erika* Klara Erna (*14.4.1922)
Leiterin des SR XII (bzw. der Abt. XII) der BV Potsdam 1958–1980
Geboren in Potsdam, Vater Schlosser, Mutter Hausfrau, 1928–1936 Grundschule, 1936–1939 Kaufmännische Lehre bei der Verbraucher-Genossenschaft Potsdam, 1939–1940 Kontoristin bei der Verbrauchergenossenschaft Potsdam, 1940–1941 Arbeitsdienst in Schwarzengrund (Oberschlesien), 1941–1945 Kontoristin bei der Verbrauchergenossenschaft Potsdam, 1945–1952 Kontoristin bei der Konsum-Genossenschaft Potsdam, 1946 SED

1952 Einstellung beim MfS als Sekretärin in der Abt. Kader der BV Potsdam, 1952 Abt. PK der BV Potsdam: Sachbearbeiterin, 1953 Abt. KuSch der BV Potsdam: Sekretärin, 1954 Abt. XII der BV Potsdam: Sachbearbeiterin, 1956 stellv. Leiterin, 1958 Leiterin des SR XII (ab 1975 Abt. XII), 1973 Major, 1977 Oberstleutnant, 1980 Entlassung: Invalidenrentnerin
BStU, KKK Jacobs; BStU, MfS, BV Potsdam, KS II 197/80

Knabe, Herbert *Erich* (*31.7.1929)
Leiter der Abt. XII der BV Potsdam 1980–1989
Geboren in Barnstädt (Krs. Querfurt), Vater Schlosser, Mutter Hausfrau, 1936–1944 Volksschule, 1944–1947 Lehre als Landmaschinenschlosser bei Fa. Rudloff, Barnstädt, 1947 SED, 1947–1951 Schlosser, Barnstädt, 1951 Landmaschinenschlosser in der MAS Leitwerkstatt Querfurt, 1952 Betriebsassistent im Staatl. Kreiskontor Querfurt
1952 Einstellung beim MfS als operativer Mitarbeiter der KD Querfurt, 1952 Abt. III der Verw. Groß-Berlin, 1953 Hilfssachbearbeiter, 1953 Sachbearbeiter, 1954 Hauptsachbearbeiter, 1955 stellv. Referatsleiter, 1956 Referatsleiter, 1958 Abt. XIII der Verw. Groß-Berlin: Referatsleiter, 1965 Abt. XIX der BV Potsdam: Referatsleiter, 1966 stellv. Leiter der Abt. XIX der BV Potsdam, 1973 Major, 1980 Leiter der Abt. XII der BV Potsdam, 1981 Oberstleutnant
BStU, KKK Knabe; BStU, MfS, BV Potsdam, K 1661

Rostock

Rau, Hans (*27.10.1922)
Leiter des SR XII (bzw. der Abt. XII) der BV Rostock 1952–1977
Geboren in Pölitz (Krs. Randow), Vater Ofensetzer, 1928–1936 Volksschule, 1936–1939 Lehre als Ofensetzer, Pölitz, 1939 Tätigkeit als Ofensetzer, 1941 RAD, Groß Sturlack (Ostpreußen), 1941–1942 Soldat, 1942–1948 sowjetische Kriegsgefangenschaft, 1948 SED, 1948–1949 Angehöriger der KVP, Kühlungsborn, 1949 Oberwachtmeister beim VPKA Malchin (Kriminalpolizei)
1949 Einstellung beim MfS als Mitarbeiter der KD Malchin, 1950 Abt. VI des MfS: Mitarbeiter, 1951 Abt. V der BV Schwerin: Mitarbeiter, 1951 Abt. V der Verw. „W“: Mitarbeiter, 1951 Abt. V der BV Schwerin: Mitarbeiter, 1951 Haftanstalt der LV Schwerin: Mitarbeiter, 1952 Abt. XII der BV Rostock: Mitarbeiter, 1952 komm. Leiter der KD Demmin, 1952 komm. Leiter der Abt. XII der BV Rostock, 1954 Leiter der Abt. XII bzw. des SR XII der BV Rostock, 1975 Leiter der Abt. XII der BV Rostock, 1977 Entlassung, Invalidenrentner
BStU, KKK Rau; BStU, MfS, BV Rostock, KS II 122/77

Schubert, Günter (*20.2.1931)
Leiter der Abt. XII der BV Rostock 1977–1989
Geboren in Schönborn (Tschechoslowakei), Vater Angestellter, Mutter Schneiderin, 1937–1945 Volks- und Mittelschule, 1946 „Umsiedlung" in die SBZ, 1946 Hilfsarbeiter in einer Schlosserfirma in Bützow, 1946–1949 Lehre als Kfz-Schlosser, Bützow, 1949–1959 Tätigkeit als Schlosser, 1950 Instrukteur der FDJ-KL Güstrow, 1950–1954 Studium an der Ingenieurfachschule Wismar zum Ingenieur für Schiffsmaschinenbau, 1952 SED, 1954–1955 Ingenieur für Schiffsmaschinenbau in der Warnowwerft, Warnemünde, 1955–1956 Angehöriger der KVP Luft, 1956–1957 Ingenieur für Schiffsmaschinenbau in der Warnowwerft, Warnemünde
1958 Einstellung beim MfS als operativer Mitarbeiter der KD Rostock/AG Wirtschaft, 1959 Sachbearbeiter, 1961 KD Wolgast: Arbeitsgruppenleiter Operativ in der Peenewerft, 1964 BV Rostock/AGA: Leiter der Instrukteurgruppe, 1966 Leiter der AIG der BV Rostock, 1971 Major, 1975 Oberstleutnant, 1977 Leiter der Abt. XII der BV Rostock
BStU, KKK Schubert; BStU, MfS, BV Rostock, Abt. KuSch 88

Schwerin

Scholze, *Adolf* Franz (14.7.1912–6.4.1974)
Leiter der Abt. EuS (bzw. des SR XII) der BV Schwerin 1951–1972
Geboren in Machendorf (Krs. Reichenberg/Österreich-Ungarn), Vater Arbeiter, 1918–1926 Volks- und Bürgerschule, 1926/1927 tschechische Schule, 1927–1931 Lehre als Schlosser, 1930–1938 KPČ, 1931–1932 Schlosser beim Konsum-Verein Vorwärts, Reichenberg, 1932–1934 Dienst im tschechischen Heer, 1934–1936 arbeitslos, 1936–1940 Auto- und Motorenschlosser bei den Österreichischen Saurerwerken, Reichenberg, 1940–1945 Soldat bei der Wehrmacht, 1945–1948 sowjetische Gefangenschaft, 1948–1949 VP-Hilfsangestellter, Gadebusch, 1948 SED, 1949–1949 Instrukteur der SED-KL Schwerin
1949 Einstellung beim MfS als Sachbearbeiter in der Abt. VIII der LV Mecklenburg, 1951 Leiter der Abt. EuS (später SR XII), 1972 Major, Entlassung, Invalidenrentner
BStU, KKK Scholze; BStU, MfS, BV Schwerin, KS II 45/72

Sülflow (geb. Lifka), Erna Ernestine (*30.7.1927)
Leiterin des SR XII (bzw. der Abt. XII) der BV Schwerin 1972–1984
Geboren in Kriegern (Krs. Podersam/Tschechoslowakei), Vater Bauer, 1933–1938 Volksschule, 1938–1941 Bürgerschule, 1941 Mitarbeit in der elterlichen Landwirtschaft, 1946 „Umsiedlung" im Rahmen der „Antifa-Transporte", 1946–1951

Mitarbeit auf der elterlichen Neubauernstelle in Klein-Dratow (Krs. Waren), 1952 Abteilungsleiterin für Agit-Prop der FDJ-KL Ludwigslust
1952 Einstellung beim MfS als Sachbearbeiterin in der Abt. PK der BV Schwerin, 1953 SED, 1954 SR XII: Hilfssachbearbeiterin, 1957 Sachbearbeiterin, 1959 stellv. Leiterin des SR XII, 1972 komm. Leiterin des SR XII, 1974 Leiterin des SR XII, 1975 Leiterin der Abt. XII, 1979 Major, 1984 Entlassung, Invalidenrentnerin
BStU, KKK Sülflow ; BStU, MfS, BV Schwerin, KS II 117/84

Kunisch, Siegfried (*15. 1.1937)
Leiter der Abt. XII der BV Schwerin 1984–1989
Geboren in Halle/Saale, Vater Arbeiter, 1943–1951 Grundschule, 1951–1954 Lehre als Möbeltischler beim VEB Waggonbau Ammendorf, 1954–1955 Tischler beim VEB Waggonbau Ammendorf, 1955–1960 Angehöriger der Volksmarine Rostock-Warnemünde, 1957 SED
1960 Einstellung beim MfS als operativer Mitarbeiter der Abt. XIII (später Abt. XIX) der BV Schwerin, 1961 Hilfssachbearbeiter, 1962 Sachbearbeiter, 1966 Hauptsachbearbeiter, 1970 Leiter des Ref. Grenzüberschreitender Reise- und Güterverkehr, 1977 stellv. Leiter der Abt. XIX, 1977 Major, 1984 Leiter der Abt. XII, 1985 Oberstleutnant
BStU, KKK Kunisch; BStU, MfS, BV Schwerin, Abt. KuSch 115; BStU, MfS, Abt. XII Nr. 2678

Suhl

Bezold, *Arno* Hugo (18.9.1901–25.10.1953)
Leiter der Abt. XII der BV Suhl 1952–1953
Geboren in Frankenhain (Krs. Arnstadt), Vater Maler 1907–1915 Volksschule, 1915–1918 Lehre als Büchsenmacher bei der Waffenfabrik Carl Walter, 1918–1930 Schlosser, Dreher und Mechaniker in verschiedenen Betrieben, 1920 KPD, 1930–1934 arbeitslos, Notstandsarbeiter, 1934–1945 Mechaniker bei der Fa. Rheinmetall, Sömmerda, Soldat, 1945/46 KPD, 1945–1948 Angestellter beim Landkreis Weimar/Amt für Handel und Versorgung/Bezirksstelle Großrudestedt, 1948 Angestellter beim Kreispolizeiamt Weimar für Preisüberwachung, 1949 VP-Wachtmeister und Meldestellenleiter, Großrudestedt
1949 Einstellung beim MfS als operativer Mitarbeiter der Abt. VII der LV Weimar, 1952 komm. Leiter der Abt. XII der BV Suhl, 1953 Hauptmann
BStU, KKK Betzold; BStU, MfS, BV Suhl, KS II 67/59

Honigmann, Heinz (21.8.1913–19.6.1977)
Leiter der Abt. XII der BV Suhl 1954–1957
Geboren in Leipzig, Vater Kellner, Volksschule, 1928–1939 Kellner in Leipzig,

Gera, Torgau und Sellin/Rügen, ztw. arbeitslos, 1939–1945 Soldat, März 1945 Verurteilung zu zehn Jahren Haft wegen „Wachvergehen, Waffenverlust und Feigheit vor dem Feinde“, Flucht aus der Haft, Leben in der Illegalität in der Hohen Tatra, 1945–1947 sowjetische Kriegsgefangenschaft, 1948 SED, 1948 Sachbearbeiter beim VPKA Hildburghausen
1949 Einstellung beim MfS als Leiter der KV Hildburghausen, 1952 KD Suhl: operativer Mitarbeiter, 1952 Abt. III der BV Suhl: operativer Mitarbeiter, 1953 stellv. Leiter der Abt. III der BV Suhl, 1954 Leiter der Abt. XII der BV Suhl (aus gesundheitlichen Gründen), 1954 Oberleutnant, 1957 Leiter der Abt. M der BV Suhl, 1960 BdL der BV Suhl: Hauskommandant, 1960 Invalidenrentner, 1962 Abt. M der BV Suhl: Sachbearbeiter, 1968 Entlassung, Invalidenrentner
BStU, KKK Honigmann; BStU, MfS, BV Suhl, KS 7/69

Hagen, *Elisabeth* Dorothee Anna (13.11.1909–8.3.1986)
Leiterin des SR XII der BV Suhl 1957–1969
Geboren in Sondershausen, Eltern Arbeiter, 1916–1924 Volksschule, 1927–1936 Hausmädchen, Sondershausen, 1936–1940 Montage- und Kontrollarbeiterin bei Fa. Alfred Schwarz, Eisenach, 1940–1950 Betriebsschreiberin bei Fa. Alfred Schwarz bzw. beim VEB Auto- und Fahrradelektrik, Eisenach, 1948 SED, 1951–1952 Personalleiterin beim VEB Auto- und Fahrradelektrik, Eisenach
1952 Einstellung beim MfS als Hilfssachbearbeiterin in der Kaderabteilung der LV Thüringen, Weimar, 1952 BV Suhl/Abt. Allgemein: GVS- und VVS-Sachbearbeiterin, 1954 BV Suhl/Abt. XII: Sachbearbeiterin, 1955 stellv. Leiterin der Abt. XII der BV Suhl, 1957 Leiterin des SR XII der BV Suhl, 1967 Hauptmann, 1969 Entlassung, Rentnerin
MfS KKK Hagen; BStU, MfS, BV Suhl, KS 35/69

Höfer (geb. Heimann), Hilde (*14.3.1923)
Leiterin des SR XII der BV Suhl 1969–1972
Geboren in Mönchsberg (Krs. Sonneberg), Vater Landwirt, 1929–1937 Volksschule, 1937–1939 Mitarbeit auf dem elterlichen Hof, 1939–1945 Bürohilfe bei der Fa. Siemens-Schuckert, Sonneberg-Oberlind, 1945–1947 Mitarbeit auf dem elterlichen Hof, 1946 KPD/SED, 1947–1949 Stenotypistin bei der SED-KL Sonneberg
1949 Einstellung beim MfS als Sekretärin in der KD Sonneberg, 1952 BV Suhl/Abt. III: Sekretärin, 1954 BV Suhl/BdL: Chefsekretärin, 1967 BV Suhl/SR XII: Sachbearbeiterin, 1969 Leiterin des SR XII der BV Suhl, 1972 MfS/HV A/Abt. III: Sachbearbeiterin (gemeinsam mit Ehemann in einer DDR-Botschaft im westlichen Ausland), 1976 BV Suhl/AKG: Offizier für Sonderaufgaben, 1976 Hauptmann, 1977 BV Suhl/Abt. RD: stellv. Referatsleiterin, 1978 BV Suhl/BdL: Offizier für Sonderaufgaben, 1983 Entlassung, Rentnerin
BStU, KKK Höfer; BStU, MfS, BV Suhl, KS II 105/83

Neumann, Hans *Werner* (24.7.1921–12.11.1979)
Leiter der Abt. XII BV Suhl 1975
Geboren in Jena-Burgau, Vater Mauer, Mutter Hausfrau, 1928–1936 Volksschule, 1936–1939 Lehre als Maschinenschlosser bei Steigerwald & Uthardt, Jena, 1939–1941 Maschinenschlosser bei Steigerwald & Uthardt, 1941–1945 Soldat, 1945–1949 sowjetische Gefangenschaft, 1949 VP-Anwärter beim KPA Jena
1949 Einstellung beim MfS als Wachmann in der KD Jena, 1950 SED, 1950 Abt. XIV der LV Thüringen: Wachmann, 1951 Abt. V: operativer Mitarbeiter, 1952 Abt. V der BV Suhl: operativer Mitarbeiter, 1953 Referatsleiter, 1955 stellv. Leiter der Abt. V, 1957 Leiter der Abt. V, 1959 Stellvertreter Operativ in der BV Suhl, 1963 Major, 1967 zeitweilige Entlassung nach Herzinfarkt, 1968 Wiedereinstellung als Leiter der AG Anleitung und Kontrolle der BV Suhl, 1975 kurzzeitig Leiter der Abt. XII der BV Suhl, Entlassung nach Herzinfarkt, Oberstleutnant a. D., Invalidenrentner
BStU, KKK Neumann; BStU, MfS, BV Suhl, KS II 1/76

Dornheim (geb. Triebel), Ingeborg (*9.12.1926)
Leiterin des SR XII (bzw. der Abt. XII) der BV Suhl 1972–1974 u. 1976–1982
Geboren in Geschwenda (Krs. Ilmenau), Vater Glasbläser, Mutter Arbeiterin, 1933–1941 Volksschule, 1941–1946 kaufmännische Lehre und Kontoristin bei der Fa. Robert & Alfred Frank, Gräfenroda, 1947–1948 Stenotypistin im Chem. Maschinenbauwerk, Rudisleben, 1948–1953 Steno-Sekretärin bei der Industrie- u. Handelskammer Thüringen, Arnstadt u. Ilmenau, 1953–1954 Sachbearbeiterin bei der KVP/Registrierabteilung Ilmenau
1954 Einstellung beim MfS als Stenotypistin in der Abt. IX der BV Suhl, 1954 Abt. III: Sekretärin, 1955 BdL der BV Suhl: Sekretärin, 1955 SED, 1956 Abt. XIII der BV Erfurt: Schreibkraft, 1956 Abt. V der BV Erfurt: Sekretärin, 1957–1958 Hausfrau, 1958 KD Ilmenau: Sekretärin, März 1972 Abt. XII der BV Suhl: Sachbearbeiterin, 1972 Leiterin des SR XII der BV Suhl, 1975 stellv. Leiterin der Abt. XII der BV Suhl, 1976 Leiterin der Abt. XII der BV Suhl, 1982 Major, 1983 Entlassung, Invalidenrentnerin
BStU, KKK Dornheim; BStU, MfS, BV Suhl, KS II 54/83

Hoske, Karl *Georg* (*19.5.1940)
Leiter der Abt. XII der BV Suhl 1982–1989
Geboren in Halle, Vater Böttcher, Mutter Hausfrau, 1946–1954 Grundschule, 1954–1957 Lehre als Bergmann beim VEB Steinkohlenwerk Karl Marx, Zwickau, 1957–1964 Soldat bei der NVA, Neubrandenburg, zuletzt Oberfunkmeister, 1961 SED
1964 Einstellung beim MfS als operativer Mitarbeiter in der Abt. VIII der BV Neubrandenburg, 1964 Hilfssachbearbeiter, 1965 Abt. VIII der BV Halle: Hilfs-

sachbearbeiter, 1967 Sachbearbeiter, 1968 Hauptsachbearbeiter, 1969 Referatsleiter, 1976 stellv. Leiter der Abt. VIII der BV Halle, 1977 Major, 1982 AKG der BV Halle: Offizier für Sonderaufgaben, 1982 beauftragter Leiter der Abt. XII der BV Suhl, 1983 Leiter der Abt. XII der BV Suhl, 1983 Oberstleutnant
BStU, KKK Hoske; BStU, MfS, BV Suhl, KS 732/90

Objektverwaltung „Wismut"

Weber, Emil *Paul* (16.1.1915–5.3.1974)
Leiter der Abt. XII der OV „Wismut" 1951–1961
Geboren in Glauchau, Vater Arbeiter, Mutter Hausfrau, 1921–1929 Volksschule, 1929–1934 Packer, Fa. Felix Weißbach, Glauchau, 1934 RAD, 1935 Bauarbeiter, Ebersbach, 1936 Bauarbeiter, Reinholdsheim und Glauchau, 1937 Bauarbeiter, Weißbach und Dessau-Roßlau, 1937–1945 Soldat, 1945–1946 arbeitslos, 1945 KPD, 1946 Angestellter, VPKA Glauchau (seit 1947 K5)
1950 Einstellung beim MfS als operativer Mitarbeiter in der KD Glauchau, 1950 Abt. EuS des MfS: Mitarbeiter, 1951 Leiter der Abt. XII der OV „Wismut", 1953 Hauptmann, 1961 Entlassung aus dem MfS wegen „Schädigung des Ansehens des MfS in der Öffentlichkeit durch wiederholte Trinkereien"
1962 Oberreferent in der Abt. Sicherheit der SDAG Wismut, 1963 Sprengstoffausgeber bei der SDAG Wismut, 1973 Invalidenrentner
BStU, KKK Weber; BStU, MfS, BV Karl-Marx-Stadt, KS II 458/82

Grosse, Leonhard (*19.6.1916)
Leiter des SR XII der OV „Wismut" 1964–1967
Geboren in Kettwig (Krs. Essen), Eltern Arbeiter, Volksschule, 1930–1934 Tischler, Hannover, 1934–1936 Landarbeiter, Terranova (Krs. Elbing), 1936–1937 RAD, 1937 Landarbeiter, Terranova (Krs. Elbing), 1937–1945 Soldat, 1945–1949 sowjetische Kriegsgefangenschaft, 1949 Bergmann, Seidewitz b. Leißnig, 1950 Schüler an der Landesparteischule der SED, Bieberstein, 1950 Kulturleiter am Volkseigenen Gut Ebersbach (Krs. Döbeln), 1951 SED, 1951–1953 Bergmann und Hauer bei der Wismut AG, Johanngeorgenstadt, 1953 Propagandasekretär der SED-KL Wismut/Objekt 8, Breitenbrunn
1954 Einstellung beim MfS als Leiter des Ref. Nachrichten und Waffen bei der Verw. „W", 1956 Abt. A der OV „W": Hauptsachbearbeiter, 1958 SED-BPO der OV „W": Hauptsachbearbeiter, 1959 1. Sekretär der SED-BPO der OV „W", 1960 Propagandist der SED-BPO der OV „W", 1961 OibE in der Zentralen Kaderabteilung der SDAG Wismut, 1964 Leiter des SR XII der OV „W", 1967 Hauptmann, 1969 Disziplinarbeauftragter im Ref. KuSch der OV „W", 1970 Schulungsbeauftragter im Ref. KuSch der OV „W", 1972 Entlassung, Invalidenrentner
BStU, KKK Grosse; BStU, MfS, BV Karl-Marx-Stadt, KS II 174/82

Schulz, *Kurt* Johannes (*15.8.1917)
Leiter des SR XII der OV „Wismut“ 1967–1973
Geboren in Chemnitz, Vater Arbeiter, Mutter Hausfrau, 1924–1932 Volksschule, 1933–1938 Lehre als Werkzeugschlosser und Geselle bei der Fa. Florentz, Chemnitz, 1938 RAD, 1938–1945 Soldat, 1945–1948 sowjetische Kriegsgefangenschaft, 1948–1956 Angestellter bei der Transportpolizei, Abt. K, Chemnitz und Dresden, 1951 SED, 1956–1958 Angestellter beim Rat des Stadtbezirks V, Karl-Marx-Stadt, 1959–1960 Zivilangestellter beim NVA-Kreiskommando, Karl-Marx-Stadt
1960 Einstellung beim MfS als Hilfssachbearbeiter in der Abt. A der OV „W“, 1961 Sachbearbeiter, 1962 OV „W“/Abt. C: Sachbearbeiter, 1963 OV „W“/ Abt. B: Sachbearbeiter, 1966 OV „W“/SR XII: Sachbearbeiter, 1967 komm. Leiter des SR XII der OV „W“, 1969 Leiter der Abt. XII der OV „W“, 1970 Oberleutnant, 1973 Entlassung, Invalidenrentner, 1976 Zivilbeschäftigter des MfS im Archiv, ca. 1981 Dienstende, Rentner
BStU, KKK Schulz; BStU, MfS, BV Karl-Marx-Stadt, KS II 179/82

Mnietzkowski (geb. Fritsch, verw. Ziergiebel), *Anita* Charlotte (*1.8.1933)
Leiterin des SR XII (bzw. der Abt. XII) der OV „Wismut“ 1973–1977
Geboren in Zwickau, Vater Buchdrucker, Mutter Hausangestellte, 1940–1948 Volksschule, 1948–1952 Oberschule, 1952 Abitur, 1952–1953 Pionierleiterin an der Grundschule Auerhammer, Aue, 1953 SED, 1953–1954 Pionierleiterin an der 8. Grundschule, Berlin-Prenzlauer Berg, 1954–1956 Sachbearbeiterin bei DIA Chemieausrüstungen, Berlin, 1956–1959 Hausfrau, 1959 Sachbearbeiterin im VEB Werk für Fernmeldewesen-Gerätewerk, Berlin, 1960–1964 Hausfrau, 1964–1966 Sachbearbeiterin beim Deutschen Kraftverkehr Grünau, Berlin, 1966–1968 Kadersachbearbeiterin in der Abt. Verkehr beim ZK der SED
1968 Einstellung beim MfS als Hilfssachbearbeiterin im SR XII der OV „Wismut“, 1970 Sachbearbeiterin, 1972 stellv. Leiterin des SR XII der OV „Wismut“, 1973 Leiterin des SR XII (seit 1975 Abt. XII) der OV „Wismut“, 1977 aus gesundheitl. Gründen als Leiterin entbunden und Einsatz als stellv. Leiterin der Abt. XII der OV „Wismut“, 1980 Hauptmann, 1982 nach Eingliederung der OV „Wismut“ in die BV Karl-Marx-Stadt Leiterin des Ref. 1 der Abt. XII der BV Karl-Marx-Stadt, 1984 aus gesundheitl. Gründen Einsatz als Sachbearbeiterin in Ref. 2 der Abt. XII der BV Karl-Marx-Stadt, 1985 Entlassung, Invalidenrentnerin
BStU, KKK Mnietzkowski; BStU, MfS, BV Karl-Marx-Stadt, AKS 320/85

Grabs, *Karl* Paul (*9.10.1924)
Leiter der Abt. XII der OV „Wismut“ 1977–1979
Geboren in Aue, Vater Arbeiter, 1931–1939 Volksschule, 1939 Lehre als Gärtner, 1942–1945 Soldat, April–Juni 1945 amerikanische Kriegsgefangenschaft in

Bad Kreuznach, 1945–1948 Gärtner und Landarbeiter, Aue und Döbeln, 1946 SED, 1948–1952 Fäller im Objekt 100 der SDAG Wismut, Aue, 1953 stellv. Abteilungsleiter beim Zentralvorstand der IG Wismut, 1953 Organisationsleiter im Objekt 8 der SDAG Wismut, Breitenbrunn, 1953–1955 Organisationsleiter im Objekt 9 der SDAG Wismut, Aue (währenddessen GI für die ODS Aue des MfS) 1955 Einstellung beim MfS als operativer Mitarbeiter der OV „Wismut", 1958 komm. Leiter der ODS Dresden, 1959 Leiter der ODS Dresden, 1960 komm. Leiter der Abt. C der OV „Wismut", 1961 Leiter der Abt. C der OV „Wismut", 1968 Major, 1971 Leiter der ODS Aue, 1975 Entbindung als Leiter aus gesundheitl. Gründen und Einsatz als Offizier für Objektsicherung in der Abt. KuSch der OV „Wismut", 1977 Leiter der Abt. XII der OV „Wismut", 1977 Oberstleutnant, 1979 Entlassung, Invalidenrentner
BStU, KKK Grabs; BStU, MfS, BV Karl-Marx-Stadt, KS II 280/82

Däweritz, Gerhard (*17.8.1928)
Leiter der Abt. XII der OV „Wismut" 1979–1982
Geboren in Wurzen (Sachsen), Pflegevater Arbeiter, 1935–1943 Volksschule, 1943–1946 Lehre als Verwaltungsangestellter beim Stadtrat Dahlen/Sachsen, 1946 KPD/SED, 1947–1949 Bergarbeiter bei der SDAG Wismut, Oberschlema und Johanngeorgenstadt, 1949 Verwaltungsangestellter beim Stadtrat Dahlen
1950 Einstellung beim MfS als operativer Mitarbeiter in der KD Oschatz, 1951 LV Sachsen/Abt. VIII, 1951 OV „Wismut"/Abt. VIII, 1954 komm. Referatsleiter, 1955 Referatsleiter, 1958 Leiter der Abt. VIII der OV „Wismut", 1968 Major, 1973 HV A/Abt. IX/B, 1974 als OibE Mitarbeiter der DDR-Botschaft in Havanna (Kuba), 1978 OV „Wismut"/AKG: Kontrolloffizier, 1979 Leiter der Abt. XII der OV „Wismut", 1980 Oberstleutnant, 1982 nach Auflösung der OV „Wismut" Leiter des Ref. Archiv in der Abt. XII der BV Karl-Marx-Stadt, 1989 Entlassung, Invalidenrentner
BStU, KKK Däweritz; BStU, MfS, BV Karl-Marx-Stadt, KS 3182; BStU, MfS, BV Karl-Marx-Stadt, KSD 1041

Abt. XII der HA I

Behrens, Kurt (26.11.1914–3.5.1981)
Leiter des SR XII der HA I 1956–1974
Geboren in Chemnitz, Vater Bauarbeiter, Mutter Hausfrau, 1921–1929 Volksschule, 1928–1933 KJVD, 1929–1932 Fortbildungsschule, 1929–1935 Büro- und Lagerarbeiter, Fa. Pohlan, Chemnitz, 1935–1937 Militärdienst, Regensburg, 1937–1938 Büro- und Lagerarbeiter, Fa. Pohlan, Chemnitz, 1939–1943 Soldat, 1943–1944 Büro- und Lagerarbeiter, Fa. Pohlan, Chemnitz, 1944–1945

Pförtner bei der Auto-Union, Chemnitz, 1945 KPD/SED, 1945 Schutzmann, Antifa-Polizei, 1945 Volkspolizei Chemnitz, 1948 Leiter des 8. VP-Reviers, Chemnitz, 1948 2. Stellv. Bereitschaftskommandeur in der Volkspolizeibereitschaft Chemnitz, 1949 Kompanieführer in der VP-Schule Torgau, 1950 Leiter der Personalstelle der VP-Schule Torgau
1950 Einstellung beim MfS als stellv. Leiter der Abt. VIIa (seit 1952 HA I), 1952 HA I/1: operativer Mitarbeiter, 1952 HA I/6: Mitarbeiter, 1953 Major, 1953 zurückgestuft zum Hauptmann, 1953: HA I/Sekretariat: Sachbearbeiter, 1954 Leiter des Hauptsachgebietes (seit 1955 Ref.) „Erfassung und Statistik" der HA I (seit 1956 selbständiges Ref. der HA I, seit 1964 Ref. XII der HA I), 1957 Major, 1974 Oberstleutnant a.D., Entlassung, Invalidenrentner, 1975 als Zivilbeschäftigter des MfS Objektleiter im Wohnheim Wendenschloß der HA I, 1979 Dienstende, Rentner
BStU, KKK Behrens; BStU, MfS, KS II 2/80

Wagner, Erwin *Heinz* (15.10.1932–25.7.1983)
Leiter der Abt. XII der HA I 1976–1979
Geboren in Frankenberg (Sachsen), Vater Isolierer, Mutter Weberin, 1939–1947 Volksschule, 1947–1950 Fortbildungsschule, Frankenberg, 1947–1948 Bauarbeiter in einem Bauunternehmen, Frankenberg, 1949 Brigadeführer beim Talsperrenbau Sosa, 1949–1950 Bahnunterhaltungsarbeiter, Flöha, 1950 Trapo-Angehöriger, Chemnitz
1951 Einstellung beim MfS als Sachbearbeiter bei der KD Flöha, 1952 HA I/3 (später HA I/5): komm. Referatsleiter, Pirna, 1958 HA I/Abt. Luftstreitkräfte, Strausberg: stellv. UA-Leiter, 1960 Ablösung als UA-Leiter und Einsatz als Hauptsachbearbeiter nach nicht verhinderter Flucht eines Luftwaffenmajors (und GI) und anschließender unzureichender Einleitung operativer Maßnahmen, 1964 stellv. Leiter der UA 1. LVD, 1966 Leiter der UA Stab, 1966 Major, 1967 Leiter der UA 1. LVD, 1973 Oberstleutnant, 1976 Leiter der Abt. XII der HA I des MfS, 1979 aus gesundheitlichen und familiären Gründen Ablösung als Leiter der Abt. XII der HA I und Einsatz für die KD Cottbus als OibE beim Rat der Stadt Cottbus (Leiter des Arbeitsbereiches „Erfassung und Analyse des gesellschaftlichen Arbeitsvermögens") für das Sammeln von Informationen über „feindlich-negative" und „asoziale" Personen, insbesondere in der Arbeitskräftekartei
BStU, KKK Wagner; BStU, MfS, BV Cottbus, KS II 196/83

Weller, Martin (*30.6.1931)
Leiter der Abt. XII der HA I 1983–1989
Geboren in Crimmitschau (Krs. Zwickau), Vater Färbereiarbeiter, Mutter Spulerin, 1937–1945 Volksschule, 1945–1948 Lehre als Böttcher, 1948 Böttchergeselle bei der Fa. Hermann, Crimmitschau, 1949–1951 VP-Angehöriger in

Hohenstücken bei Potsdam, in Löbau und in Apolda, 1952 Politstellvertreter VP-See auf einem VP-Boot in Peenemünde und Wolgast, 1952 SED
1953 Einstellung beim MfS als Hauptsachbearbeiter bei der HA I/4, 1960 HA I/Seestreitkräfte: Hauptsachbearbeiter, 1961 HA I/Volksmarine/Stralsund: stellv. Unterabteilungsleiter, 1963 HA I/Volksmarine/6. Flottille: Unterabteilungsleiter, 1964 Major, 1974 Oberstleutnant, 1974 HA I/Luftstreitkräfte-Luftverteidigung: stellv. Abteilungsleiter, 1983 Leiter der Abt. XII der HA I, 1986 Oberst
BStU, KKK Weller; BStU, MfS, KS 20070/90

HV A

Becker (geb. Schröter), *Emma* Berta (15.7.1906–11.9.1981)
Leiterin des Ref. R der HV A 1954–1960
Geboren in Hopfenbruch (Krs. Landsberg/Warthe), Vater Bauer, 1912–1920 Volksschule, 1920–1921 Handelsschule, 1922–1923 Rechnungsbeamtin bei der Gesellschaft für Howard'sche Buchführung, Berlin, 1923–1924 Kontoristin in einem Wollwaren-Engros-Geschäft, Berlin, 1925–1933 Telefonistin beim Fernamt, Berlin, 1929 KPD, 1933–1935 Aushilfstätigkeiten im Kolonialwarengeschäft Else Wagner, Berlin, 1935–1938 Haft im Zuchthaus Jauer wegen Vorbereitung zum Hochverrat, 1938–1943 Leiterin des Kolonialwarengeschäfts Else Wagner, 1943–1944 Verkäuferin im Reformhaus Stegemann, Neuenhagen, 1944–1945 arbeitslos, 1945 Angestellte im Bezirksamt Weißensee, 1945–1950 Hausfrau, 1950–1952 Abteilungsleiterin bei der SED-KL Berlin-Weißensee
1952 Einstellung beim MfS als Referentin in der HV A, 1952 stellv. Leiterin der HV A/Abt. IV, 1954 Hauptmann, 1954 Leiterin des Ref. R, 1960 Entlassung auf eigenen Wunsch, Rentnerin
BStU, KKK Becker; BStU, MfS, KS 210/65

Reimann, Marta Elisabeth *Ruth* (*8.8.1922)
Leiterin des Ref. R der HV A 1960–1978
Geboren in Kühnau (Krs. Grünberg/Schlesien), Vater Anstreicher, Mutter Arbeiterin, 1929–1937 Volksschule, 1937 Besuch der Haushaltsschule, Grünberg, 1937–1941 Arbeiterin, später Kontoristin in einer Teppichfabrik, Grünberg, Besuch der Berufsschule, 1942–1945 Buchhalterin bei der Fa. C. F. Seifert, Grünberg, 1945 „Umsiedlung", 1946 SED, 1946–1951 Stenotypistin, später Sachbearbeiterin in der SED-KL Torgau
1951 Einstellung beim MfS als Sekretärin in der Abt. III des APN (später HV A), legendiert als Mitarbeiterin des ZK der SED, 1953 Sachbearbeiterin, 1955 HV A/Ref. R: Sachbearbeiterin, 1958 Hauptsachbearbeiterin, 1959 komm. Lei-

terin des Ref. R, 1960 Leiterin des Ref. R, 1969 Major, 1975 Oberstleutnant, 1978 Entlassung, Invalidenrentnerin
BStU, KKK Reimann; BStU, MfS, KS II 90/79

Richter, Manfred (*20.3.1929)
Leiter des Ref. R der HV A 1978–1989
Geboren in Schniebinchen (Krs. Sorau, östliche Niederlausitz), Eltern Arbeiter, 1935–1943 Volksschule, 1943–1945 Lehre als Schlosser, 1946–1947 Landarbeiter für die sowjetische Kommandantur, Groß-Böhla (Sachsen), 1946 SED, 1947–1949 Neubauer auf dem Hof des Vaters, Groß-Böhla, 1949–1951 Neubauer mit eigener Landwirtschaft, Groß-Böhla, 1951 Instrukteur der SED-KL Oschatz, 1952–1955 Instrukteur beim ZK der SED, Berlin
1955 Einstellung beim MfS als Sachbearbeiter in der HV A/HA I, 1956 Hauptsachbearbeiter, 1957 stellv. Referatsleiter, 1959 HV A/Abt. II: stellv. Referatsleiter, 1965 Major, 1965 Referatsleiter HV A/Abt. II/Ref. 5, 1974 Oberstleutnant, 1978 Leiter des Ref. R der HV A (seit 1986 beim Stab der HV A), 1982 Oberst
BStU, KKK Richter

Roland Lucht

Strukturschemata zur Geschichte der Abteilung XII

1. Abteilung Erfassung und Statistik (EuS) und Zentralarchiv des MfS, November 1951
2. Abteilung XII des MfS, Dezember 1954
3. Abteilung XII des MfS, Dezember 1956
4. Abteilung XII des MfS, Dezember 1963
5. Abteilung XII des MfS, Dezember 1969
6. Abteilung XII des MfS, 1975
7. Abteilung XII des MfS, Oktober 1980
8. Abteilung XII des MfS, September 1989
9. Abteilung XII (Erfassung und Statistik) der BVfS/Verwaltungen, November 1953
10. Abteilung XII der BVfS, April 1975
11. Abteilung XII der BVfS, Juni 1988

Strukturschema 1: Abteilung Erfassung und Statistik (EuS) und Zentralarchiv des MfS, November 1951

Ca. 16 Mitarbeiter (MA) in Abt. EuS.
Ca. 9 Mitarbeiter im Zentralarchiv.

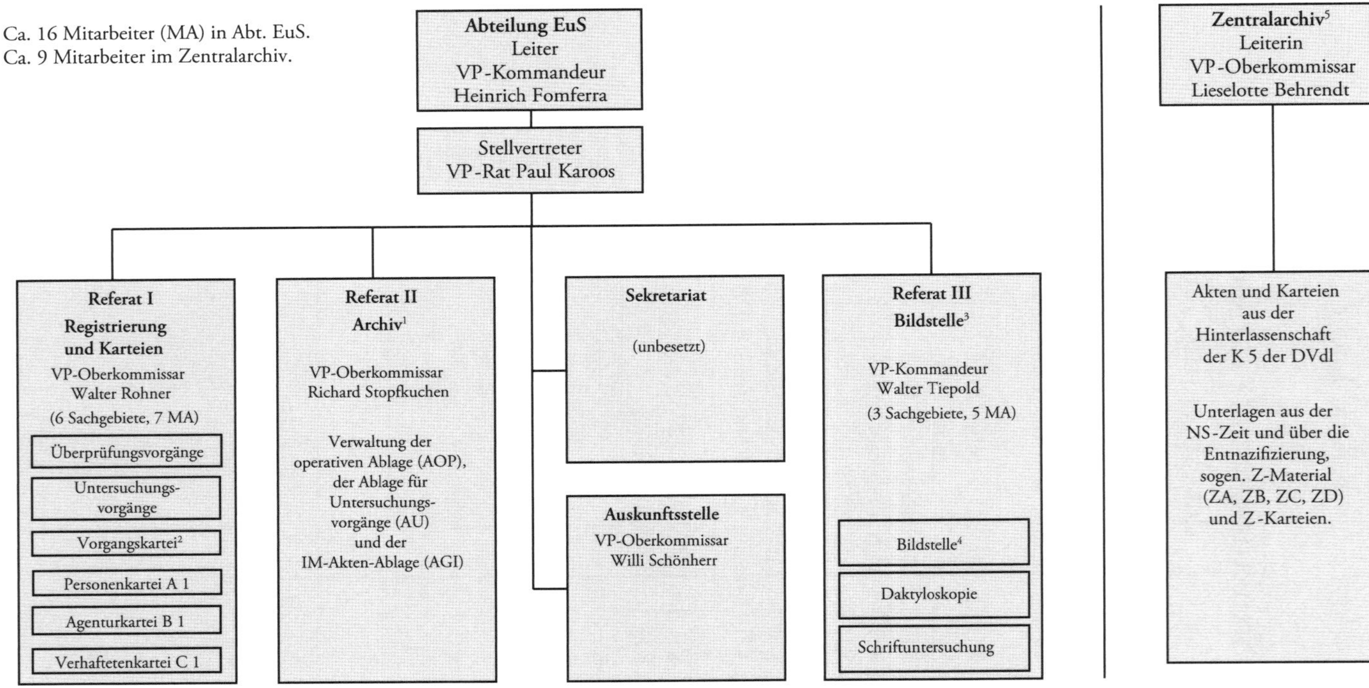

1 Personenkartei A 1/F 16 und Verhaftetenkartei C 1/F 18 waren im ersten Halbjahr 1953 dem Referat II: „Karteien und Archiv“ zugeordnet.

2 Hier noch nach Vorgangsart und Diensteinheit sortierte Doubletten der Karteikarten A 1.

3 Im November 1953 der Abt. S zugeordnet.

4 Ab August 1952 mit Negativ-Archiv.

5 Ende 1953 mit dem Archiv der Abt. XII vereinigt.

[RLu]

Strukturschema 2: Abteilung XII des MfS, Dezember 1954

46 Mitarbeiter[1]

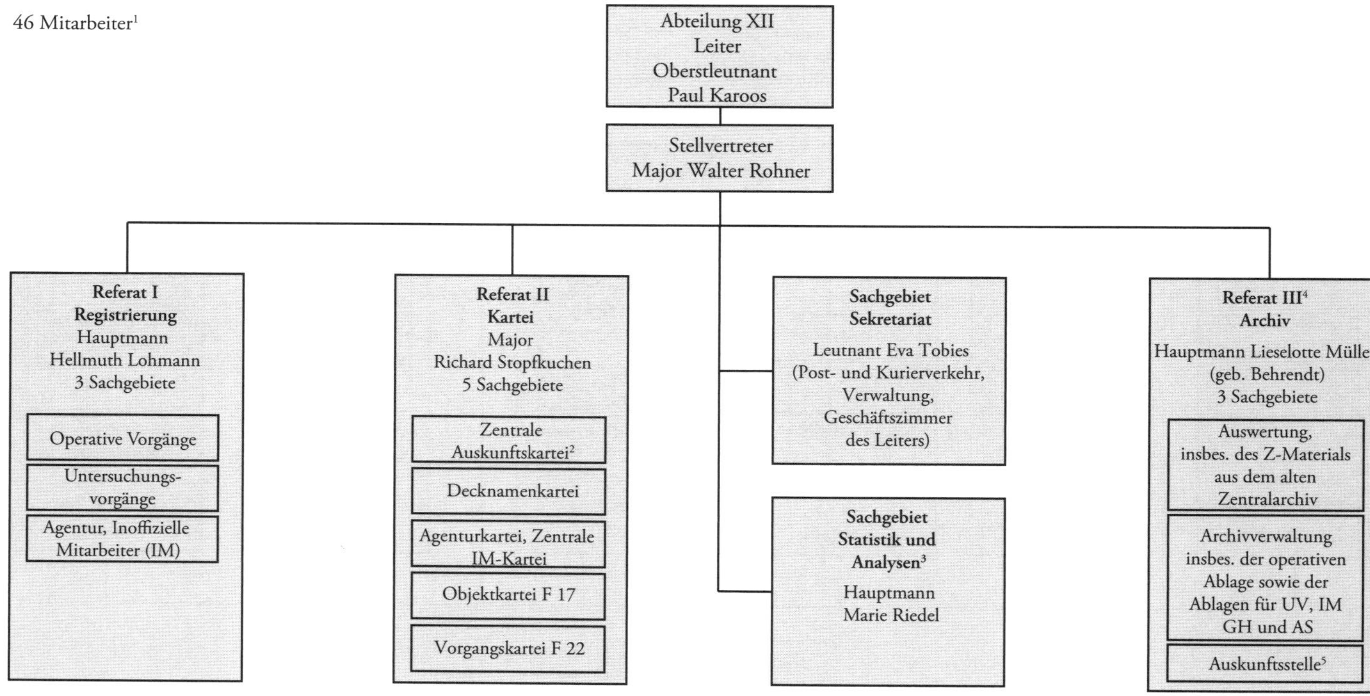

1 Im September 1953 waren es noch 29 MA.

2 1953 aus Kartei F 16 der Beschuldigten und F 18 der Verhafteten zusammengelegt.

3 Als selbstständiges Sachgebiet seit August 1953 geplant und im Januar 1954 eingerichtet.

4 Ein Referat IV für die Beantwortung schriftlicher Anfragen war noch im September 1953 geplant worden.

5 Ende 1956 dem BdL unterstellt.

[RLu]

Strukturschema 3: Abteilung XII des MfS, Dezember 1956

75 Mitarbeiter.

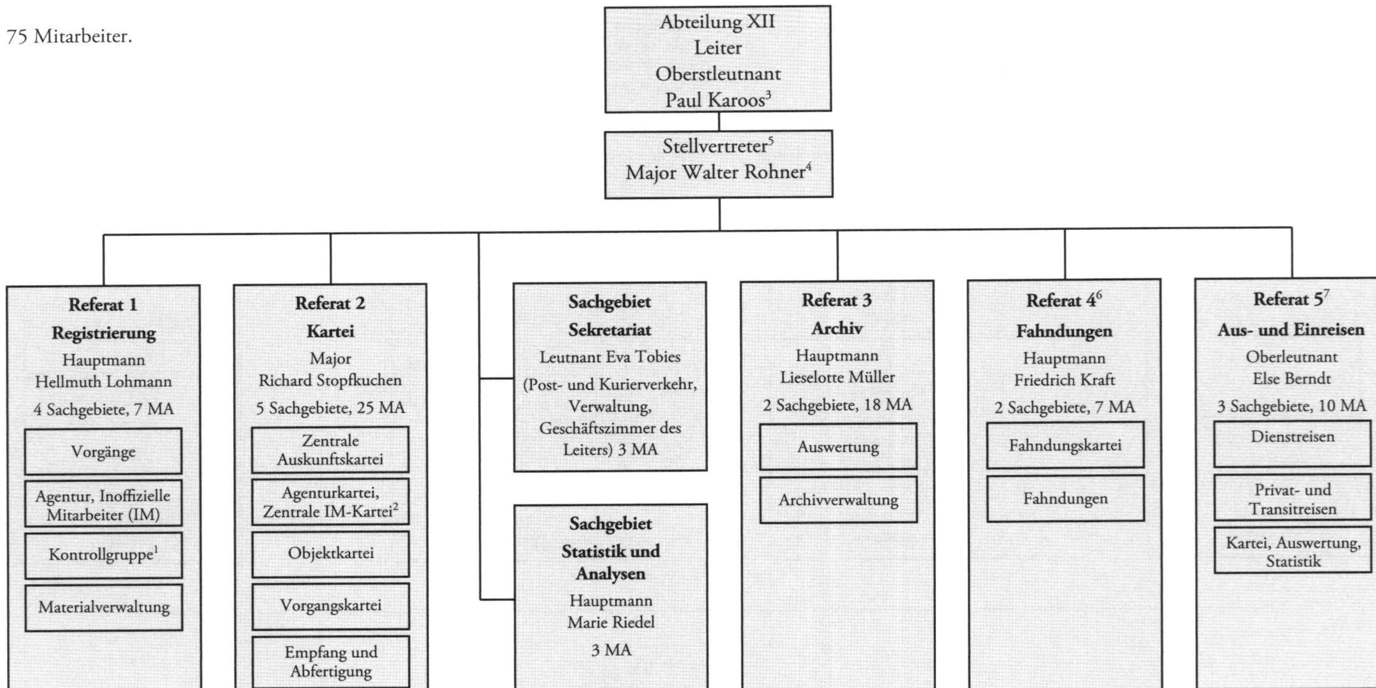

1 Januar 1959 Kontrollgruppe an Referat 2 abgegeben.

2 Juni 1959 Straßenkartei der IM an Referat 1 abgegeben.

3 Leiter von Dezember 1951 bis April 1964;

4 Dezember 1953 bis Januar 1962.

5 Seit 1958 waren die Zuständigkeiten für die Referate zwischen Leiter und Stellvertreter aufgeteilt.

6 Seit Juli 1954; im Oktober 1957 aufgelöst und als Sachgebiet zum Referat 1.

7 Nach November 1955 gebildet; vor Mai 1958 in Referat 4 umbenannt.

[RLu]

Strukturschema 4: Abteilung XII des MfS, Dezember 1963

92 Mitarbeiter.

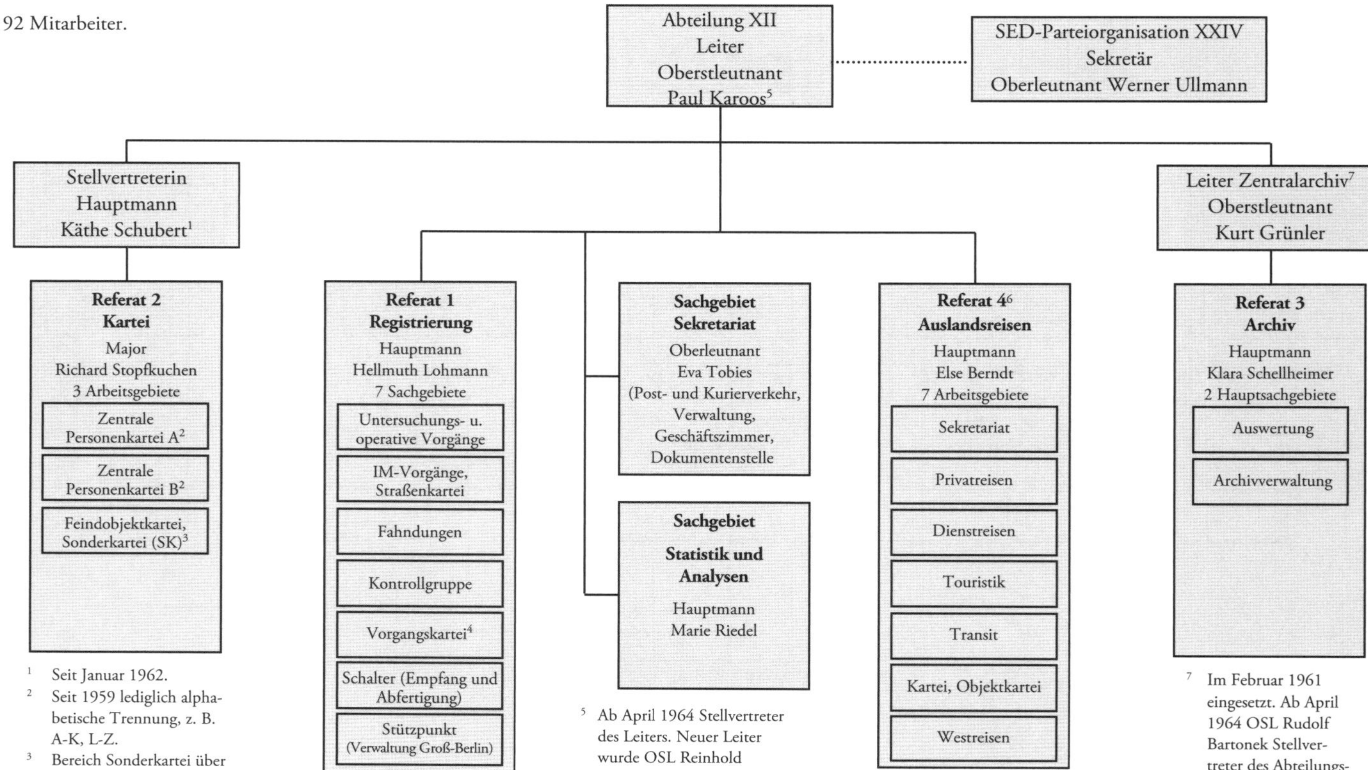

1 Seit Januar 1962.

2 Seit 1959 lediglich alphabetische Trennung, z. B. A-K, L-Z.

3 Bereich Sonderkartei über Straftaten war bis Mai 1963 das Referat 5, im August 1964 ging

4 Kam im November 1963 vom Referat 2 zum Referat 1.

5 Ab April 1964 Stellvertreter des Leiters. Neuer Leiter wurde OSL Reinhold Knoppe. Gleichzeitig kam die Abt. XII von der HV B (Ob. Gaida) zur AGM (Ob. Scholz).

6 Im Oktober 1964 ausgegliedert, kam zur ASR.

7 Im Februar 1961 eingesetzt. Ab April 1964 OSL Rudolf Bartonek Stellvertreter des Abteilungsleiters und Leiter Referat 3 (Archiv).

[RLu]

Strukturschema 5: Abteilung XII des MfS, Dezember 1969

137 Mitarbeiter (MA)

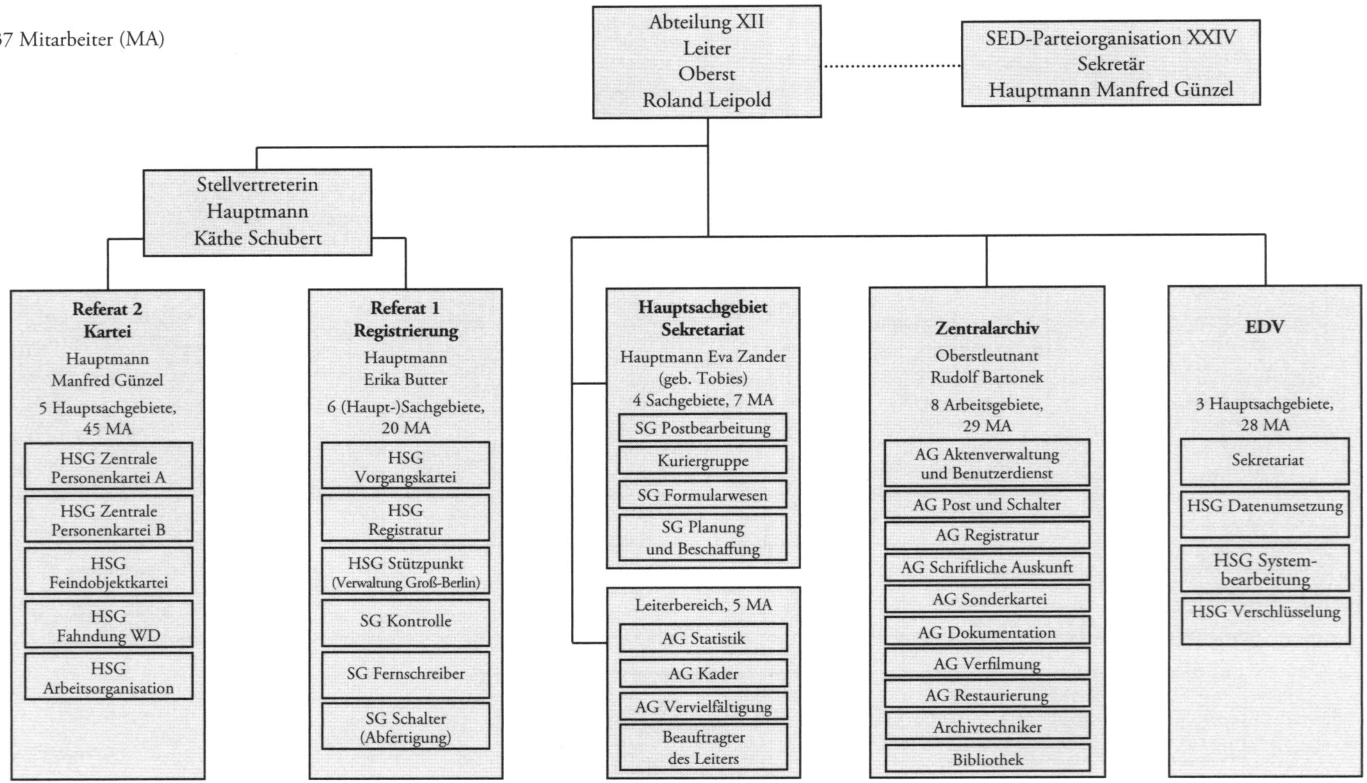

[RLu]

Strukturschema 6: Abteilung XII des MfS, 1975[1]

224 Mitarbeiter.

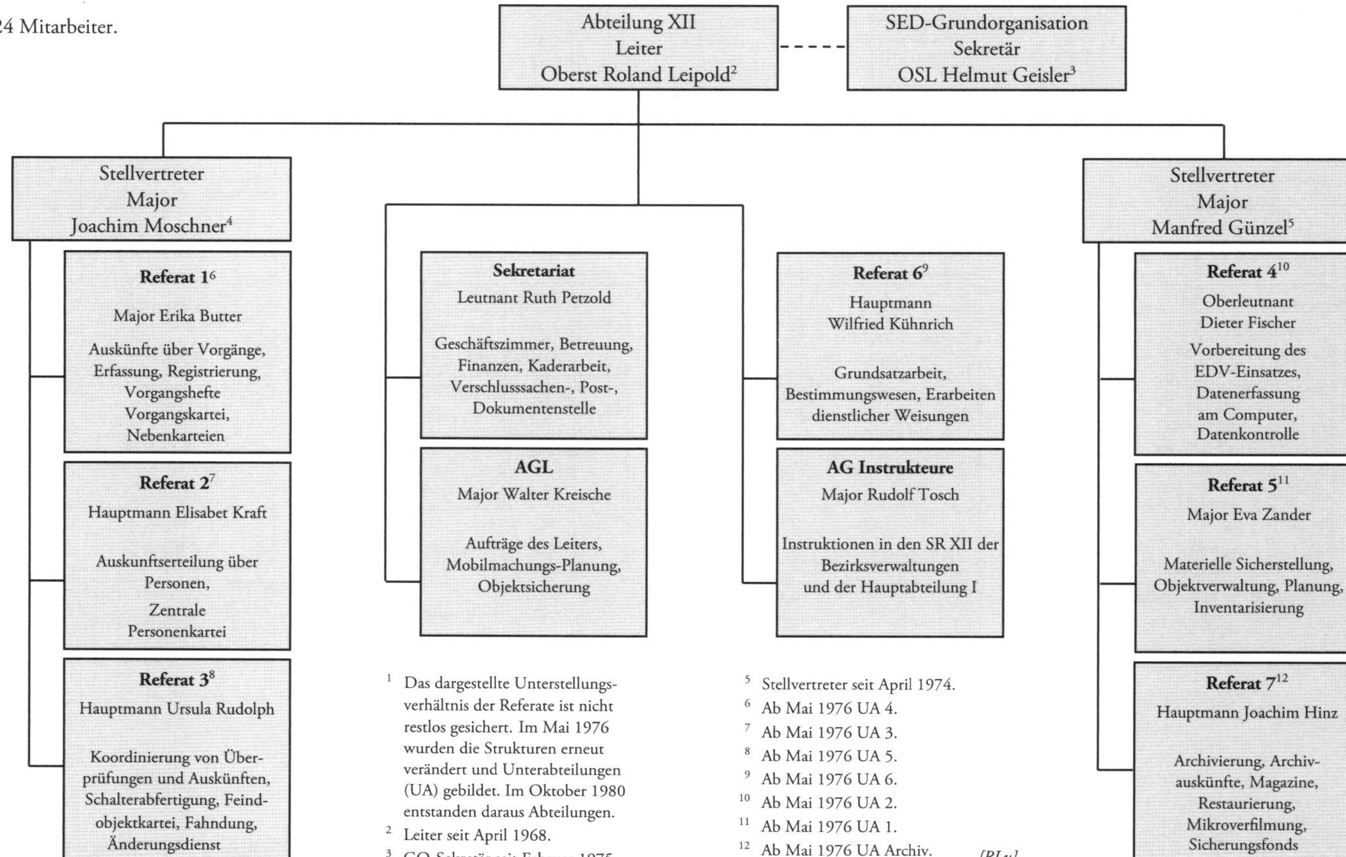

1 Das dargestellte Unterstellungsverhältnis der Referate ist nicht restlos gesichert. Im Mai 1976 wurden die Strukturen erneut verändert und Unterabteilungen (UA) gebildet. Im Oktober 1980 entstanden daraus Abteilungen.
2 Leiter seit April 1968.
3 GO-Sekretär seit Februar 1975.
5 Stellvertreter seit April 1974.
6 Ab Mai 1976 UA 4.
7 Ab Mai 1976 UA 3.
8 Ab Mai 1976 UA 5.
9 Ab Mai 1976 UA 6.
10 Ab Mai 1976 UA 2.
11 Ab Mai 1976 UA 1.
12 Ab Mai 1976 UA Archiv. *[RLu]*

Strukturschema 7: Abteilung XII des MfS, Oktober 1980

Insgesamt 280 Mitarbeiter (MA).

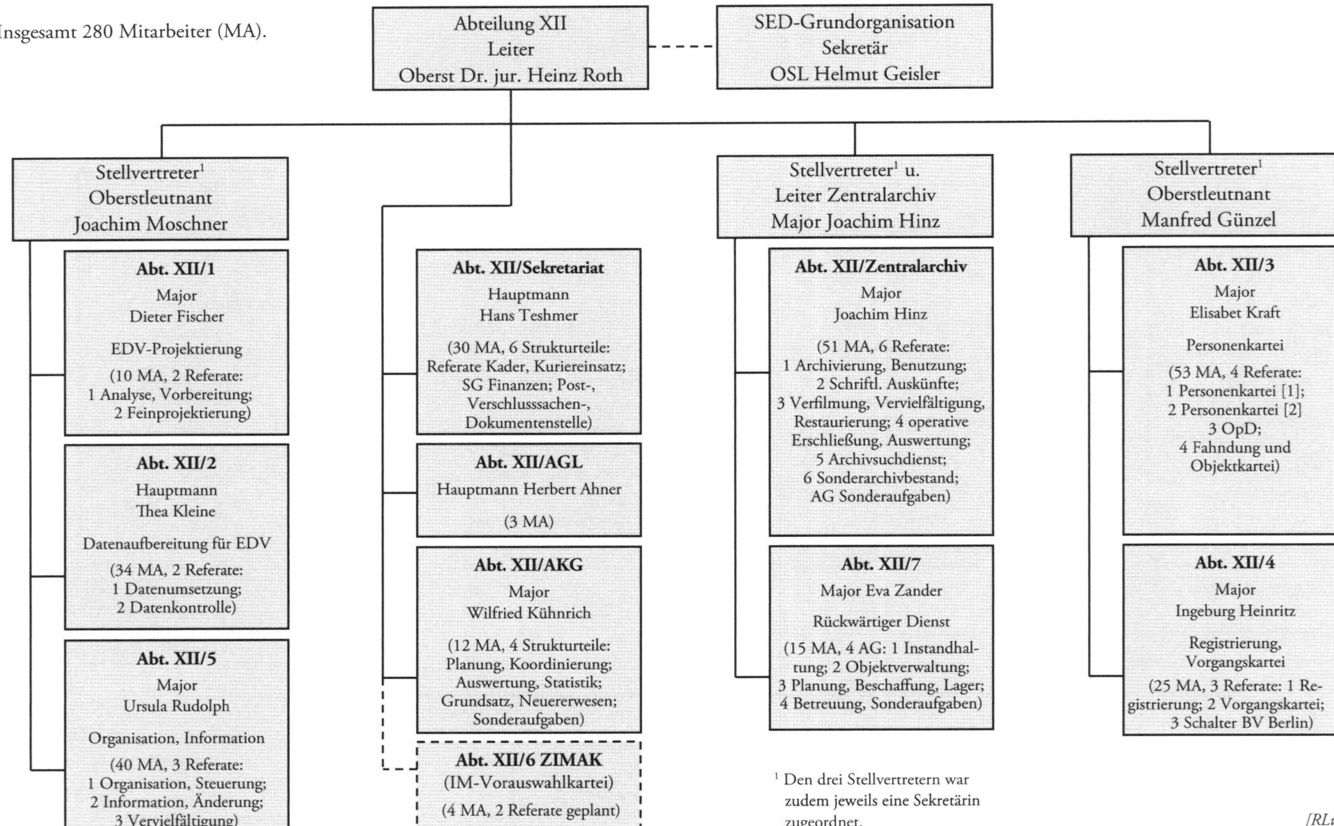

[1] Den drei Stellvertretern war zudem jeweils eine Sekretärin zugeordnet.

[RLu]

Strukturschema 8: Abteilung XII des MfS, September 1989

Insgesamt 344 Mitarbeiter (MA), zudem (mit Stand Januar 1988) 26 IM und 15 GMS.

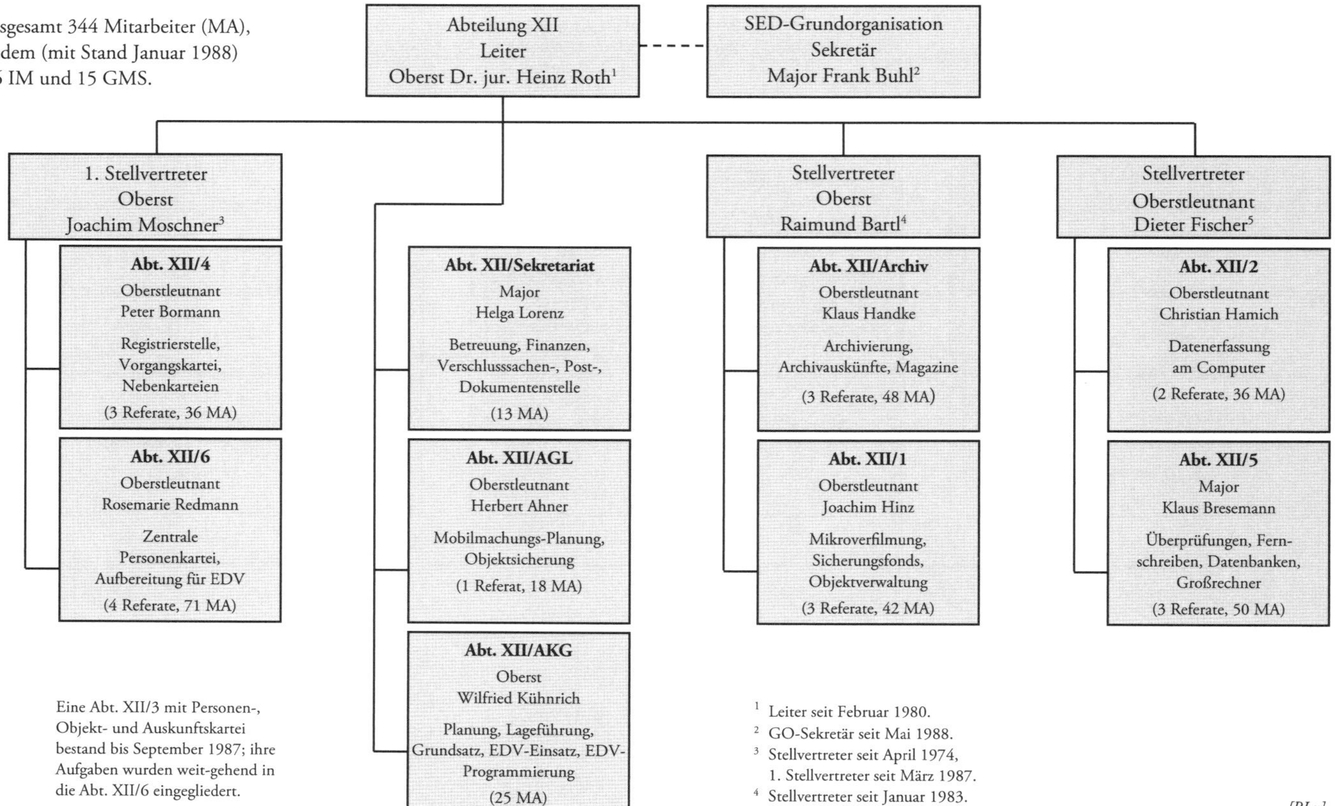

Eine Abt. XII/3 mit Personen-, Objekt- und Auskunftskartei bestand bis September 1987; ihre Aufgaben wurden weit-gehend in die Abt. XII/6 eingegliedert.

1 Leiter seit Februar 1980.
2 GO-Sekretär seit Mai 1988.
3 Stellvertreter seit April 1974, 1. Stellvertreter seit März 1987.
4 Stellvertreter seit Januar 1983.
5 Stellvertreter seit Mai 1989.

[RLu]

Strukturschema 9: Abteilung XII (Erfassung und Statistik) der BVfS/Verwaltungen, November 1953[1]

Um 9 Mitarbeiter (ohne Bildstelle)

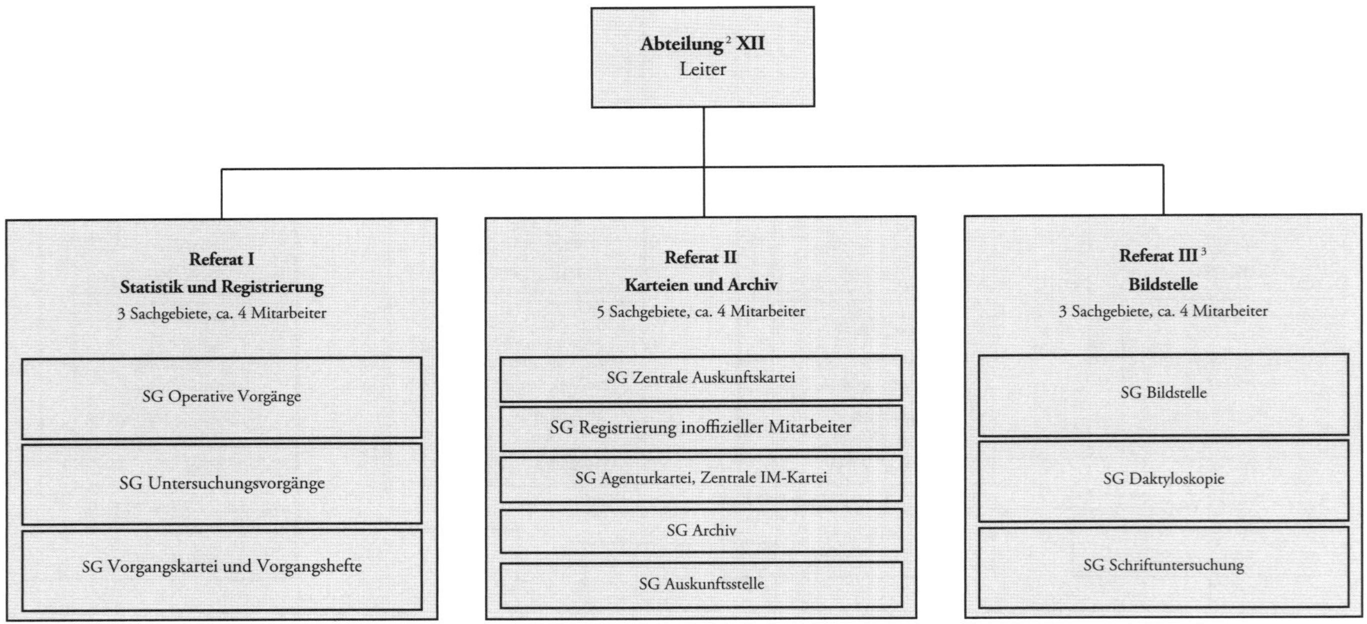

[1] Struktur nach DA Nr. 37/53 vom 16.11.1953.

[2] Später bezeichnet als selbstständiges Referat, erst seit März 1975 wieder Status als Abteilung.

[3] Die Bildstelle wurde noch im November 1953 der Abt. S unterstellt. Von Juli 1954 bis Oktober 1957 bestand stattdessen ein Referat Fahndung mit 3 Mitarbeitern.

[RLu]

Strukturschema 10: Abteilung XII der BVfS, April 1975[1]

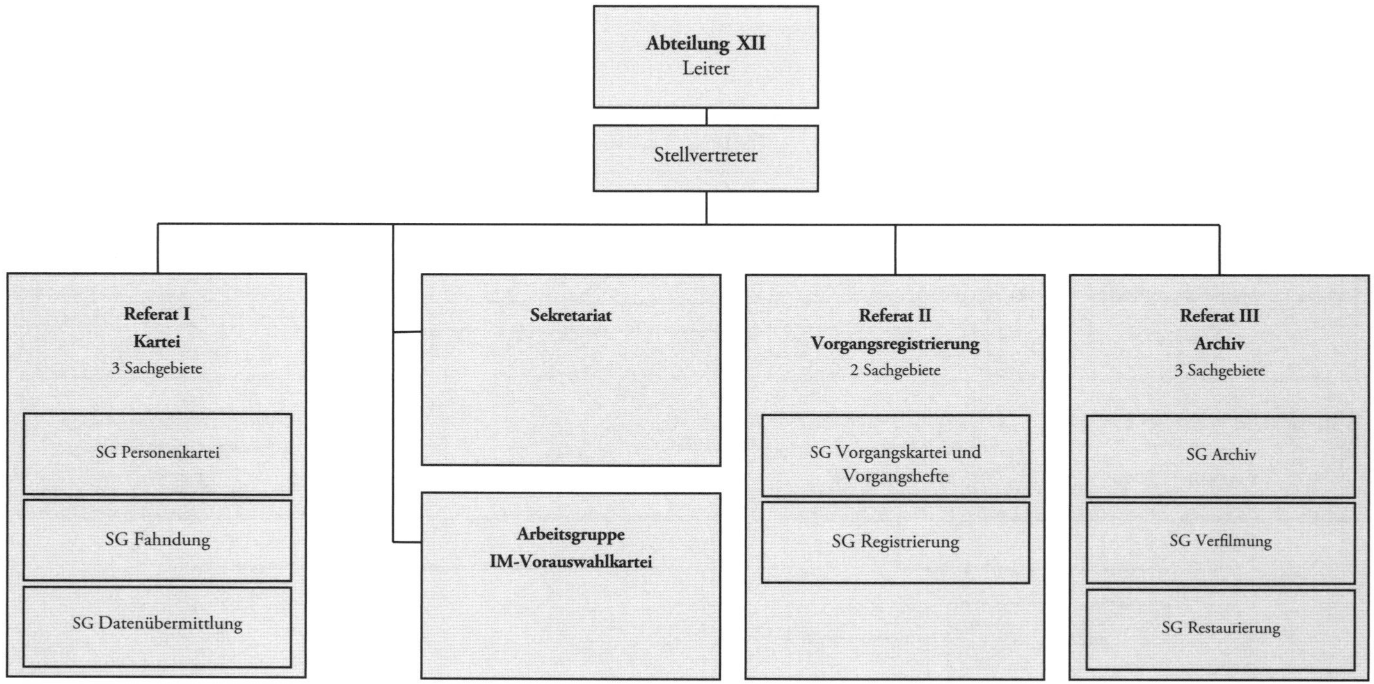

[1] Grundsätzliche Struktur nach Befehl Nr. 6/75 vom 14.03.1975.

[RLu]

Strukturschema 11: Abteilung XII der BVfS, Juni 1988[1]

Ca. 105 Mitarbeiter.

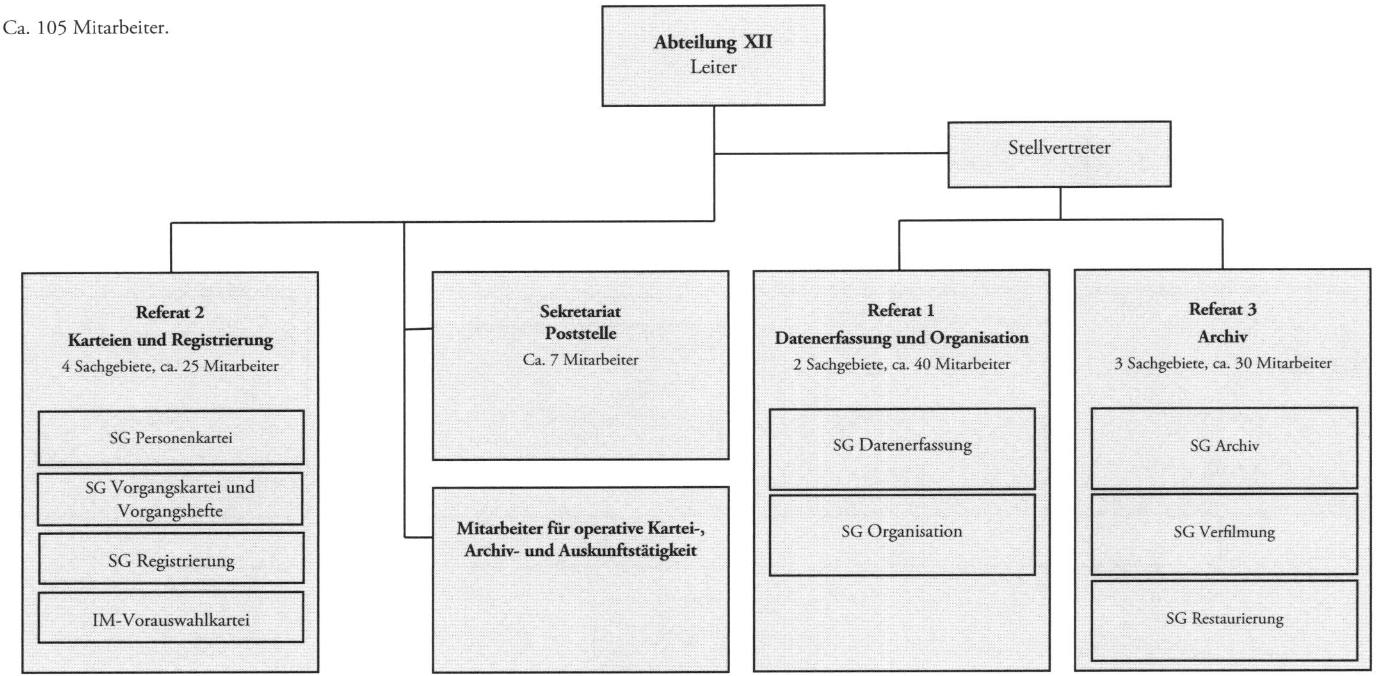

[1] Grundsätzliche Struktur nach Stellenplan vom Juni 1988.

[RLu]

Abkürzungsverzeichnis

ABF	Arbeiter-und-Bauern-Fakultät
Abt.	Abteilung
AG	Arbeitsgruppe
	Aktiengesellschaft
AGL	Arbeitsgruppe des Leiters
AGM	Arbeitsgruppe des Ministers
AIG	Auswertungs- und Informationsgruppe
AKG	Auswertungs- und Kontrollgruppe
APN	Außenpolitischer Nachrichtendienst
APO	Abteilungsparteiorganisation
ASR	Arbeitsgruppe Sicherung des Reiseverkehrs
AuK	Anleitung und Kontrolle
BdL	Büro der Leitung/des Leiters
Bez.	Bezirk
BPKK	Bezirksparteikontrollkommission
BPO	Betriebsparteiorganisation
BStU	Der Bundesbeauftragte für die Unterlagen des Staatssicherheitsdienstes der ehemaligen Deutschen Demokratischen Republik
BV	Bezirksverwaltung
DA	Deutschland-Archiv
	Dienstanweisung
DDR	Deutsche Demokratische Republik
DFD	Demokratischer Frauenbund Deutschlands
DVdI	Deutsche Verwaltung des Innern
EDV	Elektronische Datenverarbeitung
EOS	Erweiterte Oberschule
EuS	Erfassung und Statistik
Fa.	Firma
FDGB	Freier Deutscher Gewerkschaftsbund
FDJ	Freie Deutsche Jugend
FH	Fachhochschule
Gen.	Genosse
Genn.	Genossin
GI	Geheimer Informator
GM	Geheimer Mitarbeiter
	Generalmajor
GO	Grundorganisation
GVS	Geheime Verschlusssache
HA	Hauptabteilung
HV	Hauptverwaltung
IG	Industriegewerkschaft
IM	Inoffizieller Mitarbeiter
KD	Kreisdienststelle
KGB	Komitet Gossudarstwennoi Besopasnosti (pri Sowjete Ministrow SSSR) – (russ.) Komitee für Staatssicherheit (beim Ministerrat der UdSSR)

KJVD	Kommunistischer Jugendverband Deutschlands
KKK	Kaderkarteikarte
KL	Kreisleitung
komm.	kommissarisch
KPČ	Komunistická strana Československa – (tschech.) Kommunistische Partei der Tschechoslowakei
KPD	Kommunistische Partei Deutschlands
KPdSU	Kommunistische Partei der Sowjetunion
KPÖ	Kommunistische Partei Österreichs
Krs.	Kreis
KuSch	Kader und Schulung
KV	Kreisvorstand
KVP	Kasernierte Volkspolizei
KZ	Konzentrationslager
LV	Landesverwaltung
LVD	Luftverteidigungsdivision
MAS	Maschinen-Ausleihstation
MdI	Ministerium des Innern
MfS	Ministerium für Staatssicherheit
MGB	Ministerstwo Gossudarstwennoi Besopasnosti – (russ.) Ministerium für Staatssicherheit
MTS	Maschinen-Traktoren-Station
NS	Nationalsozialismus
NVA	Nationale Volksarmee
OdF	Opfer des Faschismus
ODH	Offizier des Hause
ODS	Objektdienststelle
OibE	Offizier im besonderen Einsatz
OPK	Operative Personenkontrolle
OTS	Operativ-technischer Sektor
OV	Operativer Vorgang
OvD	Offizier vom Dienst
PK	Politkultur
POS	Polytechnische Oberschule
R	Registratur
RAD	Reichsarbeitsdienst
RAW	Reichsbahnausbesserungswerk
RD	Rückwärtige Dienste
Ref.	Referat
SAA	Schriftliche Archivauskünfte
SAVO	System der automatischen Vorauswahl
SBZ	Sowjetische Besatzungszone
SDAG	Sowjetisch-Deutsche Aktiengesellschaft
SdM	Sekretariat des Ministers
SED	Sozialistische Einheitspartei Deutschlands
SfS	Staatssekretariat für Staatssicherheit
SG	Sachgebiet
SMA	Sowjetische Militäradministration in Deutschland
SR	Selbständiges Referat
SRT	Sicherung des Reise- und Touristikverkehrs
stellv.	stellvertretend

SVK	Sozialversicherungskasse
SVS	Sicherung von Verschlusssachen
TU	Technische Universität
UA	Unterabteilung
USPD	Unabhängige Sozialdemokratische Partei Deutschlands
VEAB	Volkseigener Erfassungs- und Aufkaufbetrieb
VEB	Volkseigener Betrieb
Verw.	Verwaltung
VfZ	Vierteljahrshefte für Zeitgeschichte
VP	Volkspolizei
VPKA	Volkspolizeikreisamt
VPP	Volkspolizeipräsidium
VuW	Verwaltung und Wirtschaft
VVB	Vereinigung volkseigener Betrieb
VVN	Vereinigung der Verfolgten des Naziregimes
VVS	Vertrauliche Verschlusssache
WR	Wachregiment
WSD	Wach- und Sicherungsdienst
ZAIG	Zentrale Auswertungs- und Informationsgruppe
ZfG	Zeitschrift für Geschichtswissenschaft
ZK	Zentralkomitee
ZMD	Zentraler Medizinischer Dienst
ZPDB	Zentrale Personendatenbank
ZPL	Zentrale Parteileitung

Abbildungsnachweis

Philipp Springer, Die ganz normale Abteilung XII

Abb. 1: BStU, MfS, Abt XII Nr. 4579, S. 110

Philipp Springer, Das Gedächtnis der Staatssicherheit

Abb. 1: BStU, MfS, Abt. XII Nr. 8408
Abb. 2: BStU, MfS, KS 515/59, S. 95
Abb. 3: BStU, MfS, Abt. XII Fo 81, Bild 5
Abb. 4: BStU, MfS, Abt. XII Nr. 4579, S. 85, Bild 1
Abb. 5: BStU, MfS, KS II 397/84, S. 173, Bild 18
Abb. 6: BStU, MfS, KS I 11/85, S. 136
Abb. 7: BStU, MfS, KS 160/64, S. 150, Bild 3
Abb. 8: BStU, MfS, KS I 1/84, Bd. 2, S. 184
Abb. 9: BStU, MfS, Abt. XII Nr. 8408
Abb. 10: BStU, MfS, Abt. XII Nr. 4160, S. 19
Abb. 11: BStU, MfS, Abt. XII Fo 81, Bild 50
Abb. 12: BStU, MfS, Abt. XII Nr. 4162, S. 46
Abb. 13: BStU, MfS, Abt. XII Nr. 8408
Abb. 14: BStU, MfS, Abt. XII Nr. 8408
Abb. 15: BStU, MfS, Abt. XII Nr. 5812, S. 61
Abb. 16: BStU, MfS, Abt. XII Nr. 5812, S. 62
Abb. 17: BStU, MfS, Abt. XII Nr. 8408
Abb. 18: BStU, MfS, Abt. XII Nr. 8408
Abb. 19: BStU, MfS, Abt. XII Fo 71, Bild 27
Abb. 20: BStU, MfS, Abt. XII Nr. 4441, S. 6, Bild 6
Abb. 21: BStU, MfS, Abt. XII Nr. 4441, S. 10, Bild 4
Abb. 22: BStU, MfS, BdL Nr. 1877, S. 1

Karsten Jedlitschka, „Staatsgeheimnisse von zentraler Bedeutung“

Abb. 1: BStU, MfS, GH 2/70, Bd. 17, S. 292
Abb. 2: BStU/Stephan Wolf
Abb. 3: BStU, MfS, GH 1/55, Aktendeckel
Abb. 4: BStU/Karsten Jedlitschka
Abb. 5: BStU, MfS, GH 124/55, Bd. 6, Aktendeckel

Roland Lucht, Karteien, Speicher, Datenbanken

Abb. 1: BStU, MfS, Abt. XII Nr. 8370
Abb. 2: BStU, MfS, Abt. XII Nr. 8408
Abb. 3: BStU, MfS, Abt. XII Fo 92, Bild 3
Abb. 4: BStU/Doris Stark
Abb. 5: BStU, MfS, Abt. XII Nr. 4090, S. 244
Abb. 6: BStU, MfS, Abt. XII Nr. 8370

Philipp Springer, „Müde Einzelgänger" und „ganze Kerle"

Abb. 1: BStU, MfS, AS 187/58, Bd. 1, S. 47
Abb. 2: BStU, MfS, Abt. XII Fo 81, Bild 56
Abb. 3: BStU, MfS, Abt. XII Fo 93, Bild 10
Abb. 4: BStU, MfS, Abt. XII Nr. 4579, S. 119
Abb. 5: BStU, MfS, Abt. XII Fo 90, Bild 6
Abb. 6: BStU, MfS, Abt. XII Fo 91, Bild 2
Abb. 7: BStU, MfS, Abt. XII Fo 92, Bild 1
Abb. 8: BStU, MfS, Abt. XII Fo 92, Bild 2
Abb. 9: BStU, MfS, Abt. XII Fo 93, Bild 5
Abb. 10: BStU, MfS, Abt. XII Fo 94, Bild 9
Abb. 11: BStU, MfS, Abt. XII Fo 95, Bild 2
Abb. 12: BStU, MfS, Abt. XII Fo 68, Bild 1
Abb. 13: BStU, MfS, Abt. XII Nr. 4579, S. 164
Abb. 14: BStU, MfS, Abt. XII Fo 80, Bild 22
Abb. 15: BStU, MfS, Abt. XII Nr. 4095, S. 73
Abb. 16: BStU, MfS, Abt. XII Nr. 4359, S. 8, Bild 10
Abb. 17: BStU, MfS, Abt. XII Nr. 4359, S. 6, Bild 25
Abb. 18: BStU, MfS, Abt. XII Nr. 4162, S. 22
Abb. 19: BStU/Abt. AR, Handbibliothek
Abb. 20: BStU, MfS, Abt. XII Nr. 4579, S. 141
Abb. 21: BStU, MfS, GH 38/62, Bd. 3, S. 66

Philipp Springer, Letzte Station Abteilung XII

Abb. 1: BStU, MfS, Abt. XII Nr. 4116, S. 15, Bild 1
Abb. 2: BStU, MfS, KS I 1/84, Bd. 2, S. 7, Bild 1
Abb. 3: BStU, MfS, KS I 1/84, S. 93f
Abb. 4: BStU, MfS, KS I 1/84, Bd. 2, S. 169
Abb. 5: BStU, MfS, Abt. XII Fo 69, Bild 17
Abb. 6: BStU, MfS, Abt. XII Nr. 4116, S. 53

Ralf Blum/Philipp Springer, Aufstieg und Fall eines „Unfehlbaren"

Abb. 1: BStU, MfS, BV Pdm KS 132/60, S. 20, Bild 1
Abb. 2: BStU, MfS, KS 27218/90, S. 250, Bild 1
Abb. 3: BStU, MfS, KS 27218/90, S. 258
Abb. 4: BStU, MfS, BV Pdm KS 132/60, S. 274, Bild 2
Abb. 5: BStU, MfS, KS 27218/90, S. 87
Abb. 6: BStU, MfS, KS 27218/90, S. 97
Abb. 7: BStU, MfS, KS 27218/90, S. 1
Abb. 8: BStU, MfS, KS 27218/90, S. 223
Abb. 9: BStU, MfS, HA VII Nr. 1169, S. 38

Karsten Jedlitschka, Speicher einer Diktatur

Abb. 1: BStU, MfS, HA II Fo 32, Bild 13
Abb. 2: BStU/Stephan Wolf
Abb. 3: BStU, MfS, Abt. XII Nr. 7136, S. 52
Abb. 4: BStU, MfS, VRD Fo 41, Bild 2

Abb. 5: BStU, MfS, VRD Fo 41, Bild 8
Abb. 6: BStU, MfS, BdL Fo 291, Bild 3
Abb. 7: BStU, MfS, VRD Fo 41, Bild 9
Abb. 8: BStU, MfS, VRD Fo 41, Bild 10
Abb. 9: BStU, MfS, VRD Fo 41, Bild 11
Abb. 10: BStU, MfS, VRD Fo 41, Bild 12
Abb. 11: BStU, MfS, Abt. XII Nr. 3291, S. 253
Abb. 12: BStU, MfS, BdL Fo 295, Bild 16

Stephan Wolf, „Ein spezielles Vorhaben der Landesverteidigung"

Abb. 1: BStU, MfS, VRD Nr. 5331, S. 118
Abb. 2: BStU, MfS, Abt. XII Nr. 7136, S. 41
Abb. 3: René Müller, Berlin
Abb. 4: BStU/Stephan Wolf
Abb. 5: BStU/Anne Brosin
Abb. 6: BStU/Stephan Wolf
Abb. 7: BStU/Stephan Wolf
Abb. 8: BStU/Anne Brosin
Abb. 9: BStU/Stephan Wolf
Abb. 10: BStU/Stephan Wolf

Philipp Springer, „Nicht hinterm Mond"

Abb. 1: BStU, KKK Pabst
Abb. 2: BStU, MfS, Abt. XII Nr. 634, S. 73
Abb. 3: BStU, MfS, Abt. XII Nr. 634, S. 76
Abb. 4: BStU, MfS, Abt. XII Nr. 634, S. 77
Abb. 5: BStU, MfS, Abt. XII Nr. 634, S. 78
Abb. 6: BStU, MfS, Abt. X Nr. 790, S. 130
Abb. 7: BStU, MfS, Abt. X Nr. 790, S. 515

Personenregister

Autorenverzeichnis

Ralf Blum, M.A., Archivar, Historiker, geb. 1967; seit 1993 Mitarbeiter im Grundsatzreferat (AR 1) der Abteilung Archivbestände des BStU, zudem 2008–2009 Mitarbeiter der Arbeitsgruppe „Geheimarchivterminologie".
Veröffentlichungen u. a.: Referat über Unterlagen beim BStU zum Themenbereich Euthanasie, in: Arbeitskreis zur Erforschung der nationalsozialistischen „Euthanasie" und Zwangssterilisation. Frühjahrstagung 12.–14. Mai 2000 in Berlin-Lichterfelde, Berlin 2001, S. 76–79; Wie die Stasi ins Archiv kam – der Einfluss des MfS auf das Deutsche Zentralarchiv zu Beginn der 1960er Jahre, in: Heiner Timmermann (Hg.), Historische Erinnerung im Wandel. Neuere Forschungen zur deutschen Zeitgeschichte unter besonderer Berücksichtigung der DDR-Forschung, Berlin 2007, S. 281–302; References to the Soviet Secret Service in the archives of the Federal Commissioner for the records of the State Security Service of the former GDR (BSTU), in: Alexandra Grunova (Hg.), NKVD/KGB activities and its cooperation with other secret service in Central and Eastern Europe 1945–1989. Anthology of the international conference Bratislava, 14.–16.11.2007, Bratislava 2008, S. 44–49; Der Schlüssel zur Macht. Karteien und andere Findmittel zu den Überlieferungen der Staatssicherheit, in: Der Archivar 64 (2011), H. 4, S. 414–426 (zus. mit Roland Lucht); Abkürzungsverzeichnis. Häufig verwendete Abkürzungen und Begriffe des Ministeriums für Staatssicherheit, Berlin 2012^{10} (Mitautor).

Karsten Jedlitschka, Dr. phil, Archivar, Historiker, geb. 1972; Studium der Geschichtswissenschaften und Germanistik an den Universitäten München und Princeton (USA), 2004 Promotion an der Universität München; 2003–2005 Referendariat für den höheren Archivdienst am Sächsischen Hauptstaatsarchiv Dresden und der Hochschule für Archivwissenschaft Marburg; 2005 Leiter des Archivs des Deutschen Historischen Instituts in Rom, 2006–2007 Direktor des Archivs der Deutschen Nationalen Akademie der Wissenschaften „Leopoldina" in Halle; seit 2007 Referatsleiter archivischer Grundsatz und stellv. Leiter der Abteilung Archivbestände des BStU.
Veröffentlichungen u. a.: Wissenschaft und Politik. Der Fall des Münchner Historikers Ulrich Crämer (1907–1992), Berlin 2006; Das Archiv des Deutschen Historischen Instituts in Rom. Geschichte und Bestände, in: Quellen und Forschungen aus italienischen Archiven und Bibliotheken 86 (2006), S. 1–40; Das Archiv der Deutschen Akademie der Naturforscher Leopoldina, Stuttgart 2007, 2008^{2}; Der Münchner Romanist Hans Rheinfelder (1898–1971). Humani-

tärer Pazifist und christlicher Humanist, in: Zeitschrift für bayerische Landesgeschichte 72 (2009), S. 129–149; Archivierte Diktatur. Die Überlieferungen der DDR-Staatssicherheit, in: scrinium 65 (2011), S. 61–79; 20 Jahre Bewegung. Beständezuwächse und Abgaben in den Archiven des Bundesbeauftragten für die Unterlagen des Staatssicherheitsdienstes der ehemaligen DDR, in: Archivalische Zeitschrift 92 (2011), S. 27–59 (zus. mit Stephan Wolf); The Lives of Others. East German State Security Service's archival legacy, in: American Archivist 75 (Spring/Summer 2012), S. 81–108; Singuläres Erbe. Die archivalischen Hinterlassenschaften der Staatssicherheit, Saarbrücken 2013; Die Stasi-Unterlagen-Behörde – archivische Bildungsarbeit als „Schule der Demokratie", in: Jens Aspelmeier (Hg.), Transparenz für die Bürger? Perspektiven historischer Öffentlichkeits- und Bildungsarbeit in Archiven, Marburg 2014, S. 205–238 (zus. mit Stephan Wolf).

Roland Lucht, Archivar, geb. 1964; seit 1992 beim BStU, bis 1998 Magazinbereichsleiter in der Abteilung Archivbestände, 1998–2009 Mitarbeiter der Behördenleitung in der Arbeitsgruppe „Archivwissenschaftliche Aufarbeitung", seit 2009 Mitarbeiter des Grundsatzreferats (AR 1) und 2010–2014 Leiter der Arbeitsgruppe „Geheimarchivterminologie".
Veröffentlichungen u. a.: „Ablagen liquidieren – ‚spezifische' Vorgänge tragfähig gestalten". Schriftgutvernichtung des MfS während der „Wende" und der Auflösungsphase der Staatssicherheit, in: Dagmar Unverhau (Hg.), Hatte „Janus" eine Chance? Das Ende der DDR und die Sicherung einer Zukunft der Vergangenheit, Münster 2003, S. 81–97; An Analysis of the „Edition for the National Economy" as an Implementation of the Resolution of the National Defence Council of the GDR of 13 October 1965 in Comparison with the Topographic Map of the GDR, in: Dagmar Unverhau (Hg.): State Security and Mapping in the GDR. Map Falsification as a Consequence of Excessive Secrecy?, Berlin 2006, S. 89–132 (zus. mit Horst Henkel und Wolfgang Scholz); In unserem Sinne Einfluss nehmen. Die Staatssicherheit im Kartographischen Dienst Potsdam, in: Dagmar Unverhau (Hg.): Geheimhaltung und Staatssicherheit. Zur Kartographie des Kalten Krieges, Berlin 2009, S. 119–191; Der Schlüssel zur Macht. Karteien und andere Findmittel zu den Überlieferungen der Staatssicherheit, in: Der Archivar 64 (2011), H. 4, S. 414–426 (zus. mit Ralf Blum); Beiträge in: Roger Engelmann u. a. (Hg.): Das MfS-Lexikon. Begriffe, Personen und Strukturen der Staatssicherheit der DDR, Berlin 2012^2; Das Landesarchiv Schleswig-Holstein. Eine Betrachtung aus archivtechnischer Sicht, Hamburg 2014^2; Das Archiv der Stasi. Begriffe, Göttingen 2015.

Philipp Springer, Dr. phil, Historiker, geb. 1970; Studium der Geschichte, Osteuropäischen Geschichte und Religionswissenschaft an den Universitäten in Göttingen und Berlin; 2005 Promotion an der Technischen Universität Berlin,

seit 1995 Kurator historischer Ausstellungen und wiss. Mitarbeiter bei Forschungsprojekten an Museen und Gedenkstätten, u. a. bei der Stiftung Topographie des Terrors, am Deutschen Historischen Museum, am Haus der Geschichte der Bundesrepublik Deutschland und am Deutsch-Russischen Museum, seit 2012 wiss. Mitarbeiter in der Abteilung Archivbestände des BStU und Koordinator des Projekts zur Geschichte der Abt. XII des MfS.
Veröffentlichungen u. a.: Da konnt' ich mich dann so'n bißchen entfalten. Die Volkssolidarität in der SBZ/DDR 1945–1969, Frankfurt a. M. 1999; Vor aller Augen. Bilddokumente des nationalsozialistischen Terrors in der Provinz, Essen 2002 (zus. mit Klaus Hesse und Reinhard Rürup); 1945 – Der Krieg und seine Folgen. Kriegsende und Erinnerungspolitik in Deutschland, Berlin 2005 (zus. mit Burkhard Asmuss und Kay Kufeke); Verbaute Träume. Herrschaft, Stadtentwicklung und Lebensrealität in der sozialistischen Industriestadt Schwedt, Berlin 2007[2]; Unsere Russen – Unsere Deutschen. Bilder vom Anderen 1800 bis 2000, Berlin 2007 (Mitautor); Bahnhof der Tränen. Die Grenzübergangsstelle Berlin-Friedrichstraße, Berlin 2013; Die Büros für Besuchs- und Reiseangelegenheiten in West-Berlin, in: Günter Schlusche/Verena Pfeiffer-Kloss/Gabi Dolff-Bonekämper/Axel Klausmeier (Hg.), Stadtentwicklung im doppelten Berlin. Zeitgenossenschaften und Erinnerungsorte, Berlin 2014, S. 300–305.

Stephan Wolf, Theologe, Archivar, geb. 1962; 1990 Mitarbeit im Bürgerkomitee Berlin und im Volkskammersonderausschuss zur Kontrolle der Stasi-Auflösung, anschließend Mitarbeiter der Behörde des Sonderbeauftragten bzw. des BStU, u. a. als Datenschutzbeauftragter und Außenstellenleiter, seit 2004 in der Abteilung Archivbestände, seit 2006 dort Sachgebietsleiter im Grundsatzreferat (AR 1).
Veröffentlichungen u. a.: Hauptabteilung I: NVA und Grenztruppen, Berlin 2004, [2]2005 (MfS-Handbuch III/13); Den Akten der Staatssicherheit auf der Spur. Bilanz nach zwei Jahrzehnten, in: Jahrbuch der Juristischen Zeitgeschichte 11 (2010), S. 115–140 (zus. mit Karsten Jedlitschka); „Bausoldat ist eben ein Status". Bausoldaten und MfS in Prora, in: Prora-Zentrum e. V. (Hg.), Waffenverweigerer in Uniform, Prora 2011, S. 74–92; Die Stasi-Unterlagen-Behörde – archivische Bildungsarbeit als „Schule der Demokratie", in: Jens Aspelmeier (Hg.), Transparenz für die Bürger? Perspektiven historischer Öffentlichkeits- und Bildungsarbeit in Archiven, Marburg 2014, S. 205–238 (zus. mit Karsten Jedlitschka).